개정증보판

한국어 발음 실용 소사전

KBS 아나운서 **강 성 곤** 지음

형설출판사
www.hyungseul.co.kr

"아나운서로서의 자존심을
잃을 수도 있었다.
따라서 간직할 수 있으리라."

이 책은 언론진흥기금의 저술지원으로 출판되었습니다.

서문(序文)

한국어 발음 실용 소사전 개정증보판을 내게 되었다. 그동안 시중에서 쉽게 구할 수 없다는 요청이 많았다. 뒤늦게 가치를 인정받는 느낌이랄까, 이제야 빛을 보는구나 하는 기꺼움마저 느낀다.

출발은 소박했다. 매일 뉴스를 직접 진행하며 접하는 지역명(地域名), 회사 명칭, 학교 이름들의 장단(長短)이 궁금했다. 자료를 찾고 모으고 하는 사이 양이 많아졌다. 내친김에 일반 단어들까지 손을 미쳤다. 우리 발음사전들은 대개 너무 크고 무겁다. 꼭 필요한 부분만을 추리되 전문성을 잃지 않으면서 간편히 볼 수 있는 발음사전을 만들어보자는 데 생각이 닿았다.

표준어는 알다시피 표준문자와 표준발음으로 나뉜다. 그런데 표준문자에 비해 표준발음에 관한 인식이 부족하다. 커뮤니케이션과 소통이 화두인 세상에서 말하기, 듣기의 중요성은 커지고 있다. 그 기본은 발음이다. 발음이 명료하고 정확한 다음이라야 억양, 어조, 빠르기, 음색을 논할 수 있다. 그리고 그것이 쌓여 말씨, 말투를 이룬다.

우리의 표준어에 해당하는 말을 영국에서는 'RP(Received Pronunciation)'라 부른다. 누구에게나 '인정받고', 누구나 '수용하는' 표준발음이라는 뜻이다. 이는 문자에 우선하는 발음의 우위를 웅변한다.

이 사전은 최초로 발음상 유의미한 지명, 회사명, 학교명을 두루 실었으며 역사적 사건과 인물, 작품, 용어 등을 포함한다.

일반 어휘는 사용 빈도가 높은 것을 추렸다. 무엇보다 장단과 고저 구분, 평음·경음·격음의 문제, 소리의 동화·첨가 여부 등을 신경 써 배열했다. 국어사전에 없는 시사·학술·전문 용어와 교양어, 신어(新語) 등도 과감히 실었다.

'국어'라는 영역은 기준, 법칙, 규정 등의 딱딱한 틀을 연상시킨다. 마치 국어사전의 집대성처럼 돼버린 현재의 <표준국어대사전>도 점점 더 넘지 못할 옹벽처럼 느껴진다. 그러나 한국어 어문규범이 정착되고 표준어 사정원칙과 표준발음법이 나온 지 어느덧 30년이 지났다. 그 사이 특히 발음 현상은 빠른 세태 변화만큼이나 이전과는 사뭇 달라진 모습이다.

실험정신과 도전 의식이 국어의 영역에서도 존중받을 만한 가치라는 전제 아래, <표준국어대사전>과 상치하는 부분이 이 사전에는 꽤 있다. 사실 재야학자 및 민간 국어 전문가들 사이에서는 <표준국어대사전>의 미비점을 꾸준히 제기해왔다. 특히 표준발음 영역에서는 저간의 발음 사정(査定) 작업이 과연 객관적이고 공정했느냐의 문제에서부터 규범과 현실 사이에서의 '선택'과 '판단'에 새로운 잣대가 필요하다는 지적이 꽤 있었다.

<표준국어대사전>이 차지하는 '통일성'의 순기능이 긍정적이라 해도 이는 자칫 '획일화'의 다른 이름으로 고착될 수 있으며, 변화와 다양성을 짐짓 방해한다. 그래서 표준발음 영역만이라도 이 사전이 새로운 검토와

논의가 이루어지는 변곡점 역할을 하기를 기대한다.

아나운서는 국어학자가 아니다. 그러나 국어를 사용하는 가장 예민한 관찰자요 철저한 검수자다. 학자들이 책상 앞에 있을 때, 우리는 '현장'에 서 있다. 특히 '말하기'와 '읽기'라는 기능국어 영역에서 본보기의 역할을 부여받았다. 이 사전은 그 책임감과 소명의식의 산물이다.

30년 넘는 아나운서 생활 동안 20년 이상을 한국어 연구와 교육에 매진했다. 한국어 발음의 이론과 실제를 교안화한 것을 시작으로 외래어, 로마자 표기, 표준발음법, 표준어와 지역어 등 영역에서 글쓰기와 강의를 병행했다. 특히 각종 사내외 국어시험 출제 작업을 통해 국어의 근력을 키웠다.

이 사전은 우선 방송·신문 등 언론사 입사를 앞둔 아나운서·기자·PD 지망생들에게 한국어 발음을 위한 충실한 벗이 될 것이다. 아울러 방송 종사자 및 출연자들도 늘 가까이에 두고 직업적 재교육의 도구로 삼았으면 하는 바람이다.

또한, 이 땅에 거주하는 다문화가정 구성원을 비롯한 외국인에게도 우리말 발음의 길라잡이 역할을 하기를 기대한다. 이들을 대상으로 교육하고 강의하면서 느낀 것은 문자 중심의 교육을 받다 보니 우리글을 익혀도 제대로 된 음가(音價)를 못 낸 채 발음하게 되고, 그 결과 의사소통이 원활하지 못하다는 사실이다. 외국어로서의 한국어, 특히 발음 교육이 이루어지지 않은 탓이요 국제음성기호가 필요한 이유다.

그리고 '스피치' 문제다. 입시를 앞둔 초·중·고생들에게 면접과 구술의 비중은 날로 높아가고 있다. 커뮤니케이션 관련, 설득·협상·리더십 관련 서적과 강좌가 봇물을 이루고 학원들은 우후죽순 난무한다. 그러나 거개가 지엽적 기술과 요령에 함몰되어 본령을 간과하고 있다.

'말하기'는 '바르게 읽기'가 그 전제요 선행조건이며, 그 기본은 명료하고 정확한 발음이다. 이를 바탕으로 아름다운 말씨를 익히고, 그 다음 세련된 화법을 배워 유창하고 근사한 말솜씨를 이루어내는 것이다.

형식이 내용을 품는다 했다. 생각해보라. 콘텐츠(내용)가 아무리 좋아도 그 거푸집이라 할 수 있는 발음이 허술하다면 성과가 날 것인가?

자신의 생각·느낌·주장을 솔직하고 논리정연하게 펼치는 것을 얼추 '말하기'의 정의로 삼는 것이 상례다. 그러나 대전제는 어디까지나 제대로 된 발음이다. 학부모와 학생들이 공감하고 잊지 말기를 바라며 이 사전이 도움이 되기를 기대한다.

준비기간은 신산(辛酸)했다. 현업(現業)과 일상에 지쳐 도중에 여러 차례 포기하고, 허튼 자맥질만 계속하기도 했다. 그때마다 용기와 자극을 준 동료, 선후배들에게 감사의 인사를 전한다. 아울러 형설출판사 장진혁 사장의 호방한 결단과 형설 편집부의 꼼꼼한 마름질이 없었다면 이 사전은 빛을 보지 못했을 것이다. 고마울 따름이다.

2021년 봄날 여의도에서 강성곤

일러두기

1. 한글 자모 순서에 따랐다.
2. 표제어에 미리 장단(長短)·고저(高低) 표시를 해 익히기 쉽게 했다.
3. 발음사전이니만큼, 설명이 필요한 어휘는 뜻풀이보다는 용례나 연상, 관련어(關聯語)에 주목했다.
4. 용언은 기본형에 구애받지 않고 빈도수가 높은 활용형을 과감히 택했다.
5. 파생어, 합성어에서 나타나는 반장음(半長音)도 장음(長音) 표시로 일원화했다. 완전히 사라진 것이 아니라면 그것은 '있는' 것이다.
6. 외래어는 제외하되 'ㄹ'은 일부 다루었다.
7. 학교명은 대학교를 '-대(-大)', 고등학교를 '-고(-高)', 중학교를 '-중(-中)', 초등학교를 '-초교(-初校)'로 짧게 표시했다.
8. 국제음성기호(IPA)는 대중성을 고려해 영어사전 식을 참고했고, 지나친 정밀기호는 생략했다.
9. 한글 자모의 국제음성기호 표시는 아래와 같다.

자음 19개

ㄱ[g]	ㄲ[g']	ㄴ[n]	ㄷ[d]	ㄸ[d']
ㄹ[r, l]	ㅁ[m]	ㅂ[b]	ㅃ[b']	
ㅅ[s]	ㅆ[s']	ㅇ[ŋ]	ㅈ[dʒ]	ㅉ[dʒ']
ㅊ[ʧ]	ㅋ[k]	ㅌ[t]	ㅍ[p]	ㅎ[h, ɦ]

모음 21개

ㅏ[a]	ㅐ[ɛ]	ㅑ[ja]	ㅒ[jɛ]
ㅓ[ə]	ㅔ[e]	ㅕ[jə]	ㅖ[je]
ㅗ[o]	ㅘ[wa]	ㅙ[wɛ]	ㅚ[ø, we]
ㅛ[jo]	ㅜ[u]	ㅝ[wə]	ㅞ[we]
ㅟ[wi]	ㅠ[ju]	ㅡ[ɨ]	
ㅢ[ɨi, i, e]	ㅣ[i]	장음(長音) 및 고음(高音) [:]	

한국어 발음 실용 소사전

ㄱ

가: [ga:] 邊, 바깥 부분, 주변
가가호:호 家家戶戶 [gagaɦo:ɦo]
가감 加減 [gagam]
가객 歌客 [gagɛg]
가:거도 可居島 [ga:gədo] /전남 신안군
가:건:물 假建物 [ga:gə:nmul]
가:게 [ga:ge] /점포
가계 家系 [gagje]
가계부 家計簿 [gagjebu]
가격 價格 [gagjəg]
가격 加擊 [gagjəg]
가:결 可決 [ga:gjəl]
가곡 歌曲 [gagog]
가곡동 駕谷洞 [gagogd'oŋ, 가곡똥] /경남 밀양시
가:곡동 佳谷洞 [ga:gogd'oŋ, 가:곡똥] /전남 순천시
가곡리 柯谷里 [gagoŋni, 가공니] / 충북 영동군, 전남 곡성군
가곡리 加谷里 [gagoŋni, 가공니] / 경북 문경시
가:곡리 佳谷里 [ga:goŋni, 가:공니] / 평택·안동·상주·예천·봉화·부여·당진·논산·원주·횡성·청원·영동·장수
가:곡리 嘉谷里 [ga:goŋni, 가:공니] / 경기도 남양주시, 충남 홍성군, 경남 밀양시
가:곡리 可谷里 [ga:goŋni, 가:공니] / 전남 영광군
가곡면 柯谷面 [gagoŋmjən, 가공면] / 강원도 삼척시
가:곡면 佳谷面 [ga:goŋmjən, 가:공면] /충북 단양군
가공 加工 [gagoŋ]
가공 架空 [gagoŋ] /가공의 세계, 가공의 인물
가:공 可恐 [ga:goŋ] /가공할 파괴력
가:관 可觀 [ga:gwan]
가교 架橋 [gagjo]
가구 家口 [gagu]
가구 家具 [gagu]
가:군 -群 [ga:gun] /입시
가극 歌劇 [gagɨg]
가금류 家禽類 [gagɨmnju, 가금뉴] / 닭·오리·거위 따위
가:금리 佳金里 [ga:gɨmni, 가:금니] / 경기도 김포시
가:금리 佳琴里 [ga:gɨmni, 가:금니] / 경북 청도군
가:금면 可金面 [ga:gɨmmjən] /충북 충주시
가금육 家禽肉 [gagɨmnjug, 가금뉵] / 닭·오리 등의 고기
가:급적 可及的 [ga:gɨbʤ'əg, 가:급쩍]
가깝다 [gag'abd'a] 가까워[gag'awə], 가까와(×)
가끔 [gag'ɨm]
가난 [ganan] (←간난, 艱難)
가냘픈 [ganjalpɨn] 갸냘픈(×)
가녀린 [ganjərin]
가는귀 [ganɨngwi] /소리를 잘 듣는 귀, 능력
가늠 [ganɨm]
가늠자 [ganɨmʤa]
가:능 可能 [ga:nɨŋ]
가:능동 佳陵洞 [ga:nɨŋdoŋ] /경기도 의정부시, 가능역(佳陵驛)

가닥 [gadag]
가:당치 않다 可當- -- [ga:daŋʧianta, 가:당치안타]
가덕도 加德島 [gadəgd'o, 가덕또] / 부산시 강서구, 가덕도해전
가도 街道 [gado]
가동 稼動 [gadoŋ] /공장, 기계
가:동 -棟 [ga:doŋ] /아파트
가:동 可動 [ga:doŋ]
가동률 稼動率 [gadoŋnjul, 가동뉼]
가두행진 街頭行進 [gaduɦɛŋʤin]
가득하다 [gadɨkada, 가드카다]
가:등기 假登記 [ga:dɨŋgi]
-가량 [g'arjaŋ, 까량] (← 假量)
가래떡 [garɛd'əg]
가래침 [garɛʧim]
가:련한 可憐- [ga:rjənɦan]
가:렴주구 苛斂誅求 [ga:rjəmʤugu] 가혹하게 재물을 뺏음
가:령 假令 [ga:rjəŋ]
가로 [garo] ↔세로
가로등 街路燈 [garodɨŋ]
가료 加療 [garjo] 치료
가르마 [garɨma] 가리마(×)
가리 加里 [gari] /충북 영동군
가리 駕里 [gari] /충남 예산군
가:리 佳里 [ga:ri] /경기도 안성시, 경북 예천군
가리다 [garida] 遮, 隱, 選
가림막 --幕 [garimmag]
가마 [gama] /솥, 머리
가:마 [ga:ma] 조그만 집 모양의 탈것
가:망 可望 [ga:maŋ]
가:매장 假埋葬 [ga:mɛjaŋ]
가맹점 加盟店 [gamɛŋʤəm]
가:면 假面 [ga:mjən]
가:멸차다 [ga:mjəlʧada]
가:명 假名 [ga:mjəŋ]
가:모 假毛 [ga:mo]
가:묘 假墓 [ga:mjo]
가무 歌舞 [gamu]
가무잡잡하다 [gamuʤabʤ'apada, 가무잡짜파다] ≒까무잡잡하다
가문 家門 [gamun]
가물 [gamul] 한발
가뭄 [gamun]
가:발 假髮 [ga:bal]
가방 [gabaŋ] (← 네덜란드어 kabas)
가:변적 可變的 [ga:bjənʤəg]
가보 家寶 [gabo]
가:봉 假縫 [ga:boŋ] (→ 시침질)
가:부 可否 [ga:bu]
가:부장 家父長 [ga:buʤaŋ]
가부좌 跏趺坐 [gabuʤwa]
가사 歌詞 [gasa]
가사 家事 [gasa]
가사 袈裟 [gasa] /불교
가:사 假死 [ga:sa]
가:사 假使 [ga:sa] =가령
가산 家産 [gasan]
가산세 加算稅 [gasans'e, 가산쎄]
가산역 加山驛 [gasannjəg, 가산녁] / 서울시 금천구, 구 가리봉역, 1·7호선 환승역
가산점 加算點 [gasanʤ'əm, 가산쩜]
가:상 假想 [ga:saŋ]
가:상하다 嘉尙-- [ga:saŋɦada] 칭찬해 아름답게 여기다
가새표 --標 [gasɛpjo] ≒가위표
가:석방 假釋放 [ga:səgb'aŋ, 가:석빵]
가:설 假說 [ga:səl]
가:설무:대 假設舞臺 [ga:səlmu:dɛ]
가:성 假聲 [ga:səŋ]
가세하다 加勢-- [gaseɦada]
가:소롭다 [ga:sorobd'a, 가:소롭따]
가:소성 可塑性 [ga:sos'əŋ, 가:소썽] / 물리학
가솔 家率 [gasol] 식솔
가수 歌手 [gasu]
가습기 加濕器 [gasɨbg'i, 가습끼]
가:식 假飾 [ga:sig]
가양동 加陽洞 [gajaŋdoŋ] /서울시 강서구
가:없:다 [ga:ə:bd'a, 가:업:따] /가없는

어머니의 은혜, 가없는 들판
가:엽다 [ga:jəbd'a, 가:엽따] 가:여운 [ga:jəun] 가:여워[ga:jəwə] =가엾다
가:엾다 [ga:jəbd'a, 가:엽따] 가:엾은 [ga:jəbs'in, 가:엽쓴] 가:엾어[ga:jəbs'ə, 가:엽써] 가:엾지[ga:jəbdʒ'i, 가:엽찌] 가:엾고[ga:jəbg'o, 가:엽꼬]
가오리 [gaori] /어류
가욋일 加外- [gaø(we)nnil, 가왼(웬)닐]
가:용 可用 [ga:joŋ]
가:월리 佳月里 [ga:wəlli] /경기도 파주시
가은읍 加恩邑 [gaɨnɨb, 가으늡] /경북 문경시
가음정동 加音丁洞 [gaɨmdʒəŋdoŋ] /경남 창원시
가:인 佳人 [ga:in] /미인
가:임 可姙 [ga:im]
가:작 佳作 [ga:dʒag]
가장 [gadʒaŋ] 제일
가:장 家長 [ga:dʒaŋ]
가:장 假裝 [ga:dʒaŋ]
가:재 [ga:dʒɛ] 石蟹, /게와 새우의 중간
가전제:품 家電製品 [gadʒəndʒe:pum]
가정 家庭 [gadʒəŋ]
가:정 假定 [ga:dʒəŋ]
가조면 加祚面 [ga:dʒomjən] /경남 거창군
가족력 家族歷 [gadʒoŋnjəg, 가종녁]
가좌동 加佐洞 [gadʒwadoŋ] /서울시 서대문구, 경기도 고양시, 경남 진주시
가:좌동 佳佐洞 [ga:dʒwadoŋ] /인천광역시 서구
가중치 加重値 [gadʒuŋʧi]
가:증스럽다 可憎--- [ga:dʒɨŋsirəbd'a, 가:증스럽따]
가:짜 假- [ga:dʒ'a]
가:차없:다 假借-- [ga:ʧaə:bd'a, 가:차업:따]
가창력 歌唱力 [gaʧaŋnjəg, 가창녁]
가:창면 嘉昌面 [ga:ʧaŋmjən] /대구광역시 달성군
가:창오:리 嘉昌-- [ga:ʧaŋo:ri] /오리 종류
가:책 呵責 [ga:ʧɛg] /양심의 가책
가:처:분 假處分 [ga:ʧə:bun]
가:천의대 嘉泉醫大 [ga:ʧəniidɛ, 가:처늬대] /인천광역시 연수구
가:청권 可聽圈 [ga:ʧəŋg'wən, 가:청꿘]
가치 價値 [gaʧi]
가:칭 假稱 [ga:ʧiŋ]
가:타부:타 可-否- [ga:tabu:ta]
가택 家宅 [gatɛg]
가택연금 家宅軟禁 [gatɛŋnjəngɨm, 가탱년금]
가판대 街販臺 [gapandɛ]
가평군 加平郡 [gapjəŋgun] /경기도 동북부의 郡
가포 架浦 [gapo] /경남 마산시의 浦口
가학성 加虐性 [gahags'əŋ, 가학썽]
가해 加害 [gahɛ]
가:혹하다 苛酷-- [ga:hokada, 가:호카다]
가:회동 嘉會洞 [ga:hø(we)doŋ, 회/훼] /서울시 종로구
가훈 家訓 [gahun]
가:히 可- [ga:hi]
각각 各各 [gag'ag, 가깍]
각고 刻苦 [gag'o, 가꼬]
각광 脚光 [gag'waŋ, 가꽝]
각기 各其 [gag'i, 가끼] 저마다
각도 角度 [gagd'o, 각또]
각료 閣僚 [gaŋnjo, 강뇨]
각막 角膜 [gaŋmag, 강막]
각박한 刻薄- [gagb'akan, 각빠칸]
각반 脚絆 [gagb'an, 각빤] /띠, 군인
각설탕 角雪糖 [gags'əltaŋ, 각썰탕]
각설하고 却說-- [gags'əlhago, 각썰하고]
각성제 覺醒劑 [gags'əŋdʒe, 각썽제]
각시 [gags'i, 각씨] 아내
각오 覺悟 [gago, 가고]
각운 脚韻 [gagun, 가군]

각의 閣議 [gagi, 가기]
각인 刻印 [gagin, 가긴]
각주 脚註 [gagdʒ'u, 각쭈]
각질 角質 [gagdʒ'il, 각찔]
각축장 角逐場 [gagʧugdʒ'aŋ, 각축짱]
각하 閣下 [gaka, 가카]
각혈 咯血 [gakjəl, 가켤]
각호 各戶 [gako, 가코]
간 [gan] /간이 맞다
간: 肝 [ga:n] =간장(肝臟)
간:간이 間間- [ga:ngani, 간:가니]
간:격 間隔 [ga:ngjəg]
간:곡히 懇曲- [ga:ngoki, 간:고키]
간과 看過 [gangwa]
간교하다 奸巧-- [gangjoɦada]
간:구 懇求 [ga:ngu]
간:극 間隙 [ga:ngɨg]
간단히 簡單- [gandanɦi]
간:담 肝膽 [ga:ndam] '간과 쓸개'
간:담회 懇談會 [ga:ndamɦø(we), 회(훼)]
간:도 間島 [ga:ndo] 중국 동북지방
간:두다 [ga:nduda] '그만두다'의 준말
간략히 簡略- [galljaki, 갈랴키]
간만 干滿 [ganman] /조수간만
간명하다 簡明-- [ganmjəŋɦada]
간:벌 間伐 [ga:nbəl]
간병 看病 [ganbjəŋ]
간부 幹部 [ganbu]
간부 奸婦 [ganbu]
간:부 姦婦 [ga:nbu]
간사하다 奸邪-- [gansaɦada]
간사 幹事 [gansa]
간석지 干潟地 [gansəgdʒ'i, 간석찌]
간선도:로 幹線道路 [gansəndo:ro]
간섭하다 干涉-- [gansəpada, 간서파다]
간소한 簡素- [gansoɦan]
간수 [gansu] /물건
간수 看守 [gansu] /교도소
간수 -水 [gansu] /두부
간:식 間食 [ga:nsig]
간신 奸臣 [gansin]
간신히 艱辛- [gansinɦi]
간:암 肝癌 [ga:nam, 가:남]
간:언 諫言 [ga:nən, 가:넌]
간여 干與 [ganjə, 가녀]
간월도 看月島 [ganwəld'o, 가눨또] / 충남 서산시
간:유 肝油 [ga:nju, 가:뉴] ≒魚油
간:음 姦淫 [ga:nɨm, 가:늠]
간장 -醬 [gandʒaŋ] /된장, 고추장
간:장 肝腸 [ga:ndʒaŋ] 간과 창자, / 간장을 녹이다(태우다)
간:장 肝臟 [ga:ndʒaŋ] =肝
간:전면 艮田面 [ga:ndʒənmjən] /전남 구례군
간:절히 懇切- [ga:ndʒəlɦi]
간:접 間接 [ga:ndʒəb]
간주 看做 [gandʒu]
간:주 間奏 [ga:ndʒu]
간증 干證 [gandʒɨŋ]
간직하다 [gandʒikada, 간지카다]
간:질병 癎疾病 [ga:ndʒilb'jəŋ, 간:질뼝]
간:첩 間諜 [ga:nʧəb]
간:청 懇請 [ga:nʧəŋ]
간:택 揀擇 [ga:ntɛg] /史劇
간:통 姦通 [ga:ntoŋ]
간파 看破 [ganpa]
간판 看板 [ganpan]
간편히 簡便 [ganpjənɦi]
간행 刊行 [ganɦɛŋ]
간:헐적 間歇的 [ga:nɦəldʒəg]
간호 看護 [ganɦo]
간:혹 間或 [ga:nɦog]
갈:가리 [ga:lgari] =가리가리
갈:갈이 [ga:lgari] '가을갈이'의 준말
갈구 渴求 [galgu]
갈:다 [ga:lda] 磨, 更, 叉, 替, 갈:지 [ga:ldʒi] 갈:고[ga:lgo] 갈아[gara, 가라] 가:니 [ga:ni] 갈리다[gallida]
갈대 [gald'ɛ, 갈때]
갈말읍 葛末邑 [galmarɨb, 갈마릅] / 강원도 철원군
갈빗집 [galbi(d)dʒ'ib, 갈비(삗)찝]
갈색병 褐色甁 [gals'ɛgb'jəŋ, 갈쌕뼝]

갈수기 渴水期 [gals'ugi, 갈쑤기]
갈월동 葛月洞 [garwəld'oŋ, 가뤌똥] /서울시 용산구
갈채 喝采 [galʧɛ]
갈취 喝取 [galʧwi]
갈치 [galʧi]
갈퀴 [galkwi]
갉다 [gagd'a, 각따] 갉지[각찌] 갉는 [강는] 갉아[갈가] 갉고[갈꼬]
감: 柿 [ga:m] 과일
감: 感 [ga:m] 느낌, 생각
감:가상각 減價償却 [ga:mg'asaŋgag, 감:까상각]
감:각 感覺 [ga:mgag]
감감 [gamgam] /무소식
감:개무량 感慨無量 [ga:mgɛmurjaŋ]
감:격 感激 [ga:mgjəg]
감:경 減輕 [ga:mgjəŋ]
감곡면 甘谷面 [gamgoŋmjən, 감공면] /충북 음성군, 전북 정읍시
감귤 柑橘 [gamgjul]
감금 監禁 [gamgɨm]
감:기 感氣 [ga:mgi]
감내하다 堪耐-- [gamnɛɦada]
감:다 [ga:md'a, 감:따] 洗, 捲, 감:지 [ga:mʤ'i, 감:찌] 감:고[ga:mg'o, 감:꼬] 감아[gama, 가마] 감으니 [gamɨni, 가므니] 감기다[gamgida]
감당 堪當 [gamdaŋ]
감독 監督 [gamdog]
감:돌다 [ga:mdolda]
감:동적 感動的 [ga:mdoŋʤəg]
감:람산 橄欖山 [ga:mnamsan, 감:남산] 올리브 산, /성경
감:량 減量 [ga:mnjaŋ, 감:냥]
감로주 甘露酒 [gamnoʤu, 감노주]
감리 監理 [gamni, 감니] 감독 관리
감만 戡蠻 [gamman] /부산시 남구, 감만 부두, 화물하역
감:면 減免 [ga:mmjən]
감:명 感銘 [ga:mmjəŋ]
감미료 甘味料 [gammirjo]
감방 監房 [gambaŋ]
감:복 感服 [ga:mbog]
감:봉 減俸 [ga:mboŋ]
감사 監査 [gamsa]
감사 監事 [gamsa]
감:사 感謝 [ga:msa]
감:산 減産 [ga:msan]
감상 鑑賞 [gamsaŋ] /영화, 음악
감:상 感想 [ga:msaŋ]
감색 紺色 [gamsɛg] 검푸른 남색
감:색 -色 [ga:msɛg] /감처럼 붉은 색
감:성 感性 [ga:msəŋ]
감:성적 感性的 [ga:msəŋʤəg]
감:소 減少 [ga:mso]
감:소세 減少勢 [ga:msose]
감:속하다 減速-- [ga:msokada, 감:소카다]
감수 甘受 [gamsu] 달갑게 받음
감수 監修 [gamsu] /책, 교과서 따위
감:수성 感受性 [ga:msus'əŋ, 감:수썽]
감:실 龕室 [ga:msil] /사당, 성체(가톨릭)
감:싸다 [ga:ms'ada]
감악산 紺岳山 [gamags'an, 가막싼] /강원도 원주시와 충북 제천시에 걸침, /경기도 파주시·양주시·연천군에 걸침
감:안 勘案 [ga:man, 가:만]
감:액 減額 [ga:mɛg, 가:맥]
감언이:설 甘言利說 [gamәni:səl, 가머니:설]
감:염 感染 [ga:mjəm, 가:몀]
감영 監營 [gamjəŋ, 가명] /조선, 관찰사가 직무를 보던 관아, 史劇
감:원 減員 [ga:mwən, 가:뭔]
감:읍 感泣 [ga:mɨb, 가:믑]
감일동 甘一洞 [gamild'oŋ, 가밀똥] /경기도 하남시
감자 [gamʤa] (←甘藷)
감:자 減資 [ga:mʤa] 자본 감소
감:잡다 感-- [ga:mʤabd'a, 감:잡따]
감:전 感電 [ga:mʤən]

감:점 減點 [ga:mʤ'əm, 감:쩜]
감정 鑑定 [gamʤəŋ]
감:정 感情 [ga:mʤəŋ]
감주 甘酒 [gamʤu]
감:지 感知 [ga:mʤi]
감:지덕지 感之德之 [ga:mʤidəgʤ'i, 감:지덕찌]
감질나다 疳疾-- [gamʤillada, 감질라다]
감쪽같다 [gamʤ'og'ad'a, 감쪼까따] 깜쪽같다(×)
감찰 監察 [gamʧal]
감:촉 感觸 [ga:mʧog]
감:축 減縮 [ga:mʧug]
감:축 感祝 [ga:mʧug]
감치명:령 監置命令 [gamʧimjə:ŋnjəŋ, 감치명:녕]
감:칠맛 [ga:mʧilmad, 감:칠맏]
감:탄 感歎 [ga:mtan]
감탄고토 甘呑苦吐 [gamtangoto]
감태 甘苔 [gamtɛ] /해초
감:퇴 減退 [ga:mtø(we), 퇴/퉤]
감투 [gamtu] /감투를 쓰다
감포읍 甘浦邑 [gampoɨb] /경북 경주시
감:편 減便 [ga:mpjən] /비행기, 배
감:표 減票 [ga:mpjo]
감:하다 減-- [ga:mɦada] 줄이다, 빼다
감:행 敢行 [ga:mɦɛŋ]
감:형 減刑 [ga:mɦjəŋ]
감호 監護 [gamɦo] 감독 보호
감:화 感化 [ga:mɦwa]
감:회 感懷 [ga:mɦø(we), 회/훼]
감:흥 感興 [ga:mɦɨŋ]
감:히 敢- [ga:mɦi]
갑각류 甲殼類 [gabga'ŋnju, 갑깡뉴]
갑론을박 甲論乙駁 [gamnonɨlbag, 감노늘박]
갑상선 甲狀腺 [gabs'aŋsən, 갑쌍선]
갑신정변 甲申政變 [gabs'indʒəŋbjən, 갑씬정변] /김옥균, (1884)
갑오개:혁 甲午改革 [gabogɛ:ɦjəg, 가보개:혁] 구 '갑오경장'(1894)
갑호 甲號 [gapo, 가포] /비상령, 軍·警
값 [gab, 갑] 값이[갑씨] 값의[갑쎄] 값진[갑찐] 값만[감만]
값어치 [gabəʧi, 가버치]
갓:길 [ga:(d)g'il, 가:(갇:)낄]
갓김치 [gadg'imʧi, 갇낌치]
갓난이 [gannani, 간나니] 갓난아이
갓바위 [gadb'awi, 갇빠위]
강:간 强姦 [ga:ŋgan]
강강술래 [gaŋgaŋsullɛ]
강건 剛健 [gaŋgən]
강경 强硬 [gaŋgjəŋ] /강경 대응
강경읍 江景邑 [gaŋgjəŋɨb] /충남 논산시
강경하다 剛勁-- [gaŋgjəŋɦada] /꿋꿋하고 굳세다
강공 强攻 [gaŋgoŋ]
강:구 講究 [ga:ŋgu]
강구리 江龜里 [gaŋguri] /제주시
강구면 江口面 [gaŋgumjən] /경북 영덕군, 항구
강권 强權 [gaŋg'wən, 강꿘]
강:권 强勸 [ga:ŋgwən]
강남역 江南驛 [gaŋnamnjəg, 강남녁] /서울시 강남구, 지하철 2호선
강:당 講堂 [ga:ŋdaŋ]
강대국 强大國 [gaŋdɛgug]
강도 强度 [gaŋdo] /훈련
강도 剛度 [gaŋdo] /금속
강:도 强盜 [ga:ŋdo]
강:독 講讀 [ga:ŋdog]
강동구 江東區 [gaŋdoŋgu] /서울시 동부의 區
강:등 降等 [ga:ŋdɨŋ]
강력히 强力- [gaŋnjəki, 강녀키]
강렬하다 强烈-- [gaŋnjəlɦada, 강녈하다]
강령 綱領 [gaŋnjəŋ, 강녕]
강:령 降靈 [ga:ŋnjəŋ, 강:녕]
강:론 講論 [ga:ŋnon, 강:논]
강릉시 江陵市 [gaŋnɨŋsi, 강능시] /강

원도 영동지방의 중심도시
강:림 降臨 [ga:ŋnim, 강:님]
강:림면 講林面 [ga:ŋnimmjən, 강:님면] /강원도 횡성군
강:매 强買 [ga:ŋmɛ] 억지로 삼
강:매 强賣 [ga:ŋmɛ] 강제로 떠맡겨 팖
강매동 江梅洞 [gaŋmɛdoŋ] /경기도 고양시, 강매IC
강:박관념 强迫觀念 [ga:ŋbag'wannjəm, 강:바꽌념]
강변 江邊 [gaŋbjən]
강:변 强辯 [ga:ŋbjən]
강보 襁褓 [gaŋbo] /포대기
강:복 降福 [ga:ŋbog] 복을 내림, /가톨릭
강북구 江北區 [gaŋbug'u, 강부꾸] /서울시 북동부의 區
강:사 講師 [ga:ŋsa]
강:상 降霜 [ga:ŋsaŋ] 서리 내림
강상면 江上面 [gaŋsaŋmjən] /경기도 양평군
강서구 江西區 [gaŋsəgu] /서울시와 부산시 서부의 區
강:설량 降雪量 [ga:ŋsəlljaŋ]
강성 强性 [gaŋsəŋ] /강성 발언
강소주 -燒酒 [gaŋsodʒu] 깡소주(×)
강수 强手 [gaŋsu] /강수를 두다
강:수 降水 [ga:ŋsu]
강습 强襲 [gaŋsɨb] /내야 강습 안타, 야구
강:습 講習 [ga:ŋsɨb]
강:압적 强壓的 [ga:ŋabdʒ'əg, 강:압쩍]
강약 强弱 [gaŋjag]
강:연 講演 [ga:ŋjən]
강온 强穩 [gaŋon]
강:요 强要 [ga:ŋjo]
강:우량 降雨量 [ga:ŋurjaŋ]
강원도 江原道 [gaŋwəndo]
강:의 講義 [ga:ŋi, 강:이]
강자 强者 [gaŋdʒa]
강장제 强壯劑 [gaŋdʒaŋdʒe]
강적 强敵 [gaŋdʒəg]
강점 强點 [gaŋdʒ'əm, 강쩜] ↔약점
강:점 强占 [ga:ŋdʒəm]
강:제 强制 [ga:ŋdʒe]
강조 强調 [gaŋdʒo]
강:좌 講座 [ga:ŋdʒwa]
강줄기 江-- [gaŋdʒ'ulgi, 강쭐기]
강진 强震 [gaŋdʒin]
강짜 [gaŋdʒ'a] '강샘'의 속어
강창역 江倉驛 [gaŋʧaŋnjəg, 강창녁] /대구시 달서구, 도시철도
강천리 薑川里 [gaŋʧənni, 강천니] /경남 거창군
강천리 江泉里 [gaŋʧənni, 강천니] /충북 충주시
강천면 康川面 [gaŋʧənmjən] 경기도 여주군, 강천IC
강치 [gaŋʧi] /동물
강타 强打 [gaŋta]
강파르다 [gaŋparɨda] 까다롭고 괴팍하다, 정이 메마르고 야박하다
강퍅하다 剛愎-- [gaŋpjakada, 강퍄카다] 까다롭고 고집이 세다
강:평 講評 [ga:ŋpjəŋ]
강:하 降下 [ga:ŋɦa]
강:행 强行 [ga:ŋɦɛŋ]
강호 强豪 [gaŋɦo]
강호 江湖 [gaŋɦo]
강화 强化 [gaŋɦwa]
강:화 講和 [ga:ŋɦwa]
강화도 [gaŋɦwado] /인천시 강화군
강황 薑黃 [gaŋɦwaŋ]
강희제 康熙帝 [gaŋɦidʒe, 강히제] /청나라 황제, 淸의 융성기
갖가지 [gadg'adʒi, 갇까지]
갖바치 [gadb'aʧi, 갇빠치] 옛날, 가죽신을 만들던 사람
같다 [gad'a, 가따] 같이[gaʧi, 가치] 같은[gatɨn, 가튼] 같지[gaddʒ'i, 갇찌]
개: [gɛ:] 犬
개:가 改嫁 [gɛ:ga]
개:가 凱歌 [gɛ:ga]
개:각 改閣 [gɛ:gag]

개간 開墾 [gɛgan] 땅을 일굼
개강 開講 [gɛgaŋ]
개:개 個個 [gɛ:gɛ] 낱낱
개개다 [gɛgɛda] /성가시게 달라붙다, 개기다(×)
개개비 [gɛgɛbi] /조류
개:고기 [gɛ:gogi]
개골산 皆骨山 [gɛgols'an, 개골싼] 겨울의 '금강산'을 이르는 말
개:과천:선 改過遷善 [gɛ:gwaʧə:nsən]
개관 開館 [gɛgwan]
개:관 槪觀 [gɛ:gwan]
개:괄 槪括 [gɛ:gwal]
개:괄적 槪括的 [gɛ:gwalʤəg]
개교 開校 [gɛgjo]
개구쟁이 [gɛguʤɛŋi] 개구장이(×)
개국 開國 [gɛgug]
개국 開局 [gɛgug] /방송국
개:군면 介軍面 [gɛ:gunmjən] /경기도 양평군
개근 皆勤 [gɛgɨn]
개기일식 皆旣日蝕 [gɛgiils'ig, 개기일씩]
개:나발 [gɛ:nabal] 허튼 소리
개:념 槪念 [gɛ:njəm]
개:다 [gɛ:da] /날씨, 침구
개:당 個當 [gɛ:daŋ]
개도국 開途國 [gɛdogug]
개:떡 [gɛ:d'əg]
개:략 槪略 [gɛ:rjag]
개:량 改良 [gɛ:rjaŋ]
개:론 槪論 [gɛ:ron]
개:마고원 蓋馬高原 [gɛ:magowən] / '한반도의 지붕', 북한
개막 開幕 [gɛmag]
개:망초 [gɛ:maŋʧo] /식물
개:머리판 ---板 [gɛ:məripan]
개:명 改名 [gɛ:mjəŋ]
개명천지 開明天地 [gɛmjəŋʧənʤi]
개:미 [gɛ:mj] 蟻
개발 開發 [gɛbal]
개방 開放 [gɛbaŋ]
개벽 開闢 [gɛbjəg] /천지개벽
개:별적 個別的 [gɛ:bjəlʤəg]
개병 皆兵 [gɛbjəŋ] /국민개병제 ↔ 모병(募兵)
개:보:수 改補修 [gɛ:bo:su]
개복 開腹 [gɛbog] 배를 갈라 엶
개:불 [gɛ:bul] /수산물
개:비 改備 [gɛ:bi]
-개비 [gɛbi] /담배·성냥 한 개비
개:선 改善 [gɛ:sən]
개:선 凱旋 [gɛ:sən] /선수단 개선, 개선행진곡
개설 開設 [gɛsəl]
개:설 槪說 [gɛ:səl]
개:성 個性 [gɛ:səŋ]
개:성 改姓 [gɛ:səŋ]
개성고 開成高 [gɛsəŋgo] /부산광역시 부산진구, 구 부산상고
개성시 開城市 [gɛsəŋsi] /황해북도 중서부의 市, 북한
개소식 開所式 [gɛsosig]
개:수 改修 [gɛ:su]
개:수 個數 [gɛ:s'u, 개:쑤]
개수대 --臺 [gɛsudɛ] /부엌
개숫물 [gɛsunmul, 개순물] 설거지물
개시 開始 [gɛsi]
개식사 開式辭 [gɛsigs'a, 개식싸]
개:신교 改新敎 [gɛ:singjo]
개심사 開心寺 [gɛsimsa] /사찰, 충남 서산시
개:심하다 改心-- [gɛ:simɦada]
개:악 改惡 [gɛ:ag]
개안 開眼 [gɛan]
개암 [gɛam] /개암나무
개암사 開巖寺 [gɛamsa] /사찰, 전북 부안군
개업 開業 [gɛəb]
개:연성 蓋然性 [gɛ:jəns'əŋ, 개:연썽]
개:요 槪要 [gɛ:jo]
개운산 開運山 [gɛunsan] /서울시 성북구
개운하다 [gɛunɦada]

개원 開院 [gɛwən]
개의 開議 [gɛi, 개이]
개:의치 않다 介意- --[gɛ:iʧianta, 개:이치안타]
개:인 個人 [gɛ:in]
개:인적 個人的 [gɛ:inʤəg]
개:입 介入 [gɛ:ib]
개:작 改作 [gɛ:ʤag]
개장 開場 [gɛʤaŋ]
개:장국 -醬- [gɛ:ʤaŋg'ug, 개:장꾹]
개:재 介在 [gɛ:ʤɛ]
개전 開戰 [gɛʤən]
개:전 改悛 [gɛ:ʤən] /개전의 여지
개정 開廷 [gɛʤəŋ] /법정, ↔폐정(閉廷)
개:정 改正 [gɛ:ʤəŋ] /헌법 개정, 회칙 개정
개:정 改定 [gɛ:ʤəŋ] /맞춤법 개정, 개정 요금
개:정 改訂 [gɛ:ʤəŋ] /개정판, 참고서 개정
개정면 開井面 [gɛʤəŋmjən] /전북 군산시
개:조 改造 [gɛ:ʤo]
개:종 改宗 [gɛ:ʤoŋ]
개:중에 個中- [gɛ:ʤuŋe]
개진 開陳 [gɛʤin] /의견 개진
개:차반 [gɛ:ʧaban] 언행이 몹시 나쁜 사람
개:찰구 改札口 [gɛ:ʧalgu]
개척 開拓 [gɛʧəg]
개천 -川 [gɛʧən]
개:체 個體 [gɛ:ʧe]
개최 開催 [gɛʧø(we), 최(췌)]
개:축 改築 [gɛ:ʧug]
개:칭 改稱 [gɛ:ʧiŋ]
개키다 [gɛkida]
개:탄 慨嘆/慨歎 [gɛ:tan]
개태사 開泰寺 [gɛtɛsa] /사찰, 충남 논산시, 고려 왕건(王建)이 세운 절
개통 開通 [gɛtoŋ]
개펄 [gɛpəl] 갯가의 개흙이 깔린 벌판
개:편 改編 [gɛ:pjən]
개평 [gɛpjəŋ] 노름판, 내기에서의 공것
개폐 開閉 [gɛpje]
개포동 開浦洞 [gɛpodoŋ] /서울시 강남구
개표 開票 [gɛpjo]
개학 開學 [gɛɦag]
개:헌 改憲 [gɛ:ɦən]
개:혁 改革 [gɛ:ɦjəg]
개화 開花 [gɛɦwa]
개화동 開花洞 [gɛɦwadoŋ] /서울시 강서구
개화사상 開化思想 [gɛɦwasasaŋ]
개:황 概況 [gɛ:ɦwaŋ]
객관적 客觀的 [gɛg'wanʤəg, 개꽌적]
객기 客氣 [gɛg'i, 개끼]
객쩍다 客-- [gɛgʤ'əgd'a, 객쩍따] 말, 행동이 쓸데없고 싱겁다
갯가 [gɛdg'a, 갣까]
갯마을 [gɛnmaɨl, 갠마을]
갯바위 [gɛdb'awi, 갣빠위]
갯배 [gɛdb'ɛ, 갣빼]
갯벌 [gɛdb'əl, 갣뻘] 바닷물이 드나드는 모래톱, 또는 그 주변의 넓은 땅
갱구 坑口 [gɛŋgu] /갱도의 입구
갱:년기 更年期 [gɛ:ŋnjəngi]
갱도 坑道 [gɛŋdo]
갱:생 更生 [gɛ:ŋsɛŋ]
갱:신 更新 [gɛ:ŋsin] /면허, 협상
갱엿 [gɛŋnjəd, 갱녇] ≒ 검은엿
갱:지 更紙 [gɛ:ŋʤi]
갸:륵하다 [gja:rɨkada, 갸르카다]
갸름하다 [gjarɨmɦada]
갹출 醵出 [gjagʧul]
걔 [gjɛ] '그 아이'의 준말
거간꾼 居間- [gəgang'un] 흥정 붙이는 사람
거:개 擧皆 [gə:gɛ] 거의 모두
거:구 巨軀 [gə:gu]
거:국적 擧國的 [gə:gugʤ'əg, 거:국쩍]
거:금 巨金 [gə:gɨm]
거금도 居金島 [gəgɨmdo] /전남 고

흥군
거나하다 [gənaɦada] /술
거닐다 [gənilda]
거:담 去痰/祛痰 [gə:dam] 가래를 없앰
거:당적 擧黨的 [gə:daŋdʒəg] /거당적 지원
거:대 巨大 [gə:dɛ]
거:동 擧動 [gə:doŋ]
거:두 巨頭 [gə:du]
거:두리 擧頭里 [gə:duri] /강원도 춘천시
거:두절미 去頭截尾 [gə:dudʒəlmi]
거:둥길 [gə:duŋg'il, 거:둥낄] (←擧動) 임금이 드나드는 길, ≒ 어로(御路), /史劇
거:드름 [gə:dirim] /거드름 피우다
거:들다 [gə:dilda]
거:들먹거리다 [gə:dilməg'ərida, 거:들머꺼리다]
거듭나다 [gədimnada, 거듬나다]
거란 [gəran] (←契丹) /거란族
거:래 去來 [gə:rɛ]
거:론 擧論 [gə:ron]
거:룩하다 [gə:rukada, 거:루카다]
거룻배 [gərudb'ɛ, 거룯빼] 돛이 없는 작은 배
거르다 [gərida]
거름 [gərim]
거리 [gəri] 街, 道
거:리 距離 [gə:ri]
-거리 [g'əri, 꺼리] 내용이 될 만한 재료, /국거리, 볼거리
거리낌 [gərig'im]
거마비 車馬費 [gəmabi] 교통비
거:만하다 倨慢-- [gə:manɦada]
거:머리 [gə:məri]
거:목 巨木 [gə:mog]
거문고 [gəmungo]
거:문도 巨文島 [gə:mundo] /전남 여수시, 거문도 사건(1885)
거:물 巨物 [gə:mul]
거뭇하다 [gəmutada, 거무타다] =거무스름하다
거미 [gəmi] 蛛 /곤충
거:부 拒否 [gə:bu]
거:부 巨富 [gə:bu]
거북선 [gəbugs'ən, 거북썬]
거:북하다 [gə:bukada, 거:부카다]
거사 居士 [gəsa]
거:사 擧事 [gə:sa] 큰일을 일으킴
거:사 巨事 [gə:sa] 거창한 일
거:산 巨山 [gə:san]
거:상 巨商 [gə:saŋ]
거:성 巨星 [gə:səŋ]
거:세 去勢 [gə:se]
거세다 [gəseda]
거소 居所 [gəso]
거:수기 擧手機 [gə:sugi]
거스르다 逆, 換 [gəsirida]
거스름돈 [gəsirimd'on, 거스름똔]
거:시적 巨視的 [gə:sidʒəg]
거:식증 拒食症 [gə:sigdʒ'iŋ, 거:식쯩]
거실 居室 [gəsil]
거:액 巨額 [gə:ɛg]
거:여 巨與 [gə:jə] /거대 여당
거:여동 巨餘洞 [gə:jədoŋ] /서울시 송파구
거:역 拒逆 [gə:jəg]
거:의 [gə:i, 거:이]
거:인 巨人 [gə:in]
거:잠포 巨蠶浦 [gə:dʒampo] /인천광역시 중구, 浦口
거:장 巨匠 [gə:dʒaŋ]
거저 [gədʒə]
거적 [gədʒəg]
거:절 拒絕 [gə:dʒəl]
거:점 據點 [gə:dʒ'əm, 거:쩜]
거:제도 巨濟島 [gə:dʒedo] /경남 거제시
거주 居住 [gədʒu]
거:중기 擧重機 [gə:dʒuŋgi]
거중조정 居中調整 [gədʒuŋdʒodʒəŋ] /제3자가 문제 해결을 도움
거:지 [gə:dʒi]

거지반 居之半 [gədʒiban] 거의 절반
거:진읍 巨津邑 [gə:dʒinɨb, 거:지늡] / 강원도 고성군, 항구
거:짓말 [gə:dʒinmal, 거:진말]
거:차도 巨次島 [gə:ʧado] /전남 진도군의 섬
거창군 居昌郡 [gəʧaŋgun] /경남 북서부의 郡
거:창하다 巨創-- [gə:ʧaŋɦada]
거처 居處 [gəʧə]
거총 据銃 [gəʧoŋ] /사격
거:추장스럽다 [gə:ʧudʒaŋsirəbd'a, 거:추장스럽따]
거:취 去就 [gə:ʧwi]
거치 据置 [gəʧi] /대출, 은행
거치다 [gəʧida]
거치대 据置臺 [gəʧidɛ]
거칠다 [gəʧilda] 거친[gəʧin] 거치른(×)
거택 居宅 [gətɛg]
거:포 巨砲 [gə:po]
거푸 [gəpu] 잇따라 거듭
거푸집 [gəpudʒib] 鑄型, 형틀
거:한 巨漢 [gə:ɦan] 몸집이 큰 사내
거:함 巨艦 [gə:ɦam]
거:행 擧行 [gə:ɦɛŋ]
건:각 健脚 [gə:ngag]
건:강 健康 [gə:ngaŋ]
건곤감리 乾坤坎離 [gəngongamni, 건곤감니] /태극기
건곤일척 乾坤一擲 [gəngonilʧəg, 건고닐척] /결정적 승부
건:국 建國 [gə:ngug]
건:너다 [gə:nnəda]
건:너편 --便 [gə:nnəpjən]
건:넌방 --房 [gə:nnənbaŋ]
건:널목 [gə:nnəlmog]
건:네다 [gə:nneda]
건달 乾達 [gəndal]
건:대 建大 [gə:ndɛ] '建國大學校'의 약칭
건더기 [gəndəgi] 건데기(×)
건:드리다 [gə:ndirida]
건들거리다 [gəndilgərida]
건륭제 乾隆帝 [gənnjuŋdʒe, 건늉제] / 청나라 황제, 최전성기, (1711~1799)
건:립 建立 [gə:llib, 걸:립]
건:망증 健忘症 [gə:nmaŋdʒ'iŋ, 건:망쯩]
건:물 建物 [gə:nmul]
건:반 鍵盤 [gə:nban]
건배 乾杯 [gənbɛ]
건:보 健保 [gə:nbo] '건강보험'의 약칭
건봉사 乾鳳寺 [gənboŋsa] /사찰, 강원도 고성군
건빵 乾- [gənb'aŋ]
건사 [gənsa] 보살피고 돌봄
건선 乾癬 [gənsən] 마른버짐
건:설적 建設的 [gə:nsəldʒəg]
건:설주 建設株 [gə:nsəldʒu] '건설업종주식'
건성 乾性 [gənsəŋ] /피부
건성 [gənsəŋ] /건성으로 듣다, 건성으로 대답하다
건수 件數 [gəns'u, 건쑤]
건:실한 健實- [gə:nsilɦan]
건:아 健兒 [gə:na, 거:나] /대한 건아
건:양다경 建陽多慶 [gə:njaŋdagjəŋ, 거:냥다경] /立春
건:양대 建陽大 [gə:njaŋdɛ, 거:냥대] /충남 논산시
건어물 乾魚物 [gənəmul, 거너물]
건:영 建榮 [gə:njəŋ, 거:녕] /건설회사, (주)건영
건:원릉 健元陵 [gə:nwənniŋ, 거:눤능] 이성계의 무덤
건원중:보 乾元重寶 [gənwəndʒu:ŋbo, 거눤중:보] 조선 최초의 쇠돈
건:의 建議 [gə:ni, 거:니]
건:입동 健入洞 [gə:nibd'oŋ, 거:닙똥] 제주도 제주시
건:장한 健壯- [gə:ndʒaŋɦan]
건:재 健在 [gə:ndʒɛ]
건:재 建材 [gə:ndʒɛ]
건:전성 健全性 [gə:ndʒəns'əŋ, 건:전썽]
건전지 乾電池 [gəndʒəndʒi]

건조 乾燥 [gəndʒo]
건:조 建造 [gə:ndʒo]
건착망 巾着網 [gənʧaŋmaŋ, 건창망] /수산업
건천동 乾川洞 [gənʧəndoŋ] /이순신의 탄생지, 現 서울시 중구 인현동
건청궁 乾淸宮 [gənʧəŋguŋ] /명성황후가 시해당한 궁
건천읍 乾川邑 [gənʧənɨb, 건처늡] /경북 경주시
건초 乾草 [gənʧo]
건:축 建築 [gə:nʧug]
건:치 健齒 [gə:nʧi]
건:평 建坪 [gə:npjəŋ]
건:폐율 建蔽率 [gə:npjejul]
건포도 乾葡萄 [gənpodo]
걷다 [gəd'a, 거따] /빨래를 걷다, 소매를 걷다
걷:다 [gə:d'a, 거:따] 步, 걷:지[gə:ddʒ'i, 걷:찌], 걸어[gərə, 거러] 걷:는[gə:nnɨn, 건:는], 걸으니[gərɨni, 거르니]
-걷이 [gədʒi, 거지] /가을걷이
걸:개그:림 [gə:lgɛgɨ:rim]
걸걸하다 [gəlgəlɦada] /목소리
걸걸하다 傑傑-- [gəlgəlɦada] /성격, 외모
걸:다 [gə:lda] 걸:지[gə:ldʒi] 걸어[gərə, 거러] 거:니[gə:ni] 거:오[gə:o] 걸:대[gə:ld'ɛ, 걸:때]
걸림돌 [gəllimd'ol, 걸림똘]
걸:상 -床 [gə:ls'aŋ, 걸:쌍]
걸식 乞食 [gəls'ig, 걸씩]
걸신 乞神 [gəls'in, 걸씬] /걸신들린 듯 먹다
걸음 [gərɨm, 거름]
걸작 傑作 [gəldʒ'ag, 걸짝]
걸:치다 [gə:lʧida]
걸:터앉다 [gə:ltəand'a, 걸:터안따]
걸핏하면 [gəlpitamjən, 걸피타면]
검:객 劍客 [gə:mgɛg]
검:거 檢擧 [gə:mgə]
검:경 檢警 [gə:mgjəŋ] '검찰과 경찰'
검:다 [gə:md'a, 검:따] 검:고[gə:mg'o, 검:꼬] 검어[gəmə, 거머] 검으니[gəmɨni, 거므니]
검단동 黔丹洞 [gəmdandoŋ] /인천시 서구
검:단리 檢丹里 [gə:mdanni, 검:단니] /충북 충주시, 울산시 울주군, 경북 경주시, 경남 함안군
검:도 劍道 [gə:mdo]
검둥개 [gəmduŋgɛ]
검:무 劍舞 [gə:mmu]
검:문 檢問 [gə:mmun]
검:버섯 [gə:mbəsəd, 검:버섣]
검:법 劍法 [gə:mb'əb, 검:뻡]
검:봉산 劍峰山 [gə:mboŋsan] /강원도 춘천시
검불 [gəmbul]
검:붉은 [gə:mbulgɨn, 검:불근]
검:사 檢事 [gə:msa]
검:사 檢査 [gə:msa]
검:사증 檢査證 [gə:msadʒ'ɨŋ, 검:사쯩]
검:산 檢算 [gə:msan]
검:색 檢索 [gə:msɛg]
검:소한 儉素- [gə:msoɦan]
검:수 檢收 [gə:msu] /검수를 받다, 검수 확인
검:시 檢屍 [gə:msi]
검:안 檢眼 [gə:man, 거:만] /눈 검사
검:안서 檢案書 [gə:mansə, 거:만서] /死體 검안서
검암동 黔岩洞 [gəmamdoŋ, 거맘동] /인천광역시 서구
검:약 儉約 [gə:mjag, 거:먁]
검:역 檢疫 [gə:mjəg, 거:멱]
검:열 檢閱 [gə:mjəl, 거:멸]
검:인 檢印 [gə:min, 거:민]
검정 [gəmdʒəŋ] /검정 치마, 검정 바지
검:정 檢定 [gə:mdʒəŋ]
검:증 檢證 [gə:mdʒɨŋ]
검:진 檢診 [gə:mdʒin]
검:찰 檢察 [gə:mʧal]

검:출 檢出 [gə:mʧul]
검:침 檢針 [gə:mʧim]
검:토 檢討 [gə:mto]
검:투사 劍鬪士 [gə:mtusa]
검:표 檢票 [gə:mpjo]
검:푸르다 [gə:mpurɨda]
겁나다 怯-- [gəmnada, 검나다] 겁이 [gəbi, 거비]
겁박 劫迫 [gəb'ag, 거빡] 으르고 협박함, /史劇
겉감 [gədg'am, 걷깜]
겉늙다 [gənnɨgd'a, 건늑따] 겉늙지[gənnɨgʤ'i, 건늑찌] 겉늙어[gənnɨlgə, 건늘거] 겉늙으니[gənnɨlgɨni, 건늘그니]
겉멋 [gənməd, 건먿]
겉봉 -封 [gədb'oŋ, 걷뽕]
겉옷 [gədod, 거돋]
겉잎 [gənnib, 건닙]
겉절이 [gədʤ'əri, 걷쩌리]
겉핥기 [gətalg'i, 거탈끼]
게: [ge:] 蟹
게:거품 [ge:gəpum] /개거품(×)
게걸스럽다 [gegəlsɨrəbd'a, 게걸스럽따]
게:시판 揭示板 [ge:sipan]
게:양 揭揚 [ge:jaŋ]
게으르다 [geɨrɨda]
게:장 -醬 [ge:ʤaŋ]
게:재 揭載 [ge:ʤɛ]
겨:냥 [gjə:njaŋ]
겨누다 [gjənuda]
겨를 [gjərɨl]
겨우 [gjəu]
겨울잠 [gjəulʤ'am, 겨울짬]
격감 激減 [gjəg'am, 겨깜]
격납고 格納庫 [gjəŋnabg'o, 경납꼬]
격노 激怒 [gjəŋno, 경노]
격랑 激浪 [gjəŋnaŋ, 경낭]
격려 激勵 [gjəŋnjə, 경녀]
격렬 激烈 [gjəŋnjəl, 경녈]
격론 激論 [gjəŋnon, 경논]
격류 激流 [gjəŋnju, 경뉴]
격리 隔離 [gjəŋni, 경니]
격문 檄文 [gjəŋmun, 경문]
격발장치 擊發裝置 [gjəgb'alʤaŋʧi, 격빨장치]
격상 格上 [gjəgs'aŋ, 격쌍]
격세지감 隔世之感 [gjəgs'eʤigam, 격쎄지감]
격앙 激昻 [gjəgaŋ, 겨강]
격의 隔意 [gjəgi, 겨기]
격자무늬 格子-- [gjəgʤ'amuni, 격짜무니] 늑석쇠무늬, 문살무늬
격전지 激戰地 [gjəgʤ'ənʤi, 격쩐지]
격정적 激情的 [gjəgʤ'əŋʤəg, 격쩡적]
격조 格調 [gjəgʤ'o, 격쪼]
격조하다 隔阻-- [gjəgʤ'oɦada, 격쪼하다] 오랫동안 서로 소식이 막힘
격하 格下 [gjəka, 겨카]
격한 激- [gjəkan, 겨칸]
격화소양 隔靴搔癢 [gjəkwasojaŋ, 겨콰소양] 신발 신고 발바닥 긁기, 별 실효가 없는 일
견강부:회 牽强附會 [gjəngaŋbu:ɦø(we), 회(훼)] 어떻든 유리한 쪽으로 몰아감
견고한 堅固 [gjəngoɦan]
견공 犬公 [gjəngoŋ]
견골 肩骨 [gjəngol] 어깨뼈
견과류 堅果類 [gjəngwarju]
견:리사의 見利思義 [gjə:llisai, 결:리사이] /이익을 앞에 두고 의(義)를 생각함, 안중근
견마지로 犬馬之勞 [gjənmaʤiro] /자신의 노력을 낮추어 이르는 말
견:문 見聞 [gjə:nmun]
견:본 見本 [gjə:nbon]
견사 絹紗 [gjənsa]
견:성 見性 [gjə:nsəŋ] 깨달아 앎, /불교
견:소동 見召洞 [gjə:nsodoŋ] /강원도 강릉시
견:습 見習 [gjə:nsɨb]
견:시병 見視兵 [gjə:nsibjəŋ] /군대
견우 牽牛 [gjənu, 겨누]
견:위치:명 見危致命 [gjə:nwiʧi:mjəŋ,

겨:뉘치:명] /나라가 위태로울 때 목숨을 바침, 안중근
견유학파 犬儒學派 [gjənjuɦagpa, 겨뉴학파] /고대 그리스, 역사
견인 牽引 [gjənin, 겨닌]
견장 肩章 [gjəndʒaŋ] /군인, 경찰
견:적 見積 [gjə:ndʒəg]
견제 牽制 [gjəndʒe]
견조한 堅調- [gjəndʒoɦan] /주가가 계속 높은 상태, (경제)
견종 犬種 [gjəndʒoŋ]
견주다 [gjəndʒuda]
견지 堅持 [gjəndʒi] 견해, 입장 등을 굳게 지킴
견:지 見地 [gjə:ndʒi]
견지동 堅志洞 [gjəndʒidoŋ] /서울시 종로구
견진성:사 堅振聖事 [gjəndʒinsə:ŋsa] 신앙을 성숙하게 하는 성사, /가톨릭
견:책 譴責 [gjə:nʧɛg] /징계
견통 肩痛 [gjəntoŋ] 어깨결림
견:학 見學 [gjə:nɦag]
견:해 見解 [gjə:nɦɛ]
견훤 甄萱 [gjənɦwən] 후백제의 시조, 역사
겯:다 [gjə:d'a, 겨:따] /서로 어깨를 겯다, 총을 겯다, 팔을 겯다
결격 缺格 [gjəlg'jəg, 결껵]
결과 缺課 [gjəlgwa] 수업, 강의를 빠짐
결기 -氣 [gjəlgi]
결단력 決斷力 [gjəld'annjəg, 결딴녁]
결딴나다 [gjəld'annada] /망하다, 못쓰게 되다, 거덜나다
결렬 決裂 [gjəlljəl]
결례 缺禮 [gjəllje]
결론적 結論的 [gjəllondʒəg]
결막염 結膜炎 [gjəlmaŋnjəm, 결망념]
결말 結末 [gjəlmal]
결명자 決明子 [gjəlmjəŋdʒa] /식물, 茶
결박하다 結縛-- [gjəlbakada, 결바카다]
결방 缺放 [gjəlbaŋ] 방송이 안 됨
결백하다 潔白-- [gjəlbɛkada, 결배카다]
결번 缺番 [gjəlbən]
결별 訣別 [gjəlbjəl]
결부 結付 [gjəlbu]
결빙 結氷 [gjəlbiŋ]
결사적 決死的 [gjəls'adʒəg, 결싸적]
결사체 結社體 [gjəls'aʧe, 결싸체]
결산 決算 [gjəls'an, 결싼]
결석 缺席 [gjəls'əg, 결썩]
결석 結石 [gjəls'əg, 결썩]
결선 決選 [gjəls'ən, 결썬]
결성 結成 [gjəls'əŋ, 결썽]
결속력 結束力 [gjəls'oŋnjəg, 결쏭녁]
결손 缺損 [gjəls'on, 결쏜]
결승전 決勝戰 [gjəls'ɨŋdʒən, 결씅전]
결시 缺試 [gjəls'i, 결씨]
결식아동 缺食兒童 [gjəls'igadoŋ, 결씨가동]
결심 決心 [gjəls'im, 결씸]
결심 結審 [gjəls'im, 결씸] /결심공판
결어 結語 [gjərə, 겨러] =결론
결여 缺如 [gjərjə, 겨려]
결연 結緣 [gjərjən, 겨련]
결연히 決然- [gjərjənɦi, 겨련히]
결의 決意 [gjəri, 겨리]
결자해:지 結者解之 [gjəldʒ'aɦɛ:dʒi, 결짜해:지]
결장 缺場 [gjəldʒ'aŋ, 결짱]
결재 決裁 [gjəldʒ'ɛ, 결째]
결정적 決定的 [gjəldʒ'əŋdʒəg, 결쩡적]
결제 決濟 [gjəldʒ'e, 결쩨]
결집 結集 [gjəldʒ'ib, 결찝]
결핍 缺乏 [gjəlpib]
결함 缺陷 [gjəlɦam]
겸상 兼床 [gjəmsaŋ] 겹상(×)
겸손 謙遜 [gjəmson]
겸양 謙讓 [gjəmjaŋ, 겨먕]
겸재 謙齋 [gjəmdʒɛ] /조선 화가 '정선(鄭歚)'의 호
겸직 兼職 [gjəmdʒig]
겸하다 兼-- [gjəmɦada]
경각 頃刻 [gjəŋgag] /~을 다투다, ~에 달려 있다

경:각심 警覺心 [gjə:ŋgags'im, 경:각씸]
경감 輕減 [gjəŋgam]
경:감 警監 [gjə:ŋgam] /경찰
경강국도 京江國道 [gjəŋgaŋgugd'o, 경강국또] 경기도와 강원도를 연결
경개 景槪 [gjəŋgɛ] ≒경치
경거망:동 輕擧妄動 [gjəŋgəma:ŋdoŋ]
경:건하다 敬虔-- [gjə:ŋgənɦada]
경계 境界 [gjəŋgje]
경:계 警戒 [gjə:ŋge]
경:고 警告 [gjə:ŋgo]
경과 經過 [gjəŋgwa]
경관 景觀 [gjəŋgwan]
경:관 警官 [gjə:ŋgwan] /경찰
경:광등 警光燈 [gjə:ŋgwaŋdɨŋ]
경교장 京橋莊 [gjəŋgjodʒaŋ] /서울시 종로구, 김구 선생의 집
경구 經口 [gjəŋgu] 입을 통하여 몸으로 들어감
경:구 警句 [gjə:ŋg'u, 경:꾸]
경극 京劇 [gjəŋgɨg] /중국의 전통극
경기 京畿 [gjəŋgi] /경기도
경기 景氣 [gjəŋgi]
경기 驚氣 [gjəŋg'i, 경끼]
경:기 競技 [gjə:ŋgi]
경:남 慶南 [gjə:ŋnam] /'경상남도'의 약칭
경남관광 京南觀光 [gjəŋnamgwangwaŋ] /운수회사
경남기업 京南企業 [gjəŋnamgiəb] / 건설회사
경:남모직 慶南毛織 [gjə:ŋnammodʒig] /섬유회사
경:단 瓊團 [gjə:ŋdan] /경단을 빚다
경대 鏡臺 [gjəŋdɛ]
경덕공고 京德工高 [gjəŋdəg'oŋgo, 경더꽁고] /대전시 대덕구
경:덕여고 慶德女高 [gjə:ŋdəŋnjəgo, 경:덩녀고] /대구광역시 서구
경덕왕 景德王 [gjəŋdəgwaŋ, 경더광] /신라 35대 왕(?~765)
경덕중 景德中 [gjəŋdəgdʒ'uŋ, 경덕쭝] /대전시 대덕구, 충북 청주시
경덕중 景悳中 [gjəŋdəgdʒ'uŋ, 경덕쭝] /경북 안동시
경도되다 傾倒-- [gjəŋdoø(we)da, 되(뒈)]
경동고 京東高 [gjəŋdoŋgo] /서울시 성북구
경락 經絡 [gjəŋnag, 경낙]
경력 經歷 [gjəŋnjəg, 경녁]
경로 經路 [gjəŋno, 경노]
경:로석 敬老席 [gjə:ŋnosəg, 경:노석]
경륜 經綸 [gjəŋnjun, 경뉸]
경:륜 競輪 [gjə:ŋnjun, 경:뉸] 자전거 경기
경리 經理 [gjəŋni, 경니]
경:마 競馬 [gjə:ŋma]
경망스럽다 輕妄--- [gjəŋmaŋsɨrəbd'a, 경망스럽따]
경:매 競賣 [gjə:ŋmɛ]
경멸 輕蔑 [gjəŋmjəl]
경명여고 景明女高 [gjəŋmjəŋnjəgo, 경명녀고] /대구광역시 북구
경:무대 景武臺 [gjə:ŋmudɛ] '청와대'의 전신, 이승만
경:문고 慶文高 [gjə:ŋmungo] /서울시 동작구
경미하다 輕微-- [gjəŋmiɦada]
경:민대 慶旼大 [gjə:ŋmindɛ] /경기도 의정부시
경박하다 輕薄-- [gjəŋbakada, 경바카다]
경방 京紡 [gjəŋbaŋ] /섬유업체
경:배 敬拜 [gjə:ŋbɛ]
경:백리 敬白里 [gjə:ŋbɛŋni, 경:뱅니] /경남 함양군
경범죄 輕犯罪 [gjəŋbəmdʒ'ø(we), 경범쬐(쮀)]
경:보 警報 [gjə:ŋbo]
경:보 競步 [gjə:ŋbo] /스포츠
경복고 景福高 [gjəŋbog'o, 경보꼬] / 서울시 종로구
경:복궁 景福宮 [gjə:ŋbog'uŋ, 경:보꿍]

경:복여고 慶福女高 [gjə:ŋboŋnjəgo, 경:봉녀고] /서울시 강서구
경부선 京釜線 [gjəŋbusən]
경:북 慶北 [gjə:ŋbuk] '경상북도'의 약칭
경비 經費 [gjəŋbi]
경:비 警備 [gjə:ŋbi]
경:사 慶事 [gjə:ŋsa]
경사면 傾斜面 [gjəŋsamjən]
경:산시 慶山市 [gjə:ŋsansi] /경북 남부의 市
경:상도 慶尙道 [gjə:ŋsaŋdo]
경:상대 慶尙大 [gjə:ŋsaŋdɛ] /경남 진주시
경색 梗塞 [gjəŋsɛg] /정국 경색
경서동 景西洞 [gjəŋsədoŋ] /인천광역시 서구
경성 京城 [gjəŋsəŋ] /일제강점기 '서울'
경성고 景城高 [gjəŋsəŋgo] /서울시 마포구, 경기도 화성시
경:성대 慶星大 [gjə:ŋsəŋdɛ] /부산시 남구
경솔하다 輕率-- [gjəŋsolɦada]
경:순왕 敬順王 [gjə:ŋsunwaŋ, 경:수놩] /신라 마지막 왕(?~978)
경술국치 庚戌國恥 [gjəŋsulgugʧi] / 1910년 8월 29일
경:시대:회 競試大會 [gjə:ŋsidɛ:ɦø(we), 회(훼)]
경시하다 輕視-- [gjəŋsiɦada]
경신 更新 [gjəŋsin]
경:신고 儆新高 [gjə:ŋsingo] /서울시 종로구
경:신고 慶信高 [gjə:ŋsingo] /대구광역시 수성구
경신년 庚申年 [gjəŋsinnjən] /육십갑자
경악 驚愕 [gjəŋag]
경안고 京安高 [gjəŋango] /경기도 안산시
경:안천 慶安川 [gjə:ŋanʧən] /경기도 용인시·광주시를 흐르는 하천
경양식 輕洋食 [gjəŋjaŋsig]
경:애 敬愛 [gjə:ŋɛ]
경애왕 景哀王 [gjəŋɛwaŋ] /신라 55대 왕(?~927)
경:어법 敬語法 [gjə:ŋəb'əb, 경:어뻡]
경:연 競演 [gjə:ŋjən]
경영 經營 [gjəŋjəŋ]
경:영 競泳 [gjə:ŋjəŋ] /수영(다이빙, 水球 제외)
경:옥고 瓊玉膏 [gjə:ŋog'o, 경:오꼬] / 보약
경:외 敬畏 [gjə:ŋø(we), 외(웨)]
경운기 耕耘機 [gjəŋungi]
경:운동 慶雲洞 [gjə:ŋundoŋ] /서울시 종로구
경:운중 慶雲中 [gjə:ŋunʤuŋ] /대구시 서구, 경남 김해시
경원대 暻園大 [gjəŋwəndɛ] /경기도 성남시
경:원시 敬遠視 [gjə:ŋwənsi] 멀리하고 꺼림칙하게 여김
경위 經緯 [gjəŋwi] 일이 진행되어 온 과정
경:위 警衛 [gjə:ŋwi] /경찰
경유 輕油 [gjəŋju]
경유 經由 [gjəŋju] 어떤 곳을 거쳐 지남
경:의 敬意 [gjə:ŋi, 경:이] /경의를 표하다
경의선 京義線 [gjəŋ(ɨ)isən, 경이(의)선]
경인여대 京仁女大 [gjəŋinnjədɛ, 경인녀대] /인천시 계양구
경일고 京一高 [gjəŋilgo] /서울시 성동구, 경기도 안산시
경:일고 慶一高 [gjə:ŋilgo] /부산시 강서구, 경북 안동시
경:일대 慶一大 [gjə:ŋildɛ, 경:일대] / 경북 경산시
경:일여고 慶一女高 [gjə:ŋilljəgo, 경:일려고] /대구시 남구, 경남 창원시
경작 耕作 [gjəŋʤag]
경작행위 耕作行爲 [gjəŋʤakɛŋwi, 경자캥위]

경:장 警長 [gjə:ŋʤaŋ] /경찰
경:쟁 競爭 [gjə:ŋʤɛŋ]
경:적 警笛 [gjə:ŋʤəg]
경전 經典 [gjəŋʤən]
경전:철 輕電鐵 [gjəŋʤə:nʧəl]
경정 更正 [gjəŋʤəŋ] /추가경정예산안
경:정 警正 [gjə:ŋʤəŋ] /경찰
경제 經濟 [gjəŋʤe]
경:조:사 慶弔事 [gjə:ŋʤo:sa]
경:종 警鐘 [gjə:ŋʤoŋ] /경종을 울리다
경주 傾注 [gjəŋʤu] 힘, 정신을 기울임
경:주 競走 [gjə:ŋʤu]
경:주시 慶州市 [gjə:ŋʤusi] /경북 남동부의 市
경지 境地 [gjəŋʤi]
경:진대:회 競進大會 [gjə:ŋʤindɛ:ɦø(we), 회(훼)]
경질 更迭 [gjəŋʤil]
경차 輕車 [gjəŋʧa]
경:찰 警察 [gjə:ŋʧal]
경:찰서 警察署 [gjə:ŋʧals'ə, 경:찰써]
경천동:지 驚天動地 [gjəŋʧəndo:ŋʤi]
경:천사십층석탑 敬天寺十層石塔 [gjə:ŋʧənsasibʧɨŋsəgtab] /국보 86호
경첩 [gjəŋʧəb] 문짝이나 창문을 다는 데 쓰는 철물
경청 傾聽 [gjəŋʧəŋ]
경추 頸椎 [gjəŋʧu] 목등뼈
경:축 慶祝 [gjə:ŋʧug]
경춘선 京春線 [gjəŋʧunsən]
경치다 黥-- [gjəŋʧida] 혹독하게 벌을 받다
경칩 驚蟄 [gjəŋʧib] /절기
경:탄 敬歎 [gjə:ŋtan]
경평전 京平戰 [gjəŋpjəŋʤən] /서울 對 평양, 스포츠
경포대 鏡浦臺 [gjəŋpodɛ] /강원도 강릉시, 누각, 해수욕장
경품 景品 [gjəŋpum]
경:하 慶賀 [gjə:ŋɦa] /경축과 축하, 史劇
경:합 競合 [gjə:ŋɦab]
경향 傾向 [gjəŋɦjaŋ]
경향각지 京鄕各地 [gjəŋɦjaŋgagʤ'i, 경향각찌] /전국 곳곳
경험론 經驗論 [gjəŋɦəmnon, 경험논]
경혈 經穴 [gjəŋɦjəl]
경협 經協 [gjəŋɦjəb] '경제협력'의 줄임말
경:호 警護 [gjə:ŋɦo]
경호강 鏡湖江 [gjəŋɦogaŋ] /경남 진주시·함양군·산청군에 걸침
경호고 京湖高 [gjəŋɦogo] /경남 산청군
경화여고 景和女高 [gjəŋɦwajəgo] /대구광역시 달서구
경화여고 京花女高 [gjəŋɦwajəgo] /경기도 광주시
경황 景況 [gjəŋɦwaŋ]
경황 驚惶 [gjəŋɦwaŋ]
경:회루 慶會樓 [gjə:ŋɦø(we)ru, 회(훼)] /경복궁 내, 국보 제224호
경:희궁 慶熙宮 [gjə:ŋɦiguŋ, 경:히궁] /서울시 종로구, 조선 궁궐
경:희대 慶熙大 [gjə:ŋɦidɛ, 경:히대]
곁가지 [gjədg'aʤi, 견까지]
곁눈 [gjənnun, 견눈]
계: 契 [gje:] /낙찰계, 친목계
계: 計 [gje:] /합계
계간 鷄姦 [gjegan] 사내끼리의 성교
계:간 季刊 [gje:gan]
계:고장 戒告狀 [gje:goʤ'aŋ, 계:고짱]
계곡 溪谷 [gjegog]
계:관시인 桂冠詩人 [gje:gwansiin]
계급 階級 [gjegɨb]
계:기 契機 [gje:gi]
계:기판 計器板 [gje:gipan]
계:남고 桂南高 [gje:namgo] /경기도 부천시
계단 階段 [gjedan]
계:도 啓導 [gje:do]
계:동 桂洞 [gje:doŋ] /서울시 종로구

계란 鷄卵 [gjeran]
계란유골 鷄卵有骨 [gjerannjugol, 계란뉴골] 운이 없어 기회를 못 살림
계:략 計略 [gje:rjag]
계:량기 計量器 [gje:rjaŋgi]
계룡산 鷄龍山 [gjerjoŋsan] 충남 공주시·논산시·대전광역시에 걸침
계룡시 鷄龍市 [gjerjoŋsi] /충남 남부의 市
계:루 係累 [gje:ru] 다른 일이나 사물에 얽매임
계:류 繫留 [gje:rju] /법원, 선박
계륵 鷄肋 [gjerɨg] 닭의 갈비, /소용은 없으나 버리기는 아까운 것
계:리사 計理士 [gje:risa]
계:면조 界面調 [gje:mjəndʒ'o, 계:면쪼] /국악
계면쩍다 [gjemjəndʒ'əgd'a, 계면쩍따]
계명 階名 [gjemjəŋ] /음악
계:명 誡命 [gje:mjəŋ]
계:명대 啓明大 [gje:mjəŋdɛ] /대구광역시 달서구
계:모 繼母 [gje:mo]
계:몽 啓蒙 [gje:moŋ]
계:미년 癸未年 [gje:minjən]
계:발 啓發 [gje:bal]
계백 階伯 [gjebɛg] /백제 말기의 장군
계:보 系譜 [gje:bo]
계:부 繼父 [gje:bu]
계:산 計算 [gje:san]
계:상 計上 [gje:saŋ]
계:성고 啓聖高 [gje:səŋgo] /대구광역시 중구
계:성여고 啓星女高 [gje:səŋnjəgo, 계:성녀고] /서울시 중구
계:속 繼續 [gje:sog]
계:수나무 桂樹-- [gje:sunamu]
계:수조정 計數調整 [gje:sudʒodʒəŋ]
계:승 繼承 [gje:sɨŋ]
계:시다 [gje:sida]
계:시적 啓示的 [gje:sidʒəg]
계:약 契約 [gje:jag]
계:양구 桂陽區 [gje:jaŋgu] 인천광역시 북동부의 區
계:엄령 戒嚴令 [gje:əmnjəŋ, 계:엄녕]
계:열 系列 [gje:jəl]
계:영 繼泳 [gje:jəŋ] /수영
계:원예:고 桂園藝高 [gje:wənnje:go, 계:원녜:고] /경기도 성남시
계:율 戒律 [gje:jul]
계:장 係長 [gje:dʒaŋ]
계:절 季節 [gje:dʒəl]
계:정 計定 [gje:dʒəŋ]
계제 階梯 [gjedʒe] /순서, 절차, 형편, 기회 등
계:좌 計座 [gje:dʒwa]
계:주 契主 [gje:dʒu]
계:주 繼走 [gje:dʒu]
계:집애 [gje:dʒibɛ, 계:지배]
계:책 計策 [gje:ʧɛg]
계:체량 計體量 [gje:ʧerjaŋ] /권투
계:촌법 系寸法 [gje:ʧonb'əb, 계:촌뻡] /일가의 촌수를 따짐
계:출 届出 [gje:ʧul] /신고
계층 階層 [gjeʧɨŋ]
계:통 系統 [gje:toŋ]
계:투 繼投 [gje:tu] /야구
계:파 系派 [gje:pa]
계:피 桂皮 [gje:pi]
계:화면 界火面 [gje:ɦwamjən] /전북 부안군
계:획 計劃 [gje:ɦø(we)g, 획(훽)]
곗:돈 [gje:d'on, 계:똔]
고가 高價 [gog'a, 고까]
고가도:로 高架道路 [gogado:ro]
고갈 枯渴 [gogal]
고감도 高感度 [gogamdo]
고강도 高强度 [gogaŋdo]
고객 顧客 [gogɛg]
고검 高檢 [gogəm] '고등검찰청'의 준말
고견 高見 [gogjən]
고결한 高潔- [gogjəlɦan]
고고하다 孤高-- [gogoɦada]

고:고학 考古學 [go:goɦag]
고공 高空 [gogoŋ]
고:과 考課 [go:g'wa, 고:꽈]
고관대:작 高官大爵 [gogwandɛ:ʤag]
고관절 股關節/胯關節 [gogwanʤəl]
고교 高校 [gogjo]
고구려 高句麗 [gogurjə]
고:구마 [go:guma]
고군분:투 孤軍奮鬪 [gogunbu:ntu]
고:궁 古宮 [go:guŋ]
고귀한 高貴- [gogwiɦan]
고:금 古今 [go:gɨm]
고:금고 古今高 [go:gɨmgo] /전남 완도군
고급 高級 [gogɨb]
고급유 高級油 [gogɨmnju, 고금뉴]
고급육 高級肉 [gogɨmnjug, 고금뉵]
고기압 高氣壓 [gogiab]
고깃간 [gogi(d)g'an, 고기(긷)깐]
고깃집 [gogi(d)ʤ'ib, 고기(긷)찝]
고깔 [gog'al]
고농축 高濃縮 [gonoŋʧug]
고뇌 苦惱 [gonø(we), 뇌(눼)]
고니 [goni] ≒백조
고:다 [go:da] 煮
고단:백 高蛋白 [goda:nbɛg]
고단하다 [godanɦada]
고담준:론 高談峻論 [godamʤu:nnon, 고담준:논]
고답적 高踏的 [godabʤ'əg, 고답쩍]
고:당 古堂 [go:daŋ] '조만식'의 호
고:대 古代 [go:dɛ]
고:대 高大 [go:dɛ] /'高麗大學校'의 약칭
고대광:실 高臺廣室 [godɛgwa:ŋsil] 매우 크고 좋은 집
고대면 高大面 [godɛmjən] /충남 당진군
고대하다 苦待-- [godɛɦada] 몹시 기다리다
고덕동 高德洞 [godəgd'oŋ, 고덕똥] / 서울시 강동구
고도 高度 [godo]
고도 孤島 [godo]
고:도 古都 [go:do]
고:동색 古銅色 [go:doŋsɛg] 검붉은 색을 띤 누런색
고란사 皐蘭寺 [goransa] /사찰, 충남 부여군
고란초 皐蘭草 [goranʧo] /식물
고래 [gorɛ] 鯨
고랭지 高冷地 [gorɛŋʤi]
고량주 高粱酒 [gorjaŋʤu]
고려 高麗 [gorjə]
고려 考慮 [gorjə]
고령화 高齡化 [gorjəŋɦwa]
고로 故- [goro] '그러므로'
고로 高爐 [goro] /제철소
고료 稿料 [gorjo]
고루 [goru] 골고루
고루하다 固陋-- [goruɦada]
고름 [gorɨm]
고:리 古里 [go:ri] /부산 기장군, 원자력발전소
고리채 高利債 [goriʧɛ]
고리타분하다 [goritabunɦada]
고:맙다 [go:mabd'a, 고:맙따] 고:마워 [go:mawə], 고마와(×)
고:매동 古梅洞 [go:mɛdoŋ] /경기도 용인시
고매한 高邁- [gomɛɦan]
고명 [gomjəŋ] /떡국에 고명을 얹다
고명하다 高明-- [gomjəŋɦada]
고모동 顧母洞 [gomodoŋ] /대구시 수성구
고:모리 古毛里 [go:mori] /경기도 포천시·화성시
고:모리 古募里 [go:mori] /경남 진해시
고목 枯木 [gomog] 죽은 나무
고:목 古木 [go:mog]
고문 顧問 [gomun] /고문 변호사, 재정 고문
고문 拷問 [gomun] /혹독한 고문

고:문 古文 [go:mun]
고물 [gomul] 배의 뒷부분
고:물상 古物商 [go:muls'aŋ, 고:물쌍]
고:발 告發 [go:bal]
고배 苦杯 [gobɛ]
고:백 告白 [go:bɛg]
고:변 告變 [go:bjən] 반역 행위를 고발함, /史劇
고:별 告別 [go:bjəl]
고병:원성 高病原性 [gobjə:ŋwəns'əŋ, 고병:원썽] /질병
고봉 高捧 [goboŋ] 밥을 그릇 위로 수북이 담는 것
고:분 古墳 [go:bun]
고사 固辭 [go:sa] 사양, 거절
고사 枯死 [gosa]
고:사 考査 [go:sa]
고:사 告祀 [go:sa] /고사 지내다
고사리손 [gosarison]
고:사성어 故事成語 [go:sasəŋə]
고산 孤山 [gosan] '윤선도'의 호
고산리 高山里 [gosanni, 고산니] /경북 예천군·성주군, 강원도 원주시, 제주시
고:산리 古山里 [go:sanni, 고:산니] /울산시 울주군, 충남 서산시
고산준:봉 高山峻峰 [gosandʒu:nboŋ]
고산병 高山病 [gosanb'jəŋ, 고산뼝]
고삼병 高三病 [gosamb'jəŋ, 고삼뼝]
고샅길 [gosadg'il, 고산낄] /시골의 좁은 길
고:색동 古索洞 [go:sɛgd'oŋ, 고:색똥] /경기도 수원시
고:색창연 古色蒼然 [go:sɛgʧaŋjən]
고성군 高城郡 [gosəŋgun] /강원도 북동부의 郡
고성군 固城郡 [gosəŋgun] /경남 남부의 郡
고성방:가 高聲放歌 [gosəŋba:ŋga]
고:소 告訴 [go:so]
고속 高速 [gosog]
고속단정 高速端艇 [gosogd'andʒəŋ, 고속딴정] /소형 구명선
고수 高手 [gosu]
고수 鼓手 [gosu]
고:수동:굴 古藪洞窟 [go:sudo:ŋgul] /충북 단양군
고수하다 固守-- [gosuɦada]
고승 高僧 [gosɨŋ] /불교
고시 高試 [gosi] '고등고시'의 약칭
고:시 考試 [go:si]
고:시 告示 [go:si]
고식적 姑息的 [gosigdʒ'əg, 고식쩍] 임시변통의
고안 考案 [goan]
고압선 高壓線 [goabs'ən, 고압썬]
고압적 高壓的 [goabdʒ'əg, 고압쩍]
고액 高額 [goɛg]
고약 膏藥 [gojag]
고:약하다 [go:jakada, 고:야카다]
고:얀 [go:jan] /고얀 녀석
고언 苦言 [goən]
고열 高熱 [gojəl]
고엽제 枯葉劑 [gojəbdʒ'e, 고엽쩨]
고용 雇傭 [gojoŋ]
고원 高原 [gowən]
고유가 高油價 [gojug'a, 고유까]
고유의 固有- [gojue, 고유에]
고유한 固有- [gojuɦan]
고육지책 苦肉之策 [gojugdʒ'iʧɛg, 고육찌책]
고위층 高位層 [gowiʧɨŋ]
고음 高音 [goɨm]
고:의성 故意性 [go:is'əŋ, 고:이썽]
고:의적 故意的 [go:idʒəg, 고:이적]
고:인 故人 [go:in]
고임 苦任 [goim] 힘든 임무
고자 鼓子 [godʒa] 생식기가 불완전한 남자
고:자질 告者- [go:dʒadʒil]
고작 [godʒag] /고작해야
고:잔동 古棧洞 [go:dʒandoŋ] /경기도 안산시
고:장 故障 [go:dʒaŋ]

고전 苦戰 [godʒən]
고:전 古典 [go:dʒən]
고:전적 古典的 [go:dʒəndʒəg]
고점 高點 [godʒ'əm, 고쩜] /증시
고정리 高亭里 [godʒəŋni, 고정니] /경기도 김포시, 충남 보령시·연기군, 경남 밀양시, 전북 남원시, 전남 진도군
고정리 高井里 [godʒəŋni, 고정니] /충남 논산시
고:정리 古井里 [go:dʒəŋni, 고:정니] /경기도 화성시
고정적 固定的 [godʒəŋdʒəg]
고조되다 高調-- [godʒodø(we)da, 고조되(뒈)다]
고주망태 [godʒumaŋtɛ]
고증 考證 [godʒiŋ]
고:지 告知 [go:dʒi]
고지대 高地帶 [godʒidɛ]
고지방 高脂肪 [godʒibaŋ]
고진감래 苦盡甘來 [godʒingamnɛ, 고진감내]
고착 固着 [goʧag]
고착화 固着化 [goʧakwa, 고차콰]
고찰 考察 [goʧal]
고:찰 古刹 [go:ʧal]
고참 古參 [goʧam] (→ 선임)
고:철 古鐵 [go:ʧəl]
고초 苦楚 [goʧo] /고초를 겪다
고촌면 高村面 [goʧonmjən] /경기도 김포시
고충 苦衷 [goʧuŋ]
고취 鼓吹 [goʧwi] ≒鼓舞(고무)
고:택 古宅 [go:tɛg]
고:풍스럽다 古風--- [go:puŋsɨrəbd'a, 고:풍스럽따]
고:하 古下 [go:ɦa] '송진우'의 호
고:하다 告-- [go:ɦada]
고:한읍 古汗邑 [go:ɦanɨb, 고:하늡] /강원도 정선군
고향세 故鄕稅 [goɦjaŋs'e, 고향쎄]
고혈 膏血 [goɦjəl]
고혈압 高血壓 [goɦjərab, 고혀랍]
고혹적 蠱惑的 [goɦogdʒ'əg, 고혹쩍]
고환 睾丸 [goɦwan]
고환:율 高換率 [goɦwa:njul, 고화:뉼]
고황 膏肓 [goɦwaŋ] /고황에 들다(병이 몸속 깊이 들다)
고:희 古稀 [go:ɦi, 고:히]
곡기 穀氣 [gog'i, 고끼] /곡기를 끊다(놓다)
곡류 穀類 [goŋnju, 공뉴]
곡릉천 曲陵川 [goŋniŋʧən, 공능천] /경기도 고양시·양주시·파주시에 걸친 하천
곡반정동 谷泮亭洞 [gogb'andʒəŋdoŋ, 곡빤정동] /경기도 수원시
곡산역 谷山驛 [gogs'annjəg, 곡싼녁] /경기도 고양시 대곡역과 백마역 사이, 경의선
곡성군 谷城郡 [gogs'əŋgun, 곡썽군] /전남 동북부의 郡
곡예 曲藝 [gogje, 고계]
곡학아세 曲學阿世 [gokagase, 고카가세]
곤:경 困境 [go:ngjəŋ]
곤:고하다 困苦-- [go:ngoɦada] /형편이나 처지 따위가 딱하고 어렵다
곤두박질 [gondubagdʒ'il, 곤두박찔]
곤:란하다 困難-- [go:llanɦada, 골:란하다]
곤:룡포 袞龍袍 [go:lljoŋpo, 골:룡포] /임금의 正服
곤봉 棍棒 [gonboŋ]
곤양면 昆陽面 [gonjaŋmjən, 고냥면] /경남 사천시
곤:욕 困辱 [go:njog, 고:뇩] 곤욕을 치르다, 곤욕을 겪다
곤죽 -粥 [gondʒug] /밥이 곤죽이 되다
곤지암 昆池岩 [gondʒiam] /경기도 광주시, 천주교 성지, 곤지암IC
곤충 昆蟲 [gonʧuŋ]
곤:혹스럽다 困惑--- [go:nɦogs'ɨrəbd'a, 곤:혹쓰럽따]

곤:히 困- [go:nɦi]
곧이 [godʒi, 고지]
곧장 [goddʒ'aŋ, 곧짱]
골격 骨格 [golgjəg]
골계 滑稽 [golgje]
골골하다 [golgolɦada]
골다공증 骨多孔症 [goldagoŋdʒ'iŋ, 골다공쯩]
골동품 骨董品 [gold'oŋpum, 골똥품]
골똘히 [gold'olɦi]
골:마루 [go:lmaru] 골방처럼 좁은 마루
골:목 [go:lmog]
골몰하다 汨沒-- [golmolɦada]
골무 [golmu]
골:방 -房 [go:lbaŋ]
골상학 骨相學 [gols'aŋɦag, 골쌍학]
골수 骨髓 [gols'u, 골쑤]
골육상쟁 骨肉相爭 [gorjugs'aŋdʒɛŋ, 고륙쌍쟁]
골자 骨子 [goldʒ'a, 골짜]
골절상 骨折傷 [goldʒ'əlsaŋ, 골쩔상]
골탕 [goltaŋ] /골탕 먹이다
곪:다 [go:md'a, 곰:따] 膿
곯다 [golta, 골타] 腐, 飢, 곯아[고라], 곯으니[고르니], 곯는[골른] 곯지[골치] /달걀이 곯다, 몸이 곯다
곰: [go:m] 熊
곰:곰이 [go:mgomi, 곰:고미]
곰:국 [go:mg'ug, 곰:꾹]
곰방대 [gombandɛ]
곰비임비 [gombiimbi] /일이 계속 일어남
곰:살맞다 [go:msalmad'a, 곰:살마따]
곰소 [gomso] 전북 고창군과 부안군 사이의 만(灣), '소금'을 뜻함
곰치 [gomʧi] /魚類, 뱀장어와 유사
곰:취 [go:mʧwi] /취나물의 일종
곰:탕 -湯 [go:mtaŋ]
곰:팡이 [go:mpaŋi]
곱다 [gobd'a, 곱따] /추위에 손가락이 곱았다
곱:다 [go:bd'a, 곱:따] 산뜻하고 아름답다
곱:다랗다 [go:bd'arata, 곱:따라타]
곱씹다 [gobs'ibd'a, 곱씹따]
곳간 庫間 [go(d)g'an, 고(곧)깐]
곳곳에 [godg'ose, 곧꼬세]
공 功 [goŋ]
공: [go:ŋ] 球
공간 空間 [goŋgan]
공:갈 恐喝 [go:ŋgal]
공:감 共感 [go:ŋgam]
공:감각 共感覺 [go:ŋgamgag]
공개 公開 [goŋgɛ]
공것 空- [goŋg'əd, 공껃]
공:격 攻擊 [go:ŋgjəg]
공:격력 攻擊力 [go:ŋgjəŋnjəg, 공:경녁]
공경 恭敬 [goŋgjəŋ]
공고 公告 [goŋgo]
공고히 鞏固- [goŋgoɦi]
공공 公共 [goŋgoŋ]
공공연히 公公然- [goŋgoŋjənɦi]
공과 功過 [goŋgwa]
공과금 公課金 [goŋgwagɨm]
공교롭다 工巧-- [goŋgjorobd'a, 공교롭따]
공권력 公權力 [goŋg'wənnjəg, 공꿘녁]
공금 公金 [goŋgɨm]
공:급 供給 [go:ŋgɨb]
공기 空氣 [goŋgi]
공기 工期 [goŋgi]
공기 公器 [goŋgi] /방송은 사회의 공기다
공기업 公企業 [goŋgiəb]
공깃돌 [goŋgid'ol, 공기똘]
공깃밥 空器- [goŋgi(d)b'ab, 공기(긷)빱]
공당 公黨 [goŋdaŋ]
공대 恭待 [goŋdɛ]
공덕 功德 [goŋdəg]
공:덕동 孔德洞 [go:ŋdəgd'oŋ, 공:덕똥] /서울시 마포구
공:동 共同 [go:ŋdoŋ]
공동화 空洞化 [goŋdoŋɦwa]
공:람 供覽 [go:ŋnam, 공:남]

공란 空欄 [goŋnan, 공난]
공:략 攻略 [go:ŋnjag, 공:냑]
공로 功勞 [goŋno, 공노]
공론화 公論化 [goŋnonɦwa, 공논화]
공:룡 恐龍 [go:ŋnjoŋ, 공:뇽]
공릉 恭陵 [goŋnɨŋ, 공능] /경기도 파주시, 조선 章順王后의 陵
공리주의 功利主義 [goŋniʤui, 공니주이]
공립 公立 [goŋnib, 공닙]
공립학교 公立學校 [goŋnipag'jo, 공니파꾜]
공매처:분 公賣處分 [goŋmɛʧə:bun]
공:맹 孔孟 [go:ŋmɛŋ] '공자'와 '맹자'
공:멸 共滅 [go:ŋmjəl]
공:명 共鳴 [go:ŋmjəŋ]
공명정:대 公明正大 [goŋmjəŋʤə:ŋdɛ]
공모 公募 [goŋmo]
공:모 共謀 [go:ŋmo]
공무 公務 [goŋmu]
공무도하가 公無渡河歌 [goŋmudoɦaga] ≒공후인, /고조선
공문 公文 [goŋmun]
공:박 攻駁 [go:ŋbag]
공방 工房 [goŋbaŋ]
공:방 攻防 [go:ŋbaŋ]
공:범 共犯 [go:ŋbəm]
공법 工法 [goŋb'əb, 공뻡]
공법학과 公法學科 [goŋb'əpag'wa, 공뻐파꽈]
공변되다 [goŋbjəndø(we)da, 되(뒈)] ≒공평하다
공부방 工夫房 [goŋbub'aŋ, 공부빵]
공분 公憤 [goŋbun]
공붓벌레 工夫-- [goŋbu(d)b'əlle, 공부(붇)뻘레]
공:비 共匪 [go:ŋbi]
공사 工事 [goŋsa]
공사 空士 [goŋsa] '공군사관학교'의 약칭
공사 公社 [goŋsa]
공사 公使 [goŋsa]
공사다망 公私多忙 [goŋsadamaŋ]
공산 公算 [goŋsan] /확률
공산 空山 [goŋsan]
공:산주의 共産主義 [go:ŋsanʤui, 공:산주이]
공상 空想 [goŋsaŋ]
공상 公傷 [goŋsaŋ]
공:생 共生 [go:ŋsɛŋ]
공설운:동장 公設運動場 [goŋsəru:ndoŋʤaŋ, 공서룬:동장]
공성면 功城面 [goŋsəŋmjən] /경북 상주시
공:성전 攻城戰 [go:ŋsəŋʤən] /성이나 요새를 빼앗음
공:세 攻勢 [go:ŋse]
공소 公所 [goŋso] 사제가 없는 작은 예배소, /가톨릭
공소장 公訴狀 [goŋsoʤ'aŋ, 공소짱]
공손히 恭遜- [goŋsonɦi]
공수 空輸 [goŋsu]
공:수 攻守 [go:ŋsu]
공:수병 恐水病 [go:ŋsub'jəŋ, 공:수뼝] ≒광견병
공수처 公搜處 [goŋsuʧə] '고위공직자비리수사처'의 약칭
공수표 空手票 [goŋsupjo]
공습 空襲 [goŋsɨb]
공식 公式 [goŋsig]
공신 功臣 [goŋsin]
공신력 公信力 [goŋsinnjəg, 공신녁]
공실률 空室率 [goŋsilljul]
공심위 公審委 [goŋsimwi, 공시뮈] '공천심사위원회'의 준말
공:양미 供養米 [go:ŋjaŋmi]
공:여 供與 [go:ŋjə]
공연 公演 [goŋjən]
공연히 公然- [goŋjənɦi]
공염불 空念佛 [goŋnjəmbul, 공념불]
공영 公營 [goŋjəŋ]
공:영 共榮 [go:ŋjəŋ] /인류 공영
공예 工藝 [goŋje]
공용 公用 [goŋjoŋ] 공공의 목적으

로 씀
공:용 共用 [go:ŋjoŋ] /남녀공용
공원 公園 [goŋwon]
공이 [goŋi] 총포(銃砲)의 한 부분, / 공이를 세우다
공익 公益 [goŋig]
공인 公認 [goŋin]
공인 公人 [goŋin]
공임 工賃 [goŋim] 품삯
공:자 孔子 [go:ŋdʒa]
공작 公爵 [goŋdʒag]
공작 工作 [goŋdʒag]
공:작새 孔雀- [go:ŋdʒags'ɛ, 공:작쌔]
공장장 工場長 [goŋdʒaŋdʒaŋ]
공재 恭齋 [goŋdʒɛ] '윤두서'의 호
공적 公的 [goŋdʒ'əg, 공쩍]
공적 功績 [goŋdʒəg]
공적 公敵 [goŋdʒəg] /공공의 적
공전 空前 [goŋdʒən] /'공전의 대 히트'
공정 工程 [goŋdʒəŋ]
공정하다 公正-- [goŋdʒəŋɦada]
공조 空調 [goŋdʒo] /냉난방
공:조 共助 [go:ŋdʒo]
공:존 共存 [go:ŋdʒon]
공주 公主 [goŋdʒu]
공주시 公州市 [goŋdʒusi] /충남 동부의 市
공중 空中 [goŋdʒuŋ]
공중 公衆 [goŋdʒuŋ]
공중전:화 公衆電話 [goŋdʒuŋdʒə:nɦwa]
공증 公證 [goŋdʒɨŋ]
공직자 公職者 [goŋdʒigdʒ'a, 공직짜]
공짜 空- [goŋdʒ'a]
공:처가 恐妻家 [go:ŋʧəga]
공천 公薦 [goŋʧən]
공치사 功致辭 [goŋʧisa] 수고한 것을 생색내며 스스로 자랑함
공치사 空致辭 [goŋʧisa] 빈말로 하는 칭찬 /괜한 공치사
공:탁금 供託金 [go:ŋtag'ɨm, 공:타끔]
공:통 共通 [go:ŋtoŋ]
공:통점 共通點 [go:ŋtoŋdʒ'əm, 공:통쩜]
공판 公判 [goŋpan]
공:판장 共販場 [go:ŋpandʒaŋ]
공포 公布 [goŋpo]
공:포 恐怖 [go:ŋpo]
공표 公表 [goŋpjo]
공:한증 恐韓症 [go:ŋɦandʒ'ɨŋ, 공:한쯩] /중국, 스포츠
공해 公害 [goŋɦɛ]
공해상 公海上 [goŋɦɛsaŋ] /공통 해역에서
공허하다 空虛-- [goŋɦəɦada]
공:헌 貢獻 [go:ŋɦən]
공:화국 共和國 [go:ŋɦwagug]
공:화당 共和黨 [go:ŋɦwadaŋ]
공활하다 空豁-- [goŋɦwalɦada] /애국가
공:황 恐惶 [go:ŋɦwaŋ] 두려워 어찌할 바를 모름
공:황장애 恐慌障碍 [go:ŋɦwaŋdʒaŋɛ]
공후인 箜篌引 [goŋɦuin] ≒공무도하가
공훈 功勳 [goŋɦun]
과:감히 果敢- [gwa:gamɦi]
과:객 過客 [gwa:gɛg] /史劇
과거 科擧 [gwagə] /시험, 급제, (역사)
과:거 過去 [gwa:gə]
과:격하다 [gwa:gjəkada, 과:겨카다]
과:꽂 [gwa:g'od, 과:꼳]
과:녁 [gwa:njəg] (←貫革)
과:년한 過年- [gwa:njənɦan] /과년한 딸, 처녀
과:다 過多 [gwa:da]
과:단성 果斷性 [gwa:dans'əŋ, 과:단썽]
과:당 果糖 [gwa:daŋ]
과:대 誇大 [gwa:dɛ] 작은 것을 큰 것처럼 과장함 /과대포장, 과대선전
과:대망:상 誇大妄想 [gwa:dɛma:ŋsaŋ]
과:대한 過大- [gwa:dɛɦan] 정도가 지나치게 큰
과:도 果刀 [gwa:do]
과:도기 過渡期 [gwa:dogi]

과락 科落 [gwarag]
과:로 過勞 [gwa:ro]
과:림동 果林洞 [gwa:rimdoŋ] /경기도 시흥시
과립형 顆粒形 [gwaripjəŋ, 과리평] /藥
과메기 [gwamegi] /청어, 꽁치
과:묵한 寡黙- [gwa:mukan, 과:무칸]
과:문한 寡聞- [gwa:munɦan]
과:민한 過敏- [gwa:minɦan]
과:반수 過半數 [gwa:bansu]
과:부 寡婦 [gwa:bu]
과:부:하 過負荷 [gwa:bu:ɦa]
과:분하다 過分-- [gwa:bunɦada]
과세 課稅 [gwase]
과:소비 過消費 [gwa:sobi]
과:소평가 過小評價 [gwa:sopjəŋg'a, 과:소평까]
과:수원 果樹園 [gwa:suwən]
과:시 誇示 [gwa:si]
과:식 過食 [gwa:sig]
과:신 過信 [gwa:sin]
과:연 果然 [gwa:jən]
과:열 過熱 [gwa:jəl]
과:오 過誤 [gwa:o]
과외 課外 [gwaø(we), 외(웨)]
과:욕 過慾 [gwa:jog]
과:용 過用 [gwa:joŋ]
과:유불급 過猶不及 [gwa:jubulgɨb]
과:음과:식 過飮過食 [gwa:ɨmgwa:sig]
과:인 寡人 [gwa:in] 임금이 자기를 낮추어 이르던 말, /史劇
과:일 [gwa:il]
과:잉 過剩 [gwa:iŋ]
과자 菓子 [gwaʤa]
과장 課長 [gwaʤaŋ]
과:장 誇張 [gwa:ʤaŋ]
과:점 寡占 [gwaʤəm]
과정 課程 [gwaʤəŋ]
과:정 過程 [gwa:ʤəŋ]
과:중한 過重- [gwa:ʤuŋɦan]
과:징금 過徵金 [gwa:ʤiŋgɨm]
과:채류 果菜類 [gwa:ʧɛrju]
과:천시 果川市 [gwa:ʧənsi] /경기도 중부의 市
과:체중 過體重 [gwa:ʧeʤuŋ]
과:태료 過怠料 [gwa:tɛrjo]
과표 課標 [gwapjo]
과:하다 過-- [gwa:ɦada]
과학 科學 [gwaɦag]
과:히 過- [gwa:ɦi] 그다지
곽란 霍亂/癨亂 [gwaŋnan, 광난] /토사곽란
관:개 灌漑 [gwa:ngɛ] /관개시설, 저수지
관건 關鍵 [gwangən]
관권 官權 [gwang'wən, 관꿘]
관급 官給 [gwangɨb]
관능적 官能的 [gwanniŋʤəg]
관:두다 [gwa:nduda] '고만두다'의 준말
관련 關聯 [gwalljən, 괄련]
관례 慣例 [gwallje, 괄례]
관:록 貫祿 [gwa:llog, 괄:록]
관료주의 官僚主義 [gwalljoʤui, 괄료주이]
관립 官立 [gwallib, 괄립]
관면혼 寬免婚 [gwanmjənɦon] /가톨릭
관:목 灌木 [gwa:nmog] /무궁화, 진달래, 앵두나무 등
관문 關門 [gwanmun]
관문동 官門洞 [gwanmundoŋ] /경기도 과천시
관문동 館門洞 [gwanmundoŋ] /전남 여수시
관물대 官物臺 [gwanmuld'ɛ, 관물때] /군대
관세 關稅 [gwanse]
관수동 觀水洞 [gwansudoŋ] /서울시 종로구
관악 管樂 [gwanag, 과낙]
관악구 冠岳區 [gwanag'u, 과나꾸] / 서울시 남단의 區
관악역 冠岳驛 [gwanaŋnjəg, 과낭녁] /경기도 안양시
관양동 冠陽洞 [gwanjaŋdoŋ, 과냥동]

/경기도 안양시
관여 關與 [gwanjə, 과녀]
관엽식물 觀葉植物 [gwanjəbs'iŋmul, 과녑씽물]
관용 慣用 [gwanjoŋ, 과뇽]
관유물 官有物 [gwanjumul, 과뉴물] /정부나 기관의 물품
관자놀이 貫子-- [gwandʒanori, 관자노리] 관자노리(×)
관:장 灌腸 [gwa:ndʒaŋ]
관장하다 管掌-- [gwandʒaŋɦada]
관재수 官災數 [gwandʒɛsu] /관청 관련, 나쁜 운수
관절염 關節炎 [gwandʒəlljəm, 관절렴]
관찰자 觀察者 [gwanʧaldʒ'a, 관찰짜]
관창 官昌 [gwanʧaŋ] /화랑, (645~660)
관창 管槍 [gwanʧaŋ] 노즐
관철동 貫鐵洞 [gwanʧəld'oŋ, 관철똥] /서울시 종로구
관:철하다 貫徹-- [gwa:nʧəlɦada]
관:촉사 灌燭寺 [gwa:nʧogs'a, 관:촉싸] /충남 논산시
관촌리 舘村里 [gwanʧonni, 관촌니] /전북 임실군
관:통 貫通 [gwa:ntoŋ]
관포지교 管鮑之交 [gwanpodʒigjo] /절친한 우정
관현악 管絃樂 [gwanɦjənag, 관혀낙]
괄목상대 刮目相對 [gwalmogs'aŋdɛ, 괄목쌍대]
괄시 恝視 [gwals'i, 괄씨]
괄약근 括約筋 [gwarjag'ɨn, 과랴끈] /항문, 요도 (의학)
광: [gwa:ŋ] /전통가옥, 세간 넣는 곳
광:각 廣角 [gwa:ŋgag] /렌즈
광:개토왕 廣開土王 [gwa:ŋgɛtowaŋ] 고구려 19대 왕
광견병 狂犬病 [gwaŋgjənb'jəŋ, 광견뼝]
광경 光景 [gwaŋgjəŋ]
광:고 廣告 [gwa:ŋgo]
광:교 廣橋 [gwa:ŋgjo] /서울시 종로구
광교산 光敎山 [gwaŋgjosan] /경기도 수원시
광교리 光橋里 [gwaŋgjori] /전북 군산시
광:구 鑛口 [gwa:ŋgu]
광기 狂氣 [gwaŋg'i, 광끼]
광나다 光-- [gwaŋnada]
광:대 [gwa:ŋdɛ] /배우(俳優)
광:대한 廣大- [gwa:ŋdɛɦan]
광:대뼈 [gwa:ŋdɛb'jə] /뺨뼈, 협골
광:덕산 廣德山 [gwa:ŋdəgs'an, 광:덕싼] /강원도 철원군·화천군과 경기도 포천시에 걸침, /충남 아산시
광도면 光道面 [gwaŋdomjən] /경남 통영시
광:동제:약 廣東製藥 [gwa:ŋdoŋdʒe:jag] /제약회사
광란 狂亂 [gwaŋnan, 광난]
광릉 光陵 [gwaŋnɨŋ, 광능] /조선 世祖 및 貞熹王后의 陵, 경기도 남양주시
광:맥 鑛脈 [gwa:ŋmɛg]
광명 光明 [gwaŋmjəŋ]
광명시 光明市 [gwaŋmjəŋsi] /경기도 중서부의 市
광:목 廣木 [gwa:ŋmog] 무명실로 넓게 짠 베
광:물성 鑛物性 [gwa:ŋmuls'əŋ, 광물썽]
광:범:위 廣範圍 [gwa:ŋbə:mwi, 광:버:뮈]
광:법사 廣法寺 [gwa:ŋb'əbs'a, 광:뻡싸] /북한 불교의 총본산, 평양 소재
광복절 光復節 [gwaŋbogdʒ'əl, 광복쩔] 8·15
광분 狂奔 [gwaŋbun]
광:산 鑛山 [gwa:ŋsan]
광산구 光山區 [gwaŋsangu] /광주광역시 서부의 區
광:성보 廣城堡 [gwa:ŋsəŋbo] /인천광역시 강화군, 신미양요 전투
광시면 光時面 [gwaŋsimjən] /충남

예산군
광신고 光新高 [gwaŋsingo] /서울시 관악구
광신도 狂信徒 [gwaŋsindo]
광신적 狂信的 [gwaŋsindʒəg]
광:안리 廣安里 [gwa:ŋalli, 광:알리] /부산, 해수욕장
광:야 曠野 [gwa:ŋja]
광양시 光陽市 [gwaŋjaŋsi] 전남 남동부의 市
광:역시 廣域市 [gwa:ŋjəgs'i, 광:역씨]
광:장 廣場 [gwa:ŋdʒaŋ]
광:적면 廣積面 [gwa:ŋdʒəŋmjən, 광:정면] /경기도 양주시
광주광:역시 光州廣域市 [gwaŋdʒu gwa:ŋjəgs'i, 광주광:역씨] /빛고을
광주리 [gwaŋdʒuri]
광:주시 廣州市 [gwa:ŋdʒusi] /경기도 중부의 市
광채 光彩 [gwaŋʧɛ]
광천리 光川里 [gwaŋʧənnii, 광천니] /충남 당진군, 경북 포항시
광:천리 廣川里 [gwa:ŋʧənni, 광:천니] /경북 김천시, 경남 남해군
광:천읍 廣川邑 [gwa:ŋʧənɨb, 광:처늡] 충남 홍성군
광:천수 鑛泉水 [gwa:ŋʧənsu]
광:치동 廣峙洞 [gwa:ŋʧidoŋ] /전북 남원시
광:탄면 廣灘面 [gwa:ŋtanmjən] /경기도 파주시
광:폭 廣幅 [gwa:ŋpog] /타이어
광폭한 狂暴- [gwaŋpokan, 광포칸]
광풍 狂風 [gwaŋpuŋ]
광:한루 廣寒樓 [gwa:ŋhallu, 광:할루] /전북 남원시, 춘향전
광해군 光海君 [gwaŋhɛgun] 조선 15대 왕
광:혜원 廣惠院 [gwa:ŋhjewən] /최초의 근대식 병원
광화문 光化門 [gwaŋhwamun]
광:활한 廣闊- [gwa:ŋhwalhan]
광휘 光輝 [gwaŋhwi]
광:흥창 廣興倉 [gwa:ŋhɨŋʧaŋ] 조선시대 녹봉(祿俸) 사무를 맡아보던 곳
광:흥창역 廣興倉驛 [gwa:ŋhɨŋʧaŋ njəg, 광:흥창녁] /서울 지하철 6호선
광희문 光熙門 [gwaŋhimun, 광히문]
괘 卦 [gwɛ] /태극기
괘도 掛圖 [gwɛdo]
괘법동 掛法洞 [gwɛbəbd'oŋ, 괘법똥] /부산시 사상구
괘씸죄 --罪 [gwɛs'imdʒ'ø(we), 쬐(줴)]
괘종시계 掛鐘時計 [gwɛdʒoŋsigje]
괜:스레 [gwɛ:nsɨre] 괜시리(×)
괜:히 [gwɛ:nhi]
괭:이갈매기 [gwɛ:ŋigalmɛgi]
괴나리봇짐 ---褓- [gønaribo(d)dʒ'im, 괴나리보(볻)찜] 개나리봇짐(×)
괴:다 [gø:da]
괴:담 怪談 [gø:dam]
괴:도 怪盜 [gø:do] /'괴도 뤼팽(Lupin)'
괴롭다 [gørobd'a, 괴롭따] 괴로워[gø rowə], 괴로와(×)
괴뢰 傀儡 [gørø(we), 뢰(뤠)] 꼭두각시
괴리 乖離 [gøri]
괴:물 怪物 [gø:mul]
괴:발개:발 [gø:balgɛ:bal] 개발새발(×)
괴:벽 怪癖 [gø:bjəg]
괴:사 壞死 [gø:sa] /생체 조직이나 세포가 죽음, (의학)
괴산군 槐山郡 [gøsangun] /충북 중부의 郡
괴:상하다 怪狀-- [gø:saŋhada]
괴수 魁首 [gøsu] 나쁜 무리의 우두머리
괴:수 怪獸 [gø:su]
괴:질 怪疾 [gø:dʒil]
괴:짜 怪- [gø:dʒ'a]
괴팍하다 乖愎-- [gøpakada, 괴파카다]
괴:한 怪漢 [gø:han]
굉음 轟音 [gøŋim]
굉장하다 宏壯-- [gøŋdʒaŋhada]
교:가 校歌 [gjo:ga]
교각 橋脚 [gjogag]

교각살우 矯角殺牛 [gjogags'aru, 교각싸루] /작은 일을 바로잡다 큰일을 그르침
교감 交感 [gjogam]
교:감 校監 [gjo:gam]
교:계 教界 [gjo:ge] /종교계
교:과과정 教科課程 [gjo:gwagwadʒəŋ]
교:과부 [gjo:gwabu] '교육과학기술부'의 약칭
교:과서 教科書 [gjo:gwasə]
교:관 教官 [gjo:gwan]
교:구 教區 [gjo:gu]
교:권 教權 [gjo:g'wən, 교:꿘]
교:단 教壇 [gjo:dan]
교:단 教團 [gjo:dan]
교:도소 矯導所 [gjo:doso]
교두보 橋頭堡 [gjodubo]
교란 攪亂 [gjoran]
교:련 教鍊 [gjo:rjən]
교:리 教理 [gjo:ri]
교만 驕慢 [gjoman]
교목 喬木 [gjomog] /소나무, 향나무, 감나무 따위
교:목 校牧 [gjo:mog]
교묘히 巧妙- [gjomjoɦi]
교:무실 教務室 [gjo:musil]
교문리 橋門里 [gjomunni, 교문니] /경기도 구리시, 현 교문동
교:보문고 教保文庫 [gjo:bomungo] /서점
교부 交付 [gjobu]
교:부 教父 [gjo:bu] /고위 성직자
교:사 教師 [gjo:sa]
교:사 教唆 [gjo:sa] /꾀거나 부추겨 나쁜 짓을 하게 함
교산 蛟山 [gjosan] '허균'의 호
교살 絞殺 [gjosal] 목을 졸라 죽임
교:생 教生 [gjo:sɛŋ]
교:서 教書 [gjo:sə]
교성 嬌聲 [gjosəŋ] 여인의 간드러지는 소리
교성곡 交聲曲 [gjosəŋgog] /칸타타, (음악)
교:수 教授 [gjo:su]
교수형 絞首刑 [gjosuɦjəŋ]
교:시 教示 [gjo:si]
교:양 教養 [gjo:jaŋ]
교언영색 巧言令色 [gjoənnjəŋsɛg, 교언녕색]
교역 交易 [gjojəg]
교:열 校閱 [gjo:jəl]
교예 巧藝 [gjoje] /서커스(북한, 중국)
교:육 教育 [gjo:jug]
교:육열 教育熱 [gjo:juŋnjəl, 교:융녈]
교:육학과 教育學科 [gjo:jukag'wa, 교:유카꽈]
교:육효:과 教育效果 [gjo:jukjo:g'wa, 교:유쿄:꽈]
교자 餃子 [gjodʒa] =만두(饅頭)
교:재 教材 [gjo:dʒɛ]
교전 交戰 [gjodʒən]
교:정 矯正 [gjo:dʒəŋ] /교도소, 치아 교정
교:정 教正 [gjo:dʒəŋ] /자세 교정, 동작 교정
교:정 校庭 [gjo:dʒəŋ]
교:정 校訂 [gjo:dʒəŋ] /문장, 글
교:조주의 教條主義 [gjo:dʒodʒui, 교:조주이]
교:종 教宗 [gjo:dʒoŋ] /불교, 교리
교:주 教主 [gjo:dʒu]
교:중 教中 [gjo:dʒuŋ] 여러 교우, /교중미사, 가톨릭
교:직원 教職員 [gjo:dʒigwən, 교:지권]
교집합 交集合 [gjodʒipab, 교지팝]
교차 交叉 [gjoʧa]
교착상태 膠着狀態 [gjoʧags'aŋtɛ, 교착쌍태]
교:총 教總 [gjo:ʧoŋ] '한국교원단체총연합회'의 약칭
교:탁 教卓 [gjo:tag]
교태 嬌態 [gjotɛ]
교태전 交泰殿 [gjotɛdʒən] 왕비의 침전(寢殿), /경복궁

교:편 教鞭 [gjo:pjən]
교포 僑胞 [gjopo]
교하읍 交河邑 [gjoɦaɨb] /경기도 파주시
교환원 交換員 [gjoɦwanwən, 교화눤]
교활하다 狡猾-- [gjoɦwalɦada]
교:황 教皇 [gjo:ɦwaŋ] /가톨릭
교:훈적 教訓的 [gjo:ɦundʒəg]
구 九 [gu] 9
구 球 [gu]
구 區 [gu]
구: 舊 [gu:]
구: 口 [gu:]
구가하다 謳歌-- [gugaɦada] /전성기를 구가하다
구:각 舊殼 [gu:gag] /낡은 제도나 관습 따위
구:강 口腔 [gu:gaŋ]
구:경 [gu:gjəŋ] /영화구경, 벚꽃구경
구:경 口徑 [gu:gjəŋ] /총, 대포
구곡폭포 九谷瀑布 [gugogpogpo] /강원도 춘천시
구곡폭포 九曲瀑布 [gugogpogpo] /전남 순천시
구공탄 九孔炭 [gugoŋtan] /연탄
구:관 舊官 [gu:gwan] /구관이 명관
구관조 九官鳥 [gugwandʒo]
구:교리 舊校里 [gu:gjori] /충남 부여군, 강원도 양양군, 전남 해남군
구구한 區區- [guguɦan] /구구한 소문
구:국 救國 [gu:gug]
구:권 舊券 [gu:g'wən, 구:꿘] /화폐
구균 球菌 [gugjun]
구근류 球根類 [gugɨnnju, 구근뉴]
구금 拘禁 [gugɨm]
구:급약 救急藥 [gu:gɨmnjag, 구:금냑]
구기 球技 [gugi]
구:기동 舊基洞 [gu:gidoŋ] /서울시 종로구, 구기터널
구김살 [gugims'al, 구김쌀]
구:난 救難 [gu:nan]
구내 構內 [gunɛ]
구도 構圖 [gudo]
구도 求道 [gudo]
구도 球都 [gudo] /전통적으로 구기종목이 강한 도시, 주로 野球
구독료 購讀料 [gudoŋnjo, 구동뇨]
구독률 購讀率 [gudoŋnjul, 구동뉼]
구동장치 驅動裝置 [gudoŋdʒaŋʧi]
구동축 驅動軸 [gudoŋʧug]
구두 [gudu] 靴
구:두 口頭 [gu:du]
구:두선 口頭禪 [gu:dusən] /말만 있고 실속이 없음
구두점 句讀點 [gududʒ'əm, 구두쩜] /마침표와 쉼표
구둣발 [gudu(d)b'al, 구두(둗)빨]
구둣방 --房 [gudu(d)b'aŋ, 구두(둗)빵]
구둣주걱 [gudu(d)dʒ'ugəg, 구두(둗)쭈걱]
구들장 [gudɨldʒ'aŋ, 구들짱]
구:랍 舊臘 [gu:rab] 지난해의 섣달
구레나룻 [gurenarud, 구레나룯] 구렛나루(×)
구력 球歷 [gurjəg] 공을 다룬 경력, /볼링 등
구력 球力 [gurjəg] 공의 위력
구:력 舊曆 [gu:rjəg] =음력
구:령 口令 [gu:rjəŋ]
구례군 求禮郡 [gurjegun] /전남 북동부의 郡
구름다리 [gurɨmdari]
구릉 丘陵 [gurɨŋ]
구림리 九林里 [gurimni, 구림니] /전남 해남군(삼산면)·장성군
구림리 鳩林里 [gurimni, 구림니] /전남 해남군(화원면)
구:림리 舊林里 [gu:rimni, 구:림니] /전남 신안군
구림면 龜林面 [gurimmjən] /전북 순창군
구마 驅魔 [guma] 마귀를 몰아 내쫓음
구만리 九萬里 [gumalli, 구말리] 아

득하게 먼 거리
구면 球面 [gumjən]
구:면 舊面 [gu:mjən]
구명 究明 [gumjəŋ] 깊이 연구하여 밝힘
구:명 救命 [gu:mjəŋ]
구미 歐美 [gumi]
구:미 口味 [gu:mi] /구미가 당긴다, 구미에 맞다
구미시 龜尾市 [gumisi] /경북 서남부의 市
구박하다 驅迫-- [gubakada, 구바카다]
구보 驅步 [gubo]
구비 具備 [gubi]
구사일생 九死一生 [gusails'ɛŋ, 구사일쌩]
구상 構想 [gusaŋ]
구:상유치 口尙乳臭 [gu:saŋnjuʧi, 구:상뉴치] /젖비린내, 젊은 층에 대한 비아냥거림으로 쓰임
구상화 具象畵 [gusaŋɦwa]
구색 具色 [gusɛg] /구색을 맞추다
구:서동 久瑞洞 [gu:sədoŋ] /부산광역시 금정구
구석구석 [gusəg'usəg, 구서꾸석]
구:설수 口舌數 [gu:səls'u, 구:설쑤]
구성 構成 [gusəŋ]
구성지다 [gusəŋʤida]
구:세군 救世軍 [gu:segun]
구속 拘束 [gusog]
구속 球速 [gusog]
구속력 拘束力 [gusoŋnjəg, 구송녁]
구속영장 拘束令狀 [gusoŋnjəŋʤ'aŋ, 구송녕짱]
구슬리다 [gusillida] 구스르다(×)
구:식 舊式 [gu:sig]
구실 [gusil] /사람 구실, 아비 구실
구:실 口實 [gu:sil] ≒핑계, /구실을 붙이다
구심력 求心力 [gusimnjəg, 구심녁]
구심점 求心點 [gusimʤ'əm, 구심쩜]
구:악 舊惡 [gu:ag]
구:안괘사 口眼喎斜 [gu:angwɛsa] / 얼굴신경 마비
구애 求愛 [guɛ]
구애 拘碍 [guɛ] 거리끼거나 얽매임, /구애를 받다
구:약 舊約 [gu:jag]
구:어적 口語的 [gu:əʤəg]
구역 區域 [gujəg]
구역질 嘔逆- [gujəgʤ'il, 구역찔] / 구역질이 나다
구:원 救援 [gu:wən]
구:원 舊怨 [gu:wən]
구월산 九月山 [guwəls'an, 구월싼] / 황해도 신천군과 은율군 사이에 걸침
구의동 九宜洞 [guidoŋ, 구이동] /서울시 광진구
구:인사 救仁寺 [gu:insa] /사찰, 충북 단양군, 천태종 본산
구인장 拘引狀 [guinʤ'aŋ, 구인짱]
구일고 九一高 [guilgo] /서울시 구로구
9·11 [guillil, 구일릴] /2001. 9. 11. 미국에 대한 테러
9장 九章 [guʤaŋ]
구장 球場 [guʤaŋ]
구전 口錢 [guʤən] /구전을 떼다, 구전을 받다, 복덕방
구:전 口傳 [gu:ʤən]
구절 句節 [guʤəl]
구절양장 九折羊腸 [guʤəlljaŋʤaŋ, 구절량장] /꼬불꼬불하며 험한 길
구:정 舊正 [gu:ʤəŋ]
구정면 邱井面 [guʤəŋmjən] /강원도 강릉시
구제 驅除 [guʤe] 해충 따위를 몰아내어 없앰
구:제 救濟 [gu:ʤe]
구:제 舊製 [gu:ʤe] 옛적에 만든, / 구제시장
구:제역 口蹄疫 [gu:ʤejəg] ≒구제병
구조 構造 [guʤo]
구:조 救助 [gu:ʤo]

구:족화:가 口足畵家 [gu:dʒokwa:ga, 구:조콰:가]
구:좌 口座 [gu:dʒwa] /일본식, (→계좌)
구:좌읍 舊左邑 [gu:dʒwaɨb] /제주시
구직 求職 [gudʒig]
구:차하다 苟且-- [gu:ʧaɦada] /구차한 살림, 구차한 변명
구천 九天 [guʧən] 가장 높은 하늘
구천동 九千洞 [guʧəndoŋ] /덕유산 계곡, 무주 구천동
구천동 龜川洞 [guʧəndoŋ] /경기도 수원시
구천리 九川里 [guʧənni, 구천니] /경북 안동시·봉화군·청송군, 경남 밀양시·거제시
구천리 龜川里 [guʧənni, 구천니] /경북 의성군, 경남 진주시
구청 區廳 [guʧəŋ]
구축 構築 [guʧug]
구축 驅逐 [guʧug] /악화가 양화를 구축하다
구축함 驅逐艦 [guʧukam, 구추캄]
구:출 救出 [gu:ʧul]
구:취 口臭 [gu:ʧwi]
구치소 拘置所 [guʧiso]
구타 毆打 [guta]
구:태 舊態 [gu:tɛ]
구:태의연 舊態依然 [gu:tɛɨijən]
구:파발 舊擺撥 [gu:pabal] /서울시 은평구
구판장 購販場 [gupandʒaŋ]
구편 鳩便 [gupjən] /비둘기통신
구포 龜浦 [gupo] /부산시 북구
구하다 求-- [guɦada] /약을 구하다, 일자리를 구하다
구:하다 救-- [gu:ɦada] /나라를 구하다, 목숨을 구하다
구:한말 舊韓末 [gu:ɦanmal]
구현 具現 [guɦjən]
구형 求刑 [guɦjəŋ]
구:형 舊形 [gu:ɦjəŋ]
구:호 口號 [gu:ɦo]
구:호 救護 [gu:ɦo]
구혼 求婚 [guɦon]
구황동 九黃洞 [guɦwaŋdoŋ] /경북 경주시
구:황식품 救荒食品 [gu:ɦwaŋsigpum] /구황작물
구획 區劃 [guɦø(we)g, 획(훽)]
구:휼 救恤 [gu:ɦjul]
국격 國格 [gug'jəg, 구껵]
국고 國庫 [gug'o, 구꼬]
국기 國紀 [gug'i, 구끼]
국기 國旗 [gug'i, 구끼]
국기원 國技院 [gug'iwən, 구끼원] /태권도, 서울시 강남구
국난 國難 [guŋnan, 궁난]
국동 菊洞 [gugd'oŋ, 국똥] /전남 여수시
국력 國力 [guŋnjəg, 궁녁]
국록 國祿 [guŋnog, 궁녹]
국민연금 國民年金 [guŋminnjəngɨm, 궁민년금]
국민적 國民的 [guŋmindʒəg]
국빈급 國賓級 [gugb'ing'ɨb, 국삔끕]
국수역 菊秀驛 [gugs'ujəg] /경기도 양평군, 중앙선
국숫집 [gugs'u(d)dʒ'ib, 국쑤(쑫)찝]
국제법 國際法 [gugdʒ'eb'əb, 국쩨뻡]
국지성 局地性 [gugdʒ'is'əŋ, 국찌썽]
국한 局限 [gukan, 구칸]
국화 菊花 [gukwa, 구콰]
국회 [gukø(we), 구쾨(퀘)]
국회법 國會法 [gukø(we)b'əb, 구쾨(퀘)뻡]
군 軍 [gun]
군 群 [gun]
군: 郡 [gu:n]
군:것질 [gu:ngə(d)dʒ'il, 군:거(걷)찔]
군경 軍警 [gungjəŋ]
군계일학 群鷄一鶴 [gungjeilɦag]
군기 軍紀 [gungi]
군:내 郡內 [gu:nnɛ]
군:내 [gu:nnɛ] /김치

군:내면 郡內面 [gu:nnɛmjən] /경기도 파주시·포천시, 전남 진도군
군:더더기 [gu:ndədəgi]
군락지 群落地 [gullagʤ'i, 굴락찌]
군란 軍亂 [gullan, 굴란] /壬午軍亂
군량미 軍糧米 [gulljaŋmi, 굴량미]
군령 軍令 [gulljəŋ, 굴령]
군림하다 君臨-- [gullimɦada, 굴림하다]
군:말 [gu:nmal]
군무 群舞 [gunmu]
군민 軍民 [gunmin]
군:민 郡民 [gu:nmin]
군:밤 [gu:nbam]
군:밥 [gu:nbab] 군식구를 먹이는 밥, 끼니때 외에 따로 짓는 밥, 정해진 분량 외에 더 나가는 밥, 먹고 남아도는 밥
군번줄 軍番- [gunbənʤ'ul, 군번쭐]
군:불 [gu:nbul]
군산시 群山市 [gunsansi] /전북 북서부의 市
군:색하다 窘塞-- [gu:nsɛkada, 군:새카다] /군색한 살림, 군색한 변명
군:소리 [gu:nsori]
군:수 郡守 [gu:nsu]
군수품 軍需品 [gunsupum]
군:식구 -食口 [gu:nsig'u, 군:시꾸]
군용 軍用 [gunjoŋ, 구뇽]
군위군 軍威郡 [gunwigun, 구뉘군] 경북 중부의 郡
군의관 軍醫官 [gun(ɨ)igwan, 구니(늬)관]
군:일 [gu:nnil, 군:닐]
군자동 君子洞 [gunʤadoŋ] /서울시 광진구, 경기도 시흥시, 전남 여수시
군장 軍裝 [gunʤaŋ] /완전 군장
군장지구 群長地區 [gunʤaŋʤigu] / 군산(群山)과 장항(長項)을 아우르는 말
군정 軍政 [gunʤəŋ]
군:정 郡政 [gu:nʤəŋ]
군:청 郡廳 [gu:nʧəŋ]
군청색 群青色 [gunʧəŋsɛg]
군:침 [gu:nʧim]
군포시 軍浦市 [gunposi] /경기도 중부의 市
군홧발 軍靴- [gunɦwa(d)b'al, 군화(환)빨]
굳다 [gud'a, 구따] 固, 鈍, 硬, 堅
굳이 [guʤi, 구지]
굳히다 [guʧida, 구치다]
굴 [gul] 石花
굴: 窟 [gu:l]
굴:다 [gu:lda] 굴:지[gu:lʤi] 굴:고[gu:lgo] 구:니[gu:ni] 굴어[gurə, 구러]
굴:다리 窟-- [gu:ld'ari, 굴:따리]
굴:뚝 [gu:ld'ug]
굴:밥 [gu:lbab]
굴복 屈伏 [gulbog]
굴비 [gulbi] /조기
굴업도 掘業島 [gurəbd'o, 구럽또] / 인천광역시 옹진군
굴욕 屈辱 [gurjog, 구룍]
굴절 屈折 [gulʤ'əl, 굴쩔]
굴종 屈從 [gulʤ'oŋ, 굴쫑]
굴지 屈指 [gulʤ'i, 굴찌]
굴착기 掘鑿機 [gulʧag'i, 굴차끼] 굴삭기(×)
굵:다 [gu:gd'a, 국:따] 굵:지[국:찌] 굵:고[굴:꼬] 굵:어[굴:거] 굵:으니[굴:그니] 굵:기[굴:끼]
굵:다랗다 [gu:gd'arata, 국:따라타]
굵직하다 [gugʤ'ikada, 국찌카다]
굶:다 [gu:md'a, 굼:따] 굶:지[gu:mʤ'i, 굼:찌] 굶:고[gu:mg'o, 굼:꼬] 굶어[gulmə, 굴머] 굶으니[gulmɨni, 굴므니]
굶:뜨다 [gu:md'ɨda]
굽다 [gubd'a, 굽따] 曲, 굽어[구버] 굽으니[구브니] 굽지[굽찌]
굽:다 [gu:bd'a, 굽:따] 燒, 굽:지[gu:bʤ'i, 굽:찌] 굽:는 [gu:mnɨn, 굼:는] 구워 [guwə] 구우니 [guuni]

굽이굽이 [gubigubi, 구비구비] 구비구비(×)
굽잇길 [gubi(d)g'il, 구비(빋)낄]
굿거리 [gudg'əri, 굳꺼리]
궁궐 宮闕 [guŋgwəl]
궁금증 --症 [guŋgɨmdʒ'ɨŋ, 궁금쯩]
궁내동 宮內洞 [guŋnɛdoŋ] /경기도 성남시(서울요금소)·군포시
궁동 弓洞 [guŋdoŋ] /대전광역시 유성구, 광주광역시 동구
궁동 宮洞 [guŋdoŋ] /서울시 구로구
궁둥이 [guŋduŋi]
궁륭 穹窿 [guŋnjuŋ, 궁늉] 한가운데가 높고 길게 굽음
궁리 窮理 [guŋni, 궁니]
궁색하다 窮塞-- [guŋsɛkada, 궁새카다]
궁시 弓矢 [guŋsi] 활과 화살
궁여지책 窮餘之策 [guŋjədʒitʃɛg]
궁지 窮地 [guŋdʒi]
궁핍하다 窮乏-- [guŋpipada, 궁피파다]
궁하다 窮-- [guŋɦada]
권:고 勸告 [gwə:ngo]
권:농일 勸農日 [gwə:nnoŋil]
권두언 卷頭言 [gwənduən]
권력 權力 [gwəlljəg, 궐력]
권력욕 權力慾 [gwəlljəŋnjog, 궐령뇩]
권력형 權力型 [gwəlljəkjəŋ, 궐려켱]
권번 券番 [gwənbən] /기생들의 조합, 일제강점기
권:법 拳法 [gwə:nb'əb, 권:뻡]
권부 權府 [gwənbu]
권:사 勸士 [gwə:nsa]
권:선구 勸善區 [gwə:nsəngu] /경기도 수원시의 區
권:선징악 勸善懲惡 [gwə:nsəndʒiŋag]
권세 權勢 [gwənse]
권언유착 權言癒着 [gwənənnjutʃag, 궈넌뉴착]
권:유 勸誘 [gwə:nju, 궈:뉴]
권율 權慄 [gwənjul, 궈뉼] /장군, 임진왜란
권익 權益 [gwənig, 궈닉]
권:장 勸奬 [gwə:ndʒaŋ]
권:주가 勸酒歌 [gwə:ndʒuga]
권:태 倦怠 [gwə:ntɛ]
권:토중래 捲土重來 [gwə:ntodʒuŋnɛ, 권:토중내]
권:투 拳鬪 [gwə:ntu]
권:하다 勸-- [gwə:nɦada]
궐:련 [gwə:lljən] (← 卷煙)
궐석 闕席 [gwəls'əg, 궐썩] /궐석재판
궤: 櫃 [gwe:] /나무그릇
궤:도 軌道 [gwe:do]
궤:멸 潰滅 [gwe:mjəl]
궤:변 詭辯 [gwe:bjən]
궤:양 潰瘍 [gwe:jaŋ]
궤:적 軌跡 [gwe:dʒəg]
궤:짝 櫃- [gwe:dʒ'ag]
귀:감 龜鑑 [gwi:gam]
귀:거:래사 歸去來辭 [gwi:gə:rɛsa] / 전원생활, 도연명(陶淵明)
귀:경길 歸京- [gwi:gjəŋg'il, 귀:경낄]
귀:공자 貴公子 [gwi:goŋdʒa]
귀:국 歸國 [gwi:gug]
귀:금속 貴金屬 [gwi:gɨmsog]
귀:농 歸農 [gwi:noŋ]
귀동:냥 [gwido:ŋnjaŋ]
귀띔 [gwid'im, 귀띰]
귀밑머리 [gwiminməri, 귀민머리]
귀:부인 貴夫人 [gwi:buin]
귀:빈 貴賓 [gwi:bin]
귀:사 貴社 [gwi:sa]
귀:성길 歸省- [gwi:səŋg'il, 귀:성낄]
귀:신 鬼神 [gwi:sin]
귀양 [gwijaŋ] /역사, 史劇
귀:엽다 [gwi:jəbd'a, 귀:엽따]
귀엣말 [gwienmal, 귀엔말]
귀:의 歸依 [gwi:i, 귀:이]
귀:족 貴族 [gwi:dʒog]
귀:족학교 貴族學校 [gwi:dʒokag'jo, 귀:조카꾜]
귀:중 貴中 [gwi:dʒuŋ]
귀:중한 貴重- [gwi:dʒuŋɦan]

귀지 [gwidʒi]
귀:착 歸着 [gwi:ʧag]
귀:천 貴賤 [gwi:ʧən]
귀:천 歸天 [gwi:ʧən]
귀:추 歸趨 [gwi:ʧu] /귀추가 주목되다
귀퉁이 [gwituŋi]
귀:한 貴- [gwi:ɦan]
귀:환 歸還 [gwi:ɦwan]
귓가 [gwi(d)g'a, 귀(귇)까]
귓병 -病 [gwi(d)b'jəŋ, 귀(귇)뼝]
귓속말 [gwi(d)s'oŋmal, 귀(귇)쏭말]
귓속형 --型 [gwi(d)s'okjəŋ, 귀(귇)쏘켱] /체온계
귓전 [gwi(d)dʒ'ən, 귀(귇)쩐]
규수 閨秀 [gjusu] /양갓집 규수
규탄 糾彈 [gjutan]
균열 龜裂 [gjunjəl, 규녈]
균일 均一 [gjunil, 규닐]
귤 橘 [gjul]
귤잎 橘- [gjullib, 귤립]
그:네 [gɨ:ne]
그득하다 [gɨdɨkada, 그드카다]
그리다 [gɨrida] /그리워하다
그:리다 [gɨ:rida] /그림, 畵
그:림자 [gɨ:rimdʒa]
그믐 [gɨmɨm]
그을음 [gɨɨrɨm, 그으름]
극구 極口 [gɨg'u, 극꾸] /극구 부인하다
극단적 極端的 [gɨgd'andʒəg, 극딴적]
극대화 極大化 [gɨgd'ɛɦwa, 극때화]
극락 極樂 [gɨŋnag, 긍낙]
극력 極力 [gɨŋnjəg, 긍녁]
극렬히 極烈- [gɨŋnjəlɦi, 긍녈히]
극명하다 克明-- [gɨŋmjəŋɦada, 긍명하다]
극빈층 極貧層 [gɨgb'inʧɨŋ, 극삔층]
극세:사 極細絲 [gɨgs'e:sa, 극쎄:사]
극소:수 極少數 [gɨgs'o:su, 극쏘:수]
극악무도 極惡無道 [gɨgaŋmudo, 그강무도]
극약 劇藥 [gɨgjag, 그갹]
극점 極點 [gɨgdʒ'əm, 극쩜]
극지 極地 [gɨgdʒ'i, 극찌]
극한 極限 [gɨkan, 그칸]
극히 極- [gɨki, 그키]
근간 根幹 [gɨngan] /국가의 근간
근:간 近刊 [gɨ:ngan]
근:간 近間 [gɨ:ngan] 요사이 /근간의 사정
근거 根據 [gɨngə]
근:거:리 近距離 [gɨ:ngə:ri]
근:교 近郊 [gɨ:ngjo]
근:근이 僅僅- [gɨ:ngɨni, 근:그니] 어렵게, 겨우
근:대 近代 [gɨ:ndɛ]
근:래 近來 [gɨ:llɛ, 글:래]
근력 筋力 [gɨlljəg, 글력]
근:로자 勤勞者 [gɨ:llodʒa, 글:로자]
근:린 近隣 [gɨ:llin, 글:린]
근:면 勤勉 [gɨ:nmjən]
근:면위 勤免委 [gɨ:nmjənwi, 근:며뉘] '근로시간면제심사위원회'의 약칭
근:무 勤務 [gɨ:nmu]
근:묵자흑 近墨者黑 [gɨ:nmugdʒ'aɦɨg, 근:묵짜흑]
근:방 近方 [gɨ:nbaŋ]
근본 根本 [gɨnbon]
근본적 根本的 [gɨnbondʒəg]
근:사치 近似値 [gɨ:nsaʧi]
근:사하다 近似-- [gɨ:nsaɦada] 그럴듯하게 괜찮다 /근사한 옷차림
근:세 近世 [gɨ:nse]
근수 斤數 [gɨns'u, 근쑤]
근:시 近視 [gɨ:nsi]
근:신 謹愼 [gɨ:nsin]
근심 [gɨnsim]
근:엄한 謹嚴- [gɨ:nəmɦan, 그:넘한]
근:영 近影 [gɨ:njəŋ, 그:녕] 최근 인물사진
근:영여고 槿映女高 [gɨ:njəŋnjəgo, 그:녕녀고] /전북 전주시
근원적 根源的 [gɨnwəndʒəg, 그눤적]
근:위병 近衛兵 [gɨ:nwibjəŋ, 그:뉘병]

근육 筋肉 [gɨnjug, 그뉵]
근육질 筋肉質 [gɨnjugʤ'il, 그뉵찔]
근저 根底 [gɨnʤə]
근저:당 根抵當 [gɨnʤə:daŋ]
근절 根絕 [gɨnʤəl]
근:접 近接 [gɨ:nʤəb]
근:정전 勤政殿 [gɨ:nʤəŋʤən] 경복궁 안에 있는 정전(正殿)
근:조 謹弔 [gɨ:nʤo]
근종 筋腫 [gɨnʤoŋ] /자궁근종
근채류 根菜類 [gɨnʧɛrju] /무, 당근, 우엉 등
근:처 近處 [gɨ:nʧə]
근:친 近親 [gɨ:nʧin]
근:태 勤怠 [gɨ:ntɛ] /출근과 결근
근:하신년 謹賀新年 [gɨ:nɦasinnjən]
근:해 近海 [gɨ:nɦɛ]
근:화 槿花 [gɨ:nɦwa] 무궁화
근:황 近況 [gɨ:nɦwaŋ]
글발 [gɨlb'al, 글빨]
글솜씨 [gɨls'oms'i, 글쏨씨]
글읽기 [gɨllilg'i, 글릴끼]
글짓:기 [gɨlʤi:(d)g'i, 글지:(짇:)끼]
굵개 [gɨlg'ɛ, 글깨]
굵다 [gɨgd'a, 극따] 굵지[극찌] 굵는[긍는] 굵어[글거] 굵고[글꼬]
굵적대:다 [gɨgʤ'əgd'ɛ:da, 극쩍때:다]
굵적굵적 [gɨgʤ'əgg'ɨgʤ'əg, 극쩍끅쩍]
금:강 錦江 [gɨ:mgaŋ] /충청도와 전라북도에 걸침
금강산 金剛山 [gɨmgaŋsan]
금:계 禁戒 [gɨ:mgje] 어떤 일을 하지 못하도록 막고 경계함
금고 金庫 [gɨmgo]
금:고 禁錮 [gɨ:mgo] /금고刑
금곡동 金谷洞 [gɨmgogd'oŋ, 금곡똥] /경기도 수원시·남양주시·성남시, 인천시 동구·서구, 부산시 북구, 광주시 북구, 전남 순천시, 경북 안동시
금과옥조 金科玉條 [gɨmgwaogʤ'o, 금과옥쪼]
금괴 金塊 [gɨmgø(we), 괴(궤)]
금권 金權 [gɨmg'wən, 금꿘]
금:기 禁忌 [gɨ:mgi]
금:남로 錦南路 [gɨ:mnamno, 금:남노] /광주광역시의 중심지
금:낭화 錦囊花 [gɨ:mnaŋɦwa] /식물
금년 今年 [gɨmnjən]
금:단 禁斷 [gɨ:mdan]
금당 金堂 [gɨmdaŋ] /절의 본당, 본존상을 모신 법당
금:도 襟度 [gɨ:mdo] 다른 사람을 포용할 만한 도량
금력 金力 [gɨmnjəg, 금녁]
금리 金利 [gɨmni, 금니]
금명간 今明間 [gɨmmjəŋgan]
금:물 禁物 [gɨ:mmul]
금번 今番 [gɨmbən]
금:산군 錦山郡 [gɨ:msangun] /충남 동남부의 郡
금산분리 金産分離 [gɨmsanbulli, 금산불리] /한 기업이 금융업과 제조업을 함께 못하는 것
금산사 金山寺 [gɨmsansa] /사찰, 전북 김제시, 미륵전(국보)
금상 今上 [gɨmsaŋ] 현재 왕위에 있는 임금, /上王, 史劇
금:상첨화 錦上添花 [gɨ:msaŋʧəmɦwa]
금새 [gɨmsɛ] 물건 값의 비싸고 싼 정도
금석문자 金石文字 [gɨmsəŋmunʤ'a, 금성문짜]
금성 金星 [gɨmsəŋ]
금세 [gɨmse] (←今時에), 금새(×)
금수 禽獸 [gɨmsu]
금:수 禁輸 [gɨ:msu]
금:수강산 錦繡江山 [gɨ:msugaŋsan]
금슬 琴瑟 [gɨmsɨl] '거문고와 비파'
금시초문 今時初聞 [gɨmsiʧomun]
금:식 禁食 [gɨ:msig]
금실 [gɨmsil] /부부(←琴瑟)
금:아 琴兒 [gɨ:ma, 그:마] '피천득'의 호
금:어기 禁漁期 [gɨ:məgi, 그:머기]

금언 金言 [gɨmən, 그먼]
금:연 禁煙 [gɨ:mjən, 그:면]
금영화 金英花 [gɨmjəŋɦwa, 그명화] /식물
금오공대 金烏工大 [gɨmogoŋdɛ, 그모공대] /경북 구미시
금오신화 金鰲新話 [gɨmosinɦwa, 그모신화] /김시습
금요일 金曜日 [gɨmjoil, 그묘일]
금융 金融 [gɨmjuŋ, 그뮹]
금은방 金銀房 [gɨmɨnb'aŋ, 그믄빵]
금:의환향 錦衣還鄉 [gɨ:miɦwanɦjaŋ, 그:미환향]
금:이동 錦李洞 [gɨ:midoŋ, 그:미동] /경기도 시흥시
금전적 金錢的 [gɨmdʒəndʒəg]
금정구 金井區 [gɨmdʒəŋgu] /부산광역시 북구의 區
금정역 衿井驛 [gɨmdʒəŋnjəg, 금정녁] /경기도 군포시
금:족령 禁足令 [gɨ:mdʒoŋnjəŋ, 금:종녕]
금주 今週 [gɨmdʒu]
금:주령 禁酒令 [gɨ:mdʒurjəŋ]
금:줄 禁- [gɨ:mdʒ'ul, 금:쭐]
금:지 禁止 [gɨ:mdʒi]
금지옥엽 金枝玉葉 [gɨmdʒiogjəb, 금지오겹]
금천구 衿川區 [gɨmʧəngu] /서울시 남서부의 區
금촌동 金村洞 [gɨmʧondoŋ] /경기도 파주시
금촌리 琴村里 [gɨmʧonni, 금촌니] /경북 청도군
금:치산자 禁治産者 [gɨ:mʧisandʒa]
금:하다 禁-- [gɨ:mɦada]
금:호 錦湖 [gɨ:mɦo] /금호아시아나 그룹
금:호고 錦湖高 [gɨ:mɦogo] /광주시 북구
금호공고 琴湖工高 [gɨmɦogoŋgo] /경북 영천시
금호동 金湖洞 [gɨmɦodoŋ] /서울시 성동구, 광주시 서구, 전남 광양시
금호동 琴湖洞 [gɨmɦodoŋ] /대구시 북구, 강원도 속초시
급경사 急傾斜 [gɨbg'jəŋsa, 급꼉사]
급급하다 急急-- [gɨbg'ɨpada, 급끄파다]
급등세 急騰勢 [gɨbd'ɨŋse, 급뜽세]
급락 急落 [gɨmnag, 금낙]
급랭 急冷 [gɨmnɛŋ, 금냉]
급료 給料 [gɨmnjo, 금뇨]
급매:물 急賣物 [gɨmmɛ:mul, 금매:물]
급물살 急-- [gɨmmuls'al, 금물쌀]
급박하다 急迫-- [gɨb'akada, 그빠카다]
급반:등 急反騰 [gɨb'a:ndɨŋ, 그빤:등]
급사면 急斜面 [gɨbs'amjən, 급싸면]
급상:승 急上昇 [gɨbs'a:ŋsɨŋ, 급쌍:승]
급선회 急旋回 [gɨbs'ənɦø(we), 급썬회(훼)]
급습하다 急襲-- [gɨbs'ɨpada, 급쓰파다]
급식용 給食用 [gɨbs'iŋnjoŋ, 급씽뇽]
급유 給油 [gɨbju, 그뷰]
급작스럽다 [gɨbdʒ'ags'ɨrəbd'a, 급짝쓰럽따]
급전 急錢 [gɨbdʒ'ən, 급쩐]
급전 急電 [gɨbdʒ'ən, 급쩐]
급전직하 急轉直下 [gɨbdʒ'əndʒika, 급쩐지카]
급체 急滯 [gɨbʧe]
급행 急行 [gɨpɛŋ, 그팽]
급히 急- [gɨpi, 그피]
긋:다 [gɨ:d'a, 그:따] 線, 切, 긋:지[gɨ:ddʒ'i, 귿:찌] 긋:고[gɨ:dg'o, 귿:꼬] 긋:는[gɨ:nnɨn, 근:는] 그어[gɨə] 그으니[gɨɨni]
긍:정 肯定 [gɨ:ŋdʒəŋ]
긍:지 矜持 [gɨ:ŋdʒi]
긍:휼히 矜恤 [gɨ:ŋɦjulɦi] 불쌍히, 가엾게
기각하다 棄却-- [gigakada, 기가카다]
기겁하다 氣怯-- [gigəpada, 기거파다]
기고만:장 氣高萬丈 [gigoma:ndʒaŋ]
기공 氣功 [gigoŋ]
기공식 起工式 [gigoŋsig]

기관 機關 [gigwan]
기관 器官 [gigwan]
기괴한 奇怪- [gigø(we)ɦan, 괴(궤)]
기교파 技巧派 [gigjopa]
기구한 崎嶇- [giguɦan] /기구한 운명
기권 棄權 [gig'wən, 기꿘]
기근 饑饉 [gigɨn]
기금 基金 [gigɨm]
기기묘:묘한 奇奇妙妙- [gigimjo:mjoɦan]
기:껏 [gi:g'əd, 기:껃]
기:껏해:야 [gi:g'ətɛ:ja, 기:꺼태:야]
기능성 機能性 [giniŋs'əŋ, 기능썽]
기다 [gida] '그것이다'의 준말
기:다 [gi:da] 腹
기:다랗다 [g:idarata, 기:다라타]
기담 奇談 [gidam]
기:대:다 [gi:dɛ:da]
기동력 機動力 [gidoŋnjəg, 기동녁]
기동성 機動性 [gidoŋs'əŋ, 기동썽]
기량 技倆 [girjaŋ]
기뢰 機雷 [girø(we), 뢰(뤠)] (軍)
기름값 [girɨmg'ab, 기름깝]
기름집 [girɨmʤ'ib, 기름찝]
기름하다 [girɨmɦada]
기립 起立 [girib]
기만 欺瞞 [giman]
기만적 欺瞞的 [gimanʤəg]
기망 欺罔 [gimaŋ] ≒ 기만(欺瞞), /史劇
기묘년 己卯年 [gimjonjən]
기묘한 奇妙- [gimjoɦan]
기발한 奇拔- [gibalɦan]
기:방 妓房 [gi:baŋ]
기법 技法 [gib'əb, 기뻡]
기복 起伏 [gibog]
기본법 基本法 [gibonb'əb, 기본뻡]
기본적 基本的 [gibonʤəg]
기부 寄附 [gibu]
기산일 起算日 [gisanil, 기사닐]
기생 寄生 [gisɛŋ]
기:생 妓生 [gi:sɛŋ]
기선 機先 [gisən] /기선 제압
기소 起訴 [giso]
기수 旗手 [gisu]
기수 期數 [gis'u, 기쑤]
기숙학원 寄宿學院 [gisukagwən, 기수카권]
기숙형 寄宿型 [gisukjəŋ, 기수켱] /학원
기술적 技術的 [gisulʤəg]
기술주 技術株 [gisulʤu] 첨단기술 관련 주식 /Nasdaq(나스닥)
기슭 [gisɨg, 기슥] 기슭이[기슬기] 기슭에[기슬게] 기슭과[기스꽈]
기승전:결 起承轉結 [gisɨŋʤə:ngjəl]
기시감 既視感 [gisigam] 이미 본 적이 있는 듯한 느낌, /deja vu(데자뷔)
기실 其實 [gisil] 사실은
기아 饑餓 [gia]
기아차 起亞車 [giaʧa] /기아자동차
기안 起案 [gian]
기어코 期於- [giəko] =기어이
기억력 記憶力 [giəŋnjəg, 기엉녁]
기염 氣焰 [gijəm] /기염을 토하다
기왕 既往 [giwaŋ]
기왕력 既往歷 [giwaŋnjəg, 기왕녁] ≒병력(病歷)
기용 起用 [gijoŋ]
기우 杞憂 [giu]
기의 記意 [gii, 기이] /기호학, Saussure(소쉬르)
기이한 奇異- [giiɦan]
기인 起因 [giin]
기인 奇人 [giin]
기장 [giʤaŋ] /옷의 길이, 식물
기재 記載 [giʤɛ]
기저 基底 [giʤə]
기저귀 [giʤəgwi]
기적 奇跡/奇迹 [giʤəg]
기적 소리 汽笛 -- [giʤəgs'ori, 기적쏘리]
기전여고 紀全女高 [giʤənnjəgo, 기전녀고] /전북 전주시
기정사:실 既定事實 [giʤəŋsa:sil]

기존 既存 [gidʒon]
기준율 基準率 [gidʒunnjul, 기준뉼]
기지시리 旗地市里 [gidʒisiri] /충남 당진군
기질적 氣質的 [gidʒildʒəg]
기착지 寄着地 [giʧagdʒ'i, 기착찌]
기출 己出 [giʧul]
기치 旗幟 [giʧi]
기침약 --藥 [giʧimnjag, 기침냑]
기타 其他 [gita]
기탄없:이 忌憚-- [gitanə:bs'i, 기타넙:씨]
기틀 [gitɨl]
기포 氣泡 [gipo]
기포 起泡 [gipo]
기폭제 起爆劑 [gipogdʒ'e, 기폭쩨]
기표 記標 [gipjo]
기피 忌避 [gipi]
기함 氣陷 [giɦam] 기력이 없어 가라앉음, /기함을 하다, 기함을 치다
기형적 畸形的 [giɦjəŋdʒəg]
기호 嗜好 [giɦo]
기호 記號 [giɦo]
기화 氣化 [giɦwa]
기화로 奇貨- [giɦwaro] ~을(를) 기화로
기회주의 機會主義 [giɦø(we)dʒui, 기회(훼)주이]
기획 企劃 [giɦø(we)g, 획(훽)]
기후 氣候 [giɦu]
기흥구 器興區 [giɦɨŋgu] /경기도 용인시 서부의 區
긴가민가 [gingaminga] '其然가 未然가'의 준말
긴:긴 [gi:ngin]
긴:말 [gi:nmal] 잔소리
긴밀히 緊密- [ginmilɦi]
긴박한 緊迫- [ginbakan, 긴바칸]
긴요하다 緊要-- [ginjoɦada, 기뇨하다]
긴장 緊張 [gindʒaŋ]
긴축 緊縮 [ginʧug]
긷:다 [gi:d'a, 기:따]
길눈 [gillun, 길룬] /길눈이 밝다
길:눈 [gi:llun, 길:룬] /많이 쌓인 눈
길:다 [gi:lda] 길:지[gi:ldʒi] 길:고[gi:lgo] 기:니[gi:ni] 길어[girə, 기러]
길동무 [gild'oŋmu, 길똥무]
길벗 [gilb'əd, 길뻗]
길상면 吉祥面 [gils'aŋmjən, 길쌍면] /인천시 강화군
길상사 吉祥寺 [gils'aŋsa, 길쌍사] /사찰, 서울시 성북구, 법정(法頂)스님
길섶 [gils'əb, 길썹]
길손 [gils'on, 길쏜]
길음동 吉音洞 [girɨmdoŋ, 기름동] /서울시 성북구
길일 吉日 [giril, 기릴]
길잡이 [gildʒabi, 길자비]
길조 吉兆 [gildʒ'o, 길쪼]
길쭉하다 [gildʒ'ukada, 길쭈카다]
길항 拮抗 [gilɦaŋ] 서로 버티고 대적함
길흉사 吉凶事 [gilɦjuŋsa]
길흉화:복 吉凶禍福 [gilɦjuŋɦwa:bog]
김: [gi:m] 海苔
김: [gi:m] 蒸氣
-김에 [gime, 기메] /마음먹은 김에
김량장동 金良場洞 [gimnjaŋdʒaŋdoŋ, 김냥장동] /경기도 용인시
김:매:다 [gi:mmɛ:da] 잡풀을 뽑아내다
김:밥 [gi:mbab]
김:새:다 [gi:msɛ:da]
길손 [gils'on, 길쏜]
김 약국 金 藥局 [gimnjag'ug, 김냑꾹]
김 양 金 孃 [gimjaŋ, 기먕]
김유정역 金裕貞驛 [gimjudʒəŋnjəg, 기뮤정녁] /강원도 춘천시, 구 신남역
김천시 金泉市 [gimʧənsi] /경북 남서부의 市
김칫국 [gimʧi(d)g'ug, 김치(칟)꾹]
깁:다 [gi:bd'a, 깁:따] 縫, 繕, 綴, 깁:는[김:는] 깁:지[깁:찌] 깁:고[깁:꼬] 기워[giwə] 기우니[giuni]
깊다 [gibd'a, 깁따] 深
깊숙이 [gibs'ugi, 깁쑤기] 깊숙이(×)

ㄲ

까다 [g'ada]
까:다롭다 [g'a:darobd'a, 까:다롭따]
까닭 [g'adag, 까닥] 까닭이[까달기] 까닭에[까달게] 까닭과[까다꽈]
까마득히 [g'amadɨki, 까마드키]
까:만 [g'a:man]
까:맣다 [g'a:mata, 까:마타] 까:매[g'a:mɛ] 까:마니[g'a:mani] 까:마네[g'a:mane] 까:맣게[g'a:make] 까:맣소[g'a:mas'o, 까:마쏘]
까발리다 [g'aballida]
까이다 [g'aida]
까:치 [g'a:ʧi]
까칠하다 [g'aʧilɦada] 야위어 살갗이나 털이 윤기가 없고 조금 거칠다
깍두기 [g'agd'ugi, 깍뚜기] 깍두기(×)
깎다 [g'agd'a, 깍따]
깔따구 [g'ald'agu] /곤충
깔창 [g'alʧaŋ]
깜냥 [g'amnjaŋ] 스스로 일을 헤아림, 또는 그 능력
깡 [g'aŋ] =깡다구
깡마르다 [g'aŋmarɨda] 깡말라[g'aŋmalla] 깡마르니[g'aŋmarɨni]
깡패 -牌 [g'aŋpɛ]
깨금발 [g'ɛgɨmbal] ≒깨끼발
깨끗이 [g'ɛg'ɨsi, 깨끄시]
깨끗하다 [g'ɛg'ɨtada, 깨끄타다]
깨:다 [g'ɛ:da] 覺, 醒, 破
깨뜨리다 [g'ɛd'ɨrida]
깨:지다 [g'ɛ:ʤida]
깻잎 [g'ɛnnib, 깬닙]
꺼:내:다 [g'ə:nɛ:da]
꺼:리다 [g'ə:rida]
꺼림칙하다 [g'ərimʧikada, 꺼림치카다]
꺼:벙하다 [g'ə:bəŋɦada]
꺼:병이 [g'ə:bjəŋi] /어린 꿩, 촌스럽고 행동이 어설픈 사람
꺼지다 [g'əʤida]
꺾꽂이 [g'əgg'oʤi, 꺽꼬지]
꺾쇠 [g'əgs'ø(we), 꺽쐬(쒜)]
께름칙하다 [g'erimʧikada, 께름치카다]
껴안다 [g'jəand'a, 껴안따]
꼬나보다 [g'onaboda]
꼬:다 [g'o:da] 꼬:니[g'o:ni] 꼬:지[g'o:ʤi] 꼬이다[g'oida] 꼬여[g'ojə]
꼬드기다 [g'odɨgida]
꼬라박다 [g'orabagd'a, 꼬라박따] 꼬나박다(×)
꼬집다 [g'oʤibd'a, 꼬집따]
꼬투리 [g'oturi]
꼭짓점 --點 [g'ogʤ'i(d)ʤ'əm, 꼭찌(찓)쩜]
꼴 [g'ol]
꼴 [g'ol] /꼴을 베다, 꼴을 먹이다
꼴값 [g'olg'ab, 꼴깝] 꼴값이[꼴깝씨] 꼴값을[꼴깝쓸]
꼴뚜기 [g'old'ugi]
꼴불견 -不見 [g'olbulgjən]
꼴찌 [g'olʤ'i]
꼼꼼히 [g'omg'omɦi] 꼼꼼이(×)
꼼수 [g'omsu]
꼼지락대:다 [g'omʤiragd'ɛ:da, 꼼지락때:다] =꼼지락거리다
꽃꽃하다 [g'odg'otada, 꼳꼬타다]
꽁꽁 [g'oŋg'oŋ]
꽁보리밥 [g'oŋboribab]
꽁생원 -生員 [g'oŋsɛŋwən]
꽁짓점 --點 [g'oŋʤi(d)ʤ'əm, 꽁지(짇)쩜] ','
꽁초 [g'oŋʧo]
꽁치 [g'oŋʧi]
꽁:하다 [g'o:ŋɦada]
꽂다 [g'od'a, 꼳따] 立, 刺, 꽂아[꼬자] 꽂으니[꼬즈니] 꽂지[꼳찌]
꽃게 [g'odg'e, 꼳께]
꽃뱀 [g'odb'ɛm, 꼳뺌]
꽃봉오리 [g'odb'oŋori, 꼳뽕오리]

ㄲ

꽃상여 - 喪輿 [g'ods'aŋjə, 꼳쌍여]
꽃아 [g'oʧa, 꼬차] (꽃을 부를 때, 詩語)
꽃 위 [g'odwi, 꼬뒤]
꽃을 [g'oʧɨl, 꼬츨]
꽃의 [g'oʧe, 꼬체]
꽃이 [g'oʧi, 꼬치]
꽃이삭 [g'onnisag, 꼰니삭]
꽃잎 [g'onnib, 꼰닙]
꽃지 [g'oddʒ'i, 꼳찌] /충남 태안군, 해수욕장
꽃향기 - 香氣 [g'otjaŋgi, 꼬턍기]
꽈:배기 [g'wa:bɛgi]
꽈:리 [g'wa:ri]
꽤 [g'wɛ]
꽹과리 [g'wɛŋgwari]
꾀 [g'ø]
꾀:다 [g'ø:da] 꾀:어[g'ø:ə] 꾀:니[g'ø:ni] 꾀:지[g'ø:dʒi]
꾀죄죄하다 [g'ødʒø(we)dʒø(we)ɦada, 죄(줴)]
꾀하다 [g'øɦada]
꾸다 [g'uda] 꾸니[g'uni] 꾸지[g'udʒi] 꾸어/꿔:[g'uə/g'wə:]
꾸미 [g'umi] 고기붙이, /국, 찌개
꿀리다 [g'ullida]
꿀벌 [g'ulbəl]
꿇다 [g'ulta, 꿀타] 꿇어[꾸러] 꿇으니[꾸르니] 꿇는[꿀른] 꿇리다[꿀리다]
꿍꿍이 [g'uŋg'uŋi]
꿍하다 [g'uŋɦada] 속으로만 언짢고 못마땅하게 여기다
꿩 [g'wəŋ]
꿩요:리 - 料理 [g'wəŋnjo:ri, 꿩뇨:리]
꿰:다 [g'we:da]
꿰:뚫다 [g'we:d'ulta, 꿰:뚤타]
뀌:다 [g'wi:da]
끄나풀 [g'ɨnapul] 끄나불(×)
끄다 [g'ɨda]
끄덩이 [g'ɨdəŋi] 끄뎅이(×), 끄댕이(×)
끄:집어내:다 [g'ɨ:dʒibənɛ:da, 끄:지버내:다]
끈기 - 氣 [g'ɨngi]
끊다 [g'ɨnta, 끈타] 斷, 끊고[g'ɨnko, 끈코] 끊지[g'ɨnʧi, 끈치] 끊어[g'ɨnə, 끄너] 끊기다 [g'ɨnkida, 끈키다]
끌:다 [g'ɨ:lda] 引, 끌:어[g'ɨ:rə, 끄:러] 끌:지[g'ɨ:ldʒi] 끌:리다[g'ɨ:llida]
끌탕 [g'ɨltaŋ] 속을 태우는 걱정
끓다 [g'ɨlta, 끌타] 騰, 끓어[끄러] 끓는[끌른] 끓네[끌레] 끓나[끌라]
끔찍하다 [g'ɨmdʒ'ikada, 끔찌카다]
끗발 [g'ɨdb'al, 끋빨]
끗수 - 數 [g'ɨds'u, 끋쑤]
끝 [g'ɨd, 끋] 끝이[끄치] 끝에[끄테] 끝을[끄틀] 끝만[끈만]
끝없:다 [g'ɨd:əbd'a, 끄덥:따] 끝없:어[끄덥:써], 끝없:는[끄덤:는], 끝없:고[끄덥:꼬] 끝없:지[끄덥:찌]
끝내 [g'ɨnnɛ, 끈내]
끝인사 - 人事 [g'ɨdinsa, 끄딘사]
끝장 [g'ɨddʒ'aŋ, 끋짱]
끼:다 [g'i:da] 끼:니[g'i:ni] 끼:지[g'i:dʒi] 끼어/껴:[g'iə/g'jə:]
끼적이다 [g'idʒəgida, 끼저기다] 끄적이다(×)
끼치다 [g'iʧida]
끽연 喫煙 [g'igjən, 끼견]
낌새 [g'imsɛ]

ㄴ

나:군 -群 [na:gun] /입시
나귀 [nagwi]
나긋나긋하다 [naginnagitada, 나근나그타다]
나날이 [nanari, 나나리]
나당 羅唐 [nadaŋ] '신라와 당나라'
나대:다 [nadɛ:da]
나:동 -棟 [na:doŋ] /아파트
나들목 [nadilmog]
나란히 [naranɦi]
나랏돈 [narad'on, 나라돈]
나랏일 [narannil, 나란닐]
나로도 羅老島 [narodo] /전남 고흥군, 우주 기지
나로호 羅老號 [naroɦo] 한국 최초의 우주발사체
나루 [naru] 江口
나:리 [na:ri] /사또 나리
나:미 糯米 [na:mi] 찹쌀
나방 [nabaŋ]
나:병 癩病 [na:bjəŋ]
나:부 裸婦 [na:bu]
나비 [nabi] 蝶, 猫
나선형 螺旋形 [nasənɦjəŋ]
나성 羅城 [nasəŋ] '로스앤젤레스'의 음역어
나:신 裸身 [na:sin]
나:안 裸眼 [na:an]
나:약하다 懦弱/愞弱-- [na:jakada, 나:야카다]
나:어리다 [na:ərida] 나이가 어리다
나:옹선사 懶翁禪師 [na:oŋsənsa] /고려 말 고승(1320~1376), 서예, 그림
나왕 羅王 [nawaŋ] /목재
나:인 [na:in] (←內人)
나잇살 [nai(d)s'al, 나이(읻)쌀]
나전칠기 螺鈿漆器 [nadʒənʧilgi]
나제통문 羅濟通門 [nadʒetoŋmun] 신라와 백제의 관문 /전북 무주군
나주시 羅州市 [nadʒusi] /전남 중서부의 市
나:중 [na:dʒuŋ] /나중에 만나다
나진 羅津 [nadʒin] /북한 나진·선봉 경제특구
나:체 裸體 [na:ʧe]
나:태 懶怠 [na:tɛ]
나팔수 [napals'u, 나팔쑤]
나:포 拿捕 [na:po]
나한 羅漢 [naɦan] /불교, ≒아라한(阿羅漢)
낙농업 酪農業 [naŋnoŋəb, 낭농업]
낙락장송 落落長松 [naŋnagdʒ'aŋsoŋ, 낭낙짱송]
낙랑공주 樂浪公主 [naŋnaŋgoŋdʒu, 낭낭공주]
낙뢰 落雷 [naŋnø(we), 낭뇌(눼)]
낙성대 落星垈 [nags'əŋdɛ, 낙썽대] /서울시 관악구, 강감찬
낙수 落穗 [nags'u, 낙쑤] 추수 후 떨어진 이삭, /뒷이야기
낚싯밥 [nags'i(d)b'ab, 낙씨(씯)빱]
낙오자 落伍者 [nagodʒa, 나고자]
낙위 諾威 [nagwi, 나귀] '노르웨이'의 음역어
낙인 烙印 [nagin, 나긴]
낙차 落差 [nagʧa]
낙하산 落下傘 [nakasan, 나카산]
낙화암 落花巖 [nakwaam, 나콰암]
낙화유수 落花流水 [nakwajusu, 나콰유수] /가는 봄의 정취, 남녀 간의 그리움, 힘이나 세력이 약해짐
낙후 落後 [naku, 나쿠]
낚싯배 [nags'i(d)b'ɛ, 낙씨(씯)빼]
낚싯줄 [nags'i(d)dʒ'ul, 낙씨(씯)쭐]
난 蘭 [nan]
난: 亂 [na:n]
난:간 欄干 [na:ngan]
난감하다 難堪-- [nangamɦada]

ㄴ

난곡동 蘭谷洞 [nangogd'oŋ, 난곡똥] /서울시 관악구, 강원도 강릉시
난곡리 蘭谷里 [nangoŋni, 난공니] / 충북 영동군
난공불락 難攻不落 [nangoŋbullag]
난관 難關 [nangwan]
난:관 卵管 [na:ngwan] 나팔관
난국 難局 [nangug]
난:기류 亂氣流 [na:ngirju]
난:데없:다 [na:ndeə:bd'a, 난:데업:따]
난도 難度 [nando]
난:도질 亂刀- [na:ndodʒil]
난독증 難讀症 [nandogdʒ'ɨŋ, 난독쯩] 읽기를 잘 못하는 증상
난:동 亂動 [na:ndoŋ]
난:동 暖冬 [na:ndoŋ]
난:로 煖爐 [na:llo, 날:로]
난:류 暖流 [na:llju, 날:류]
난:리 亂離 [na:lli, 날:리]
난:립 亂立 [na:llib, 날:립]
난:마 亂麻 [na:nma] /일이 얽혀 있다
난망하다 難望-- [nanmaŋɦada]
난:맥상 亂脈相 [na:nmɛgs'aŋ, 난:맥쌍]
난:무하다 亂舞-- [na:nmuɦada]
난민 難民 [nanmin] /전쟁이나 재난 따위를 당함
난:민 亂民 [na:nmin] /법과 질서를 어지럽힘
난:발하다 亂發-- [na:nbalɦada]
난:방 煖房 [na:nbaŋ]
난봉꾼 [nanboŋg'un]
난:사 亂射 [na:nsa]
난산 難産 [nansan]
난삽하다 難澁-- [nansapada, 난사파다] 글이 거칠고 어렵다, /난삽한 문장
난:상토:론 爛商討論 [na:nsaŋto:ron]
난색 難色 [nansɛg]
난:생 -生 [na:nsɛŋ] 세상에 태어나서 이제까지
난:생 卵生 [na:nsɛŋ]
난:세 亂世 [na:nse]
난:소 卵巢 [na:nso]
난:수표 亂數表 [na:nsupjo]
난:숙하다 爛熟-- [na:nsukada, 난:수카다] /난숙한 과일, 난숙한 문화
난:시 亂視 [na:nsi]
난시:청 難視聽 [nansi:ʧəŋ]
난이도 難易度 [nanido, 나니도]
난:입 亂入 [na:nib, 나:닙]
난:자 卵子 [na:ndʒa]
난:자 亂刺 [na:ndʒa]
난:잡하다 亂雜-- [na:ndʒapada, 난:자파다]
난:장판 亂場- [na:ndʒaŋpan]
난쟁이 [nandʒɛŋi]
난적 難敵 [nandʒəg]
난:전 亂廛 [na:ndʒən]
난제 難題 [nandʒe]
난:조 亂調 [na:ndʒo]
난:중일기 亂中日記 [na:ndʒuŋilgi]
난지도 蘭芝島 [nandʒido] /서울시 마포구, 구 쓰레기매립장, 현 생태공원
난처하다 難處-- [nanʧəɦada]
난청 難聽 [nanʧəŋ]
난초 蘭草 [nanʧo]
난치병 難治病 [nanʧib'jəŋ, 난치뼝]
난:타 亂打 [na:nta]
난:투극 亂鬪劇 [na:ntugɨg]
난파 難破 [nanpa]
난:폭하다 亂暴-- [na:npokada, 난:포카다]
난항 難航 [nanɦaŋ]
난해하다 難解-- [nanɦɛɦada]
난형난제 難兄難弟 [nanɦjənnandʒe] 낫고 못함을 정하기 어려움
난:황 卵黃 [na:nɦwaŋ] 알의 노른자위
낟: [na:d] 곡식의 알, 낟:이[나:지], 낟:을[나:들], 낟:과[낟:꽈]
낟:알 [na:dal, 나:달]
날강:도 -强盜 [nalga:ŋdo]
날갯죽지 [nalgɛ(d)dʒ'ugdʒ'i, 날개(갣)쭉찌]
날갯짓 [nalgɛ(d)dʒ'id, 날개(갣)찓]
날다 [nalda] 날아[nara, 나라] 나니[na

ni] 나오[nao]

날다람쥐 [naldaramʤwi]

날도둑 [naldodug]

날라리 [nallari] 태평소

날:렵하다 [na:lljəpada, 날:려파다]

날벼락 [nalbjərag]

날 선 [nalsən] /날이 서다, 날 선 공방

날숨 [nals'um, 날쑴]

날씨 [nals'i]

날염 捺染 [narjəm, 나렴] 나염(×)

날인 捺印 [narin, 나린]

날조 捏造 [nalʤ'o, 날쪼]

날줄 [nalʤ'ul, 날쭐] 경선(經線) ↔ 씨줄

날지니 [nalʤ'ini, 날찌니] 야생의 매

날짐승 [nalʤ'imsɨŋ, 날찜승]

날치기 [nalʧigi]

날탕 [naltaŋ]

낡다 [nagd'a, 낙따] 낡지[낙찌] 낡은 [날근] 낡아[날가] 낡고[날꼬]

남가일몽 南柯一夢 [namgailmoŋ] 한 때의 꿈같은 부귀영화

남강고 南崗高 [namgaŋgo] /서울시 관악구

남녀노:소 男女老少 [namnjəno:so]

남:다 [na:md'a, 남:따] 남아[nama, 나마] 남으니[namɨni, 나므니] 남:지 [na:mʤ'i, 남:찌] 남:고[na:mg'o, 남:꼬] 남기다[namgida]

남로당 [namnodaŋ, 남노당] '南朝鮮勞動黨'의 약칭

남:루하다 襤褸-- [na:mnuɦada, 남:누하다]

남:발 濫發 [na:mbal]

남:벌 濫伐 [na:mbəl]

남부여대 男負女戴 [nambujədɛ] 남자는 지고 여자는 이다

남:상 濫觴 [na:msaŋ] 사물의 처음

남성고 南星高 [namsəŋgo] /전북 익산시

남성동 南城洞 [namsəndoŋ] /경남 마산시·진주시, 경북 상주시

남성여고 南星女高 [namsəŋnjəgo, 남성녀고] /부산시 중구

남성역 南城驛 [namsəŋnjəg, 남성녁] /서울 7호선, 서울시 동작구

남성용 男性用 [namsəŋnjoŋ, 남성뇽]

남세스럽다 [namsesɨrəbd'a, 남세스럽따] =남우세스럽다, 남사스럽다(×)

남양동 南陽洞 [namjaŋdoŋ, 나먕동] /화성·창원·목포·진해·사천·삼척

남양주시 南楊州市 [namjaŋʤusi, 나먕주시] /경기도 중앙부의 市

남영역 南營驛 [namjəŋnjəg, 나명녁] /광역전철, 서울시 용산구

남:용 濫用 [na:mjoŋ, 나:뫙]

남유럽 南-- [namnjurəb, 남뉴럽]

남존여비 男尊女卑 [namʤonnjəbi, 남존녀비]

남태령 南泰嶺 [namtɛrjəŋ] /서울과 과천을 잇는 고개

남현동 南峴洞 [namɦjəndoŋ] /서울시 관악구

남:획 濫獲 [na:mɦø(we)g, 획(훽)]

납골당 納骨堂 [nabg'old'aŋ, 납꼴땅]

납기 納期 [nabg'i, 납끼]

납량 納涼 [namnjaŋ, 남냥]

납부증 納付證 [nab'uʤ'ɨŋ, 나뿌쯩]

납의 衲衣 [nabi, 나비] /승려의 옷, 불교

납입금 納入金 [nabibg'ɨm, 나빕끔]

낫:다 [na:d'a, 나:따] 낫:지[na:dʤ'i, 낟:찌] 낫:는[na:nnɨn, 난:는] 나아[na a] 나으니[naɨni]

낭군 郎君 [naŋgun]

낭:랑하다 朗朗-- [na:ŋnaŋɦada, 낭:낭하다]

낭:림산맥 狼林山脈 [na:ŋnimsanmɛg, 낭:님산맥]

낭:만적 浪漫的 [na:ŋmanʤəg]

낭:만주의 浪漫主義 [na:ŋmanʤui, 낭:만주이]

낭:보 朗報 [na:ŋbo]

낭:비 浪費 [na:ŋbi]

ㄴ

낭:설 浪說 [na:ŋsəl]
낭:송 朗誦 [na:ŋsoŋ]
낭:인 浪人 [na:ŋin]
낭자 娘子 [naŋdʒa]
낭:자하다 狼藉-- [na:ŋdʒaɦada]
낭중지추 囊中之錐 [naŋdʒuŋdʒiʧu] / 뛰어난 사람은 가만히 있어도 표가 남
낭:패 狼狽 [na:ŋpɛ]
낮다 [nad'a, 나따]
낮일 [nannil, 난닐]
낮 한때 [natand'ɛ, 나탄때]
낯설:다 [nads'ə:lda, 낟썰:다] 낯선[nads'ən, 낟썬], 낯설은(×)
낯익다 [nannigd'a, 난닉따]
낱:개 -個 [na:dg'ɛ, 낟:깨]
낱:낱이 [na:nnaʧi, 난:나치]
낱:말 [na:nmal, 난:말]
낳:다 [na:ta, 나:타] 낳:는[난:는] 낳:지[나:치] 낳아[나아] 낳으니[나으니]
내: [nɛ:] 川
내:각 內閣 [nɛ:gag]
내:곡동 內谷洞 [nɛ:gogd'oŋ, 내:곡똥] /서울시 서초구
내곡리 奈谷里 [nɛgoŋni, 내공니] / 강원도 양양군
내:곡리 內谷里 [nɛ:goŋni, 내:공니] / 부여·합천·남양주·산청·함안·상주·음성·고령·고성(경남)
내:곡리 乃谷里 [nɛ:goŋni, 내:공니] / 경남 창원시
내:공 內功 [nɛ:goŋ]
내:과 內科 [nɛ:g'wa, 내:꽈]
내:구마 內廏馬 [nɛ:guma] 조선시대 임금이 타는 말, /史劇
내:구성 耐久性 [nɛ:gus'əŋ, 내:구썽]
내:규 內規 [nɛ:gju]
내:근 內勤 [nɛ:gin]
내:기 [nɛ:gi]
내남 [nɛnam] '나와 남', /내남이라 할 것 없이 모두 똑같다
내:내 [nɛ:nɛ] 줄곧
내년 來年 [nɛnjən]
내:놓다 [nɛ:nota, 내:노타] 내:놓는[내:논는] 내:놓지[내:노치]
내:다 [nɛ:da]
내:닫다 [nɛ:dad'a, 내:다따]
내:딛다 [nɛ:did'a, 내:디따]
내:락 內諾 [nɛ:rag]
내:란 內亂 [nɛ:ran]
내로라하다 [nɛroraɦada] 내노라(×)
내:륙 內陸 [nɛ:rjug]
내:린천 內麟川 [nɛ:rinʧən] 소양강 지류, /강원도 인제군
내림굿 [nɛrimg'ud, 내림꾿]
내림세 --勢 [nɛrimse]
내:막 內幕 [nɛ:mag]
내:면 內面 [nɛ:mjən]
내:명부 內命婦 [nɛ:mjəŋbu] 빈(嬪), 귀인(貴人), 숙의(淑儀) 등, /史劇
내:몰:다 [nɛ:mo:lda]
내:무성 內務省 [nɛ:musəŋ]
내물왕 奈勿王 [nɛmurwaŋ, 내무롹] 신라 17대 왕
내:밀히 內密- [nɛ:milɦi]
내:방객 來訪客 [nɛ:baŋgɛg]
내:뱉:다 [nɛ:bɛ:d'a, 내:배:따]
내:벽 內壁 [nɛ:bjəg, 내:벽]
내:복 內服 [nɛ:bog, 내:복]
내:복약 內服藥 [nɛ:boŋnjag, 내:봉냑]
내:부 內部 [nɛ:bu]
내:불:다 [nɛ:bu:lda]
내:빈 來賓 [nɛ:bin]
내:빼:다 [nɛ:b'ɛ:da]
내상 萊商 [nɛsaŋ] 조선시대 '동래(東萊)상인'을 줄여 이르던 말, /史劇
내:상 內傷 [nɛ:saŋ]
내:색 -色 [nɛ:sɛg]
내:설악 內雪嶽 [nɛ:sərag, 내:서락] / 설악산
내:성 耐性 [nɛ:səŋ]
내:세 來世 [nɛ:se]
내:세우다 [nɛ:seuda]
내:손동 內蓀洞 [nɛ:sondoŋ] /경기도 의왕시

ㄴ

내:수읍 內秀邑 [nɛ:suɨb] /충북 청원군
내:숭 [nɛ:suŋ]
내:쉬:다 [nɛ:swi:da]
내:습 來襲 [nɛ:sɨb]
내:습 耐濕 [nɛ:sɨb]
내:시 內侍 [nɛ:si] /역사
내:시경 內視鏡 [nɛ:sigjəŋ]
내:신 內申 [nɛ:sin]
내:실 內室 [nɛ:sil]
내:실 內實 [nɛ:sil]
내:심 內心 [nɛ:sim]
내:야 內野 [nɛ:ja]
내:역 內譯 [nɛ:jəg]
내:연 內緣 [nɛ:jən]
내:연기관 內燃機關 [nɛ:jəngigwan]
내:열 耐熱 [nɛ:jəl]
내:왕 來往 [nɛ:waŋ]
내:외 內外 [nɛ:ø(we), 외(웨)]
내:용 內容 [nɛ:joŋ]
내:우외:환 內憂外患 [nɛ:uø:(we:)ɦwan, 외:(웨:)]
내:원 內院 [nɛ:wən]
내:유외:강 內柔外剛 [nɛ:juø:(we:)gaŋ, 외:(웨:)]
내음 [nɛɨm] '냄새'의 방언
내:의 內衣 [nɛ:i, 내:이]
내일 來日 [nɛil]
내:자 內子 [nɛ:ʤa] 남 앞에서 자기의 아내를 이르는 말
내:자동 內資洞 [nɛ:ʤadoŋ] /서울시 종로구
내:장 內臟 [nɛ:ʤaŋ] /위, 장, 간 등
내:장 內藏 [nɛ:ʤaŋ] /프로그램 내장 방식
내:장재 內裝材 [nɛ:ʤaŋʤɛ]
내:재 內在 [nɛ:ʤɛ]
내:적 內的 [nɛ:ʤ'əg, 내:쩍]
내:전 內戰 [nɛ:ʤən]
내:점 來店 [nɛ:ʤəm]
내:젓:다 [nɛ:ʤə:d'a, 내:저:따]
내:정 內定 [nɛ:ʤəŋ]
내:조 內助 [nɛ:ʤo]
내:주 來週 [nɛ:ʤu]
내:주다 [nɛ:ʤuda]
내:지 乃至 [nɛ:ʤi] /열 명 내지 스무 명
내:지르다 [nɛ:ʤirɨda]
내:진 內診 [nɛ:ʤin]
내:진 耐震 [nɛ:ʤin]
내 집 마련 [nɛʤimmarjən, 내짐마련]
내:차다 [nɛ:ʧada]
내:처 [nɛ:ʧə] 더 나아가
내:치 內治 [nɛ:ʧi]
내:친김에 [nɛ:ʧingime, 내:친기메]
내:키다 [nɛ:kida]
내:탕금 內帑金 [nɛ:taŋgɨm] 조선시대 임금의 개인 돈 /史劇
내:통하다 內通-- [nɛ:toŋɦada]
내:포평야 內浦平野 [nɛ:popjəŋja] 금강(錦江) 상류 지역
내:포하다 內包-- [nɛ:poɦada]
내:핍 耐乏 [nɛ:pib]
내:한 來韓 [nɛ:ɦan]
내:항 內港 [nɛ:ɦaŋ]
내:홍 內訌 [nɛ:ɦoŋ]
내:환 內患 [nɛ:ɦwan]
내후:년 來後年 [nɛhu:njən]
냅다 [nɛbd'a, 냅따]
냄:새 [nɛ:msɛ] 臭
냄비 [nɛmbi]
냇:가 [nɛ:(d)g'a, 내:(낻:)까]
냉:가슴 冷-- [nɛ:ŋgasɨm]
냉:각 冷却 [nɛ:ŋgag]
냉:골 冷- [nɛ:ŋgol]
냉:기 冷氣 [nɛ:ŋgi]
냉:난방 冷煖房 [nɛ:ŋnanbaŋ]
냉:담한 冷淡- [nɛ:ŋdamɦan]
냉:대 冷待 [nɛ:ŋdɛ]
냉:대지방 冷帶地方 [nɛ:ŋdɛʤ'ibaŋ, 냉:대찌방]
냉:대하 冷帶下 [nɛ:ŋdɛɦa]
냉:동 冷凍 [nɛ:ŋdoŋ]
냉:랭하다 冷冷-- [nɛ:ŋnɛŋɦada, 냉:냉

하다]

냉:매 冷媒 [nɛ:ŋmɛ]

ㄴ

냉:면육수 冷麵肉水 [nɛ:ŋmjənnjugs'u, 냉:면뉵쑤]

냉:방병 冷房病 [nɛ:ŋbaŋb'jəŋ, 냉:방뼝]

냉:소적 冷笑的 [nɛ:ŋsodʒəg]

냉:수 冷水 [nɛ:ŋsu]

냉:엄한 冷嚴- [nɛ:ŋəmɦan]

냉:연 冷延 [nɛ:ŋjən] /냉연강판, 철강

냉:연하다 冷然-- [nɛ:ŋjənɦada] /쌀쌀하다(태도), 깨끗하다(모습)

냉이 [nɛŋi] /식물

냉:장육 冷藏肉 [nɛ:ŋdʒaŋnjug, 냉:장뉵]

냉:전 冷戰 [nɛ:ŋdʒən]

냉:정히 冷靜- [nɛ:ŋdʒəŋɦi]

냉:증 冷症 [nɛ:ŋdʒ'ɨŋ, 냉:쯩]

냉:천동 冷泉洞 [nɛ:ŋʧəndoŋ] /서울시 서대문구

냉:철한 冷徹- [nɛ:ŋʧəlɦan]

냉큼 [nɛŋkɨm]

냉:탕 冷湯 [nɛ:ŋtaŋ]

냉:해 冷害 [nɛ:ŋɦɛ]

냉:혈한 冷血漢 [nɛ:ŋɦjəlɦan]

냉:혹하다 冷酷-- [nɛ:ŋɦokada, 냉:호카다]

냠냠 [njamnjam]

냥 [njaŋ] (←兩) /천 냥, 넉 냥

-냥쭝 [njaŋdʒ'uŋ] (←兩重) /은 열 냥쭝/녹용 열 냥쭝

너: [nə:] 4, 넷, /너 돈, 너 말, 너 푼

너끈히 [nəg'ɨnɦi]

너더댓 [nədədɛd, 너더댇] =네다섯, 4~5

너덜너덜 [nədəllədəl, 너덜러덜]

너머 [nəmə]

너무 [nəmu]

너부시 [nəbusi] 큰 사람이 공손히 절하는 모습, /너부시 절하다, 너부시 주저앉다

너스레 [nəsɨre]

너울 [nəul]

너의 [nəe, 너에]

너저분하다 [nədʒəbunɦada]

너희 [nəɦi, 너히]

넉: [nə:g] 4, 넷 /넉 냥, 넉 되, 넉 섬, 넉 자

넉넉하다 [nəŋnəkada, 넝너카다]

넉살 [nəgs'al, 넉쌀]

넋 [nəg, 넉] /넋과 [nəg'wa, 너꽈] 넋이 [nəgs'i, 넉씨] 넋만 [nəŋman, 넝만]

넋 놓다 [nəŋnota, 넝노타]

넋 없:이 [nəgə:bs'i, 너겁:씨] 넋 앞에 [nəgape, 너가페]

넌더리 [nəndəri]

넌지시 [nəndʒisi]

널: [nə:l] =널빤지, ≒널뛰기판

널:따랗다 [nə:ld'arata, 널:따라타]

널:뛰기 [nə:ld'wigi]

널:리 [nə:lli]

널브러지다 [nəlbɨrədʒida] 널부러지다(×)

널:빤지 [nə:lb'andʒi] 널판지(×)

넓:다 [nə:ld'a, 널:따] 넓:고[널:꼬] 넓:지[널:찌] 넓으니[nəlbɨni, 널브니] 넓어[nəlbə, 널버] 넓이[nəlbi, 널비] 넓히면[nəlpimjən, 널피면]

넓둥글다 [nəbd'uŋgɨlda, 넙뚱글다]

넓:디넓:다 [nə:ld'inə:ld'a, 널:띠널:따]

넓적다리 [nəbdʒ'əgd'ari, 넙쩍따리]

넓적하다 [nəbdʒ'əkada, 넙쩌카다]

넘기다 [nəmgida]

넘:다 [nə:md'a, 넘:따] 넘:고[넘:꼬] 넘:지[넘:찌] 넘으니[nəmɨni, 너므니] 넘어[nəmə, 너머]

넘:보다 [nə:mboda]

넘실대:다 [nəmsildɛ:da]

넙데데하다 [nəbd'edeɦada, 넙떼데하다]

넙죽 [nəbdʒ'ug, 넙쭉]

넝마주이 [nəŋmadʒui]

넝쿨 [nəŋkul]

넣:다 [nə:ta] 넣:는[넌:는] 넣:지[너:치] 넣어[nəə, 너어] 넣으면[너으면]

네 [ne] 긍정의 대답, =예

네 [ne] (←너+의)

네: [ne:] 4, 넷, /네 명, 네 시간
네:거리 [ne:gəri]
네:모 [ne:mo]
네:발짐승 [ne:baldʒimsiŋ]
넷: [ne:d, 넫:] 4
넷:째 [ne:ddʒ'ɛ, 넫:째]
녀석 [njəsəg]
노 櫓 [no] /노를 젓다
노:견 路肩 [no:gjən] 갓길
노고 勞苦 [nogo]
노:고단 老姑壇 [no:godan] /지리산
노:고산 老姑山 [no:gosan] /서울시 마포구
노곤하다 勞困-- [nogonɦada]
노:골적 [no:goldʒəg]
노:구 老軀 [no:gu]
노:균병 露菌病 [no:gjunb'jəŋ, 노:균뼝] ≒버짐병
노:근리 老斤里 [no:ginni, 노:근니] / 충북 영동군, 양민학살사건
노:기 怒氣 [no:gi]
노끈 [nog'in]
노:년 老年 [no:njən]
노농 勞農 [nonoŋ] '노동자와 농민'
노느다 [nonida] 노나[nona] 노느니[no nini] 노느면[nonimjən] /노나 먹다
노:닐다 [no:nilda]
노다지 [nodadʒi]
노:도 怒濤 [no:do]
노동력 勞動力 [nodoŋnjəg, 노동녁]
노동법 勞動法 [nodoŋb'əb, 노동뻡]
노동쟁의 勞動爭議 [nodoŋdʒɛŋi, 노동쟁이]
노:들길 [no:dilg'il, 노:들낄] /서울시 동작구에서 영등포구에 걸침
노:란색 --色 [no:ransɛg] 노랑색(×)
노:랑 [no:raŋ]
노:랗다 [no:rata, 노:라타] 노:래[no:rɛ] 노:라니[no:rani] 노:랗소[no:ras'o, 노:라쏘] 노:라네[no:rane] 노:랗습니다 [no:ras'imnida, 노:라씀니다] 노랍니다(×)

노래미 [norɛmi] /魚類, 놀래미(×)
노략질 擄掠- [norjagdʒ'il, 노략찔]
노량 露梁 [norjaŋ] /노량해전, 이순신
노량진 鷺梁津 [norjaŋdʒin] /서울시 동작구
노:량해:전 露梁海戰 [no:rjaŋɦɛ:dʒən] /임진왜란, (1598)
노려보다 [norjəboda]
노력하다 努力-- [norjəkada, 노려카다]
노련 勞聯 [norjən] '노조연합'
노:련하다 老鍊-- [no:rjənɦada]
노:령 老齡 [no:rjəŋ]
노루 [noru]
노른자 [norindʒa]
노름 [norim]
노름빚 [norimb'id, 노름삗]
-노릇 [norid, 노른] /선생 노릇, 기가 찰 노릇
노릇노릇 [norinnorid, 노른노른]
노리다 [norida] /기회를 노리다, 재산을 노리다
노림수 --數 [norimsu]
노:망 老妄 [no:maŋ]
노:모 老母 [no:mo]
노:발대:발 怒發大發 [no:baldɛ:bal]
노변정담 爐邊情談 [nobjəndʒəŋdam]
노:병 老兵 [no:bjəŋ]
노비 奴婢 [nobi]
노사 勞使 [nosa]
노산 鷺山 [nosan] '이은상'의 호
노:산 老産 [no:san]
노상 [nosaŋ] 줄곧
노:상방:뇨 路上放尿 [no:saŋba:ŋnjo]
노새 [nosɛ]
노:선 路線 [no:sən]
노:소 老少 [no:so]
노:송 老松 [no:soŋ]
노:쇠하다 老衰-- [no:sø(we)ɦada, 쇠(쉐)]
노:숙자 老宿者 [no:sugdʒ'a, 노:숙짜]
노:숙하다 老熟-- [no:sukada, 노:수카다]
노심초사 勞心焦思 [nosimtʃosa]

ㄴ

ㄴ

노암동 鷺岩洞 [noamdoŋ] /전북 남원시
노암동 魯巖洞 [noamdoŋ] /강원도 강릉시
노:암리 路岩里 [no:amni, 노:암니] /황해남도 안악군, 고인돌(북한 국보문화유물)
노:약자 老弱者 [no:jagdʒ'a, 노:약짜]
노역 勞役 [nojəg]
노:역 老役 [no:jəg]
노:엽다 [no:jəbd'a, 노:엽따] 노:여워 [no:jəwə], 노:여우니[no:jəuni]
노:오지동 老梧地洞 [no:odʒidoŋ] /인천시 계양구, 노오지JC
노원구 蘆原區 [nowəngu] /서울시 북동부의 區
노을 [noɨl]
노:익장 老益壯 [no:igdʒ'aŋ, 노:익짱]
노:인 老人 [no:in]
노:자 老子 [no:dʒa]
노:잣돈 路資- [no:dʒad'on, 노:자똔]
노:장 老將 [no:dʒaŋ]
노:적되다 露積-- [no:dʒəgd'ø(we)da, 뙤(뛔)]
노:점상 露店商 [no:dʒəmsaŋ]
노:정 路程 [no:dʒəŋ]
노조 勞組 [nodʒo]
노:지 露地 [no:dʒi]
노:천 露天 [no:ʧən]
노총 勞總 [noʧoŋ]
노:출 露出 [no:ʧul]
노:친 老親 [no:ʧin]
노:티 老- [no:ti]
노:파 老婆 [no:pa]
노:폐물 老廢物 [no:pjemul]
노:폭 路幅 [no:pog]
노학동 蘆鶴洞 [nohagdoŋ, 노학똥] /강원도 속초시
노:형 老兄 [no:hjəŋ]
노:형동 老衡洞 [no:hjəŋdoŋ] /제주도 제주시
노:화 老化 [no:hwa]
노:환 老患 [no:hwan]
노:회하다 老獪-- [no:hø(we)hada, 회(훼)]
노획 鹵獲 [nohø(we)g, 획(훽)]
노:후대:책 老後對策 [no:hudɛ:ʧɛg]
노:후하다 老朽-- [no:huhada]
녹각 鹿角 [nog'ag, 노깍]
녹내:장 綠內障 [noŋnɛ:dʒaŋ, 농내:장]
녹녹하다 [noŋnokada, 농노카다] /녹녹하게 반죽을 하다
녹두전 綠豆煎 [nogd'udʒən, 녹뚜전]
녹록하다 碌碌/錄錄-- [noŋnokada, 농노카다] /평범하다, 만만하다
녹말 綠末 [noŋmal, 농말]
녹물 綠- [noŋmul, 농물]
녹봉 祿俸 [nogb'oŋ, 녹뽕] /史劇
녹사평역 綠莎坪驛 [nogs'apjəŋnjəg, 녹싸평녁] /서울시 용산구, 전철 6호선
녹색연합 綠色聯合 [nogs'ɛŋnjənhab, 녹생년합] /시민사회단체
녹색혁명 綠色革命 [nogs'ɛkjəŋmjəŋ, 녹새켱명]
녹음방초 綠陰芳草 [nogɨmbaŋʧo, 노금방초] /여름철
녹의홍상 綠衣紅裳 [nogihoŋsaŋ, 노기홍상] 연두저고리에 다홍치마
녹즙 綠汁 [nogdʒ'ɨb, 녹쯥]
녹초 [nogʧo] /녹초가 되다
녹초 綠草 [nogʧo]
녹취록 錄取錄 [nogʧwirog]
녹혈 鹿血 [nokjəl, 노켤]
녹황색 綠黃色 [nokwaŋsɛg, 노쾅색]
논고 論告 [nongo] /논고를 펼치다
논길 [nong'il, 논낄]
논두렁 [nond'urəŋ, 논뚜렁]
논둑 [nond'ug, 논뚝]
논란 論難 [nollan, 놀란]
논리 論理 [nolli, 놀리]
논바닥 [nonb'adag, 논빠닥]
논법 論法 [nonb'əb, 논뻡]
논병아리 [nonb'jəŋari, 논뼝아리]

논보리 [nonb'ori, 논뽀리]
논의 論議 [noni, 노니]
논점 論點 [nondʒ'əm, 논쩜]
논조 論調 [nondʒ'o, 논쪼]
논총 論叢 [nonʧoŋ]
논평 論評 [nonpjəŋ]
논하다 論-- [nonɦada]
논현동 論峴洞 [nonɦjəndoŋ] /서울시 강남구, 인천시 남동구
놀: [no:l] /놀이 붉게 타다, 놀이 지다
놀:다 [no:lda] 遊, 戱, 놀:지[no:ldʒi] 노:니[no:ni] 놀아[nora, 노라]
놀:랍다 [no:llabd'a, 놀:랍따] 놀:라워 [no:llawə] 놀:라우니[no:llauni]
놀림거리 [nollimg'əri, 놀림꺼리]
놀부 [nolbu]
놈팡이 [nompaŋi] 놈팽이(×)
놋그릇 [nodg'ɨrɨd, 녿끄륻]
놋다리 [nod'ari, 노따리] /민속
놋쇠 [nods'ø(we), 녿쐬(쒜)]
놋요강 [nonnjogaŋ, 논뇨강]
농 籠 [noŋ] =장롱(欌籠)
농 膿 [noŋ] 고름
농: 弄 [no:ŋ] /농을 걸다
농가 農家 [noŋga]
농:간 弄奸 [no:ŋgan]
농구 籠球 [noŋgu]
농노 農奴 [noŋno]
농:단 壟斷 [no:ŋdan] 이익이나 권리를 독차지함
농담 濃淡 [noŋdam]
농:담 弄談 [no:ŋdam]
농대 農大 [noŋdɛ] '농과대학'
농도 濃度 [noŋdo]
농락 籠絡 [noŋnag, 농낙]
농로 農路 [noŋno, 농노]
농림부 農林部 [noŋnimbu, 농님부]
농번기 農繁期 [noŋbəngi]
농성 籠城 [noŋsəŋ] /철야 농성, 집단 농성
농성동 農城洞 [noŋsəŋdoŋ] /광주광역시 동구
농아 聾兒 [noŋa] 청각 장애 어린이
농아 聾啞 [noŋa] 청각 장애와 언어 장애를 아우름
농악 農樂 [noŋag]
농염하다 濃艶-- [noŋjəmɦada]
농요 農謠 [noŋjo]
농:월정 弄月亭 [no:ŋwəldʒ'əŋ, 농:월쩡] /경남 함양군, 정자
농익은 濃-- [noŋigɨn, 농이근]
농작물 農作物 [noŋdʒaŋmul, 농장물]
농장 農場 [noŋdʒaŋ]
농장 籠欌 [noŋdʒ'aŋ, 농짱] =장롱
농정 農政 [noŋdʒəŋ]
농축 濃縮 [noŋʧug]
농·축협 農畜協 [noŋʧukjəb, 농추켭]
농협대 農協大 [noŋɦjəbd'ɛ, 농협때] /경기도 고양시
농활 農活 [noŋɦwal] /농촌봉사활동
농후하다 濃厚-- [noŋɦuɦada]
높다 [nobd'a, 놉따]
높다랗다 [nobd'arata, 놉따라타]
높새바람 [nobs'ɛbaram, 놉쌔바람]
놓다 [nota, 노타] 놓아[노아] 놓으니 [노으니] 놓지[노치] 놓이다[노이다]
놔:두다 [nwa:duda]
뇌: 腦 [nø:]
뇌관 雷管 [nøgwan]
뇌까리다 [nøg'arida]
뇌:다 [nø:da] 여러 번 거듭 말하다
뇌물 賂物 [nømul]
뇌성 雷聲 [nøsəŋ] 천둥소리
뇌:성마비 腦性麻痺 [nø:səŋmabi]
뇌:쇄적 惱殺的 [nø:swɛdʒəg]
뇌:수막염 腦髓膜炎 [nø:sumaŋnjəm, 뇌:수망념]
뇌:염 腦炎 [nø:jəm]
뇌:일혈 腦溢血 [nø:ilɦjəl]
뇌조 雷鳥 [nødʒo] /조류
뇌:졸중 腦卒中 [nø:dʒoldʒ'uŋ, 뇌:졸쭝]
뇌:종:양 腦腫瘍 [nø:dʒo:ŋjaŋ]
뇌:출혈 腦出血 [nø:ʧulɦjəl]
뇌:파 腦波 [nø:pa]

ㄴ

ㄴ

누: 累 [nu:] /누를 끼치다
누:가되다 累加-- [nu:gadø(we)da, 되(뒈)]
누각 樓閣 [nugag]
누:계 累計 [nu:gje]
누:나 [nu:na]
누:누이 累累- [nu:nui]
누:님 [nu:nim]
누다 [nuda] /오줌을 누다, 누니[nuni] 누어/눠:[nuə/nwə:]
누:대 累代 [nu:dɛ]
누:락 漏落 [nu:rag]
누렁이 [nurəŋi] 빛깔이 누런 짐승
누:렇다 [nu:rəta, 누:러타] 누:레[nu:re] 누:러니[nu:rəni] 누:렇지[nu:rəʧi, 누:러치]
누룩 [nurug]
누르다 [nurɨda] 押, 눌러[nullə] 누르니[nurɨni]
누리 [nuri]
누:명 陋名 [nu:mjəŋ]
누:범 累犯 [nu:bəm]
누상 壘上 [nusaŋ] /野球
누상동 樓上洞 [nusaŋdoŋ] /서울시 종로구
누:설 漏泄 [nu:səl]
누:수 漏水 [nu:su]
누:적 累積 [nu:ʤəg]
누:전 漏電 [nu:ʤən]
누:진 漏盡 [nu:ʤin]
누:진세 累進稅 [nu:ʤins'e, 누:진쎄]
누:차 累次 [nu:ʧa] 여러 차례
누:추하다 陋醜-- [nu:ʧuɦada]
누:출 漏出 [nu:ʧul]
누치 [nuʧi] /어류, 눈치(×)
누하동 樓下洞 [nuɦadoŋ] /서울시 종로구
누:항 陋巷 [nu:ɦaŋ] 좁고 지저분한 거리
눅눅하다 [nuŋnukada, 눙누카다]
눈 [nun] 目
눈: [nu:n] 雪
눈가 [nung'a, 눈까]
눈곱 [nung'ob, 눈꼽]
눈:구름 [nu:ngurɨm]
눈길 [nung'il, 눈낄] /눈길을 주다
눈:길 [nu:ng'il, 눈:낄] /미끄러운 눈길
눈대중 [nund'ɛʤuŋ, 눈때중]
눈도장 -圖章 [nund'oʤaŋ, 눈또장]
눈독 -毒 [nund'og, 눈똑]
눈동자 -瞳子 [nund'oŋʤa, 눈똥자]
눈두덩 [nund'udəŋ, 눈뚜덩]
눈멀:다 [nunmə:lda]
눈물 [nunmul]
눈:바람 [nu:nbaram]
눈병 -病 [nunb'jəŋ, 눈뼝]
눈:보라 [nu:nbora]
눈:비 [nu:nbi]
눈:사:람 [nu:ns'a:ram, 눈:싸:람]
눈살 [nuns'al, 눈쌀]
눈속임 [nunsogim, 눈소김]
눈:송이 [nu:ns'oŋi, 눈:쏭이]
눈시울 [nuns'iul, 눈씨울]
눈썹 [nuns'əb]
눈약 -藥 [nunnjag, 눈냑]
눈여겨보다 [nunnjəgjəboda, 눈녀겨보다]
눈요기 -療飢 [nunnjogi, 눈뇨기]
눈요깃감 -療飢- [nunnjogi(d)g'am, 눈뇨기(긷)깜]
눈자위 [nunʤ'awi, 눈짜위]
눈짓 [nunʤ'id, 눈찓]
눈총 [nunʧoŋ]
눈치코치 [nunʧikoʧi]
눈칫밥 [nunʧi(d)b'ab, 눈치(칟)빱]
눋:다 [nu':da, 누:따] 눋:는[nu:nnɨn, 눈:는] 눋:지[nu:ddʒ'i, 눋:찌] 눌어[nurə, 누러] 눌으니[nurɨni, 누르니] / 밥이 눋다, 바지가 눋다
눌변 訥辯 [nulbjən]
눌언 訥言 [nurən, 누런] 더듬거리는 말
눌은밥 [nurɨnbab, 누른밥]
눌지왕 訥祗王 [nulʤ'iwaŋ, 눌찌왕] 신라 제19대 왕
눕:다 [nu:bd'a, 눕:따] 눕:는[nu:mnɨn,

눕:는] 눕:기[nu:bg'i, 눕:끼] 누워[nuwə] 누우니[nuuni]
눙치다 [nuŋʧida] /문제 삼지 않고 넘기다
뉘 [nwi] /쌀, 벼 알갱이
뉘:다 [nwi:da] /병자를 자리에 뉘다
뉘엿뉘엿 [nwijənnwijəd, 뉘연뉘엳]
뉘우치다 [nwiuʧida]
느닷없:이 [nɨdadə:bs'i, 느다덥:씨]
느릅나무 [nɨrɨmnamu, 느름나무]
느지막이 [nɨʤimagi, 느지마기] 느지막히(×) 느즈막히(×) 늦이막히(×)
늑대 [nɨgd'ɛ, 늑때]
늑막염 肋膜炎 [nɨŋmaŋnjəm, 능망념]
늑약 勒約 [nɨgjag, 느갹] 억지로 맺은 조약 /을사늑약
늑장 [nɨgʤ'aŋ, 늑짱] =늦장
는개 [nɨngɛ] /이슬비와 안개의 중간
늘 [nɨl] 항상
늘비하다 [nɨlbiɦada] /무질서하게 늘어서 있다
늘씬한 [nɨls'inɦan]
늙다 [nɨgd'a, 늑따] 늙는[능는] 늙지[늑찌] 늙어[늘거] 늙으니[늘그니] 늙습니다[늑씁니다]
늙다리 [nɨgd'ari, 늑따리]
늙수그레하다 [nɨgs'ugreɦada, 늑쑤그레하다] ≒늙수레하다
늠:름하다 凜凜-- [nɨ:mnɨmɦada, 늠:늠하다]
능 陵 [nɨŋ]
능가하다 凌駕-- [nɨŋgaɦada]
능곡 陵谷 [nɨŋgog] 언덕과 골짜기
능곡동 陵谷洞 [nɨŋgogd'oŋ, 능곡똥] /경기도 고양시·시흥시
능구렁이 [nɨŋgurəŋi]
능글맞다 [nɨŋgɨlmad'a, 능글마따]
능금 [nɨŋgɨm]
능동 陵洞 [nɨŋdoŋ] /서울시 광진구
능동적 能動的 [nɨŋdoŋʤəg]
능라 綾羅 [nɨŋna, 능나] 두꺼운 비단과 얇은 비단
능라도 綾羅島 [nɨŋnado, 능나도] / 신소설(1919), 평양 대동강의 섬, 평양의 매머드 경기장 이름
능란하다 能爛-- [nɨŋnanɦada, 능난하다]
능력급 能力給 [nɨŋnjəg'ɨb, 능녀끕]
능률 能率 [nɨŋnjul, 능뉼]
능멸하다 凌蔑-- [nɨŋmjəlɦada]
능묘 陵墓 [nɨŋmjo]
능사 能事 [nɨŋsa]
능산리 陵山里 [nɨŋsanni, 능산니] / 경기도 파주시, 충남 부여군, 충북 음성군, 전남 신안군
능선 稜線 [nɨŋsən]
능소화 凌霄花 [nɨŋsoɦwa] /식물
능수능란 能手能爛 [nɨŋsunɨŋnan, 능수능난]
능수버들 [nɨŋsubədɨl]
능원 陵園 [nɨŋwən]
능주면 綾州面 [nɨŋʤumjən] 전남 화순군
능지처:참 陵遲處斬 [nɨŋʤiʧə:ʧam]
능청 [nɨŋʧəŋ]
능통한 能通- [nɨŋtoŋɦan]
능히 能- [nɨŋɦi]
늦깎이 [nɨdg'ag'i, 늗까끼]
늦둥이 [nɨd'uŋi, 느뚱이]
늦되다 [nɨd'ø(we)da, 느뙤(뛔)다]
늦바람 [nɨdb'aram, 늗빠람]
늪지대 -地帶 [nɨbʤ'idɛ, 늡찌대]
닐리리 [nilliri, 닐리리]
닁큼 [niŋkɨm, 닝큼] 단번에 빨리

ㄷ

ㄷ

다: [da:] 모두
다가동 多佳洞 [dagadoŋ] /전북 전주시
다가동 多可洞 [dagadoŋ] /충남 천안시
다갈색 茶褐色 [dagals'ɛg, 다갈쌕]
다감하다 多感-- [dagamɦada]
다과 茶菓 [dagwa]
다:군 -群 [da:gun] /입시
다다익선 多多益善 [dadaigs'ən, 다다익썬]
다달이 [dadari, 다다리]
다대포 多大浦 [dadɛpo] /부산광역시의 명승지, 해수욕장
다대하다 多大-- [dadɛɦada]
다도 茶道 [dado]
다도해 多島海 [dadoɦɛ]
다:동 -棟 [da:doŋ] /아파트
다:만 [da:man]
다면적 多面的 [damjəndʒəg]
다모증 多毛症 [damodʒ'ɨŋ, 다모쯩]
다문화 多文化 [damunɦwa]
다반사 茶飯事 [dabansa]
다발성 多發性 [dabals'əŋ, 다발썽]
다방면 多方面 [dabaŋmjən]
다변 多辯 [dabjən]
다비식 茶毘式 [dabisig] /불교
다부동 多富洞 [dabudoŋ] /6·25전쟁, 다부동 전투, 낙동강 방어선
다사다난 多事多難 [dasadanan]
다사롭다 [dasarobd'a, 다사롭따] 따뜻한 기운이 조금 있다
다산 茶山 [dasan] '정약용'의 호
다산 多産 [dasan]
다수결 多數決 [dasugjəl]
다양하다 多樣-- [dajaŋɦada]
다:오 [da:o] /먹을 것을 다오
다용도 多用途 [dajoŋdo]
다음 주 -- 週 [daɨmdʒ'u, 다음쭈]
다잡다 [dadʒabd'a, 다잡따] 마음을 가라앉혀 바로잡다
다:장조 -長調 [da:dʒaŋdʒ'o, 다:장쪼]
다짜고짜 [dadʒ'agodʒ'a, 다짜고짜]
다한증 多汗症 [daɦandʒ'ɨŋ, 다한쯩]
다혈질 多血質 [daɦjəldʒ'il, 다혈찔]
닥나무 [daŋnamu, 당나무]
닥종이 [dagdʒ'oŋi, 닥쫑이]
닭다 [dagd'a, 닥따]
닭달하다 [dagd'alɦada, 닥딸하다] 닥달하다(×)
단: [da:n] /채소
단: [da:n] =옷단, /치마
단: 但 [da:n] /예외나 조건을 덧붙임
단가 單價 [dang'a, 단까]
단가 團歌 [danga]
단:가 短歌 [da:nga]
단감 [dangam] ≒감시(甘柹)
단감 -感 [dangam] 단맛의 느낌
단:검 短劍 [da:ngəm]
단결권 團結權 [dangjəlg'wən, 단결꿘]
단골집 [dangoldʒ'ib, 단골찝]
단:교 斷交 [da:ngjo]
단:구 短軀 [da:ngu]
단기 檀紀 [dangi]
단:기 短期 [da:ngi]
단기필마 單騎匹馬 [dangipilma] 혼자 어떤 일에 임함
단내 [dannɛ] 달콤한 냄새
단:내 [da:nnɛ] /입
단:념 斷念 [da:nnjəm]
단단히 [dandanɦi]
단대동 丹垈洞 [dandɛdoŋ] /경기도 성남시
단:도 短刀 [da:ndo]
단도직입 單刀直入 [dandodʒigib, 단도지깁]
단독 單獨 [dandog]
단돈 [dandon]

단:두대 斷頭臺 [da:ndudɛ]
단락 段落 [dallag, 달락]
단란한 團欒- [dallanɦan, 달란한]
단련 鍛鍊 [dalljən, 달련]
단리 單利 [dalli, 달리]
단말기 端末機 [danmalgi]
단:말마 斷末魔 [da:nmalma]
단:면 斷面 [da:nmjən] /삶의 한 단면, 의식의 단면
단:문 短文 [da:nmun]
단박에 [danbage, 단바게]
단:발 短髮 [da:nbal]
단:발령 斷髮令 [da:nballjəŋ]
단발성 單發性 [danbals'əŋ, 단발썽]
단배식 團拜式 [danbɛsig] /신년
단:백질 蛋白質 [da:nbɛgdʒ'il, 단:백찔]
단상 壇上 [dansaŋ]
단:상 斷想 [da:nsaŋ]
단서 端緖 [dansə] /결정적 단서, 단서를 잡다
단:서 但書 [da:nsə] /단서조항, 단서를 달다
단:소 短簫 [da:nso]
단속 團束 [dansog]
단:속적 斷續的 [da:nsogdʒ'əg, 단:속쩍] ↔ 연속적
단수 單數 [dansu] ↔ 복수
단수 單手 [dansu] /바둑, 단수에 몰리다
단수 段數 [dans'u, 단쑤]
단:수 斷水 [da:nsu]
단순하다 單純-- [dansunɦada]
단순호치 丹脣皓齒 [dansunɦotʃi] /아름다운 여인
단숨에 單-- [dansume, 단수메]
단:시일 短時日 [da:nsiil]
단식 單式 [dansig] /탁구, 테니스, 배드민턴
단:식 斷食 [da:nsig]
단신 單身 [dansin]
단:신 短身 [da:nsin]
단:신 短信 [da:nsin] /기사, 뉴스

단아한 端雅- [danaɦan, 다나한]
단:안 斷案 [da:nan, 다:난]
단양군 丹陽郡 [danjaŋgun, 다냥군] / 충북 북동부의 郡
단어장 帳單語 [danədʒ'aŋ, 다너짱]
단:언하다 斷言-- [da:nənɦada, 다:넌하다]
단:열재 斷熱材 [da:njəldʒ'ɛ, 다:녈째]
단오 端午 [dano, 다노]
단원구 檀園區 [danwəngu, 다눤구] / 경기도 안산시 서부의 區
단임 單任 [danim, 다님]
단자 端子 [dandʒa] /출력 단자, 단자를 꽂다
단잠 [dandʒam]
단장 丹粧 [dandʒaŋ]
단장 端裝 [dandʒaŋ] /단정하게 차려입음
단:장 短杖 [da:ndʒaŋ] 짧은 지팡이
단:장 斷腸 [da:ndʒaŋ] 창자가 끊어지는 듯함, /'단장의 미아리고개'
단재 丹齋 [dandʒɛ] '신채호'의 호
단적 端的 [dandʒ'əg, 단쩍] /단적 증거
단전 丹田 [dandʒən] /단전호흡
단:전 斷電 [da:ndʒən]
단:절 斷絕 [da:ndʒəl]
단:정적 斷定的 [da:ndʒəŋdʒəg]
단정하다 端正-- [dandʒəŋɦada] /단정한 용모, 태도
단조 鍛造 [dandʒo] /금속
단:조 短調 [da:ndʒ'o, 단:쪼]
단조롭다 單調-- [dandʒorobd'a, 단조롭따]
단종 端宗 [dandʒoŋ] 조선 제6대 왕, /단종애사(端宗哀史), 이광수
단:종 斷種 [da:ndʒoŋ]
단:죄 斷罪 [da:ndʒø(we), 죄(줴)]
단지 團地 [dandʒi]
단지 [dandʒi] /된장 단지
단:지 但只 [da:ndʒi]
단천군 端川郡 [dantʃəngun] /함남 북동부의 郡

단청 丹靑 [danʧəŋ]
단초 端初 [danʧo] 실마리
단추 [danʧu]
단:축하다 短縮-- [da:nʧukada, 단:추카다]
단출하다 [danʧulɦada] 단촐하다(×)
단층 單層 [danʧɨŋ] /단층주택
단:층 斷層 [da:nʧɨŋ]
단칸방 單-房 [dankanb'aŋ, 단칸빵]
단:파 短波 [da:npa]
단:편 短篇 [da:npjən]
단:편적 斷片的 [da:npjəndʒəg]
단품 單品 [danpum]
단행 單行 [danɦɛŋ] 단 한 번만 하는 행동, 혼자 하는 행동
단:행 斷行 [da:nɦɛŋ] /결단, 실행함
단행본 單行本 [danɦɛŋbon]
단:호한 斷乎- [da:nɦoɦan]
단:화 短靴 [da:nɦwa]
닫다 [dad'a, 다따]
달거리 [dalgəri] 격월(隔月)로, 月經
달구:경 [dalgu:gjəŋ]
달구벌 達句伐 [dalgub'əl, 달구뻘] '대구(大邱)'의 옛 이름
달다 [dalda] 甘, 揭 /맛이 달다, 돛을 달다
달:다 [da:lda] 熱 /속이 달다, 다리미가 달다
달달 [daldal]
달덩이 [dald'əŋi, 달떵이]
달:라 [da:lla] /물건을 달라
달랑 [dallaŋ]
달래 [dallɛ] /식물
달래다 [dallɛda]
달력 -曆 [dalljəg]
달마 達磨 [dalma] /자연과 인간의 법칙과 질서, 달마대사
달밤 [dalb'am, 달빰]
달방동 達芳洞 [dalbaŋdoŋ] /강원도 동해시
달변 達辯 [dalbjən]
달빛 [dalb'id, 달삗]
달서구 達西區 [dals'əgu, 달써구] /대구광역시 중서부의 區
달성 達成 [dals'əŋ, 달썽]
달성군 達城郡 [dals'əŋgun, 달썽군] /대구광역시 남서부의 郡
달안동 達安洞 [darandoŋ, 다란동] /경기도 안양시
달전리 達田里 [daldʒ'ənni, 달쩐니] /경기도 가평군, 충남 연기군, 경북 포항시
달콤하다 [dalkomɦada]
달팽이 [dalpɛŋi]
닭 [dag, 닥] 닭이[dalgi, 달기] 닭에 [dalge, 달게] 닭을[dalgɨl, 달글]
닭백숙 -白熟 [dagb'ɛgs'ug, 닥빽쑥]
닭살 [dags'al, 닥쌀]
닭 앞 [dagab, 다갑]
닭 옆 [daŋnjəb, 당녑]
닭 위 [dagwi, 다귀]
닮:다 [da:md'a, 담:따] 닮:고[da:mg'o, 담:꼬] 닮:는[da:mnɨn, 담:는] 닮:지 [da:mdʒ'i, 담:찌] 닮아[dalma, 달마] 닮으니[dalmɨni, 달므니]
닮은꼴 [dalmɨng'ol, 달믄꼴] 닮음꼴(×)
닳다 [dalta, 달타] 닳아[다라] 닳으니 [다르니] 닳는[달른] 닳지[달치]
담 [dam] /담을 쌓다
담: [da:m] '다음'의 준말
담: 痰 [da:m] /담이 끓다(가래), 담이 들다, 결리다
담: 膽 [da:m] =쓸개 /담이 크다
담:낭 膽囊 [da:mnaŋ]
담:녹색 淡綠色 [da:mnogs'ɛg, 담:녹쌕] 엷은 녹색
담:다 [da:md'a, 담:따] 込, 括, 담:지 [da:mdʒ'i, 담:찌] 담:고[da:mg'o, 담:꼬] 담아[dama, 다마] 담으니[damɨni, 다므니] 담:기[da:mg'i, 담:끼]
담:담히 淡淡- [da:mdamɦi]
담:대하다 膽大-- [da:mdɛɦada]
담:력 膽力 [da:mnjəg, 담:녁]
담론 談論 [damnon, 담논]

담:박하다 淡泊-- [da:mbakada, 담:바카다] =담백하다
담:배 [da:mbɛ] (←스페인어, tabaco)
담:백하다 淡白-- [da:mbɛkada, 담:배카다]
담:뱃갑 [da:mbɛ(d)g'ab, 담:배(밷)깝]
담:뱃불 [da:mbɛ(d)b'ul, 담:배(밷)뿔]
담벼락 [damb'jərag, 담뼈락]
담보 擔保 [dambo]
담비 [dambi] /족제빗과 동물
담수 潭水 [damsu] 깊은 못이나 늪의 물
담:수호 淡水湖 [da:msuɦo]
담:액 膽液 [da:mɛg, 다:맥] =쓸개즙
담:요 毯- [da:mnjo, 담:뇨]
담임 擔任 [damim, 다밈]
담장 -牆 [damdʒaŋ]
담:즙 膽汁 [da:mdʒɨb]
담:지 膽智 [da:mdʒi] '담력과 지혜'
담판 談判 [dampan]
담화문 談話文 [damɦwamun]
답답하다 [dabd'apada, 답따파다]
답례 答禮 [damnje, 담녜]
답리 畓里 [damni, 담니] /강원도 양양군
답보 踏步 [dab'o, 다뽀]
답습 踏襲 [dabs'ɨb, 답씁]
답십리 踏十里 [dabs'imni, 답씸니] /서울시 동대문구
닷새 [dads'e, 닫쌔]
당간지주 幢竿支柱 [daŋgandʒidʒu] ≒깃대기둥
당고개역 ---驛 [daŋg'ogɛjəg, 당꼬개역] /서울시 노원구, 전철 4호선
당구 撞球 [daŋgu]
당귀 當歸 [daŋgwi] /약재
당권 党權 [daŋg'wən, 당꿘]
당뇨병 糖尿病 [daŋnjob'jəŋ, 당뇨뼝]
당당하다 堂堂-- [daŋdaŋɦada]
당대 當代 [daŋdɛ]
당:돌하다 唐突-- [da:ŋdolɦada]
당랑거:철 螳螂拒轍 [daŋnaŋgə:ʧəl, 당낭거:철] /자신을 망각한 무모한 행동
당락 當落 [daŋnag, 당낙]
당론 党論 [daŋnon, 당논]
당료 党僚 [daŋnjo, 당뇨]
당리당략 党利党略 [daŋnidaŋnjag, 당니당냑]
당면 唐麵 [daŋmjən]
당면한 當面- [daŋmjənɦan]
당무 党務 [daŋmu]
당번 當番 [daŋbən]
당산동 堂山洞 [daŋsandoŋ] /서울시 영등포구
당상관 堂上官 [daŋsaŋgwan] /조선, 정삼품 이상의 벼슬아치
당선 當選 [daŋsən]
당수 党首 [daŋsu]
당수 唐手 [daŋsu] '가라테'(日本)
당시 當時 [daŋsi]
당연하다 當然-- [daŋjənɦada]
당위성 當爲性 [daŋwis'əŋ, 당위썽]
당의정 糖衣錠 [daŋidʒəŋ, 당이정]
당인리 唐人里 [daŋinni, 당인니] /서울 화력발전소
당장 當場 [daŋdʒaŋ]
당·정·청 党·政·青 [daŋdʒəŋʧəŋ] /여당·정부·청와대
당좌예:금 當座預金 [daŋdʒwaje:gɨm]
당진군 唐津郡 [daŋdʒingun] /충남 서북부의 郡
당착 撞着 [daŋʧag]
당·청 党·青 [daŋʧəŋ] /여당과 청와대
당최 [daŋʧø(we), 최(췌)] 영, 도무지 (←當初에)
닿:다 [da:ta, 다:타] 닿:는[단:는] 닿:지[다:치] 닿:고[다:코] 닿아[다아], 닿으니[다으니]
닿소리 [das'ori, 다쏘리] 자음
대:가 大家 [dɛ:ga]
대:가 代價 [dɛ:g'a, 대:까]
대:감 大監 [dɛ:gam]
대:강 大綱 [dɛ:gaŋ]

대:개 大槪 [dɛ:gɛ]
대:거 大擧 [dɛ:gə]
대:거리 對-- [dɛ:gəri] /상대에게 대듦
대:건고 大建高 [dɛ:gəngo] /대구시 달서구, 인천시 연수구, 충남 논산시

ㄷ

대:검 大檢 [dɛ:gəm]
대:검:찰청 大檢察廳 [dɛ:gə:mʧalʧəŋ]
대게 [dɛge] 竹蟹
대견하다 [dɛgjənɦada]
대:결 對決 [dɛ:gjəl]
대:경실색 大驚失色 [dɛ:gjəŋsils'ɛg, 대:경실쌕]
대:곡리 大谷里 [dɛ:goŋni, 대:공니] / 서산·연기·포항·경주·경산·청도·고령·보성·화순·장성
대:곡역 大谷驛 [dɛ:goŋnjəg, 대:공녁] /서울 지하철 3호선, 대구 지하철 1호선
대:공포 對空砲 [dɛ:goŋpo]
대:과 大過 [dɛ:gwa]
대:과 大科 [dɛ:gwa] /史劇
대:관령 大關嶺 [dɛ:gwalljəŋ, 대:괄령] /강원도 강릉시와 평창군에 걸침
대:관료 貸館料 [dɛ:gwannjo, 대:관뇨]
대:관식 戴冠式 [dɛ:gwansig]
대:관절 大關節 [dɛ:gwandʒəl]
대:구 對句 [dɛ:g'u, 대:꾸] /대구법
대구광:역시 大邱廣域市 [dɛgugwa:ŋjəgs'i, 대구광:역씨]
대:국 大國 [dɛ:gug]
대:국 對局 [dɛ:gug] /바둑
대:군 大軍 [dɛ:gun]
대:권 大權 [dɛ:g'wən, 대:꿘]
대:기 待機 [dɛ:gi]
대:기만:성 大器晩成 [dɛ:gima:nsəŋ]
대:꾸 [dɛ:g'u]
대나무 [dɛnamu]
대:납 代納 [dɛ:nab]
대:낮 [dɛ:nad, 대:낟]
대:놓고 [dɛ:noko, 대:노코]
대:뇌 大腦 [dɛ:nø(we), 뇌(눼)]
대:다 [dɛ:da] 대어/대:[dɛə/dɛ:] 대:니 [dɛ:ni] 대:고[dɛ:go]
대:다수 大多數 [dɛ:dasu]
대:단하다 [dɛ:danɦada]
대:담 對談 [dɛ:dam]
대:담한 大膽- [dɛ:damɦan]
대:대 大隊 [dɛ:dɛ]
대:대로 代代- [dɛ:dɛro]
대:대적 大大的 [dɛ:dɛʤəg]
대:덕구 大德區 [dɛ:dəg'u, 대:더꾸] / 대전광역시 북부의 區
대:독하다 代讀-- [dɛ:dokada, 대:도카다]
대동 帶同 [dɛdoŋ] /함께 데리고 감
대:동 大洞 [dɛ:doŋ] /대전시 동구·유성구, 경북 경산시
대:동강 大同江 [dɛ:doŋgaŋ] /평양, 북한
대:동고 大東高 [dɛ:doŋgo] /부산시 사하구, 광주시 서구, 포항시 북구
대:동맥 大動脈 [dɛ:doŋmɛg]
대:동법 大同法 [dɛ:doŋb'əb, 대:동뻡] /조선 중기, 세금, 쌀
대:동세:무고 大東稅務高 [dɛ:doŋse:mugo] /서울시 종로구, 구 대동상고
대:동소:이 大同小異 [dɛ:doŋso:i]
대:동제 大同祭 [dɛ:doŋdʒe]
대:두 大豆 [dɛ:du] 콩
대두되다 擡頭-- [dɛdudø(we)da, 되(뒈)]
대:들다 [dɛ:dɨlda]
대:들보 大-- [dɛ:dɨlb'o, 대:들뽀]
대:등한 對等- [dɛ:dɨŋɦan]
대뜸 [dɛd'ɨm]
대:략 大略 [dɛ:rjag]
대:량 大量 [dɛ:rjaŋ]
대:련 對鍊 [dɛ:rjən]
대:령 待令 [dɛ:rjəŋ]
대:령 大領 [dɛ:rjəŋ]
대:로 大老 [dɛ:ro]
대:로변 大路邊 [dɛ:robjən]
대:류 對流 [dɛ:rju]
대:륙 大陸 [dɛ:rjug]

대:륙붕 大陸棚 [dɛ:rjugb'uŋ, 대:륙뿡]
대:륜고 大倫高 [dɛ:rjungo] /대구시 수성구
대:리 代理 [dɛ:ri]
대:림산:업 大林産業 [dɛ:rimsa:nəb, 대:림사:넙] /건설회사, 기업그룹
대:립 對立 [dɛ:rib]
대:마 大麻 [dɛ:ma]
대:마 大馬 [dɛ:ma] /바둑
대:마도 對馬島 [dɛ:mado] /쓰시마 섬, 日本
대만 臺灣 [dɛman] /타이완
대:망 大望 [dɛ:maŋ]
대:망 待望 [dɛ:maŋ]
대:맥 大麥 [dɛ:mɛg] 보리
대:머리 [dɛ:məri]
대:면 對面 [dɛ:mjən]
대:명동 大明洞 [dɛ:mjəŋdoŋ] /대구시 남구, 전북 군산시
대:명천지 大明天地 [dɛ:mjəŋʧəndʒi]
대목 [dɛmog] /설 대목, 재미있는 대목
대못질 [dɛmoddʒ'il, 대몯찔]
대:물림 代-- [dɛ:mullim]
대:미 大尾 [dɛ:mi]
대:미 對美 [dɛ:mi] '미국에 대한'
대:민 對民 [dɛ:min]
대:박 大- [dɛ:bag] /대박을 잡다
대번에 [dɛbəne, 대버네] 그 자리에서, 단숨에
대:법원 大法院 [dɛ:bəbwən, 대:버붠]
대:변 大便 [dɛ:bjən]
대:변인 代辯人 [dɛ:bjənin, 대:벼닌]
대:부 大父 [dɛ:bu]
대:부 貸付 [dɛ:bu]
대:부분 大部分 [dɛ:bubun]
대:북 對北 [dɛ:bug] '북한에 대한'
대:불공단 大佛工團 [dɛ:bulgoŋdan] / 전남 영암군
대:붕 大鵬 [dɛ:buŋ] 매우 큰 상상의 새
대:비 對比 [dɛ:bi]
대:비 對備 [dɛ:bi]
대:비 大妃 [dɛ:bi]
대사 臺詞 [dɛsa]
대:사 大使 [dɛ:sa]
대:사 大事 [dɛ:sa]
대:사 大師 [dɛ:sa] /사명대사, 서산대사
대:사:면 大赦免 [dɛ:sa:mjən]
대상 隊商 [dɛsaŋ] 카라반(caravane)
대:상 對象 [dɛ:saŋ]
대:상 大賞 [dɛ:saŋ]
대상포진 帶狀疱疹 [dɛsaŋpodʒin] / 수두(水痘)의 일종, 의학
대:서 大暑 [dɛ:sə] /절기
대:서소 代書所 [dɛ:səso]
대:서방 代書房 [dɛ:səb'aŋ, 대:서빵]
대:선 大選 [dɛ:sən] 대통령 선거
대:설 大雪 [dɛ:səl]
대:설주:의보 大雪注意報 [dɛ:səldʒu:ibo, 대:설주:이보]
대:성 大姓 [dɛ:səŋ] /金, 李, 朴 氏 등
대:성고 大成高 [dɛ:səŋgo] /서울시 은평구, 강원도 원주시, 충북 청주시, 경남 거창군
대:성고 大聖高 [dɛ:səŋgo] /대전광역시 중구
대:성고 大城高 [dɛ:səŋgo] /경남 창녕군
대성동 臺姓洞 [dɛsəŋdoŋ] 경기도 파주시, 자유의 마을, JSA
대:성동 臺姓洞 [dɛ:səŋdoŋ] /대전시 동구, 충북 청주시, 경남 창원시·김해시, 전남 목포시
대:성리 大成里 [dɛ:səŋni, 대:성니] / 경기도 가평군, 충남 공주시, 전북 장수군, 전남 담양군
대:성리 大城里 [dɛ:səŋni, 대:성니] / 충북 옥천군, 경북 영천시, 경남 하동군
대:성리 大聖里 [dɛ:səŋni, 대:성니] / 경북 김천시
대:성리 大星里 [dɛ:səŋni, 대:성니] / 전북 순창군
대:성통:곡 大聲痛哭 [dɛ:səŋto:ŋgog]

ㄷ

대:성하다 大成-- [dɛ:səŋɦada]
대:성학원 大成學院 [dɛ:səŋɦagwən, 대:성하권] /입시
대:소:사 大小事 [dɛ:so:sa]
대수 臺數 [dɛs'u, 대쑤] /자동차
대:수 [dɛ:su] /돈만 있으면 대수인가?
대:수 代數 [dɛ:su] /수학
대:승 大勝 [dɛ:sɨŋ]
대:승적 大乘的 [dɛ:sɨŋʤəg]
대:신 代身 [dɛ:sin]
대:신 大臣 [dɛ:sin]
대:신고 大新高 [dɛ:singo] /서울시 종로구, 대전시 서구
대:신고 大信高 [dɛ:singo] /광주시 서구
대:신고 大神高 [dɛ:singo] /경기도 여주군
대:안 代案 [dɛ:an]
대야 [dɛja]
대:야 對野 [dɛ:ja] '야당(야권)에 대한'
대:양 大洋 [dɛ:jaŋ]
대:어 大魚 [dɛ:ə]
대:여 貸與 [dɛ:jə]
대:여 對與 [dɛ:jə] '여당에 대한'
대:여섯 [dɛ:jəsəd, 대:여섣] 5~6
대:역 代役 [dɛ:jəg]
대:역죄 大逆罪 [dɛ:jəgʤø(we), 쬐(쮀)]
대:연동 大淵洞 [dɛ:jəndoŋ] /부산시 남구
대열 隊列 [dɛjəl]
대오 隊伍 [dɛo]
대:오각성 大悟覺醒 [dɛ:ogags'əŋ, 대:오각썽]
대:외 對外 [dɛ:ø(we), 외(웨)]
대:우 待遇 [dɛ:u]
대:우 大宇 [dɛ:u] /기업 명
대:웅 大雄 [dɛ:uŋ]
대:웅전 大雄殿 [dɛ:uŋʤən]
대원 隊員 [dɛwən]
대:원고 大元高 [dɛ:wəngo] /서울시 광진구, 대구시 달성군, 충북 충주시
대:원군 大院君 [dɛ:wəngun] /왕의 친아버지, 벼슬, 이하응
대:위 大尉 [dɛ:wi]
대:의 大義 [dɛ:i, 대:이]
대:의원 代議員 [dɛ:(ɨ)iwən, 대:이(의)원]
대:일고 大一高 [dɛ:ilgo] /서울시 강서구
대:입 代入 [dɛ:ib]
대:입 大入 [dɛ:ib]
대:작 對酌 [dɛ:ʤag]
대장 臺帳 [dɛʤaŋ] /문서
대장 隊長 [dɛʤaŋ]
대:장 大將 [dɛ:ʤaŋ]
대:장 大腸 [dɛ:ʤaŋ]
대:장간 --間 [dɛ:ʤaŋg'an, 대:장깐]
대:장금 大長今 [dɛ:ʤaŋgɨm]
대:장부 大丈夫 [dɛ:ʤaŋbu]
대:적하다 對敵-- [dɛ:ʤəkada, 대:저카다]
대전광:역시 大田廣域市 [dɛʤəngwa:ŋjəgs'i, 대전광:역씨]
대:전 大戰 [dɛ:ʤən]
대:전 對戰 [dɛ:ʤən]
대:절 貸切 [dɛ:ʤəl]
대:접 [dɛ:ʤəb] /그릇
대:접 待接 [dɛ:ʤəb]
대젓가락 [dɛʤədg'arag, 대젇까락]
대:조 對照 [dɛ:ʤo]
대:조 大棗 [dɛ:ʤo] =대추
대:조동 大棗洞 [dɛ:ʤodoŋ] /서울시 은평구
대:종 大宗 [dɛ:ʤoŋ] 사물의 주류
대:종교 大倧敎 [dɛ:ʤoŋgjo] /민족종교
대:종사 大宗師 [dɛ:ʤoŋsa] /종교, 불교
대:중 大衆 [dɛ:ʤuŋ]
대:중 對中 [dɛ:ʤuŋ] '중국에 대한'
대:증요법 對症療法 [dɛ:ʤɨŋnjob'əb, 대:증뇨뻡]
대지 垈地 [dɛʤi] /건평
대:지 大地 [dɛ:ʤi]
대:진고 大眞高 [dɛ:ʤingo] /서울시 노원구, 경기도 고양시·성남시

ㄷ

대:진고 大辰高 [dɛ:ʤingo] /대구시 달서구
대:진고 大津高 [dɛ:ʤingo] /강원도 고성군
대:진대 大眞大 [dɛ:ʤnindɛ] /경기도 포천시
대:진운 對陣運 [dɛ:ʤinun, 대:지눈] /스포츠
대:질신:문 對質訊問 [dɛ:ʤils:inmun]
대:차 貸借 [dɛ:ʧa]
대차다 [dɛʧada] 성질이 꿋꿋하며 세차다
대:찰 大刹 [dɛ:ʧal] 규모가 크거나 이름난 절
대:창 [dɛ:ʧaŋ] 큰 짐승의 대장, (←大腸)
대:책 對策 [dɛ:ʧɛg]
대:처 對處 [dɛ:ʧə]
대:처 大處 [dɛ:ʧə] 도회지(都會地), /대처로 나가다
대:척 對蹠 [dɛ:ʧəg]
대:첩 大捷 [dɛ:ʧəb]
대:청마루 大廳-- [dɛ:ʧəŋmaru]
대:체 代替 [dɛ:ʧe]
대:체로 大體- [dɛ:ʧero]
대:추 [dɛ:ʧu]
대:출용 貸出用 [dɛ:ʧulljoŋ, 대:출룡]
대충 [dɛʧuŋ]
대:치동 大峙洞 [dɛ:ʧidoŋ] 서울시 강남구
대:치하다 對峙-- [dɛ:ʧiɦada]
대:타 代打 [dɛ:ta]
대:토 代土 [dɛ:to] 땅을 팔아 장만한 다른 땅
대:통령 大統領 [dɛ:toŋnjəŋ, 대:통녕]
대:퇴부 大腿部 [dɛ:tø(we)bu, 퇴(퉤)]
대:파 大破 [dɛ:pa]
대:파 大- [dɛ:pa] 큰 파
대:판 大- [dɛ:pan] /대판 싸웠다, 대판 벌였다
대:패 [dɛ:pɛ]
대:팻밥 [dɛ:pɛ(d)b'ab, 대:패(팬)빱]
대:포 大砲 [dɛ:po]
대:포 [dɛ:po] /대포 한잔 합시다
대:폭 大幅 [dɛ:pog]
대:폿술 [dɛ:po(d)s'ul, 대:포(폰)쑬]
대:폿잔 --盞 [dɛ:po(d)ʤ'an, 대:포(폰)짠]
대:표 代表 [dɛ:pjo]
대:피 待避 [dɛ:pi]
대:필 代筆 [dɛ:pil]
대:하 大蝦 [dɛ:ɦa] ≒왕새우
대:하 大河 [dɛ:ɦa] /대하 드라마
대:하다 對-- [dɛ:ɦada]
대:학 大學 [dɛ:ɦag]
대:학로 大學路 [dɛ:ɦaŋno, 대:항노] 서울의 문화·예술 거리
대:학살 大虐殺 [dɛ:ɦags'al, 대:학쌀]
대:한 大寒 [dɛ:ɦan] /절기
대:한 對韓 [dɛ:ɦan] '한국에 대한'
대:한문 大漢門 [dɛ:ɦanmun] /서울시 중구, 덕수궁의 정문
대:한민국 大韓民國 [dɛ:ɦanmingug]
대:항 對抗 [dɛ:ɦaŋ]
대:항면 代項面 [dɛ:ɦaŋmjən] /경북 김천시
대:해 大海 [dɛ:ɦɛ]
대:행 代行 [dɛ:ɦɛŋ]
대:행수 大行首 [dɛ:ɦɛŋsu] /史劇
대:헌:장 大憲章 [dɛ:ɦə:nʤaŋ]
대:현동 大峴洞 [dɛ:ɦjəndoŋ] /서울시 서대문구
대형 隊形 [dɛɦjəŋ] /체조, 기러기
대:형 大型 [dɛ:ɦjəŋ]
대:형 大兄 [dɛ:ɦjəŋ]
대:화 對話 [dɛ:ɦwa]
대:화동 大化洞 [dɛ:ɦwadoŋ] /경기도 고양시
대:화동 大禾洞 [dɛ:ɦwadoŋ] /대전광역시 대덕구
대:화퇴 大和堆 [dɛ:ɦwatø(we), 퇴(퉤)] /동해의 황금어장
대:활약 大活躍 [dɛ:ɦwarjag, 대:화략]
대:회 大會 [dɛ:ɦø(we), 회(훼)]

ㄷ

대:휴 代休 [dɛ:ɦju]
댁내 宅內 [dɛŋnɛ, 댕내]
댓:글 對- [dɛ:dg'ɨl, 댇:끌]
댓돌 [dɛd'ol, 대똘]
댓바람 [dɛ(d)b'aram, 대(댇)빠람]
댓:새 [dɛ:ds'ɛ, 댇:쌔] 닷새 가량
댓잎 [dɛnnib, 댄닙]
댕기 [dɛŋgi]
댕기다 [dɛŋgida] 불이 옮아 붙다
댕댕거리다 [dɛŋdɛŋgərida]
더듬다 [dədɨmd'a, 더듬따] 더듬지[dədɨmdʒ'i, 더듬찌] 더듬어[dədɨmə, 더드머] 더듬이[dədɨmi, 더드미]
더:럽다 [də:rəbd'a, 더:럽따]
더부룩하다 [dəburukada, 더부루카다]
더욱이 [dəugi, 더우기]
덕곡면 德谷面 [dəg'oŋmjən, 더꽁면] /경북 고령군, 경남 합천군
덕담 德談 [dəgd'am, 덕땀]
덕분에 德分- [dəgb'une, 덕뿌네]
덕성여대 德成女大 [dəgs'əŋnjədɛ, 덕썽녀대]
덕용 德用 [dəgjoŋ, 더굥] 쓰는 데 편하고 이로움
덕우리 德佑里 [dəguri, 더구리] /경기도 평택시
덕우리 德隅里 [dəguri, 더구리] /경기도 화성시
덕우리 德雨里 [dəguri, 더구리] /강원도 정선군
덕원여고 德圓女高 [dəgwənnjəgo, 덕원녀고] /서울시 강서구
덕원예:고 德源藝高 [dəgwənnje:go, 덕원녜:고] /서울시 강서구
덕장 [dəgdʒ'aŋ, 덕짱] /황태
덕재리 德在里 [dəgdʒ'ɛri, 덕째리] /전남 장성군
덕적면 德積面 [dəgdʒ'əŋmjən, 덕쩡면] /인천시 옹진군
덕지덕지 [dəgdʒ'idəgdʒ'i, 덕찌덕찌]
덕진구 德津區 [dəgdʒ'ingu, 덕찐구] /전북 전주시의 區
덕천동 德川洞 [dəgʧəndoŋ] /부산시 북구
덕택 德澤 [dəgtɛg]
덕혜옹주 德惠翁主 [dəkjeoŋdʒu, 더케옹주] 고종의 고명딸(1912~1989)
덖다 [dəgd'a, 덕따] 타지 않을 정도로 볶아 익히다, /찻잎을 덖다
덜: [də:l]
덜:다 [də:lda] 덜:고[də:lgo] 덜:지[də:ldʒi] 더:니[də:ni] 덜어[dərə, 더러]
덜미 [dəlmi]
덤: [də:m]
덤덤하다 [dəmdəmɦada]
덤터기 [dəmtəgi] 덤태기(×)
덥:다 [də:bd'a, 덥:따] 暑, 덥:지[də:bdʒ'i, 덥:찌] 덥:고[də:bg'o, 덥:꼬] 더워[dəwə] 더우니[dəuni]
덥석 [dəbs'əg, 덥썩]
덥히다 [dəpida, 더피다]
덧니 [dənni, 던니]
덧붙이기 [dədb'uʧigi, 덛뿌치기]
덧신 [dəds'in, 덛씬]
덧없:다 [dədə:bd'a, 더덥:따] 덧없:어[더덥:써], 덧없:으니[더덥:쓰니] 덧없:고[더덥:꼬], 덧없:는[더덤:는], 덧없:지[더덥:찌]
덫 [dəd, 덛] 덫이[더치] 덫에[더체]
덮다 [dəbd'a, 덥따] 덮으니[더프니] 덮어[더퍼] 덮고[덥꼬] 덮지[덥찌]
덮밥 [dəb'ab, 더빱]
데:다 [de:da] 燒, 데:니[de:ni] 데:지[de:dʒi] 데:고[de:go]
데면데면 [demjəndemjən]
데우다 [deuda]
데치다 [deʧida]
도: 度 [do:] /도를 넘다, 도가 지나치다
도: 道 [do:] /도를 깨치다, 행정구역 단위
도:가 道家 [do:ga]
도감 圖鑑 [dogam]
도강 渡江 [dogaŋ]

도강 盜講 [dogaŋ]
도검류 刀劍類 [dogəmnju, 도검뉴]
도:계 道界 [do:gje]
도:계동 道溪洞 [do:gjedoŋ] /경남 창원시
도:계리 道溪里 [do:gjeri] /강원도 삼척시, 충남 공주시, 전북 정읍시, 경북 경주시·영덕군·영양군
도:계읍 道溪邑 [do:gjeɨb] /강원도 삼척시
도:고면 道高面 [do:gomjən] /충남 아산시, 溫泉
도:곡동 道谷洞 [do:gogd'oŋ, 도:곡똥] /서울시 강남구
도공 陶工 [dogoŋ]
도:공 道公 [do:goŋ] '한국도로공사'의 약칭
도:교 道教 [do:gjo]
도:구 道具 [do:gu]
도굴 盜掘 [dogul]
도기 陶器 [dogi]
도:끼 [do:g'i]
도:끼눈 [do:g'inun]
도난 盜難 [donan]
도:내 道內 [do:nɛ]
도농 都農 [donoŋ]
도:달 到達 [do:dal]
도담삼봉 嶋潭三峰 [dodamsamboŋ] /충북 단양군, 명승지
도당 徒黨 [dodaŋ] 불순한 사람의 무리, /괴뢰도당
도:당 道黨 [do:daŋ]
도당굿 都堂- [dodaŋg'ud, 도당꿛] / 마을 수호신
도대체 都大體 [dodɛʧe] ≒대체
도:덕 道德 [do:dəg]
도:도하다 [do:doɦada]
도:동항 道洞港 [do:doŋɦaŋ] /울릉도의 항구
도떼기시:장 --- 市場 [dod'egisi:ʤaŋ] 돗데기시장(×)
도라산역 都羅山驛 [dorasannjəg, 도라산녁] /경기도 파주시, 민통선 안에 있는 역
도:락 道樂 [do:rag] /도락에 빠지다, 도락으로 삼다
도랑 [doraŋ]
도:래 到來 [do:rɛ]
도:량 度量 [do:rjaŋ] /도량이 넓다
도:량 道場 [do:rjaŋ]
도:량형 度量衡 [do:rjaŋɦjəŋ]
도렴동 都染洞 [dorjəmdoŋ] /서울시 종로구
도:령 [do:rjəŋ] 총각을 대접하여 이르는 말
도:령 道令 [do:rjəŋ] 도의 시행령
도로 [doro] /도로 집으로 오다
도로 徒勞 [doro] 헛수고
도:로 道路 [do:ro]
도록 圖錄 [dorog]
도롱이 [doroŋi] /도롱이를 쓰다, 도롱이를 걸치다
도료 塗料 [dorjo] 칠, 칠감
도루묵 [dorumug] /生鮮
도륙 屠戮 [dorjug] ≒도살
도:리 道理 [do:ri]
도:리 道里 [do:ri] /경기도 여주군, 충남 당진군, 충북 제천시, 경남 거창군·산청군·합천군, 경북 경주시·청송군
도:리동 道里洞 [do:ridoŋ] /경기도 시흥시, 도리JC
도리어 [doriə]
도:림동 道林洞 [do:rimdoŋ] /서울시 영등포구
도:립 道立 [do:rib] '道가 세운'
도마 [doma]
도망 逃亡 [domaŋ]
도매 都賣 [domɛ]
도면 圖面 [domjən]
도모하다 圖謀-- [domoɦada]
도무지 [domuʤi]
도미 渡美 [domi]
도:미 [do:mi] /生鮮

도:민 道民 [do:min]
도박 賭博 [dobag]
도:반 道伴 [do:ban] /불교
도발 挑發 [dobal]
도발적 挑發的 [dobaldʒəg]
도배 塗褙 [dobɛ]
도:백 道伯 [do:bɛg]
도벌 盜伐 [dobəl]
도벽 盜癖 [dobjəg]
도:별 道別 [do:bjəl] '道마다의'
도보 徒步 [dobo] /도보행진
도:복 道服 [do:bog] /태권도
도:봉산 道峰山 [do:boŋsan] /서울시 도봉구와 경기도 양주시·의정부시에 걸침
도:사 道士 [do:sa]
도산 島山 [dosan] '안창호'의 호
도:산 倒産 [do:san]
도산로 島山路 [dosanno, 도산노] / 서울시 강남구 신사동·청담동
도살 屠殺 [dosal]
도상 圖上 [dosaŋ] 지도나 도면의 위
도:상 途上 [do:saŋ]
도상학 圖像學 [dosaŋɦag] /그림, 숨은 의미
도색 塗色 [dosɛg]
도색 桃色 [dosɛg]
도서 圖書 [dosə]
도서지방 島嶼地方 [dosədʒ'ibaŋ, 도서찌방] 섬 지역
도:선사 導船士 [do:sənsa] 배를 인도하는 사람
도:선사 道詵寺 [do:sənsa] /사찰, 서울 삼각산
도성 都城 [dosəŋ] ≒서울, /도성을 옮기다, 도성이 함락되다, 史劇
도소:매 都小賣 [doso:mɛ]
도솔천 兜率天 [dosoltʃ'ən]
도수 度數 [dos'u, 도쑤]
도승지 都承旨 [dosiŋdʒi] /벼슬, 왕명을 하달하고 신하의 의견을 상달함, 고려·조선시대

도안 圖案 [doan]
도야 陶冶 [doja]
도:양면 道陽面 [do:jaŋmjən] /전남 고흥군
도약 跳躍 [dojag]
도열 堵列 [dojəl]
도열병 稻熱病 [dojəlb'jəŋ, 도열뼝]
도예 陶藝 [doje]
도:외시 度外視 [do:ø(we)si, 외(웨)]
도요 陶窯 [dojo]
도요새 [dojosɛ] /조류
도용 盜用 [dojoŋ]
도움닫기 [doumdadg'i, 도움닫끼]
도원 桃園 [dowən]
도원 桃源 [dowən] /무릉도원
도유범 盜油犯 [dojubəm] 기름도둑
도:의적 道義 [do:idʒəg, 도:이적]
도:의회 道議會 [do:iɦø(we), 회(훼)]
도:인 道人 [do:in]
도일 渡日 [doil] 일본으로 감
도:입 導入 [do:ib]
도자 陶瓷 [dodʒa] =도자기
도장 圖章 [dodʒaŋ]
도장 塗裝 [dodʒaŋ] /도장도색
도:장 道場 [do:dʒaŋ]
도:저히 到底- [do:dʒəɦi]
도적 盜賊 [dodʒəg]
도전 挑戰 [dodʒən]
도전적 挑戰的 [dodʒəndʒəg]
도정 搗精 [dodʒəŋ] /쌀을 도정하다
도제 徒弟 [dodʒe] /도제식 교육
도주 逃走 [dodʒu]
도:중 途中 [do:dʒuŋ]
도지다 [dodʒida]
도:지사 道知事 [do:dʒisa]
도:착 到着 [do:tʃag]
도:착 倒錯 [do:tʃag] /성도착증
도참 圖讖 [dotʃam] /정감록
도:처 到處 [do:tʃə]
도청 盜聽 [dotʃəŋ]
도:청 道廳 [do:tʃəŋ]
도:체 導體 [do:tʃe]

도촌동 島村洞 [doʧondoŋ] /경기도 성남시
도촌리 島村里 [doʧonni, 도촌니] / 경북 봉화군, 경남 함양군, 충북 충주시
도촌리 挑村里 [doʧonni, 도촌니] / 강원도 양구군
도:촌리 道村里 [do:ʧonni, 도:촌니] / 경북 안동시·예천군, 전남 보성군
도축 屠畜 [doʧug]
도취 陶醉 [doʧwi]
도:치 倒置 [do:ʧi]
도탄 塗炭 [dotan]
도태되다 淘汰-- [dotɛdø(we)da, 되(퉤)]
도통 都統 [dotoŋ] 도무지
도편수 都-- [dopjənsu] 우두머리 목수
도:포 道袍 [do:po]
도표 圖表 [dopjo]
도피 逃避 [dopi]
도피성 逃避性 [dopis'əŋ, 도피썽]
도하 都下 [doɦa] 서울 안
도합 都合 [doɦab]
도해 圖解 [doɦɛ]
도형 圖形 [doɦjəŋ]
도화동 桃花洞 [doɦwadoŋ] /서울시 마포구
도:화선 導火線 [do:ɦwasən]
도화지 圖畫紙 [doɦwaʤi]
도회지 都會地 [doɦø(we)ʤi, 회(훼)]
독거 獨居 [dog'ə, 도꺼] /독거노인
독거미 毒-- [dog'əmi, 도꺼미]
독과:점 獨寡占 [dog'wa:ʤəm, 도꽈:점]
독극물 毒劇物 [dog'ɨŋmul, 도끙물]
독기 毒氣 [dog'i, 도끼]
독단적 獨斷的 [dogd'anʤəg, 독딴적]
독대 獨對 [dogd'ɛ, 독때]
독도 獨島 [dogd'o, 독또] /경북 울릉군의 섬
독도법 讀圖法 [dogd'ob'əb, 독또뻡]
독려하다 督勵-- [doŋnjəɦada, 동녀하다]
독립 獨立 [doŋnib, 동닙]
독립문 獨立門 [doŋnimmun, 동님문] /서울시 서대문구
독립심 獨立心 [doŋnibs'im, 동닙씸]
독립영화 獨立映畫 [doŋnimnjəŋɦwa, 동님녕화]
독립적 獨立的 [doŋnibʤ'əg, 동닙쩍]
독무:대 獨舞臺 [doŋmu:dɛ, 동무:대]
독방 獨房 [dogb'aŋ, 독빵]
독배 毒杯 [dogb'ɛ, 독빼]
독백 獨白 [dogb'ɛg, 독빽]
독버섯 毒-- [dogb'əsəd, 독뻐섣]
독보적 獨步的 [dogb'oʤəg, 독뽀적]
독불장:군 獨不將軍 [dogb'ulʤa:ŋgun, 독뿔장:군]
독산역 禿山驛 [dogs'annjəg, 독싼녁] /서울시 금천구, 서울 전철 1호선
독상 獨床 [dogs'aŋ, 독쌍]
독선적 獨善的 [dogs'ənʤəg, 독썬적]
독수공방 獨守空房 [dogs'ugoŋbaŋ, 독쑤공방]
독수독과 毒樹毒果 [dogs'udog'wa, 독쑤도꽈] 독이 든 나무의 열매, /잘못된 방식의 증거는 효력이 없음, 경찰수사
독식하다 獨食-- [dogsikada, 독씨카다]
독실한 篤實- [dogs'ilɦan, 독씰한]
독약 毒藥 [dogjag, 도각]
독일적 獨逸的 [dogilʤəg, 도길적]
독일제 獨逸製 [dogilʤ'e, 도길쩨]
독점욕 獨占慾 [dogʤ'əmnjog, 독쩜뇩]
독종 毒種 [dogʤ'oŋ, 독쫑]
독직 瀆職 [dogʤ'ig, 독찍] 직책을 더럽힘
독창성 獨創性 [dogʧaŋs'əŋ, 독창썽]
독창적 獨創的 [dogʧaŋʤəg]
독촉하다 督促-- [dogʧokada, 독초카다]
독특하다 獨特-- [dogtɨkada, 독트카다]
독파 讀破 [dogpa]
독하다 毒-- [dokada, 도카다]
독학 獨學 [dokag, 도칵]
독해 讀解 [dokɛ, 도캐]
독회 讀會 [dokø(we), 도쾨(퀘)]

ㄷ

ㄷ

독후감 讀後感 [dokugam, 도쿠감]
돈: [do:n] 錢, 幣
돈:가뭄 [do:ng'amum, 돈:까뭄]
돈:다발 [do:nd'abal, 돈:따발]
돈대 墩臺 [dondɛ] 평지보다 높직하게 두드러진 평평한 땅, /강화 갑곶 돈대
돈:독 -毒 [do:nd'og, 돈:똑]
돈독하다 敦篤-- [dondokada, 돈도카다]
돈:방석 -方席 [do:nb'aŋsəg, 돈:빵석]
돈:벌:이 [do:nb'ə:ri, 돈:뻐:리]
돈:보따리 [do:nb'od'ari, 돈:뽀따리]
돈사 豚舍 [donsa]
돈:오 頓悟 [do:no, 도:노] 갑자기 깨달음
돈육 豚肉 [donjug, 도뉵]
돈의문 敦義門 [donimun, 도니문] 서울 서쪽에 있던 정문
돈:주머니 [do:nʤ'uməni, 돈:쭈머니]
돈:쭝 -重 [do:nʤ'uŋ] /금, 한약재 따위의 무게 단위
돋구다 [dog'uda, 도꾸다] 안경의 도수 따위를 더 높이다
돋다 [dod'a, 도따] 昇, 出, 生
돋우다 [doduda, 도두다] /입맛을 돋우다, 화를 돋우다
돌 [dol] /한 해, 횟수
돌: [do:l] 石
돌:가루 [do:lg'aru, 돌:까루]
돌:개바람 [do:lgɛbaram]
돌격 突擊 [dolgjəg]
돌고래 [dolgorɛ]
돌궐 突厥 [dolgwəl] /역사
돌기 突起 [dolgi]
돌:기 [do:lgi] /로프나 실뭉치
돌:길 [do:lg'il, 돌:낄]
돌:김 [do:lgim] /海苔
돌:다 [do:lda] 돌:면[do:lmjən] 돌:지[do:lʤi] 도:니[do:ni] 도:오[do:o] 돌아[dora, 도라]
돌:다리 [do:ldari]
돌:담길 [do:ldamg'il, 돌:담낄]
돌:덩이 [do:ld'əŋi, 돌:떵이]
돌림병 --病 [dollimb'jəŋ, 돌림뼝]
돌림자 --字 [dollimʤ'a, 돌림짜]
돌:멩이 [do:lmeŋi]
돌:무덤 [do:lmudəm]
돌미나리 [dolminari]
돌발적 突發的 [dolbalʤəg]
돌:베개 [do:lbegɛ]
돌:보다 [do:lboda]
돌:부리 [do:lb'uri, 돌:뿌리]
돌:부처 [do:lbuʧə]
돌산읍 突山邑 [dols'anɨb, 돌싸늡] / 전남 여수시
돌상 -床 [dols'aŋ, 돌쌍]
돌:솥밥 [do:lsodb'ab, 돌:솓빱]
돌연 突然 [dorjən, 도련]
돌연변:이 突然變異 [dorjənbjə:ni, 도련벼:니]
돌입하다 突入-- [doripada, 도리파다]
돌:절구 [do:lʤəlgu]
돌진 突進 [dolʤ'in, 돌찐]
돌:쩌귀 [do:lʤ'əgwi] 문짝을 여닫는 데 쓰는 쇠붙이
돌출 突出 [dolʧul]
돌출입 突出- [dolʧullib, 돌출립] /성형수술
돌파 突破 [dolpa]
돌:팔매 [do:lpalmɛ]
돌:팔이 [do:lpari, 돌:파리]
돌:하르방 [do:lɦaribaŋ] 돌하루방(×)
돕:다 [do:bd'a, 돕:따] 돕:지[do:bʤ'i, 돕:찌] 돕:는[do:mnɨn, 돔:는] 도와[dowa] 도우니[douni] 돕:기[do:bg'i, 돕:끼]
돗자리 [dodʤ'ari, 돋짜리]
동가홍상 同價紅裳 [doŋg'aɦoŋsaŋ, 동까홍상]
동간 棟間 [doŋgan] /아파트
동갑 同甲 [doŋgab]
동갑내기 同甲-- [doŋgamnɛgi, 동감내기]
동강 [doŋgaŋ]/두 동강 내다

동강 東江 [doŋgaŋ] /강원도 정선군 과 영월군 사이의 강
동거 同居 [doŋgə]
동격 同格 [doŋg'jəg, 동껵]
동:결 凍結 [do:ŋgjəl]
동:경 憧憬 [do:ŋgjəŋ]
동계 同系 [doŋgje] 같은 계열, 계통
동:계 冬季 [do:ŋgje]
동고동락 同苦同樂 [doŋgodoŋnag, 동고동낙]
동:공 瞳孔 [do:ŋgoŋ]
동구 東歐 [doŋgu] 동유럽
동:구 洞口 [do:ŋgu] /동구 밖
동구릉 東九陵 [doŋguniŋ, 동구능] / 경기도 구리시, 조선 역대 왕릉군 (王陵群)
동:굴 洞窟 [do:ŋgul]
동궁 東宮 [doŋguŋ] 왕세자
동기 同期 [doŋgi]
동:기 動機 [do:ŋgi]
동나다 [doŋnada]
동:냥 [do:ŋnjaŋ]
동:네 洞- [do:ŋne]
동년배 同年輩 [doŋnjənbɛ]
동녘 東- [doŋnjəg, 동녁] 동녘이[동녀키] 동녘에[동녀케] 동녘만[동녕만]
동덕여대 同德女大 [doŋdəŋnjədɛ, 동덩녀대]
동등한 同等- [doŋdɨŋɦan]
동:란 動亂 [do:ŋnan, 동:난]
동래구 東萊區 [doŋnɛgu, 동내구] / 부산광역시 중북부의 區
동량 棟樑 [doŋnjaŋ, 동냥] 기둥, /동량이 될 청소년
동:력 動力 [do:ŋnjəg, 동:녁]
동료 同僚 [doŋnjo, 동뇨]
동류의식 同類意識 [doŋnjuɨisig, 동뉴의식]
동률 同率 [doŋnjul, 동뉼]
동:리 洞里 [do:ŋni, 동:니]
동:맥 動脈 [do:ŋmɛg]
동맹 同盟 [doŋmɛŋ]
동메달 銅-- [doŋmedal]
동:면 冬眠 [do:ŋmjən]
동무 [doŋmu]
동문 同門 [doŋmun]
동:물 動物 [do:ŋmul]
동:물성 動物性 [do:ŋmuls'əŋ, 동:물썽]
동:물적 動物的 [do:ŋmuldʒəg]
동:민 洞民 [do:ŋmin]
동박새 [doŋbags'ɛ, 동박쌔]
동반자 同伴者 [doŋbandʒa]
동백 冬柏 [doŋbɛg]
동백기름 冬柏-- [doŋbɛg'irɨm, 동배끼름]
동백나무 冬柏-- [doŋbɛŋnamu, 동뱅나무]
동별 棟別 [doŋbjəl] /아파트
동:별 洞別 [do:ŋbjəl]
동병상련 同病相憐 [doŋbjəŋsaŋnjən, 동병상년]
동:복 冬服 [do:ŋbog]
동북고 東北高 [doŋbug'o, 동부꼬] / 서울시 강동구
동:사 凍死 [do:ŋsa]
동:사:무소 洞事務所 [do:ŋsa:muso]
동산 [doŋsan] /마을 동산
동:산 動産 [do:ŋsan]
동산고 東山高 [doŋsango] /인천시 동구, 경기도 안산시
동상 銅像 [doŋsaŋ]
동:상 凍傷 [do:ŋsaŋ]
동상이:몽 同牀異夢 [doŋsaŋi:moŋ]
동색 同色 [doŋsɛg]
동생 同生 [doŋsɛŋ]
동서 同壻 [doŋsə]
동석 同席 [doŋsəg]
동:선 動線 [do:ŋsən]
동선동 東仙洞 [doŋsəndoŋ] /서울시 성북구, 부산시 강서구
동성고 東星高 [doŋsəŋgo] /서울시 종로구, 경북 포항시
동성고 東成高 [doŋsəŋgo] /부산시 부산진구, 광주시 남구

동성동본 同姓同本 [doŋsəŋdoŋbon]
동성애 同性愛 [doŋsəŋɛ]
동송읍 東松邑 [doŋsoŋɨb] /강원도 철원군
동숭동 東崇洞 [doŋsuŋdoŋ] /서울시 종로구
동승하다 同乘-- [doŋsɨŋɦada]
동시에 同時- [doŋsie]
동:심 童心 [do:ŋsim]
동심원 同心圓 [doŋsimwən, 동시뭔]
동아줄 [doŋadʒul]
동:안 童顔 [do:ŋan]
동:안거 冬安居 [do:ŋaŋgə] /불교
동양 東洋 [doŋjaŋ]
동:영상 動映像 [do:ŋjəŋsaŋ]
동:요 動搖 [do:ŋjo]
동:요 童謠 [do:ŋjo]
동:원 動員 [do:ŋwən]
동원고 東園高 [doŋwəŋgo] /경기도 수원시
동:원령 動員令 [do:ŋwənnjəŋ, 동:원녕]
동음 同音 [doŋɨm]
동의 同意 [doŋi, 동이]
동의 胴衣 [doŋi, 동이] =조끼
동:의 動議 [do:ŋi, 동:이] 안건을 제기함, 또는 그 안건, /긴급동의
동의대 東義大 [doŋidɛ, 동이대] /부산시 부산진구
동의보:감 東醫寶鑑 [doŋibo:gam, 동이보:감]
동일 同一 [doŋil]
동일여고 東一女高 [doŋilljəgo, 동일려고] /서울시 금천구
동자동 東子洞 [doŋdʒadoŋ] /서울시 용산구
동:자승 童子僧 [do:ŋdʒasɨŋ]
동:작 動作 [do:ŋdʒag]
동작구 銅雀區 [doŋdʒag'u, 동자꾸] /서울시 남서부의 區
동:장군 冬將軍 [do:ŋdʒaŋgun]
동전 銅錢 [doŋdʒən]
동:절기 冬節期 [do:ŋdʒəlgi]
동정 同情 [doŋdʒəŋ]
동정 [doŋdʒəŋ] /한복
동:정 動靜 [do:ŋdʒəŋ]
동:정 童貞 [do:ŋdʒəŋ]
동조 同調 [doŋdʒo]
동족상잔 同族相殘 [doŋdʒogs'aŋdʒan, 동족쌍잔]
동종 同種 [doŋdʒoŋ]
동지 同志 [doŋdʒi]
동지 冬至 [doŋdʒi] /절기
동지고 同志高 [doŋdʒigo] /경북 포항시, 구 동지상고
동지여상 同志女商 [doŋdʒijəsaŋ] /경북 포항시
동질적 同質的 [doŋdʒildʒəg]
동짓달 冬至- [doŋdʒid'al, 동지딸]
동참 同參 [doŋʧam]
동창 同窓 [doŋʧaŋ]
동창 東窓 [doŋʧaŋ]
동:천 冬天 [do:ŋʧən]
동:치미 [do:ŋʧimi] (←冬沈)
동침 同寢 [doŋʧim]
동탄면 東灘面 [doŋtanmjən] /경기도 화성시
동:태 凍太 [do:ŋtɛ] /명태
동:태 動態 [do:ŋtɛ]
동:토 凍土 [do:ŋto] 언 땅, /구 공산주의 폐쇄사회
동:통 疼痛 [do:ŋtoŋ] 몸이 쑤시고 아픔
동트다 [doŋtɨda]
동티 [doŋti] 괜히 걱정이나 해를 자초함, /동티가 나다
동패리 東牌里 [doŋpɛri] /경기도 파주시
동행 同行 [doŋɦɛŋ]
동향 同鄕 [doŋɦjaŋ]
동:향 動向 [do:ŋɦjaŋ]
동호수 棟號數 [doŋɦos'u, 동호쑤]
동호회 同好會 [doŋɦohø(we), 회(훼)]
동화 同化 [doŋɦwa]
동:화 童話 [do:ŋɦwa]
동화사 桐華寺 [doŋɦwasa] /사찰, 대

구 팔공산
동:회 洞會 [do:ŋɦø(we), 회(훼)]
돛 [dod, 돋] 돛이[dotʃi, 도치] 돛에 [dotʃe, 도체] 돛을[dotʃɨl]
돛단배 [dod'anbɛ, 도딴배]
돼:먹다 [dwɛ:məgd'a, 돼:먹따] '되다'를 속되게 이르는 말, /돼먹지 않은 짓
돼:지 [dwɛ:dʒi] 豚
되뇌다 [dønø(wɛ)da, 뇌(눼)] 되뇌이다(×)
되다 [døda] 變, 되어/돼: [døə/dwɛ:]
되:다 [dø:da] 粥, 濃, /물기가 적어 빡빡하다
되:레 [dø:re]
되묻다 [dømud'a, 되무따] 掘, 植
되묻:다 [dømu:d'a, 되무:따] 反問
된:밥 [dø:nbab]
된:서리 [dø:nsəri]
된:장 -醬 [dø:ndʒaŋ]
된:통 [dø:ntoŋ]
된:풀 [dø:npul]
두: [du:] 2, /두 사람, 종이 두 장
두각 頭角 [dugag]
두견새 杜鵑- [dugjənsɛ]
두둔하다 斗頓-- [dudunɦada]
두레 [dure]
두루 [duru]
두루뭉수리 [durumuŋsuri] 두리뭉실(×)
두루뭉술하다 [durumuŋsulɦada]
두류 豆類 [durju] 콩과식물의 종류
두류동 頭流洞 [durjudoŋ] /대구시 달서구
두릅 [durɨb]
두문불출 杜門不出 [dumunbultʃul]
두:물머리 [du:mulməri] /경기도 양평군, 양수리(兩水里)
두발 頭髮 [dubal]
두서너 [dusənə] 2 또는 3 또는 4 / 두서너 집, 두서너 잔
두세 [duse] 2 또는 3, /두세 개, 두세 명
두수 頭數 [dus'u, 두쑤] 마릿수
두:수 [du:su] 두 가지 방도, /두수가 있을 수 없다, 두수가 없다
두어 [duə] 둘 정도, ~개, ~명, ~번
두엄 [duəm] ≒퇴비
두원공대 斗源工大 [duwəngoŋdɛ] / 경기도 안성시
두원리 斗院里 [duwənni, 두원니] / 경북 포항시
두원리 豆原里 [duwənni, 두원니] / 강원도 횡성군
두원면 豆原面 [duwənmjən] /전남 고흥군
두유 豆乳 [duju]
두전리 豆田里 [dudʒənni, 두전니] / 경북 영주시
두전리 斗田里 [dudʒənni, 두전니] / 전북 정읍시
두절 杜絕 [dudʒəl]
두정동 斗井洞 [dudʒəŋdoŋ] /충남 천안시
두정동 斗亭洞 [dudʒəŋdoŋ] /광주광역시 광산구
두주불사 斗酒不辭 [dudʒubuls'a, 두주불싸]
두지리 斗只里 [dudʒiri] /경기도 파주시
두지리 斗芝里 [dudʒiri] /충남 금산군, 전북 임실군
두지리 斗池里 [dudʒiri] /전북 정읍시
두툼하다 [dutumɦada]
두피 頭皮 [dupi]
둔:감 鈍感 [du:ngam]
둔:갑 遁甲 [du:ngab]
둔:기 鈍器 [du:ngi]
둔내면 屯內面 [dunnɛmjən] /강원도 횡성군, 둔내IC
둔부 臀部 [dunbu]
둔:사 遁辭 [du:nsa] /꾸며대는 말
둔산동 屯山洞 [dunsandoŋ] /대전시 서구(엑스포, 1993), 대구시 동구
둔:재 鈍才 [du:ndʒɛ]

ㄷ

둔:주 遁走 [du:ndʒu] 도망쳐 달아남
둔:주곡 遁走曲 [du:ndʒugog] 푸가(fuga), /音樂
둔:중하다 鈍重-- [du:ndʒuŋɦada]
둔:촌동 遁村洞 [du:ntʃondoŋ] /서울시 강동구
둔치 [duntʃi]
둔:탁하다 鈍濁-- [du:ntakada, 둔:타카다]
둔:피 遁避 [du:npi] 숨어서 피함
둔:하다 鈍-- [du:nɦada]
둔:화 鈍化 [du:nɦwa]
둘: [du:l] 2, 貳
둘러보다 [dulləboda]
둘레 [dulle]
둘:째 [du:ldʒ'ɛ]
둥지 [duŋdʒi]
둬:두다 [dwə:duda] '두어두다'의 준말
뒈:지다 [dwe:dʒida]
뒤: [dwi:]
뒤:곁 [dwi:g'jəd]
뒤:꿈치 [dwi:g'umtʃi]
뒤:끝 [dwi:g'ɨd, 뒤:끋] 뒤:끝을[뒤:끄틀] 뒤:끝이[뒤:끄치] 뒤:끝만[뒤:끈만]
뒤:늦게 [dwi:nɨ(d)g'e, 뒤:느(늗)께]
뒤룩뒤룩 [dwirugd'wirug, 뒤룩뛰룩]
뒤범벅 [dwibəmbəg]
뒤섞다 [dwisəgd'a, 뒤석따]
뒤숭숭하다 [dwisuŋsuŋɦada]
뒤:안길 [dwi:ang'il, 뒤:안낄]
뒤주 [dwidʒu] /사도세자
뒤죽박죽 [dwidʒugb'agdʒ'ug, 뒤죽빡쭉]
뒤지다 [dwidʒida] /가방을 뒤지다
뒤:지다 [dwi:dʒida] /시대에 뒤지다
뒤:채 [dwi:tʃɛ] 뒷채(×)
뒤:처:리 -處理 [dwi:tʃə:ri] 뒷처리(×)
뒤:처:지다 [dwi:tʃə:dʒida]
뒤:축 [dwi:tʃug]
뒤:탈 -頉 [dwi:tal]
뒤:태 -態 [dwi:tɛ] 뒷태(×)
뒤:통수 [dwi:toŋsu] 뒷통수(×)
뒤:편 -便 [dwi:pjən] 뒷편(×)
뒤:풀이 [dwi:puri, 뒤:푸리] 뒷풀이(×)
뒷:간 -間 [dwi:(d)g'an, 뒤:(뒫:)깐]
뒷:감당 -堪當 [dwi:(d)g'amdaŋ, 뒤:(뒫:)깜당]
뒷:구멍 [dwi:(d)g'uməŋ, 뒤:(뒫:)꾸멍]
뒷:내 [dwi:nnɛ, 뒨:내] 집, 마을 뒤의 내(川)
뒷:돈 [dwi:d'on, 뒤:똔]
뒷:동산 [dwi:d'oŋsan, 뒤:똥산]
뒷:모습 [dwi:nmosɨb, 뒨:모습]
뒷:모양 -模樣 [dwi:nmojaŋ, 뒨:모양]
뒷:문 -門 [dwi:nmun, 뒨:문]
뒷:물 [dwi:nmul, 뒨:물]
뒷:바라지 [dwi:(d)b'aradʒi, 뒤:(뒫:)빠라지]
뒷:북 [dwi:(d)b'ug, 뒤:(뒫:)뿍]
뒷:산 -山 [dwi:(d)s'an, 뒤:(뒫:)싼]
뒷:수습 -收拾 [dwi:(d)s'usɨb, 뒤:(뒫:)쑤습]
뒷:심 [dwi:(d)s'im, 뒤:(뒫:)씸]
뒷:얘:기 [dwi:nnjɛ:gi, 뒨:내:기]
뒷:일 [dwi:nnil, 뒨:닐]
뒷:장 [dwi:(d)dʒ'aŋ, 뒤:(뒫:)짱] /그는 앞장은커녕 뒷장만 선다
뒷:정:리 -整理 [dwi:(d)dʒ'ə:ŋni, 뒤:(뒫:)쩡:니]
뒷:전 [dwi:(d)dʒ'ən, 뒤:(뒫:)쩐]
뒷:줄 [dwi:(d)dʒ'ul, 뒤:(뒫:)쭐]
뒷:짐 [dwi:(d)dʒ'im, 뒤:(뒫:)찜]
뒹굴다 [dwiŋgulda]
드넓:다 [dɨnə:ld'a, 드널:따]
드세다 [dɨseda]
득량동 得良洞 [dɨŋnjaŋdoŋ, 등냥동] 경북 포항시
득량리 得良里 [dɨŋnjaŋni, 등냥니] 전남 고흥군
득량면 得粮面 [dɨŋnjaŋmjən, 등냥면] 전남 보성군, /득량만
득세 得勢 [dɨgs'e, 득쎄]
득의양양 得意揚揚 [dɨgijaŋjaŋ, 드기양양]
득하다 得-- [dɨkada, 드카다]

득하다 [dɨkada, 드카다] /갑자기 날이 추워지다
든든하다 [dɨndɨnɦada]
듣다 [dɨd'a, 드따] 聽
들: [dɨ:l] 野
들:개 [dɨ:lg'ɛ, 들:깨]
들것 [dɨlg'əd, 들껃]
들:고양이 [dɨ:lg'ojaŋi, 들:꼬양이]
들깻묵 [dɨlg'ɛnmug, 들깬묵]
들끓다 [dɨlg'ɨlta, 들끌타]
들다 [dɨlda] 持, 取, 居, 寄
들락날락 [dɨllaŋnallag, 들랑날락]
들르다 [dɨllɨda] 訪, 들러[dɨllə]
들리다 [dɨllida] 聽, 들려[dɨlljə]
들배지기 [dɨlbɛʤigi] /씨름
들보 [dɨlb'o, 들뽀] /들보를 얹다, 들보가 내려앉다
들:불 [dɨ:lb'ul, 들:뿔]
들숨 [dɨls'um, 들쑴]
들쑤시다 [dɨls'usida]
들이대:다 [dɨridɛ:da, 드리대:다]
들:일 [dɨ:llil, 들:릴]
들입다 [dɨribd'a, 드립따] 세차게 마구
들:장미 -薔薇 [dɨ:lʤ'aŋmi, 들:짱미]
들:쥐 [dɨ:lʤ'wi, 들:쮜]
들:짐승 [dɨ:lʤ'imsɨŋ, 들:찜승]
들척지근하다 [dɨlʧəgʤ'iginɦada, 들척찌근하다]
들통 [dɨltoŋ] /들통 나다
들통 -桶 [dɨltoŋ]
들:판 [dɨ:lpan]
듬직하다 [dɨmʤikada, 듬지카다]
듬뿍 [dɨmb'ug]
등:가 等價 [dɨ:ŋg'a, 등:까]
등걸 [dɨŋgəl]
등:고선 等高線 [dɨ:ŋgosən]
등골 [dɨŋg'ol, 등꼴]
등교 登校 [dɨŋgjo]
등굣길 登校- [dɨŋgjo(d)g'il, 등교(곧)낄]
등극 登極 [dɨŋgɨg]
등:급 等級 [dɨ:ŋgɨb]
등기 登記 [dɨŋgi]
등나무 藤-- [dɨŋnamu]
등단 登壇 [dɨŋdan]
등대 燈臺 [dɨŋdɛ]
등락률 騰落率 [dɨŋnaŋnjul, 등낭뉼]
등록금 登錄金 [dɨŋnog'im, 등노끔]
등목 [dɨŋmog]
등반대 登攀隊 [dɨŋbandɛ]
등번호 -番號 [dɨŋbənɦo]
등산로 登山路 [dɨŋsanno, 등산노]
등살 [dɨŋs'al, 등쌀]
등:속 等屬 [dɨ:ŋsog]
등:수 等數 [dɨ:ŋs'u, 등:쑤]
등:신 等神 [dɨ:ŋsin] /등신 같은 녀석
등:신불 等身佛 [dɨ:ŋsinbul] 사람의 크기와 같은 불상, /김동리
등심 [dɨŋsim] /고기
등에 [dɨŋe] /곤충
등:외 等外 [dɨ:ŋø(we), 외(웨)]
등용문 登龍門 [dɨŋjoŋmun]
등원 登院 [dɨŋwən] /국회등원
등잔불 燈盞- [dɨŋʤanb'ul, 등잔뿔]
등촌동 登村洞 [dɨŋʧondoŋ] /서울시 강서구
등하:교 登下校 [dɨŋɦa:gjo]
등:한시 等閑視 [dɨ:ŋɦansi]
등화관제 燈火管制 [dɨŋɦwagwanʤe] /민방위훈련
디디다 [didida] 디딜[didil]
디딜방아 [didilb'aŋa, 디딜빵아]
디딤돌 [didimd'ol, 디딤똘]
딛다 [did'a, 디따] 딛을(×)

ㄷ

ㄸ

따개 [d'agɛ]
따:귀 [d'a:gwi]
따다 [d'ada] 取, 除
따:돌리다 [d'a:dollida]
따따부따 [d'ad'abud'a]
따뜻하다 [d'ad'ɨtada, 따뜨타다]
따르다 [d'arɨda]
따분한 [d'abunɦan]
따:지다 [d'a:dʒida]
딱딱하다 [d'agd'akada, 딱따카다]
딱부리 [d'agb'uri, 딱뿌리]
딱정벌레 [d'agdʒ'əŋbəlle, 딱쩡벌레]
딱하다 [d'akada, 따카다]
딱히 [d'aki, 따키]
딴전 [d'andʒən]
딴청 [d'antʃəŋ]
딸:기 [d'a:lgi]
땀구멍 [d'amg'uməŋ, 땀꾸멍]
땀기 -氣 [d'amg'i, 땀끼]
땀방울 [d'amb'aŋul, 땀빵울]
땀복 -服 [d'ambog]
땅강아지 [d'aŋg'aŋadʒi, 땅깡아지]
땅개 [d'aŋg'ɛ, 땅깨] /잘 싸돌아다니는 사람
땅거미 [d'aŋgəmi] 황혼
땅거미 [d'aŋg'əmi, 땅꺼미] /곤충
땅기다 [d'aŋgida] /얼굴이 땅기다, 상처가 땅기다
땅꾼 [d'aŋg'un] 뱀을 잡아 파는 사람
땅덩이 [d'aŋd'əŋi, 땅떵이]
땅두릅나물 [d'aŋd'urɨmnamul, 땅뚜름나물]
땅바닥 [d'aŋb'adag, 땅빠닥]
땅속 [d'aŋs'og, 땅쏙]
땅심 [d'aŋsim]
땅콩 [d'aŋkoŋ]
때 [d'ɛ]
때깔 [d'ɛg'al]
때꾼하다 [d'ɛg'unɦada] 눈이 푹 들어가고 생기가 없다
때:다 [d'ɛ:da] 焚
때때로 [d'ɛd'ɛro]
땔:감 [d'ɛ:lg'am, 땔:깜]
땜: [d'ɛ:m] =땜질
땜:납 -鑞 [d'ɛ:mnab] ≒납
땜:일 [d'ɛ:mnil, 땜:닐]
땜:장이 [d'ɛ:mdʒaŋi] ≒용접공, 땜쟁이(×)
땜:질 [d'ɛ:mdʒil]
땡 [d'ɛŋ]
땡감 [d'ɛŋgam]
땡벌 [d'ɛŋb'əl, 땡뻘] '땅벌'의 방언
땡볕 [d'ɛŋb'jəd, 땡뼏]
땡처:리 -處理 [d'ɛŋtʃə:ri]
땡추 [d'ɛŋtʃu] =땡추중
떠돌다 [d'ədolda]
떠:들다 [d'ə:dɨlda]
떠:들썩하다 [d'ə:dɨls'əkada, 떠:들써카다]
떠:버리 [d'ə:bəri]
떠:벌리다 [d'ə:bəllida]
떡갈나무 [d'əg'allamu, 떡깔라무]
떡값 [d'əg'ab, 떡깝]
떡고물 [d'əg'omul, 떡꼬물]
떡메 [d'əŋme, 떵메]
떡밥 [d'əgb'ab, 떡빱]
떡방아 [d'əgb'aŋa, 떡빵아]
떡살 [d'əgs'al, 떡쌀]
떡잎 [d'əŋnib, 떵닙]
떡장수 [d'əgdʒ'aŋsu, 떡짱수]
떨거지 [d'əlgədʒi]
떨:다 [d'ə:lda] 떨:지[d'ə:ldʒi] 떨:고[d'ə:lgo] 떠:니[d'ə:ni] 떨어[d'ərə, 떠러] 떨리다[d'əllida]
떨떠름하다 [d'əld'ərɨmɦada]
떨:이 [d'ə:ri, 떠:리]
떫:다 [d'ə:ld'a, 떨:따] 떫:어[떨:버] 떫:으니[떨:브니] 떫:고[떨:꼬] 떫:지[떨:찌]
떳떳하다 [d'ədd'ətada, 떧떠타다]

떼 [d'e]
떼거리 [d'egəri] '떼'의 속어
떼:다 [d'e:da] 離
떼:먹다 [d'e:məgd'a, 떼:먹따]
떼쓰다 [d'es'ɨda]
뗏목 -木 [d'enmog, 뗀목]
또래 [d'orɛ]
똑똑한 [d'ogd'okan, 똑또칸]
똥개 [d'oŋg'ɛ, 똥깨]
똥독 -毒 [d'oŋd'og, 똥똑]
똥바가지 [d'oŋb'agadʒi, 똥빠가지]
똥줄 [d'oŋdʒ'ul, 똥쭐]
똥집 [d'oŋdʒ'ib, 똥찝]
뙤약볕 [d'øjagb'jəd, 뙤약뼏]
뚝배기 [d'ugb'ɛgi, 뚝빼기] 뚝빼기(×)
뚝섬 [d'ugs'əm, 뚝썸] /서울시 성수동 일대
뚫다 [d'ulta, 뚤타] 뚫어[뚜러] 뚫으니 [뚜르니] 뚫는[뚤른] 뚫지[뚤치]
뚱보 [d'uŋbo]
뛰다 [d'wida]
뜨개질 [d'ɨgɛdʒil]
뜨다 [d'ɨda] 떴다[d'əd'a, 떠따] 떳다(×)
뜨악하다 [d'ɨakada, 뜨아카다]
뜬금없:이 [d'ɨngɨmə:bs'i, 뜬그멉:씨]
뜬눈으로 [d'ɨnnunɨro, 뜬누느로]
뜬소:문 -所聞 [d'ɨnso:mun]
뜯다 [d'ɨd'a, 뜨따]
뜰채 [d'ɨltʃɛ]
뜸 [d'ɨm]
뜸:하다 [d'ɨ:mɦada] /소식이 뜸하다
뜻있다 [d'ɨdid'a, 뜨디따]
띄다 [d'ɨda, 띠다] /간격을 띄다, 띄어쓰기
띄:다 [d'ɨ:da, 띠:다] /눈에 띄다, 귀가 번쩍 띄다
띠:다 [d'ɨ:da] /임무를 띠다, 붉은 빛을 띠다

ㄹ

라 [ra] /한글자음
라 羅 [ra/na, 라/나] 姓氏
라:면 [ra:mjən/la:mjən] (←拉麵, 중국), (←라멘, 일본)
라선 羅先 [rasən/nasən, 라선/나선] '라진선봉'의 줄임말, /羅津先鋒經濟特區, 북한
라:장조 - 長調 [la:ʤaŋʤ'o, 라:장쪼] (←'la', 伊)
-락 樂, 諾, 絡, 酪 [rag/nag, 락/낙]
-란 蘭, 亂, 卵, 欄 [ran/nan, 란/난]
-람 覽 [ram/nam, 람/남]
-랑 郎, 廊 [raŋ/naŋ, 랑/낭]
-래 來 [rɛ/nɛ, 래/내]
-랭 冷 [rɛŋ/nɛŋ, 랭/냉]
-량 量, 糧, 輛, 涼 [rjaŋ/njaŋ, 량/냥]
-력 力, 曆, 歷 [rjəg/njəg, 력/녁]
-련 蓮, 練, 鍊, 憐 [rjən/njən, 련/년]
-렴 廉 [rjəm/njəm, 렴/념]
-령 嶺, 領, 令, 靈, 齡 [rjəŋ/njəŋ, 령/녕]
-례 禮, 例 [rje/nje, 례/녜]
-렬 烈, 列, 裂 [rjəl/njəl, 렬/녈]
-로 路, 爐, 勞 [ro/no, 로/노]
-록 錄, 綠 [rog/nog, 록/녹]
-론 論 [ron/non, 론/논]
-롱 籠, 弄 [roŋ/noŋ, 롱/농]
-뢰 雷 [rø(we)/nø(we), 뢰(뤠)/뇌(눼)]
-료 料, 療, 僚 [rjo/njo, 료/뇨]
-룡 龍 [rjoŋ/njoŋ, 룡/뇽]
-루 樓, 壘, 陋, 漏 [ru/nu, 루/누]
류 柳 [rju/ju, 류/유] 姓氏
-류 類, 流, 留, 謬 [rju/nju, 류/뉴]
-륙 六, 陸 [rjug/njug, 륙/뉵]
-륜 倫, 輪 [rjun/njun, 륜/뉸]
-률 律, 率 [rjul/njul, 률/뉼]
-륭 隆 [rjuŋ/njuŋ, 륭/늉]
-릉 陵 [rɨŋ/nɨŋ, 릉/능]
-리 里, 理, 利, 離 [ri/ni, 리/니]
-린 隣, 麟, 燐 [rin/nin, 린/닌]
-림 臨, 林 [rim/nim, 림/님]
-립 立, 粒 [rib/nib, 립/닙]

ㅁ

마 碼 [ma] =야드, /다섯 마 세 치
마 麻 [ma] =삼, /식물
마: 魔 [ma:] /마가 끼다
마:각 馬脚 [ma:gag]
마감 [magam]
마개 [magɛ]
마곡동 麻谷洞 [magogd'oŋ, 마곡똥] /서울시 강서구
마곡사 麻谷寺 [magogs'a, 마곡싸] / 사찰, 충남 공주시
마광 磨光 [magwaŋ] 돌, 쇠 등을 갈아 나오는 빛
마구 [magu]
마:구 魔球 [ma:gu]
마:구 馬具 [ma:gu]
마구리 [maguri]
마:권 馬券 [ma:g'wən, 마:꿘]
마:귀 魔鬼 [ma:gwi]
마:나님 [ma:nanim]
마냥 [manjaŋ]
마:녀 魔女 [ma:njə]
마:누라 [ma:nura]
마늘 [manɨl]
마니산 摩尼山 [manisan] /강화도, 참성단, 성화 채화
마:님 [ma:nim]
마:다하다 [ma:daɦada] /술자리를 마다하다
마당발 [madaŋbal]
마대 麻袋 [madɛ]
마되 [madø(we), 되(퉤)] 말과 되, 늑두승(斗升)
마:두역 馬頭驛 [ma:dujəg] /경기도 고양시, 수도권 전철 3호선
마뜩하다 [mad'ɨkada, 마뜨카다] 제법 마음에 들 만하다, /마뜩지 않다
마:라도 馬羅島 [ma:rado] /제주도 서귀포시
마:량리 馬梁里 [ma:rjaŋni, 마:량니] / 충남 서천군, 마량포구
마:량리 馬良里 [ma:rjaŋni, 마:량니] / 전남 강진군
마:력 魔力 [ma:rjəg]
마:력 馬力 [ma:rjəg]
마련 [marjən]
마련 馬聯 [marjən] '말레이시아'의 음역어
마루 [maru]
마:륵동 馬勒洞 [ma:rɨgd'oŋ, 마:륵똥] /광주광역시 서구
마른 잎 [marɨnnib, 마른닙]
마름 [marɨm] 지주를 대리해 소작권을 관리하는 사람, /史劇
마름모 [marɨmmo]
마:마 媽媽 [ma:ma] /상감마마, 중전마마, 천연두
마모 磨耗 [mamo]
마무리 [mamuri]
마:부 馬夫 [ma:bu]
마:분지 馬糞紙 [ma:bundʒi]
마비 痲痺 [mabi]
마사 麻絲 [masa]
마:사회 馬事會 [ma:saɦø(we), 회(훼)] '한국마사회'
마:산시 馬山市 [ma:sansi] /경남 남부의 市, (→통합창원시)
마석리 磨石里 [masəŋni, 마성니] / 전북 정읍시
마석역 磨石驛 [masəŋnjəg, 마성녁] / 경기도 남양주시
마성리 麻城里 [masəŋni, 마성니] /경기도 용인시, 마성IC
마:성리 馬城里 [ma:səŋni, 마:성니] / 경남 진주시
마성면 麻城面 [masəŋmjən] /경북 문경시
마소 [maso] 말과 소
마수걸이 [masugəri, 마수거리] 맨 처

음으로 물건을 파는 일
마:술 魔術 [ma:sul]
마:술 馬術 [ma:sul] 승마술
마약류 痲藥類 [majaŋnju, 마양뉴]
마:왕 魔王 [ma:waŋ]
마을 [maɨl]
마음결 [maɨmg'jəl, 마음껼]
마음보 [maɨmb'o, 마음뽀]
마음속 [maɨms'og, 마음쏙]
마의태자 麻衣太子 [maitɛdʒa, 마이태자] /신라의 마지막 태자
마:이동풍 馬耳東風 [ma:idoŋpuŋ]
마작 麻雀 [madʒag]
마:장동 馬場洞 [ma:dʒaŋdoŋ] /서울시 성동구
마:적 馬賊 [ma:dʒəg]
마:적 魔笛 [ma:dʒəg] 요술피리
마전동 麻田洞 [madʒəndoŋ] /인천시 서구, 경기도 양주시, 경남 거제시
마:제 馬蹄 [ma:dʒe] 말굽
마:주 馬主 [ma:dʒu]
마:지못:해 [ma:dʒimo:tɛ, 마:지모:태]
마:진:창 馬鎭昌 [ma:dʒi:ntʃaŋ] 마산(馬山), 진해(鎭海), 창원(昌原)을 아우르는 말, /마창진(馬昌鎭)
마:차 馬車 [ma:tʃa]
마찰 摩擦 [matʃal]
마:창지구 馬昌地區 [ma:tʃaŋdʒigu] 馬山과 昌原 일대
마:천동 馬川洞 [ma:tʃəndoŋ] /서울시 송파구, 경남 진해시
마천루 摩天樓 [matʃəllu, 마철루]
마취 痲醉 [matʃwi]
마치 [matʃi]
마파람 [maparam]
마:패 馬牌 [ma:pɛ]
마:포 麻浦 [ma:po] /서울시 마포구
마:한 馬韓 [ma:ɦan] /역사
막 [mag] 바로 지금, '마구'의 준말
막가다 [mag'ada, 마까다]
막간 幕間 [mag'an, 마깐]
막강 莫强 [mag'aŋ, 마깡]
막국수 [mag'ugs'u, 마꾹쑤]
막급하다 莫及-- [mag'ipada, 마끄파다] /후회가 막급하다
막내 [maŋnɛ, 망내]
막다 [magd'a, 막따]
막둥이 [magd'uŋi, 막뚱이]
막론 莫論 [maŋnon, 망논]
막막하다 漠漠-- [maŋmakada, 망마카다] /앞길이 막막하다
막막하다 寞寞-- [maŋmakada, 망마카다] 쓸쓸하고 고요하다
막말 [maŋmal, 망말]
막무가내 莫無可奈 [maŋmuganɛ, 망무가내]
막바지 [magb'adʒi, 막빠지]
막사 幕舍 [mags'a, 막싸]
막상막하 莫上莫下 [mags'aŋmaka, 막쌍마카]
막새 [mags'ɛ, 막쌔] 처마 끝에 놓는 기와
막심하다 莫甚-- [mags'imɦada, 막씸하다] /고생이 막심하다, 손해가 막심하다
막역하다 莫逆-- [magjəkada, 마겨카다] /두 사람은 막역한 사이다
막연하다 漠然-- [magjənɦada, 마견하다] /먹고 살 일이 막연하다
막일 [maŋnil, 망닐]
막회 -膾 [makø(we), 마쾨(퀘)]
막후 幕後 [maku, 마쿠]
만가 輓歌/挽歌 [manga] 죽은 사람을 애도하는 노래나 가사
만:강 滿腔 [ma:ngaŋ] 마음속에 가득 참
만:개 滿開 [ma:ngɛ]
만:건곤하다 滿乾坤-- [ma:ngəngon ɦada] 하늘과 땅에 가득하다
만:경강 萬頃江 [ma:ngjəŋgaŋ] /전북 김제시·익산시·전주시에 걸침, 만경평야
만:경창파 萬頃蒼波 [ma:ngjəŋtʃaŋpa]
만:고불변 萬古不變 [ma:ngobulbjən]

만:국기 萬國旗 [ma:ngug'i, 만:구끼]
만:국박람회 萬國博覽會 [ma:ngugb'aŋ namɦø(we), 만:국빵남회(훼)]
만:기 滿期 [ma:ngi]
만:기친람 萬機親覽 [ma:ngiʧillam, 만:기칠람] /임금이 친히 정사를 살핌, 권력자가 일일이 다 챙김
만:끽 滿喫 [ma:ng'ig]
만:날 萬- [ma:nnal] 맨날(×)
만:년 晩年 [ma:nnjən]
만:년필 萬年筆 [ma:nnjənpil]
만:능 萬能 [ma:nniŋ]
만다라 曼陀羅/曼茶羅 [mandara] /그림, 단(壇), 불교
만:담 漫談 [ma:ndam]
만두소 饅頭- [manduso] 만두 속에 넣는 재료, 만두속(×)
만둣국 饅頭- [mandu(d)g'ug, 만두(둗)꾹]
만들다 [mandɨlda] 作, 製, 立, /만듦
만:료 滿了 [ma:lljo, 말:료]
만:루 滿壘 [ma:llu, 말:루] /야구
만류 挽留 [mallju, 말류]
만:리동 萬里洞 [ma:llidoŋ, 말:리동] /서울시 중구
만:리포 萬里浦 [ma:llipo, 말:리포] / 충남 태안군, 해수욕장
만만하다 [manmanɦada]
만:면에 滿面- [ma:nmjəne, 만:며네]
만:무방 [ma:nmubaŋ] 염치가 없이 막된 사람
만:무하다 萬無-- [ma:nmuɦada]
만:물상 萬物相 [ma:nmuls'aŋ, 만:물쌍]
만:반의 萬般- [ma:nbane, 만:바네] / 만반의 준비
만:발하다 滿發-- [ma:nbalɦada]
만:방 萬邦 [ma:nbaŋ] /이름을 만방에 떨치다
만:보 漫步 [ma:nbo]
만:복 萬福 [ma:nbog]
만:사형통 萬事亨通 [ma:nsaɦjəŋtoŋ]
만:삭 滿朔 [ma:nsag]
만상 灣商 [mansaŋ] /조선, 중국과 교역을 하던 상인들 /史劇
만:생종 晩生種 [ma:nsɛŋʤoŋ]
만:석꾼 萬石- [ma:nsəgg'un]
만:선 滿船 [ma:nsən]
만성 慢性 [mansəŋ]
만성적 慢性的 [mansəŋʤəg]
만:세 萬歲 [ma:nse]
만:수대 萬壽臺 [ma:nsudɛ] /평양의 의사당, 예술단
만:수무강 萬壽無疆 [ma:nsumugaŋ]
만:시지탄 晩時之歎 [ma:nsiʤitan]
만:신창이 滿身瘡痍 [ma:nsinʧaŋi]
만:안구 萬安區 [ma:nangu, 마:난구] /경기도 안양시의 區
만:약 萬若 [ma:njag, 마:냑]
만연하다 蔓延/蔓衍-- [manjənɦada, 마년하다]
만용 蠻勇 [manjoŋ, 마뇽]
만:우절 萬愚節 [ma:nuʤəl, 마:누절]
만:원 滿員 [ma:nwən, 마:눤]
만:유인력 萬有引力 [ma:njuilljəg, 마:뉴일력]
만:인 萬人 [ma:nin, 마:닌]
만:일 萬一 [ma:nil, 마:닐]
만:자 卍字 [ma:nʤ'a, 만:짜]
만장 輓章/挽章 [manʤaŋ] /상여 행렬
만:장 滿場 [ma:nʤaŋ]
만:장굴 萬丈窟 [ma:nʤaŋgul] /동굴, 제주시
만:장일치 滿場一致 [ma:nʤaŋilʧi]
만:전 萬全 [ma:nʤən] /만전을 기하다
만:족하다 滿足-- [ma:nʤokada, 만:조카다]
만:종 晩鐘 [ma:nʤoŋ] /밀레(Millet)
만:종 萬鍾 [ma:nʤoŋ] /만종JC, 분기점(영동고속도로와 중앙고속도로)
만주 滿洲 [manʤu] (지리)
만:찬 晩餐 [ma:nʧan]
만:천리 萬泉里 [ma:nʧənni, 만:천니] /강원도 춘천시
만:천하 滿天下 [ma:nʧənɦa]

ㅁ

ㅁ

만:추 晚秋 [ma:nʧu]
만:취 滿醉 [ma:nʧwi]
만:파식적 萬波息笛 [ma:npasigʤ'əg, 만:파식쩍]
만판 [manpan] /만판 먹고 마시다
만:평 漫評 [ma:npjəŋ]
만:학 晚學 [ma:nɦag]
만:해 萬海/卍海 [ma:nɦɛ] '한용운'의 법호
만행 蠻行 [manɦɛŋ]
만:화 漫畵 [ma:nɦwa]
만회 挽回 [manɦø(we), 회(훼)]
많:다 [ma:nta] 많:아[마:나] 많:으니 [마:느니] 많:지[만:치] 많:고[만:코]
맏며느리 [manmjəniri, 만며느리]
맏상제 -喪制 [mads'aŋʤe, 맏쌍제] 부모·조부모 상을 당한 맏아들, /맏상주(×)
맏손자 -孫子 [mads'onʤa, 맏쏜자]
맏아들 [madadɨl, 마다들]
맏이 [maʤi, 마지]
맏형 -兄 [matjəŋ, 마텽]
말 [mal] 馬
말: [ma:l] 言
말갈 靺鞨 [malgal] /역사
말:갛다 [ma:lgata, 말:가타] 말:개[ma:lgɛ] 말:가니[ma:lgani] 말:갛지[ma:lgaʧi, 말:가치]
말구유 [malguju]
말굽 [malgub]
말:귀 [ma:lg'wi, 말:뀌]
말년 末年 [malljən, 말련]
말다 [malda] 捲
말:다 [ma:lda] 止, 말:지[ma:lʤi] 말:고[ma:lgo] 마:니[ma:ni] 마:라 [ma:ra] 말아[mara, 마라]
말:다툼 [ma:ldatum]
말단 末端 [mald'an, 말딴]
말:대:꾸 [ma:ldɛ:g'u]
말:대:답 -對答 [ma:ldɛ:dab]
말:동무 [ma:ld'oŋmu, 말:똥무]
말로 末路 [mallo]
말리다 [mallida] 累, 止, 乾
말:문 -門 [ma:lmun]
말미 [malmi] 겨를, /며칠간의 말미, 말미를 주다
말미 末尾 [malmi]
-말미암아 [malmiama, 말미아마]
말미잘 [malmiʤal]
말:발 [ma:lb'al, 말:빨]
말발굽 [malbalgub]
말:버릇 [ma:lb'ərɨd, 말:뻐른]
말벌 [malbəl] /곤충
말:벗 [ma:lb'əd, 말:뻗]
말:본 [ma:lbon] /문법
말:본새 [ma:lb'onsɛ, 말:뽄새] 말하는 태도나 모양새
말살 抹殺 [mals'al, 말쌀]
말상 -相 [malsaŋ] /얼굴
말석 末席 [mals'əg, 말썩]
말세 末世 [mals'e, 말쎄]
말소 抹消 [mals'o, 말쏘]
말:소리 [ma:ls'ori, 말:쏘리]
말:솜씨 [ma:ls'oms'i, 말:쏨씨]
말:수 -數 [ma:ls'u, 말:쑤] /말수가 적다
말술 [malsul] /술(酒)
말:썽 [ma:ls'əŋ]
말쑥하다 [mals'ukada, 말쑤카다]
말:씨 [ma:ls'i]
말:없:이 [ma:rə:bs'i, 마:럽:씨]
말일 末日 [maril, 마릴]
말:장난 [ma:lʤaŋnan]
말:재간 -才幹 [ma:lʤ'ɛgan, 말:째간]
말:주:변 [ma:lʤ'u:bjən, 말:쭈:변]
말총 [malʧoŋ]
말:투 [ma:ltu]
말:하다 [ma:lɦada]
맑다 [magd'a, 막따] 맑지[막찌] 맑디 맑은[막띠말근] 맑아[말가] 맑으니 [말그니] 맑고[말꼬] 맑습니다[막씀니다] 맑겠습니다[말께(겓)씀니다]
맘: [ma:m] '마음'의 준말
맘:고생 -苦生 [ma:mg'osɛŋ, 맘:꼬생]

맘마 [mamma] '밥', /아이의 말
맘:먹다 [ma:mməgd'a, 맘:먹따]
맘:보 [ma:mb'o, 맘:뽀]
맘:성 -性 [ma:ms'əŋ, 맘:썽]
맛깔 [madg'al, 맏깔]
맛나다 [mannada, 만나다]
맛대가리 [mad'ɛgari, 마때가리]
맛보기 [madb'ogi, 맏뽀기] 맛뵈기(×)
맛없:다 [madə:bd'a, 마덥:따]
맛있다 [madid'a/masid'a, 마디따/마시따]
망 網 [maŋ]
망: 望 [ma:ŋ] /망을 보다
망각 忘却 [maŋgag]
망간 望竿 [maŋgan] =풋말
망개떡 [maŋgɛd'əg]
망건 網巾 [maŋgən]
망구 [maŋgu] '할머니', /은어
망:구 望九 [ma:ŋgu] 81세
망국적 亡國的 [maŋgugdʒ'əg, 망국쩍]
망극하다 罔極-- [maŋgɨkada, 망그카다]
망나니 [maŋnani]
망:동 妄動 [ma:ŋdoŋ]
망:둥이 [ma:ŋduŋi] 망둑어(○), 망둥어(×)
망라하다 網羅-- [maŋnaɦada, 망나하다]
망:령 妄靈 [ma:ŋnjəŋ, 망:녕] /망령이 나다
망:루 望樓 [ma:ŋnu, 망:누]
망막 網膜 [maŋmag]
망막하다 茫漠-- [maŋmakada, 망마카다] /망막한 들판, 망막한 바다
망망대:해 茫茫大海 [maŋmaŋdɛ:ɦɛ]
망명 亡命 [maŋmjəŋ]
망:발 妄發 [ma:ŋbal]
망:보다 望-- [ma:ŋboda]
망:부석 望夫石 [ma:ŋbusəg]
망사 網紗 [maŋsa]
망:상 妄想 [ma:ŋsaŋ]
망설이다 [maŋsərida, 망서리다]
망:성면 望城面 [ma:ŋsəŋmjən] /전북 익산시
망소이 亡所伊 [maŋsoi] /고려시대 농민 봉기, 역사
망쇄하다 忙殺-- [maŋswɛɦada] 몹시 바쁘다
망신살 亡身煞 [maŋsins'al, 망신쌀]
망실 亡失 [maŋsil] 잃어버려 없어짐
망아지 [maŋadʒi]
망:언 妄言 [ma:ŋən]
망연자실 茫然自失 [maŋjəndʒasil]
망우리 忘憂里 [maŋuri] /서울시 중랑구 망우동, 구 명칭
망:운면 望雲面 [ma:ŋunmjən] /전남 무안군
망울 [maŋul]
망:원경 望遠鏡 [ma:ŋwəŋgjəŋ]
망:원동 望遠洞 [ma:ŋwəndoŋ] /서울시 마포구
망:월동 望月洞 [ma:ŋwəld'oŋ, 망:월똥] /광주시 북구, 5·18묘역
망:월사 望月寺 [ma:ŋwəls'a, 망:월싸] /사찰, 경기도 의정부시
망이 亡伊 [maŋi] /'망이·망소이의 난'
망:이산 望夷山 [ma:ŋisan] /경기도 안성시와 충북 음성군에 걸침
망인 亡人 [maŋin] ≒망자(亡者)
망자 亡子 [maŋdʒa] 죽은 자식 ≒망식(亡息)
-망정 [maŋdʒəŋ] '-기에', '-니', '-니까', '-어서' 뒤에 쓰임
망조 亡兆 [maŋdʒ'o, 망쪼]
망종 亡種 [maŋdʒoŋ] 아주 못된 사람
망종 芒種 [maŋdʒoŋ] /절기
망중한 忙中閑 [maŋdʒuŋɦan]
망초 [maŋʧo] /식물
망측하다 罔測-- [maŋʧɨkada, 망츠카다]
망치 [maŋʧi]
망태기 網-- [maŋtɛgi]
망포동 網浦洞 [maŋpodoŋ] /경기도 수원시
망하다 亡-- [maŋɦada]

ㅁ

망:향 望鄕 [ma:ŋɦjaŋ]
맞다 [mad'a, 마따]
맞닥뜨리다 [mad'agd'ɨrida, 마딱뜨리다]
맞대:결 -對決 [mad'ɛ:gjəl, 마때:결]
맞대다 [mad'ɛda, 마때다]
맞바람 [madb'aram, 맏빠람]
맞배지기 [madb'ɛʤigi, 맏빼지기]
맞배지붕 [madb'ɛʤibuŋ, 맏빼지붕]
맞벌:이 [madb'ə:ri, 맏뻐:리]
맞상대 -相對 [mads'aŋdɛ, 맏쌍대]
맞선 [mads'ən, 맏썬]
맞수 -手 [mads'u, 맏쑤]
맞절 [madʤ'əl, 맏쩔]
맞추다 [madʧuda, 맏추다] /줄을 맞추다, 시계를 맞추다, 양복을 맞추다
맞춤법 [madʧumb'əb, 맏춤뻡]
맞춤양복 --洋服 [madʧumnjaŋbog, 맏춤냥복]
맞히다 [maʧida, 마치다] /정답을 맞히다, 화살을 맞히다, 바람을 맞히다
맡다 [mad'a, 마따] 맡지[맏찌] 맡고[맏꼬] 맡아[마타] 맡기다[맏끼다]
매 [mɛ] /매를 맞다
매: [mɛ:] 鷹, /조류
매:각 賣却 [mɛ:gag]
매:각용 賣却用 [mɛ:gaŋnjoŋ, 매:강뇽]
매개 媒介 [mɛgɛ]
매:경 每經 [mɛ:gjəŋ] '매일경제신문'의 약칭
매곡리 梅谷里 [mɛgoŋni, 매공니] /충남 아산시
매:관매:직 賣官賣職 [mɛ:gwanmɛ:ʤig]
매괴 玫瑰 [mɛgø(we), 괴(궤)] '로사리오 기도', /가톨릭
매:국노 賣國奴 [mɛ:guŋno, 매:궁노]
매:기 買氣 [mɛ:gi]
매기다 [mɛgida] /점수를 매기다, 등급을 매기다
매끈하다 [mɛg'ɨnɦada]
매:끼 每- [mɛ:g'i]
매:년 每年 [mɛ:njən]
매:다 [mɛ:da] 紐, 結, 除(김매다)
매:달:다 [mɛ:da:lda]
매당 枚當 [mɛdaŋ]
매:대 賣臺 [mɛ:dɛ]
매:도 罵倒 [mɛ:do] 욕하고 꾸짖음
매:도 賣渡 [mɛ:do] 팔아넘김
매독 梅毒 [mɛdog]
매력 魅力 [mɛrjəg]
매료 魅了 [mɛrjo]
매립용 埋立用 [mɛrimnjoŋ, 매림뇽]
매만지다 [mɛmanʤida]
매매 賣買 [mɛmɛ]
매매춘 賣買春 [mɛmɛʧun]
매몰 埋沒 [mɛmol]
매몰차다 [mɛmolʧada]
매무새 [mɛmusɛ] /매무새가 곱다
매무시 [mɛmusi] 옷을 입을 때의 뒷단속, /매무시를 가다듬다
매:물 賣物 [mɛ:mul]
매:미 [mɛ:mi] 蟬
매:번 每番 [mɛ:bən]
매복 埋伏 [mɛbog]
매봉역 梅峰驛 [mɛboŋnjəg, 매봉녁] /서울시 강남구, 지하철 3호선
매:부리코 [mɛ:buriko]
매:사 每事 [mɛ:sa]
매산동 梅山洞 [mɛsandoŋ] /경기도 수원시
매산리 梅山里 [mɛsanni, 매산니] /경북 포항시
매:상 賣上 [mɛ:saŋ]
매생이국 [mɛsɛŋig'ug, 매생이꾹]
매섭다 [mɛsəbd'a, 매섭따]
매수 枚數 [mɛs'u, 매쑤]
매:수 買收 [mɛ:su] /매수주문, 돈으로 매수하다
매:수 買受 [mɛ:su]
매:수세 買收勢 [mɛ:suse]
매:시 每時 [mɛ:si]
매:식 買食 [mɛ:sig]
매실주 梅實酒 [mɛsilʤ'u, 매실쭈]
매암 [mɛam] 제자리에 서서 뱅뱅 도는 장난

매암동 梅岩洞 [mεamdoŋ] /울산시 남구
매양 [mεjaŋ] 번번이
매연 煤煙 [mεjən]
매우 [mεu]
매:월 每月 [mε:wəl]
매월당 梅月堂 [mεwəld'aŋ, 매월땅] '김시습'의 호
매:일 每日 [mε:il]
매일반 -一般 [mεilban] 마찬가지
매장 埋葬 [mεʤaŋ]
매:장 賣場 [mε:ʤaŋ]
매:절 買切 [mε:ʤəl] /팔다 남아도 반품하지 않는 조건으로 물건을 삼
매:점 賣店 [mε:ʤəm]
매:점매:석 買占賣惜 [mε:ʤəmmε:səg]
매정하다 [mεʤəŋɦada]
매제 妹弟 [mεʤe]
매:주 每週 [mε:ʤu]
매:진 賣盡 [mε:ʤin]
매:진하다 邁進-- [mε:ʤinɦada]
매질 [mεʤil]
매천야:록 梅泉野錄 [mεʧənnja:rog, 매천냐:록] /韓末秘史, 황현(黃玹)
매체 媒體 [mεʧe]
매:춘 賣春 [mε:ʧun]
매:출 賣出 [mε:ʧul]
매취 魅醉 [mεʧwi] 마음이 홀리어 정신이 황홀하게 됨
매콤하다 [mεkomɦada]
매탄동 梅灘洞 [mεtandoŋ] 경기도 수원시
매파 媒婆 [mεpa]
매:파 -派 [mε:pa] ↔비둘기파
매:판자본 買辦資本 [mε:panʤabon] ≒예속자본
매:표소 賣票所 [mε:pjoso]
매한가지 [mεhangaʤi]
매:해 每- [mε:hε]
매향리 梅香里 [mεɦjaŋni, 매향니] / 경기도 화성시, 미군사격장
매헌 梅軒 [mεɦən] '윤봉길'의 호
매형 妹兄 [mεɦjəŋ]
매혹 魅惑 [mεɦog]
매화 梅花 [mεɦwa]
매:회 每回 [mε:ɦø(we), 회(훼)]
맥락 脈絡 [mεŋnag, 맹낙]
맥아 麥芽 [mεga, 매가]
맥주잔 麥酒盞 [mεgʤ'uʤ'an, 맥쭈짠]
맥줏집 麥酒- [mεgʤ'u(d)ʤ'ib, 맥쭈(쭏)찝]
맨드라미 [mεndɨrami]
맨송맨송 [mεnsoŋmεnsoŋ] 술을 마시고도 정신이 말짱함, 심심하고 멋쩍음
맨입 [mεnnib, 맨닙]
맴:돌:다 [mε:mdo:lda]
맴:맴 [mε:mmεm] /고추 먹고 맴맴, 담배 먹고 맴맴
맵다 [mεbd'a, 맵따]
맵시 [mεbs'i, 맵씨]
맷돌 [mεd'ol, 매똘]
맷집 [mε(d)ʤ'ib, 매(맫)찝]
맹:견 猛犬 [mε:ŋgjən]
맹:공 猛攻 [mε:ŋgoŋ]
맹:꽁이 [mε:ŋg'oŋi]
맹:독성 猛毒性 [mε:ŋdogs'əŋ, 맹:독썽]
맹:랑하다 孟浪-- [mε:ŋnaŋɦada, 맹:낭하다]
맹맹하다 [mεŋmεŋɦada] /싱겁다, 국이 맹맹하다, 코가 맹맹하다
맹:모삼천 孟母三遷 [mε:ŋmosamʧən]
맹목적 盲目的 [mεŋmogʤ'əg, 맹목쩍]
맹물 [mεŋmul]
맹방 盟邦 [mεŋbaŋ]
맹:비:난 猛非難 [mε:ŋbi:nan]
맹:성 猛省 [mε:ŋsəŋ] 매우 깊이 반성함
맹세 盟誓 [mεŋse]
맹:수 猛獸 [mε:ŋsu]
맹신 盲信 [mεŋsin]
맹아 盲啞 [mεŋa] 보지도 못하고 말도 못함
맹아 盲兒 [mεŋa] 눈먼 아이

맹:위 猛威 [mɛ:ŋwi]
맹인 盲人 [mɛŋin]
맹:자 孟子 [mɛ:ŋdʒa]
맹장 盲腸 [mɛŋdʒaŋ]
맹:장 猛將 [mɛ:ŋdʒaŋ]
맹장염 盲腸炎 [mɛŋdʒaŋnjəm, 맹장념] ≒충수염
맹점 盲點 [mɛŋdʒ'əm, 맹쩜]
맹종 盲從 [mɛŋdʒoŋ]
맹주 盟主 [mɛŋdʒu]
맹추 [mɛŋʧu]
맹:타 猛打 [mɛ:ŋta]
맹탕 -湯 [mɛŋtaŋ]
맹:폭 猛爆 [mɛ:ŋpog]
맹:하다 [mɛ:ŋɦada]
맹:호 猛虎 [mɛ:ŋɦo]
맹:훈:련 猛訓練 [mɛ:ŋɦu:lljən, 맹:훌:련]
맺다 [mɛd'a, 매따] 實, 結, 了
머:나먼 [mə:namən]
머루 [məru]
머리말 [mərimal] 머릿말(×)
머릿결 [məri(d)g'jəl, 머리(릳)꼘]
머쓱하다 [məs'ɨkada, 머쓰카다]
머위 [məwi] /식물, 나물
머:저리 [mə:dʒəri]
머:지않아 [mə:dʒiana, 머:지아나] /시간적 상황일 때
먹골역 --驛 [məg'olljəg, 머꼴력] /서울 7호선 지하철역, 서울시 중랑구
먹다 [məgd'a, 먹따]
먹먹하다 [məŋməkada, 멍머카다]
먹물 [məŋmul, 멍물]
먹보 [məgb'o, 먹뽀]
먹새 [məgs'ɛ, 먹쌔]
먹성 -性 [məgs'əŋ, 먹썽]
먹을거리 [məgɨlg'əri, 머글꺼리]
먹음직하다 [məgɨmdʒikada, 머금지카다]
먹잇감 [məgi(d)g'am, 머기(긷)깜]
먹장어 -長魚 [məgdʒ'aŋə, 먹짱어] 꼼장어(×)
먹지 -紙 [məgdʒ'i, 먹찌]
먹통 [məgtoŋ] ≒멍청이
먼: 곳 [mə:ngod, 먼:곧]
먼:데 [mə:nde] '변소'를 완곡하게 이르는 말
먼:동 [mə:ndoŋ]
먼:발치 [mə:nbalʧi]
먼지 [məndʒi]
먼:촌 -寸 [mə:nʧon] 먼 친척
멀:겋다 [mə:lgəta, 멀:거타]
멀:다 [mə:lda] 遠, 盲, 멀:고[mə:lgo] 멀:지[mə:ldʒi] 멀어[mərə, 머러] 머:니[mə:ni]
멀대 [məld'ɛ, 멀때] 키가 크고 멍청한 이(방언)
멀:리 [mə:lli]
멀미 [məlmi]
멀찌감치 [məldʒ'igamʧi] =멀찍이
멈추다 [məmʧuda]
멋모:르다 [mənmo:rɨda, 먼모:르다]
멋스럽다 [məds'ɨrəbd'a, 먿쓰럽따]
멋없:다 [mədə:bd'a, 머덥:따]
멋있다 [mədid'a/məsid'a, 머디따/머시따]
멋쟁이 [məddʒ'ɛŋi, 먿쨍이] 멋장이(×)
멍게 [məŋge]
멍들다 [məŋdɨlda]
멍석 [məŋsəg]
멍청하다 [məŋʧəŋɦada]
멍텅구리 [məŋtəŋguri]
멍:하다 [mə:ŋɦada]
멎다 [məd'a, 머따]
메:기 [me:gi] 鮎, 鯷
메기다 [megida] /앞소리를 메기다, 국악, 농요
메꽃 [meg'od, 메꼳]
메:다 [me:da] 塞, 詰
메밀 [memil] 모밀(×)
메밀꽃 [memilg'od, 메밀꼳]
메슥대:다 [mesɨgd'ɛ:da, 메슥때:다] ≒메슥거리다
메:치다 [me:ʧida]
멥쌀 [mebs'al]
멧돼:지 [med'wɛ:dʒi, 메뙈:지]
멧새 [meds'ɛ, 멛쌔]

며칠 [mjəʧil] 몇일(×)
멱 [mjəg] 목의 앞쪽, /돼지 멱을 따다
멱: [mjə:g] '미역'의 준말, /개울에서 멱을 감다
면 綿 [mjən] /실, 천
면: 面 [mjə:n] /면사무소, 긍정적인 면
면: 麵/麪 [mjə:n] 국수
면:구하다 面灸-- [mjə:nguɦada] 낯을 들고 대하기가 부끄럽다, /史劇
면:담 面談 [mjə:ndam]
면:도 面刀 [mjə:ndo]
면:려 勉勵 [mjə:lljə, 멸:려] 애써 노력하거나 힘씀
면:류관 冕旒冠 [mjə:lljugwan, 멸:류관] /영광을 얻다, 면류관을 쓰다(역사)
면:면 面面 [mjə:nmjən]
면:모 面貌 [mjə:nmo]
면:목 面目 [mjə:nmog]
면:목동 面牧洞 [mjə:nmogd'oŋ, 면:목똥] /서울시 중랑구
면밀히 綿密- [mjənmilɦi]
면:발 麵- [mjə:nb'al, 면:빨] ≒국숫발
면방 綿紡 [mjənbaŋ]
면:벽 面壁 [mjə:nbjəg]
면:본 麵本 [mjə:nbon] 국수틀
면봉 綿棒 [mjənboŋ]
면:사포 面紗布 [mjə:nsapo]
면:상 面相 [mjə:nsaŋ]
면:세점 免稅店 [mjə:nseʤəm]
면:세점 免稅點 [mjə:nseʤ'əm, 면:세쩜] /경제
면:수 面數 [mjə:ns'u, 면:쑤]
면:식범 面識犯 [mjə:nsigb'əm, 면:식뻠]
면실유 棉實油 [mjənsillju, 면실류]
면:암 勉庵 [mjə:nam, 며:남] '최익현'의 호
면:앙정가 俛仰亭歌 [mjə:nanʤəŋga, 며:낭정가] /조선, 歌辭, 송순(宋純)
면양 綿羊 [mjənjaŋ, 며냥]
면:역력 免疫力 [mjə:njəŋnjəg, 며:녕녁]
면온리 綿溫里 [mjənonni, 며논니] / 강원도 평창군, 면온IC(영동고속도로)
면:장 面長 [mjə:nʤaŋ]
면:장 免狀 [mjə:nʤ'aŋ, 면:짱] =면허장, /수출면장
면:적 面積 [mjə:nʤəg]
면:전 面前 [mjə:nʤən]
면:제 免除 [mjə:nʤe]
면:직 免職 [mjə:nʤig]
면직물 綿織物 [mjənʤiŋmul, 면징물]
면:책 免責 [mjə:nʧɛg]
면:천 免賤 [mjə:nʧən] 천민의 신분을 면함, /史劇
면:천면 沔川面 [mjə:nʧənmjən] /충남 당진군
면:피 免避 [mjə:npi] 면하여 피함
면:하다 免-- [mjə:nɦada]
면:허 免許 [mjə:nɦə]
면:허증 免許證 [mjə:nɦəʤ'iŋ, 면:허쯩]
면화 棉花 [mjənɦwa]
면:회 面會 [mjə:nɦø(we), 회(훼)]
멸구 [mjəlgu] /벼멸구
멸망 滅亡 [mjəlmaŋ]
멸사봉:공 滅私奉公 [mjəls'abo:ŋgoŋ, 멸싸봉:공]
멸시 蔑視 [mjəls'i, 멸씨]
멸실 滅失 [mjəls'il, 멸씰] /재물이 심하게 파손됨
멸족 滅族 [mjəlʤ'og, 멸쪽]
멸종 滅種 [mjəlʤ'oŋ, 멸쫑]
멸치 [mjəlʧi] /생선
명: 命 [mjə:ŋ] /명이 길다, 명을 받들다
명가 名家 [mjəŋga]
명강:의 名講義 [mjəŋga:ŋi, 명강:이]
명견 名犬 [mjəŋgjən]
명곡 名曲 [mjəŋgog]
명구 名句 [mjəŋg'u, 명꾸]
명기 名器 [mjəŋgi]
명기 明記 [mjəŋgi]
명단 名單 [mjəŋdan]
명당 明堂 [mjəŋdaŋ]
명동 明洞 [mjəŋdoŋ] /서울시 중구,

ㅁ

강원도 춘천시, 경남 진해시, 충북 제천시
명:동 榆洞 [mjə:ŋdoŋ] /경남 양산시
명동리 明洞里 [mjəŋdoŋni, 명동니] /강원도 홍천군, 경남 김해시·거제시, 전남 영암군
명란젓 明卵- [mjəŋnandʒəd, 명난젇]
명:령 命令 [mjə:ŋnjəŋ, 명:녕]
명료 明瞭 [mjəŋnjo, 명뇨]
명리 名利 [mjəŋni, 명니]
명망가 名望家 [mjəŋmaŋga]
명:맥 命脈 [mjə:ŋmɛg]
명멸하다 明滅-- [mjəŋmjəlɦada]
명:명 命名 [mjə:ŋmjəŋ]
명명백백하다 明明白白-- [mjəŋmjəŋ bɛgb'ɛkada, 명명백빼카다]
명목 名目 [mjəŋmog]
명문 名門 [mjəŋmun]
명물 名物 [mjəŋmul]
명반 明礬 [mjəŋban] =백반(白礬)
명반 名盤 [mjəŋban]
명백히 明白- [mjəŋbɛki, 명배키]
명복 冥福 [mjəŋbog]
명부 名簿 [mjəŋbu]
명부전 冥府殿 [mjəŋbudʒən] 사찰, 법당, /불교
명불허전 名不虛傳 [mjəŋbulɦədʒən] / 이름이 날 만하다
명사 名士 [mjəŋsa]
명사십리 明沙十里 [mjəŋsasimni, 명사심니] /함남 원산시, 해수욕장
명사십리 鳴沙十里 [mjəŋsasimni, 명사심니] /전남 완도군, 해수욕장
명상록 冥想錄/瞑想錄 [mjəŋsaŋnog, 명상녹]
명색 名色 [mjəŋsɛg]
명석하다 明晳-- [mjəŋsəkada, 명서카다]
명성 名聲 [mjəŋsəŋ]
명세표 明細表 [mjəŋsepjo]
명승지 名勝地 [mjəŋsiŋdʒi]
명시하다 明示-- [mjəŋsiɦada]
명심하다 銘心-- [mjəŋsimɦada]
명암 明暗 [mjəŋam]
명약관화 明若觀火 [mjəŋjag'wanɦwa, 명야관화]
명:운 命運 [mjə:ŋun]
명의 名義 [mjəŋi, 명이]
명의 名醫 [mjəŋi, 명이]
명작 名作 [mjəŋdʒag]
명장 名將 [mjəŋdʒaŋ]
명장 名匠 [mjəŋdʒaŋ]
명저 名著 [mjəŋdʒə]
명:제 命題 [mjə:ŋdʒe]
명주실 明紬- [mjəŋdʒusil]
명:줄 命- [mjə:ŋdʒ'ul, 명:쭐]
명:중 命中 [mjə:ŋdʒuŋ]
명징한 明澄- [mjəŋdʒiŋɦan]
명창 名唱 [mjəŋʧaŋ]
명철한 明哲- [mjəŋʧəlɦan]
명:치 [mjə:ŋʧi] /급소
명태 明太 [mjəŋtɛ]
명토박다 名--- [mjəŋtobagd'a, 명토박따] /확실히 하다
명판 名板 [mjəŋpan]
명패 名牌 [mjəŋpɛ]
명:하다 命-- [mjə:ŋɦada]
명학리 鳴鶴里 [mjəŋɦaŋni, 명항니] /충남 연기군
명학역 鳴鶴驛 [mjəŋɦaŋnjəg, 명항녁] /경기도 안양시
명함 名銜 [mjəŋɦam]
명화 名畵 [mjəŋɦwa]
명확히 明確- [mjəŋɦwaki, 명화키]
몇몇 [mjənmjəd, 면멷] 몇몇이[면며치] 몇몇을[면며츨] 몇몇만[면면만]
몌별 袂別 [mjebjəl] 섭섭히 헤어짐
모 [mo] /벼, 윷놀이
모: 某 [mo:] /모 소식통에 따르면
모객 募客 [mogɛg]
모:계 母系 [mo:gje]
모골 毛骨 [mogol] /모골이 송연하다
모공 毛孔 [mogoŋ]
모:과 [mo:gwa] (← 木瓜)

모:교 母校 [mo:gjo]
모:국 母國 [mo:gug]
모근 毛根 [mogin]
모금 募金 [mogim]
- 모금 [mogim] /한 모금
모:기 [mo:gi] 蚊
모꼬지 [mog'odʒi]
모나다 [monada]
모낭 毛囊 [monaŋ]
모내기 [monɛgi]
모닥불 [modagb'ul, 모닥뿔]
모:독 冒瀆 [mo:dog]
모두 [modu]
모:두 冒頭 [mo:du] 말이나 글의 첫머리, /모두발언
모둠요:리 --料理 [modumnjo:ri, 모둠뇨:리] 모듬(×)
모:든 [mo:din]
모란 [moran] (←牡丹)
모래 [morɛ]
모략 謀略 [morjag]
모:레 [mo:re]
모:로 [mo:ro] 비껴서, 옆으로 /모로 눕다, 모로 가다
모:르다 [mo:rida] 모:르니 [mo:rini] 모:르지 [mo:ridʒi] 몰:라 [mo:lla]
모리배 謀利輩 [moribɛ]
모면하다 謀免-- [momjənɦada]
모:멸감 侮蔑感 [mo:mjəlgam]
모반 謀反 [moban]
모발 毛髮 [mobal]
모방 模倣 [mobaŋ]
모방 毛紡 [mobaŋ]
모사 模寫 [mosa] /성대모사, 성대묘사(×)
모색하다 摸索-- [mosɛkada, 모새카다]
모서리 [mosəri]
모:성 母性 [mo:səŋ]
모세혈관 毛細血管 [moseɦjəlgwan]
모순 矛盾 [mosun]
모습 [mosib]
모:시다 [mo:sida]
모:씨 某氏 [mo:s'i]
모:악산 母岳山 [mo:ags'an, 모:악싼] /전북 김제시와 완주군에 걸침
모양 模樣 [mojaŋ]
모옥 茅屋 [moog] /초라한 집
모:욕 侮辱 [mo:jog]
모:유 母乳 [mo:ju]
모의 模擬/摸擬 [moi, 모이] /모의국회
모의 謀議 [moi, 모이] 어떤 일을 꾀하고 의논함
모자 帽子 [modʒa]
모:자 母子 [mo:dʒa]
모:자라다 [mo:dʒarada] 모자르다(×)
모:정 母情 [mo:dʒəŋ]
모:정 慕情 [mo:dʒəŋ]
모조리 [modʒori]
모:종의 某種- [mo:dʒoŋe, 모:종에] 어떤 종류, /모종의 합의
모종 -種 [modʒoŋ] /꽃모종
모직물 毛織物 [modʒiŋmul, 모징물]
모:질다 [mo:dʒilda]
모창 模唱 [motʃaŋ]
모:처 某處 [mo:tʃə]
모:체 母體 [mo:tʃe]
모:친 母親 [mo:tʃin]
모:태신:앙 母胎信仰 [mo:tɛsi:naŋ, 모:태시:낭]
모퉁이 [motuŋi]
모판 -板 [mopan]
모포 毛布 [mopo]
모표 帽標 [mopjo]
모피 毛皮 [mopi]
모함 謀陷 [moɦam]
모:함 母艦 [mo:ɦam]
모:항 母港 [mo:ɦaŋ]
모:험 冒險 [mo:ɦəm]
모:현면 慕賢面 [mo:ɦjənmjən] /경기도 용인시
모형 模型 [moɦjəŋ]
모호하다 模糊-- [moɦoɦada]
모:화사상 慕華思想 [mo:ɦwasasaŋ]
모:후 母后 [mo:ɦu]

목감동 牧甘洞 [mog'amdoŋ, 모깜동] /경기도 시흥시, 목감IC
목거리 [mog'əri, 모꺼리] 목이 붓고 아픈 병
목걸이 [mog'əri, 모꺼리]
목구멍 [mog'uməŋ, 모꾸멍]
목놓다 [moŋnota, 몽노타] 목놓아[몽노아]
목덜미 [mogd'əlmi, 목떨미]
목도하다 目睹-- [mogd'oɦada, 목또하다]
목동 木洞 [mogd'oŋ, 목똥] /서울시 양천구, 경기도 광주시, 경남 창원시
목동 牧洞 [mogd'oŋ, 목똥] /대전시 중구
목동역 木洞驛 [mogd'oŋnjəg, 목똥녁] /서울 지하철 5호선, 서울시 양천구
목련 木蓮 [moŋnjən, 몽년]
목례 目禮 [moŋnje, 몽녜] 눈인사
목록 目錄 [moŋnog, 몽녹]
목마르다 [moŋmarɨda, 몽마르다] 목말라[몽말라] 목마르니[몽마르니]
목매:다 [moŋmɛ:da, 몽매:다]
목메:다 [moŋme:da, 몽메:다] 목메어[몽메어], 목메여(×)
목멱산 木覓山 [moŋmjəgs'an, 몽멱싼] 서울 남산(南山)의 옛 이름
목민심서 牧民心書 [moŋminsimsə, 몽민심서] /정약용(丁若鏞), 공직자用 도서
목발 木- [mogb'al, 목빨]
목불인견 目不忍見 [mogb'uringjən, 목뿌린견]
목석 木石 [mogs'əg, 목썩]
목성 木星 [mogs'əŋ, 목썽]
목소리 [mogs'ori, 목쏘리]
목수 木手 [mogs'u, 목쑤]
목신 牧神 [mogs'in, 목씬]
목양말 木洋襪 [moŋnjaŋmal, 몽냥말]
목요일 木曜日 [mogjoil, 모교일]
목원대 牧園大 [mogwəndɛ, 모권대] /대전시 서구
목은 牧隱 [mogɨn, 모근] '이색'의 호
목이버섯 木耳/木栮-- [mogibəsəd, 모기버섣] 모기버섯(×)
목적지 目的地 [mogdʒ'əgdʒ'i, 목쩍찌]
목전 目前 [mogdʒ'ən, 목쩐] 눈앞
목젖 [mogdʒ'əd, 목쩓] 목젖이[목쩌지] 목젖에[목쩌제] 목젖만[목쩐만]
목조 木造 [mogdʒ'o, 목쪼]
목책 木柵 [mogʧɛg]
목청 [mogʧəŋ]
목축업 牧畜業 [mogʧugəb, 목추겁]
목탁소리 木鐸-- [mogtags'ori, 목탁쏘리]
목하 目下 [moka, 모카] 바로 지금
목화 木花 [mokwa, 모콰]
목회 牧會 [mokø(we), 쾨(퀘)] /기독교
몫 [mog, 목] 몫이[목씨] 몫을[목쓸] 몫만[몽만] 몫까지[목까지]
몰각 沒却 [molgag] 아주 없애 버림, 무시해버림
몰개:성 沒個性 [molgɛ:səŋ]
몰골 [molgol]
몰:다 [mo:lda] 몰:고[mo:lgo] 몰:지[mo:ldʒi] 몰아[mora, 모라] 모:니[mo:ni] 몰리다 [mollida]
몰락 沒落 [mollag]
몰:래 [mo:llɛ]
몰매 [molmɛ]
몰사 沒死 [mols'a, 몰싸]
몰살 沒殺 [mols'al, 몰쌀]
몰상식 沒常識 [mols'aŋsig, 몰쌍식]
몰수 沒收 [mols'u, 몰쑤]
몰아 沒我 [mora, 모라] /몰아지경
몰약 沒藥 [morjag, 모랔]
몰염치 沒廉恥 [molljəmʧi, 몰렴치]
몰이:해 沒理解 [molli:ɦɛ, 몰리:해]
몰입 沒入 [morib, 모립]
몰지각 沒知覺 [moldʒigag]
몸값 [momg'ab, 몸깝] 몸값이[몸깝씨] 몸값을[몸깝쓸] 몸값과[몸깝꽈]
몸나다 [momnada]

ㅁ

몸달:다 [momda:lda]
몸뚱이 [momd'uŋi] 몸뚱아리(×)
몸매 [mommɛ]
몸보:신 -補身 [mombo:sin]
몸붙이다 [mombuʧida, 몸부치다]
몸살약 --藥 [momsalljag, 몸살략]
몸소 [momso]
몸속 [moms'og, 몸쏙]
몸싸움 [moms'aum]
몸쓰다 [moms'ɨda] 재주를 부리다
몸져눕다 [momdʒənubd'a, 몸저눕따]
몸종 [momdʒ'oŋ, 몸쫑]
몸집 [momdʒ'ib, 몸찝]
몸짓 [momdʒ'id, 몸찓]
몸치장 -治粧 [momʧidʒaŋ]
몸통 [momtoŋ]
몹:시 [mo:bs'i, 몹:씨]
몹:쓸 [mo:bs'ɨl]
못:나다 [mo:nnada, 몬:나다]
못:되다 [mo:d'ø(we)da, 모:뙤(뛔)다]
못:마땅하다 [mo:nmad'aŋɦada, 몬:마땅하다]
못: 먹다 [mo:nməgd'a, 몬:먹따]
못 박다 [modb'agd'a, 몯빡따]
못:살다 [mo:ds'alda, 몯:쌀다]
못: 입다 [mo:nnibd'a, 몬:닙따]
못: 잊다 [mo:nnid'a, 몬:니따] 못: 잊어[mo:nnidʒə, 몬:니저]
못: 자다 [mo:ddʒ'ada, 몯:짜다]
못자리 [moddʒ'ari, 몯짜리]
못질 [moddʒ'il, 몯찔]
못:하다 [mo:tada, 모:타다]
몽고반점 蒙古斑點 [moŋgobandʒəm]
몽:금포 夢金浦 [mo:ŋgɨmpo] /황해도 장산곶, 몽금포타령
몽니 [moŋni] 심술, /몽니를 부리다
몽당붓 [moŋdaŋbud, 몽당붇]
몽당연필 --鉛筆 [moŋdaŋnjənpil, 몽당년필]
몽돌 [moŋdol]
몽둥이 [moŋduŋi]
몽땅 [moŋd'aŋ]
몽롱하다 朦朧-- [moŋnoŋɦada, 몽농하다]
몽매한 蒙昧- [moŋmɛɦan]
몽:산포 夢山浦 [mo:ŋsanpo] /충남 태안군, 해수욕장
몽:상 夢想 [mo:ŋsaŋ]
몽:상적 夢想的 [mo:ŋsaŋdʒəg]
몽:양 夢陽 [mo:ŋjaŋ] '여운형'의 호
몽진 蒙塵 [moŋdʒin] 임금이 난리를 피해 안전한 곳으로 떠남
몽:촌토성 夢村土城 [mo:ŋʧontosəŋ] /서울시 송파구, 백제
몽:환 夢幻 [mo:ŋɦwan]
몽:환적 夢幻的 [mo:ŋɦwandʒəg]
뫼 [mø] 무덤, 진지(제사)
묏자리 [møddʒ'ari, 묃짜리] 묘자리(×)
묘: 墓, 廟 [mjo:]
묘: 妙 [mjo:] /운용의 묘
묘:기 妙技 [mjo:gi]
묘:당 廟堂 [mjo:daŋ]
묘:령 妙齡 [mjo:rjəŋ] /묘령의 여인
묘:목 苗木 [mjo:mog]
묘:미 妙味 [mjo:mi]
묘:법 妙法 [mjo:b'əb, 묘:뻡]
묘:비 墓碑 [mjo:bi]
묘:사 描寫 [mjo:sa]
묘:소 墓所 [mjo:so]
묘:수 妙手 [mjo:su]
묘:안 妙案 [mjo:an]
묘:약 妙藥 [mjo:jag]
묘:역 墓域 [mjo:jəg]
묘연하다 杳然-- [mjojənɦada] /행방, 소식이 묘연하다
묘:지 墓地 [mjo:dʒi]
묘:책 妙策 [mjo:ʧɛg]
묘:청 妙淸 [mjo:ʧəŋ] 고려 인종 때 승려, /묘청의 난
묘:파 描破 [mjo:pa] 모두 밝히어 그려 냄
묘:판 苗板 [mjo:pan]
묘:한 妙- [mjo:ɦan]
묘:향산 妙香山 [mjo:ɦjaŋsan] /평북

ㅁ

영변군, 전설상의 단군이 내려온 산
무: [mu:] /채소
무감:각 無感覺 [muga:mgag]
무개차 無蓋車 [mugɛʧa] ≒오픈카
무거동 無去洞 [mugədoŋ] /울산시 남구
무:건리 武建里 [mu:gənni, 무:건니] /경기도 파주시, 미군 훈련장
무고 無故 [mugo] 아무런 까닭이 없음
무:고 誣告 [mu:go]
무:고죄 誣告罪 [mu:godʒø(we), 죄(줴)]
무고한 無辜- [mugoɦan] 잘못과 허물이 없는
무:곡 舞曲 [mu:gog]
무골호:인 無骨好人 [mugolɦo:in]
무:공 武功 [mu:goŋ]
무:과 武科 [mu:gwa]
무관 無冠 [mugwan] /무관의 제왕
무:관 武官 [mu:gwan]
무관하다 無關-- [mugwanɦada]
무광택 無光澤 [mugwaŋtɛg]
무:교동 武橋洞 [mu:gjodoŋ] /서울시 중구
무궁무진 無窮無盡 [muguŋmudʒin]
무균질 無均質 [mugjundʒil]
무:기 武器 [mu:gi]
무기질 無機質 [mugidʒil]
무기징역 無期懲役 [mugidʒiŋjəg]
무난하다 無難-- [munanɦada]
무:녀 巫女 [mu:njə]
무논 [munon] 물이 늘 괴어 있는 논 ≒수답(水畓)
무농약 無農藥 [munoŋjag]
무뇌아 無腦兒 [munø(we)a, 뇌(눼)]
무늬 [muni, 무니]
무단 無斷 [mudan] /무단횡단, 무단복제
무:단 武斷 [mu:dan] 무력을 사용해 강제로 행함, /무단점거, 무단정치
무:당 [mu:daŋ]
무:대 舞臺 [mu:dɛ]
무던하다 [mudənɦada]
무도하다 無道-- [mudoɦada]
무:도관 武道館 [mu:dogwan]
무:도장 舞蹈場 [mu:dodʒaŋ]
무:동 舞童 [mu:doŋ] 무동(을) 타다, 무등(×)
무:두질 [mu:dudʒil] /가죽을 부드럽게 만드는 일
무등산 無等山 [mudɨŋsan] 광주시, 전남 화순군·담양군에 걸침
무량겁 無量劫 [murjaŋgəb] 끝없이 긴 시간, /불교
무량수전 無量壽殿 [murjaŋsudʒən] 아미타불을 모신 법당, /경북 영주시 부석사, 불교
무:력 武力 [mu:rjəg]
무력하다 無力-- [murjəkada, 무려카다]
무력화 無力化 [murjəkwa, 무려콰]
-무렵 [murjəb]
무:령왕:릉 武寧王陵 [mu:rjəŋwa:ŋnɨŋ, 무:령왕:능] /충남 공주시, 백제
무례 無禮 [murje]
무뢰배 無賴輩 [murø(we)bɛ, 뢰(뤠)] 무뢰한의 무리
무뢰한 無賴漢 [murø(we)ɦan, 뢰(뤠)] /예의와 염치를 모름, 불량한 사람
무료하다 無聊-- [murjoɦada]
무릇 [murɨd, 무른]
무:릉도원 武陵桃源 [mu:rɨŋdowən]
무릅쓰다 [murɨbs'ɨda]
무릎 [murɨb, 무릅] 무릎이[무르피] 무릎에[무르페] 무릎과[무릅꽈] 무릎만[무릅만] 무릎 위[무르뷔] 무릎 앞[무르밥]
무리 [muri]
무리한 無理- [muriɦan]
무마하다 撫摩-- [mumaɦada]
무:말랭이 [mu:mallɛŋi]
무면:허 無免許 [mumjə:nɦə]
무명실 [mumjəŋsil]
무명씨 無名氏 [mumjəŋs'i]
무명용:사 無名勇士 [mumjəŋnjo:ŋsa,

무명농:사]
무모증 無毛症 [mumodʒ'iŋ, 무모쯩]
무모한 無謀- [mumoɦan]
무미건조 無味乾燥 [mumigəndʒo]
무방비 無防備 [mubaŋbi]
무방하다 無妨-- [mubaŋɦada]
무법천지 無法天地 [mubəbʧəndʒi]
무병장수 無病長壽 [mubjəŋdʒaŋsu]
무보:증 無保證 [mubo:dʒɨŋ]
무:봉리 茂峰里 [mu:boŋni, 무:봉니] /경기도 포천시, 순댓국
무:봉리 舞鳳里 [mu:boŋni, 무:봉니] /충남 예산군
무:사 武士 [mu:sa]
무사:고 無事故 [musa:go]
무사안일 無事安逸 [musaanil, 무사아닐]
무산 無産 [musan] /무산계급
무:산되다 霧散-- [mu:sandø(we)da, 되(뒈)]
무살 [musal] 물렁물렁하게 찐 살 (← 물살)
무선전:화 無線電話 [musəndʒə:nɦwa]
무성의 無誠意 [musəŋi, 무성이]
무:성하다 茂盛-- [mu:səŋɦada]
무소 [muso] =코뿔소
무소불위 無所不爲 [musoburwi, 무소부뤼]
무소:속 無所屬 [muso:sog]
무소:유 無所有 [muso:ju]
무:속 巫俗 [mu:sog]
무:수단리 舞水端里 [mu:sudanni, 무:수단니] /함북 화대군, 미사일 기지, 북한
무수리 [musuri] /궁중
무순 無順 [musun]
무:순 -筍 [mu:sun] 무에서 자라난 순
무:술 武術 [mu:sul]
무:술년 戊戌年 [mu:sulljən, 무:술련]
무시로 無時- [musiro] 특별히 정한 때 없이 아무 때나
무식하다 無識-- [musikada, 무시카다]
무신론 無神論 [musinnon, 무신논]
무:신정권 武臣政權 [mu:sindʒəŋg'wən, 무:신정꿘]
무:실역행 務實力行 [mu:silljəkɛŋ, 무:실려캥]
무심천 無心川 [musimʧən] /하천, 충북 청주시
무아지경 無我之境 [muadʒigjəŋ]
무악재 毋岳- [muagdʒ'ɛ, 무악째] / 서울시 서대문구 현저동과 홍제동 사이에 걸침
무:안군 務安郡 [mu:angun] /전남 서부의 郡
무안하다 無顔-- [muanɦada]
무애 无涯 [muɛ] '양주동'의 호
무언가 無言歌 [muənga]
무엄하다 無嚴-- [muəmɦada] /史劇
무:역 貿易 [mu:jəg]
무:역량 貿易量 [mu:jəŋnjaŋ, 무:영냥]
무:역학과 貿易學科 [mu:jəkag'wa, 무:여카꽈]
무연 無煙 [mujən] /휘발유
무염시:태 無染始胎 [mujəmsi:tɛ] 원죄 없는 잉태, /가톨릭
무:예 武藝 [mu:je]
무:오사:화 戊午士禍 [mu:osa:ɦwa] / 조선 연산군 때, 유자광
무:왕 武王 [mu:waŋ] /백제 30대 왕, 발해 2대 왕
무:용 舞踊 [mu:joŋ]
무용론 無用論 [mujoŋnon, 무용논]
무:원마을 茂院-- [mu:wənmaɨl] /경기도 고양시
무위 無爲 [muwi] 이루지 못함
무:의도 舞衣島 [mu:ido, 무:이도] / 인천광역시 중구, 해수욕장
무의미 無意味 [mu(ɨ)imi, 무이(의)미]
무의식 無意識 [mu(ɨ)isig, 무이(의)식]
무의탁 無依託 [mu(ɨ)itag, 무이(의)탁]
무이:자 無利子 [mui:dʒa]
무익하다 無益-- [muikada, 무이카다]
무인 無人 [muin] /무인자동화

ㅁ

무:인 武人 [mu:in]
무임소 無任所 [muimso] /무임소장관(현재의 특임장관)
무임승차 無賃乘車 [muimsiŋʧa]
무작위 無作爲 [muʤagwi, 무자귀]
무작정 無酌定 [muʤagʤ'əŋ, 무작쩡]
무:장 武裝 [mu:ʤaŋ]
무전여행 無錢旅行 [muʤənnjəhɛŋ, 무전녀행]
무조건 無條件 [muʤog'ən, 무조껀]
무조건적 無條件的 [muʤog'ənʤəg, 무조껀적]
무좀 [muʤom]
무:주군 茂朱郡 [mu:ʤugun] /전북 북동부의 郡
무주공산 無主空山 [muʤugoŋsan]
무지렁이 [muʤirəŋi] 아무것도 모르는 어리석은 사람
무진 無盡 [muʤin] /무진 고생을 하다
무:진기행 霧津紀行 [mu:ʤingihɛŋ] / 소설 제목, 김승옥(金承鈺)
무:진년 戊辰年 [mu:ʤinnjən]
무진장 無盡藏 [muʤinʤaŋ]
무:진:장 茂鎭長 [mu:ʤi:nʤaŋ] /전북 무주(茂朱), 진안(鎭安), 장수(長水)를 한 데 이름
무차별적 無差別的 [muʧabjəlʤəg]
무착륙 無着陸 [muʧaŋnjug, 무창뉵]
무:창포 武昌浦 [mu:ʧaŋpo] /충남 보령시, 해수욕장
무:채 [mu:ʧɛ] 가늘게 썬 무, 또는 그 반찬
무채색 無彩色 [muʧɛsɛg]
무척 [muʧəg]
무:청 [mu:ʧəŋ] 무의 잎과 줄기
무탈하다 無頉-- [mutalɦada] 병이나 사고가 없다
무학 無學 [muɦag]
무:학여고 舞鶴女高 [mu:ɦaŋnjəgo, 무:항녀고] /서울시 성동구, 경남 마산시
무한대 無限大 [muɦandɛ]
무해하다 無害-- [muɦɛɦada]
무혈혁명 無血革命 [muɦjəlɦjəŋmjəŋ, 무혈형명]
무혐의 無嫌疑 [muɦjəmi, 무혀미]
무:협 武俠 [mu:ɦjəb]
무형의 無形- [muɦjəŋe, 무형에] /무형의 자산
무화과 無花果 [muɦwagwa]
무효 無效 [muɦjo]
무휴 無休 [muɦju]
무:희 舞姬 [mu:ɦi, 무:히]
묵계 默契 [mug'je, 무꼐] 말 없는 가운데 뜻이 서로 맞음, 혹은 그 약속
묵과하다 默過-- [mug'waɦada, 무꽈하다]
묵념 默念 [muŋnjəm, 뭉념]
묵다 [mugd'a, 묵따] 古, 泊
묵묵부답 默默不答 [muŋmugb'udab, 뭉묵뿌답]
묵비권 默秘權 [mugb'ig'wən, 묵삐꿘]
묵사발 -沙鉢 [mugs'abal, 묵싸발]
묵시록 默示錄 [mugs'irog, 묵씨록]
묵시적 默示的 [mugs'iʤəg, 묵씨적]
묵주신공 默珠神功 [mugʤ'usingoŋ, 묵쭈신공] /가톨릭
묵직하다 [mugʤ'ikada, 묵찌카다]
묵향 墨香 [mukjaŋ, 무컁]
묵호항 墨湖港 [mukoɦaŋ, 무코항] / 강원도 동해시
묵히다 [mukida, 무키다]
묶다 [mugd'a, 묵따] 縛, 結
문간 門間 [mung'an, 문깐]
문건 文件 [mung'ən, 문껀]
문경시 聞慶市 [mungjəŋsi] /경북 북서부의 市
문고리 門-- [mung'ori, 문꼬리]
문고병 紋枯病 [mungob'jəŋ, 문고뼝] =잎집무늬마름병
문과 文科 [mung'wa, 문꽈] ↔이과(理科)

문과 文科 [muŋgwa] ↔무과(武科), 과거시험, /史劇
문구 文具 [muŋgu]
문구 文句 [muŋ'u, 문꾸]
문닫다 門-- [mundad'a, 문다따]
문:답식 問答式 [mu:ndabs'iɡ, 문:답씩]
문대:다 [mundɛ:da] 여기저기 마구 문지르다
문둥병 --病 [munduŋb'jəŋ, 문둥뼝] =나병
문득 [mundɨɡ]
문란하다 紊亂-- [mullanɦada, 물란하다]
문래동 文來洞 [mullɛdoŋ, 물래동] /서울시 영등포구
문리대 文理大 [mullidɛ, 물리대]
문막 文幕 [munmaɡ] /강원도 원주시, 문막IC(영동고속도로)
문명병 文明病 [munmjəŋb'jəŋ, 문명뼝]
문발 門- [munb'al, 문빨] 문에 치는 발
문방사:우 文房四友 [munbaŋsa:u] / 종이, 붓, 먹, 벼루
문배동 文培洞 [munbɛdoŋ] /서울시 용산구
문:병 問病 [mu:nbjəŋ]
문:상 問喪 [mu:nsaŋ]
문선공 文選工 [munsəŋgoŋ] 인쇄소에서 활자를 골라 뽑는 사람
문선대 文宣隊 [munsəndɛ] 현 '국방홍보원'
문설주 門-柱 [munsəldʒ'u, 문설쭈]
문수산성 文殊山城 [munsusansəŋ] / 경기도 김포시, 병인양요(1866)
문신 文身 [munsin]
문안 文案 [munan, 무난]
문:안 問安 [mu:nan, 무:난]
문어 文魚 [munə, 무너]
문열:다 門-- [munnjə:lda, 문녈:다]
문외한 門外漢 [munø(we)ɦan, 무뇌(눼)한]
문:의 問議 [mu:ni, 무:니]
문일고 文一高 [munilgo, 무닐고] / 서울시 금천구
문자 文字 [mundʒ'a, 문짜] /언어와 문자
문자 文字 [mundʒa] 한자숙어나 成句, 또는 문장, /문자 쓰고 있네(유식한 체할 때)
문장 紋章 [mundʒaŋ]
문장론 文章論 [mundʒaŋnon, 문장논]
문재 文才 [mundʒɛ]
문전박대 門前薄待 [mundʒənbaɡd'ɛ, 문전박때]
문전옥답 門前沃畓 [mundʒənoɡd'ab, 문저녹땁]
문정동 文井洞 [mundʒəŋdoŋ] /서울시 송파구
문정동 文亭洞 [mundʒəŋdoŋ] /경북 영주시
문:제 問題 [mu:ndʒe]
문지방 門地枋 [mundʒ'ibaŋ, 문찌방]
문:진 問診 [mu:ndʒin] /신체검사
문:책론 問責論 [mu:ntʃɛŋnon, 문:챙논]
문:초 問招 [mu:ntʃo]
문턱 門- [muntəɡ]
문패 門牌 [munpɛ]
문하 門下 [munɦa]
문학동 文鶴洞 [munɦaɡd'oŋ, 문학똥] /인천시 남구, 야구장, 문학산성
문학소:녀 文學少女 [munɦaɡs'o:njə, 문학쏘:녀]
문:항 問項 [mu:nɦaŋ]
문호 文豪 [munɦo]
문호 門戶 [munɦo]
문호리 汶湖里 [munɦori] /경기도 양평군
문:후 問候 [mu:nɦu] 웃어른의 안부를 물음, /史劇
묻다 [mud'a, 무따] 埋, 묻지[묻찌] 묻고[묻꼬] 묻어[무더] 묻으니[무드니] 묻는[문는]
묻:다 [mu:d'a, 무:따] 問, 묻:지[묻:찌] 묻:고[묻:꼬] 물어[무러] 물으니[무르니]

ㅁ

물가 物價 [mulg'a, 물까]
물갈이 [mulgari, 물가리]
물갈퀴 [mulgalkwi]
물건 物件 [mulgən]
물건 物件 [mulg'ən, 물껀] /동산·부동산 관련, 법률적으로 쓰일 때
물걸레질 [mulgəlledʒil]
물경 勿驚 [mulgjəŋ] 놀랍게도
물구덩이 [mulg'udəŋi, 물꾸덩이]
물귀:신 - 鬼神 [mulg'wi:sin, 물뀌:신]
물금읍 勿禁邑 [mulgɨmɨb, 물그믑] / 경남 양산시
물기둥 [mulgiduŋ]
물꼬 [mulg'o]
물난:리 - 亂離 [mulla:lli, 물랄:리]
물냉:면 - 冷麵 [mullɛ:ŋmjən, 물랭:면]
물놀이 [mullori, 물로리]
물다 [mulda] 嚙, 拂
물대:포 - 大砲 [muldɛ:po]
물동량 物動量 [muld'oŋnjaŋ, 물똥냥]
물동이 [muld'oŋi, 물똥이]
물떼새 [muld'esɛ]
물렁살 [mulləŋs'al, 물렁쌀] 물살(×)
물레질 [mulledʒil]
물론 勿論 [mullon]
물류 物流 [mullju]
물리다 [mullida]
물망초 勿忘草 [mulmaŋʧo]
물바가지 [mulb'agadʒi, 물빠가지]
물방개 [mulbaŋgɛ]
물방울 [mulb'aŋul, 물빵울]
물뱀 [mulbɛm]
물범 [mulbəm]
물병자리 - 甁-- [mulb'jəŋdʒari, 물뼝자리]
물보라 [mulbora]
물빛 [mulb'id, 물삗]
물살 [muls'al, 물쌀]
물새 [muls'ɛ, 물쌔]
물색하다 物色-- [muls'ɛkada, 물쌔카다]
물소리 [muls'ori, 물쏘리]
물수:건 - 手巾 [muls'u:gən, 물쑤:건]
물수리 [mulsuri] /조류
물수제비 [muls'udʒebi, 물쑤제비]
물신적 物神的 [muls'indʒəg, 물씬적]
물신풍조 物神風潮 [muls'inpuŋdʒo, 물씬풍조]
물심양:면 物心兩面 [muls'imnja:ŋmjən, 물씸냥:면]
물씬 [muls'in]
물엿 [mulljəd, 물렫]
물왕동 物旺洞 [murwaŋdoŋ, 무뢍동] /저수지, 경기도 시흥시
물욕 物慾 [murjog, 무룍]
물의 物議 [muri, 무리]
물장구 [muldʒaŋgu]
물장수 [muldʒaŋsu]
물적 物的 [muldʒ'əg, 물쩍]
물주머니 [muldʒ'uməni, 물쭈머니]
물줄기 [muldʒ'ulgi, 물쭐기]
물증 物證 [muldʒ'ɨŋ, 물쯩]
물지게 [muldʒ'ige, 물찌게]
물질적 物質的 [muldʒ'ildʒəg, 물찔적]
물집 [muldʒ'ib, 물찝]
물한리 勿閑里 [mulɦanni, 물한니] / 경북 안동시, 충북 영동군
물항:라 - 亢羅 [mulɦa:ŋna, 물항:나] 여름용 저고리
묽다 [mugd'a, 묵따] 薄, 柔, 묽지[묵찌] 묽고[물꼬] 묽어[물거] 묽으니[물그니] 묽겠고[물겓꼬] 묽디묽은[묵띠물근]
뭇매 [munmɛ, 문매] =몰매
뭇사:람 [muds'a:ram, 묻싸:람] 많은 사람, 또는 여러 사람
뭇입 [munnib, 문닙] 여러 사람의 입
뭉게구름 [muŋgegurɨm] 積雲, 뭉개구름(×)
뭉그적거리다 [muŋgɨdʒəg'ərida, 뭉그저꺼리다] =뭉그적대다, 뭉기적거리다(×), 밍기적거리다(×)
뭉뚱그리다 [muŋd'uŋgɨrida]
뭉칫돈 [muŋʧid'on, 뭉치똔]

뭉클 [muŋkɨl]
뭉텅 [muŋtəŋ] ≒뭉떵
뭉툭하다 [muŋtukada, 뭉투카다]
뭍 [mud, 묻] 陸, 뭍을[무틀] 뭍만[문만] 뭍이[무치] 뭍에[무테] 뭍과[묻꽈]
뭐: [mwə:] '무어'의 준말
뭐:니뭐:니해:도 [mwə:nimwə:niɦɛ:do]
뭐:라뭐:라하다 [mwə:ramwə:raɦada]
뭐:하다 [mwə:ɦada]
뭔:가 [mwə:nga]
뭣: [mwə:d, 뭗:] '무엇'의 준말
뭣:이 [mwə:si, 뭐:시]
뭣:하다 [mwə:tada, 뭐:타다]
미: 美 [mi:]
미각 味覺 [migag]
미간 眉間 [migan]
미강유 米糠油 [migaŋnju, 미강뉴]
미:개척 未開拓 [mi:gɛʧəg]
미:개한 未開- [mi:gɛɦan]
미:결 未決 [mi:gjəl]
미:결수 未決囚 [mi:gjəls'u, 미:결쑤]
미곡 米穀 [migog]
미:관 美觀 [mi:gwan]
미괄식 尾括式 [migwals'ig, 미괄씩]
미:구 未久 [mi:gu] 얼마 오래지 아니함, /미구에 닥칠
미:국 美國 [mi:gug]
미:국야:구 [mi:guŋnja:gu, 미:궁냐:구]
미:군 美軍 [mi:gun]
미:궁 迷宮 [mi:guŋ]
미:근동 美芹洞 [mi:gɨndoŋ] /서울시 서대문구
미:금 渼金 [mi:gɨm] 面, 邑, 市를 거쳐 남양주시로 통합(1995)
미:금역 美金驛 [mi:gɨmnjəg, 미:금녁] /경기도 성남시 분당구, 전철분당선
미:기상 美技賞 [mi:gisaŋ] /스포츠
미끈거리다 [mig'ɨngərida] 미끌거리다(×)
미나리깡 [minarig'waŋ] 미나리 심은 논
미:남미:녀 美男美女 [mi:nammi:njə]
미:납 未納 [mi:nab]
미:농지 美濃紙 [mi:noŋʤi]
미:닫이 [mi:daʤi, 미:다지]
미:달 未達 [mi:dal]
미:담 美談 [mi:dam]
미:당 未堂 [mi:daŋ] '서정주'의 호
미:대 美大 [mi:dɛ] '미술대학'
미더덕 [midədəg] /수산물
미:덕 美德 [mi:dəg]
미덥다 [midəbd'a, 미덥따]
미동 微動 [midoŋ]
미:등기 未登記 [mi:dɨŋgi]
미:래 未來 [mi:rɛ]
미:래지향적 未來指向的 [mi:rɛʤiɦjaŋʤəg]
미량 微量 [mirjaŋ]
미:려한 美麗- [mi:rjəɦan]
미력 微力 [mirjəg] /미력이나마, 미력하나마
미:련 未練 [mi:rjən] /미련이 남다
미련하다 [mirjənɦada]
미:로 迷路 [mi:ro]
미:로면 未老面 [mi:romjən] /강원도 삼척시
미루나무 [mirunamu] (←美柳나무), /미류나무(×)
미루다 [miruda]
미륵불 彌勒佛 [mirɨgb'ul, 미륵뿔]
미리 [miri]
미:만 未滿 [mi:man]
미:망 迷妄 [mi:maŋ]
미:망인 未亡人 [mi:maŋin]
미:명 美名 [mi:mjəŋ] /미명하에
미:모 美貌 [mi:mo]
미:몽 迷夢 [mi:moŋ]
미묘한 微妙- [mimjoɦan]
미물 微物 [mimul]
미미하다 微微-- [mimiɦada]
미:백 美白 [mi:bɛg]
미봉책 彌縫策 [miboŋʧɛg]
미:분양 未分讓 [mi:bunjaŋ, 미:부냥]
미:비점 未備點 [mi:biʤ'əm, 미:비쩜]

ㅁ

미:사여구 美辭麗句 [mi:sajəgu]
미:상 未詳 [mi:saŋ]
미:상불 未嘗不 [mi:saŋbul] 아닌 게 아니라 과연
미:색 美色 [mi:sɛg]
미생물 微生物 [misɛŋmul]
미:성년자 未成年者 [mi:səŋnjənʤa]
미세한 微細- [miseɦan]
미소 微笑 [miso]
미:송 美松 [mi:soŋ]
미수 米壽 [misu] 88세
미:수 未遂 [mi:su] /미수로 그치다
미:숙하다 未熟-- [mi:sukada, 미:수카다]
미:술 美術 [mi:sul]
미숫가루 [misu(d)g'aru, 미수(숟)까루] 미싯가루(×)
미시령 彌矢嶺 [misirjəŋ] /고개, 강원도 인제군과 고성군에 걸침
미시적 微視的 [misiʤəg]
미:신 迷信 [mi:sin]
미:심쩍다 未審-- [mi:simʤ'əgd'a, 미:심쩍따]
미:아 迷兒 [mi:a]
미:안하다 未安-- [mi:anɦada]
미약한 微弱- [mijakan, 미야칸]
미양고 彌陽高 [mijaŋgo] /서울시 강북구
미어지다 [miəʤida]
미역 [mijəg]
미:연에 未然- [mi:jəne, 미:여네]
미열 微熱 [mijəl]
미온적 微溫的 [miondʒəg]
미:완성 未完成 [mi:wansəŋ]
미:용실 美容室 [mi:joŋsil]
미욱하다 [miukada, 미우카다] 어리석고 미련하다
미음 米飮 [miɨm] /미음을 쑤다
미:용실 美容室 [mi:joŋsil]
미작 米作 [miʤag]
미장이 [miʤaŋi] 미쟁이(×)
미:적 美的 [mi:ʤ'əg, 미:쩍]
미적대:다 [miʤəgd'ɛ:da, 미적때:다] ≒미적거리다
미적미적 [miʤəŋmiʤəg, 미정미적]
미적분 微積分 [miʤəgb'un, 미적뿐]
미:정 未定 [mi:ʤəŋ]
미:제 美製 [mi:ʤe]
미:제 美帝 [mi:ʤe] '제국주의 미국'
미:제 未濟 [mi:ʤe] /미제 사건
미:주 美洲 [mi:ʤu]
미:증유 未曾有 [mi:ʤɨŋju] 이제껏 없던
미:지의 未知- [mi:ʤie, 미:지에]
미:진한 未盡- [mi:ʤinɦan] /미진한 느낌, 미진한 상태
미:착용 未着用 [mi:ʧagjoŋ, 미:차공]
미처 [miʧə] /~않다, ~못하다, ~없다
미:추 美醜 [mi:ʧu]
미:탄면 美灘面 [mi:tanmjən] /강원도 평창군
미풍 微風 [mipuŋ]
미:풍양속 美風良俗 [mi:puŋnjaŋsog, 미:풍냥속]
미:필 未畢 [mi:pil]
미:필적고:의 未必的故意 [mi:pilʤəg go:i, 미:필적고:이] 범죄 결과가 발생할 가능성이 있음에도 행하는 심리상태 (법률)
미:학적 美學的 [mi:ɦagʤ'əg, 미:학쩍]
미:항 美港 [mi:ɦaŋ]
미:호천 美湖川 [mi:ɦoʧən] /금강의 지류
미:혼 未婚 [mi:ɦon]
미:화 美化 [mi:ɦwa]
미:화 美貨 [mi:ɦwa] 달러
미:확인 未確認 [mi:ɦwagin, 미:화긴]
미:활용 未活用 [mi:ɦwarjoŋ, 미:화룡]
미:흡하다 未洽-- [mi:ɦɨpada, 미:흐파다]
미:희 美姬 [mi:ɦi]
민감성 敏感性 [mingams'əŋ, 민감썽]
민둥산 --山 [minduŋsan] ≒벌거숭이산
민락동 民樂洞 [millagd'oŋ, 밀락똥]

/부산시 수영구, 경기도 의정부시
민란 民亂 [millan, 밀란]
민립 民立 [millib, 밀립]
민망하다 憫惘-- [minmaŋɦada]
민박용 民泊用 [minbaŋnjoŋ, 민방뇽]
민변 民辯 [minbjən] '민주사회를 위한 변호사 모임'의 약칭
민사사:건 民事事件 [minsasa:g'ən, 민사사:껀]
민선 民選 [minsən]
민언련 民言聯 [minənnjən, 미넌년] '민주언론시민연합'의 약칭
민예총 [minjeʧoŋ, 미녜총] '韓國民族藝術人總聯合'의 약칭
민의 民意 [mini, 미니]
민의원 民議院/民議員 [min(ɨ)iwən, 미니(늬)원]
민족혼 民族魂 [mindʒokon, 민조콘]
민주주의 民主主義 [mindʒudʒui, 민주주이]
민중적 民衆的 [mindʒuŋdʒəg]
민첩한 敏捷- [minʧəpan, 민처판]
민폐 民弊 [minpje]
민활한 敏活- [minɦwalɦan]
믿다 [mid'a, 미따] 信
믿음성 --性 [midɨms'əŋ, 미듬썽]
믿음직하다 [midɨmdʒikada, 미듬지카다]
밀가루 [milg'aru, 밀까루]
밀개:떡 [milgɛ:d'əg]
밀고 密告 [milgo]
밀교 密敎 [milgjo]
밀:다 [mi:lda] 押, 援, 밀:고[mi:lgo] 밀:지[mi:ldʒi] 미:니[mi:ni] 밀어[mirə, 미러] 밀리다[millida]
밀담 密談 [mild'am, 밀땀]
밀:대 [mi:ld'ɛ, 밀:때] 물건을 밀어젖힐 때 쓰는 막대
밀도 密度 [mild'o, 밀또]
밀도살 密屠殺 [mildosal]
밀랍 蜜蠟 [millab]
밀렵 密獵 [milljəb]
밀매 密賣 [milmɛ]
밀물 [milmul] ↔ 썰물
밀밭길 [milbadg'il, 밀받낄]
밀봉 密封 [milboŋ] 단단히 붙임
밀봉 蜜蜂 [milboŋ] =꿀벌
밀사 密使 [mils'a, 밀싸]
밀수꾼 密輸- [mils'ug'un, 밀쑤꾼]
밀실 密室 [mils'il, 밀씰]
밀알 [miral, 미랄]
밀약 密約 [mirjag, 미략]
밀양시 密陽市 [mirjaŋsi, 미량시] / 경남 동부의 市
밀어 密語 [mirə, 미러] 남이 못 알아듣게 비밀히 말함
밀어 蜜語 [mirə, 미러] 연인끼리 나누는 달콤한 말
밀월여행 蜜月旅行 [mirwəlljəɦɛŋ, 미뤌려행]
밀입국 密入國 [miribg'ug, 미립꾹]
밀접하다 密接-- [mildʒ'əpada, 밀쩌파다]
밀정 密偵 [mildʒ'əŋ, 밀쩡]
밀주 密酒 [mildʒ'u, 밀쭈]
밀집 密集 [mildʒ'ib, 밀찝]
밀짚모자 --帽子 [mildʒ'immodʒa, 밀찜모자]
밀착형 密着型 [milʧakjəŋ, 밀차켱]
밀:치다 [mi:lʧida]
밂: [mi:m, 밈:] '밀다'의 명사형
밉다 [mibd'a, 밉따]
밉보이다 [mib'oida, 미뽀이다] 밋보이다(×)
밉상 -相 [mibs'aŋ, 밉쌍]
밋밋하다 [minmitada, 민미타다]
밍밍하다 [miŋmiŋɦada] 꽤 싱겁다
및 [mid, 믿] '그리고', '그 밖에', '또'
밑 [mid, 믿] 밑을[미틀] 밑에[미테] 밑이[미치] 밑만[민만] 밑과[믿꽈]
밑단 [mid'an, 미딴]
밑동 [mid'oŋ, 미똥] 밑둥(×)
밑밥 [midb'ab, 믿빱]
밑줄 [middʒ'ul, 믿쭐]
밑천 [midʧən, 믿천]

ㅁ

ㅂ

바깥 [bag'ad, 바깓] 바깥에[바까테] 바깥을[바까틀] 바깥이[바까치] 바깥만[바깐만] 바깥과[바깓꽈]
바깥양:반 --兩班 [bag'annja:ŋban, 바깐냥:반]
바깥일 [bag'annil, 바깐닐]
바닷가 [bada(d)g'a, 바다(닫)까]
바둑용 --用 [baduŋnjoŋ, 바둥뇽]
바득바득 [badɨgb'adɨg, 바득빠득]
바:라 [ba:ra] /악기, 불교음악
바라건대 [baragəndɛ] 바라건데(×)
바라요 [barajo] 바래요(×)
바람 [baram] 風, 願, /바램(×)
바래다 [barɛda] /배웅
바:래다 [ba:rɛda] 색, 빛이 바래다
바:보 [ba:bo]
바삭하다 [basakada, 바사카다]
바짓단 [badʒid'an, 바지딴]
바퀴 [bakwi]
바투 [batu] /대상, 물체 사이가 썩 가깝게
바특하다 [batɨkada, 바트카다] /대상·물체 사이가 조금 가깝다, 시간·길이가 조금 짧다, 국물이 적어 톡톡하다
박꽃 [bagg'od, 박꼳]
박다 [bagd'a, 박따] 打, 膳, 縫
박달동 博達洞 [bagd'ald'oŋ, 박딸똥] /경기도 안양시
박달재 朴達- [bagd'aldʒ'ɛ, 박딸째] /고개, 충북 제천시
박대 [bagd'ɛ, 박때] /魚類
박대하다 薄待-- [bagd'ɛɦada, 박때하다]
박동 搏動 [bagd'oŋ, 박똥]
박람회 博覽會 [baŋnamɦø(we), 방남회(훼)]
박력 迫力 [baŋnjəg, 방녁]
박력분 薄力粉 [baŋnjəgb'un, 방녁뿐] /밀가루
박리다매 薄利多賣 [baŋnidamɛ, 방니다매]
박멸 撲滅 [baŋmjəl, 방멸]
박무 薄霧 [baŋmu, 방무] 엷게 낀 안개
박박 [bagb'ag, 박빡] /박박 긁다, 박박 닦다
박복한 薄福- [bagb'okan, 박뽀칸]
박봉 薄俸 [bagb'oŋ, 박뽕]
박빙 薄氷 [bagb'iŋ, 박삥]
박살내:다 [bags'allɛ:da, 박쌀래:다]
박새 [bags'ɛ, 박쌔] /조류, 식물
박색 薄色 [bags'ɛg, 박쌕] 못생긴 여자
박석 薄石 [bags'əg, 박썩] 얇고 넓적한 돌
박속낙지탕 ----湯 [bags'oŋnagdʒ'itaŋ, 박쏭낙찌탕]
박수무:당 [bags'umu:daŋ, 박쑤무:당]
박식하다 博識-- [bags'ikada, 박씨카다]
박애주의 博愛主義 [bagɛdʒui, 바개주이]
박약하다 薄弱- [bagjakada, 바갸카다]
박 양 朴 孃 [bagjaŋ, 바걍]
박장대:소 拍掌大笑 [bagdʒ'aŋdɛ:so, 박짱대:소]
박절히 迫切- [bagdʒ'əlɦi, 박쩔히] 인정 없이 쌀쌀맞게
박제 剝製 [bagdʒ'e, 박쩨]
박:쥐 [ba:gdʒ'wi, 박:쮜]
박탈 剝奪 [bagtal]
박피 剝皮 [bagpi]
박하다 薄-- [bakada, 바카다]
박학다식 博學多識 [bakagd'asig, 바칵따식]
박해 迫害 [bakɛ, 바캐]
박혁거세 朴赫居世 [bakjəg'əse, 바켜

껴세] /신라, 역사
박 형 朴 兄 [bakjəŋ, 바켱]
반 班 [ban] /반 편성
반: 半 [ba:n]
반가 班家 [banga] 양반의 집안, /史劇
반:가사유상 半跏思惟像 [ba:ngasajusaŋ] /부처상
반:감 反感 [ba:ngam]
반갑다 [bangabd'a, 반갑따]
반:값 半- [ba:ng'ab, 반:깝]
반:건조 半乾燥 [ba:ngəndʒo]
반:격하다 反擊-- [ba:ngjəkada, 반:겨카다]
반:경 半徑 [ba:ngjəŋ]
반계 磻溪 [bangje] '유형원'의 호
반:골 反骨/叛骨 [ba:ngol]
반:공 反共 [ba:ngoŋ]
반: 관 半 貫 [ba:ngwan] /감자 반 관
반:관반:민 半官半民 [ba:ngwanba:nmin]
반구대 盤龜臺 [bangudɛ] /울산광역시 울주군, 암각화
반:구정 伴鷗亭 [ba:ngudʒəŋ] /정자, 경기도 파주시, 황희(黃喜) 정승
반:군 叛軍 [ba:ngun]
반:기 反旗 [ba:ngi]
반:나절 半-- [ba:nnadʒəl] 하루 낮의 반의 반
반:나:체 半裸體 [ba:nna:ʧe]
반:납 返納 [ba:nnab]
반:년 半年 [ba:nnjən]
반:노 叛奴 [ba:nno]
반:달 半- [ba:ndal]
반:대 反對 [ba:ndɛ]
반:도 半島 [ba:ndo]
반:도:체 半導體 [ba:ndo:ʧe]
반:동 反動 [ba:ndoŋ]
반드시 [bandɨsi]
반듯하게 [bandɨtage, 반드타게] =반듯이
반:등 反騰 [ba:ndɨŋ]
반:라 半裸 [ba:lla, 발:라]
반:란 叛亂/反亂 [ba:llan, 발:란]
반:려 伴侶 [ba:lljə, 발:려] /반려자
반:려 返戾 [ba:lljə, 발:려] /사표, 결재
반:론권 反論權 [ba:llong'wən, 발:론꿘]
반:만:년 半萬年 [ba:nma:nnjən]
반:말 半- [ba:nmal]
반:면 反面 [ba:nmjən]
반:면교:사 反面敎師 [ba:nmjəngjo:sa]
반:목 反目 [ba:nmog]
반:문하다 反問-- [ba:nmunɦada]
반:미 反美 [ba:nmi]
반:민족적 反民族的 [ba:nmindʒogdʒ'əg, 반:민족쩍]
반:민특위 反民特委 [ba:nmintɨgwi, 반:민트귀] '반민족행위특별조사위원회'의 약칭, (1948)
반:박하다 反駁-- [ba:nbakada, 반:바카다]
반:반 半半 [ba:nban]
반반한 [banbanɦan] /얼굴, 옷가지
반:발하다 反撥-- [ba:nbalɦada]
반:백 半白 [ba:nbɛg]
반:복적 反復的 [ba:nbogdʒ'əg, 반:복쩍]
반:분 半分 [ba:nbun]
반:비:례 反比例 [ba:nbi:rje]
반:사 反射 [ba:nsa]
반상 班常 [bansaŋ] 양반과 상사람, /史劇
반상 盤上 [bansaŋ] /바둑, 장기
반상회 班常會 [bansaŋɦø(we), 회(훼)]
반색하다 [bansɛkada, 반새카다]
반:세:기 半世紀 [ba:nse:gi]
반:성 反省 [ba:nsəŋ]
반:송 返送 [ba:nsoŋ]
반:숙 半熟 [ba:nsug]
반:신반:의 半信半疑 [ba:nsinba:ni, 반:신바:니]
반:신불수 半身不隨 [ba:nsinbuls'u, 반:신불쑤]
반:신욕 半身浴 [ba:nsinnjog, 반:신뇩]
반:액 半額 [ba:nɛg, 바:낵]
반야 般若 [banja, 바냐] 불법을 통찰

ㅂ

하는 지혜, /불교
반:양장 半洋裝 [ba:nnjaŋdʒaŋ, 반:냥장] /반쯤 서양식, 책 제본
반:어적 反語的 [ba:nədʒəg, 바:너적]
반:역죄 反逆罪 [ba:njəgdʒ'ø(we), 바:녁쬐(쮀)]
반:영 反映 [ba:njəŋ, 바:녕]
반:영:구적 半永久的 [ba:nnjə:ŋgudʒəg, 반:녕:구적]
반:원 半圓 [ba:nwən, 바:눤]
반:월동 半月洞 [ba:nwəld'oŋ, 바:눨똥] /경기도 안산시·화성시, 충남 논산시, 전북 전주시, 경남 마산시
반:응 反應 [ba:nɨŋ, 바:능]
반:인반:수 半人半獸 [ba:ninba:nsu, 바:닌반:수]
반:일감:정 反日感情 [ba:nilga:mdʒəŋ, 바:닐감:정]
반입 搬入 [banib, 바닙] /음식물 반입
반:자동 半自動 [ba:ndʒadoŋ]
반:작용 反作用 [ba:ndʒagjoŋ, 반:자공]
반장 班長 [bandʒaŋ]
반:전 反戰 [ba:ndʒən]
반:전 反轉 [ba:ndʒən]
반:절 半折 [ba:ndʒəl] =절반(折半)
반점 斑點 [bandʒəm] /몽고반점
반점 飯店 [bandʒəm]
반:점 半點 [ba:ndʒəm] ≒콤마(comma), /부호
반:정 反正 [ba:ndʒəŋ] /仁祖反正
반주 飯酒 [bandʒu]
반:주 伴奏 [ba:ndʒu]
반죽 [bandʒug]
반:증 反證 [ba:ndʒɨŋ]
반지 半指/斑指 [bandʒi]
반:지름 半-- [ba:ndʒirɨm]
반:지하방 半地下房 [ba:ndʒiɦabaŋ]
반짇고리 [bandʒidg'ori, 반짇꼬리] 바느질 도구를 담는 그릇
반질거리다 [bandʒilgərida] ≒반질대다
반짝하다 [bandʒ'akada, 반짜카다]
반:쪽 半- [ba:ndʒ'og]
반찬 飯饌 [bantʃan]
반:추하다 反芻-- [ba:ntʃuɦada]
반출 搬出 [bantʃul]
반:칙 反則 [ba:ntʃig]
반:타:작 半打作 [ba:nta:dʒag]
반:편이 半偏- [ba:npjəni, 반:펴니] ≒바보
반포동 盤浦洞 [banpodoŋ] /서울시 서초구
반:포면 反浦面 [ba:npomjən] /충남 공주시
반:포지교 反哺之教 [ba:npodʒigjo] /까마귀의 효심이 주는 가르침
반포하다 頒布-- [banpoɦada] 세상에 널리 퍼뜨려 모두 알게 하다, /훈민정음
반:하다 [ba:nɦada] /홀딱 반하다
반:한감:정 反韓感情 [ba:nɦanga:mdʒəŋ]
반:항 反抗 [ba:nɦaŋ]
반:해 反- [ba:nɦɛ] /인물이 좋은 데 반해, 성격은~
반:향 反響 [ba:nɦjaŋ]
반:환 返還 [ba:nɦwan]
받다 [bad'a, 바따] 受, 奕
받침대 --臺 [badtʃimd'ɛ, 받침때]
받히다 [batʃida, 바치다]
발 [bal] 足
발: [ba:l] 簾, 대(竹)를 줄로 여럿 엮어 나란히 늘어뜨린 것, /발로 가리다
발: [ba:l] 실, 국수 등의 가락
-발 [b'al, 빨] '기세', '힘', '효과', /약발
발각되다 發覺-- [balgagd'ø(we)da, 뙤(뛔)]
발가락 [balg'arag, 발까락]
발간 發刊 [balgan]
발:갛다 [ba:lgata, 발:가타] 발:개[ba:lgɛ] 발:가니[ba:lgani] 발:갛지[ba:lgatʃi, 발:가치]
발걸음 [balg'ərɨm, 발꺼름]
발골 發骨 [balgol] /정육, 뼈 제거

발광 發光 [balgwaŋ]
발광하다 發狂-- [balgwaŋɦada]
발군 拔群 [balgun] /발군의 실력
발굴인력 發掘人力 [balgurilljəg, 발구릴력]
발굽 [balgub]
발권 [balg'wən, 발꿘]
발급하다 發給-- [balgɨpada, 발그파다]
발기부전 勃起不全 [balgibudʒən] 발기부진(×)
발길질 [balg'ildʒil, 발낄질]
발끈하다 [balg'ɨnɦada]
발냄:새 [ballɛ:msɛ, 발램:새]
발단 發端 [bald'an, 발딴]
발달 發達 [bald'al, 발딸]
발대식 發隊式 [bald'ɛsig, 발때식]
발동 發動 [bald'oŋ, 발똥]
발뒤:꿈치 [bald'wi:g'umʧi, 발뛰:꿈치]
발등 [bald'ɨŋ, 발뜽]
발랄한 潑剌- [ballalɦan]
발랑 [ballaŋ] '발라당'의 준말
발령 發令 [balljəŋ]
발로 發露 [ballo]
발:리다 [ba:llida] 離, /생선살, 밤송이
발매 發賣 [balmɛ]
발문 跋文 [balmun] /책, 본문 요약, 간행 경위
발바닥 [balb'adag, 발빠닥]
발발 勃發 [balbal]
발발 [balbal] /떨다, 기다
발버둥 [balbəduŋ]
발병 發病 [balbjəŋ]
발병 -病 [balb'jəŋ, 발뼝] /足
발본색원 拔本塞源 [balbonsɛgwən, 발본새권]
발부 發付 [balbu] /영장발부
발부 髮膚 [balbu] 머리털과 피부, / 身體髮膚 受之父母(신체발부 수지부모)
발부리 [balb'uri, 발뿌리]
발뺌 [balb'ɛm]
발사 發射 [bals'a, 발싸]
발산 發散 [bals'an, 발싼]
발산동 鉢山洞 [bals'andoŋ, 발싼동] / 서울시 강서구
발산리 鉢山里 [bals'anni, 발싼니] / 화성·춘천·천안·연기·보은·군산·익산·순창·장성
발산리 發山里 [bals'anni, 발싼니] / 경북 포항시
발생설 發生說 [bals'ɛŋsəl, 발쌩설]
발설하다 發說-- [bals'əlɦada, 발썰하다]
발성법 發聲法 [bals'əŋb'əb, 발썽뻡]
발송 發送 [bals'oŋ, 발쏭]
발신음 發信音 [bals'inɨm, 발씨늠]
발악하다 發惡 [barakada, 바라카다]
발안리 發案里 [baranni, 바란니] / 경기도 화성시, 발안IC
발암물질 發癌物質 [barammuldʒ'il, 바람물찔]
발언권 發言權 [barəng'wən, 바런꿘]
발열 發熱 [barjəl, 바렬]
발우 鉢盂 [baru, 바루] =바리때, 절에서 쓰는 중의 공양 그릇, /불교
발원지 發源地 [barwəndʒi, 바뤈지]
발육 發育 [barjug, 바륙]
발의 發議 [bari, 바리]
발인 發靷 [barin, 바린] /喪
발자국 [baldʒ'agug, 발짜국] 발자욱(×)
발자취 [baldʒaʧwi]
발작 發作 [baldʒ'ag, 발짝]
발장단 [baldʒ'aŋdan, 발짱단]
발재간 -才幹 [baldʒ'ɛgan, 발째간]
발전적 發展的 [baldʒ'əndʒəg, 발쩐적]
발정 發情 [baldʒ'əŋ, 발쩡]
발족하다 發足-- [baldʒ'okada, 발쪼카다]
발주 發注 [baldʒ'u, 발쭈]
발진 發疹 [baldʒ'in, 발찐]
발췌 拔萃 [balʧwe]
발칙하다 [balʧikada, 발치카다]
발칵 [balkag]
발탁하다 拔擢-- [baltakada, 발타카다]

ㅂ

발파 發破 [balpa]
발판 -板 [balpan]
발포성 發泡性 [balpos'əŋ, 발포썽] / 거품이 나는 성질이 있는
발포하다 發砲-- [balpoɦada]
발품 [balpum]
발해 渤海 [balɦɛ] (역사)
발현 發現/發顯 [balɦjən]
발호 跋扈 [balɦo]
발화점 發火點 [balɦwadʒ'əm, 발화쩜]
발효 醱酵 [balɦjo] /김치, 요구르트
발효 發效 [balɦjo] 조약, 법 등의 효력이 나타남
발휘 發揮 [balɦwi]
밝다 [bagd'a, 박따] 밝지[박찌] 밝디 밝은[박띠발근] 밝아[발가] 밝으니 [발그니] 밝고[발꼬]
밟:다 [ba:bd'a, 밥:따] 밟:고[밥:꼬], 밟:는[밤:는] 밟:지[밥:찌] 밟아[발바] 밟으니[발브니] 밟히다[발피다]
밤 [bam] 夜
밤: [ba:m] 栗
밤거리 [bamg'əri, 밤꺼리]
밤:고:구마 [ba:mgo:guma]
밤낮 [bamnad, 밤낟]
밤바다 [bamb'ada, 밤빠다]
밤배 [bamb'ɛ, 밤빼] 夜船
밤비 [bamb'i, 밤삐]
밤사이 [bamsai]
밤샘작업 --作業 [bamsɛmdʒagəb, 밤샘자겁]
밤:섬 [ba:msəm] /한강의 하중도(河中島), 생태계보존지역, 서울시 영등포구
밤손님 [bams'onnim, 밤쏜님]
밤:송이 [ba:msoŋi]
밤:엿 [ba:mnjəd, 밤:녇]
밤이슬 [bamnisɨl, 밤니슬]
밤일 [bamnil, 밤닐]
밤잠 [bamdʒ'am, 밤짬]
밤:톨 [ba:mtol]
밥값 [babg'ab, 밥깝]
밥벌:이 [bab'ə:ri, 바뻐:리]
밥상 -床 [babs'aŋ, 밥쌍]
밥장사 [babdʒ'aŋsa, 밥짱사]
밥주걱 [babdʒ'ugəg, 밥쭈걱]
밥 한 끼 [bapang'i, 바판끼]
밥 한번 [bapanbən, 바판번] /밥 한 번 먹자
밧:줄 [ba:ddʒ'ul, 받:쭐]
방: 榜 [ba:ŋ] /방을 붙이다, 방을 내걸다
방:게 [ba:ŋge] '게'의 일종
방계 傍系 [baŋgje]
방고래 房-- [baŋg'orɛ, 방꼬래]
방공호 防空壕 [baŋgoŋɦo]
방:과 후 放課 後 [ba:ŋgwaɦu] /(학습)
방관자 傍觀者 [baŋgwandʒa]
방관적 傍觀的 [baŋgwandʒəg]
방광염 膀胱炎 [baŋgwaŋnjəm, 방광념]
방구석 房-- [baŋg'usəg, 방꾸석]
방:귀 [ba:ŋgwi] (←放氣)
방금 方今 [baŋgɨm]
방긋 [baŋgɨd, 방귿]
방:기하다 放棄-- [ba:ŋgiɦada]
방년 芳年 [baŋnjən]
방:뇨 放尿 [ba:ŋnjo]
방:담 放談 [ba:ŋdam]
방:대한 厖大/尨大- [ba:ŋdɛɦan]
방도 方道/方途 [baŋdo]
방독면 防毒面 [baŋdoŋmjən, 방동면]
방:랑 放浪 [ba:ŋnaŋ, 방:낭]
방림동 芳林洞 [baŋnimdoŋ, 방님동] /광주시 남구
방:만하다 放漫-- [ba:ŋmanɦada]
방면 方面 [baŋmjən]
방:면 放免 [ba:ŋmjən]
방명록 芳名錄 [baŋmjəŋnog, 방명녹]
방:목 放牧 [ba:ŋmog]
방:문 訪問 [ba:ŋmun]
방:문진 放文進 [ba:ŋmundʒin] '방송문화진흥회'의 약칭
방물장수 [baŋmuldʒaŋsu] /史劇
방:미 訪美 [ba:ŋmi] 미국 방문

ㅂ

방바닥 [baŋb'adag, 방빠닥]
방방곡곡 坊坊曲曲 [baŋbaŋgog'og, 방방고꼭]
방배동 方背洞 [baŋbɛdoŋ] /서울시 서초구
방백 傍白 [baŋbɛg] /연극
방번호 房番號 [baŋbənɦo]
방범 防犯 [baŋbəm]
방법 方法 [baŋbəb]
방법서:설 方法序說 [baŋbəbs'ə:səl, 방법써:설] /"나는 생각한다. 고로 존재한다(cogito ergo sum)", 데카르트
방부제 防腐劑 [baŋbudʒe]
방:북 訪北 [ba:ŋbug]
방불케 하다 彷彿/髣髴- -- [baŋbulkeɦada]
방:사능 放射能 [ba:ŋsaniŋ]
방사탑 防邪塔 [baŋsatab] /액운을 막기 위함, 제주도 일원
방산시:장 芳山市場 [baŋsansi:dʒaŋ] /서울시 중구
방산업체 防産業體 [baŋsanəbʧe, 방사넙체] '방위산업 관련 업체'의 준말
방:생 放生 [ba:ŋsɛŋ]
방석 方席 [baŋsəg]
방세 房貰 [baŋs'e, 방쎄]
방:송 放送 [ba:ŋsoŋ]
방수복 防水服 [baŋsubog]
방식 方式 [baŋsig]
방:심하다 放心-- [ba:ŋsimɦada]
방아쇠 [baŋasø(we), 쇠(쉐)]
방약무인 傍若無人 [baŋjaŋmuin, 방양무인] 남을 의식 않고 멋대로 행동함
방어 防禦 [baŋə]
방어 魴魚 [baŋə] /生鮮
방어기제 防禦機制 [baŋəgidʒe] /심리학
방어진 方魚津 [baŋədʒin] /항구, 울산시 동구
방언 方言 [baŋən]
방역 防疫 [baŋjəg]
방:열비 放熱費 [ba:ŋjəlbi]
방:영 放映 [ba:ŋjəŋ]
방울뱀 [baŋulbɛm]
방울새 [baŋuls'ɛ, 방울쌔]
방위 方位 [baŋwi]
방위병 防衛兵 [baŋwibjəŋ]
방음 防音 [baŋɨm]
방이동 芳荑洞 [baŋidoŋ] /서울시 송파구
방:일 訪日 [ba:ŋil] 일본 방문
방:임주의 放任主義 [ba:ŋimdʒui, 방:임주이]
방자 房子/幫子 [baŋdʒa] /춘향전
방:자하다 放恣-- [ba:ŋdʒaɦada]
방장 房長 [baŋdʒaŋ] /감방 안의 우두머리 죄수
방재 防災 [baŋdʒɛ] 재난을 방지함, /소방방재
방적 紡績 [baŋdʒəg]
방:전 放電 [ba:ŋdʒən]
방점 傍點 [baŋdʒ'əm, 방쩜]
방정맞다 [baŋdʒəŋmad'a, 방정마따]
방정식 方程式 [baŋdʒəŋsig]
방정하다 方正-- [baŋdʒəŋɦada] 말이나 행동이 바름, /품행 방정
방제 防除 [baŋdʒe] /병충해 방제
방조 幫助 [baŋdʒo] /사건을 방조한 혐의로
방:종 放縱 [ba:ŋdʒoŋ]
방주 方舟 [baŋdʒu] /노아의 방주
방죽 [baŋdʒug] ≒축방(築防)
방:중 訪中 [ba:ŋdʒuŋ] 중국 방문
방중술 房中術 [baŋdʒuŋsul]
방증 傍證 [baŋdʒɨŋ]
방지 防止 [baŋdʒi]
방직 紡織 [baŋdʒig]
방진 防塵 [baŋdʒin] /먼지
방:짜 [ba:ŋdʒ'a] 질 좋은 놋쇠를 이용해 만든 그릇, /방짜유기
방천리 芳川里 [baŋʧənni, 방천니] /강원도 화천군

ㅂ

방천리 坊川里 [baŋʧənni, 방천니] / 대구광역시 달성군
방청객 傍聽客 [baŋʧəŋgɛg]
방축리 防築里 [baŋʧuŋni, 방충니] / 파주·포천·안성·평택·음성·논산·순창
방축리 方丑里 [baŋʧuŋni, 방충니] / 충북 괴산군
방축리 方築里 [baŋʧuŋni, 방충니] / 전북 고창군
방:출 放出 [ba:ŋʧul]
방충망 防蟲網 [baŋʧuŋmaŋ]
방치 [baŋʧi] '엉덩이'의 방언, /방치湯(소 엉덩잇살을 고아 끓인 탕)
방:치 放置 [ba:ŋʧi]
방침 方針 [baŋʧim]
방탄용 防彈用 [baŋtannjoŋ, 방탄뇽]
방:탕 放蕩 [ba:ŋtaŋ]
방:통위 放通委 [ba:ŋtoŋwi] '방송통신위원회'의 약자
방파제 防波堤 [baŋpaʤe]
방패 防牌/旁牌 [baŋpɛ]
방편 方便 [baŋpjən]
방포항 傍浦港 [baŋpoɦaŋ] /충남 태안군, 항구
방풍림 防風林 [baŋpuŋnim, 방풍님]
방:학 放學 [ba:ŋɦag]
방:학동 放鶴洞 [ba:ŋɦagd'oŋ, 방:학똥] /서울시 도봉구
방:한 訪韓 [ba:ŋɦan]
방한복 防寒服 [baŋɦanbog]
방해 妨害 [baŋɦaɛ]
방향타 方向舵 [baŋɦjaŋta]
방향제 芳香劑 [baŋɦjaŋʤe]
방호벽 防護壁 [baŋɦobjəg]
방화동 傍花洞 [baŋɦwadoŋ] /서울시 강서구
방:화범 放火犯 [ba:ŋɦwabəm]
방화조 防火槽 [baŋɦwaʤo]
방황 彷徨 [baŋɦwaŋ]
밭 [bad, 받] 田, 밭에[바테] 밭을[바틀] 밭이[바치]
밭갈이 [badg'ari, 받까리]
밭다리 [bad'ari, 바따리] 바깥쪽 다리, /씨름
밭떼기 [badd'egi, 받떼기]
밭머리 [banməri, 반머리] 밭이랑의 양쪽 끝
밭 아래 [badarɛ, 바다래]
밭 위 [badwi, 바뒤]
밭이랑 [banniraŋ, 반니랑]
밭일 [bannil, 반닐]
배 [bɛ] 腹, 船, 梨
배: 倍 [bɛ:]
배:가 倍加 [bɛ:ga]
배격하다 排擊-- [bɛgjəkada, 배겨카다]
배:경 背景 [bɛ:gjəŋ]
배:구 排球 [bɛ:gu]
배:금주의 拜金主義 [bɛ:gɨmʤui, 배:금주이]
배:급 配給 [bɛ:gɨb]
-배기 [bɛgi] /두 살배기, 알배기, 공짜배기, 진짜배기
배기구 排氣口 [bɛgigu]
배:낭여행 背囊旅行 [bɛ:naŋnjəɦɛŋ, 배:낭녀행]
배냇저고리 [bɛnɛdʤ'əgori, 배낻쩌고리]
배뇨 排尿 [bɛnjo]
배:다 [bɛ:da] 染, 孕, 배:니[bɛ:ni] 배어/배:[bɛə/bɛ:]
배달 [bɛdal] 우리나라의 상고시대 이름, /배달민족
배:달 配達 [bɛ:dal]
배:당 配當 [bɛ:daŋ]
배라먹다 [bɛraməgd'a, 배라먹따] 남에게 구걸하여 거저 얻어먹다
배:려 配慮 [bɛ:rjə]
배론 [bɛron] (← 舟論), /천주교 사적지, 배론 성지, 충북 제천시
배:면 背面 [bɛ:mjən]
배:명고 培明高 [bɛ:mjəŋgo] /서울시 송파구
배:문고 培文高 [bɛ:mungo] /서울시 용산구
배:반 背反 [bɛ:ban]

배방면 排芳面 [bɛbaŋmjən] /충남 아산시
배배 [bɛbɛ] ~꼬다
배변 排便 [bɛbjən]
배:부 配付 [bɛ:bu]
배:분 配分 [bɛ:bun]
배비장전 裵裨將傳 [bɛbidʒaŋdʒən] 조선 후기의 소설, /작자·연대 미상
배:산임수 背山臨水 [bɛ:sanimsu, 배:사님수]
배상 賠償 [bɛsaŋ]
배:상 拜上 [bɛ:saŋ]
배:선 配線 [bɛ:sən]
배설 排泄 [bɛsəl]
배:속 配屬 [bɛ:sog]
배:송 配送 [bɛ:soŋ]
배수 排水 [bɛsu]
배:수 倍數 [bɛ:su]
배시시 [bɛsisi] (웃는 모양)
배:식 配食 [bɛ:sig]
배:신 背信 [bɛ:sin]
배:심원 陪審員 [bɛ:simwən, 배:시뭔]
배아 胚芽 [bɛa]
배알 [bɛal] '창자', '속마음', /배알이 꼴리다
배:알 拜謁 [bɛ:al]
배:양 培養 [bɛ:jaŋ]
배:역 配役 [bɛ:jəg]
배:열 配列 [bɛ:jəl]
배:영 背泳 [bɛ:jəŋ] /수영
배:영고 培英高 [bɛ:jəŋgo] /전북 정읍시
배우 俳優 [bɛu]
배:우자 配偶者 [bɛ:udʒa]
배웅 [bɛuŋ]
배:은망덕 背恩忘德 [bɛ:ɨnmaŋdəg]
배:임죄 背任罪 [bɛ:imdʒ'ø(we), 쬐(쮀)]
배:재고 培材高 [bɛ:dʒɛgo] /서울시 강동구
배:전 倍前 [bɛ:dʒən] /배전의 노력
배:전실 配電室 [bɛ:dʒənsil]
배:정 配定 [bɛ:dʒəŋ]
배:정 拜呈 [bɛ:dʒəŋ] /'인사와 더불어 드림'
배:정고 培正高 [bɛ:dʒəŋgo] /부산시 남구
배제 排除 [bɛdʒe]
배짱 [bɛdʒ'aŋ]
배척하다 排斥-- [bɛʧəkada, 배처카다]
배:추 [bɛ:ʧu]
배출 排出 [bɛʧul]
배:출 輩出 [bɛ:ʧul] /인재
배:치 配置 [bɛ:ʧi]
배타성 排他性 [bɛtas'əŋ, 배타썽]
배탈나다 -頉-- [bɛtallada, 배탈라다]
배태 胚胎 [bɛtɛ]
배포 排布/排鋪 [bɛpo] /~가 두둑하다, 남다르다
배:포 配布 [bɛ:po]
배:필 配匹 [bɛ:pil]
배:합 配合 [bɛ:ɦab]
배:화교 拜火教 [bɛ:ɦwagjo] /바라문교, 조로아스터교
배:화여고 培花-- [bɛ:ɦwajəgo] /서울시 종로구
배회 徘徊 [bɛɦø(we), 회(훼)]
배:후 背後 [bɛ:ɦu]
백가쟁명 百家爭鳴 [bɛg'adʒɛŋmjəŋ, 배까쟁명]
백골단 白骨團 [bɛg'old'an, 배꼴딴] 1980~1990년대 시위진압전담 특수부대
백년가:약 百年佳約 [bɛŋnjənga:jag, 뱅년가:약]
백년로 百年路 [bɛŋnjənno, 뱅년노] / 전남 목포시
백년하청 百年河清 [bɛŋnjənhaʧəŋ, 뱅년하청]
백년해로 百年偕老 [bɛŋnjənhɛro, 뱅년해로]
백련사 白蓮寺 [bɛŋnjənsa, 뱅년사] / 사찰, 서울시 서대문구, 용인·강진·무주·강화
백령도 白翎島 [bɛŋnjəŋdo, 뱅녕도] /

ㅂ

인천광역시 옹진군
백로 白露 [bɛŋno, 뱅노] /절기
백로 白鷺 [bɛŋno, 뱅노] /조류
백록담 白鹿潭 [bɛŋnogd'am, 뱅녹땀] /제주도
백리향 百里香 [bɛŋniɦjaŋ, 뱅니향] /식물
백림 伯林 [bɛŋnim, 뱅님] '베를린'의 음역어
백미 白眉 [bɛŋmi, 뱅미]
백배사:죄 百拜謝罪 [bɛgb'ɛsa:ʤø(we), 백빼사:죄(줴)]
백병전 白兵戰 [bɛgb'jəŋʤən, 백뼝전]
백분율 [bɛgb'unnjul, 백뿐뉼]
백사 白沙 [bɛgs'a, 백싸] '이항복'의 호
백상아리 白--- [bɛgs'aŋari, 백쌍아리] /상어의 일종
백석동 白石洞 [bɛgs'əgd'oŋ, 백썩똥] /인천시 서구, 경기도 고양시, 충남 천안시
백석리 白石里 [bɛgs'əŋni, 백썽니] / 파주·부안·논산·예천·당진·영덕
백석리 柏石里 [bɛgs'əŋni, 백썽니] / 경기도 연천군
백설기 白-- [bɛgs'əlgi, 백썰기]
백성 百姓 [bɛgs'əŋ, 백썽]
백세 百歲 [bɛgs'e, 백쎄]
백수건달 白手乾達 [bɛgs'ugəndal, 백쑤건달]
백숙 白熟 [bɛgs'ug, 백쑥] /영계백숙
백암 白巖 [bɛgam, 배감] '박은식'의 호
백암리 白岩里 [bɛgamni, 배감니] / 전북 정읍시, 경기도 용인시, 전남 장성군, 충남 아산시
백암리 白巖里 [bɛgamni, 배감니] / 전북 진안군, 전남 화순군, 충남 금산군
백암리 栢岩里 [bɛgamni, 배감니] / 전남 영광군
백암리 伯岩里 [bɛgamni, 배감니] / 경남 합천군
백약 百藥 [bɛgjag, 배갹] /백약이 무효다
백양로 白楊路 [bɛgjaŋno, 배걍노] / 延世大 구내, 부산·인천·울산·고양시
백양사 白羊寺 [bɛgjaŋsa, 배걍사] / 전남 장성군
백양사 白陽寺 [bɛgjaŋsa, 배걍사] / 울산광역시 중구
백열등 白熱燈 [bɛgjəldiŋ, 배결등]
117 [bɛŋnjərilgob, 뱅녀릴곱] 119[뱅녀라홉] 118[뱅녈려덜] 116[뱅녈려섣] 115[뱅녈따섣] 114[뱅녈넫] 113[뱅녈쎋] 112[뱅녈뚤] 111[뱅녈하나]
백엽상 百葉箱 [bɛgjəbs'aŋ, 배겹쌍]
백원 百- [bɛgwən, 배권]
백의 白衣 [bɛgi, 배기] /백의민족, 백의의 천사
백일장 白日場 [bɛgilʤ'aŋ , 배길짱]
백중날 百中- [bɛgʤ'uŋnal, 백쭝날] 음력 칠월 보름
백지장 白紙張 [bɛgʤ'iʤ'aŋ, 백찌짱]
백척간두 百尺竿頭 [bɛkʧəg'andu, 백처깐두]
백학 白鶴 [bɛkag, 배칵]
백해무익 百害無益 [bɛkɛmuig, 배캐무익]
백현동 栢峴洞 [bɛkjəndoŋ, 배켠동] /경기도 성남시, 백현마을
백현리 栢峴里 [bɛkjənni, 배켠니] / 경북 구미시, 충북 보은군·청원군
백혈병 白血病 [bɛkjəlb'jəŋ, 배결뼝]
백호 白虎 [bɛko, 배코]
백화만:발 百花滿發 [bɛkwama:nbal, 배콰만:발]
백화점 百貨店 [bɛkwaʤəm, 배콰점]
밴댕이 [bɛndɛŋi] /소갈머리
밸: [bɛ:l] '배알'의 준말
뱀: [bɛ:m] 蛇
뱀:띠 [bɛ:md'i]
뱀:장어 -長魚 [bɛ:mʤaŋə]
뱀:탕 -湯 [bɛ:mtaŋ]
뱁:새 [bɛ:bs'ɛ, 뱁:쌔] =붉은머리오목

ㅂ

눈이
뱃고동 [bɛdg'odoŋ, 뱉꼬동]
뱃놈 [bɛnnom, 밴놈] '뱃사람'을 낮잡아 부름
뱃머리 [bɛnməri, 밴머리]
뱃사공 -沙工 [bɛds'agoŋ, 뱉싸공]
뱃삯 [bɛ(d)s'ag, 배(뱉)싹] 뱃삯이[배(뱉)싹씨] 뱃삯을[배(뱉)싹쓸]
뱃살 [bɛ(d)s'al, 배(뱉)쌀]
뱃속 [bɛ(d)s'og, 배(뱉)쏙]
뱃심 [bɛ(d)s'im, 배(뱉)씸]
뱃일 [bɛnnil, 밴닐]
뱃전 [bɛ(d)ʤ'ən, 배(뱉)쩐] 배의 양쪽 가장자리 부분, 船側
뱅:어포 --脯 [bɛ:ŋəpo]
뱉:다 [bɛ:d'a, 배:따] 吐, 出, 뱉:지[bɛ:ddʒ'i, 뱉:찌] 뱉:고[bɛ:dg'o, 뱉:꼬] 뱉:는[bɛ:nnɨn, 밴:는] 뱉으니[bɛtɨni, 배트니] 뱉어[bɛtə, 배터], 뱉아(×)
버겁다 [bəgəbd'a, 버겁따]
버성기다 [bəsəŋgida] 벌어져 틈이 있다, 어색하거나 거북하다
버젓이 [bəʤəsi, 버저시]
버짐 [bəʤim] 버즘(×)
버찌 [bəʤ'i]
버:티다 [bə:tida]
버:팀목 --木 [bə:timmog]
벅수 [bəgs'u, 벅쑤] 장승
번갈아 番-- [bəngara, 번가라]
번거롭다 [bəngərobd'a, 번거롭따]
번뇌 煩惱 [bənnø(we), 뇌(눼)]
번동 樊洞 [bəndoŋ] /서울시 강북구
번민 煩悶 [bənmin]
번번이 番番- [bənbəni, 번버니]
번복하다 飜覆/翻覆-- [bənbokada, 번보카다]
번성 蕃盛/繁盛 [bənsəŋ]
번식력 繁殖力 [bənsiŋnjəg, 번싱녁]
번안 翻案/飜案 [bənan, 버난] /번안가요
번역하다 飜譯-- [bənjəkada, 버녀카다]
번영 繁榮 [bənjəŋ, 버녕]
번의 飜意/翻意 [bəni, 버니] 먹었던 마음을 뒤집음
번잡하다 煩雜-- [bənʤapada, 번자파다]
번:지다 [bə:nʤida]
번지수 番地數 [bənʤis'u, 번지쑤]
번창 繁昌 [bənʧaŋ]
번철 燔鐵 [bənʧəl] 무쇠판, /전(煎), 고기
번화가 繁華街 [bənɦwaga]
벌 罰 [bəl]
벌: [bə:l] 蜂
벌:겋다 [bə:lgəta, 벌:거타] 벌:게[bə:lge] 벌:거니[bə:lgəni]
벌교읍 筏橋邑 [bəlgjoɨb] /전남 보성군
벌금 罰金 [bəlgɨm]
벌:꿀 [bə:lg'ul]
벌:나비 [bə:llabi, 벌:라비]
벌:다 [bə:lda] 得, 抱, 間, 벌:어[bə:rə] 벌:면[bə:lmjən] 벌:지[bə:lʤi] 버:니[bə:ni] 벌:리다 [bə:llida]
벌:떼 [bə:ld'e]
벌레 [bəlle]
벌말 [bəlmal] 벌판에 있는 마을
벌목 伐木 [bəlmog]
벌:이 [bə:ri, 버:리]
벌주 罰酒 [bəlʤ'u, 벌쭈]
벌채 伐採 [bəlʧɛ]
벌타 罰打 [bəlta]
벌:통 -桶 [bə:ltoŋ]
범: [bə:m] 虎
범: 汎 [bə:m] '모두 아우르는', /범태평양
범:고래 [bə:mgorɛ]
범:띠 [bə:md'i]
범:람 汎濫/氾濫 [bə:mnam, 범:남]
범:례 範例 [bə:mnje, 범:녜]
범:례 凡例 [bə:mnje, 범:녜] =일러두기

ㅂ

범:물동 凡物洞 [bə:mmuld'oŋ, 범:물똥] /대구시 수성구
범:박하다 泛博/汎博-- [bə:mbakada, 범:바카다] /범위가 넓다
범벅 [bəmbəg]
범:법 犯法 [bə:mb'əb, 범:뻡]
범:부 凡夫 [bə:mbu]
범:사 凡事 [bə:msa]
범:상하다 凡常-- [bə:msaŋɦada] /범상치 않다
범:서고 凡西高 [bə:msəgo] /울산시 울주군
범:선 帆船 [bə:msən] =돛단배
범:섬 [bə:msəm] /제주도 서귀포시의 섬
범:실 凡失 [bə:msil] 평범한 실책, /배구, 야구
범:양상선 汎洋商船 [bə:mjaŋsaŋsən, 버:먕상선] /기업, 해운업
범:어동 泛魚洞 [bə:mədoŋ, 버:머동] /대구시 수성구, 경북 영천시
범:어사 梵魚寺 [bə:məsa, 버:머사] /사찰, 부산시 금정구
범:여:권 汎與圈 [bə:mnjə:g'wən, 범:녀:꿘]
범:용 汎用 [bə:mjoŋ, 버:뭉]
범:우사 汎友社 [bə:musa, 버:무사] /출판사
범:위 範圍 [bə:mwi, 버:뮈]
범:인 犯人 [bə:min, 버:민]
범:인 凡人 [bə:min, 버:민]
범:일동 凡一洞 [bə:mild'oŋ, 버:밀똥] /부산시 동구
범:절 凡節 [bə:mdʒəl]
범:접하다 犯接-- [bə:mdʒəpada, 범:저파다]
범:죄 犯罪 [bə:mdʒø(we), 죄(줴)]
범:주 範疇 [bə:mdʒu]
범:천동 凡川洞 [bə:mʧəndoŋ] /부산시 부산진구
범:칙금 犯則金 [bə:mʧig'ɨm, 범:치끔]
범:타 凡打 [bə:mta]

범:패 梵唄 [bə:mpɛ] 석가여래의 공덕을 찬미하는 노래, ≒여래패, /불교
범:하다 犯-- [bə:mɦada]
법고창:신 法古創新 [bəbg'oʧa:ŋsin, 법꼬창:신] 옛것을 본받아 새것을 창조함
법랑 琺瑯 [bəmnaŋ, 범낭]
법령 法令 [bəmnjəŋ, 범녕]
법률 法律 [bəmnjul, 범뉼]
법률적 法律的 [bəmnjuldʒəg, 범뉼적]
법리 法理 [bəmni, 범니]
법망 法網 [bəmmaŋ, 범망]
법복 法服 [bəb'og, 버뽁]
법성포 法聖浦 [bəbs'əŋpo, 법썽포] /전남 영광군, 포구
법열 法悅 [bəbjəl, 버별]
법요식 法要式 [bəbjosig, 버뵤식] /불교
법원리 法院里 [bəbwənni, 버뷘니] /경기도 파주시
법익 法益 [bəbig, 버빅]
법인세 法人稅 [bəbins'e, 버빈쎄]
법적 法的 [bəbdʒ'əg, 법쩍]
법제처 法制處 [bəbdʒ'eʧə, 법쩨처]
법질서 法秩序 [bəbdʒ'ils'ə, 법찔써]
-법하다 法-- [b'əpada, 뻐파다]
법학과 法學科 [bəpag'wa, 버파꽈]
법화경 法華經 [bəpwagjəŋ, 버퐈경] /천태종의 기본경전, 불교
법환동 法還洞 [bəpwandoŋ, 버퐌동] /제주도 서귀포시, 법환마을
법회 法會 [bəpø(we), 버푀(풰)]
법흥사 法興寺 [bəpɨŋsa, 버픙사] /사찰, 강원도 영월군
법흥왕 法興王 [bəpɨŋwaŋ, 버픙왕] 신라 23대 왕(?~ 540)
벗: [bə:d, 벋:] 友
벗다 [bəd'a, 버따] 脫, 解
벗:하다 [bə:tada, 버:타다]
벙거지 [bəŋgədʒi]
벚꽃 [bədg'od, 벋꼳]
벚나무 [bənnamu, 번나무]

베갯잇 [begɛnnid, 베갠닏]
베:다 [be:da] 斷, 折, 베:니[be:ni] 베:지[be:dʒi] 베어/베: [beə/be:]
베옷 [beod, 베옫]
베풀다 [bepulda] 베풂[bepum, 베품]
벼랑 [bjəraŋ]
벼리다 [bjərida] 마음이나 의지를 가다듬고 단련하다, /투지를 벼리다, 논리를 벼리다
벼슬아치 [bjəsiratʃi, 벼스라치] /史劇
벽계수 碧溪水 [bjəg'jesu, 벼꼐수] 맑은 냇물
벽란도 碧瀾渡 [bjəŋnando, 병난도] /고려시대 무역항
벽력 霹靂 [bjəŋnjəg, 병녁] =벼락, /청천벽력
벽안 碧眼 [bjəgan, 벼간]
벽창호 碧昌- [bjəgtʃaŋɦo] (←碧昌牛)
벽화 壁畵 [bjəkwa, 벼콰]
변 便 [bjən] /변을 보다
변 邊 [bjən] 가장자리, /姓氏
변: 變 [bjə:n] /변이 생기다, 변을 당하다
변: 卞 [bjə:n] /姓氏
변:강쇠 卞-- [bjə:ngaŋsø(we), 쇠(쉐)]
변경 邊境 [bjəngjəŋ]
변:경 變更 [bjə:ngjəŋ]
변:고 變故 [bjə:ngo]
변:곡점 變曲點 [bjə:ngogdʒ'əm, 변:곡쩜]
변:괴 變怪 [bjə:ngø(we), 괴(궤)]
변기 便器 [bjəngi]
변:덕 變德 [bjə:ndəg]
변:동 變動 [bjə:ndoŋ]
변두리 邊-- [bjənduri]
변:란 變亂 [bjə:llan, 별:란]
변:론 辯論 [bjə:llon, 별:론]
변:리사 辨理士 [bjə:llisa, 별:리사]
변:명 辨明 [bjə:nmjəŋ]
변:모 變貌 [bjə:nmo]
변발 辮髮 [bjənbal] 머리 모양, /과거 몽골, 만주
변방 邊方 [bjənbaŋ]
변변하다 [bjənbjənɦada] 됨됨이, 생김새 등이 흠이 없고 어지간하다, /변변치 않다
변:별력 辨別力 [bjə:nbjəlljəg]
변비 便秘 [bjənbi]
변산반:도 邊山半島 [bjənsanba:ndo] /서해안, 전북 서남부
변:상 辨償 [bjə:nsaŋ]
변:색되다 變色-- [bjə:nsɛgd'ø(we)da, 뙤(뛔)]
변소 便所 [bjənso]
변:속기 變速器 [bjə:nsog'i, 변:소끼]
변:수 變數 [bjə:nsu]
변:신 變身 [bjə:nsin]
변:심 變心 [bjə:nsim]
변:액 變額 [bjə:nɛg, 벼:낵] /변액보험
변연계 邊緣系 [bjənjəngje, 벼년계] /대뇌, 의학
변:장 變裝 [bjə:ndʒaŋ]
변:전소 變電所 [bjə:ndʒənso]
변:절 變節 [bjə:ndʒəl]
변:조 變造 [bjə:ndʒo] /공문서
변:조 變調 [bjə:ndʒo] /목소리
변:종 變種 [bjə:ndʒoŋ]
변:주곡 變奏曲 [bjə:ndʒugog]
변죽 邊- [bjəndʒug] /변죽을 울리다, 변죽을 치다
변:증법 辨證法 [bjə:ndʒɨŋb'əb, 변:증뻡]
변:질되다 變質-- [bjə:ndʒildø(we)da, 되(뒈)]
변:천 變遷 [bjə:ntʃən]
변:칙적 變則的 [bjə:ntʃigdʒ'əg, 변:칙쩍]
변:태 變態 [bjə:ntɛ]
변:통 變通 [bjə:ntoŋ]
변:하다 變-- [bjə:nɦada]
변:학도 卞學道 [bjə:nɦagd'o, 변:학또] /춘향전
변:혁 變革 [bjə:nɦjəg]
변:형 變形 [bjə:nɦjəŋ]

ㅂ

변:호사 辯護士 [bjə:nɦosa]
변:화 變化 [bjə:nɦwa]
변:환 變換 [bjə:nɦwan]
별 별 [bjəl] /별 이상한 소리~, 별 사이 아니다
별: [bjə:l] 星
별개 別個 [bjəlgɛ]
별건 別件 [bjəlg'ən, 별껀]
별결 別決 [bjəlgjəl] '별도결재'의 준말
별관 別館 [bjəlgwan]
별궁 別宮 [bjəlguŋ]
별난 別- [bjəllan, 별란]
별내면 別內面 [bjəllɛmjən, 별래면] /경기도 남양주시
별당 別堂 [bjəld'aŋ, 별땅] /별당아씨, 史劇

ㅂ

별도 別途 [bjəld'o, 별또]
별:똥별 [bjə:ld'oŋbjəl] '유성(流星)'
별미 別味 [bjəlmi]
별반 別般 [bjəlban] /별반 차이가 없다, 별반 다르지 않다
별별 別別 [bjəlbjəl]
별세 別世 [bjəls'e, 별쎄]
별세:계 別世界 [bjəlse:gje]
별순검 別巡檢 [bjəls'ungəm, 별쑨검] /지금의 경찰, 史劇
별실 別室 [bjəls'il, 별씰]
별안간 瞥眼間 [bjərangan, 벼란간] 벼란간(×)
별양동 別陽洞 [bjərjangdoŋ, 벼량동] /경기도 과천시
별유천지 別有天地 [bjərjuʧəndʒi, 벼류천지] =별세계
별의별 別-別 [bjərebjəl, 벼레별]
별일 別- [bjəllil, 별릴]
별:자리 [bjə:ldʒ'ari, 별:짜리]
별장 別莊 [bjəldʒ'aŋ, 별짱]
별:점 -占 [bjə:ldʒəm]
별종 別種 [bjəldʒ'oŋ, 별쫑]
별주부전 鼈主簿傳 [bjəldʒ'ubudʒən, 별쭈부전] /토끼, 자라, 용궁
별지 別紙 [bjəldʒ'i, 별찌]
별채 別- [bjəlʧɛ]
별천지 別天地 [bjəlʧəndʒi]
볏가리 [bjə(d)g'ari, 벼(볃)까리]
볏단 [bjəd'an, 벼딴]
볏짚 [bjə(d)dʒ'ib, 벼(볃)찝] 볏짚이[벼(볃)찌피] 볏짚을[벼(볃)찌플] 볏짚 위[벼(볃)찌뷔] 볏짚 아래[벼(볃)찌바래]
병 瓶 [bjəŋ]
병: 病 [bjə:ŋ]
병:가 病暇 [bjə:ŋga]
병과 兵科 [bjəŋg'wa, 병꽈]
병:구완 病-- [bjə:ŋguwan]
병기 兵器 [bjəŋgi] /비밀병기
병나발 瓶喇叭 [bjəŋnabal]
병당 瓶當 [bjəŋdaŋ] '한 병에'
병:동 病棟 [bjə:ŋdoŋ]
병력 兵力 [bjəŋnjəg, 병녁]
병:력 病歷 [bjə:ŋnjəg, 병:녁]
병:렬 竝列 [bjə:ŋnjəl, 병:녈]
병:리현:상 病理現狀 [bjə:ŋniɦjə:nsaŋ, 병:니현:상]
병:마 病魔 [bjə:ŋma]
병마용 兵馬俑 [bjəŋmajoŋ] /진시황릉, 中國
병:명 病名 [bjə:ŋmjəŋ]
병목현:상 瓶-現狀 [bjəŋmokjə:nsaŋ, 병모켠:상]
병:문:안 病問安 [bjə:ŋmu:nan, 병:무:난]
병방동 兵房洞 [bjəŋbaŋdoŋ] /인천시 계양구
병법 兵法 [bjəŋb'əb, 병뻡]
병변 病變 [bjə:ŋbjən] /간병변, 뇌병변
병:보:석 病保釋 [bjə:ŋbo:səg]
병사 兵士 [bjəŋsa]
병:사 病死 [bjə:ŋsa]
병:살타 併殺打 [bjə:ŋsalta] /야구
병:상 病床 [bjə:ŋsaŋ]
병:세 病勢 [bjə:ŋse]
병:술년 丙戌年 [bjə:ŋsulljən, 병:술련] 육십갑자의 스물셋째

병:신 病身 [bjə:ŋsin]
병:실 病室 [bjə:ŋsil]
병:약한 病弱- [bjə:ŋjakan, 병:야칸]
병어 [bjəŋə] /生鮮
병역 兵役 [bjəŋjəg]
병영 兵營 [bjəŋjəŋ]
병:원 病院 [bjə:ŋwən]
병:원균 病原菌 [bjə:ŋwəngjun]
병:인양요 丙寅洋擾 [bjə:ŋinnjaŋjo, 병:인냥요] /프랑스 함대, 강화도, 조선
병:자 病者 [bjə:ŋdʒa]
병장 兵長 [bjəŋdʒaŋ] /군대
병적 兵籍 [bjəŋdʒəg]
병:적 病的 [bjə:ŋdʒ'əg, 병:쩍]
병점동 餠店洞 [bjəŋdʒəmdoŋ] /경기도 화성시, 병점역(경부선)
병정 兵丁 [bjəŋdʒəŋ]
병조 兵曹 [bjəŋdʒo] /관아, 조선
병:존 竝存 [bjə:ŋdʒon]
병졸 兵卒 [bjəŋdʒol]
병:중 病中 [bjə:ŋdʒuŋ]
병참 兵站 [bjəŋʧam] /군대, 인원·물자의 관리·보급·지원
병:창 竝唱 [bjə:ŋʧaŋ] /가야금 병창
병:충해 病蟲害 [bjə:ŋʧuŋɦɛ]
병:탄 竝呑/倂呑 [bjə:ŋtan] 재물, 영토 등을 제 것으로 만듦, /한일병탄
병판 兵判 [bjəŋpan] '병조판서', /역사
병:폐 病弊 [bjə:ŋpje]
병풍 屛風 [bjəŋpuŋ]
병:합 倂合 [bjə:ŋɦab]
병:환 病患 [bjə:ŋɦwan]
볕 [bjəd, 볃] 볕에[벼테] 볕을[벼틀] 볕이[벼치] 볕과[볃꽈] 볕만[변만]
보 洑 [bo] /봇물
보:강 補强 [bo:gaŋ]
보:개면 寶蓋面 [bo:gɛmjən] /경기도 안성시
보:건 保健 [bo:gən]
보:결 補缺 [bo:gjəl]
보:고 報告 [bo:go]
보:고 寶庫 [bo:go]
보:관 保管 [bo:gwan]
보:관료 保管料 [bo:gwannjo, 보:관뇨]
보:광동 普光洞 [bo:gwaŋdoŋ] /서울시 용산구
보:광동 寶光洞 [bo:gwaŋdoŋ] /전남 목포시
보:국사 輔國寺 [bo:gugs'a, 보:국싸] /사찰, 경기도 평택시
보:궐 補闕 [bo:gwəl] /보궐선거
보:균자 保菌者 [bo:gjundʒa]
보금자리 [bogɨmdʒari]
보:급로 普及路 [bo:gɨmno, 보:금노]
보기 [bogi]
보길도 甫吉島 [bogild'o, 보길또] /전남 완도군
보꾹 [bog'ug] 지붕의 안쪽
보다 [boda] 視, 보아/봐: [boa/bwa:]
보:답하다 報答-- [bo:dapada, 보:다파다]
보:당 補糖 [bo:daŋ]
보:도 報道 [bo:do]
보:도 步道 [bo:do]
보듬다 [bodɨmd'a, 보듬따]
보드랍다 [bodɨrabd'a, 보드랍따] 보드라워[bodɨrawə], 보드라와(×)
보라매 [boramɛ]
보랏빛 [bora(d)b'id, 보라(랃)삗]
보:령 寶齡 [bo:rjəŋ] '임금의 나이'
보:령시 保寧市 [bo:rjəŋsi] /충남 서부의 市(대천시와 보령군이 합침, 1995)
보:료 [bo:rjo] /보료를 깔다
보:루 堡壘 [bo:ru]
보:류 保留 [bo:rju]
보름달 [borɨmd'al, 보름딸]
보릿고개 [bori(d)g'ogɛ, 보리(릳)꼬개]
보:면대 譜面臺 [bo:mjəndɛ] /음악
보:모 保姆 [bo:mo]
보목 [bomog] /건설
보목항 甫木港 [bomokaŋ, 보모캉] /제주도 서귀포시

보:무 步武 [bo:mu] /보무도 당당히~
보:문동 普門洞 [bo:mundoŋ] /서울시 성북구, 경북 경주시(보문단지)
보:물단지 寶物-- [bo:muld'andʒi, 보:물딴지]
보:물섬 寶物- [bo:muls'əm, 보:물썸]
보:배 [bo:bɛ] 아주 귀하고 소중한 물건, /소주회사
보:병 步兵 [bo:bjəŋ]
보:복하다 報復-- [bo:bokada, 보:보카다]
보:부상 褓負商 [bo:busaŋ]
보:불전:쟁 普佛戰爭 [bo:buldʒə:ndʒɛŋ] /프로이센(보로사, 普魯斯) 對 프랑스
보:산역 保山驛 [bo:sannjəg, 보:산녁] /경기도 동두천시, 경원선
보살 菩薩 [bosal]
보:상 報償 [bo:saŋ]
보:상 補償 [bo:saŋ] 남에게 끼친 손해를 갚음, /피해보상
보:석 寶石 [bo:səg]
보:석 保釋 [bo:səg]
보:성군 寶城郡 [bo:səŋgun] /전남 남부 중앙의 郡
보:성고 普成高 [bo:səŋgo] /서울시 송파구
보:성여고 保聖女高 [bo:səŋnjəgo, 보:성녀고] /서울시 용산구
보:세 保稅 [bo:se]
보:속 補贖 [bo:sog] /고백성사, 가톨릭
보:수 補修 [bo:su]
보:수 報酬 [bo:su] /보수가 높다, 보수를 지급하다
보:수파 保守派 [bo:supa]
보슬비 [bosɨlbi]
보:습 補習 [bo:sɨb]
보:습학원 補習學院 [bo:sɨpagwən, 보:스파귄]
보:습효:과 補濕效果 [bo:sɨpjo:g'wa, 보:스표:꽈]
보:시 布施 [bo:si]
보시기 [bosigi] /김치보시기
보:신 補身 [bo:sin] ≒몸보신
보:신각 普信閣 [bo:singag] 서울 종로의 종각, /제야의 종
보:신주의 保身主義 [bo:sindʒui, 보:신주이]
보:신탕 補身湯 [bo:sintaŋ] '개장국'
보:싯돈 布施- [bo:sid'on, 보:시똔]
보:안 保安 [bo:an]
보:양식 補養食 [bo:jaŋsig]
보:완 補完 [bo:wan]
보:우 保佑 [bo:u] /애국가
보:원사지 普願寺址 [bo:wənsadʒi] /절터, 충남 서산시
보:위 寶位 [bo:wi] 왕위(王位), /세자가 보위에 오르다
보:위 保衛 [bo:wi] /국가 보위
보:유 保有 [bo:ju]
보:육료 保育料 [bo:juŋnjo, 보:융뇨]
보:육원 保育院 [bo:jugwən, 보:유권]
보:은 報恩 [bo:ɨn]
보:은군 報恩郡 [bo:ɨngun] /충북 남서부의 郡
보:인학교 輔仁學校 [bo:inɦag'jo, 보:인하꾜] /현 보인정보산업고교
보:임 補任 [bo:im]
보:장 保障 [bo:dʒaŋ]
보:전 補塡 [bo:dʒən] /적자 보전
보:전 保全 [bo:dʒən] /애국가
보:전 普專 [bo:dʒən] '普成專門學校'의 약칭
보:정 補正 [bo:dʒəŋ]
보:정역 寶亭驛 [bo:dʒəŋnjəg, 보:정녁] /경기도 용인시, 지하철 분당선
보:조 補助 [bo:dʒo]
보:조 步調 [bo:dʒo]
보:조국사 普照國師 [bo:dʒogugs'a, 보:조국싸] /고려 신종 때 승려
보:존 保存 [bo:dʒon]
보:좌관 輔佐官 [bo:dʒwagwan]
보:증 保證 [bo:dʒɨŋ]
보:직 補職 [bo:dʒig]

보:철 補綴 [bo:ʧəl]
보:청기 補聽器 [bo:ʧəŋgi]
보:초 步哨 [bo:ʧo]
보:충역 補充役 [bo:ʧuŋnjəg, 보:충녁] /군인
보:탑사 寶塔寺 [bo:tabs'a, 보:탑싸] / 사찰, 충북 진천군
보:통 普通 [bo:toŋ]
보:편적 普遍的 [bo:pjənʤəg]
보평리 洑坪里 [bopjəŋni, 보평니] / 경기도 안성시
보푸라기 [bopuragi]
보:필 輔弼 [bo:pil] /윗사람
보:합세 保合勢 [bo:ɦabs'e, 보:합쎄]
보:해 寶海 [bo:ɦɛ] /양조회사
보:행기 步行器 [bo:ɦɛŋgi]
보:험료 保險料 [bo:ɦəmnjo, 보:험뇨]
보:혁구도 保革構圖 [bo:ɦjəg'udo, 보:혀꾸도]
보:혈 補血 [bo:ɦjəl]
보:형물 保形物 [bo:ɦjəŋmul]
보:호 保護 [bo:ɦo]
보:훈처 報勳處 [bo:ɦunʧə] '국가보훈처'의 약칭
복강경 腹腔鏡 [bog'aŋgjəŋ, 보깡경] /의학
복권방 福券房 [bog'wənbaŋ, 보꿘방]
복날 伏- [boŋnal, 봉날]
복닥거리다 [bogd'ag'ərida, 복따꺼리다]
복덕방 福德房 [bogd'əgb'aŋ, 복떡빵]
복령 茯苓 [boŋnjəŋ, 봉녕] /식물, 버섯류
복록 福祿 [boŋnog, 봉녹] 복되고 영화로운 삶
복룡동 伏龍洞 [boŋnjoŋdoŋ, 봉뇽동] /광주시 광산구, 경북 상주시
복리 福利 [boŋni, 봉니]
복리 複利 [boŋni, 봉니]
복마전 伏魔殿 [boŋmaʤən, 봉마전] /비리, 부패
복막염 腹膜炎 [boŋmaŋnjəm, 봉망념]
복면 覆面 [boŋmjən, 봉면]
복무 服務 [boŋmu, 봉무]
복받치다 [bogb'aʧida, 복빧치다] ≒ 북받치다
복불복 福不福 [bogb'ulbog, 복뿔복] /사람의 운수, 복걸복(×)
복상사 腹上死 [bogs'aŋsa, 복쌍사]
복선 伏線 [bogs'ən, 복썬]
복속 服屬 [bogs'og, 복쏙]
복수 複數 [bogs'u, 복쑤]
복수 復讐 [bogs'u, 복쑤]
복수 腹水 [bogs'u, 복쑤]
복식 服飾 [bogs'ig, 복씩]
복식 複式 [bogs'ig, 복씩]
복역 服役 [bogjəg, 보격]
복요:리 -料理 [boŋnjo:ri, 봉뇨:리] / 河豚
복원 復元/復原 [bogwən, 보권]
복잡하다 複雜-- [bogʤ'apada, 복짜파다]
복제 複製 [bogʤ'e, 복쩨]
복조리 福笊籬 [bogʤ'ori, 복쪼리]
복종심 服從心 [bogʤ'oŋsim, 복쫑심]
복지부동 伏地不動 [bogʤ'ibudoŋ, 복찌부동]
복직하다 復職-- [bogʤ'ikada, 복찌카다]
복창 復唱 [bogʧaŋ]
복채 卜債 [bogʧɛ]
복천동 福泉洞 [bogʧəndoŋ] /부산시 동래구
복천리 伏泉里 [bogʧənni, 복천니] / 전남 함평군
복토 覆土 [bogto]
복통 腹痛 [bogtoŋ]
복판 [bogpan]
복학하다 復學-- [bokakada, 보카카다]
복화술 複話術 [bokwasul, 보콰술]
본거지 本據地 [bongəʤi]
본격적 本格的 [bong'jəgʤ'əg, 본껵쩍]
본격화 本格化 [bong'jəkwa, 본껴콰]
본국행 本國行 [bongukɛŋ, 본구캥]
본능적 本能的 [bonniŋʤəg]

ㅂ

본데없:다 [bondeə:bd'a, 본데업:따] 예의범절에 어긋나는 행동을 하다
본때 本- [bond'ɛ] 본보기가 되는 됨됨이, 맵시, 모양새
본뜨다 本-- [bond'ɨda] 본떠[bond'ə], 본따다(×) 본따(×)
본란 本欄 [bollan, 볼란]
본래 本來 [bollɛ, 볼래]
본령 本領 [bolljəŋ, 볼령]
본론 本論 [bollon, 볼론]
본류 本流 [bollju, 볼류]
본보기 [bonbogi]
본새 本- [bonsɛ] 본디 생김새, 됨됨이
본연의 本然- [bonjəne, 보녀네]
본영 本營 [bonjəŋ, 보녕] 과거 지휘본부가 있는 군영, /군대
본의 本意 [boni, 보니] /본의 아니게
볼거리 [bolg'əri, 볼꺼리]
볼거리 [bolgəri] '유행성 이하선염'
볼:기 [bo:lgi]
볼때기 [bold'ɛgi] =볼따구니
볼락 [bollag] /生鮮, 뽈락(×)
볼모 [bolmo]
볼썽사:납다 [bols'əŋsa:nabd'a, 볼썽사:납따] 볼성사납다(×)
볼:일 [bo:llil, 볼:릴]
볼품 [bolpum]
봄가뭄 [bomg'amum, 봄까뭄]
봄바람 [bomb'aram, 봄빠람]
봄비 [bomb'i, 봄삐]
봄빛 [bomb'id, 봄삗]
봄여름 [bomnjərɨm, 봄녀름]
봄철 [bomʧəl]
봇물 洑- [bonmul, 본물]
봉 棒 [boŋ]
봉 [boŋ] 한가운데 박아 넣는 물건, /시계
봉: 鳳 [bo:ŋ] 어수룩하고 만만해 보이는 사람, /봉(을) 잡다
봉:개동 奉蓋洞 [bo:ŋgɛdoŋ] /제주시
봉건적 封建的 [boŋgənʤəg]
봉:계동 鳳溪洞 [bo:ŋgjedoŋ] /전남 여수시
봉:계리 鳳溪里 [bo:ŋgjeri] /울산시 울주군, 충북 보은군, 경북 포항시·성주군·칠곡군, 경남 합천군·사천시·거창군, 제주시
봉곳하다 [boŋgotada, 봉고타다]
봉:급쟁이 俸給-- [bo:ŋgɨbʤ'ɛŋi, 봉:급쨍이]
봉기하다 蜂起-- [boŋgiɦada]
봉:남면 鳳南面 [bo:ŋnammjən] /전북 김제시
봉담읍 峰潭邑 [boŋdamɨb, 봉다믑] 경기도 화성시, /봉담IC
봉:동읍 鳳東邑 [bo:ŋdoŋɨb] /전북 완주군
봉두난:발 蓬頭亂髮 [boŋduna:nbal]
봉래동 蓬萊洞 [boŋnɛdoŋ, 봉내동] /서울시 중구, 부산시 영도구, 경남 진주시
봉래산 蓬萊山 [boŋnɛsan, 봉내산] /여름의 금강산
봉:림사 鳳林寺 [bo:ŋnimsa, 봉:님사] /사찰, 경기도 화성시
봉:명동 鳳鳴洞 [bo:ŋmjəŋdoŋ] /대전광역시 유성구, 충북 청주시, 충남 천안시
봉:미산 鳳尾山 [bo:ŋmisan] /경기도 양평군
봉변 逢變 [boŋbjən]
봉분 封墳 [boŋbun]
봉:사 奉仕 [bo:ŋsa]
봉:사 [bo:ŋsa] =맹인(盲人)
봉:산탈:춤 鳳山-- [bo:ŋsanta:lʧum] /황해도 봉산
봉:선화 鳳仙花 [bo:ŋsənɦwa]
봉:성면 鳳城面 [bo:ŋsəŋmjən] /경북 봉화군
봉:성:체 奉聖體 [bo:ŋsə:ŋʧe] /병자(病者)를 방문해 성체를 줌, 가톨릭
봉:송 奉送 [bo:ŋsoŋ] /성화 봉송
봉쇄 封鎖 [boŋswɛ]
봉수대 烽燧臺 [boŋsudɛ]

봉:숭아 [bo:ŋsuŋa]
봉:안 奉安 [bo:ŋan] /봉안묘
봉:양 奉養 [bo:ŋjaŋ]
봉:원사 奉元寺 [bo:ŋwənsa] /사찰, 서울시 서대문구
봉:은사 奉恩寺 [bo:ŋɨnsa] /사찰, 서울시 강남구
봉:익동 鳳翼洞 [bo:ŋigd'oŋ, 봉:익똥] /서울시 종로구
봉:정식 奉呈式 [bo:ŋdʒəŋsig]
봉제품 縫製品 [boŋdʒepum]
봉:직 奉職 [bo:ŋdʒig]
봉착하다 逢着-- [boŋʧakada, 봉차카다]
봉창 封窓 [boŋʧaŋ] /자다가 봉창 두드리는 소리
봉창하다 [boŋʧaŋɦada] 손해 본 것을 벌충하다
봉:천동 奉天洞 [bo:ŋʧəndoŋ] /서울시 관악구
봉:축 奉祝 [bo:ŋʧug] /불교, 봉축법요식
봉치 [boŋʧi] /신랑이 신부 집에 예단과 채장을 보냄
봉침 縫針 [boŋʧim] '바늘'
봉토 封土 [boŋto]
봉투 封套 [boŋtu]
봉:평리 鳳坪里 [bo:ŋpjəŋni, 봉:평니] /충북 보은군, 경북 울진군
봉평면 蓬坪面 [boŋpjəŋmjən] /강원도 평창군
봉하다 封-- [boŋɦada]
봉하마을 峰下-- [boŋɦamaɨl] 경남 김해시, /노무현 전 대통령
봉함 封緘 [boŋɦam]
봉합 縫合 [boŋɦab] /봉합수술
봉:헌 奉獻 [bo:ŋɦən]
봉:화군 奉化郡 [bo:ŋɦwagun] 경북 북부의 郡
봉:환 奉還 [bo:ŋɦwan]
봉:황 鳳凰 [bo:ŋɦwaŋ]
봐:주다 [bwa:dʒuda]
뵈:다 [bø:da] 뵈어/봬:[bøə/bwɛ:] 뵈:니[bø:ni]
뵙:다 [bø:bd'a, 뵙:따] '뵈다'보다 더 한 겸양
부 部 [bu]
부: 富 [bu:]
부:가세 附價稅 [bu:gas'e, 부:가쎄] '부가가치세'의 준말
부각되다 浮刻-- [bugagd'ø(we)da, 뙤(뛔)]
부:감 俯瞰 [bu:gam] 높은 곳에서 내려다봄, 카메라
부:강한 富强- [bu:gaŋɦan]
부:개동 富開洞 [bu:gɛdoŋ] /인천광역시 부평구
부:검 剖檢 [bu:gəm]
부:결 否決 [bu:gjəl]
부경대 釜慶大 [bugjəŋdɛ] /부산광역시 남구
부계 父系 [bugje]
부:고 訃告 [bu:go]
부곡리 釜谷里 [bugoŋni, 부공니] /경남 김해시
부곡면 釜谷面 [bugoŋmjən, 부공면] /경남 창녕군, 부곡온천
부:과 賦課 [bu:gwa]
부관 釜關 [bugwan] /부관페리, 부산과 시모노세키(下關)
부:관참:시 剖棺斬屍 [bu:gwanʧa:msi] 죽은 뒤 더 큰 죄가 드러나 다시 극형에 처함
부:광약품 富光藥品 [bu:gwaŋnjagpum, 부:광냑품] /제약회사
부교 浮橋 [bugjo]
부군 夫君 [bugun]
부권 父權 [bug'wən, 부꿘]
부:귀영화 富貴榮華 [bu:gwijəŋɦwa]
부:근 附近 [bu:gɨn]
부:금 賦金 [bu:gɨm]
부기 浮氣 [bug'i, 부끼] /부기를 빼다, 부기가 빠지지 않다
부:기 簿記 [bu:gi]

ㅂ

부꾸미 [bug'umi] 찹쌀, 수수, 메밀 따위를 반죽해 번철에 지진 떡
부나비 [bunabi] =불나방
부남면 府南面 [bunammjən] /경북 청송군
부:남면 富南面 [bu:nammjən] /전북 무주군
부:농 富農 [bu:noŋ]
부단한 不斷- [budanɦan]
부:담 負擔 [bu:dam]
부당하다 不當-- [budaŋɦada]
부대 部隊 [budɛ]
부:대 負袋 [bu:dɛ] ≒포대(包袋), 푸대(×)
부:대 附帶 [bu:dɛ] /부대시설
부:대동 富垈洞 [bu:dɛdoŋ] /충남 천안시
부도 不渡 [budo] /부도가 나다
부도 浮屠/浮圖 [budo] 고승(高僧)의 사리를 안치한 탑, /불교
부:도 附圖 [bu:do] 역사 부도
부도옹 不倒翁 [budooŋ] =오뚝이
부동산 不動産 [budoŋsan]
부동자세 不動姿勢 [budoŋʤase]
부두 埠頭 [budu]
부둣가 埠頭- [budu(d)g'a, 부두(둗)까]
부득이 不得已 [budɨgi, 부드기]
부:디 [bu:di]
부라퀴 [burakwi] 탐욕과 심술이 가득한 사람
부락 部落 [burag]
부랑자 浮浪者 [buraŋʤa]
부러 [burə] ≒일부러
부:럼 [bu:rəm]
부레 [bure]
부:록 附錄 [bu:rog]
부류 部類 [burju]
부리 [buri]
부:리면 富利面 [bu:rimjən] /충남 금산군
부:림동 富林洞 [bu:rimdoŋ] /경기도 과천시·안양시, 경남 마산시
부마 釜馬 [buma] '부산과 마산', /부마항쟁(1979)
부:마 駙馬 [bu:ma] '임금의 사위'
부:명고 富明高 [bu:mjəŋgo] /경기도 부천시
부:목 副木 [bu:mog] /부목을 대다
부문 部門 [bumun]
부박한 浮薄- [bubakan, 부바칸] 천박하고 경솔한
부:반장 副班長 [bu:banʤaŋ]
부발읍 夫鉢邑 [bubarɨb, 부바릅] /경기도 이천시
부벽루 浮碧樓 [bubjəŋnu, 부병누] /누각, 평양
부분적 部分的 [bubunʤəg]
부:사 副詞 [bu:sa]
부산항 釜山港 [busanɦaŋ]
부삽 [busab]
부상 浮上 [busaŋ]
부:상 負傷 [bu:saŋ]
부:상 副賞 [bu:saŋ]
부석사 浮石寺 [busəgs'a, 부석싸] /경북 영주시, 충남 서산시
부:세 富世 [bu:se] /生鮮
부소산 扶蘇山 [busosan] /충남 부여군, 부소산성
부속 部屬 [busog]
부:속 附屬 [bu:sog]
부수다 [busuda] 부숴[buswə] 부셔(×)
부:수적 附隨的 [bu:suʤəg]
부:식 腐蝕 [bu:sig]
부:식 副食 [bu:sig]
부:신 副腎 [bu:sin] 좌우의 콩팥 위에 있는 내분비샘, /부신피질
부실 不實 [busil]
부:심 副審 [bu:sim] /주심
부:심하다 腐心-- [bu:simɦada]
부싯돌 [busid'ol, 부시똘]
부아 [bua] /부아가 나다, 부아가 치밀다
부안군 扶安郡 [buangun] /전북 서부의 郡

부암동 釜岩洞 [buamdoŋ] /부산시 부산진구
부:암동 付岩洞 [bu:amdoŋ] /서울시 종로구
부양 扶養 [bujaŋ]
부양 浮揚 [bujaŋ] /공중부양
부:언 附言 [bu:ən]
부:업 副業 [bu:əb]
부엉이 [buəŋi]
부엌 [buəg, 부억] 부엌이[부어키] 부엌에[부어케] 부엌 위[부어귀] 부엌 아래[부어가래] 부엌일[부엉닐]
부:여 賦與 [bu:jə]
부여군 扶餘郡 [bujəgun] /충남 남서부의 郡
부:역 負役 [bu:jəg]
부:연 敷衍 [bu:jən] /부연설명
부:영 富榮 [bu:jəŋ] 부유하고 번영함, /건설회사 名
부용정 芙蓉亭 [bujoŋdʒəŋ] /서울 종로구, 창덕궁(昌德宮) 안 亭子
부위 部位 [buwi]
부유물 浮遊物 [bujumul]
부:유세 富裕稅 [bu:jus'e, 부:유쎄]
부:음 訃音 [bu:ɨm]
부:응 副應 [bu:ɨŋ]
부:의 賻儀 [bu:i, 부:이]
부:의 附議 [bu:i, 부:이]
부인 婦人 [buin]
부인 夫人 [buin]
부:인 否認 [bu:in]
부:임 赴任 [bu:im]
부자 父子 [budʒa]
부:자 富者 [bu:dʒa]
부:작용 副作用 [bu:dʒagjoŋ, 부:자굥]
부재중 不在中 [budʒɛdʒuŋ]
부:적 符籍 [bu:dʒəg]
부전자전 父傳子傳 [budʒəndʒadʒən]
부정 不正 [budʒəŋ]
부정 不貞 [budʒəŋ]
부정 父情 [budʒəŋ]
부:정 否定 [bu:dʒəŋ]
부정타다 不淨-- [budʒəŋtada]
부:제 副題 [bu:dʒe]
부:제 副祭 [bu:dʒe] /사제 밑, 가톨릭
부조 扶助 [budʒo]
부족 部族 [budʒog]
부족하다 不足-- [budʒokada, 부조카다]
부:존자원 賦存資源 [bu:dʒondʒawən]
부종 浮腫 [budʒoŋ]
부주:의 不注意 [budʒu:i, 부주:이]
부지 敷地 [budʒi] 공원부지
부지하다 扶持/扶支-- [budʒiɦada] /목숨을 부지하다, 살림을 부지하다
부직포 不織布 [budʒigpo]
부진 不振 [budʒin]
부질없:이 [budʒirə:bsi, 부지럽:씨]
부:차적 副次的 [bu:ʧadʒəg]
부:착 附着/付着 [bu:ʧag]
부창부수 夫唱婦隨 [buʧaŋbusu]
부채 [buʧɛ]
부:채 負債 [bu:ʧɛ]
부처 部處 [buʧə]
부:천시 富川市 [bu:ʧənsi] /경기도 서부의 市
부:촌 富村 [bu:ʧon]
부:추 [bu:ʧu]
부:추기다 [bu:ʧugida]
부:축하다 [bu:ʧukada, 부:추카다]
부:칙 附則 [bu:ʧig]
부침 浮沈 [buʧim]
부침개 [buʧimgɛ]
부:탁 付託 [bu:tag]
부:티 富- [bu:ti]
부:패 腐敗 [bu:pɛ]
부표 浮漂 [bupjo]
부푼 [bupun] /부풀다
부피 [bupi]
부하 部下 [buɦa]
부:하 負荷 [bu:ɦa]
부:항 附缸 [bu:ɦaŋ] /부항(을) 뜨다
부항면 釜項面 [buɦaŋmjən] /경북 김천시

부:호 富豪 [bu:ɦo]
부:화뇌동 附和雷同 [bu:ɦwanø(we) doŋ, 뇌(눼)]
부:활 復活 [bu:ɦwal]
부황 浮黃 [buɦwaŋ] /살이 붓고 누렇게 되는 병
부:흥회 復興會 [bu:ɦiŋɦø(we), 회(훼)]
북녘 北- [buŋnjəg, 붕녁]
북북 [bugb'ug, 북뿍] /긁다, 문지르다
북새통 [bugs'ɛtoŋ, 북쌔통]
북송선 北送船 [bugs'oŋsən, 북쏭선]
북아현동 北阿峴洞 [bugaɦjəndoŋ, 부가현동] /서울시 서대문구
북유럽 北-- [buŋnjurəb, 붕뉴럽]
북일고 北一高 [bugilgo, 부길고] /충남 천안시
북하면 北下面 [bukamjən, 부카면] /전남 장성군
북학의 北學議 [bukagi, 부카기] /실학사상, 박제가
북한 北韓 [bukan, 부칸]
북항 北港 [bukaŋ, 부캉] /전남 목포시
북핵 北核 [bukɛg, 부캑]
분: 憤/忿 [bu:n] /분을 삭이다
분간하다 分揀-- [bunganɦada]
분:개 憤慨/憤愾 [bu:ngɛ]
분골쇄:신 粉骨碎身 [bungolswɛ:sin]
분권주의 分權主義 [bung'wənʤui, 분꿘주이]
분규 紛糾 [bungju]
분기점 分岐點 [bungiʤ'əm, 분기쩜]
분:기탱천 憤氣撐天 [bu:ngitɛŋʧən]
분:노 憤怒 [bu:nno]
분뇨 糞尿 [bunnjo]
분당 分黨 [bundaŋ]
분당구 盆唐區 [bundaŋgu] /경기도 성남시의 區
분란 紛亂 [bullan, 불란]
분란 芬蘭 [bunnan, 분난] '핀란드'의 음역어
분량 分量 [bulljaŋ, 불량]
분:루 憤漏 [bu:llu, 불:루]

분류 分類 [bullju, 불류]
분리 分離 [bulli, 불리]
분만 分娩 [bunman]
분망 奔忙 [bunmaŋ]
분묘 墳墓 [bunmjo]
분:무기 噴霧器 [bu:nmugi]
분:발 奮發 [bu:nbal]
분방하다 奔放-- [bunbaŋɦada]
분:부 分付/吩咐 [bu:nbu]
분분하다 紛紛-- [bunbunɦada] /의견, 소문 등
분비물 分泌物 [bunbimul]
분사 分社 [bunsa]
분:사 噴射 [bu:nsa]
분쇄 粉碎 [bunswɛ]
분:수 分數 [bu:nsu] /분수에 맞다, 분수에 넘치다, 수학(數學)
분:수 噴水 [bu:nsu]
분수령 分水嶺 [bunsurjəŋ]
분식 粉飾 [bunsig]
분식 粉食 [bunsig]
분양권 分讓權 [bunjaŋg'wən, 부냥꿘]
분:연히 奮然 [bu:njənɦi, 부:년히]
분열 分裂 [bunnjəl, 부녈]
분원 分院 [bunwən, 부눤]
분재 盆栽 [bunʤɛ]
분전반 分電盤 [bunʤənban] (전기)
분주하다 奔走-- [bunʤuɦada]
분청사기 粉青沙器 [bunʧəŋsagi]
분탕질 焚蕩- [buntaŋʤil]
분통 粉桶 [buntoŋ]
분:통 憤痛 [bu:ntoŋ]
분:투 奮鬪 [bu:ntu]
분:패 憤敗 [bu:npɛ]
분포 分布 [bunpo]
분:풀이 憤-- [bu:npuri, 분:푸리]
분하다 扮-- [bunɦada] /연극, 영화
분:하다 憤-- [bu:nɦada]
분할요구 分割要求 [bunɦalljogu, 분할료구]
분향 焚香 [bunɦjaŋ]
분:화구 噴火口 [bu:nɦwagu]

분황사 芬皇寺 [bunɦwaŋsa] /사찰(일부만 남음), 경북 경주시
붇:다 [bu:d'a, 부:따] 加, 張, 붇:는[붇:는] 붇:지[붇:찌] 불어[부러] 불으니[부르니]
불가:능 不可能 [bulga:nɨŋ]
불가마 [bulgama]
불가사의 不可思議 [bulgasai, 불가사이]
불가침 不可侵 [bulgaʧim]
불가피 不可避 [bulgapi]
불가항:력 不可抗力 [bulgaɦa:ŋnjəg, 불가항:녁]
불감증 不感症 [bulgamʤ'ɨŋ, 불감쯩]
불경 不敬 [bulgjəŋ]
불고:지죄 不告知罪 [bulgo:ʤiʤ'ø(we), 죄(줴)]
불곰 [bulgom]
불과 不過 [bulgwa]
불광동 佛光洞 [bulgwaŋdoŋ] /서울시 은평구
불구대:천 不俱戴天 [bulgudɛ:ʧən]
불굴의 不屈- [bulgure, 불구레]
불기둥 [bulgiduŋ]
불길 [bulg'il, 불낄]
불길한 不吉- [bulgilɦan]
불김 [bulg'im, 불낌] /뜨거운 기운
불나다 [bullada, 불라다]
불능화 不能化 [bullɨŋɦwa, 불릉화]
불:다 [bu:lda] 吹, 불:지[bu:lʤi] 불:면[bu:lmjən] 불:게[bu:lge] 부:니[bu:ni] 불어[burə, 부러]
불덩이 [buld'əŋi, 불떵이]
불도장 佛跳牆 [buldoʤaŋ] /중국요리
불등걸 [buld'ɨŋgəl, 불뜽걸]
불령 不逞 [bulljəŋ] /제멋대로 행동함, 또는 그런 사람
불로장생 不老長生 [bulloʤaŋsɛŋ]
불면증 不眠症 [bulmjənʤ'ɨŋ, 불면쯩]
불문법 不文法 [bulmunb'əb, 불문뻡]
불문율 不文律 [bulmunnjul, 불문뉼]
불미스럽다 不美--- [bulmisɨrəbd'a, 불미스럽따]
불발탄 不發彈 [bulbaltan]
불법 不法 [bulbəb]
불법 佛法 [bulbəb]
불벼락 [bulbjərag]
불변의 不變- [bulbjəne, 불벼네]
불볕 [bulbjəd, 불볃] 불볕이[불벼치] 불볕에[불벼테] 불볕을[불벼틀]
불볕더위 [bulbjəd'əwi, 불벼떠위]
불복하다 不服-- [bulbokada, 불보카다]
불빛 [bulb'id, 불삗]
불사조 不死鳥 [buls'aʤo, 불싸조]
불상 佛像 [buls'aŋ, 불쌍]
불상 不詳 [buls'aŋ, 불쌍]
불상사 不祥事 [buls'aŋsa, 불쌍사]
불새 [buls'ɛ, 불쌔]
불성실 不誠實 [buls'əŋsil, 불썽실]
불세:출 不世出 [buls'e:ʧul, 불쎄:출]
불손하다 不遜-- [buls'onɦada, 불쏜하다]
불순한 不純- [buls'unɦan, 불쑨한]
불시착 不時着 [buls'iʧag, 불씨착]
불식하다 拂拭-- [buls'ikada, 불씨카다]
불신:임 不信任 [buls'i:nim, 불씨:님]
불실 不失 [buls'il, 불씰] 잃지 않음
불심 佛心 [buls'im, 불씸]
불심검:문 不審檢問 [buls'imgə:mmun, 불씸검:문] 불신검문(×)
불쏘시개 [buls'osigɛ]
불쑥 [buls'ug]
불암산 佛岩山 [buramsan, 부람산] /서울시 노원구와 경기도 남양주시 별내면에 걸침
불야성 不夜城 [burjasəŋ, 부랴성]
불여우 [bulljəu, 불려우]
불연속 不連續 [bulljənsog, 불련속]
불연재 不燃材 [burjənʤɛ, 부련재]
불영계곡 佛影溪谷 [burjəŋgjegog, 부령계곡] /경북 울진군
불온한 不穩- [buronɦan, 부론한]
불완전 不完全 [burwanʤən, 부완전]
불요불급한 不要不急- [burjobulgɨpan,

ㅂ

부료불그판]
불용 不容 [burjoŋ, 부룡]
불용성 不溶性 [burjoŋs'əŋ, 부룡썽]
불용액 不用額 [burjoŋɛg, 부룡액] / 예산, 세출
불우한 不遇- [buruɦan, 부루한]
불운 不運 [burun, 부룬]
불은면 佛恩面 [burɨnmjən, 부른면] / 인천광역시 강화군
불응 不應 [burɨŋ, 부릉]
불의 不意 [buri, 부리] /불의의 사고, 불의의 재난
불의 不義 [buri, 부리] /불의에 항거하다
불이리 不二里 [buriri, 부리리] 충남 금산군
불이:익 不利益 [bulli:ig, 불리:익]
불이:행 不履行 [bulli:ɦɛŋ, 불리:행]
불일암 佛日庵 [buriram, 부리람] / 송광사, 법정스님
불일폭포 佛日瀑布 [burilpogpo, 부릴폭포] /지리산
불임여성 不妊女性 [burimnjəsəŋ, 부림녀성]
불잉걸 [bulliŋgəl, 불링걸] 불이 핀 숯덩이
불자 佛者 [buldʒ'a, 불짜] 불교에 귀의한 사람
불장난 [buldʒaŋnan]
불제:자 佛弟子 [buldʒ'e:dʒa, 불쩨:자]
불존 佛尊 [buldʒ'on, 불쫀] /불교
불출석 不出席 [bulʧuls'əg, 불출썩]
불치병 不治病 [bulʧib'jəŋ, 불치뼝]
불침번 不寢番 [bulʧimbən]
불한당 不汗黨 [bulɦandaŋ]
불합리 不合理 [bulɦamni, 불함니]
불현듯 [bulɦjəndɨd, 불현듣]
불확실성 不確實性 [bulɦwags'ils'əŋ, 불확씰썽]
불활성 不活性 [bulɦwals'əŋ, 불활썽]
불후의 不朽- [bulɦue, 불후에]
붉다 [bugd'a, 북따] 赤, 紅, 붉지[북찌] 붉어[불거] 붉으니[불그니] 붉고[불꼬]
붓꽃 [budg'od, 붇꼳]
붓다 [bud'a, 부따] =부처
붓:다 [bu:d'a, 부:따] 腫, 播, 膨, 붓:는[분:는] 붓:지[붇:찌] 부어[buə] 부으니[buɨni]
붕괴 崩壞 [buŋgø(we), 괴(궤)]
붕당 朋黨 [buŋdaŋ] /조선, 역사
붕대 繃帶 [buŋdɛ]
붕붕 [buŋbuŋ]
붕어 崩御 [buŋgə] 임금이 세상을 떠남, /史劇
붕:어 [bu:ŋə] /生鮮
붕우유신 朋友有信 [buŋujusin]
붕장어 -長魚 [buŋdʒaŋə] 아나고(×)
붙다 [bud'a, 부따] 付, 붙어[부터] 붙으니[부트니] 붙는[분는] 붙지[붇찌]
붙박이 [budb'agi, 붇빠기]
붙이다 [buʧida, 부치다]
비: 比 [bi:] =비례
비:가 悲歌 [bi:ga]
비:감 悲感 [bi:gam]
비:강 鼻腔 [bi:gaŋ]
비거:리 飛距離 [bigə:ri]
비:겁하다 卑怯-- [bi:gəpada, 비:거파다]
비:견하다 比肩-- [bi:gjənɦada]
비:결 秘訣 [bi:gjəl]
비:경 秘境 [bi:gjəŋ]
비겟덩어리 [bigjed'əŋəri, 비계떵어리]
비:고 備考 [bi:go]
비:공식 非公式 [bi:goŋsig]
비:관적 悲觀的 [bi:gwandʒəg]
비:교 比較 [bi:gjo]
비:교:과 非教科 [bi:gjo:gwa]
비:구니 比丘尼 [bi:guni] /불교
비:굴하다 卑屈-- [bi:gulɦada]
비:극 悲劇 [bi:gɨg]
비:근한 卑近- [bi:gɨnɦan]
비금도 飛禽島 [bigɨmdo] /전남 신안군의 섬

비:꼬:다 [bi:g'o:da]
비끼다 [big'ida]
비:난 非難 [bi:nan]
비녀 [binjə]
비:노조원 非勞組員 [bi:nodʒowən]
비:논리적 非論理的 [bi:nollidʒəg, 비:놀리적]
비늘 [binɨl]
비:다 [bi:da] 空, 비:니[bi:ni] 비:는[bi:nɨn] 비:지[bi:dʒi] 비어/벼:[biə/bjə:]
비단 非但 [bidan] '다만', '오직'
비:단 緋緞 [bi:dan]
비:대한 肥大- [bi:dɛɦan]
비듬 [bidɨm]
비:등점 沸騰點 [bi:dɨŋdʒ'əm, 비:등쩜]
비:등하다 比等-- [bi:dɨŋɦada]
비:련 悲戀 [bi:rjən]
비:례 比例 [bi:rje]
비로봉 毘盧峯 [birobon] 금강산의 최고봉
비록 [birog]
비:록 秘錄 [bi:rog]
비:료 肥料 [bi:rjo]
비룡 飛龍 [birjoŋ]
비:루한 鄙陋- [bi:ruɦan]
비:리 非理 [bi:ri]
비:리하다 卑俚-- [bi:riɦada] 천하고 상스럽다
비:리하다 鄙俚-- [bi:riɦada] 속되고 촌스럽다
비:만 肥滿 [bi:man]
비:망록 備忘錄 [bi:maŋnog, 비:망녹]
비:명 悲鳴 [bi:mjəŋ] /비명을 지르다
비:명 非命 [bi:mjəŋ] /비명에 죽다, 비명에 가다
비:명횡사 非命橫死 [bi:mjəŋɦø(we)ŋsa, 횡(휑)]
비:목 費目 [bi:mog] '비용명세'
비:목 碑木 [bi:mog]
비:목어 比目魚 [bi:mogə, 비:모거] =넙치, /전설의 물고기
비:몽사몽 非夢似夢 [bi:moŋsamoŋ]
비:무:장 非武裝 [bi:mu:dʒaŋ]
비:문 碑文 [bi:mun]
비:민주적 非民主的 [bi:mindʒudʒəg]
비:밀 秘密 [bi:mil]
비방 誹謗 [bibaŋ] /비웃고 헐뜯음
비:방 秘方 [bi:baŋ]
비:번 非番 [bi:bən]
비:범한 非凡- [bi:bəmɦan]
비:법 秘法 [bi:b'əb, 비:뻡]
비:변사 備邊司 [bi:bjənsa] /조선, (역사)
비:보 悲報 [bi:bo]
비:보:도 非報道 [bi:bo:do]
비:보:호 非保護 [bi:bo:ɦo]
비봉리 飛鳳里 [biboŋni, 비봉니] /전남 보성군, 경북 의성군, 경남 창녕군
비봉면 飛鳳面 [biboŋmjən] /경기도 화성시(비봉IC), 충남 청양군, 전북 완주군
비:분강:개 悲憤慷慨 [bi:bunga:ŋgɛ]
비빔밥 [bibimb'ab, 비빔빱]
비:사 秘史 [bi:sa]
비산동 飛山洞 [bisandoŋ] /경기도 안양시, 대구광역시 서구, 경북 구미시
비상 飛上 [bisaŋ]
비상 飛翔 [bisaŋ]
비:상 非常 [bi:saŋ]
비:상 砒霜 [bi:saŋ] /독약
비:상사:태 非常事態 [bi:saŋsa:tɛ]
비:생산적 非生産的 [bi:sɛŋsandʒəg]
비:서 秘書 [bi:sə]
비:석 碑石 [bi:səg]
비:선 秘線 [bi:sən] /비선조직
비선대 飛仙臺 [bisəndɛ] /설악산
비:소 砒素 [bi:so] (화학)
비:속어 卑俗語 [bi:sogə, 비:소거]
비:수 匕首 [bi:su] /비수를 꽂다, 비수를 품다
비:수기 非需期 [bi:sugi]
비:숙련 非熟練 [bi:suŋnjən, 비:숭년]
비:술 秘術 [bi:sul]

ㅂ

비슷비슷 [bisɨdb'isɨd, 비슫삐슫]
비:신:사적 非紳士的 [bi:si:nsadʒəg]
비아냥거리다 [bianjaŋgərida]
비안도 飛雁島 [biando] /전북 군산 시의 섬
비:애 悲哀 [bi:ɛ]
비약적 飛躍的 [bijagdʒ'əg, 비약쩍]
비약하다 飛躍-- [bijakada, 비야카다]
비역 [bijəg] 사내끼리의 성교
비:열한 卑劣/鄙劣- [bi:jəlɦan]
비:염 鼻炎 [bi:jəm]
비:옥하다 肥沃-- [bi:okada, 비:오카다]
비:용 費用 [bi:joŋ]
비:운 悲運 [bi:un]
비:웃:다 [bi:u:d'a, 비:우:따]
비:원 悲願 [bi:wən]
비:원 秘苑 [bi:wən]
비:위 脾胃 [bi:wi] /비위(가) 좋다, 비위(가) 상하다
비:위 非違 [bi:wi] /비위를 저지르다
비:유 比喩 [bi:ju]
비:육 肥育 [bi:jug]
비:율적 比率的 [bi:juldʒəg]
비:음 鼻音 [bi:ɨm]
비:익조 比翼鳥 [bi:igdʒ'o, 비:익쪼] / 전설의 새, 금실 좋은 부부
비:인간적 非人間的 [bi:ingandʒəg]
비:자림 榧子林 [bi:dʒarim] /제주시, 비자나무 군락
비:장 脾臟 [bi:dʒaŋ] =지라
비:장 秘藏 [bi:dʒaŋ] /비장의 무기
비:장한 悲壯- [bi:dʒaŋɦan]
비:정:규직 非正規職 [bi:dʒə:ŋgjudʒig]
비:정:상적 非正常的 [bi:dʒə:ŋsaŋdʒəg]
비:정성시 非情城市 [bi:dʒəŋsəŋsi] / 대만영화(1989)
비:정한 非情- [bi:dʒəŋɦan]
비:조 鼻祖 [bi:dʒo] =시조(始祖)
비:준 批准 [bi:dʒun]
비:중 比重 [bi:dʒuŋ]
비지 [bidʒi] ≒두부박
비:집다 [bi:dʒibd'a, 비:집따]
비:참하다 悲慘-- [bi:ʧamɦada]
비:창 悲愴 [bi:ʧaŋ]
비:책 秘策 [bi:ʧɛg]
비:천한 卑賤- [bi:ʧənɦan]
비:철금속 非鐵金屬 [bi:ʧəlgɨmsog]
비:축유 備蓄油 [bi:ʧuŋnju, 비:충뉴]
비:취 翡翠 [bi:ʧwi]
비:치 備置 [bi:ʧi]
비:키다 [bi:kida]
비:탄 悲歎/悲嘆 [bi:tan]
비탈길 [bitalg'il, 비탈낄]
비:통 悲痛 [bi:toŋ]
비:틀다 [bi:tɨlda]
비파 琵琶 [bipa]
비:판 批判 [bi:pan]
비:평 批評 [bi:pjəŋ]
비:폭력 非暴力 [bi:poŋnjəg, 비:퐁녁]
비:표 秘標 [bi:pjo]
비:품 備品 [bi:pum]
비:하 卑下 [bi:ɦa]
비:합리적 非合理的 [bi:ɦamnidʒəg, 비:함니적]
비:핵화 非核化 [bi:ɦɛkwa, 비:해콰]
비행 飛行 [biɦɛŋ]
비:행 非行 [bi:ɦɛŋ] /청소년 비행
비:행 卑行 [bi:ɦɛŋ] 도덕을 거스르는 더러운 행위
비:현:실적 非現實的 [bi:ɦjə:nsildʒəg]
비:호 庇護 [bi:ɦo]
비:혼 非婚 [bi:ɦon] '미혼(未婚)'의 전향적 표현
비화 飛火 [biɦwa]
비:화 秘話 [bi:ɦwa]
빈곤 貧困 [bingon]
빈궁 嬪宮 [binguŋ] /왕세자의 아내
빈농 貧農 [binnoŋ]
빈대떡 [bindɛd'əg]
빈도수 頻度數 [bindos'u, 빈도쑤]
빈:말 [bi:nmal] 실속 없이 헛된 말
빈모 牝牡 [binmo] 짐승의 암컷과 수컷
빈모증 貧毛症 [binmodʒ'ɨŋ, 빈모쯩]

빈발하다 頻發-- [binbalɦada]
빈:방 -房 [bi:nbaŋ]
빈번히 頻繁- [binbənɦi]
빈부 貧富 [binbu]
빈삭하다 頻數-- [binsakada, 빈사카다] 거듭되는 횟수가 매우 잦다
빈상 貧相 [binsaŋ]
빈:속 [bi:nsog]
빈:손 [bi:nson]
빈약하다 貧弱-- [binjakada, 비냐카다]
빈정대:다 [bindʒəndɛ:da]
빈축 嚬蹙/顰蹙 [binʧug] /빈축을 사다
빈:칸 [bi:nkan]
빈:털터리 [bi:ntəltəri] 빈털털이(×)
빈티 貧- [binti]
빈한한 貧寒- [binɦanɦan]
빈혈 貧血 [binɦjəl]
빌:다 [bi:lda] 祈, 請, 빌:고[bi:lgo] 빌:지[bi:ldʒi] 빌어[birə, 비러] 비:니 [bi:ni]
빌리다 [billida] 借
빌미 [bilmi]
빔: [bi:m] 명절이나 잔치 때 입는 새 옷
빔:하다 [bi:mɦada] /종이·헝겊·가죽의 조각 따위를 감아 구멍에 끼우는 일
빗물 [binmul, 빈물]
빗방울 [bi(d)b'aŋul, 비(빋)빵울]
빗속 [bi(d)s'og, 비(빋)쏙]
빗장 [biddʒ'aŋ, 빋짱] =문빗장
빗질 [biddʒ'il, 빋찔]
빙과류 氷菓類 [biŋgwarju]
빙구 氷球 [biŋgu]
빙도 氷島 [biŋdo] /'아이슬란드'의 음역, 충남 보령시의 섬
빙어 [biŋə] /어류
빙의 憑依 [biŋi, 빙이] 영혼이 옮겨 붙음
빙자 憑藉 [biŋdʒa]
빙장 聘丈 [biŋdʒaŋ] 남의 장인(丈人)
빙점 氷點 [biŋdʒ'əm, 빙쩜]
빙질 氷質 [biŋdʒil]
빙초산 氷醋酸 [biŋʧosan]
빙하 氷河 [biŋɦa]
빙해 氷海 [biŋɦɛ]
빙허 憑虛 [biŋɦə] '현진건'의 호
빚 [bid, 빋] 빚이[비지] 빚을[비즐] 빚과[빋꽈] 빚만[빈만]
빚다 [bid'a, 비따] 釀, 捏, 造
빚더미 [bid'əmi, 비떠미]
빚받이 [bidb'adʒi, 빋빠지] 빚으로 준 돈을 거둠
빚쟁이 [biddʒ'ɛŋi, 빋쨍이]
빛 [bid, 빋] 빛이[비치] 빛을[비츨] 빛과[빋꽈] 빛만[빈만]
빛깔 [bidg'al, 빋깔]
빛바:랜 [bidb'a:rɛn, 빋빠:랜]

ㅃ

빠개다 [b'agɛda] 뽀개다(×)
빠끔 [b'ag'ɨm] ≒빠끔히, 빠꼼히(×)
빠르다 [b'arɨda] 빨라[b'alla]
빠:지다 [b'a:ʤida] 落, 漏, 빠:져[b'a:ʤə, 빠:저] 빠:지니[b'a:ʤini]
빡빡머리 [b'agb'aŋməri, 빡빵머리]
빤:히 [b'a:nɦi]
빨:간색 --色 [b'a:lgansɛg] 빨강색(×)
빨:강 [b'a:lgaŋ]
빨:갛다 [b'a:lgata, 빨:가타]
빨다 [b'alda] 洗, 吸, 빨아[빠라] 빠니[b'ani]
빨대 [b'ald'ɛ, 빨때]
빨랫감 [b'allɛ(d)g'am, 빨래(랟)깜]
빨랫줄 [b'allɛ(d)ʤ'ul, 빨래(랟)쭐]
빳빳한 [b'adb'atan, 빧빠탄]
빵가루 [b'aŋg'aru, 빵까루]
빵집 [b'aŋʤ'ib, 빵찝]
빻:다 [b'a:ta, 빠:타] 粉, 碎, 빻:는[빤:는] 빻:소[빠:쏘] 빻아[빠아] 빻으니[빠으니]
빼:다 [b'ɛ:da] 抜, 除, 빼어/빼:[b'ɛə/b'ɛ:] 빼:니[b'ɛ:ni] 빼:지[b'ɛ:ʤi]
빽 [b'ɛg] /소리를 빽 지르다, 빽 둘러앉다
뺄:셈 [b'ɛ:ls'em, 뺄:쎔]
뺑 [b'ɛŋ] /뺑 돌아보다, 뺑 둘러싸다
뺨 [b'jam]
뻐개다 [b'əgɛda] /둘로 가르다, 뽀개다(×)
뻐:기다 [b'ə:gida]
뻐드렁니 [b'ədɨrəŋni]
뻑뻑하다 [b'əgb'əkada, 뻑뻐카다]
뻔뻔하다 [b'ənb'ənɦada]
뻔질나게 [b'ənʤillage, 뻔질라게]
뻔:하다 [b'ə:nɦada]
뻗다 [b'əd'a, 뻐따] 延, 這, 死
뻗대:다 [b'əd'ɛ:da, 뻐때:다]
뻗정다리 [b'ədʤ'əŋdari, 뻗쩡다리]
뻗치다 [b'əʧida] 伸, 延
-뻘 [b'əl] /삼촌뻘, 조카뻘, -벌(×)
뻣뻣하다 [b'ədb'ətada, 뻗뻐타다]
뼛속 [b'jə(d)s'og, 뼈(뼏)쏙]
뼛조각 [b'jə(d)ʤ'ogag, 뼈(뼏)쪼각]
뽀뽀 [b'ob'o]
뽀:얗다 [b'o:jata, 뽀:야타] 뽀:야니[b'o:jani], 뽀:얘[b'o:jɛ] 뽀:얗지[b'o:jaʧi, 뽀:야치]
뽕잎 [b'oŋnib, 뽕닙] 뽕잎이[뽕니피] 뽕잎을[뽕니플]
뾰족하다 [b'joʤokada, 뾰조카다]
뿌듯하다 [b'udɨtada, 뿌드타다]
뿌:옇다 [b'u:jəta, 뿌:여타] 뿌:여니[b'u:jəni] 뿌:예[b'u:je] 뿌:옇지[b'u:jəʧi, 뿌:여치]
뿔나다 [b'ullada, 뿔라다]
뿔뿔이 [b'ulb'uri, 뿔뿌리]
뿜다 [b'umd'a, 뿜따]
삐:다 [b'i:da] 挫, 引, 삐어/뼈:[b'iə/bjə:] 삐:니[b'i:ni] 삐:지[b'i:ʤi]
삐죽하다 [b'iʤukada, 삐주카다]
삐:치다 [b'i:ʧida] 성이 나 마음이 토라지다, 삐지다(×)
삑 [b'ig] /소리, 모양

ㅅ

사가 社歌 [saga]
사:가 史家 [sa:ga]
4가 四街 [sa:ga, 사:가]
사:가정길 四佳井- [sa:gadʒəŋg'il, 사:가정낄] /서울시 동대문구
사각 斜角 [sagag] ≒빗각
사:각지대 死角地帶 [sa:gagdʒ'idɛ, 사:각찌대]
사:각형 四角形 [sa:gakjəŋ, 사:가켱]
사간동 司諫洞 [sagandoŋ] /서울시 종로구
사간원 司諫院 [saganwən, 사가눤] /국왕 견제, 조선, 史劇
사갈시 蛇蝎視 [sagals'i, 사갈씨] /몹시 싫어함
사감 舍監 [sagam]
4강 四强 [sa:gaŋ, 사:강]
사:건 事件 [sa:g'ən, 사:껀]
사격 射擊 [sagjəg]
사견 私見 [sagjən]
사:경 死境 [sa:gjəŋ]
사:계 四季 [sa:gje]
사고 思考 [sago]
사고 社告 [sago]
사:고 事故 [sa:go]
사:고무친 四顧無親 [sa:gomuʧin]
사곡동 沙谷洞 [sagogd'oŋ, 사곡똥] /경기도 안성시, 경북 구미시
사곡리 沙谷里 [sagoŋni, 사공니] /여주·화성·진천·예천·삼척·임실·여수·음성·진주·거제·철원·보성·고성
사곡리 寺谷里 [sagoŋni, 사공니] /충남 서천군, 충북 청원군, 경북 예천군
사곡리 紗谷里 [sagoŋni, 사공니] /전남 광양군
사곡리 社泗里 [sagoŋni, 사공니] /충북 제천시
사곡리 射谷里 [sagoŋni, 사공니] /충북 증평군
사:곡리 泗谷里 [sa:goŋni, 사:공니] /경북 성주군
사:곡리 士谷里 [sa:goŋni, 사:공니] /경남 진주시
사곡면 寺谷面 [sagoŋmjən, 사공면] /충남 공주시
사곡면 舍谷面 [sagoŋmjən, 사공면] /경북 의성군
사:골국 四骨- [sa:golg'ug, 사:골꾹]
사공 沙工/砂工 [sagoŋ]
사과 沙果 [sagwa]
사:과 謝過 [sa:gwa]
사:관 士官 [sa:gwan]
사:관 史官 [sa:gwan]
사교 社交 [sagjo]
사구 砂丘 [sagu]
사:구 死球 [sa:gu] /몸에 맞는 볼, 야구
사구체 絲球體 [saguʧe] 혈관구, /의학
사:군자 四君子 [sa:gundʒa]
사귀다 [sagwida]
사규 社規 [sagju]
사:극 史劇 [sa:gɨg]
사근동 沙斤洞 [sagɨndoŋ] /서울시 성동구
사글세 --貰 [sagɨls'e, 사글쎄] 삭월세(×)
사금 砂金 [sagɨm]
사금융 私金融 [sagɨmjuŋ, 사그뮹]
사금파리 [sagɨmpari] 깨진 사기그릇 조각, 도편(陶片)
사기 詐欺 [sagi]
사:기 士氣 [sa:gi]
사기그릇 沙器-- [sagigɨrɨd, 사기그륻]
사:납다 [sa:nabd'a, 사:납따]
사:내면 史內面 [sa:nɛmjən] /강원도 화천군
사념 思念 [sanjəm]
사다 [sada] 買

ㅅ

사닥다리 [sadagd'ari, 사닥따리] =사다리
사단 師團 [sadan] /군단(軍團)의 아래
사:단 事端 [sa:dan] 사건의 단서, 일의 실마리
사단법인 社團法人 [sadanbəbin, 사단버빈]
사달 [sadal] 사고나 탈, /사달이 나다, 사단이 나다(×)
사당역 舍堂驛 [sadaŋnjəg, 사당녁] /서울시 동작구, 환승역
사대 師大 [sadɛ] '사범대학'의 약칭
사대 射臺 [sadɛ] /활쏘기
사:대:문 四大門 [sa:dɛ:mun] 동쪽의 흥인지문, 서쪽의 돈의문, 남쪽의 숭례문, 북쪽의 숙정문, /조선
사:대부 士大夫 [sa:dɛbu] 문무양반(文武兩班)
사:대사상 事大思想 [sa:dɛsasaŋ]
사도 師道 [sado]
ㅅ
사:도 使徒 [sa:do] /정의의 사도, 12사도
사도세:자 思悼世子 [sadose:ʤa] =莊獻世子(장헌세자)
사돈댁 查頓宅 [sadond'ɛg, 사돈땍] 사둔(×)
사동 社洞 [sadoŋ] /광주광역시 남구
사동 沙洞 [sadoŋ] /인천광역시 중구
사동 巳洞 [sadoŋ] /경북 경산시
사:동 四洞 [sa:doŋ] /경기도 안산시
사:동 使童 [sa:doŋ] 잔심부름 하는 아이, /관청, 회사
사동리 寺洞里 [sadoŋni, 사동니] /충북 청원군·단양군
사동리 沙洞里 [sadoŋni, 사동니] /경북 울진군·울릉군, 전남 완도군
사동리 社洞里 [sadoŋni, 사동니] /경남 마산시, 충남 예산군
사동리 巳洞里 [sadoŋni, 사동니] /경기도 이천시
4등 四等 [sa:dɨŋ, 사:등]
사:람 [sa:ram]

사:람됨 [sa:ramdø(we)m, 됨(뒘)]
사랑방 舍廊房 [saraŋbaŋ]
사량도 蛇梁島 [sarjaŋdo] /경남 통영시
사:레 [sa:re] /음식을 잘못 삼켰을 때, /사래(×)
사려 思慮 [sarjə]
사:력 死力 [sa:rjəg]
사령 社令 [sarjəŋ]
사령관 司令官 [sarjəŋgwan]
사령부 司令部 [sarjəŋbu]
사령탑 司令塔 [sarjəŋtab]
사:례 事例 [sa:rje]
사:례 謝禮 [sa:rje]
사료 飼料 [sarjo]
사료 思料 [sarjo] 깊이 생각하여 헤아림, /사료 되옵니다
사:료 史料 [sa:rjo]
사:륜구동 四輪驅動 [sa:rjungudoŋ]
사리 [sari] /국수사리, 실사리
사리 舍利/奢利 [sari] /불교
사:리 事理 [sa:ri] /사리분별
사리사욕 私利私慾 [sarisajog]
사:림 士林 [sa:rim] 유림(儒林)
사립문 --門 [sarimmun, 사림문]
사립학교 私立學校 [saripag'jo, 사리파꾜]
사:마귀 [sa:magwi] ≒당랑(螳螂), 거부(拒斧)
사마천 司馬遷 [samaʧən] /'史記', 중국 전한(前漢)시대
사막 沙漠/砂漠 [samag]
사:망 死亡 [sa:maŋ]
사면 斜面 [samjən] '비탈', '비탈면'
사:면 赦免 [sa:mjən] /사면복권
사:면 四面 [sa:mjən] /사면초가
사:멸 死滅 [sa:mjəl]
사명 社名 [samjəŋ]
사:명 使命 [sa:mjəŋ]
사:명대:사 四溟大師 [sa:mjəŋdɛ:sa] /임지왜란, 의병
사모 思慕 [samo]

사모 私募 [samo] /사모펀드
사모곡 思母曲 [samogog]
사무사 思無邪 [samusa] 사특한 생각이 없음
사:무적 事務的 [sa:mudʒəg]
사:물 事物 [sa:mul]
사:물놀이 四物-- [sa:mullori, 사:물로리]
사물함 私物函 [samulɦam]
사미:인곡 思美人曲 [sami:ingog]
사바 娑婆 [saba] =사파, /사바세계, 불교
사:방 四方 [sa:baŋ]
사방림 砂防林 [sabaŋnim, 사방님] /산림
사범 師範 [sabəm] /사범대학, 태권도 사범
사:범 事犯 [sa:bəm] /경제사범, 시국사범
사:변 事變 [sa:bjən]
사변적 思辨的 [sabjəndʒəg]
사:별 死別 [sa:bjəl]
사:병 士兵 [sa:bjəŋ]
사보 社報 [sabo]
사복 私服 [sabog]
사본 寫本 [sabon]
사부 師父 [sabu]
사:북면 史北面 [sa:buŋmjən, 사:붕면] /강원도 춘천시
사북읍 舍北邑 [sabugɨb, 사부급] /강원도 정선군, 폐광
사:분오:열 四分五裂 [sa:buno:jəl, 사:부노:열]
사:불상 四不像 [sa:buls'aŋ, 사:불쌍] /동물, 사슴·낙타(말)·당나귀·소의 모습이 섞임
사:비성 泗沘城 [sa:bisəŋ] /백제의 옛 수도
사사 師事 [sasa] /~를(을) 사사하다, 사사받다(×)
사:사건건 事事件件 [sa:sag'əng'ən, 사:사껀껀]
사사로운 私私-- [sasaroun]
사:사오:입 四捨五入 [sa:sao:ib]
사:산 死産 [sa:san]
사살 射殺 [sasal]
사삿일 私私- [sasannil, 사산닐]
사:상 史上 [sa:saŋ]
사상누각 沙上樓閣 [sasaŋnugag]
사:상자 死傷者 [sa:saŋdʒa]
사상적 思想的 [sasaŋdʒəg]
사상충 絲狀蟲 [sasaŋʧuŋ] /필라리아, 기생충
사색 思索 [sasɛg]
사:색 死色 [sa:sɛg]
사:생결단 死生決斷 [sa:sɛŋgjəld'an, 사:생결딴]
사서 司書 [sasə]
사:서삼경 四書三經 [sa:səsamgjəŋ]
사석 私席 [sasəg]
사선 斜線 [sasən] '빗금'
사:선 死線 [sa:sən]
4선 四選 [sa:sən, 사:선] /국회의원
사설 社說 [sasəl]
사설 私設 [sasəl]
사설 辭說 [sasəl] 길게 늘어놓는 말, 잔소리, 푸념
사세 社勢 [sase]
사소한 些少- [sasoɦan]
사수 射手 [sasu]
사:수 死守 [sa:su]
사숙 私塾 [sasug]
사술 邪術 [sasul] 요사스러운 술법
사술 詐術 [sasul] 남을 속이는 수단
사슬 [sasɨl]
사시 斜視 [sasi]
사시 社是 [sasi]
사시 司試 [sasi] '사법고시'의 약칭
사:시사:철 四時四- [sa:sisa:ʧəl]
사:실 事實 [sa:sil]
사:실상 事實上 [sa:sils'aŋ, 사:실쌍]
사실적 寫實的 [sasildʒəg] 사물을 있는 그대로 그려 내는, /사실적 묘사
사심 私心 [sasim]

ㅅ

사:십 四十 [sa:sib]
사악하다 邪惡-- [saakada, 사아카다]
사:안 事案 [sa:an]
사암 砂巖 [saam]
사:약 賜藥 [sa:jag]
사양 仕様 [sajaŋ] /선택사양, (→'설명', '품목')
사양하다 辭讓-- [sajaŋɦada]
사:업 事業 [sa:əb]
사:업영역 事業領域 [sa:əmnjəŋjəg, 사:엄녕역]
사:역 使役 [sa:jəg]
사연 辭緣/詞緣 [sajən] /사연을 적다, 사연을 띄우다
사:연 事緣 [sa:jən] /사연이 복잡하다, 사연이 많다
사열 査閱 [sajəl]
사오정 沙悟淨 [saodʒəŋ] /서유기
사옥 社屋 [saog]
사외이:사 社外理事 [saø(we)i:sa, 사외(웨)이:사]
사용 私用 [sajoŋ]
사:용 使用 [sa:joŋ]
사:용료 使用料 [sa:joŋnjo, 사:용뇨]
사우 社友 [sau]
사우 思友 [sau] 동무생각
사운 社運 [saun]
사원 社員 [sawən]
사원 寺院 [sawən]
4월 四月 [sa:wəl, 사:월]
사윗감 [sawi(d)g'am, 사위(윋)깜]
사유 思惟 [saju]
사:유 事由 [sa:ju]
사육 飼育 [sajug]
사:육신 死六臣 [sa:jugs'in, 사:육씬]
사:은품 謝恩品 [sa:ɨnpum]
사:은회 謝恩會 [sa:ɨnɦø(we), 회(훼)] 師恩會(×)
사의 辭意 [sai, 사이]
사:의 謝意 [sa:i, 사:이]
사이 [sai] 間
사익 私益 [saig]
사:인 死因 [sa:in]
4·19 [sa:ilgu, 사:일구] '四一九革命', /1960. 4. 19
사임 辭任 [saim]
사자 嗣子 [sadʒa] 대(代)를 이을 아들, /訃告文
사:자 獅子 [sa:dʒa] /동물
사:자후 獅子吼 [sa:dʒaɦu]
사장 社長 [sadʒaŋ]
사:장 死藏 [sa:dʒaŋ]
사저 私邸 [sadʒə]
사적 私的 [sadʒ'əg, 사쩍]
사:적 史蹟 [sa:dʒəg]
사전 辭典 [sadʒən]
사:전 事前 [sa:dʒən]
사:전 事典 [sa:dʒən]
사:절 謝絕 [sa:dʒəl]
사:절 使節 [sa:dʒəl]
사정 司正 [sadʒəŋ]
사정 査定 [sadʒəŋ]
사:정 事情 [sa:dʒəŋ]
사제 司祭 [sadʒe]
사제 師弟 [sadʒe]
사제 私製 [sadʒe]
사조 思潮 [sadʒo] /사상의 흐름
사조오:양 思潮五洋 [sadʒoo:jaŋ] /참치회사 名
사족 蛇足 [sadʒog]
사:족 四足 [sa:dʒog] /사족(을) 못 쓰다
사:주 使嗾 [sa:dʒu]
사:주 四柱 [sa:dʒu] /사주(를) 보다
사증 査證 [sadʒ'ɨŋ, 사쯩]
사:지 四肢 [sa:dʒi]
사:지 死地 [sa:dʒi]
사:지선:다 四支選多 [sa:dʒisə:nda] /시험
사직 辭職 [sadʒig]
사직공원 社稷公園 [sadʒig'oŋwən, 사지꽁원] /서울시 종로구
사직야:구장 社稷野球場 [sadʒiŋnja:gudʒaŋ, 사징냐:구장] /부산시 동래구

ㅅ

사진 寫眞 [sadʒin]
사찰 寺刹 [satʃal]
사창가 私娼街 [satʃaŋg'a, 사창까]
사채 私債 [satʃɛ]
사:천시 泗川市 [sa:tʃənsi] /경남 서남부의 市, 삼천포시와 사천군이 통합(1995)
사:천왕상 四天王像 [sa:tʃənwaŋsaŋ, 사:처낭상] /불교
사:천요:리 四川料理 [sa:tʃənnjo:ri, 사:천뇨:리] /중국음식
사:철 四- [sa:tʃəl]
사:체 死體 [sa:tʃe]
사:초 史草 [sa:tʃo] /조선, 사기(史記)의 초고(草稿)
사:촌 四寸 [sa:tʃon]
사측 社側 [satʃɨg] ↔ 노측(勞側)
사치 奢侈 [satʃi]
사친회 師親會 [satʃinɦø(we), 회(훼)]
사:친이:효 事親以孝 [sa:tʃini:ɦjo, 사:치니:효] 어버이를 효도로 섬김
사칭 詐稱 [satʃiŋ]
사탄동 沙灘洞 [satandoŋ] /인천시 옹진군
사탄리 沙灘里 [satanni, 사탄니] /충북 보은군
사탕 [sataŋ] (← 砂糖)
사태 [satɛ] /쇠고기
사:태 事態 [sa:tɛ]
사택 舍宅 [satɛg] /공공기관 사택
사토장이 莎土-- [satodʒaŋi] /무덤 만드는 일을 하는 이
사:통팔달 四通八達 [sa:toŋpald'al, 사:통팔딸]
사:투 死鬪 [sa:tu]
사:투리 [sa:turi]
사특하다 邪慝-- [satɨkada, 사트카다] 요사스럽고 간특하다
사:패산 賜牌山 [sa:pɛsan] 경기도 의정부시와 양주시 장흥면 사이에 걸침, /터널
사포질 沙布- [sapodʒil]
사표 辭表 [sapjo]
사표 師表 [sapjo]
사:표 死票 [sa:pjo]
사하구 沙下區 [saɦagu] /부산광역시 남서부의 區
사학 私學 [saɦag]
사:학과 史學科 [sa:ɦag'wa, 사:하꽈]
사:항 事項 [sa:ɦaŋ]
사:해 四海 [sa:ɦɛ] 온 세상, /불교
사:해 死海 [sa:ɦɛ] /지리
사행심 射倖心 [saɛŋsim]
사:향 麝香 [sa:ɦjaŋ] /사향노루
사헌부 司憲府 [saɦənbu] /고려·조선 시대, 감찰 기능
사:형 死刑 [sa:ɦjəŋ]
사:화 士禍 [sa:ɦwa]
사:환 使喚 [sa:ɦwan]
사:활 死活 [sa:ɦwal]
사회 社會 [saɦø(we), 회(훼)]
사회 司會 [saɦø(we), 회(훼)]
사:후 事後 [sa:ɦu]
사:후 死後 [sa:ɦu]
사:후약방문 死後藥方文 [sa:ɦujagb'aŋmun, 사:후약빵문]
사훈 社訓 [saɦun]
사흗날 [saɦɨnnal, 사흔날]
사흘 [saɦɨl]
삭감 削減 [sag'am, 삭깜]
삭다 [sagd'a, 삭따] 濃, 腐
삭도 索道 [sagd'o, 삭또]
삭신 [sags'in, 삭씬] 몸의 근육과 뼈마디
삭연하다 索然-- [sagjənɦada, 사견하다] 외롭고 쓸쓸하다, 흥미가 없다
삭히다 [sakida, 사키다]
삯 [sag, 삭] 삯이[삭씨] 삯은[삭쓴] 삯만[상만]
삯돈 [sagd'on, 삭똔] 삯으로 받는 돈
삯바느질 [sagb'anidʒil, 삭빠느질]
삯일 [saŋnil, 상닐] 품삯을 받고 하는 일
산 酸 [san] /화학

산:고 産苦 [sa:ngo]
산곡동 山谷洞 [sangogd'oŋ, 산곡똥] /인천시 부평구, 경기도 의정부시, 충북 제천시, 전북 남원시
산골 [sang'ol, 산꼴]
산:기 産氣 [sa:ng'i, 산:끼]
산기운 山-- [sang'iun, 산끼운]
산길 山- [sang'il, 산낄]
산내동 山內洞 [sannɛdoŋ] /대전광역시 동구
산:단공 産團工 [sa:ndangoŋ] '한국산업단지공단'의 약칭
산:달 産- [sa:nd'al, 산:딸]
산대놀이 山臺-- [sandɛnori, 산대노리] /탈놀음
산더미 山-- [sand'əmi, 산떠미]
산도 酸度 [sando]
산들바람 [sandɨlbaram]
산등성이 山--- [sand'ɨŋsəŋi 산뜽성이]
산:란 産卵 [sa:llan, 살:란]
산:란 散亂 [sa:llan, 살:란]
산록 山綠 [sallog, 살록]
산림 山林 [sallim, 살림]
산:만하다 散漫-- [sa:nmanɦada]
산:모 産母 [sa:nmo]
산:문 散文 [sa:nmun]
산미 酸味 [sanmi] =신맛
산바람 山-- [sanb'aram, 산빠람]
산:발적 散發的 [sa:nbaldʒəg]
산:별노조 産別勞組 [sa:nbjəllodʒo, 산:별로조]
산:보 散步 [sa:nb'o, 산:뽀] (→산책)
산본동 山本洞 [sanbondoŋ] /경기도 군포시
산봉우리 [sanb'oŋuri, 산뽕우리]
산:부인과 産婦人科 [sa:nbuing'wa, 산:부인꽈]
산불 [sanb'ul, 산뿔]
산비둘기 [sanb'idulgi, 산삐둘기]
산사 山寺 [sansa]
산:산이 散散- [sa:nsani, 산:사니]
산:산조각 散散-- [sa:nsandʒogag]
산상수훈 山上垂訓 [sansaŋsuɦun] /성경
산새 [sans'ɛ, 산쌔]
산성 酸性 [sansəŋ]
산성 山城 [sansəŋ]
산세 山勢 [sanse]
산소 酸素 [sanso]
산소 山所 [sanso] '뫼'
산속 山- [sans'og, 산쏙]
산수 山水 [sansu]
산:수 算數 [sa:nsu]
산수유 山茱萸 [sansuju]
산신령 山神靈 [sansilljəŋ, 산실령]
산:실 産室 [sa:nsil]
산:아제:한 産兒制限 [sa:nadʒe:ɦan, 사:나제:한]
산야 山野 [sanja, 사냐]
산양 山羊 [sannjaŋ, 산냥]
산:업용 産業用 [sa:nəmnjoŋ, 사:넘뇽]
산:유국 産油國 [sa:njugug, 사:뉴국]
산:은 産銀 [sa:nɨn, 사:는] '산업은행'의 약칭
산자락 山-- [sandʒ'arag, 산짜락]
산장 山莊 [sandʒaŋ]
산:재 散在 [sa:ndʒɛ]
산:재 産災 [sa:ndʒɛ] '산업재해'의 약칭
산적 山賊 [sandʒəg]
산적 山積 [sandʒəg] /일이 쌓임
산:적 散炙 [sa:ndʒəg] /음식, 쇠고기
산:정 算定 [sa:ndʒəŋ]
산:조 散調 [sa:ndʒo] /국악
산줄기 山-- [sandʒ'ulgi, 산쭐기]
산짐승 山-- [sandʒ'imsɨŋ, 산찜승]
산채 山菜 [santʃɛ]
산:책 散策 [sa:ntʃɛg]
산:출 算出 [sa:ntʃul]
산:탄총 霰彈銃 [sa:ntantʃoŋ]
산토끼 山-- [santog'i]
산: 토끼 [sa:ntog'i] '살아있는 토끼'
산:통 算筒 [sa:ntoŋ] /산통(을) 깨다
산하 山河 [sanɦa]
산하 傘下 [sanɦa] /정부산하기관

ㅅ

산:학협동 産學協同 [sa:nɦakjəbd'oŋ, 산:하켭똥]
산해진:미 山海珍味 [sanɦɛʤi:nmi]
산호 珊瑚 [sanɦo]
산화 酸化 [sanɦwa]
산:화 散花/散華 [sa:nɦwa]
산:회 散會 [sa:nɦø(we), 회(훼)]
산:후조리 産後調理 [sa:nɦuʤori]
살갗 [salg'ad, 살깓] 살갗이[살까치] 살갗을[살까츨] 살갗에[살까체]
살결 [salg'jəl, 살껼]
살기 殺氣 [salgi]
살:길 [sa:lg'il, 살:낄]
살:다 [sa:lda] 生, 住, 存, 살:고[sa:lgo] 살:지[sa:lʤi] 살:면[sa:lmjən] 사:니[sa:ni] 살아[sara, 사라] 살리다[sallida]
살모사 殺母蛇 [salmosa] =살무사
살바람 [salbaram] 초봄에 부는 찬 바람, 좁은 틈으로 들어오는 찬 바람
살벌한 殺伐- [salbəlɦan]
살빛 [salb'id, 살삗]
살살 [salsal]
살상 殺傷 [sals'aŋ, 살쌍]
살색 -色 [sals'ɛg, 살쌕]
살생부 殺生簿 [sals'ɛŋbu, 살쌩부]
살수대:첩 薩水大捷 [sals'udɛ:ʧəb] / 을지문덕, 고구려, 살수(지금의 청천강)
살수차 撒水車 [sals'uʧa, 살쑤차]
살신성인 殺身成仁 [sals'insəŋin, 살씬성인]
살아생전 --生前 [sarasɛŋʤən, 사라생전]
살얼음 [sarərɨm, 사러름] ≒박빙
살여울 [salljəul, 살려울] 물살이 급하고 빠른 여울물
살육 殺戮 [sarjug, 사륙] 살륙(×)
살의 殺意 [sari, 사리]
살인적 殺人的 [sarinʤəg, 사린적]
살점 -點 [salʤ'əm, 살쩜]
살진 [salʤin] 살이 많고 튼실한, /살진 암소
살찐 [salʤ'in] /뚱뚱하고 살찐 남자
살처:분 殺處分 [salʧə:bun]
살치살 [salʧis'al, 살치쌀] /쇠고기
살코기 [salkogi]
살:판 [sa:lpan]
살포 撒布 [salpo]
살포시 [salposi] ≒보시시
살풀이 煞-- [salpuri, 살푸리] /민속, 국악
살해 殺害 [salɦɛ]
삵 [sag, 삭] =살쾡이, 삵이[살기] 삵을[살글] 삵만[상만] 삵과[삭꽈]
삶: [sa:m, 삼:] 生, 삶:이[살:미] 삶:을[살:믈] 삶:만[삼:만]
삶:다 [sa:md'a, 삼:따] 蒸, 煮, 茹, 삶:고[삼:꼬] 삶:는[삼:는] 삶:지[삼:찌] 삶아[살마] 삶으니[살므니]
삼가 [samga]
삼가다 [samgada] 삼가하다(×)
삼각대 三脚臺 [samgagd'ɛ, 삼각때]
삼각형 三角形 [samgakjəŋ, 삼가켱]
삼겹살 三-- [samgjəbs'al, 삼겹쌀]
삼계탕 蔘鷄湯 [samgjetaŋ]
삼고초려 三顧草廬 [samgoʧorjə]
삼남지방 三南地方 [samnaʤ'ibaŋ, 삼남찌방] /충청도·전라도·경상도
삼:다 [sa:md'a, 삼:따] 緣, 編
삼라만:상 森羅萬象 [samnama:nsaŋ, 삼나만:상]
삼랑진읍 三浪津邑 [samnaŋʤinɨb, 삼낭지늡] /경남 밀양시
삼례읍 參禮邑 [samnjeɨb, 삼녜읍] 전북 완주군
삼륜차 三輪車 [samnjunʧa, 삼뉸차]
삼릉 三稜 [samnɨŋ, 삼능] /약재
삼릉 三陵 [samnɨŋ, 삼능] 공릉(恭陵)·순릉(順陵)·영릉(永陵), /경기도 파주시
삼릉공원 三陵公園 [samnɨŋgoŋwən, 삼능공원] /서울시 강남구
삼림욕 森林浴 [samnimnjog, 삼님뇩]

ㅅ

산림욕(×)
삼립식품 三立食品 [samnibs'igpum, 삼닙씩품] /식품회사
삼만리 三萬里 [sammalli, 삼말리] / '엄마 찾아 삼만리'
삼민주의 三民主義 [sammindʒui, 삼민주이] 민족·민권·민생, /쑨원
365일 ---日 [sambɛŋnjugs'iboil, 삼뱅뉵씨보일]
삼복더위 三伏-- [sambogd'əwi, 삼복떠위]
삼삼오:오 三三五五 [samsamo:o, 삼사모:오]
삼삼하다 [samsamɦada]
삼선교 三仙橋 [samsəngjo] /서울시 성북구, 삼선동
삼성병:원 三星病院 [samsəŋb'jə:ŋwən, 삼성뼝:원] /대형병원
삼성역 三成驛 [samsəŋnjəg, 삼성녁] /서울시 강남구, 서울지하철 2호선
삼성역 三省驛 [samsəŋnjəg, 삼성녁] /경북 경산시, 경부선
삼세:번 三-番 [samse:bən] 더도 덜도 없이 꼭 세 번
삼송리 三松里 [samsoŋni, 삼송니] / 경기도 고양시, 충남 서산시, 충북 괴산군
삼수갑산 三水甲山 [samsugabs'an, 삼수갑싼] 험한 산골, 삼수와 갑산, / 산수갑산(×)
삼심제 三審制 [samsimdʒe] (법률)
삼십육계 三十六計 [samsimnjug'je, 삼심뉴꼐]
삼양 三養 [samjaŋ, 사먕] /삼양라면, 삼양사
삼양동 三陽洞 [samjaŋdoŋ, 사먕동] / 서울시 도봉구, 제주도 제주시
삼엄한 森嚴- [saməmɦan, 사멈한]
삼연전 三連戰 [samjəndʒən, 사면전]
삼엽충 三葉蟲 [samjəbʧuŋ, 사몁충] /화석동물
삼우제 三虞祭 [samudʒe, 사무제] 삼오제(×)
3월 三月 [samwəl, 사뭘]
삼위일체 三位一體 [samwiilʧe, 사뮈일체]
삼육대 三育大 [samjugd'ɛ, 사뮥때] / 서울시 노원구
삼일로 三一路 [samillo, 사밀로] /서울시 종로구에서 중구에 걸침
3·15 [samiro, 사미로] /부정선거(1960), 경남 마산시
3·1절 三一節 [samildʒ'əl, 사밀쩔]
삼자범:퇴 三者凡退 [samdʒabə:mtø (we), 퇴(퉤)] /야구
삼장법사 三藏法師 [samdʒaŋbəbs'a, 삼장법싸] /경장(經藏)·율장(律藏)·논장(論藏)에 통달한 중, 중국 당나라 '현장(玄奘)'
삼재 三災 [samdʒɛ] 도병(刀兵), 기근(饑饉), 질역(疾疫)
삼재 三才 [samdʒɛ] 이마와 코와 턱 (관상)
3점 三點 [samdʒəm] /3점 슛
3.6 [samdʒ'əmnjug, 삼쩜뉵]
삼제 芟除 [samdʒe] 풀을 깎듯이 베어 없애 버림
삼족오 三足烏 [samdʒogo, 삼조고]
삼존불 三尊佛 [samdʒonbul]
삼지창 三枝槍 [samdʒiʧaŋ]
삼짇날 三-- [samdʒinnal, 삼진날] 음력 3월 3일, 삼짓날(×)
삼척시 三陟市 [samʧəgs'i, 삼척씨] / 강원도 남동부의 市
삼천리 三千里 [samʧəlli, 삼철리] / 우리나라, 에너지, 자전거 회사
삼천리 三川里 [samʧənni, 삼천니] / 전남 담양군·화순군
삼학도 三鶴島 [samɦagd'o, 삼학또] 전남 목포 앞바다, /방조제
삼한사:온 三寒四溫 [samɦansa:on]
삼합 三合 [samɦab] 세 가지가 어울려 잘 들어맞음, 음식
삽교호 揷橋湖 [sabg'joɦo, 삽꾜호]

충남 당진군과 아산시 사이에 걸침
삽살개 [sabs'algɛ, 삽쌀개] =삽사리
삽시간에 霎時間- [sabs'igane, 삽씨가네]
삽입 插入 [sabib, 사빕]
삽질 [sabdʒ'il, 삽찔]
삽화 揷畵 [sapwa, 사퐈]
삿갓 [sadg'ad, 삳깓]
삿:대질 [sa:d'ɛdʒil, 삳:때질]
삿되다 邪-- [sad'ø(we)da, 사뙤(뛔)다] 나쁘고 옳지 못해 보이다
삿되다 私-- [sad'ø(we)da, 사뙤(뛔)다] 사적(私的)으로 보이다
삿자리 [saddʒ'ari, 삳짜리] 갈대를 엮어 만든 자리
상 床 [saŋ] /상(을) 차리다
상 喪 [saŋ] /상(을) 당하다
상 相 [saŋ] /죽을상을 하고 있다
상가 商街 [saŋga]
상각 償却 [saŋgag]
상감 象嵌 [saŋgam] /나전칠기, 자개농
상:감 上監 [sa:ŋgam] /상감마마
상갓집 喪家- [saŋga(d)dʒ'ib, 상가(갇)찝]
상강 霜降 [saŋgaŋ] /절기
상:개리 上開里 [sa:ŋgɛri] /전북 완주군
상견례 相見禮 [saŋgjənnje, 상견녜]
상:경 上京 [sa:ŋgjəŋ]
상경계:열 常經系列 [saŋgjəŋgje:jəl] /대학
상계관세 相計關稅 [saŋgjegwanse]
상:계동 上溪洞 [sa:ŋgjedoŋ] /서울시 노원구
상고 商高 [saŋgo]
상:고 上告 [sa:ŋgo]
상고머리 [saŋgoməri] ≒스포츠머리
상:고시대 上古時代 [sa:ŋgosidɛ]
상공업 商工業 [saŋgoŋəb]
상관 相關 [saŋgwan]
상:관 上官 [sa:ŋgwan]
상:괘 上卦 [sa:ŋg'wɛ, 상:꽤] 가장 좋은 점괘
상궁 尙宮 [saŋguŋ]
상권 商圈 [saŋg'wən, 상꿘] /상가, 시장
상:권 上卷 [sa:ŋgwən] /책
상극 相剋 [saŋgɨg]
상근 常勤 [saŋgɨn]
상금 賞金 [saŋgɨm]
상:급심 上級審 [sa:ŋgɨbs'im, 상:급씸]
상:기 上記 [sa:ŋgi]
상:기 想起 [sa:ŋgi] 지난 일을 돌이켜 생각하여 냄
상:기되다 上氣-- [sa:ŋgidø(we)da, 되(뒈)]
상:남면 上南面 [sa:ŋnammjən] /강원도 인제군
상:납 上納 [sa:ŋnab]
상:념 想念 [sa:ŋnjəm]
상:늙은이 上--- [sa:ŋnɨlgɨni, 상:늘그니]
상다리 床-- [saŋd'ari, 상따리]
상:단 上段 [sa:ŋdan]
상:달 上達 [sa:ŋdal]
상:달 上- [sa:ŋd'al, 상:딸] =시월상달
상담 相談 [saŋdam]
상:당구 上黨區 [sa:ŋdaŋgu] /충북 청주시의 區
상당량 相當量 [saŋdaŋnjaŋ, 상당냥]
상당수 相當數 [saŋdaŋsu]
상대성 相對性 [saŋdɛs'əŋ, 상대썽]
상:대:원동 上大院洞 [sa:ŋdɛ:wəndoŋ] /경기도 성남시
상:도동 上道洞 [sa:ŋdodoŋ] /서울시 동작구
상:도동 上島洞 [sa:ŋdodoŋ] /경북 포항시
상도의 常道義 [saŋdoi, 상도이]
상:동 上同 [sa:ŋdoŋ] /서식(書式)
상:동 上洞 [sa:ŋdoŋ] /경기도 부천시, 대구시 수성구, 전남 목포시
상동리 霜洞里 [saŋdoŋni, 상동니 / 경기도 가평군

상:동리 上洞里 [sa:ŋdoŋni, 상:동니] /강원도 횡성군, 전북 남원시
상:동리 上東里 [sa:ŋdoŋni, 상:동니] /강원도 인제군
상:동면 上東面 [sa:ŋdoŋmjən] /경남 김해시·밀양시
상:등육 上等肉 [sa:ŋdɨŋnjug, 상:등뉵]
상:량식 上梁式 [sa:ŋnjaŋsig, 상:냥식]
상례 常例 [saŋnje, 상녜]
상록구 常綠區 [saŋnog'u, 상노꾸] / 경기도 안산시의 區
상록수 常綠樹 [saŋnogs'u, 상녹쑤]
상:류 上流 [sa:ŋnju, 상:뉴]
상:륙 上陸 [sa:ŋnjug, 상:뉵]
상:리리 上里里 [sa:ŋniri, 상:니리] / 경북 안동시
상면 相面 [saŋmjən]
상:명하:복 上命下服 [sa:ŋmjəŋɦa:bog]
상모 象毛 [saŋmo] /농악놀이
상무대 尙武臺 [saŋmudɛ] /육군
상:반:기 上半期 [sa:ŋba:ngi]
상:반:신 上半身 [sa:ŋba:nsin]
상:배 喪配 [sa:ŋbɛ] 배우자를 잃음
상벌 賞罰 [saŋbəl]
상보적 相補的 [saŋbodʒəg]
상복 賞福 [saŋb'og, 상뽁]
상복 喪服 [saŋbog]
상본 像本 [saŋbon] 예수·마리아·천사·성인 등의 모상(模像), /가톨릭
상봉 相逢 [saŋboŋ]
상:봉동 上鳳洞 [sa:ŋboŋdoŋ] /서울시 중랑구, 경남 진주시
상:부 上部 [sa:ŋbu]
상부상조 相扶相助 [saŋbusaŋdʒo]
상비약 常備藥 [saŋbijag]
상:사 上司 [sa:ŋsa] /직장생활
상:사 上士 [sa:ŋsa] /군대
상사병 相思病 [saŋsab'jəŋ, 상사뼝]
상산고 象山高 [saŋsaŋgo] /전북 전주시
상산리 象山里 [saŋsanni, 상산니] /전북 정읍시
상:상 想像 [sa:ŋsaŋ]
상:색리 上色里 [sa:ŋsɛŋni, 상:생니] / 경기도 가평군
상생 相生 [saŋsɛŋ]
상:서 上書 [sa:ŋsə] /부모님 전 상서
상:서동 上書洞 [sa:ŋsədoŋ] /대전시 대덕구
상:서동 上西洞 [sa:ŋsədoŋ] /대구시 중구
상서로운 祥瑞-- [saŋsəroun]
상:서면 上西面 [sa:ŋsəmjən] /전북 부안군, 강원도 화천군
상:석 上席 [sa:ŋsəg]
상선 商船 [saŋsən]
상선 尙膳 [saŋsən] /조선, 내시부 최고 벼슬, /史劇
상설 常設 [saŋsəl]
상세한 詳細- [saŋseɦan]
상:소 上疏 [sa:ŋso]
상속세 相續稅 [saŋsogs'e, 상속쎄]
상:쇠 上- [sa:ŋsø(we), 쇠(쉐)] /두레패, 농악대
상수 常數 [saŋsu]
상:수 上手 [sa:ŋsu] ≒윗수
상:수 上數 [sa:ŋsu] /꾀
상:수도 上水道 [sa:ŋsudo]
상:수동 上水洞 [sa:ŋsudoŋ] /서울시 마포구
상스럽다 常--- [saŋs'irəbd'a, 상쓰럽따]
상습적 常習的 [saŋsɨbdʒ'əg, 상습쩍]
상:승 上昇 [sa:ŋsɨŋ]
상:승세 上昇勢 [sa:ŋsɨŋse]
상시 常時 [saŋsi] /상시 대기
상식적 常識的 [saŋsigdʒ'əg, 상식쩍]
상식하다 常食-- [saŋsikada, 상시카다]
상:신 上申 [sa:ŋsin] 의견, 사정을 보고함 /상신을 올리다
상실 喪失 [saŋsil]
상심 傷心 [saŋsim]
상아 象牙 [saŋa]
상:암동 上岩洞 [sa:ŋamdoŋ] /서울시 마포구, 전남 여수시

ㅅ

상어 [saŋə] /魚類
상여 喪輿 [saŋjə]
상:연 上演 [sa:ŋjən]
상:영 上映 [sa:ŋjəŋ]
상온 常溫 [saŋon]
상:왕 上王 [sa:ŋwaŋ] /史劇
상:왕:십리 下往十里 [sa:ŋwa:ŋsimni, 상:왕:심니] /서울시 성동구
상용화 常用化 [saŋjoŋɦwa]
상:원 上院 [sa:ŋwən] ↔ 하원(下院)
상원고 商苑高 [saŋwəngo] /대구광역시 달서구, 구 대구상고
상:원고 上元高 [sa:ŋwəngo] /경기도 부천시
상:원사 上院寺 [sa:ŋwənsa] /사찰, 강원도 오대산
상:월곡동 上月谷洞 [sa:ŋwəlgogd'oŋ, 상:월곡똥] /서울시 성북구
상:위권 上位圈 [sa:ŋwig'wən, 상:위꿘]
상응 相應 [saŋɨŋ]
상의 相議 [saŋi, 상이]
상의 商議 [saŋi, 상이] '상공회의소'의 줄임말
상:의 上衣 [sa:ŋi, 상:이]
상:의하:달 上意下達 [sa:ŋiɦa:dal, 상:이하:달]
상이용:사 傷痍勇士 [saŋijo:ŋsa]
상:일고 上一高 [sa:ŋilgo] /경기도 부천시
상:일동 上一洞 [sa:ŋild'oŋ, 상:일똥] /서울시 강동구
상일여고 尙一女高 [saŋilljəgo, 상일려고] /광주시 서구
상임위 常任委 [saŋimwi, 상이뮈] '상임위원회'의 준말
상자 箱子 [saŋʤa]
상잔 相殘 [saŋʤan] 서로 다투고 싸움, /동족상잔
상장 賞狀 [saŋʤ'aŋ, 상짱]
상:장 上場 [sa:ŋʤaŋ]
상:재 上梓 [sa:ŋʤɛ] 출판을 위해 인쇄에 붙임
상쟁 相爭 [saŋʤɛŋ]
상:적동 上笛洞 [sa:ŋʤəgd'oŋ, 상:적똥] /경기도 성남시, 상적IC, 경부고속도로
상:전 上典 [sa:ŋʤən] /상전 노릇을 하다
상전벽해 桑田碧海 [saŋʤənbjəkɛ, 상전벼캐]
상:정 上程 [sa:ŋʤəŋ] /법안상정
상조회 相助會 [saŋʤoɦø(we), 회(훼)]
상종 相從 [saŋʤoŋ]
상주 喪主 [saŋʤu]
상주 常駐 [saŋʤu]
상주시 尙州市 [saŋʤusi] /경북 서북부의 市
상중 喪中 [saŋʤuŋ]
상:중하 上中下 [sa:ŋʤuŋɦa]
상지대 尙志大 [saŋʤidɛ] /강원도 원주시
상징적 象徵的 [saŋʤiŋʤəg]
상찬 賞讚 [saŋʧan] 기리어 칭찬함, /상찬을 받다
상:찬 上饌 [sa:ŋʧan] 매우 좋은 반찬
상참의 常參儀 [saŋʧami, 상차미] /조선, 지금의 국무회의
상:책 上策 [sa:ŋʧɛg]
상처 傷處 [saŋʧə]
상처 喪妻 [saŋʧə] 아내의 죽음을 당함
상:천리 上泉里 [sa:ŋʧənni, 상:천니] /경기도 가평군, 경춘가도
상:촌면 上村面 [sa:ŋʧonmjən] /충북 영동군
상추 [saŋʧu] 상치(×)
상춘객 賞春客 [saŋʧungɛg]
상:층부 上層部 [sa:ŋʧɨŋbu]
상쾌한 爽快- [saŋkwɛɦan]
상큼한 [saŋkɨmɦan]
상타다 賞-- [saŋtada]
상태 狀態 [saŋtɛ]
상통 相通 [saŋtoŋ]
상투 [saŋtu] /과거, 장가든 남자의 머리
상투적 常套的 [saŋtuʤəg]

상판대기 相--- [saŋpand'ɛgi, 상판때기] '얼굴'을 속되게 이름
상:팔자 上八字 [sa:ŋpalʤ'a, 상:팔짜]
상패 賞牌 [saŋpɛ]
상:편 上篇 [sa:ŋpjən]
상평통보 常平通寶 [saŋpjəntoŋbo] / 조선, 엽전의 이름
상표 商標 [saŋpjo]
상품 賞品 [saŋpum]
상:품 上品 [sa:ŋpum]
상품성 商品性 [saŋpums'əŋ, 상품썽]
상:피조직 上皮組織 [sa:ŋpiʤoʤig] / 生物
상하 常夏 [saŋɦa] /상하의 나라
상:하 上下 [sa:ŋɦa]
상하다 傷-- [saŋɦada]
상항 桑港 [saŋɦaŋ] '샌프란시스코'의 음역어
상해 傷害 [saŋɦɛ]
상:해 上海 [sa:ŋɦɛ] '상하이'
상:향 上向 [sa:ŋɦjaŋ] /상향평가, 상향조정
상허 尙虛 [saŋɦə] '이태준'의 호
상:현달 上弦- [sa:ŋɦjənd'al, 상:현딸]
상:현중 上峴中 [sa:ŋɦjənʤuŋ] /서울시 동작구
상호 相互 [saŋɦo]
상호 商號 [saŋɦo]
상혼 商魂 [saŋɦon]
상환 償還 [saŋɦwan]
상황 狀況 [saŋɦwaŋ]
상회 商會 [saŋɦø(we), 회(훼)]
상:회 上廻 [sa:ŋɦø(we), 회(훼)]
상훈 賞勳 [saŋɦun]
상흔 傷痕 [saŋɦɨn]
샅바 [sadb'a, 산빠]
샅샅이 [sads'aʧi, 삳싸치]
새 [sɛ] 新
새: [sɛ:] 鳥
새: [sɛ:] 間, /새(가) 뜨다
새경 [sɛgjəŋ] /머슴의 보수, /史劇
새:다 [sɛ:da] 漏, 明, 새어/새:[sɛə/sɛ:] 새:니[sɛ:ni]
새댁 -宅 [sɛdɛg]
새만:금 -萬金 [sɛma:ngɨm] /전북 서해안, 방조제
새말 [sɛmal] /강원도 횡성군, 새말IC (영동고속도로)
새새거리다 [sɛsɛgərida] =새새대다
새:알심 --心 [sɛ:alsim]
새옹지마 塞翁之馬 [sɛoŋʤima]
새집 [sɛʤib] '새로 지은 집'
새:집 [sɛ:ʤib] 巢
새:참 [sɛ:ʧam]
새치 [sɛʧi] 生鮮
새:치 [sɛ:ʧi] /드문드문 섞인 흰 머리카락
새침데기 [sɛʧimd'egi, 새침떼기]
새콤하다 [sɛkomɦada]
새터민 --民 [sɛtəmin]
새:털 [sɛ:təl] /가볍다
새해 [sɛɦɛ]
색감 色感 [sɛg'am, 색깜]
색동 色- [sɛgd'oŋ, 색똥]
색맹 色盲 [sɛŋmɛŋ, 생맹]
색상 色相 [sɛgs'aŋ, 색쌍]
색소 色素 [sɛgs'o, 색쏘]
색:시 [sɛ:gs'i, 색:씨]
색안:경 色眼鏡 [sɛga:ngjəŋ, 새간:경]
색약 色弱 [sɛgjag, 새갹]
색연필 色鉛筆 [sɛŋnjənpil, 생년필]
색인 索引 [sɛgin, 새긴]
색조 色調 [sɛgʤ'o, 색쪼]
색종이 色-- [sɛgʤ'oŋi, 색쫑이]
색즉시:공 色卽是空 [sɛgʤ'ɨgsi:goŋ, 색쯕시:공]
샌:님 [sɛ:nnim] /얌전하나 답답한 사람
샘: [sɛ:m] 泉
샘:나다 [sɛ:mnada]
샘:물 [sɛ:mmul]
샘:솟다 [sɛ:msod'a, 샘:소따]
샘:종 -腫 [sɛ:mʤoŋ] =선종(腺腫), /종양
샛:강 [sɛ:dg'aŋ, 샏:깡] /샛강역(서울

메트로 9호선)
샛:길 [sɛ:dg'il, 샏:낄]
샛노:랗다 [sɛnno:rata, 샌노:라타]
샛별 [sɛdb'jəl, 샏뼐] '금성(金星)', 신예(新銳)
생경하다 生硬-- [sɛŋgjəŋɦada]
생굴 生- [sɛŋgul] 石花
생김새 [sɛŋgimsɛ]
생니 生- [sɛŋni]
생닭 生- [sɛŋdag, 생닥]
생득적 生得的 [sɛŋdɨgʤ'əg, 생득쩍]
생떼 生- [sɛŋd'e]
생뚱맞다 [sɛŋd'uŋmad'a, 생뚱마따]
생란 [sɛŋnan, 생난] /전통간식
생략 省略 [sɛŋnjag, 생냑]
생력화 省力化 [sɛŋnjəkwa, 생녀콰] /노동력을 줄임
생로병:사 生老病死 [sɛŋnobjə:ŋsa, 생노병:사]
생률 生栗 [sɛŋnjul, 생뉼] '날밤', /생율(×)
생리 生理 [sɛŋni, 생니]
생면부지 生面不知 [sɛŋmjənbuʤi]
생명력 生命力 [sɛŋmjəŋnjəg, 생명녁]
생방:송 生放送 [sɛŋba:ŋsoŋ]
생보 生保 [sɛŋbo] '생명보험'의 줄임말
생사:람 生-- [sɛŋsa:ram] 아무런 잘못이 없는 사람
생산량 生産量 [sɛŋsannjaŋ, 생산냥]
생산적 生産的 [sɛŋsanʤəg]
생살 生- [sɛŋsal]
생색내:다 生色-- [sɛŋsɛŋnɛ:da, 생생내:다]
생생히 [sɛŋsɛŋɦi]
생선회 生鮮膾 [sɛŋsənɦø(we), 회(훼)]
생성 生成 [sɛŋsəŋ]
생소하다 生疎-- [sɛŋsoɦada]
생수병 生水瓶 [sɛŋsub'jəŋ, 생수뼝]
생식 生食 [sɛŋsig]
생식하다 生殖-- [sɛŋsikada, 생시카다]
생약 生藥 [sɛŋjag]
생육 生育 [sɛŋjug]
생육신 生六臣 [sɛŋjugs'in, 생육씬] /조선 시대, 절개를 지킨 여섯 신하
생이별 生離別 [sɛŋnibjəl, 생니별]
생이빨 生-- [sɛŋnib'al, 생니빨]
생일상 生日床 [sɛŋils'aŋ, 생일쌍]
생장점 生長點 [sɛŋʤaŋʤ'əm, 생장쩜]
생존율 生存率 [sɛŋʤonnjul, 생존뉼]
생:쥐 [sɛ:ŋʤwi]
생지옥 生地獄 [sɛŋʤiog]
생채기 [sɛŋʧɛgi]
생판 生- [sɛŋpan] /생판 처음 듣다
생환 生還 [sɛŋɦwan]
생활력 生活力 [sɛŋɦwalljəg]
생활상 生活相 [sɛŋɦwalsaŋ]
생황 笙簧/笙篁 [sɛŋɦwaŋ] /국악
서: 署 [sə:]
서: [sə:] 3, /서 돈, 서 말, 서 푼
서가 書架 [səga]
서:거 逝去 [sə:gə]
서:광 曙光 [sə:gwaŋ] /서광이 보이다, 서광이 비치다
서광리 西光里 [səgwaŋni, 서광니] /제주시
서:광사 瑞光寺 [sə:gwaŋsa] /사찰, 충남 서산시, 경기도 용인시
서까래 [səg'arɛ]
서녘 西- [sənjəg, 서녁] 서녘이[서녀키] 서녘에[서녀케]
서당 書堂 [sədaŋ]
서당동 書堂洞 [sədaŋdoŋ] /경기도 성남시, 서당사거리
서대 [sədɛ] /生鮮
서덜 [sədəl] /생선 속, 서더리(×)
서도면 西島面 [sədomjən] /인천시 강화군
서동요 薯童謠 [sədoŋjo] /선화공주
서둔동 西屯洞 [sədundoŋ] /경기도 수원시
서랍 [sərab]
서래마을 西來-- [sərɛmaɨl] /서울시 서초구 방배본동과 반포동 일대

ㅅ

서:럽다 [sə:rəbd'a, 서:럽따] 서:러운 [sə:rəun] 서:러워 [sə:rəwə]
서리 [səri] /수박서리
서리 [səri] 霜
서:리 署理 [sə:ri]
서리다 [sərida]
서:린동 瑞麟洞 [sə:rindoŋ] /서울시 종로구
서릿발 [səri(d)b'al, 서리(릳)빨]
서:막 序幕 [sə:mag]
서먹하다 [səməkada, 서머카다]
서:명 署名 [sə:mjəŋ]
서:무 庶務 [sə:mu]
서:문 序文 [sə:mun]
서:문여고 瑞文女高 [sə:munnjəgo, 서:문녀고] /서울시 서초구
서:민 庶民 [sə:min]
서반아 西班牙 [səbana, 서바나] '스페인'의 음역어
서방질 書房- [səbaŋdʒil]
서:봉총 瑞鳳塚 [sə:boŋʧoŋ] 신라 고분, /경북 경주시
서사 書士 [səsa]
서:사적 敍事的 [sə:sadʒəg]
서산 西山 [səsan]
서:산시 瑞山市 [sə:sansi] /충남 서북부의 市
서삼릉 西三陵 [səsamniŋ, 서삼능] /경기도 고양시
서상동 西上洞 [səsaŋdoŋ] /경남 창원시
서:서 瑞西 [sə:sə] '스위스'의 음역어
서:서히 徐徐- [sə:səɦi]
서:설 瑞雪 [sə:səl]
서성동 西城洞 [səsəŋdoŋ] /경남 마산시, 경북 상주시
서성리 西城里 [səsəŋni, 서성니] /전남 강진군
서:성리 瑞城里 [sə:səŋni, 서:성니] /전남 화순군
서:술 敍述 [sə:sul]
서슬 [səsɨl]
서슴없:이 [səsɨmə:bs'i, 서스멉:씨]
서:시 序詩 [sə:si]
서식 書式 [səsig]
서:식 棲息 [sə:sig]
서신 書信 [səsin]
서신면 西新面 [səsinmjən] /경기도 화성시
서암리 西岩里 [səamni, 서암니] /경기도 김포시, 경남 의령군
서:약 誓約 [sə:jag]
서애 西厓 [səɛ] '유성룡'의 호
서:열 序列 [sə:jəl]
서오릉 西五陵 [səoniŋ, 서오능] /경기도 고양시
서:운동 瑞雲洞 [sə:undoŋ] /인천시 계양구(서운IC), 충북 청주시
서운하다 [səunɦada]
서울내기 [səullɛgi, 서울래기]
서울숲 [səulsub, 서울숩] /서울시 성동구, 공원
서울역 --驛 [səulljəg, 서울력]
서울예대 --藝大 [səullje:dɛ, 서울례:대] /경기도 안산시
서원 書院 [səwən]
서:원 誓願 [sə:wən]
서원대 西原大 [səwəndɛ] /충북 청주시
서원면 書院面 [səwənmjən] /강원도 횡성군
서:일대 瑞逸大 [sə:ildɛ] /서울시 중랑구
서:자 庶子 [sə:dʒa]
서:장 署長 [sə:dʒaŋ]
서재 書齋 [sədʒɛ]
서:전 緖戰 [sə:dʒən]
서:전 瑞典 [sə:dʒən] '스웨덴'의 음역어
서:정 抒情 [sə:dʒəŋ]
서:정대 瑞靖大 [sə:dʒəŋdɛ] /경기도 양주시
서정동 西井洞 [sədʒəŋdoŋ] /경기도 평택시, 서정리역

서정리 西亭里 [sədʒəŋni, 서정니] / 청양·연기·옥천·김제·남원·해남·거제
서정리 西井里 [sədʒəŋni, 서정니] / 경북 포항시
서정리 西鼎里 [sədʒəŋni, 서정니] / 경남 사천시
서정마을 書井-- [sədʒəŋmaɨl] /경기도 고양시
서종면 西宗面 [sədʒoŋmjən] /경기도 양평군
서:주 序奏 [sə:dʒu] /음악
서찰 書札 [sətʃal]
서:창 敍唱 [sə:tʃaŋ] '레치차티보', / 오페라, (음악)
서창동 西倉洞 [sətʃaŋdoŋ] /광주시 서구, 경남 양산시
서창동 西昌洞 [sətʃaŋdoŋ] /인천시 남동구, 서창IC
서:창리 瑞倉里 [sə:tʃaŋni, 서:창니] / 충남 연기군, 고려대 서창캠퍼스
서책 書冊 [sətʃɛg]
서:천군 舒川郡 [sə:tʃəngun] /충남 남서부의 郡
서:초구 瑞草區 [sə:tʃogu] /서울시 남동부의 區
서:출 庶出 [sə:tʃul]
서탄면 西炭面 [sətanmjən] /경기도 평택시
서:투르다 [sə:turɨda] 서:툴러[sə:tullə] 서:투르니[sə:turɨni]
서:툴다 [sə:tulda] 서:투니[sə:tuni] 서:툰[sə:tun]
서패리 西牌里 [sapɛri] /경기도 파주시
서편제 西便制 [səpjəndʒe] /판소리, 남도
서포 西浦 [səpo] '김만중'의 호
서포리 西浦里 [səpori] /전북 김제시·군산시, 인천시 옹진군
서학 西學 [səɦag] 조선시대 '천주교'를 이르던 말, ≒天主學
서한 書翰 [səɦan]
서:행 徐行 [sə:ɦɛŋ]
서향집 西向- [səɦjaŋdʒ'ib, 서향찝]
서현동 書峴洞 [səɦjəndoŋ] /경기도 성남시
서화 書畵 [səɦwa]
서:화면 瑞和面 [sə:ɦwamjən] /강원도 인제군
서:훈 敍勳 [sə:ɦun]
석가모니 釋迦牟尼 [səg'amoni, 서까모니]
석고대죄 席藁待罪 [səg'odɛ:dʒø(we), 서꼬대:죄(줴)] 거적을 깔고 엎드려 임금의 명을 기다리던 일
석관동 石串洞 [səg'wandoŋ, 서꽌동] /서울시 성북구
석권 席卷/席捲 [səg'wən, 서꿘]
석:냥 - 兩 [sə:ŋnjaŋ, 성:냥]
석:달 [sə:gd'al, 석:딸]
석란 石蘭 [səŋnan, 성난] ≒石韋(석위), /식물
석류 石榴 [səŋnju, 성뉴]
석면 石綿 [səŋmjən, 성면]
석명서 釋明書 [səŋmjəŋsə, 성명서] 사실을 설명해 내용을 밝힌 문서
석보상절 釋譜詳節 [səgb'osaŋdʒəl, 석뽀상절] /석가의 일대기, 조선(1447)
석빙고 石氷庫 [səgb'iŋgo, 석삥고]
석: 섬 [sə:gs'əm, 석:썸]
석연치 않다 釋然- -- [səgjəntʃianta, 서견치안타]
석: 점 - 點 [sə:gdʒ'əm, 석:쩜]
석학 碩學 [səkag, 서칵]
석현동 石峴洞 [səkjəndoŋ, 서켠동] / 전남 순천시·목포시·나주시
석화 石花 [səkwa, 서콰]
석회암 石灰巖 [səkø(we)am, 서쾨(퀘)암]
섞갈리다 [səg'allida, 서깔리다]
섞다 [səgd'a, 석따] 混
섞이다 [səg'ida, 서끼다]
선감도 仙甘島 [səngamdo] /경기도

안산시, 시화방조제, 일제 만행
선:거권 選擧權 [sə:ngəg'wən, 선:거꿘]
선결 先決 [səngjəl] /선결과제
선고 宣告 [səngo] (法)
선:곡 選曲 [sə:ngog]
선공 先攻 [səngoŋ] /스포츠
선:관위 選管委 [sə:ngwanwi, 선:과뉘]
선교 宣教 [səngjo]
선구리 仙區里 [sənguri] /경남 남해군
선:구안 選球眼 [sə:nguan] /야구
선구자 先驅者 [səngudʒa]
선군주의 先軍主義 [səngundʒui, 선군주이] /북한
선급금 先給金 [səngɨbg'ɨm, 선급끔]
선:남선:녀 善男善女 [sə:nnamsə:nnjə]
선농단 先農壇 [sənnoŋdan] 고려·조선시대 풍년을 빌던 제단, /(→설렁탕)
선단 船團 [səndan]
선달 先達 [səndal] 급제했으나 벼슬이 없는 이, /史劇
선대 先代 [səndɛ]
선:대위 選對委 [sə:ndɛwi] '선거대책위원회'의 약칭
선:덕여왕 善德女王 [sə:ndəŋnjəwaŋ, 선:덩녀왕] 신라 제27대 왕(?~647)
선도 先導 [səndo]
선:도 善導 [sə:ndo]
선동적 煽動的 [səndoŋdʒəg]
선두 先頭 [səndu]
선:량 選良 [sə:lljaŋ, 설:량] /'국회의원'(일반적 용도)
선:량하다 善良-- [sə:lljaŋɦada, 설:량하다]
선례 先例 [səllje, 설례]
선로 線路 [səllo, 설로]
선릉 宣陵 [sənnɨŋ, 선능] /서울시 강남구
선:린 善隣 [sə:llin, 설:린]
선망 旋網 [sənmaŋ] /수산업
선:망 羨望 [sə:nmaŋ]
선:머슴 [sə:nməsɨm]
선:무:당 [sə:nmu:daŋ]
선문대 鮮文大 [sənmundɛ] /충남 아산시
선물 先物 [sənmul] /선물거래
선:물 膳物 [sə:nmul]
선:민사상 選民思想 [sə:nminsasaŋ]
선박회:사 船舶會社 [sənbakø:(we:)sa, 선바쾨:(퀘:)사]
선반 [sənban] /부엌선반
선반 旋盤 [sənban] 공작기계, /'갈이판'
선발 先發 [sənbal] /선발투수, 선발대
선:발 選拔 [sə:nbal]
선방 禪房 [sənbaŋ]
선:방 善防 [sə:nbaŋ]
선배 先輩 [sənbɛ]
선:별적 選別的 [sə:nbjəldʒəg]
선:보이다 [sə:nboida] /선뵈다
선비 [sənbi]
선산 先山 [sənsan]
선:산군 善山郡 [sə:nsangun] /경북 구미시(龜尾市)로 통합(1995)
선선하다 [sənsənɦada]
선선히 [sənsənɦi] /선선히 내주다
선수 先手 [sənsu] /선수치다
선:수 選手 [sə:nsu]
선:수 選數 [sə:ns'u, 선:쑤] /초선의원, 다선의원
선:순환 善循環 [sə:nsunɦwan] (경제)
선술집 [sənsuldʒ'ib, 선술찝]
선식 禪食 [sənsig]
선심 線審 [sənsim] /스포츠
선:심성 善心性 [sə:nsims'əŋ, 선:심썽]
선:악과 善惡果 [sə:nag'wa, 서:나꽈]
선암로 禪巖路 [sənamno, 서남노] / 경기도 과천시, 선바위길, 선암IC
선암역 仙岩驛 [sənamnjəg, 서남녁] / 울산시 남구
선양 宣揚 [sənjaŋ, 서냥] /국위선양
선양 鮮洋 [sənjaŋ, 서냥] /소주, 주류회사
선연하다 鮮然-- [sənjənɦada, 서년하다] 뚜렷하다, /기억이 선연하다

선열 先烈 [sənjəl, 서녈]
선영 先塋 [sənjəŋ, 서녕]
선운사 禪雲寺 [sənunsa, 서눈사] /전북 고창군
선원 船員 [sənwən, 서눤]
선원면 仙源面 [sənwənmjən, 서눤면] /인천광역시 강화군
선유도 仙遊島 [sənjudo, 서뉴도] /한강 내의 섬, 전북 군산시
선율 旋律 [sənjul, 서뉼]
선:의 善意 [sə:ni, 서:니]
선이:자 先利子 [sənni:ʤa, 선니:자]
선인 先人 [sənin, 서닌]
선:인 善人 [sə:nin, 서:닌]
선:인중 善仁中 [sə:ninʤuŋ, 서:닌중] /인천시 남구
선:일여고 善一女高 [sə:nilljəgo, 서:닐려고] /서울 은평구
선임 先任 [sənim, 서님]
선:임 選任 [sə:nim, 서:님]
선:잠 [sə:nʤam]
선장 船長 [sənʤaŋ]
선전 宣傳 [sənʤən]
선:전 善戰 [sə:nʤən]
선점 先占 [sənʤəm]
선:정 選定 [sə:nʤəŋ]
선:정 善政 [sə:nʤəŋ]
선:정고 善正高 [sə:nʤəŋgo] /서울시 은평구
선정적 煽情的 [sənʤəŋʤəg]
선제적 先制的 [sənʤeʤəg]
선:제:후 選帝侯 [sə:nʤe:hu] /서양 역사
선조 先祖 [sənʤo]
선조 宣祖 [sənʤo] /조선 14대 왕, 임진왜란
선종 禪宗 [sənʤoŋ] /불교
선:종 善終 [sə:nʤoŋ] /주로 사제(司祭)의 죽음을 가리킴, /가톨릭
선:죽교 善竹橋 [sə:nʤug'jo, 선:주꾜] /정몽주, 역사
선짓국 [sənʤi(d)g'ug, 선지(짇)꾹]
선착순 先着順 [sənʧags'un, 선착쑨]
선창 先唱 [sənʧaŋ]
선창 船艙 [sənʧaŋ] '부두'
선:처 善處 [sə:nʧə]
선천성 先天性 [sənʧəns'əŋ, 선천썽]
선천적 先天的 [sənʧənʤəg]
선축 先蹴 [sənʧug] /축구
선:출직 選出職 [sə:nʧulʤig]
선취점 先取點 [sənʧwiʤ'əm, 선취쩜]
선친 先親 [sənʧin]
선:택하다 選擇-- [sə:ntɛkada, 선:태카다]
선:하다 善-- [sə:nɦada]
선행 先行 [sənɦɛŋ]
선:행 善行 [sə:nɦɛŋ]
선험적 先驗的 [sənɦəmʤəg]
선:호 選好 [sə:nɦo]
선홍색 鮮紅色 [sənɦoŋsɛg]
선:화공주 善花公主 [sə:nɦwagoŋʤu] /서동요(薯童謠)
선화동 仙花洞 [sənɦwadoŋ] /인천시 중구
선화동 宣化洞 [sənɦwadoŋ] /대전시 중구
선화예:고 仙和藝高 [sənɦwaje:go] /서울시 광진구
선회하다 旋回-- [sənɦø(we)ɦada, 회(훼)]
선후 先後 [sənɦu]
섣:달 [sə:d'al, 서:딸] /음력 12월
섣:불리 [sə:db'ulli, 섣:뿔리]
설 說 [səl]
설: [sə:l] 음력 1월 1일
설거지 [səlgəʤi] 설겆이(×)
설:깨:다 [sə:lg'ɛ:da]
설:다 [sə:lda] 설:지[sə:lʤi] 설:고[sə:lgo] 서:니[sə:ni] 설어[sərə, 서러]
설득력 說得力 [səld'iŋnjəg, 설뜽녁]
설득하다 說得-- [səld'ikada, 설뜨카다]
설렁탕 --湯 [səlləŋtaŋ] 설농탕(×)
설령 設令 [səlljəŋ]
설마 [səlma]
설명적 說明的 [səlmjəŋʤəg]

ㅅ

설봉산 雪峯山 [səlboŋsan] /경기도 이천시
설:빔 [sə:lbim]
설사 泄瀉 [səls'a, 설싸]
설사 設使 [səls'a, 설싸] =설령(設令)
설상가상 雪上加霜 [səls'aŋgasaŋ, 설쌍가상]
설설 [səlsəl]
설성면 雪星面 [səls'əŋmjən, 설썽면] /경기도 이천시
설악산 雪嶽山 [sərags'an, 서락싼]
설야 雪夜 [sərja, 서랴]
설욕하다 雪辱-- [sərjokada, 서료카다]
설:움 [sə:rum, 서:룸] ≒서러움
설원 雪原 [sərwən, 서뤈]
설월여고 雪月女高 [sərwəlljəgo, 서뤌려고] /광주시 남구
설:익다 [sə:lligd'a, 설:릭따]
설장구 [səldʒaŋgu] /서서 치는 장구
설전 舌戰 [səldʒ'ən, 설쩐]
설정 設定 [səldʒ'əŋ, 설쩡]
설중매 雪中梅 [səldʒ'uŋmɛ, 설쭝매] /신소설, (1908)
설치다 [səltʃida]
설치류 齧齒類 [səltʃirju]
설핏 [səlpid, 설핃]
설혹 設或 [səlhog]
설화 舌禍 [səlhwa]
섧:다 [sə:ld'a, 설:따] 痛, 설:워[서:뤄] 설:우니[서:루니] 섧:고[설:꼬] 섧:지 [설:찌]
섬: [sə:m] 島
섬광 閃光 [səmgwaŋ]
섬돌 [səmd'ol, 섬똘] ≒댓돌
섬뜩하다 [səmd'ikada, 섬뜨카다] 섬찟하다(×)
섬망 譫妄 [səmmaŋ] 정신질환, /의학
섬멸 殲滅 [səmmjəl]
섬:사:람 [sə:ms'a:ram, 섬:싸:람]
섬섬옥수 纖纖玉手 [səmsəmogs'u, 섬서목쑤]
섬세하다 纖細-- [səmsehada]
섬유질 纖維質 [səmjudʒil, 서뮤질]
섬진강 蟾津江 [səmdʒingaŋ] /전북·전남·경남에 걸침
섭렵 涉獵 [səmnjəb, 섬녑]
섭리 攝理 [səmni, 섬니]
섭생 攝生 [səbs'ɛŋ, 섭쌩]
섭섭하다 [səbs'əpada, 섭써파다] 섭섭지 않다[səbs'əbdʒ'ianta, 섭썹찌안타]
섭씨 攝氏 [səbs'i] 'Celsius'의 음역, /36°C
섭외 涉外 [səbø(we), 서뵈(붸)]
섭정 攝政 [səbdʒ'əŋ, 섭쩡]
섭취 攝取 [səbtʃwi]
성 城 [səŋ]
성: 姓 [sə:ŋ]
성: 性 [sə:ŋ]
성: 聖 [sə:ŋ] /성 금요일
성가 聲價 [səŋg'a, 성까]
성:가 聖歌 [sə:ŋga]
성:감대 性感帶 [sə:ŋgamdɛ]
성:거읍 聖居邑 [sə:ŋgəib] /충남 천안시
성:격 性格 [sə:ŋg'jəg, 성:껵]
성견 成犬 [səŋgjən] /다 큰 개
성:결교:회 聖潔敎會 [sə:ŋgjəlg'jo:hø(we), 성:결꾜:회(훼)]
성:경 聖經 [sə:ŋgjəŋ]
성:골 聖骨 [sə:ŋgol] /신라시대
성공적 成功的 [səŋgoŋdʒəg]
성:공회 聖公會 [sə:ŋgoŋhø(we), 회(훼)]
성과 成果 [səŋg'wa, 성꽈]
성곽 城郭 [səŋgwag]
성:광고 聖光高 [sə:ŋgwaŋgo] /대구광역시 북구
성:교 性交 [sə:ŋgjo]
성:교:회 聖敎會 [sə:ŋgjo:hø(we), 회(훼)] /가톨릭
성:구 聖句 [sə:ŋg'u, 성:꾸]
성:군 聖君 [sə:ŋgun]
성:궤 聖櫃 [sə:ŋgwe]
성글다 [səŋgɨlda] =성기다, 성근[səŋgɨn] 성글어[səŋgɨrə, 성그러]

성금 誠金 [səŋgɨm]
성:기 性器 [sə:ŋgi]
성:깔 性- [sə:ŋg'al]
성:나다 [sə:ŋnada]
성내역 城內驛 [səŋnɛjəg] /서울 송파구, 지하철 2호선
성냥갑 --匣 [səŋnjaŋg'ab, 성냥깝]
성:녀 聖女 [sə:ŋnjə]
성:능 性能 [sə:ŋnɨŋ]
성:당 聖堂 [sə:ŋdaŋ]
성:당로 聖堂路 [sə:ŋdaŋno, 성:당노] /대구광역시 중구
성당리 成黨里 [səŋdaŋni, 성당니] /충남 금산군
성:당리 聖堂里 [sə:ŋdaŋni, 성:당니] /전북 익산시
성대 聲帶 [səŋdɛ]
성대 成大 [səŋdɛ] '성균관대학교'의 약칭
성:대한 盛大- [sə:ŋdɛɦan]
성덕여상 成德女商 [səŋdəŋnjəsaŋ, 성덩녀상] /서울시 강동구
성:덕왕 聖德王 [sə:ŋdəgwaŋ, 성:더광] /신라 33대 왕(?~737)
성:도 聖徒 [sə:ŋdo]
성동격서 聲東擊西 [səŋdoŋgjəgs'ə, 성동격써] /적의 허를 찌름
성동고 城東高 [səŋdoŋgo] /서울시 중구
성동공고 城東工高 [səŋdoŋgoŋgo] /서울시 중구
성동역 城東驛 [səŋdoŋnjəg, 성동녁] /구 경춘선 철도역
성량 聲量 [səŋnjaŋ, 성냥]
성:령 聖靈 [sə:ŋnjəŋ, 성:녕]
성:리학 性理學 [sə:ŋniɦag, 성:니학]
성립 成立 [səŋnib, 성닙]
성:마른 性-- [sə:ŋmarɨn] 참을성 없고 성질이 급한
성명 聲明 [səŋmjəŋ]
성:명 姓名 [sə:ŋmjəŋ]
성:모 聖母 [sə:ŋmo]
성묫길 省墓- [səŋmjo(d)g'il, 성묘(묟)낄]
성:무 聖務 [sə:ŋmu] /가톨릭
성문 聲紋 [səŋmun]
성:문고 聖文高 [sə:ŋmungo] /경기도 안양시
성:물방 聖物房 [sə:ŋmulbaŋ] /가톨릭
성:미 性味 [sə:ŋmi]
성:민대 聖民大 [sə:ŋmindɛ] /충남 천안시
성:배 聖杯 [sə:ŋbɛ]
성벽 城壁 [səŋbjəg]
성:별 性別 [sə:ŋbjəl]
성:병 性病 [sə:ŋb'jəŋ, 성:뼝]
성보고 成保高 [səŋbogo] /서울시 관악구
성북역 城北驛 [səŋbuŋnjəg, 성붕녁] /서울시 노원구
성분 成分 [səŋbun]
성불 成佛 [səŋbul]
성사 成事 [səŋsa]
성:사 聖事 [sə:ŋsa] /가톨릭
성산대:교 城山大橋 [səŋsandɛ:gjo] 서울시 마포구와 영등포구를 연결
성산로 城山路 [səŋsanno, 성산노] / 서울시 서대문구에서 영등포구에 걸침
성:삼위 聖三位 [sə:ŋsamwi, 성:사뮈] /가톨릭
성상 星霜 [səŋsaŋ] 한 해 동안의 세월, /열두 성상
성:서 聖書 [sə:ŋsə]
성서고 城西高 [səŋsəgo] /대구시 달서구
성서동 城西洞 [səŋsədoŋ] /충북 충주시
성서지구 城西地區 [səŋsədʒigu] /대구시 달서구, 첨단의료복합단지
성석동 城石洞 [səŋsəgd'oŋ, 성석똥] / 경기도 고양시
성:선설 性善說 [sə:ŋsənsəl]
성:성동 聖城洞 [sə:ŋsəŋdoŋ] /충남 천안시

성성이 猩猩- [səŋsəŋi] /동물
성성하다 星星-- [səŋsəŋɦada] /백발이 성성하다
성:소 聖召 [səːŋso] /가톨릭
성:수 聖水 [səːŋsu] /가톨릭
성:수기 盛需期 [səːŋsugi]
성:수대:교 聖水大橋 [səːŋsudɛːgjo] 서울시 성동구와 강남구를 이음
성숙하다 成熟-- [səŋsukada, 성수카다]
성:시 盛市 [səːŋsi] /문전성시
성신양회 星信洋灰 [səŋsinnjaŋɦø(we), 성신냥회(훼)] /시멘트회사
성신여대 誠信女大 [səŋsinnjədɛ, 성신녀대] /서울시 성북구
성실 誠實 [səŋsil]
성:심병:원 聖心病院 [səːŋsimb'jəːŋwən, 성:심뼝:원] /대형병원
성심성의 誠心誠意 [səŋsimsəŋi, 성심성이]
성:심여고 聖心女高 [səːŋsimnjəgo, 성:심녀고] /서울시 용산구
-성싶다 [səŋ/s'əŋsibd'a, 성(썽)십따]
성:씨 姓氏 [səːŋs'i]
성안길 城-- [səŋang'il, 성안낄] /충북 청주시, 번화가
성암리 星岩里 [səŋamni, 성암니] /충남 서산시, 경북 의성군, 전남 장성군
성암리 城岩里 [səŋamni, 성암니] /전남 무안군
성:암리 聖岩里 [səːŋamni, 성:암니] /충북 보은군
성암여중 誠岩女中 [səŋamnjədʒuŋ, 성암녀중] /서울시 강북구
성:애 性愛 [səːŋɛ]
성에 [səŋe]
성역 聲域 [səŋjəg] /음악
성:역화 聖域化 [səːŋjəkwa, 성:여콰]
성:연면 聖淵面 [səːŋjənmjən] /충남 서산시
성:왕산 聖王山 [səːŋwaŋsan] /충남 서산시
성우 聲優 [səŋu]
성운 星雲 [səŋun]
성:웅 聖雄 [səːŋuŋ]
성원 聲援 [səŋwən]
성원 成員 [səŋwən]
성:은 聖恩 [səːŋɨn], /史劇
성읍 城邑 [səŋɨb]
성의 誠意 [səŋi, 성이]
성:의고 聖義高 [səːŋigo, 성:이고] /경북 김천시
성:의여고 聖義女高 [səːŋijəgo, 성:이여고] /경북 김천시
성:인 聖人 [səːŋin]
성인용 成人用 [səŋinnjoŋ, 성인뇽]
성:자 聖者 [səːŋdʒa]
성:작 聖爵 [səːŋdʒag] 포도주를 담는 잔, /가톨릭
성장세 成長勢 [səŋdʒaŋse]
성저마을 城底-- [səŋdʒəmaɨl] /경기도 고양시
성적 成績 [səŋdʒəg]
성:적 性的 [səːŋdʒ'əg, 성:쩍]
성:전 聖殿 [səːŋdʒən]
성:정 性情 [səːŋdʒəŋ]
성조 聲調 [səŋdʒo]
성조기 星條旗 [səŋdʒogi]
성좌 星座 [səŋdʒwa] =별자리
성주군 星州郡 [səŋdʒugun] /경북 남서부의 郡
성:지 聖地 [səːŋdʒi]
성:지봉 聖地峰 [səːŋdʒiboŋ] /경기도 양평군
성:직자 聖職者 [səːŋdʒigdʒ'a, 성:직짜]
성:질 性質 [səːŋdʒil]
성:징 性徵 [səːŋdʒiŋ]
성:차별 性差別 [səːŋʧabjəl]
성:찬 盛饌 [səːŋʧan] /진수성찬
성:찬식 聖餐式 [səːŋʧansig] /가톨릭
성찰 省察 [səŋʧal]
성채 城砦 [səŋʧɛ]
성:철 性徹 [səːŋʧəl] /한국불교의 큰스님(1912~1993)
성:체 聖體 [səːŋʧe] /가톨릭

성:총 盛寵 [sə:ŋʧoŋ] 풍성한 은총, /가톨릭
성:추행 性醜行 [sə:ŋʧuɦɛŋ]
성충 成蟲 [səŋʧuŋ]
성취 成就 [səŋʧwi]
성층권 成層圈 [səŋʧɨŋg'wən, 성층꿘]
성큼 [səŋkɨm]
성:탄 聖誕 [sə:ŋtan]
성토하다 聲討-- [səŋtoɦada]
성판악 城板岳 [səŋpanag, 성파낙] /제주시
성패 成敗 [səŋpɛ]
성포동 聲浦洞 [səŋpodoŋ] /경기도 안산시
성:폭력 性暴力 [sə:ŋpoŋnjəg, 성:퐁녁]
성:품 性品 [sə:ŋpum]
성:하 聖下 [sə:ŋɦa] /교황성하, 가톨릭
성:하 盛夏 [sə:ŋɦa] =한여름
성하다 [səŋɦada] /온몸이 성한 데가 없다
성:하다 盛-- [sə:ŋɦada] /자손이 성하다, 목축이 성하다
성:함 姓銜 [sə:ŋɦam]
성항 星港 [səŋɦaŋ] '싱가포르'의 음역어
성:행 盛行 [sə:ŋɦɛŋ]
성:향 性向 [sə:ŋɦjaŋ]
성:현 聖賢 [sə:ŋɦjən]
성:혈 聖血 [sə:ŋɦjəl]
성형 成形 [səŋɦjəŋ]
성호 星湖 [səŋɦo] '이익'의 호
성:호 聖號 [sə:ŋɦo] /가톨릭
성혼 成婚 [səŋɦon]
성화 成火 [səŋɦwa] /성화를 부리다, 성화에 시달리다
성:화 聖火 [sə:ŋɦwa]
성환읍 成歡邑 [səŋɦwanɨb, 성화늡] /충남 천안시
성:황 盛況 [sə:ŋɦwaŋ]
성:희롱 性戲弄 [sə:ŋɦiroŋ, 성:히롱]
섶 [səb, 섭] =옷섶, /저고리에 섶을 달다

세: [se:] 3, /세 사람, 세 개
세: 貰 [se:]
세: 稅 [se:]
세: 勢 [se:]
세:간 [se:gan] /살림
세:간 世間 [se:gan] 세상 일반
세:검정 洗劍亭 [se:gəmdʒəŋ] /정자, 서울시 종로구
세:계 世界 [se:gje]
세:계잉:여금 歲計剩餘金 [se:gjei:ŋ jəgɨm]
세:곡동 細谷洞 [se:gogd'oŋ, 세:곡똥] /서울시 강남구
세:공 細工 [se:goŋ]
세:관 稅關 [se:gwan]
세:교동 細橋洞 [se:gjodoŋ] /경기도 오산시·평택시, 세교지구(오산시)
세:균 細菌 [se:gjun]
세:금 稅金 [se:gɨm]
세:기 世紀 [se:gi]
세:기 細技 [se:gi] /스포츠
세:기 [se:gi] 强度
세:뇌 洗腦 [se:nø(we), 뇌(눼)]
세:다 [se:da] 强, 算, 白(머리가 세다)
세:대 世代 [se:dɛ]
세:도 勢道 [se:do] /세도정치
세:력 勢力 [se:rjəg]
세:련미 洗練味 [se:rjənmi]
세:례 洗禮 [se:rje]
세:로 [se:ro] ↔가로
세:리 稅吏 [se:ri]
세:마치 [se:maʧi] 세 사람이 번갈아 쇠를 치는 것, /대장간
세:말 世末 [se:mal]
세:말 細末 [se:mal] 아주 곱게 빻은 가루
세:말 歲末 [se:mal] =세밑
세:면대 洗面臺 [se:mjəndɛ]
세:명대 世明大 [se:mjəŋdɛ] /충북 제천시
세:모 [se:mo] /삼각형
세:모 歲暮 [se:mo]

ㅅ

세:모시 細-- [se:mosi]
세:목 稅目 [se:mog]
세:무 稅務 [se:mu]
세:밀한 細密- [se:milɦan]
세:밑 歲- [se:mid, 세:믿]
세:반고리관 -半--管 [se:bangorigwan]
세:배 歲拜 [se:bɛ]
세:법 稅法 [se:b'əb, 세:뻡]
세:부 細部 [se:bu]
세:비 歲費 [se:bi]
세:상 世上 [se:saŋ]
세:세히 細細- [se:seɦi]
세:속적 世俗的 [se:sogʤ'əg, 세:속쩍]
세:수 洗手 [se:su]
세:수 稅收 [se:su]
세:숫대야 洗手-- [se:sud'ɛja, 세:수때야]
세:시 歲時 [se:si] /세시풍속
세:심하다 細心-- [se:simɦada]
세:안용 洗顔用 [se:annjoŋ, 세:안뇽]
세:액 稅額 [se:ɛg]
세:운상가 世運商街 [se:unsaŋga] /서울시 종로와 퇴계로 사이 상가
세:원 稅源 [se:wən]
세:월 歲月 [se:wəl]
세:율 稅率 [se:jul]
세:입 稅入 [se:ib]
세:입자 貰入者 [se:ibʤ'a, 세:입짜]
세:자 世子 [se:ʤa] /史劇
세:작 細作 [se:ʤag] =간첩
세:전이:자 稅前利子 [se:ʤəni:ʤa, 세:저니:자]
세:제 洗劑 [se:ʤe]
세:제 稅制 [se:ʤe]
세:조 世祖 [se:ʤo] /조선 7대 왕
세:종 世宗 [se:ʤoŋ] /조선 4대 왕, 훈민정음
세:차 洗車 [se:ʧa]
세:차게 [se:ʧage] /세차다
세:척 洗滌 [se:ʧəg]
세:칙 細則 [se:ʧig]
세:칭 世稱 [se:ʧiŋ]
세:탁소 洗濯所 [se:tags'o, 세:탁쏘]
세:태 世態 [se:tɛ]
세:파 世波 [se:pa] 모질고 거센 세상의 어려움
세:포 細胞 [se:po]
세:한도 歲寒圖 [se:ɦando] /'김정희(金正喜)'의 명작, 국보 180호, 조선 후기
세:화고 世和高 [se:ɦwago] /서울시 서초구, 경북 포항시
센:물 [se:nmul] ≒경수(硬水)
셈: [se:m] 算
셈:법 -法 [se:mb'əb, 셈:뻡]
셋: [se:d, 섿:] 3
셋:방 貰房 [se:(d)b'aŋ, 세:(섿:)빵]
셋:집 貰- [se:(d)ʤ'ib, 세:(섿:)찝]
셋:째 [se:dʤ'ɛ, 섿:째]
소 [so] 牛
소 [so] 만두소, 송편소
소 訴 [so]
소: 小 [so:]
소각 燒却 [sogag]
소각 消却/銷却 [sogag] 지워서 없애버림
소:갈머리 [so:galməri] ≒소갈딱지
소갈증 消渴症 [sogalʤ'iŋ, 소갈쯩]
소:감 所感 [so:gam]
소:강 小康 [so:gaŋ] /소강상태
소개 紹介 [sogɛ]
소개령 疏開令 [sogɛrjəŋ] /공습, 화재, 재난
소거 消去 [sogə]
소격동 昭格洞 [sogjəgd'oŋ, 소격똥] /서울시 종로구
소:견 所見 [so:gjən]
소:경 [so:gjəŋ] =맹인(盲人)
소:계 小計 [so:gje]
소:고 小考 [so:go]
소:공녀 小公女 [so:goŋnjə] /문학
소:공동 小公洞 [so:goŋdoŋ] /서울시 중구
소:공자 小公子 [so:goŋʤa] /문학

ㅅ

소:관 所管 [so:gwan] /소관부처, 소관업무
소구력 訴求力 [sogurjəg]
소굴 巢窟 [sogul]
소:규모 小規模 [so:gjumo]
소:극 笑劇 [so:gɨg]
소극적 消極的 [sogɨgʤ'əg, 소극쩍]
소금기 --氣 [sogɨmg'i, 소금끼]
소급하다 遡及-- [sogɨpada, 소그파다]
소:기의 所期- [so:gie, 소:기에] /소기의 목적, 성과
소:녀 少女 [so:njə]
소:뇌 小腦 [so:nø(we), 뇌(눼)]
소담스럽다 [sodamsɨrəbd'a, 소담스럽따]
소:대 小隊 [so:dɛ]
소도 疏導 [sodo] /대소변을 통해 병원균을 몸 밖으로 내보내는 것
소독액 消毒液 [sodogɛg, 소도객]
소독약 消毒藥 [sodoŋnjag, 소동냑]
소동 騷動 [sodoŋ]
소동파 蘇東坡 [sodoŋpa] /시인, 北宋 때
소:득세 所得稅 [so:dɨgs'e, 소:득쎄]
소:득원 所得源 [so:dɨgwən, 소:드권]
소등 消燈 [sodɨŋ]
소:라 [so:ra] 螺
소란 騷亂 [soran]
소래포구 蘇來浦口 [sorɛpogu] /인천시 남동구
소:량 小量 [so:rjaŋ]
소:령 少領 [so:rjəŋ]
소:록도 小鹿島 [so:rogd'o, 소:록또] / 전남 고흥군
소:론 少論 [so:ron] /史劇
소:름 [so:rɨm]
소:림사 少林寺 [so:rimsa] /무술, 중국
소:만 小滿 [so:man] /절기
소:망 所望 [so:maŋ]
소매 [somɛ] ≒웃소매
소:매 小賣 [so:mɛ]
소:맥 小麥 [so:mɛg]
소:면 素麵 [so:mjən] /고기를 안 넣은 국수
소멸 消滅 [somjəl]
소명 疏明 [somjəŋ] /소명자료
소명 召命 [somjəŋ]
소명여고 素明女高 [somjəŋnjəgo, 소명녀고] /경기도 부천시
소모적 消耗的 [somoʤəg]
소:묘 素描 [so:mjo]
소:문 所聞 [so:mun]
소박 疏薄 [sobag] 처나 첩을 박대함
소박하다 素朴-- [sobakada, 소바카다]
소:반 小盤 [so:ban] 자그마한 밥상
소방서 消防署 [sobaŋsə]
소:백산 小白山 [so:bɛgs'an, 소:백싼] /충북 단양군과 경북 영주시에 걸침
소:변 小便 [so:bjən]
소:복 素服 [so:bog]
소비자 消費者 [sobiʤa]
소:사구 素砂區 [so:sagu] /경기도 부천시의 區
소:상인 小商人 [so:saŋin]
소상히 昭詳- [sosaŋɦi]
소생 蘇生/甦生 [sosɛŋ] /만물의 소생
소:생 所生 [so:sɛŋ] /전처소생
소:생 小生 [so:sɛŋ] 자기를 낮추어 이르던 말, /史劇
소:서 小暑 [so:sə] /절기
소:설 小說 [so:səl]
소:설 小雪 [so:səl] /절기
소:소한 小小- [so:soɦan]
소:속 所屬 [so:sog]
소송 訴訟 [sosoŋ]
소쇄원 瀟灑園 [soswɛwən] /전남 담양군, '맑고 깨끗한 정원'
소수 素數 [sosu] /수학
소:수 少數 [so:su]
소:수서원 紹修書院 [so:susəwən] / 경북 영주시, 주세붕, 안향
소:수점 小數點 [so:suʤ'əm, 소:수쩜]
소슬바람 蕭瑟-- [sosɨlbaram]
소식 消息 [sosig]
소:식 小食 [so:sig]

ㅅ

소:신 所信 [so:sin]
소신공:양 燒身供養 [sosingo:ŋjaŋ] / 불교
소실 消失 [sosil]
소:실 小室 [so:sil] =첩(妾)
소실점 消失點 [sosilʤ'əm, 소실쩜] 평행한 두 선이 멀리 한 점에서 만나는 점, /미술
소:심한 小心- [so:simɦan]
소:싯적 少時- [so:si(d)ʤ'əg, 소:시(싣)쩍]
소:아과 小兒科 [so:ag'wa, 소:아꽈]
소:아병적 小兒病的 [so:ab'jəŋʤəg, 소:아뼝적]
소:안면 所安面 [so:anmjən] /전남 완도군
소:액 少額 [so:ɛg]
소양 素養 [sojaŋ]
소양강 昭陽江 [sojaŋgaŋ] /강원도 중서부, 댐
소염제 消炎劑 [sojəmʤe]
소외 疏外 [soø(we), 외(웨)]
소요 騷擾 [sojo]
소요산 逍遙山 [sojosan] /경기도 동두천시와 연천군 사이에 걸침
소:요량 所要量 [so:jorjaŋ]
소:용 所用 [so:joŋ]
소용돌이 [sojoŋdori, 소용도리]
소:원 所願 [so:wən]
소:원면 所遠面 [so:wənmjən] /충남 태안군
소원하다 疏遠-- [sowənɦada]
소:월 素月 [so:wəl] '김정식'의 호
소:위 所謂 [so:wi] =이른바
소:위 少尉 [so:wi]
소:유권 所有權 [so:jug'wən, 소:유꿘]
소음 騷音 [soɨm]
소:이부답 笑而不答 [so:ibudab]
소:인국 小人國 [so:ingug]
소인극 素人劇 [soingɨg] /아마추어 연극
소:인배 小人輩 [so:inbɛ]

소일거리 消日-- [soilg'əri, 소일꺼리]
소:임 所任 [so:im]
소자 素子 [soʤa] /물리
소:자 小子 [so:ʤa] 아들이 부모 앞에서 자신을 낮춤, /史劇
소:작농 小作農 [so:ʤaŋnoŋ, 소:장농]
소장 訴狀 [soʤ'aŋ, 소짱]
소:장 所藏 [so:ʤaŋ]
소:장 小腸 [so:ʤaŋ]
소:장 所長 [so:ʤaŋ]
소:장 小將 [so:ʤaŋ]
소재 素材 [soʤɛ]
소:재 所在 [so:ʤɛ]
소:저 小姐 [so:ʤə] '아가씨', /史劇
소:절 小節 [so:ʤəl]
소:정 所定 [so:ʤəŋ] /소정의 상품
소주 燒酒 [soʤu]
소:중한 所重- [so:ʤuŋɦan]
소지 素地 [soʤi] /논란의 소지, 오해의 소지
소:지 所持 [so:ʤi]
소진 消盡 [soʤin]
소질 素質 [soʤil]
소천 召天 [soʧən] /喪, 기독교
소청 訴請 [soʧəŋ]
소추 訴追 [soʧu]
소:출 所出 [so:ʧul]
소:치 所致 [so:ʧi] /무식의 소치, 부덕의 소치
소:치 小癡 [so:ʧi] '허련(許鍊)'의 호, /남종화, 화가
소쿠리 [sokuri]
소탈하다 疏脫-- [sotalɦada]
소:탐대:실 小貪大失 [so:tamdɛ:sil]
소탕 掃蕩 [sotaŋ]
소택지 沼澤地 [sotɛgʤ'i, 소택찌] / 늪, 연못
소통 疏通 [sotoŋ]
소:파 小波 [so:pa] '방정환'의 호
소:포 小包 [so:po]
소:폭 小幅 [so:pog]
소:피 所避 [so:pi] '오줌'

소:하동 所下洞 [so:ɦadoŋ] /경기도 광명시, 구 소하리
소:한 小寒 [so:ɦan] /절기
소:행 所行 [so:ɦɛŋ]
소:행성 小行星 [so:ɦɛŋsəŋ]
소헌왕:후 昭憲王后 [soɦənwa:ŋɦu, 소허놩:후] /세종대왕의 비
소현세:자 昭顯世子 [soɦjənse:ʤa] / 인조의 장남, 병자호란
소:현리 小見里 [so:ɦjənni, 소:현니] / 경북 경주시
소호 沼湖 [soɦo]
소화 消化 [soɦwa]
소:화 小花 [so:ɦwa] /성녀 소화 데레사, 가톨릭
소화전 消火栓 [soɦwaʤən]
소환 召喚 [soɦwan] /소환장, (法)
소환 召還 [soɦwan] /본국 소환, (외교)
소:회 所懷 [so:ɦø(we), 회(훼)] /소회를 밝히다
소흘읍 蘇屹邑 [soɦɨrɨb, 소흐릅] /경기도 포천시
속: [so:g] /속이 아프다, 속이 넓다
속개 續開 [sog'ɛ, 소깨]
속:내 [so:ŋnɛ, 송:내]
속:눈썹 [so:ŋnuns'əb, 송:눈썹]
속:니 [so:ŋni, 송:니] =어금니
속단 速斷 [sogd'an, 속딴]
속:도랑 [so:gd'oraŋ, 속:또랑] ≒암거(暗渠), /도랑
속독법 速讀法 [sogd'ogb'əb, 속똑뻡]
속되다 俗-- [sogd'ø(we)da, 뙤(뛔)]
속력 速力 [soŋnjəg, 송녁]
속리산 俗離山 [soŋnisan, 송니산] / 충북 보은군과 경북 상주시에 걸침
속:마음 [so:ŋmaɨm, 송:마음]
속미:인곡 續美人曲 [soŋmi:ingog, 송미:인곡]
속박 束縛 [sogb'ag, 속빡]
속:병 -病 [so:gb'jəŋ, 속:뼝]
속보 速報 [sogb'o, 속뽀]
속보 速步 [sogb'o, 속뽀]
속사리 束沙里 [sogs'ari, 속싸리] /강원도 평창군, 속사IC(영동고속도로)
속사포 速射砲 [sogs'apo, 속싸포]
속삭이다 [sogs'agida, 속싸기다]
속:살 [so:gs'al, 속:쌀]
속속 續續 [sogs'og, 속쏙]
속수무책 束手無策 [sogs'umuʧɛg, 속쑤무책]
속:앓이 [so:gari, 소:가리]
속:옷 [so:god, 소:곧]
속인주의 屬人主義 [sogindʒui, 소긴주이]
속임수 --數 [sogimsu, 소김수]
속:잎 [so:ŋnib, 송:닙]
속절없:이 [sogʤ'ərə:bs'i, 속쩌럽:씨]
속죄양 贖罪羊 [sogʤ'ø(we)jaŋ, 쬐(쮀)]
속지주의 屬地主義 [sogʤ'iʤui, 속찌주이]
속칭 俗稱 [sogʧiŋ]
속하다 屬-- [sokada, 소카다]
속히 速- [soki, 소키]
손가방 [song'abaŋ, 손까방]
손:괴 損壞 [so:ngø(we), 괴(궤)] /기물 손괴
손금 [song'ɨm, 손끔]
손길 [song'il, 손낄]
손님상 --床 [sonnims'aŋ, 손님쌍]
손대:다 [sondɛ:da]
손도장 -圖章 [sond'oʤaŋ, 손또장]
손동:작 -動作 [sond'o:ŋʤag, 손똥:작]
손두부 -豆腐 [sond'ubu, 손뚜부]
손등 [sond'ɨŋ, 손뜽]
손바닥 [sonb'adag, 손빠닥]
손버릇 [sonb'ərɨd, 손뻐름]
손:보 損保 [so:nbo] '손해보험'의 약칭
손:비 損費 [so:nbi]
손사래 [sonsarɛ]
손:색 遜色 [so:nsɛg] 손색(이) 없다
손세:차 -洗車 [sonse:ʧa]
손수:건 -手巾 [sons'u:gən, 손쑤:건]
손수레 [sonsure]
손:실 損失 [so:nsil]

ㅅ

손아랫사:람 [sonarɛ(d)s'a:ram, 소나래(랟)싸:람]
손윗사:람 [sonwi(d)s'a:ram, 소뉘(뉟)싸:람]
손:익 損益 [so:nig, 소:닉]
손자병법 孫子兵法 [sondʒabjəŋb'əb, 손자병뻡]
손장난 [sondʒ'aŋnan, 손짱난]
손재주 [sondʒ'ɛdʒu, 손째주]
손전:등 -電燈 [sondʒ'ə:ndɨŋ, 손쩐:등]
손:절매 損切買 [so:ndʒəlmɛ] /주식
손짐 [sondʒ'im, 손찜]
손짓 [sondʒ'id, 손찓]
손찌검 [sondʒ'igəm]
손:해 損害 [so:nɦɛ]
솔 [sol] 松, =소나무
솔: [so:l] 毛
솔가지 [solgadʒi]
솔개 [solgɛ]
솔거 率居 [solgə] /신라 진흥왕 때의 화가, 노송도
솔기 [solgi] ≒봉합선
솔깃하다 [solgitada, 솔기타다]
솔나방 [sollabaŋ, 솔라방]
솔뫼 [solmø(we), 뫼(뭬)] /충남 당진군, 솔뫼성지(김대건 신부)
솔바람 [solbaram]
솔방울 [solb'aŋul, 솔빵울]
솔밭 [solbad, 솔받] 솔밭이[솔바치] 솔밭을[솔바틀] 솔밭과[솔받꽈]
솔선수범 率先垂範 [sols'ənsubəm, 솔썬수범]
솔솔 [solsol]
솔잎 [sollib, 솔립]
솔직히 率直- [soldʒ'iki, 솔찌키]
솔:질 [so:ldʒil]
솜: [so:m]
솜:덩이 [so:md'əŋi, 솜:떵이]
솜:방망이 [so:mbaŋmaŋi]
솜:사탕 -沙糖 [so:msataŋ]
솜씨 [soms'i]
솜:이불 [so:mnibul, 솜:니불]
솜:틀집 [so:mtɨldʒib]
솟다 [sod'a, 소따] 昇, 出, 立
솟대 [sod'ɛ, 소때]
송: 宋 [so:ŋ] /姓氏, 송나라(옛 중국)
송:가 頌歌 [so:ŋga]
송:강 松江 [so:ŋgaŋ] '정철'의 호
송:곡여고 松谷女高 [so:ŋgoŋnjəgo, 송:공녀고] /서울시 중랑구
송:골매 松鶻- [so:ŋgolmɛ]
송:곳 [so:ŋgod, 송:곧]
송:구 送球 [so:ŋgu]
송:구영신 送舊迎新 [so:ŋgujəŋsin]
송:구하다 悚懼-- [so:ŋguɦada]
송:금 送金 [so:ŋgɨm]
송:년회 送年會 [so:ŋnjənɦø(we), 회(훼)]
송:도 松島 [so:ŋdo] /인천시 연수구(국제신도시), 부산시 서구(해수욕장), 전남 여수시·신안군·진도군, 충남 보령시, 경남 마산시·통영시
송:도 松都 [so:ŋdo] '개성(開城)'의 옛 이름, 고려의 수도
송두리째 [soŋduridʒ'ɛ]
송:로버섯 松露 [so:ŋnobəsəd, 송:노버섣]
송:림 松林 [so:ŋnin, 송:님]
송:방 松房 [so:ŋbaŋ] /개성상인, 주단, 포목 따위
송:별연 送別宴 [so:ŋbjərjən, 송:벼련]
송:부 送付 [so:ŋbu]
송사 訟事 [soŋsa]
송:사 頌辭 [so:ŋsa]
송:사리 [so:ŋsari] /어류
송:산면 松山面 [so:ŋsanmjən] /경기도 화성시, 충남 당진군
송:상 松商 [so:ŋsaŋ] 조선 시대, 송도(松都)의 상인을 이르던 말
송송 [soŋsoŋ]
송:수신 送受信 [so:ŋsusin]
송:신소 送信所 [so:ŋsinso]
송:악면 松岳面 [so:ŋaŋmjən, 송:앙면] /충남 아산시, 송악IC
송:연하다 悚然/竦然-- [so:ŋjənɦada]

/모골이 송연하다
송:원고 松源高 [so:ŋwəngo] /광주시 남구
송:원여고 松源女高 [so:ŋwənnjəgo, 송:원녀고] /광주시 남구
송이 [soŋi] /꽃, 눈, 열매
송:이 松栮 [so:ŋi] /송이버섯
송:장 [so:ŋdʒaŋ]
송:장 送狀 [so:ŋdʒ'aŋ, 송:짱]
송:전탑 送電塔 [so:ŋdʒəntab]
송:정리 松亭里 [so:ŋdʒəŋni, 송:정니] /전남 진도군
송:정리역 松汀里驛 [so:ŋdʒəŋnijəg, 송:정니역] /호남선, 경전선
송:죽동 松竹洞 [so:ŋdʒugd'oŋ, 송:죽똥] /경기도 수원시, 경남 진해시
송:죽리 松竹里 [so:ŋdʒuŋni, 송:중니] /전남 영광군
송:지면 松旨面 [so:ŋdʒimjən] /전남 해남군
송:진 松津 [so:ŋdʒin]
송:추역 松湫驛 [so:ŋʧujəg] /경기도 양주시, 유원지
송:출 送出 [so:ŋʧul]
송:충이 松蟲- [so:ŋʧuŋi]
송:치 送致 [so:ŋʧi]
송:탄 松炭 [so:ŋtan] /경기도 평택시 송탄동
송:파구 松坡區 [so:ŋpagu] /서울시 남동부의 區
송:판 松板 [so:ŋpan]
송편 松- [soŋpjən]
송:학동 松鶴洞 [so:ŋɦagd'oŋ, 송:학똥] /인천시 중구, 광주시 광산구, 전북 익산시, 경남 진해시
송:현동 松峴洞 [so:ŋɦjəndoŋ] /서울시 종로구, 대구시 달서구, 인천시 동구, 경북 안동시
송:환 送還 [so:ŋɦwan]
송:홧가루 松花-- [so:ŋɦwa(d)g'aru, 송:화(활)까루]
솥 [sod, 솓] 솥이[소치] 솥에[소테] 솥을[소틀] 솥만[손만] 솥과[솓꽈]
쇄:골 鎖骨 [swɛ:gol] =빗장뼈
쇄:국 鎖國 [swɛ:gug]
쇄:도 殺到 [swɛ:do]
쇄:빙선 碎氷船 [swɛ:biŋsən] /아라온 호
쇄:신 刷新 [swɛ:sin]
쇠 [sø] 鐵
쇠:고기 [sø:gogi]
쇠다 [søda] /나물이 쇠다(억세다), 감기가 쇠다(심하다), 성질이나 성품이 나빠지고 비틀어지다
쇠:다 [sø:da] /명절을 쇠다
쇠락 衰落 [sørag]
쇠붙이 [søbuʧi, 쇠부치]
쇠:뿔 [sø:b'ul]
쇠약하다 衰弱-- [søjakada, 쇠야카다]
쇠잔하다 衰殘-- [sødʒanɦada]
쇠퇴 衰退/衰頹 [søtø(we), 퇴(퉤)]
쇠하다 衰-- [søɦada]
쇤:네 [sø:nne] '소인(小人)'을 더 낮추어 이르는 말
쇳가루 [sø(d)g'aru, 쇠(쇧)까루]
쇳덩이 [sød'əŋi, 쇠떵이]
쇳물 [sønmul, 쇤물]
쇳소리 [sø(d)s'ori, 쇠(쇧)쏘리]
쇳조각 [sø(d)dʒ'ogag, 쇠(쇧)쪼각]
수 手 [su] /수가 높다
수 [su] /좋은 수, 수(를) 쓰다
수: 數 [su:]
수: 繡 [su:] /수(를) 놓다
수가 酬價 [sug'a, 수까]
수간호사 首看護師 [suganɦosa]
수갑 手匣 [sugab]
수강료 受講料 [sugaŋnjo, 수강뇨]
수거 收去 [sugə]
수:건 手巾 [su:gən]
수검자 受檢者 [sugəmdʒa]
수경재:배 水耕栽培 [sugjəŋdʒɛ:bɛ]
수:고 [su:go]
수공 殊功 [sugoŋ] /공적조서
수공 手工 [sugoŋ]

수괴 首魁 [sugø(we), 괴(궤)]
수교 修交 [sugjo]
수구 守舊 [sugu] /수구세력
수궁가 水宮歌 [suguŋga] /판소리, 신재효
수권 受權 [sug'wən, 수꿘]
수금원 收金員 [sugɨmwən, 수그뭔]
수급 需給 [sugɨb] 수요와 공급
수급 收給 [sugɨb] 수입과 지급
수긍하다 首肯-- [sugɨŋɦada]
수기 手記 [sugi]
수꿩 [sug'wəŋ]
수난 受難 [sunan]
수납 收納 [sunab]
수납장 受納欌 [sunabʤ'aŋ, 수납짱]
수내동 藪內洞 [sunɛdoŋ] /경기도 성남시
수녀 修女 [sunjə]
수:년 數年 [su:njən] /수년에 걸쳐
수놈 [sunom] 숫놈(×)
ㅅ
수:놓다 繡-- [su:nota, 수:노타]
수뇌부 首腦部 [sunø(we)bu, 뇌(눼)]
수능 受能 [sunɨŋ] '수학능력시험'
수:다 [su:da]
수단 手段 [sudan]
수:단 繡緞 [su:dan] 수놓은 것같이 짠 비단, /수단 원피스
수달 水獺 [sudal]
수당 手當 [sudaŋ]
수돗물 水道- [sudonmul, 수돈물]
수두 水痘 [sudu]
수라상 水剌床 [suras'aŋ, 수라쌍]
수락 受諾 [surag]
수:량 數量 [su:rjaŋ]
수력발전 水力發電 [surjəgb'alʤ'ən, 수력빨쩐]
수련 修鍊/修練 [surjən]
수련 睡蓮 [surjən]
수렴 收斂 [surjəm]
수렵 狩獵 [surjəb]
수령 受領 [surjəŋ]
수록하다 收錄-- [surokada, 수로카다]

수뢰 受賂 [surø(we), 뢰(뤠)]
수료증 修了證 [surjoʤ'ɨŋ, 수료쯩]
수류탄 手榴彈 [surjutan]
수륙 水陸 [surjug]
수륙재 水陸齋 [surjugʤ'ɛ, 수륙째] /불교의식
수리 修理 [suri]
수:리 數理 [su:ri] /수리탐구
수리고 修理高 [surigo] /경기도 군포시
수마 水魔 [suma]
수:많:은 [su:ma:nɨn, 수:마:는]
수매가 收買價 [sumɛg'a, 수매까]
수면 睡眠 [sumjən]
수명 壽命 [sumjəŋ]
수모 受侮 [sumo]
수몰 水沒 [sumol]
수묵화 水墨畵 [sumukwa, 수무콰]
수문장 守門將 [sumunʤaŋ] /골키퍼, (역사), (민속)
수:박 [su:bag]
수반 首班 [suban] /정부수반
수발 [subal] /환자를 수발하다
수방사 首防司 [subaŋsa] '수도방위사령부'의 약칭
수배자 受配者 [subɛʤa]
수:백 數百 [su:bɛg] /수백 년
수범 垂範 [subəm] /수범사례
수법 手法 [sub'əb, 수뻡]
수복 修復 [subog]
수북이 [subugi, 수부기]
수비 守備 [subi]
수사 搜査 [susa]
수상용 水上用 [susaŋnjoŋ, 수상뇽]
수상하다 殊常-- [susaŋɦada]
수색역 水色驛 [susɛŋnjəg, 수생녁] /서울시 은평구, 서울 6호선
수색하다 搜索-- [susɛkada, 수새카다]
수서역 水西驛 [susəjəg] /서울시 강남구, 서울 지하철 3호선
수선 修繕 [susən]
수선 [susən] 수선(을) 떨다

수성 水性 [susəŋ] /수성물감
수성고 水城高 [susəŋgo] /경기도 수원시
수성고 壽城高 [susəŋgo] /대구광역시 수성구
수성구 壽城區 [susəŋgu] /대구광역시 남동부의 區
수세 守勢 [suse]
수소 水素 [suso]
수소 [suso] 소의 수컷
수속 手續 [susog]
수송 輸送 [susoŋ]
수수 收受 [susu] /금품 수수 혐의
수수 授受 [susu] '주고받음'
수수방관 袖手傍觀 [susubaŋgwan]
수수하다 [susuɦada]
수순 手順 [susun] (→'차례', '순서')
수술대 手術臺 [susuld'ɛ, 수술때]
수습 修習 [susib]
수습하다 收拾-- [susɨpada, 수스파다]
수시로 隨時- [susiro]
수식 修飾 [susig]
수:식 數式 [su:sig]
수신료 受信料 [susinnjo, 수신뇨]
수신제가 修身齊家 [susindʒega]
수심 水深 [susim]
수심 愁心 [susim]
수:십 數十 [su:sib] /수십 종
수압 水壓 [suab]
수액 樹液 [suɛg]
수양 修養 [sujaŋ]
수양대:군 首陽大君 [sujaŋdɛ:gun] 훗날 世祖, /조선
수양버들 垂楊-- [sujaŋbədɨl]
수여 授與 [sujə]
수역 水域 [sujəg]
수역 獸疫 [sujəg] /광우병
수연 壽宴/壽筵 [sujən] /환갑잔치
수:열 數列 [su:jəl]
수염 鬚髥 [sujəm]
수영 水泳 [sujəŋ]
수영구 水營區 [sujəŋgu] /부산시 남동부의 區
수예 手藝 [suje]
수오지심 羞惡之心 [suodʒisim] /옳지 못함을 부끄러워하고 착하지 못함을 미워하는 마음
수완 手腕 [suwan]
수요 需要 [sujo]
수용 여:부 受容與否 [sujoŋnjə:bu, 수용녀:부]
수원역 水原驛 [suwənnjəg, 수원녁] /경기도 수원시
수월성 秀越性 [suwəls'əŋ, 수월썽]
수월하다 [suwəlɦada]
수위 水位 [suwi]
수위 守衛 [suwi] /아파트, 기관
수위 首位 [suwi]
수유동 水踰洞 [sujudoŋ] /서울시 강북구, 구 수유리
수유리 水流里 [sujuri] /전남 진도군
수유실 授乳室 [sujusil]
수육 -肉 [sujug] 삶아 익힌 쇠고기
수은 水銀 [suɨn]
수음 手淫 [suɨm]
수의 囚衣 [sui, 수이]
수의 壽衣 [sui, 수이] /시신
수의 隨意 [sui, 수이] /수의계약
수의사 獸醫師 [su(ɨ)isa, 수이(의)사]
수익성 收益性 [suigs'əŋ, 수익썽]
수익형 收益型 [suikjəŋ, 수이켱]
수인선 水仁線 [suinsən] /과거 수원-인천 철도
수인성 水因性 [suins'əŋ, 수인썽]
수임료 受任料 [suimnjo, 수임뇨] /변호사
수입 收入 [suib]
수입액 輸入額 [suibɛg, 수이백]
수작 酬酌 [sudʒag] /수작(을) 걸다
수장 首長 [sudʒaŋ]
수장 水葬 [sudʒaŋ]
수저 [sudʒə]
수전노 守錢奴 [sudʒənno]
수절 守節 [sudʒəl]

ㅅ

수정 修正 [sudʒəŋ]
수정 水晶 [sudʒəŋ]
수정구 壽井區 [sudʒəŋgu] /경기도 성남시의 區
수조 水槽 [sudʒo]
수족관 水族館 [sudʒog'wan, 수조꽌]
수족구병 手足口病 [sudʒog'ub'jəŋ, 수조꾸뼝]
수종사 水鐘寺 [sudʒoŋsa] /사찰, 경기도 남양주시
수주 受注 [sudʒu]
수주 樹州 [sudʒu] '변영로'의 호
수: 주 數 週 [su:dʒu]
수줍다 [sudʒubd'a, 수줍따]
수중 水中 [sudʒuŋ]
수중에 手中- [sudʒuŋe]
수지 收支 [sudʒi]
수지 樹脂 [sudʒi] /천연수지, 합성수지
수지구 水枝區 [sudʒigu] /경기도 용인시의 區
수지니 手-- [sudʒini] 길들여진 매나 새매
수지맞다 [sudʒimad'a, 수지마따]
수지침 手指鍼 [sudʒitʃim]
수직 垂直 [sudʒig]
수질오:염 水質汚染 [sudʒiro:jəm, 수지로:염]
수집벽 蒐集癖 [sudʒib'jəg, 수지뼉]
수차 水車 [sutʃa]
수:차 數次 [su:tʃa]
수채 [sutʃɛ] /수채 구멍
수척하다 瘦瘠-- [sutʃəkada, 수처카다]
수:천만 數千萬 [su:tʃənman]
수첩 手帖 [sutʃəb]
수청 守廳 [sutʃəŋ] /수청(을) 들다
수축 收縮 [sutʃug]
수출액 輸出額 [sutʃurɛg, 수추랙]
수출용 輸出用 [sutʃulljoŋ, 수출룡]
수취인 受取人 [sutʃwiin]
수치 羞恥 [sutʃi]
수:치 數値 [su:tʃi]
수캉아지 [sukaŋadʒi]
수캐 [sukɛ]
수컷 [sukəd, 수컫]
수키와 [sukiwa]
수타면 手打麵 [sutamjən] '손국수'
수탁 受託 [sutag]
수탈 收奪 [sutal]
수탉 [sutag, 수탁] 수탉이[수탈기] 수탉에[수탈게] 수탉과[수타꽈]
수탕나귀 [sutaŋnagwi]
수태고:지 受胎告知 [sutɛgo:dʒi] /가톨릭
수톨쩌귀 [sutoldʒ'əgwi] /문짝, 문설주
수통 水桶 [sutoŋ] =물통
수퇘:지 [sutwɛ:dʒi]
수평선 水平線 [supjəŋsən]
수평아리 [supjəŋari]
수포 水泡 [supo]
수표 手票 [supjo]
수표교 水標橋 [supjogjo] /청계천의 돌다리, 조선 세종 때
수하물 手荷物 [suɦamul]
수학여행 修學旅行 [suɦaŋnjəɦɛŋ, 수항녀행]
수해 水害 [suɦɛ]
수행 遂行 [suɦɛŋ]
수행 修行 [suɦɛŋ]
수행원 隨行員 [suɦɛŋwən]
수험생 受驗生 [suɦəmsɛŋ]
수혈 輸血 [suɦjəl]
수형 受刑 [suɦjəŋ]
수호지 水滸誌 [suɦodʒi] /무협소설, 明나라
수화 手話 [suɦwa]
수화물 手貨物 [suɦwamul]
수확량 收穫量 [suɦwaŋnjaŋ, 수황냥]
수확하다 收穫-- [suɦwakada, 수화카다]
수:효 數爻 [su:ɦjo]
수훈 首勳 [suɦun]
수훈 殊勳 [suɦun]
숙고 熟考 [sug'o, 수꼬]
숙녀 淑女 [suŋnjə, 숭녀]

ㅅ

숙려 熟廬 [suŋnjə, 숭녀] /이혼숙려 제도
숙련 熟練 [suŋnjən, 숭년]
숙맥 菽麥 [suŋmɛg, 숭맥] 쑥맥(×)
숙맥불변 菽麥不辨 [suŋmɛgb'ulbjən, 숭맥뿔변] /사리분별, 세상물정을 모름
숙면 熟眠 [suŋmjən, 숭면]
숙명 宿命 [suŋmjəŋ, 숭명]
숙명여대 淑明女大 [suŋmjəŋnjədɛ, 숭명녀대]
숙모 叔母 [suŋmo, 숭모]
숙박요:금 宿泊料金 [sugb'aŋnjo:gɨm, 숙빵뇨:금]
숙변 宿便 [sugb'jən, 숙뼌]
숙부 叔父 [sugb'u, 숙뿌]
숙성 熟成 [sugs'əŋ, 숙썽]
숙성하다 夙成-- [sugs'əŋɦada, 숙썽하다] /지각이나 발육이 빠르다, 숙성한 아이
숙소 宿所 [sugs'o, 숙쏘]
숙식 宿食 [sugs'ig, 숙씩]
숙연하다 肅然-- [sugjənɦada, 수견하다]
숙영낭자전 淑英娘子傳 [sugjəŋnaŋdʒadʒən, 수경낭자전] /작자, 연대 미상의 고대소설(조선 후기)
숙영지 宿營地 [sugjəŋdʒi, 수경지] /군대가 병영 외에 묵는 곳
숙원 宿願 [sugwən, 수권]
숙이다 [sugida, 수기다] 伏
숙적 宿敵 [sugdʒ'əg, 숙쩍]
숙정문 肅靖門 [sugdʒ'əŋmun, 숙쩡문] /서울 성곽의 4대문 중 북쪽 문, 조선
숙제 宿題 [sugdʒ'e, 숙쩨]
숙주 [sugdʒ'u, 숙쭈] =숙주나물
숙주 宿主 [sugdʒ'u, 숙쭈]
숙지하다 熟知-- [sugdʒ'iɦada, 숙찌하다]
숙직실 宿直室 [sugdʒ'igs'il, 숙찍씰]
숙질 叔姪 [sugdʒ'il, 숙찔] '아저씨와 조카'

숙취 宿醉 [sugʧwi]
숙환 宿患 [sukwan, 수콴]
숙회 熟膾 [sukø(we), 수쾨(퀘)]
순 [sun] '몹시', '아주', /순 도둑놈
순 純 [sun] /순 우리말, 순 한국식
순간적 瞬間的 [sungandʒəg]
순결한 純潔- [sungjəlɦan]
순경 巡警 [sungjəŋ]
순교 殉教 [sungjo]
순국 殉國 [sungug]
순:기능 順機能 [su:nginiŋ]
순담계곡 蓴潭溪谷 [sundamgjegog] /강원도 철원군, 한탄강
순댓국 [sundɛ(d)g'ug, 순대(댇)꾹]
순도 純度 [sundo]
순두부 -豆腐 [sundubu] 안 굳힌 두부
순라 巡邏 [sulla, 술라] /조선, 오늘날의 순찰
순례 巡禮 [sullje, 술례]
순록 馴鹿 [sullog, 술록]
순:리 順理 [su:lli, 술:리]
순망치한 脣亡齒寒 [sunmaŋʧiɦan] 어느 한쪽이 망하면 다른 한쪽도 온전하기 어려움
순면 純綿 [sunmjən]
순:명 順命 [su:nmjəŋ]
순모 純毛 [sunmo]
순무 [sunmu] /식물
순박하다 淳朴/淳樸/醇朴-- [sunbakada, 순바카다]
순방 巡訪 [sunbaŋ]
순:방향 順方向 [su:nbaŋɦjaŋ] /열차 좌석
순배 巡杯 [sunbɛ]
순백의 純白- [sunbɛge, 순배게]
순:번 順番 [su:nbən]
순:산 順産 [su:nsan]
순:서 順序 [su:nsə]
순수비 巡狩碑 [sunsubi] /임금이 거쳐 간 곳, 진흥왕순수비
순수성 純粹性 [sunsus'əŋ, 순수썽]
순:순히 順順- [su:nsunɦi]

ㅅ

순시 巡視 [sunsi]
순식간 瞬息間 [sunsig'an, 순시깐]
순심고 純心高 [sunsimgo] /경북 칠곡군
순:안 順安 [su:nan, 수:난] /순안비행장, 북한 유일의 국제공항
순애보 純愛譜 [sunɛbo, 수내보]
순양함 巡洋艦 [sunjaŋɦam, 수냥함]
순:연되다 順延-- [su:njəndø(we)da, 수:년되(뒈)다]
순:열 順列 [su:njəl, 수:녈] /차례, (수학)
순:위 順位 [su:nwi, 수:뉘]
순유입 純流入 [sunnjuib, 순뉴입] /경제
순:응 順應 [su:nɨŋ, 수:능]
순이:익 純利益 [sunni:ig, 순니:익]
순익 純益 [sunig, 수닉]
순장 殉葬 [sundʒaŋ]
순전히 純全- [sundʒənɦi]
순정 純情 [sundʒəŋ]
순조 純祖 [sundʒo] 조선의 제23대 왕
순:조롭다 順調-- [su:ndʒorobd'a, 순:조롭따]
순종 純種 [sundʒoŋ]
순:종 順從 [su:ndʒoŋ]
수주 受注 [sudʒu]
순증가 純增加 [sundʒɨŋga]
순직하다 殉職-- [sundʒikada, 순지카다]
순진한 純眞- [sundʒinɦan]
순:차적 順次的 [su:nʧadʒəg]
순찰 巡察 [sunʧal]
순창군 淳昌郡 [sunʧaŋgun] /전북 남부의 郡
순:천시 順天市 [su:nʧənsi] /전남 동남부의 市
순치 馴致 [sunʧi]
순:탄하다 順坦-- [su:ntanɦada]
순:풍 順風 [su:npuŋ]
순:하다 順-- [su:nɦada]
순항 巡航 [sunɦaŋ]
순:항 順航 [su:nɦaŋ]
순혈주의 純血主義 [sunɦjəldʒui, 순혈주이]
순화 醇化 [sunɦwa]
순화동 巡和洞 [sunɦwadoŋ] /서울시 중구
순환 循環 [sunɦwan]
순환기 循環器 [sunɦwangi] /의학
순회 巡廻 [sunɦø(we), 회(훼)]
숟가락 [sudg'arag, 숟까락]
술값 [sulg'ab, 술깝] 술값이[술깝씨] 술값을[술깝쓸] 술값에[술깝세]
술고래 [sulgorɛ]
술국 [sulg'ug, 술꾹]
술기운 [sulg'iun, 술끼운]
술김에 [sulg'ime, 술끼메]
술내 [sullɛ, 술래]
술도가 -都家 [suld'oga, 술또가] ≒ 양조장
술독 [suld'og, 술똑]
술독 -毒 [suld'og, 술똑]
술래 [sullɛ]
술법 術法 [sulb'əb, 술뻡]
술병 -甁 [sulb'jəŋ, 술뼝]
술살 [sulsal] 술을 마시고 찐 살
술수 術數 [suls'u, 술쑤]
술술 [sulsul]
술안주 -按酒 [surandʒu, 수란주]
술자리 [suldʒ'ari, 술짜리]
술잔 -盞 [suldʒ'an, 술짠]
술주정 -酒酊 [suldʒudʒəŋ]
술찌끼 [suldʒ'ig'i] 술지끼(×), 술찌기(×)
술책 術策 [sulʧɛg]
술통 -桶 [sultoŋ]
숨: [su:m]
숨:결 [su:mg'jəl, 숨:껼]
숨:골 [su:mg'ol, 숨:꼴]
숨:구멍 [su:mg'uməŋ, 숨:꾸멍]
숨:다 [su:md'a, 숨:따] 隱, 潛, 숨:지 [su:mdʒ'i, 숨:찌] 숨:고[su:mg'o, 숨:꼬] 숨어[sumə, 수머] 숨으니[sumɨni, 수므니]

숨바꼭질 [sumbag'ogdʒ'il, 숨바꼭찔]
숨:소리 [su:ms'ori, 숨:쏘리]
숨:지다 [su:mdʒida]
숨:차다 [su:mʧada]
숨:통 - 筒 [su:mtoŋ]
숫기 - 氣 [sudg'i, 숟끼]
숫양 - 羊 [sunnjaŋ, 순냥]
숫염소 [sunnjəmso, 순념소]
숫:자 數字 [su:(d)dʒ'a, 수:(숟:)짜]
숫제 [suddʒ'e, 숟쩨] 처음부터 차라리, 전적으로
숫쥐 [suddʒ'wi, 숟쮜]
숫처:녀 - 處女 [sudʧə:njə, 숟처:녀]
숫총:각 - 總角 [sudʧo:ŋgag, 숟총:각]
숭고한 崇高- [suŋgoɦan]
숭례문 崇禮門 [suŋnjemun, 숭녜문] 국보 제1호, /서울시 중구
숭모제 崇慕祭 [suŋmodʒe]
숭문고 崇文高 [suŋmungo] /서울시 마포구
숭배 崇拜 [suŋbɛ]
숭상 崇尙 [suŋsaŋ]
숭숭 [suŋsuŋ]
숭실대 崇實大 [suŋsildɛ]
숭:어 [su:ŋə] /生鮮
숭의여고 崇義女高 [suŋijəgo, 숭이여고] /서울시 동작구
숭의중 崇義中 [suŋidʒuŋ, 숭이중] / 광주시 남구
숯 [sud, 숟] 숯이[수치] 숯을[수츨] 숯에[수체] 숯과[숟꽈] 숯만[순만]
숯가마 [sudg'ama, 숟까마]
숯덩이 [sud'əŋi, 수떵이]
숯쟁이 [suddʒ'ɛŋi, 숟쨍이]
숱 [sud, 숟] 숱이[수치] 숱을[수틀] 숱만[순만] 숱과[숟꽈], /머리숱
숱한 [sutan, 수탄]
숲 [sub, 숩] 숲이[수피] 숲을[수플] 숲에[수페] 숲과[숩꽈] 숲만[숨만]
쉬: [swi:] 오줌이나 오줌을 누는 일 (어린이말)
쉬: [swi:] '쉬이'의 준말, /쉬 잠이 안 온다
쉬: [swi:] /조용히
쉬:다 [swi:da] 腐, 息, 濁
쉬리 [swiri] /물고기
쉰: [swi:n] 50
쉰:내 [swi:nnɛ]
쉰:밥 [swi:nbab]
쉼:터 [swi:mtə]
쉼:표 - 標 [swi:mpjo]
쉽:다 [swi:bd'a, 쉽:따] 易
쉽:사리 [swi:bs'ari, 쉽:싸리]
쉿 [swid, 쉳]
스라소니 [sɨrasoni] 시라소니(×)
스멀대:다 [sɨməldɛ:da] =스멀거리다
스무 [sɨmu] 20, /스무 번, 스무 개, 스무 마리
스물 [sɨmul] 20
스물다섯 [sɨmuld'asəd, 스물따섣] 25
스물셋 [sɨmuls'ed, 스물쎋] 23
스물여섯 [sɨmulljəsəd, 스물려섣] 26
스산하다 [sɨsanɦada]
스스럼없:이 [sɨsɨrəmə:bs'i, 스스러멉:씨]
스스로 [sɨsɨro]
슬기둥 [sɨlgiduŋ] /연주단체, 국악
슬기롭다 [sɨlgirobd'a, 슬기롭따]
슬다 [sɨlda] /녹, 좀
슬며시 [sɨlmjəsi]
슬슬 [sɨlsɨl]
슬쩍 [sɨldʒ'əg]
슬프다 [sɨlpɨda] 悲
슬하 膝下 [sɨlɦa]
습격하다 襲擊-- [sɨbg'jəkada, 습껴카다]
습관적 習慣的 [sɨbg'wandʒəg, 습꽌적]
습기 濕氣 [sɨbg'i, 습끼]
습도 濕度 [sɨbd'o, 습또]
습득물 拾得物 [sɨbdɨŋmul, 습뜽물]
습벽 習癖 [sɨb'jəg, 스뼉]
습성 習性 [sɨbs'əŋ, 습썽]
습속 習俗 [sɨbs'og, 습쏙]
습윤하다 濕潤-- [sɨbjunɦada, 스뷴하다] 습기가 많은 느낌이 있다

ㅅ

습자지 習字紙 [sɨbdʒ'adʒi, 습짜지]
습지 濕地 [sɨbdʒ'i, 습찌]
습진 濕疹 [sɨbdʒ'in, 습찐]
습하다 濕-- [sɨpada, 스파다]
승가대 僧伽大 [sɨŋgadɛ] /경기도 김포시
승강기 昇降機 [sɨŋgaŋgi]
승계 承繼 [sɨŋgje]
승기 勝機 [sɨŋgi]
승낙 承諾 [sɨŋnag]
승냥이 [sɨŋnjaŋi]
승단 僧團 [sɨŋdan]
승단 昇段 [sɨŋdan]
승려 僧侶 [sɨŋnjə, 승녀]
승률 勝率 [sɨŋnjul, 승뉼]
승리 勝利 [sɨŋni, 승니]
승마 乘馬 [sɨŋma]
승복하다 承服-- [sɨŋbokada, 승보카다]
승부리 承富里 [sɨŋburi] /전북 정읍시, 경북 봉화군
승부수 勝負手 [sɨŋbusu]
승부욕 勝負慾 [sɨŋbujog]
승산 勝算 [sɨŋsan]
승세 勝勢 [sɨŋse]
승소 勝訴 [sɨŋso]
승수 勝數 [sɨŋs'u, 승쑤]
승수 乘數 [sɨŋsu] /수학
승승장구 乘勝長驅 [sɨŋsɨŋdʒaŋgu]
승은 承恩 [sɨŋɨn] /승은을 입다, 史劇
승인 承認 [sɨŋin]
승전고 勝戰鼓 [sɨŋdʒəngo] /승전고를 울리다
승전보 勝戰譜 [sɨŋdʒənbo] /승전보를 남기다
승점 勝點 [sɨŋdʒ'əm, 승쩜]
승정원 承政院 [sɨŋdʒəŋwən] /조선시대, 왕명의 출납을 맡아보던 관아
승주읍 昇州邑 [sɨŋdʒuɨb] /전남 순천시
승진 昇進 [sɨŋdʒin]
승차감 乘車感 [sɨŋʧagam]
승차권 乘車券 [sɨŋʧag'wən, 승차꿘]
승천 昇天 [sɨŋʧən]
승하 昇遐 [sɨŋɦa] 임금 등이 세상을 떠남, /史劇
승하:차 乘下車 [sɨŋɦa:ʧa]
승화 昇華 [sɨŋɦwa]
시 詩 [si]
시가 時價 [sig'a, 시까]
시:가 市價 [si:g'a, 시:까]
시:가지 市街地 [si:gadʒi]
시각 時刻 [sigag]
시:각 視覺 [si:gag]
시:각 視角 [si:gag]
시간대 時間帶 [sigandɛ]
시간적 時間的 [sigandʒəg]
시건방지다 [sigənbaŋdʒida]
시:건장치 施鍵裝置 [si:gəndʒaŋʧi] '잠금장치'
시계 時計 [sigje]
시:계 視界 [si:gje]
시곗바늘 時計-- [sigje(d)b'anɨl, 시계(곗)빠늘]
시골내기 [sigollɛgi, 시골래기]
시골집 [sigoldʒ'ib, 시골찝]
시공 時空 [sigoŋ]
시공사 時空社 [sigoŋsa] /출판사 명
시:공사 施工社 [si:goŋsa]
시구 詩句 [sig'u, 시꾸]
시:구 始球 [si:gu] /스포츠
시국 時局 [sigug]
시:군:구 市郡區 [si:gu:ngu]
시궁창 [siguŋʧaŋ]
시:금석 試金石 [si:gɨmsəg]
시금치 [sigɨmʧi]
시급 時給 [sigɨb]
시급하다 時急-- [sigɨpada, 시그파다]
시기 猜忌 [sigi]
시기 時期 [sigi]
시나브로 [sinabɨro]
시나위 [sinawi] /국악
시내 [sinɛ] /시냇물
시:내 市內 [si:nɛ]
시:녀 侍女 [si:njə]

ㅅ

시누 媤- [sinu] '시누이'의 준말
시늉 [sinjuŋ]
시다 [sida] 酸, 시어/셔:[siə/sjə:]
시:달 示達 [si:dal]
시답지 않다 [sidabʤ'ianta, 시답찌안타] 시덥지 않다(×)
시대상 時代相 [sidɛsaŋ]
시댁 媤宅 [sidɛg]
시:동 始動 [si:doŋ]
시들다 [sidɨlda] 枯, 弱, /시듦
시래깃국 [sirɛgi(d)g'ug, 시래기(긷)꾹]
시량 柴糧 [sirjaŋ] 땔감과 양식
시량리 時良里 [sirjaŋni, 시량니] /경북 청송군
시:량리 柿梁里 [si:rjaŋni, 시:량니] /충남 예산군
시:련 試鍊 [si:rjən]
시:료 試料 [si:rjo]
시루떡 [sirud'əg]
시류 時流 [sirju]
시름 [sirɨm]
시:말서 始末書 [si:mals'ə, 시:말써]
시무룩하다 [simurukada, 시무루카다]
시:무식 始務式 [si:musig]
시:민 市民 [si:min]
시:반 屍班 [si:ban]
시:발점 始發點 [si:balʤ'əm, 시:발쩜]
시:발차 始發車 [si:balʧa] /국내 최초의 자동차
시방 時方 [sibaŋ] 지금(只今)
시:방서 示方書 [si:baŋsə] /공사(工事)
시:방정토 十方淨土 [si:banʤəŋto] (불교)
시:범적 示範的 [si:bəmʤəg]
시:변 市辯 [si:bjən] '시민과 함께하는 변호사들'의 약칭
시보 時報 [sibo]
시:보 試補 [si:bo]
시:복 諡福 [si:bog] 신자가 죽은 후 복자품(福者品)에 올리는 일, /가톨릭
시비 詩碑 [sibi]
시비 柴扉 [sibi] =사립문

시:비 是非 [si:bi]
시:비 施肥 [si:bi] =거름주기
시사 時事 [sisa] /시사상식
시:사적 示唆的 [si:saʤəg]
시:사회 試寫會 [si:saɦø(we), 회(훼)]
시상 詩想 [sisaŋ]
시:상식 施賞式 [si:saŋsig]
시샘 [sisɛm]
시:선 視線 [si:sən]
시:설 施設 [si:səl]
시성 詩聖 [sisəŋ] /타고르(인도)
시세 時勢 [sise]
시:세 市勢 [si:se]
시속 時速 [sisog]
시숙 媤叔 [sisug]
시:술 施術 [si:sul]
시:승 試乘 [si:sɨŋ]
시:시비:비 是是非非 [si:sibi:bi]
시시콜콜 [sisikolkol]
시시하다 [sisiɦada]
시:식하다 試食-- [si:sikada, 시:시카다]
시:신 屍身 [si:sin]
시:신경 視神經 [si:singjəŋ]
시심 詩心 [sisim]
시:안 試案 [si:an]
시:야 視野 [si:ja]
시:약 試藥 [si:jag]
시역 [sijəg] 힘이 드는 일
시:연 試演 [si:jən]
시:영 市營 [si:jəŋ]
시:왕전 十王殿 [si:waŋʤən] /절, (불교)
시:외 市外 [si:ø(we), 외(웨)]
시:원 始原 [si:wən]
시원하다 [siwənɦada]
10월 十月 [si:wəl, 시:월]
시위 [siwi] =활시위
시:위 示威 [si:wi]
시:유지 市有地 [si:juʤi]
시:음 試飮 [si:ɨm]
시의 時宜 [sii, 시이] /시의 적절한 조치
시일 時日 [siil]

시작 詩作 [sidʒag]
시:작 始作 [si:dʒag]
시:작품 試作品 [si:dʒagpum]
시:장 市場 [si:dʒaŋ]
시:장 市長 [si:dʒaŋ]
시장기 --氣 [sidʒaŋg'i, 시장끼]
시절 時節 [sidʒəl]
시점 時點 [sidʒ'əm, 시쩜]
시:접 [si:dʒəb] /옷에 시접을 넣다, 시접을 꺾다
시정 詩情 [sidʒəŋ]
시:정 是正 [si:dʒəŋ]
시:정 市政 [si:dʒəŋ]
시:정 施錠 [si:dʒəŋ] 문을 잠금, /시정장치
시:정잡배 市井雜輩 [si:dʒəŋdʒab'ɛ, 시:정자빼]
시제 時制 [sidʒe]
시:제품 試製品 [si:dʒepum]
시조 時調 [sidʒo]
시:조 始祖 [si:dʒo]
시:종 始終 [si:dʒoŋ] /시종일관
시:종 侍從 [si:dʒoŋ]
시:종식 始鐘式 [si:dʒoŋsig] /구세군 자선냄비
시:주 施主 [si:dʒu]
시중 [sidʒuŋ] /시중(을) 들다
시:중 市中 [si:dʒuŋ]
시지고 時至高 [sidʒigo] /대구시 수성구
시집 媤- [sidʒib]
시집 詩集 [sidʒib]
시차 時差 [siʧa]
시:찰 視察 [si:ʧal]
시:창 始唱 [si:ʧaŋ]
시:책 施策 [si:ʧɛg]
시:청 市廳 [si:ʧəŋ]
시:청권 視聽權 [si:ʧəŋg'wən, 시:청꿘]
시:청자 視聽者 [si:ʧəŋdʒa]
시:체 屍體 [si:ʧe]
시쳇말 時體- [siʧenmal, 시첸말]
시:초 始初 [si:ʧo]
시초면 時草面 [siʧomjən] /충남 서천군
시:추선 試錐船 [si:ʧusən] /석유
시:축 始蹴 [si:ʧug]
시침 時針 [siʧim]
시침질 [siʧimdʒil] /바느질
시커멓다 [sikəməta, 시커머타]
시:판 市販 [si:pan]
시편 詩篇 [sipjən]
시한 時限 [siɦan]
시:합 試合 [si:ɦab] (→'겨루기', '경기')
시:해 弑害 [si:ɦɛ]
시:행 施行 [si:ɦɛŋ]
시:향 市響 [si:ɦjaŋ] 시 소속 교향악단, /'서울시교향악단'의 약칭(일반적)
시:험대 試驗臺 [si:ɦəmdɛ]
시화문 時和門 [siɦwamun] /청와대 분수대 안내실
시:혜 施惠 [si:ɦje]
시:화호 始華湖 [si:ɦwaɦo] /경기도 시흥시·화성시·안산시에 걸친 인공호수
시:황 市況 [si:ɦwaŋ]
시효 時效 [siɦjo]
시:흥동 始興洞 [si:ɦiŋdoŋ] /서울시 금천구의 洞
시:흥시 始興市 [si:ɦiŋsi] /경기도 중서부의 市
식객 食客 [sig'ɛg, 시깩]
식겁 食怯 [sig'əb, 시껍] 뜻밖에 놀라 겁을 먹음
식견 識見 [sig'jən, 시껸]
식기 食器 [sig'i, 시끼]
식다 [sigd'a, 식따] 去, 冷
식단 食單 [sigd'an, 식딴]
식대 食代 [sigd'ɛ, 식때]
식량난 食糧難 [siŋnjaŋnan, 싱냥난]
식료품 食料品 [siŋnjopum, 싱뇨품]
식목행사 植木行事 [siŋmokɛŋsa, 싱모캥사]
식민사:관 植民史觀 [siŋminsa:gwan,

싱민사:관]
식별 識別 [sigb'jəl, 식뼐]
식복사 食服事 [sigb'ogs'a, 식뽁싸] 神父의 시중을 들어주는 사람, /가톨릭
식비 食費 [sigb'i, 식삐]
식빵 食- [sigb'aŋ]
식사 式辭 [sigs'a, 식싸]
식사동 食寺洞 [sigs'adoŋ, 식싸동] / 경기도 고양시, 식사지구
식사량 食事量 [sigs'arjaŋ, 식싸량]
식상하다 食傷-- [sigs'aŋɦada, 식쌍하다]
식솔 食率 [sigs'ol, 식쏠]
식순 式順 [sigs'un, 식쑨]
식약청 食藥廳 [sigjagʧəŋ, 시갹청] '식품의약품안전청'의 약칭
식언 食言 [sigən, 시건]
식염수 食鹽水 [sigjəmsu, 시겸수]
식용유 食用油 [sigjoŋnju, 시공뉴]
식육점 食肉店 [sigjugʤ'əm, 시국쩜]
식음료 食飮料 [sigɨmnjo, 시금뇨]
식이요법 食餌療法 [sigijob'əb, 시기요뻡]
식자 植字 [sigʤ'a, 식짜]
식자우환 識字憂患 [sigʤ'auɦwan, 식짜우환]
식자재 食資材 [sigʤ'aʤɛ, 식짜재]
식재료 食材料 [sigʤ'ɛrjo, 식째료]
식전식후 食前食後 [sigʤ'ənsiku, 식쩐시쿠]
식중독 食中毒 [sigʤ'uŋdog, 식쭝독]
식칼 食- [sikal, 시칼]
식탐 食貪 [sigtam]
식해 食醢 [sikɛ, 시캐] ≒생선젓
식혜 食醯 [sikje, 시켸]
식후경 食後景 [sikugjəŋ, 시쿠경]
신갈동 新葛洞 [singald'oŋ, 신갈똥] /경기도 용인시, /경부선 신갈IC
신:경 信經 [si:ngjəŋ] '신용'(금융)과 '경제'(유통), /농협
신경여고 新京女高 [singjəŋnjəgo, 신경녀고] /서울시 도봉구
신경질적 神經質的 [singjəŋʤilʤ'əg]
신계동 新契洞 [singjedoŋ] /서울시 용산구
신고 申告 [singo]
신:광여고 信光女高 [si:ngwaŋnjəgo, 신:광녀고] /서울시 용산구
신권 新券 [sing'wən, 신꿘]
신기 神氣 [sing'i, 신끼]
신기 神技 [singi]
신기동 新基洞 [singidoŋ] /경기도 성남시, 대구시 동구, 충남 공주시, 경북 영천시, 경남 양산시, 전남 여수시
신기동 新機洞 [singidoŋ] /경북 문경시
신기면 新基面 [singimjən] /강원도 삼척시
신기한 神奇- [singiɦan]
신길동 新吉洞 [singild'oŋ, 신길똥] / 서울시 영등포구, 경기도 안산시
신:다 [si:nd'a, 신:따] 履, 穿, 신:지 [si:nʤ'i, 신:찌] 신:고[si:ng'o, 신:꼬] 신어[sinə, 시너] 신으니[sinɨni, 시느니]
신당역 新堂驛 [sindaŋnjəg, 신당녁] /서울시 중구, 환승역
신:념 信念 [si:nnjəm]
신도 薪島 [sindo] /전남 신안군의 섬
신도 身島 [sindo] /전남 완도군의 섬
신:도 信島 [si:ndo] /인천시 옹진군의 섬
신:도 信徒 [si:ndo]
신라 新羅 [silla, 실라]
신랄하다 辛辣-- [sillalɦada, 실랄하다]
신랑 新郎 [sillaŋ, 실랑]
신령 神靈 [silljəŋ, 실령]
신례원리 新禮院里 [silljewənni, 실례원니] /충남 예산군
신록 新綠 [sillog, 실록]
신:뢰 信賴 [si:llø(we), 실:뢰(뤠)]
신료 臣僚 [silljo, 실료] 모든 신하,

ㅅ

/대소 신료
신리 新里 [sinni, 신니] /평택·화성·평창·삼척·예산·당진·홍성·제천·부안·완주·완도·화순·장흥·곡성·진도·칠곡·고령·고성(경남)·창원
신리 神里 [sinni, 신니] /충남 부여군
신:리 信里 [si:nni, 신:니] /경북 김천시
신림역 新林驛 [sillimnjəg, 실림녁] /서울시 관악구, 지하철 2호선
신림역 神林驛 [sillimnjəg, 실림녁] /강원도 원주시, 철도 중앙선
신립 申砬 [sinnib, 신닙] 임진왜란 때 장수, /탄금대 전투
신:망 信望 [si:nmaŋ]
신:망:애 信望愛 [si:nma:ŋɛ] '믿음', '소망', '사랑' /가톨릭
신매리 新梅里 [sinmɛri] /강원도 춘천시, 충북 충주시·옥천군
신명 [sinmjəŋ] /신명(이) 나다, 신명(을) 내다
신:명여고 信明女高 [si:nmjəŋnjəgo, 신:명녀고] /인천시 남동구
신목리 新木里 [sinmoŋni, 신몽니] /전북 익산시
신묘한 神妙- [sinmjoɦan]
신문 新聞 [sinmun]
신:문 訊問 [si:nmun]
신문고 申聞鼓 [sinmungo] /백성들이 억울함을 호소할 때 치던 북, 조선
신문로 新門路 [sinmunno, 신문노] /서울시 종로구
신물 [sinmul] /～이 나다
신미양요 辛未洋擾 [sinmijaŋjo] 미국 군함, 강화도 해협(1871)
신바람 [sinb'aram, 신빠람]
신발장 --欌 [sinbalʤ'aŋ, 신발짱]
신:방 訊訪 [si:nbaŋ] 찾아가 만나 봄
신변 身邊 [sinbjən] /신변 보호
신병 身柄 [sinbjəŋ] /신병 확보, 신병 처리
신:봉하다 信奉-- [si:nboŋɦada]
신:부전증 腎不全症 [si:nbuʤənʤ'iŋ, 신:부전쯩]
신북읍 新北邑 [sinbugɨb, 신부급] /강원도 춘천시
신분증 身分證 [sinbunʤ'iŋ, 신분쯩]
신비주의 神秘主義 [sinbiʤui, 신비주이]
신:빙성 信憑性 [si:nbiŋs'əŋ, 신:빙썽]
신:사 紳士 [si:nsa]
신사임당 申師任堂 [sinsaimdaŋ] /조선 전기의 서화가, 율곡의 어머니
신사참배 神社參拜 [sinsaʧambɛ] /日本
신산하다 辛酸-- [sinsanɦada] 힘들고 고생스럽다
신상 身上 [sinsaŋ] /신상발언
신생 新生 [sinsɛŋ]
신서동 新西洞 [sinsədoŋ] /대구광역시 동구
신선한 新鮮- [sinsənɦan]
신설동 新設洞 [sinsəld'oŋ, 신설똥] /서울시 동대문구
신성 新星 [sinsəŋ]
신성시 神聖視 [sinsəŋsi]
신세 身世 [sinse] /도움, 폐
신세 身世/身勢 [sinse] /처지, 형편
신:속한 迅速- [si:nsokan, 신:소칸]
신수 身手 [sinsu]
신수동 新水洞 [sinsudoŋ] /서울시 마포구
신수동 新樹洞 [sinsudoŋ] /경남 사천시
신식 新式 [sinsig]
신신당부 申申當付 [sinsindaŋbu]
신:실하다 信實-- [si:nsilɦada]
신:심 信心 [si:nsim]
신안군 新安郡 [sinangun, 시난군] /전남 남서부의 郡
신암로 新岩路 [sinamno, 시남노] /대구광역시 중구, 동구에 걸침
신:앙 信仰 [si:naŋ, 시:낭]

신약 新藥 [sinjag, 시냑]
신약성:서 新約聖書 [sinjags'ə:ŋsə, 시냑썽:서]
신언서판 身言書判 [sinənsəpan, 시넌서판] 신수, 말씨, 문필, 판단력
신열 身熱 [sinjəl, 시녈]
신예 新銳 [sinje, 시녜]
신원 身元 [sinwən, 시눤] /신원조회
신원리 新院里 [sinwənni, 시눤니] /경기도 용인시·양평군, 충남 예산군·청양군, 경북 경주시·청도군, 전남 광양시·나주시
신원리 新元里 [sinwənni, 시눤니] /경기도 이천시, 전북 완주군, 전남 신안군
신원리 新源里 [sinwənni, 시눤니] /경북 영천시
신월동 新月洞 [sinwəld'oŋ, 시눨똥] /서울시 양천구, 경남 창원시·마산시, 충북 제천시, 전북 정읍시·김제시, 전남 여수시
신음 呻吟 [sinɨm, 시늠]
신:의 信義 [si:ni, 시:니]
신의주 新義州 [sin(ɨ)idʒu, 시니(늬)주] /평안북도의 도청소재지, 북한
신인 新人 [sinin, 시닌]
신:인도 信認度 [si:nindo, 시:닌도]
신:일고 信一高 [si:nilgo, 시:닐고] /서울시 강북구
신:임장 信任狀 [si:nimdʒ'aŋ, 시:님짱]
신입생 新入生 [sinibs'ɛŋ, 시닙쌩]
신:자 信者 [si:ndʒa]
신작로 新作路 [sindʒaŋno, 신장노]
신장 身長 [sindʒaŋ]
신장 伸張 [sindʒaŋ]
신장 新裝 [sindʒaŋ] /신장개업
신:장 腎臟 [si:ndʒaŋ] =콩팥
신전 神殿 [sindʒən]
신접살림 新接-- [sindʒəbs'allim, 신접쌀림]
신:조 信條 [si:ndʒo]
신종 新種 [sindʒoŋ]
신주단지 神主-- [sindʒud'andʒi, 신주딴지]
신:중한 愼重- [si:ndʒuŋɦan]
신진 新進 [sindʒin]
신착 新着 [sintʃag]
신참 新參 [sintʃam]
신천동 新川洞 [sintʃəndoŋ] /서울시 송파구, 경기도 시흥시, 대구시 동구
신천동 新泉洞 [sintʃəndoŋ] /울산광역시 북구
신:천동 信川洞 [si:ntʃəndoŋ] /경북 경산시
신첩 臣妾 [sintʃəb] 여자가 임금을 상대로 자기를 낮춤, /史劇
신청 申請 [sintʃəŋ]
신촌역 新村驛 [sintʃonnjəg, 신촌녁] /서울시 서대문구, 지하철 2호선, 경의선
신축성 伸縮性 [sintʃugs'əŋ, 신축썽]
신축하다 新築-- [sintʃukada, 신추카다]
신출귀:몰 神出鬼沒 [sintʃulgwi:mol]
신출내기 新出-- [sintʃullɛgi, 신출래기]
신탄진동 新灘津洞 [sintandʒindoŋ] /대전광역시 대덕구
신통력 神通力 [sintoŋnjəg, 신통녁]
신통방통하다 神通-通-- [sintoŋbaŋ toŋɦada]
신파조 新派調 [sinpadʒ'o, 신파쪼]
신풍역 新豊驛 [sinpuŋnjəg, 신풍녁] /서울시 영등포구(7호선), 전남 여수시(전라선)
신하 臣下 [sinɦa]
신해혁명 辛亥革命 [sinɦɛɦjəŋmjəŋ, 신해형명] /청나라 망함, 중화민국 탄생(1911)
신현고 新峴高 [sinɦjəngo] 서울시 중랑구
신현리 新峴里 [sinɦjənni, 신현니] 문경·제천·아산·의령·강화(인천)·광주(경기)
신:호 信號 [si:nɦo]
싣:다 [si:d'a, 시:따] 싣:고[si:dg'o] 싣:

ㅅ

는[si:nnɨn, 신는] 실어[sirə, 시러] 실으니[sirɨni, 시르니]
실: [si:l] 絲
실각하다 失脚-- [silgakada, 실가카다]
실감 實感 [silgam]
실:개천 --川 [si:lgɛʧən]
실격 失格 [silg'jəg, 실껵]
실과 實科 [silg'wa, 실꽈]
실권 實權 [silg'wən, 실꿘]
실권 失權 [silg'wən, 실꿘]
실기 實技 [silgi]
실기 失機 [silgi] 기회를 잃거나 놓침
실낙원 失樂園 [sillagwən, 실라권] / 밀턴, 실락원(×)
실:낱 [si:llad, 실:랃] 실:낱을[실:라틀] 실:낱이[실:라치] 실:낱만[실:란만]
실내 室內 [sillɛ, 실래]
실로 實- [sillo]
실:마리 [si:lmari]
실망 失望 [silmaŋ]
실명 實名 [silmjəŋ]
실명 失明 [silmjəŋ]
실물 實物 [silmul] /실물경제
실물수 失物數 [silmuls'u, 실물쑤]
실미도 實尾島 [silmido] /인천광역시 중구, 영화
실:밥 [si:lb'ab, 실:빱]
실:버들 [si:lbədɨl]
실:뱀 [si:lbɛm]
실사 實査 [sils'a, 실싸] /실사보고서
실상 實狀 [sils'aŋ, 실쌍]
실성하다 失性-- [sils'əŋɦada, 실썽하다]
실세 實勢 [sils'e, 실쎄]
실소 失笑 [sils'o, 실쏘]
실소:유주 實所有主 [sils'o:juʤu, 실쏘:유주]
실속 實- [sils'og, 실쏙]
실손 實損 [sils'on, 실쏜] /실제손해, 실제손실
실솔 蟋蟀 [silsol] =귀뚜라미
실수 失手 [sils'u, 실쑤]
실수요자 實需要者 [sils'ujoʤa, 실쑤요자]
실습 實習 [sils'ɨb, 실씁]
실시 實施 [sils'i, 실씨]
실시간 實時間 [sils'igan, 실씨간]
실신하다 失神-- [sils'inɦada, 실씬하다]
실실 [silsil]
실언 失言 [sirən, 시런]
실업자 失業者 [sirəbʤ'a, 시럽짜]
실없:이 實-- [sirə:bs'i, 시럽:씨]
실연 失戀 [sirjən, 시련]
실연 實演 [sirjən, 시련]
실온 室溫 [siron, 시론]
실외 室外 [sirø(we), 시뢰(뤠)]
실용적 實用的 [sirjoŋʤəg, 시룡적]
실용주의 實用主義 [sirjoŋʤui, 시룡주이]
실의 失意 [siri, 시리]
실익 實益 [sirig, 시릭]
실장 室長 [silʤ'aŋ, 실짱]
실재 實在 [silʤ'ɛ, 실째]
실적 實績 [silʤ'əg, 실쩍] /수출실적
실전용 實戰用 [silʤ'ənnjoŋ, 실쩐뇽]
실점 失點 [silʤ'əm, 실쩜]
실정 實情 [silʤ'əŋ, 실쩡]
실정 失政 [silʤ'əŋ, 실쩡]
실정법 實定法 [silʤ'əŋb'əb, 실쩡뻡]
실제 實際 [silʤ'e, 실쩨]
실족하다 失足-- [silʤ'okada, 실쪼카다]
실존주의 實存主義 [silʤ'onʤui, 실쫀주이]
실종자 失踪者 [silʤ'oŋʤa, 실쫑자]
실증 實證 [silʤ'ɨŋ, 실쯩]
실지 實地 [silʤ'i, 실찌] 실제의 처지나 경우
실지 失地 [silʤ'i, 실찌] /실지 회복
실직자 失職者 [silʤ'igʤ'a, 실찍짜]
실질적 實質的 [silʤ'ilʤəg, 실찔적]
실책 失策 [silʧɛg]
실천력 實踐力 [silʧənnjəg, 실천녁]
실천적 實踐的 [silʧənʤəg]

실체 實體 [silʧe]
실추 失墜 [silʧu]
실축하다 失蹴-- [silʧukada, 실추카다]
실측 實測 [silʧɨg]
실컷 [silkəd, 실컫]
실:타래 [si:ltarɛ]
실탄 實彈 [siltan]
실태 實態 [siltɛ]
실토 實吐 [silto]
실투 失投 [siltu]
실팍하다 [silpakada, 실파카다]
실패 失敗 [silpɛ]
실:패 [si:lpɛ]
실:핏줄 [si:lpi(d)ʤ'ul, 실:피(핃)쭐] = 모세혈관
실하다 實-- [silɦada]
실학사상 實學思想 [silɦags'asaŋ, 실학싸상]
실험적 實驗的 [silɦəmʤəg]
실현 實現 [silɦjən]
실화 實話 [silɦwa]
실화 失火 [silɦwa]
실황 實況 [silɦwaŋ]
실효성 實效性 [silɦjos'əŋ, 실효썽]
싫다 [silta, 실타] 嫌
싫증 -症 [silʤ'ɨŋ, 실쯩]
심 心 [sim] 헝겊, 질긴 줄기, 고갱이 등
심: 沈 [si:m] /姓氏
심:각하다 深刻-- [si:mgakada, 심:가카다]
심경 心境 [simgjəŋ]
심근경색 心筋梗塞 [simgɨngjəŋsɛg]
심금 心琴 [simgɨm]
심기 心氣 [simgi]
심기일전 心機一轉 [simgiilʤ'ən, 심기일쩐]
심:난하다 甚難-- [si:mnanɦada]
심:다 [si:md'a, 심:따] 植
심:대한 甚大- [si:mdɛɦan] /영향, 손해
심:도 深度 [si:mdo]
심란하다 心亂-- [simnanɦada, 심난하다]
심려 心慮 [simnjə, 심녀]
심령술 心靈術 [simnjəŋsul, 심녕술]
심리 心理 [simni, 심니]
심:리 審理 [si:mni, 심:니]
심:모원:려 深謀遠慮 [si:mmowə:llјə, 심:모월:려] /깊은 꾀로 멀리 봄
심:미안 審美眼 [si:mmian]
심박수 心搏數 [simbags'u, 심박쑤]
심방 尋訪 [simbaŋ]
심보 心- [simb'o, 심뽀]
심복 心腹 [simbog]
심:봉:사 沈-- [si:mbo:ŋsa] /심청전
심:부름 [si:mburɨm]
심사 心思 [simsa] /심사가 사납다, 심사가 편치 못하다
심:사 審査 [si:msa]
심:사숙고 深思熟考 [si:msasug'o, 심:사수꼬]
심:산유곡 深山幽谷 [si:msannjugog, 심:산뉴곡]
심상 心象/心像 [simsaŋ] ≒이미지
심상치 않다 尋常- -- [simsaŋʧianta, 심상치안타]
심성 心性 [simsəŋ]
심술 心術 [simsul]
심신 心身 [simsin]
심:심산골 深深山- [si:msimsang'ol, 심:심산꼴]
심심하다 [simsimɦada]
심:심한 甚深- [si:msimɦan] /심심한 조의, 심심한 유감
심:야 深夜 [si:mja, 시:먀]
심약한 心弱- [simjakan, 시먀칸]
심:연 深淵 [si:mjən, 시:면]
심:오한 深奧- [si:moɦan, 시:모한]
심:의 審議 [si:mi, 시:미]
심인고 心印高 [simingo, 시민고] / 대구광역시 남구
심인성 心因性 [simins'əŋ, 시민썽]
심장 心臟 [simʤaŋ]
심적 心的 [simʤ'əg, 심쩍]

심전도 心電圖 [simdʒəndo]
심정 心情 [simdʒəŋ]
심중 心中 [simdʒuŋ]
심증 心證 [simdʒɨŋ]
심지 心- [simdʒi] /심지가 타다
심지 心地 [simdʒi] /심지가 바르다, 심지가 곧다
심지 心志 [simdʒi] /심지가 굳다, 심지가 강하다
심:지어 甚至於 [si:mdʒiə]
심:청 沈靑 [si:mʧəŋ]
심통 心- [simtoŋ] /심통(을) 부리다, 심통 나다
심:판 審判 [si:mpan]
심:평원 審評院 [si:mpjəŋwən] '건강보험심사평가원'의 약칭
심폐 心肺 [simpje]
심학산 尋鶴山 [simɦags'an, 심학싼] /경기도 파주시
심:해 深海 [si:mɦɛ]
심:화 深化 [si:mɦwa]
심:훈 沈熏 [si:mɦun] /상록수
심:히 甚- [si:mɦi]
십계명 十誡命 [sibg'jemjəŋ, 십꼐명]
19 十九 [sibg'u, 십꾸]
십리 十里 [simni, 심니]
십리포 十里浦 [simnipo, 심니포] / 인천광역시 옹진군, 해수욕장
십상 [sibs'aŋ, 십쌍] 쉽상(×)
십시일반 十匙一飯 [sibs'iilban, 십씨일반]
십자가 十字架 [sibdʒ'aga, 십짜가]
십자매 十姊妹 [sibdʒ'amɛ, 십짜매] / 조류
십장생 十長生 [sibdʒ'aŋsɛŋ, 십짱생]
십자수 十字繡 [sibdʒ'asu, 십짜수]
십중팔구 十中八九 [sibdʒ'uŋpalgu, 십쭝팔구]
십진법 十進法 [sibdʒ'inb'əb, 십찐뻡]
10항 十項 [sipaŋ, 시팡]
10호 十號 [sipo, 시포]
싯다르타 [sid'arɨta, 시따르타] 석가모니가 출가하기 전의 이름, /싯달다(×)
싱겁다 [siŋgəbd'a, 싱겁따]
싱그럽다 [siŋgɨrəbd'a, 싱그럽따] 싱그러워[siŋgɨrəwə] 싱그러운[siŋgɨrəun]
싱긋 [siŋgɨd, 싱귿]
싱숭생숭 [siŋsuŋsɛŋsuŋ]
싱싱하다 [siŋsiŋɦada]
싱아 [siŋa] /식물

ㅅ

ㅆ

싸다 [s'ada] 包, 輕, 放出, 排泄
싸라기 [s'aragi] 부스러진 쌀알, 싸래기(×)
싸락눈 [s'araŋnun, 싸랑눈]
싸매:다 [s'amɛ:da]
싸전 -廛 [s'adʒən]
싸:하다 [s'a:ɦada]
싹 [s'ag] 芽
싹 [s'ag]
싹둑 [s'agd'ug, 싹뚝]
싹수 [s'ags'u, 싹쑤]
싼값 [s'angab, 싼갑] 싼값에[싼갑쎄] 싼값은[싼갑쓴]
쌀가:게 [s'alg'a:ge, 쌀까:게]
쌀값 [s'alg'ab, 쌀깝] 쌀값이[쌀깝씨] 쌀값을[쌀깝쓸]
쌀겨 [s'alg'jə, 쌀껴]
쌀뜨물 [s'ald'ɨmul] 쌀뜬물(×)
쌀벌레 [s'albəlle]
쌀엿 [s'alljəd, 쌀렫]
쌀집 [s'aldʒ'ib, 쌀찝]
쌈 [s'am] /채소
쌈: [s'a:m] '싸움'의 준말
쌈:닭 [s'a:md'ag, 쌈:딱] '싸움닭'의 준말
쌈장 -醬 [s'amdʒaŋ]
쌈짓돈 [s'amdʒid'on, 쌈지똔]
쌉싸래하다 [s'abs'arɛɦada] 쌉싸름하다(×)
쌍 雙 [s'aŋ]
쌍동밤 雙童- [s'aŋdoŋbam]
쌍둥이 雙-- [s'aŋduŋi]
쌍란 雙卵 [s'aŋnan, 쌍난]
쌍룡 雙龍 [s'aŋnjoŋ, 쌍뇽] ('쌍용': '쌍룡'의 誤記)
쌍북리 雙北里 [s'aŋbuŋni, 쌍붕니] /충남 부여군
쌍수 雙手 [s'aŋsu]
쌍심지 雙心- [s'aŋsimdʒi]
쌍십절 雙十節 [s'aŋsibdʒ'əl, 쌍십쩔]
쌍점 雙點 [s'aŋdʒəm] /문장부호, ':'
쌍화점 雙花店 [s'aŋɦwadʒəm] /고려시대의 속요
쌓다 [s'ata, 싸타] 積, 쌓아[싸아] 쌓지[싸치] 쌓고[싸코] 쌓는[싼는]
쌔:다 [s'ɛ:da] '쌓이다', '싸이다'의 준말
쌤:통 [s'ɛ:mtoŋ]
쌩쌩하다 [s'ɛŋs'ɛŋɦada]
썩 [s'əg]
썩다 [s'əgd'a, 썩따] 腐
썩이다 [s'əgida, 써기다] /부모 속을 썩이다
썩히다 [s'əkida, 써키다] /음식, 기술 따위를 썩히다
썰:다 [s'ə:lda] 刻, 切, 썰:지[s'ə:ldʒi] 썰:고[s'ə:lgo] 썰:어[s'ə:rə, 써:러] 써:니[s'ə:ni] 썰:면[s'ə:lmjən]
썰렁하다 [s'əlləŋɦada]
썰매 [s'əlmɛ]
썰물 [s'əlmul]
쎈뽈여중 --女中 [s'enb'olljədʒuŋ, 쎈뽈려중] /충남 논산시, (←Saint Paul)
-쏘냐 [s'onja] -소냐(×)
쏘:다 [s'o:da] 쏘:니[s'o:ni] 쏘:지[s'o:dʒi] 쏘아/쏴:[s'oa/s'wa:] 쏘이다[s'oida]
쏙 [s'og]
쏙 [s'og] /갑각류
쏜살 [s'onsal] /쏜살같이
쏟다 [s'od'a, 쏘따] 注, 淚, 流
쏠리다 [s'ollida] 傾, 集
쐐:기 [s'wɛ:gi] /쐐기(를) 박다
쐬:다 [s'ø:da]
쑤다 [s'uda] 쑤어/쒀:[s'uə/s'wə:] 쑤니[s'uni]
쑥갓 [s'ug'ad, 쑤깓]
쑥대머리 [s'ugd'ɛməri, 쑥때머리]

쑥대밭 [s'ugd'ɛbad, 쑥때받]
쑥밭 [s'ugb'ad, 쑥빧]
쑥부쟁이 [s'ugb'udʒɛŋi, 쑥뿌쟁이]
쑥스럽다 [s'ugs'irəbd'a, 쑥쓰럽따]
쓰다 [s'ɨda] 書, 用, 費, 苦, 雇, 掛, 傘
쓰레받기 [s'ɨreba(d)g'i, 쓰레바(받)끼] 쓰레받이(×)
쓱 [s'ɨg]
쓴맛 [s'ɨnmad, 쓴맏]
쓴소리 [s'ɨnsori]
쓸개 [s'ɨlgɛ]
쓸데 [s'ɨld'e, 쓸떼]
쓸모 [s'ɨlmo]
씀바귀 [s'ɨmbagwi]
씀씀이 [s'ɨms'ɨmi, 씀쓰미]
씌다 [s'ida, 씨다] 憑, /귀신에 씌다
씌:다 [s'i:da, 씨:다] '쓰이다', '씌우다'의 준말
씨름 [s'irɨm]
씨받이 [s'ibadʒi, 씨바지]
씨앗 [s'iad, 씨앋]
씩 [s'ig] 씨익(×)
씩씩하다 [s'igs'ikada, 씩씨카다]
씹다 [s'ibd'a, 씹따] 齧, 碎
씻김굿 [s'idg'imgud, 씯낌굳]
씻다 [s'ida, 씨따] 洗, 浴

ㅆ

ㅇ

아관파천 俄館播遷 [agwanpaʧən] / 조선, (1896-97)
아교풀 阿膠- [agjopul] '갖풀'
아:군 我軍 [a:gun]
아궁이 [aguŋi]
아귀 [agwi]
아낙네 [anaŋne, 아낭네]
아내 [anɛ]
아녀자 兒女子 [anjədʒa]
아늑하다 [anɨkada, 아느카다]
아니리 [aniri] ≒사설
아니오 [anio]
아니요 [anijo]
아:담하다 雅淡/雅澹-- [a:damɦada]
아동 兒童 [adoŋ]
아둔하다 [adunɦada]
아라사 俄羅斯 [arasa] '러시아'의 음역어
아랑곳하지 않다 [araŋgotadʒianta, 아랑고타지안타]
아랫니 [arɛnni, 아랜니]
아랫도리 [arɛd'ori, 아래또리]
아랫사:람 [arɛ(d)s'a:ram, 아래(랟)싸:람]
아:량 雅量 [a:rjaŋ]
아련히 [arjənɦi]
아:령 啞鈴 [a:rjəŋ]
아:류 亞流 [a:rju]
아름다워 [arɨmdawə] 아름다와(×)
아리다 [arida]
아림고 兒臨高 [arimgo] /경남 거창군, 구 거창농고
아명 兒名 [amjəŋ]
아:무 [a:mu]
아:무도 [a:mudo]
아:무런 [a:murən]
아:무리 [a:muri]
아:무튼 [a:mutɨn] 아뭏든(×)
아방궁 阿房宮 [abaŋguŋ] 몹시 크고 화려한 집
아부 阿附 [abu]
아불리가 阿弗利加 [abulliga] '아프리카'의 음역어
아비규환 阿鼻叫喚 [abigjuɦwan]
아:사 餓死 [a:sa]
아산병:원 峨山病院 [asanb'jə:ŋwən, 아산뼝:원] /대형병원
아산시 牙山市 [asansi] /충남 서북부의 市
아삼륙 [asamnjug, 아삼뉵] (←二三六, 중국어), /서로 마음이 맞는 짝
아성 牙城 [asəŋ]
아수라장 阿修羅場 [asuradʒaŋ]
아쉽다 [aswibd'a, 아쉽따] 아쉬워[aswiwə] 아쉬우니[aswiuni]
아:신역 我新驛 [a:sinnjəg, 아:신녁] /경기도 양평군, 중앙선
아:악 雅樂 [a:ag]
아양 [ajaŋ]
아연 亞鉛 [ajən]
아연실색 啞然失色 [ajənsils'ɛg, 아연실쌕]
아열대 亞熱帶 [ajəld'ɛ, 아열때]
아영면 阿英面 [ajəŋmjən] /전북 남원시
아예 [aje]
아옹 [aoŋ] /'눈 가리고 아옹', 아웅(×)
아우성 --聲 [ausəŋ]
아욱국 [aug'ug, 아우꾹]
아이 [ai]
아쟁 牙箏 [adʒɛŋ] /국악
아:전인수 我田引水 [a:dʒəninsu, 아:저닌수]
아주 [adʒu]
아주 亞洲 [adʒu] 아시아
아주 阿洲 [adʒu] 아프리카
아지 [adʒi] 鯵, /생선, (→'전갱이')
아지랑이 [adʒiraŋi] 아지랭이(×)
아직 [adʒig]

ㅇ

아:집 我執 [a:ʤib]
아첨 阿諂 [aʧəm]
아침밥 [aʧimb'ab, 아침빱]
아편 阿片/鴉片 [apjən]
아현동 阿峴洞 [aɦjəndoŋ] /서울시 마포구
아:호 雅號 [a:ɦo]
아홉 [aɦob] 9
아황산 亞黃酸 [aɦwaŋsan]
아흔 [aɦɨn] 90
악감정 惡感情 [ag'amʤəŋ, 아깜정]
악관절 顎關節 [ag'wanʤəl, 아꽌절]
악귀 惡鬼 [ag'wi, 아뀌]
악다구니 [agd'aguni, 악따구니]
악단장 樂團長 [agd'anʤaŋ, 악딴장]
악덕업체 惡德業體 [agd'əgəbʧe, 악떠겁체]
악랄하다 惡辣-- [aŋnalɦada, 앙날하다]
악력 握力 [aŋnjəg, 앙녁]
악령 惡靈 [aŋnjəŋ, 앙녕]
악마성 惡魔性 [aŋmas'əŋ, 앙마썽]
악상 樂想 [ags'aŋ, 악쌍]
악성 惡性 [ags'əŋ, 악썽]
악성 樂聖 [ags'əŋ, 악썽] /베토벤
악송:구 惡送球 [ags'o:ŋgu, 악쏭:구]
악수 幄手 [ags'u, 악쑤]
악수 惡手 [ags'u, 악쑤]
악순환 惡循環 [ags'unɦwan, 악쑨환]
악습 惡習 [ags'ɨb, 악씁]
악양루 岳陽樓 [agjaŋnu, 아걍누] / 경남 함안군, 조선시대 누각
악양면 岳陽面 [agjaŋmjən, 아걍면] / 경남 하동군
악어 鰐魚 [agə, 아거]
악역 惡役 [agjəg, 아격]
악연 惡緣 [agjən, 아견]
악영:향 惡影響 [agjə:ŋɦjaŋ, 아경:향]
악의적 惡意的 [agiʤəg, 아기적]
악재 惡材 [agʤ'ɛ, 악째]
악전고투 惡戰苦鬪 [agʤ'əngotu, 악쩐고투]
악착같이 齷齪-- [agʧag'aʧi, 악차까치]
악천후 惡天候 [agʧənɦu]
악평 惡評 [agpjəŋ]
악학궤:범 樂學軌範 [akag'we:bəm, 아카꿰:범] /음악책, 조선 성종(1493)
악행 惡行 [akɛŋ, 아캥]
악화 惡化 [akwa, 아콰]
악화 惡貨 [akwa, 아콰]
악흥 樂興 [akɨŋ, 아킁]
안가 安家 [anga]
안간힘 [ang'anɦim, 안깐힘]
안감 [ang'am, 안깜] =안찝
안강망 鮟鱇網 [angaŋmaŋ] /고기잡이
안:개 [a:ngɛ]
안:건 案件 [a:ng'ən, 안:껀]
안:경 眼鏡 [a:ngjəŋ]
안:과 眼科 [a:ng'wa, 안:꽈]
안:광 眼光 [a:ngwaŋ]
안:구 眼球 [a:ngu]
안국동 安國洞 [angugd'oŋ, 안국똥] /서울시 종로구
안국약품 安國藥品 [anguŋnjagpum, 안궁냑품] /제약회사
안국역 安國驛 [anguŋnjəg, 안궁녁] /서울 지하철 3호선
안:내 案內 [a:nnɛ]
안녕 安寧 [annjəŋ]
안:다 [a:nd'a, 안:따] 抱, 안:고[a:ng'o, 안:꼬] 안:지[a:nʤ'i, 안:찌] 안아[ana, 아나] 안으니[anɨni, 아느니] 안으면[anɨmjən, 아느면] 안기다[angida] 안:기[a:ng'i, 안:끼]
안:다미로 [a:ndamiro] 그릇에 넘치도록 많이 담은 모양
안달 [andal]
안:대 眼帶 [a:ndɛ]
안도 安堵 [ando]
안락동 安樂洞 [allagd'oŋ, 알락똥] / 부산시 동래구
안락사 安樂死 [allags'a, 알락싸]
안락하다 安樂-- [allakada, 알라카다]
안:마 按摩 [a:nma] ≒마사지
안:마 鞍馬 [a:nma] /운동

안면 顔面 [anmjən]
안면도 安眠島 [anmjəndo] /충남 태안군
안:목 眼目 [a:nmog]
안목항 安木港 [anmokaŋ, 안모캉] /강원도 강릉시, 해수욕장
안방 -房 [anb'aŋ, 안빵]
안:배 按排/按配 [a:nbɛ]
안보 安保 [anbo]
안부 安否 [anbu]
안빈낙도 安貧樂道 [anbinnagd'o, 안빈낙또]
안사:람 [ans'a:ram, 안싸:람]
안산시 安山市 [ansansi] /경기도 남서부의 市
안:산 鞍山 [a:nsan] /서울시 서대문구, 강원도 인제군
안색 顔色 [ansɛg]
안:서 岸曙 [a:nsə] '김억'의 호
안:서 雁書 [a:nsə] 먼 곳에서 온 편지
안:수 按手 [a:nsu]
안식년 安息年 [ansiŋnjən, 안싱년]
안쓰럽다 [ans'ɨrəbd'a, 안쓰럽따] 안스럽다(×)
안악군 安岳郡 [anag'un, 아나꾼] /황해도 북서부의 郡
안암동 安岩洞 [anamdoŋ, 아남동] /서울시 성북구
안:압 眼壓 [a:nab, 아:납]
안:압지 雁鴨池 [a:nabdʒ'i, 아:납찌] /연못, 경북 경주시
안:약 眼藥 [a:njag, 아:냑]
안양시 安養市 [anjaŋsi, 아냥시] /경기도 중남부의 市
안일한 安逸- [anilɦan, 아닐한]
안장 安葬 [andʒaŋ]
안:장 鞍裝 [a:ndʒaŋ]
안전 安全 [andʒən]
안:전 案前 [a:ndʒən]
안절부절 [andʒəlbudʒəl] /안절부절못하다
안정성 安定性 [andʒəŋs'əŋ, 안정썽]
안정적 安定的 [andʒəŋdʒəg]
안주 安住 [andʒu]
안:주 按酒 [a:ndʒu]
안:중 眼中 [a:ndʒuŋ]
안중읍 安仲邑 [andʒuŋɨb] /경기도 평택시
안착하다 安着-- [antʃakada, 안차카다]
안타 安打 [anta]
안팎 [anpag, 안팍] 안팎으로[안파끄로] 안팎이[안파끼] 안팎을[안파끌]
안팎일 [anpaŋnil, 안팡닐]
안:항 雁行 [a:nɦaŋ] /남의 형제를 높여 이름
앉다 [and'a, 안따] 앉고[안꼬] 앉지[안찌] 앉세[안쎄] 앉히다[안치다]
않다 [ant'a, 안타] 않고[안코] 않지[안치] 않으니[아느니] 않네[안네]
알곡 -穀 [algog]
알:다 [a:lda] 知, 悟, 알:지[a:ldʒi] 알:면[a:lmjən] 아:니[a:ni] 알아[ara, 아라] 알리다[allida]
알력 軋轢 [alljəg]
알선 斡旋 [als'ən, 알썬]
알싸하다 [als'aɦada]
알약 -藥 [alljag, 알략]
알음알음 [arɨmarɨm, 아르마름]
알짜 [aldʒ'a]
알찬 [altʃan]
알토란 -土卵 [altoran]
알통 [altoŋ]
알현 謁見 [alɦjən]
읽다 [agd'a, 악따] 읽어[알거] 읽으니[알그니] 읽지[악찌], /마마자국, 물건의 거죽에 난 흠
앎: [a:m, 암:] 앎:이[알:미] 앎:을[알:믈] 앎:에[알:메]
앓다 [alta, 알타] 앓아[아라] 앓지[알치] 앓는[알른] 앓네[알레]
암: 癌 [a:m]
암: [a:m] =아무렴
암각화 巖刻畫 [amgakwa, 암가콰]
암:거 暗渠 [a:mgə] /도랑, (건설)

암게 [amge] 蟹
암:기 暗記 [a:mgi]
암남동 岩南洞 [amnamdoŋ] /부산시 서구
암내 [amnɛ] 암컷의 몸에서 나는 냄새
암:내 [a:mnɛ] /겨드랑이에서 나는 고약한 냄새
암놈 [amnom]
암니옴니 [amniomni] /따지는 모양
암:담하다 暗澹-- [a:mdamɦada]
암되다 [amd'ø(we)da, 뙤(뛔)] /남자가 여자처럼 수줍어하다
암만 [amman] =아무리
암:매장 暗埋葬 [a:mmɛdʒaŋ]
암:묵적 暗黙的 [a:mmugdʒ'əg, 암:묵쩍]
암반 巖盤 [amban]
암벽 岩壁 [ambjəg]
암사동 岩寺洞 [amsadoŋ] /서울시 강동구
암:산 暗算 [a:msan]
암:살 暗殺 [a:msal]
암석 巖石 [amsəg]
암:송 暗誦 [a:msoŋ]
암:시 暗示 [a:msi]
암:시:장 暗市場 [a:msi:dʒaŋ]
암:실 暗室 [a:msil]
암:암리 暗暗裡 [a:mamni, 아:맘니]
암:약 暗躍 [a:mjag, 아:먁]
암자 庵子/菴子 [amdʒa]
암:중모색 暗中摸索 [a:mdʒuŋmosɛg]
암:초 暗礁 [a:mʧo]
암캐 [amkɛ]
암탉 [amtag, 암탁] 암탉이[암탈기] 암탉을[암탈글]
암:투 暗鬪 [a:mtu]
암팡지다 [ampaŋdʒida]
암:표 暗票 [a:mpjo]
암:호 暗號 [a:mɦo]
암:환:자 癌患者 [a:mɦwa:ndʒa]
암:흑 暗黑 [a:mɦɨg]
압구정동 鴨鷗亭洞 [abg'udʒəŋdoŋ, 압꾸정동] /서울시 강남구
압력 壓力 [amnjəg, 암녁]
압록강 鴨綠江 [amnog'aŋ, 암노깡] / 북한과 중국 국경을 흐름
압류 押留 [amnju, 암뉴]
압박용 壓迫用 [ab'aŋnjoŋ, 아빵뇽]
압사 壓死 [abs'a, 압싸]
압송 押送 [abs'oŋ, 압쏭]
압수 押收 [abs'u, 압쑤]
압연기 壓延機 [abjəngi, 아변기] /금속이나 강철 따위
압정 押釘 [abdʒ'əŋ, 압쩡]
압제 壓制 [abdʒ'e, 압쩨]
압축용 壓縮用 [abʧuŋnjoŋ, 압충뇽]
압핀 押- [apin, 아핀]
압해도 押海島 [apɛdo, 아패도] /전남 신안군의 섬
앙갚음 [aŋgapɨm, 앙가픔]
앙다물다 [aŋdamulda]
앙:망 仰望 [a:ŋmaŋ]
앙:부일귀 仰釜日晷 [a:ŋbuilgwi] /해시계
앙상하다 [aŋsaŋɦada]
앙:성면 仰城面 [a:ŋsəŋmjən] /충북 충주시
앙숙 怏宿 [aŋsug]
앙심 怏心 [aŋsim]
앙앙 [aŋaŋ] /우는 소리
앙앙하다 怏怏-- [aŋaŋɦada] 마음에 차지 않고 야속하다
앙:양 昻揚 [a:ŋjaŋ] /사기 앙양
앙증맞다 [aŋdʒɨŋmad'a, 앙증마따]
앙:천 仰天 [a:ŋʧən] 하늘을 우러러봄
앙탈 [aŋtal]
앙화 殃禍 [aŋɦwa] 어떤 일을 계기로 일어나는 재난
앞 [ab, 압] 앞에[아페] 앞이[아피] 앞만[암만]
앞가림 [abg'arim, 압까림]
앞니 [ammni, 암니]
앞대가리 [abd'ɛgari, 압때가리]
앞면 [ammjən, 암면]
앞일 [amnil, 암닐]

앞장 [abʤ'aŋ, 압짱]
애 [ɛ] /생선 내장
애: [ɛ:] '아이'의 준말
애: [ɛ:] /애를 태우다
애걸복걸 哀乞伏乞 [ɛgəlbog'əl, 애걸보껄]
애:견 愛犬 [ɛ:gjən]
애:교 愛嬌 [ɛ:gjo]
애:국가 愛國歌 [ɛ:gug'a, 애:구까]
애급 埃及 [ɛgib] '이집트'의 음역어
애:기봉 愛妓峰 [ɛ:giboŋ] /경기도 김포시
애:끓다 [ɛ:g'ɨnta, 애:끈타] 애:끓는[애:끈는] 애:끓어[애:끄너]
애:끓다 [ɛ:g'ɨlta, 애:끌타] 애:끓는[애:끌른] 애:끓어[애:끄러]
애달프다 [ɛdalpɨda] 애닯다(×)
애도 哀悼 [ɛdo]
애:독자 愛讀者 [ɛ:dogʤ'a, 애:독짜]
애:란 愛蘭 [ɛ:ran] '아일랜드'의 음역어
애로 隘路 [ɛro]
애:매 曖昧 [ɛ:mɛ] /희미함, 분명하지 않음
애:매하다 [ɛ:mɛɦada] 잘못 없이 꾸중을 듣거나 벌을 받아 억울하다
애:먼 [ɛ:mən] 일이 잘 못 풀려 억울하게(엉뚱하게) 느껴지는, /엄한(×)
애:모 愛慕 [ɛ:mo]
애:무 愛撫 [ɛ:mu]
애:물단지 -物-- [ɛ:muld'anʤi, 애:물딴지]
애:벌레 [ɛ:bəllɛ]
애벌빨래 [ɛbəlb'allɛ]
애상 哀想 [ɛsaŋ]
애석하다 哀惜-- [ɛsəkada, 애서카다]
애:송이 [ɛ:soŋi]
애수 哀愁 [ɛsu]
애심 哀心 [ɛsim]
애:쓰다 [ɛ:s'ɨda]
애오라지 [ɛoraʤi] '겨우', '오로지'
애:완 愛玩 [ɛ:wan] /애완동물
애:욕 愛慾 [ɛ:jog]
애원 哀願 [ɛwən]
애월읍 涯月邑 [ɛwərɨb, 애워릅] /제주시 서부
애:인 愛人 [ɛ:in]
애:장 愛藏 [ɛ:ʤaŋ] /애장판, 애장본
애:저 -豬 [ɛ:ʤə] 고기로 먹을 새끼 돼지
애절한 哀絕- [ɛʤəlɦan]
애절하다 [ɛʤəlɦada] 애가 타는 마음이다
애:정 愛情 [ɛ:ʤəŋ]
애:주가 愛酒家 [ɛ:ʤuga]
애:지중지 愛之重之 [ɛ:ʤiʤuŋʤi]
애:착 愛着 [ɛ:ʧag]
애처롭다 [ɛʧərobd'a, 애처롭따]
애:첩 愛妾 [ɛ:ʧəb]
애초 -初 [ɛʧo]
애:타게 [ɛ:tage]
애통하다 哀痛-- [ɛtoŋɦada]
애:티 [ɛ:ti]
애:향심 愛鄉心 [ɛ:ɦjaŋsim]
애:호:박 [ɛ:ɦo:bag]
애환 哀歡 [ɛɦwan]
액막이 厄-- [ɛŋmagi, 앵마기] /액운을 막는 일
액상 液狀 [ɛgs'aŋ, 액쌍]
액운 厄運 [ɛgun, 애군]
액자 額子 [ɛgʤ'a, 액짜]
액정 液晶 [ɛgʤ'əŋ, 액쩡]
액화 液化 [ɛkwa, 애콰] /액화천연가스
앳되다 [ɛd'ø(we)da, 애뙤(뛔)다] 앳띠다(×)
앵두 [ɛŋdu]
앵무새 鸚鵡- [ɛŋmusɛ]
앵벌이 [ɛŋbəri, 앵버리]
앵앵 [ɛŋɛŋ]
앵초 櫻草 [ɛŋʧo]
야:간 夜間 [ja:gan]
야:경 夜景 [ja:gjəŋ]
야:경꾼 夜警- [ja:gjəŋg'un]
야:구 野球 [ja:gu]

야:권 野圈 [ja:g'wən, 야:꿘]
야:근 夜勤 [ja:gɨn]
야금야금 [jagɨmnjagɨm, 야금냐금]
야:기 惹起 [ja:gi]
야:뇨증 夜尿症 [ja:njodʒ'ɨŋ, 야:뇨쯩]
야:단법석 惹端法席 [ja:danbəbs'əg, 야:단법썩]
야:당 野黨 [ja:daŋ]
야:도 野都 [ja:do] /야당 성향의 도시
야:료 惹鬧 [ja:rjo] 트집 잡고 떠듦, /야료를 부리다, 야료를 치다
야릇하다 [jarɨtada, 야르타다]
야:만적 野蠻的 [ja:mandʒəg]
야:망 野望 [ja:maŋ]
야:맹증 夜盲症 [ja:mɛŋdʒ'ɨŋ, 야:맹쯩]
야멸치다 [jamjəltʃida] 야멸차다(×)
야:바위 [ja:bawi]
야:박하다 野薄-- [ja:bakada, 야:바카다]
야:반도주 夜半逃走 [ja:bandodʒu] 야밤도주(×)
야:밤 夜- [ja:bam]
야:비하다 野卑/野鄙-- [ja:biɦada]
야:사 野史 [ja:sa]
야:산 野山 [ja:san]
ㅇ
야:상곡 夜想曲 [ja:saŋgog]
야:성 野性 [ja:səŋ]
야:속하다 野俗-- [ja:sokada, 야:소카다]
야:수 野獸 [ja:su]
야:수 野手 [ja:su] /야구
야:식 夜食 [ja:sig]
야:심 野心 [ja:sim]
야:심한 夜深- [ja:simɦan]
야:영 野營 [ja:jəŋ]
야:외 野外 [ja:ø(we), 외(웨)]
야:욕 野慾 [ja:jog]
야위다 [jawida]
야:유 揶揄 [ja:ju]
야:유회 野遊會 [ja:juɦø(we), 회(훼)]
야:은 冶隱 [ja:ɨn] '길재'의 호
야:음 夜陰 [ja:ɨm]
야:인 野人 [ja:in]
야:적장 野積場 [ja:dʒəgdʒ'aŋ]
야:전 野戰 [ja:dʒən] /야전사령관
야:참 夜- [ja:tʃam]
야:채 野菜 [ja:tʃɛ]
야:탑동 野塔洞 [ja:tabd'oŋ, 야:탑똥] /경기도 성남시
야:투 野投 [ja:tu] /농구
야:하다 野-- [ja:ɦada]
야:합 野合 [ja:ɦab]
야호 [jaɦo] 등산객이 서로 부르거나 외치는 소리
야:호 耶許 [ja:ɦo] 신이 나 외치는 환호의 소리
야:화 夜話 [ja:ɦwa]
야:회복 夜會服 [ja:ɦø(we)bog, 회(훼)] /미인대회
약가 藥價 [jag'a, 약까]
약간 若干 [jag'an, 약깐]
약값 藥- [jag'ab, 약깝]
약골 弱骨 [jag'ol, 약꼴]
약과 藥果 [jag'wa, 약꽈]
약관 弱冠 [jag'wan, 약꽌] 20세, 젊은 나이
약관 約款 [jag'wan, 약꽌]
약국 藥局 [jag'ug, 약꾹]
약다 [jagd'a, 약따] 狡, 腎, 銳
약력 略歷 [jaŋnjəg, 양녁]
약령시 藥令市 [jaŋnjəŋsi, 양녕시] / 한약재 시장, 조선
약리작용 藥理作用 [jaŋnidʒagjoŋ, 양니자굥]
약물 藥物 [jaŋmul, 양물]
약발 藥- [jagb'al, 약빨]
약밥 藥- [jagb'ab, 약빱]
약방 藥房 [jagb'aŋ, 약빵]
약보:합세 弱保合勢 [jagb'o:ɦabs'e, 약뽀:합쎄]
약봉지 藥封紙 [jagb'oŋdʒi, 약뽕지]
약사 藥師 [jags'a, 약싸]
약사발 藥沙鉢 [jags'abal, 약싸발]
약삭빠르다 [jags'agb'arɨda, 약싹빠르다]
약선요:리 藥膳料理 [jags'ənnjo:ri, 약

썬노:리]
약세 弱勢 [jags'e, 약쎄]
약소국 弱小國 [jags'ogug, 약쏘국]
약소하다 略少-- [jags'oɦada, 약쏘하다] 변변치 못하다, /약소하나마
약속 約束 [jags'og, 약쏙]
약수동 藥水洞 [jags'udoŋ, 약쑤동] /서울시 중구
약시 弱視 [jags'i, 약씨]
약식 略式 [jags'ig, 약씩]
약식 藥食 [jags'ig, 약씩] =약밥
약암리 藥岩里 [jagamni, 야감니] /경기도 김포시
약음기 弱音器 [jagɨmgi, 야금기] (음악)
약장수 藥-- [jagʤ'aŋsu, 약짱수]
약재 藥材 [jagʤ'ɛ, 약째]
약점 弱點 [jagʤ'əm, 약쩜]
약지 藥指 [jagʤ'i, 약찌]
약탈자 掠奪者 [jagtalʤ'a, 약탈짜]
약하다 弱-- [jakada, 야카다]
약현성:당 藥峴聖堂 [jakjənsə:ŋdaŋ, 야켠성:당] /서울시 중구, 중림동 성당
약호 略號 [jako, 야코]
약화 弱化 [jakwa, 야콰]
얄개 [jalgɛ]
얄궂다 [jalgud'a, 얄구따]
얄따랗다 [jald'arata, 얄따라타] 얄따래[jald'arɛ] 얄따라니[jald'arani], 얄따라네[jald'arane]
얄밉다 [jalmibd'a, 얄밉따]
얄팍한 [jalpakan, 얄파칸]
얇:다 [ja:ld'a, 얄:따] 얇:고[얄:꼬], 얇:지[얄:찌] 얇아[얄바] 얇으니[얄브니]
얌체 [jamʧe]
얌통 [jamtoŋ] =얌통머리
얍삽하다 [jabs'apada, 얍싸파다]
양 羊 [jaŋ]
양 良 [jaŋ] /수·우·미·양·가
양 量 [jaŋ] ↔ 질(質)
양: 兩 [ja:ŋ] '둘' 또는, '두 쪽 모두'
양: 䑋 [ja:ŋ] 소의 밥통, /양 구이

양:가 兩家 [ja:ŋga] 양편의 집
양갓집 良家- [jaŋga(d)ʤ'ib, 양가(갇)찝]
양:강 兩强 [ja:ŋgaŋ] /양강 구도
양:강도 兩江道 [ja:ŋgaŋdo] /북한
양갱 羊羹 [jaŋgɛŋ] (→단팥묵)
양구군 楊口郡 [jaŋgugun] /강원도 중부의 郡
양귀비 楊貴妃 [jaŋgwibi]
양:극화 兩極化 [ja:ŋgɨkwa, 양:그콰]
양근리 楊根里 [jaŋgɨnni, 양근니] /경기도 양평군
양기 陽氣 [jaŋgi]
양:기 養氣 [ja:ŋgi]
양:날 兩- [ja:ŋnal]
양:녀 養女 [ja:ŋnjə]
양념장 --醬 [jaŋnjəmʤ'aŋ, 양념짱]
양:녕대:군 讓寧大君 [ja:ŋnjəŋdɛ:gun] /세종의 맏형(1394~1462)
양:다리 兩-- [ja:ŋdari]
양달 陽- [jaŋdal]
양:대 兩大 [ja:ŋdɛ]
양덕원리 陽德院里 [jaŋdəgwənni, 양더권니] /강원도 홍천군
양:도 讓渡 [ja:ŋdo]
양:도세 讓渡稅 [ja:ŋdos'e, 양:도쎄]
양:돈 養豚 [ja:ŋdon]
양동마을 良洞-- [jaŋdoŋmaɨl] /경북 경주시, 유네스코 문화유산(2010)
양동작전 陽動作戰 [jaŋdoŋʤagʤ'ən, 양동작쩐]
양란 洋蘭 [jaŋnan, 양난]
양력 陽曆 [jaŋnjəg, 양녁]
양:로원 養老院 [ja:ŋnowən, 양:노원]
양:만 養鰻 [ja:ŋman] /장어 양식, 조합
양:명고 養明高 [ja:ŋmjəŋgo] /경기도 안양시
양:명여고 養明女高 [ja:ŋmjəŋnjəgo, 양:명녀고] /경기도 안양시
양명학 陽明學 [jaŋmjəŋɦag] /철학
양물 陽物 [jaŋmul] 생식기, /史劇
양:반 兩班 [ja:ŋban]
양변기 洋便器 [jaŋbjəŋgi]

양:보 讓步 [ja:ŋbo]
양복장이 洋服-- [jaŋbogʤ'aŋi, 양복짱이]
양:봉 養蜂 [ja:ŋboŋ]
양:부모 養父母 [ja:ŋbumo]
양:분 兩分 [ja:ŋbun]
양:분 養分 [ja:ŋbun]
양산 陽傘 [jaŋsan]
양산시 梁山市 [jaŋsansi] /경남 동부의 市
양산 量産 [jaŋsan] /양산체제
양상 樣相 [jaŋsaŋ]
양상추 洋-- [jaŋsaŋʧu]
양:생 養生 [ja:ŋsɛŋ]
양:서류 兩棲類 [ja:ŋsərju]
양서면 楊西面 [jaŋsəmjən] /경기도 양평군
양:성 兩性 [ja:ŋsəŋ]
양:성 養成 [ja:ŋsəŋ]
양수 羊水 [jaŋsu] /산모
양수기 揚水機 [jaŋsugi]
양:수겸장 兩手兼將 [ja:ŋsugjəmʤaŋ] 양수겹장(×)
양:수리 兩水里 [ja:ŋsuri] /경기도 양평군
양순하다 良順-- [jaŋsunɦada]
양식 良識 [jaŋsig]
양식 洋式 [jaŋsig]
양식 洋食 [jaŋsig]
양식 樣式 [jaŋsig]
양식 糧食 [jaŋsig]
양:식 養殖 [ja:ŋsig]
양심적 良心的 [jaŋsimʤəg]
양:아들 養-- [ja:ŋadɨl]
양아치 [jaŋaʧi] /품행이 나쁘고 못된 짓을 일삼는 이, (속어)
양:안 兩岸 [ja:ŋan] 양쪽 기슭, /중국과 대만
양양군 襄陽郡 [jaŋjaŋgun] /강원도 중동부의 郡
양양하다 洋洋-- [jaŋjaŋɦada] /전도양양

양:엽 兩- [ja:ŋnjəb, 양:녑]
양옥집 洋屋- [jaŋogʤ'ib, 양옥찝]
양:용 兩用 [ja:ŋjoŋ] /수륙양용
양:원제 兩院制 [ja:ŋwənʤe]
양:위 讓位 [ja:ŋwi]
양:육 養育 [ja:ŋjug]
양은 洋銀 [jaŋɨn] /양은냄비
양의 洋醫 [jaŋi, 양이]
양이 洋夷 [jaŋi] 서양오랑캐
양:자 兩者 [ja:ŋʤa]
양:자 養子 [ja:ŋʤa]
양자역학 量子力學 [jaŋʤajəkag, 양자여칵] /물리
양:잠 養蠶 [ja:ŋʤam]
양장점 洋裝店 [jaŋʤaŋʤəm]
양재천 良才川 [jaŋʤɛʧən] /서울시 서초구
양적 量的 [jaŋʤ'əg, 양쩍]
양:정고 養正高 [ja:ŋʤəŋgo] /서울시 양천구
양:정고 養精高 [ja:ŋʤəŋgo] /부산광역시 부산진구
양:조장 釀造場 [ja:ŋʤoʤaŋ]
양주 洋酒 [jaŋʤu]
양주시 楊州市 [jaŋʤusi] /경기도 중북부의 市
양지 陽地 [jaŋʤi]
양지 諒知 [jaŋʤi]
양지머리 [jaŋʤiməri] /쇠고기
양천구 陽川區 [jaŋʧəngu] /서울시 남서부의 區
양철 洋鐵 [jaŋʧəl]
양초 洋- [jaŋʧo]
양촌리 陽村里 [jaŋʧonni, 양촌니] /안성·여주·이천·논산·충주·청원·산청·고성·장흥
양촌리 良村里 [jaŋʧonni, 양촌니] /경남 마산시
양:측 兩側 [ja:ŋʧɨg]
양치질 [jaŋʧiʤil]
양:친 兩親 [ja:ŋʧin]
양탄자 洋-- [jaŋtanʤa]

양태 樣態 [jaŋtɛ]
양파 洋- [jaŋpa]
양평군 楊平郡 [jaŋpjəŋgun] /경기도 동부의 郡
양평동 楊坪洞 [jaŋpjəŋdoŋ] /서울시 영등포구
양푼 [jaŋpun]
양피지 羊皮紙 [jaŋpidʒi]
양학동 良鶴洞 [jaŋɦagd'oŋ, 양학똥] /경북 포항시
양해 諒解 [jaŋɦɛ]
양허 亮許 [jaŋɦə]
양화대:교 楊花大橋 [jaŋɦwadɛ:gjo] /서울시 마포구와 영등포구를 연결
양화진 楊花津 [jaŋɦwadʒin] /서울시 마포구
양회 洋灰 [jaŋɦø(we), 회(훼)]
얕보다 [jadb'oda, 얍뽀다]
얕잡다 [jaddʒ'abd'a, 약짭따]
얘:기 [jɛ:gi]
어:가 御駕 [ə:ga]
어감 語感 [əgam]
어구 漁具 [əgu]
어귀 [əgwi] 드나드는 목의 첫머리
어금니 [əgɨmni]
어긋나다 [əgɨnnada, 어근나다]
어기다 [əgida]
어김없:이 [əgimə:bs'i, 어기멉:씨]
어깃장 [əgiddʒ'aŋ, 어긷짱]
어눌하다 語訥-- [ənulɦada]
어:답산 御踏山 [ə:dabs'an, 어:답싼] /강원도 횡성군
어둑하다 [ədukada, 어두카다]
어둔동 於屯洞 [ədundoŋ] /경기도 양주시
어둡다 [ədubd'a, 어둡따] 어두워[ədu wə] 어두운[əduun] 어둔(×)
어디서 [ədisə]
어떻게 [əd'əke, 어떠케]
어란 魚卵 [əran]
어련히 [ərjənɦi]
어렴풋하다 [ərjəmputada, 어렴푸타다]
어렵다 [ərjəbd'a, 어렵따] 難
어로 漁撈 [əro] 고기잡이, /어로작업
어:로 御路 [ə:ro] =거둥길, /史劇
어뢰 魚雷 [ərø(we), 뢰(뤠)]
어룡동 魚龍洞 [ərjoŋdoŋ] /광주광역시 광산구, 경기도 포천시
어류 魚類 [ərju]
어:르다 [ə:rɨda] 어:르니[ə:rɨni] 얼:러 [ə:llə], 얼르다(×)
어:르신 [ə:rɨsin]
어:른 [ə:rɨn]
어:름 [ə:rɨm] 두 사물의 끝이 맞닿은 자리
어리광 [ərigwaŋ]
어리석다 [ərisəgd'a, 어리석따]
어림수 --數 [ərimsu]
어림없:다 [ərimə:bd'a, 어리멉:따]
어림짐작 --斟酌 [ərimdʒimdʒag]
어릿광:대 [əridg'wa:ŋdɛ, 어릳꽝:대]
어마어마한 [əmaəmaɦan]
어망 漁網/魚網 [əmaŋ]
어:명 御命 [ə:mjəŋ]
어묵 魚- [əmug]
어문 語文 [əmun]
어물전 魚物廛 [əmuldʒən]
어물쩍 [əmuldʒ'əg] 어물쩡(×)
어미 [əmi]
어미 語尾 [əmi]
어벙하다 [əbəŋɦada]
어복 魚腹 [əbog]
어복장:국 --醬- [əbogdʒ'a:ŋg'ug, 어복짱:꾹] /음식
어복쟁반 --錚盤 [əbogdʒ'ɛŋban, 어복쨍반] 어복장국을 담은 쟁반
어부사:시사 漁父四時詞 [əbusa:sisa] /연시조, 윤선도(1651)
어:부인 御夫人 [ə:buin] (일본식 표현)
어불성설 語不成說 [əbulsəŋsəl]
어:사 御使 [ə:sa]
어사리 於沙里 [əsari] /충남 홍성군
어상반하다 於相半-- [əsaŋbanɦada] 서로 비슷하다

ㅇ

어:설픈 [ə:səlpɨn] 어:설퍼[ə:səlpə] 어:설프니[ə:səlpɨni]

어수룩하다 [əsurukada, 어수루카다] 어리숙하다(×)

어슷하다 [əsɨtada, 어스타다] 한쪽으로 조금 비뚤다

어언 於焉 [əən] (→'어느덧', '어느새')

어엿한 [əjətan, 어여탄]

어영부영 [əjəŋbujəŋ]

어음 [əɨm]

어이없:다 [əiə:bd'a, 어이업:따]

어장 漁場 [ədʒaŋ]

어:전 御前 [ə:dʒən] /史劇

어:좌 御座 [ə:dʒwa] /史劇

어죽 魚粥 [ədʒug]

어쭙잖게 [ədʒ'ubdʒ'anke, 어쭙짠케] 어줍잖게(×)

어중간하다 於中間-- [ədʒuŋganɦada]

어:중이떠중이 [ə:dʒuŋid'ədʒuŋi]

어지간하다 [ədʒiganɦada]

어지럼증 [ədʒirəmdʒ'ɨŋ, 어지럼쯩]

어지르다 [ədʒirɨda] 어질러[ədʒillə]

어질다 [ədʒilda] 어질어[ədʒirə, 어지러]

어:찰 御札 [ə:ʧal] /史劇

어치 [əʧi] /鳥類

어투 語套 [ətu]

어패:류 魚貝類 [əpɛ:rju]

어폐 語弊 [əpje]

어항 魚缸 [əɦaŋ]

어항 漁港 [əɦaŋ]

어:혈 瘀血 [ə:ɦjəl]

어화둥둥 [əɦwaduŋduŋ]

어황 漁況 [əɦwaŋ]

어휘 語彙 [əɦwi]

억겁 億劫 [əg'əb, 어껍]

억류 抑留 [əŋnju, 엉뉴]

억만금 億萬金 [əŋmangɨm, 엉만금]

억:새풀 [ə:gs'ɛpul, 억:쌔풀]

억센 [əgs'en, 억쎈]

억수같이 [əgs'ugaʧi, 억쑤가치]

억압적 抑壓的 [əgabdʒ'əg, 어갑쩍]

억양 抑揚 [əgjaŋ, 어걍]

억조창생 億兆蒼生 [əgdʒ'oʧaŋsɛŋ, 억쪼창생] 수많은 백성, /史劇

억지력 抑止力 [əgdʒ'irjəg, 억찌력]

억척 [əgʧəg]

억측 臆測 [əgʧɨg]

억하심정 抑何心情 [əkasimdʒəŋ, 어카심정]

언감생심 焉敢生心 [əngamsɛŋsim]

언급하다 言及-- [əngɨpada, 언그파다]

언:남중 彦南中 [ə:nnamdʒuŋ] /서울시 서초구

언덕배기 [əndəgb'ɛgi, 언덕빼기]

언도 言渡 [əndo] /법률 (→ 선고)

언:도리 彦道里 [ə:ndori] /전남 화순군

언로 言路 [əllo, 얼로]

언론인 言論人 [əllonin, 얼로닌]

언명 言明 [ənmjən]

언변 言辯 [ənbjən]

언약 言約 [ənnjag, 어냑]

언:양읍 彦陽邑 [ə:njaŋɨb, 어:냥읍] /울산광역시 울주군

언어도:단 言語道斷 [ənədo:dan, 어너도:단] 말이 안 됨

언저리 [əndʒəri]

언:제 [ə:ndʒe]

언질 言質 [əndʒil]

언짢다 [əndʒ'anta, 언짠타]

언:하동 彦河洞 [ə:nɦadoŋ] /경북 영천시

얹다 [ənd'a, 언따] 戴, 加, 置, 얹고[언꼬] 얹는[언는] 얹지[언찌]

얻:다 [ə:d'a, 어:따] 得, 얻:어[어:더] 얻:으니[어:드니] 얻:는[언:는] 얻:지[얻:찌]

얻:어맞다 [ə:dəmad'a, 어:더마따]

얼: [ə:l] 정신의 줏대

얼간이 [əlgani, 얼가니] ↔ 얼찬이

얼:갈이 [ə:lgari, 얼:가리] /푸성귀, 김치

얼개 [əlgɛ]

얼:다 [ə:lda] 凍, 얼:고[ə:lgo] 얼:면[ə:lmjən] 어:니[ə:ni] 얼어[ərə, 어러] 얼리다[əllida]

얼떨결에 [əld'əlg'jəre, 얼떨껴레]
얼레 [əlle] /연줄, 낚싯줄
얼루기 [əllugi]
얼룩빼기 [əllugb'ɛgi] 얼룩배기(×)
얼른 [əllɨn]
얼:마 [ə:lma]
얼:마나 [ə:lmana]
얼:버무리다 [ə:lbəmurida]
얼:빠:진 [ə:lb'a:ʤin]
얼싸안:다 [əls'aa:nd'a, 얼싸안:따]
얼쑤 [əls'u]
얼씬거리다 [əls'ingərida] =얼씬대다
얼얼하다 [ərəlɦada, 어럴하다]
얼음 [ərɨm, 어름]
얼:차려 [ə:lʧarjə] /군대
얼추 [əlʧu]
얼치기 [əlʧigi]
얼큰하다 [əlkɨnɦada]
얽다 [əgd'a, 억따] 縛, 繫
얽히다 [əlkida, 얼키다]
엄격한 嚴格- [əmg'jəkan, 엄껴칸]
엄금 嚴禁 [əmgɨm]
엄:나무 [ə:mnamu]
엄단 嚴斷 [əmdan]
엄동설한 嚴冬雪寒 [əmdoŋsəlɦan]
엄두 [əmdu] /~가 안 나다, ~를 못 내다
엄밀히 嚴密- [əmmilɦi]
엄벙덤벙 [əmbəŋdəmbəŋ]
엄살 [əmsal]
엄선 嚴選 [əmsən]
엄수 嚴守 [əmsu]
엄숙히 嚴肅- [əmsuki, 엄수키]
엄습하다 掩襲-- [əmsɨpada, 엄스파다]
엄연히 儼然- [əmjənɦi, 어면히]
엄정히 嚴正- [əmʤəŋɦi]
엄중히 嚴重- [əmʤuŋɦi]
엄처시:하 嚴妻侍下 [əmʧəsi:ɦa]
엄청 [əmʧəŋ]
엄:폐 掩蔽 [ə:mpje]
엄하다 嚴-- [əmɦada]
엄:호 掩護 [ə:mɦo]
엄혹한 嚴酷- [əmɦokan, 엄호칸]
업다 [əbd'a, 업따] 背, 負
업보 業報 [əb'o, 어뽀]
업소 業所 [əbs'o, 업쏘]
업:신여기다 [ə:bs'innjəgida, 업:씬녀기다]
업장 業場 [əbʤ'aŋ, 업짱]
업태 業態 [əbtɛ]
업히다 [əpida, 어피다]
없:다 [ə:bd'a, 업:따] 없:어[업:써] 없:으니[업:쓰니] 없:지[업:찌] 없:애다[업:쌔다]
엇나가다 [ənnagada, 언나가다]
엇박자 -拍子 [ədb'agʤ'a, 얻빡짜]
엇비슷하다 [ədb'istada, 얻삐스타다]
엉거주춤 [əŋgəʤuʧum]
엉겁결에 [əŋgəbg'jəre, 엉겁껴레]
엉겅퀴 [əŋgəŋkwi]
엉:덩이 [ə:ŋdəŋi]
엉뚱한 [əŋd'uŋɦan]
엉망진창 [əŋmaŋʤinʧaŋ]
엉성하다 [əŋsəŋɦada]
엉치뼈 [əŋʧib'jə]
엊그제 [ədg'ɨʤe, 얻끄제]
엊저녁 [ədʤ'ənjəg, 얻쩌녁]
엎다 [əbd'a, 업따] 倒, 返
엎치락뒤치락 [əbʧiragd'wiʧirag, 업치락뛰치락]
에구머니 [egumәni] 에그머니(×)
에누리 [enuri]
에:두르다 [e:durɨda] 에:둘러[e:dullə] 에:두르니[e:durɨni]
에라 [era] (감탄사)
에멜무지로 [emelmuʤiro] 단단하게 묶지 않고, /헛일하는 셈 치고 시험 삼아
에스에이치 SH [es'ieiʧi, 에쓰에이치] /서울시, 주택 관련 공기업
엔간하다 [enganɦada]
엘에이 L.A. [ellei, 엘레이] '로스앤젤레스(Los Angeles)'의 약칭
엘에이치 LH [elleiʧi, 엘레이치] '한

ㅇ

국토지주택공사'
엘엔지 LNG [ellendʒi, 엘렌지] '액화 천연가스'
엘이디 LED [ellidi, 엘리디] 발광 다이오드 /TV
여가 餘暇 [jəga]
여간해:서 如干-- [jəganɦɛ:sə]
여:건 與件 [jə:g'ən, 여:껀]
여과 濾過 [jəgwa]
여관 旅館 [jəgwan]
여권 旅券 [jəg'wən, 여꿘]
여권 女權 [jəg'wən, 여꿘]
여:권 與圈 [jə:g'wən, 여:꿘]
여남은 [jənamɨn, 여나믄] 11~14, /수
여념 餘念 [jənjəm]
여느 [jənɨ]
여:닫이 [jə:dadʒi, 여:다지]
여담 餘談 [jədam]
여:당 與黨 [jə:daŋ]
여덟 [jədəl, 여덜] 8, 여덟이[여덜비] 여덟을[여덜블] 여덟만[여덜만]
여독 旅毒 [jədog]
여든 [jədɨn] 80
여래 如來 [jərɛ] 부처, /불교
여러 [jərə]
ㅇ
여럿 [jərəd, 여럳]
여력 餘力 [jərjəg]
여로 旅路 [jəro]
여:론 輿論 [jə:ron]
여름비 [jərɨmb'i, 여름삐]
여리꾼 [jərig'un]
여리다 [jərida] 弱
여말 麗末 [jəmal] '고려시대 말기'
여명 黎明 [jəmjəŋ]
여물 [jəmul]
여미다 [jəmida]
여미리 余美里 [jəmiri] /충남 서산시
여:미리 礖尾里 [jə:miri] /전남 진도군
여:민락 與民樂 [jə:millag, 여:밀락] /국악
여반장 如反掌 [jəbandʒaŋ]
여:부 與否 [jə:bu]
여북하면 [jəbukamjən, 여부카면] ≒ 오죽하면
여분 餘分 [jəbun]
여:산리 礪山里 [jə:sanni, 여:산니] / 전북 익산시, 여산휴게소
여생 餘生 [jəsɛŋ]
여:석 礪石 [jə:səg] =숫돌
여성용 女性用 [jəsəŋnjoŋ, 여성뇽]
여세 餘勢 [jəse]
여:소야:대 與小野大 [jə:soja:dɛ]
여:송연 呂宋煙 [jə:soŋjən] /담배
여수시 麗水市 [jəsusi] 전남 남동부의 市, /여천시와 여천군이 통합(1998)
여순 麗順 [jəsun] '여수와 순천', / 여순반란사건
여식 女息 [jəsig]
여:신 與信 [jə:sin]
여실히 如實- [jəsilɦi]
여:야 與野 [jə:ja]
여염집 閭閻- [jəjəmdʒ'ib, 여염찝] 일반 백성의 살림집
여왕벌 女王- [jəwaŋbəl]
여운 餘韻 [jəun]
여울 [jəul]
여:유당 與猶堂 [jə:judaŋ] /정약용(丁若鏞)의 생가, 여유당전서, 경기도 남양주시
여윳돈 餘裕- [jəjud'on, 여유똔]
여의다 [jəida, 여이다]
여의도 汝矣島 [jəido, 여이도] /서울시 영등포구
여의동 如意洞 [jəidoŋ, 여이동] /전북 전주시
여일하다 如一-- [jəilɦada] /한결같다
여적 餘滴 [jədʒəg]
여죄 餘罪 [jədʒø(we), 죄(줴)]
여주군 驪州郡 [jədʒugun] /경기도 남동부의 郡
여지 餘地 [jədʒi]
여진 餘震 [jədʒin]
여:쭈다 [jə:dʒ'uda]

여:쭙다 [jə:dʒ'ubd'a, 여:쭙따]
여차하면 如此-- [jəʧaɦamjən]
여:촌야:도 與村野都 [jə:ʧonnja:do, 여:촌냐:도] /선거
여:치 [jə:ʧi] /곤충
여타 餘他 [jəta]
여:탈 與奪 [jə:tal]
여태 [jətɛ]
여포 呂布 [jəpo] /삼국지
여하튼 如何- [jəɦatɨn]
여하히 如何- [jəɦaɦi]
역경 逆境 [jəg'jəŋ, 여꼉]
역곡역 驛谷驛 [jəg'oŋnjəg, 여꽁녁] /경기도 부천시, 서울 지하철 1호선
역공 逆攻 [jəg'oŋ, 여꽁]
역기 力器 [jəg'i, 여끼]
역내 域內 [jəŋnɛ, 영내]
역동적 力動的 [jəgd'oŋdʒəg, 역똥적]
역량 力量 [jəŋnjaŋ, 영냥]
역력하다 歷歷-- [jəŋnjəkada, 영녀카다]
역류 逆流 [jəŋnju, 영뉴]
역리 逆理 [jəŋni, 영니] ↔순리(順理)
역린 逆鱗 [jəŋnin, 영닌] 임금의 노여움, /역린을 건드리다
역마살 驛馬煞 [jəŋmas'al, 영마쌀]
역모 逆謀 [jəŋmo, 영모]
역무원 驛務員 [jəŋmuwən, 영무원]
역발상 逆發想 [jəgb'als'aŋ, 역빨쌍]
역방향 逆方向 [jəgb'aŋɦjaŋ, 역빵향]
역사 力士 [jəgs'a, 역싸]
역사 轢死 [jəgs'a, 역싸] 차에 치여 죽음
역산 逆算 [jəgs'an, 역싼]
역삼동 驛三洞 [jəgs'amdoŋ, 역쌈동] /서울시 강남구, 경기도 용인시
역설 力說 [jəgs'əl, 역썰]
역설적 逆說的 [jəgs'əldʒəg, 역썰적]
역성 易姓 [jəgs'əŋ, 역썽] /역성혁명
역성 [jəgs'əŋ, 역썽] 무조건 한쪽 편을 듦
역세권 驛勢圈 [jəgs'eg'wən, 역쎄꿘]
역순 逆順 [jəgs'un, 역쑨]
역술인 曆術人 [jəgs'urin, 역쑤린]
역신 疫神 [jəgs'in, 역씬]
역 앞 驛 - [jəgab, 여갑]
역 옆 驛 - [jəŋnjəb, 영녑]
역 위 驛 - [jəgwi, 여귀]
역이:용 逆利用 [jəgi:joŋ, 여기:용]
역임 歷任 [jəgim, 여김]
역정 逆情 [jəgdʒ'əŋ, 역쩡] 몹시 언짢거나 못마땅함
역정 歷程 [jəgdʒ'əŋ, 역쩡]
역주행 逆走行 [jəgdʒ'uɦɛŋ, 역쭈행]
역지사지 易地思之 [jəgdʒ'isadʒi, 역찌사지] 처지를 바꾸어 생각해 봄
역질 疫疾 [jəgdʒ'il, 역찔]
역촌역 驛村驛 [jəgʧonnjəg, 역촌녁] /서울시 은평구, 지하철 6호선
역하다 逆-- [jəkada, 여카다]
역할 役割 [jəkal, 여칼] 역활(×)
역효:과 逆效果/逆効果 [jəkjo:g'wa, 여쿄:꽈]
연 緣 [jən] /연이 있다
연 鳶 [jən] 연
연가 年暇 [jənga]
연:가 戀歌 [jə:nga]
연감 年鑑 [jəngam]
연개소문 淵蓋蘇文 [jəngɛsomun] /고구려 말(?~665?)
연거푸 連-- [jəngəpu]
연건동 蓮建洞 [jəngəndoŋ] /서울시 종로구
연계 連繫 [jəngje]
연고 緣故 [jəngo]
연:고 軟膏 [jə:ngo]
연고점 年高點 [jəngodʒ'əm, 연고쩜] /증시, 연중최고치
연곡면 連谷面 [jəngoŋmjən, 연공면] /강원도 강릉시
연:골 軟骨 [jə:ngol]
연공서:열 年功序列 [jəngoŋsə:jəl]
연관 聯關 [jəngwan]
연:구 硏究 [jə:ngu]

ㅇ

연:극 演劇 [jə:ngɨg]
연:극영화과 [jə:ngɨŋnjəŋɦwag'wa, 연긍녕화꽈]
연금 年金 [jəngɨm]
연:금 軟禁 [jə:ngɨm]
연기 煙氣 [jəngi]
연:기 演技 [jə:ngi]
연기군 燕岐郡 [jəngigun] /충남 동부의 郡
연년생 年年生 [jənnjənsɛŋ]
연:단 演壇 [jə:ndan]
연대 連帶 [jəndɛ]
연도 沿道 [jəndo]
연:도 煉禱 [jə:ndo] 위령기도, /가톨릭
연돌 煙突 [jəndol]
연동 聯動/連動 [jəndoŋ]
연동 連洞 [jəndoŋ] /제주도 제주시
연동 燕洞 [jəndoŋ] /강원도 강릉시
연동교:회 蓮洞敎會 [jəndoŋg'jo:ɦø(we), 연동꾜:회(훼)] /서울시 종로구
연동리 淵洞里 [jəndoŋni, 연동니] /전남 담양군
연동리 蓮洞里 [jəndoŋni, 연동니] /전북 고창군·익산시, 전남 해남군
연:두부 軟豆腐 [jə:ndubu]
연:두색 軟豆色 [jə:ndusɛg]
연락 連絡 [jəllag, 열락]
연려실기술 燃藜室記述 [jəlljəsilgisul, 열려실기술] /조선후기, 이긍익, 野史
연령 年齡 [jəlljəŋ, 열령]
연:령회 煉靈會 [jə:lljəŋɦø(we), 열:령회(훼)] /장례 봉사 단체, 가톨릭
연례적 年例的 [jəlljedʒəg, 열례적]
연로 年老 [jəllo, 열로]
연료 燃料 [jəlljo, 열료]
연루 連累 [jəllu, 열루]
연륙교 連陸橋 [jəlljug'jo, 열류꾜]
연륜 年輪 [jəlljun, 열륜]
연리 年利 [jəlli, 열리]
연리지 連理枝 [jəllidʒi, 열리지] /사이좋은 부부(비유)
연립 聯立 [jəllib, 열립]
연:마 研磨/練磨/鍊磨 [jə:nma]
연막 煙幕 [jənmag]
연만하신 年晩/年滿-- [jənmanɦasin]
연면:적 延面積 [jənmjə:ndʒəg]
연명 延命 [jənmjəŋ]
연:모 戀慕 [jə:nmo]
연목구어 緣木求魚 [jənmog'uə, 연모꾸어]
연무 煙霧 [jənmu]
연:무대 鍊武臺 [jə:nmudɛ] /훈련소, 충남 논산시
연미정 燕尾亭 [jənmidʒəŋ] /인천시 강화군, 亭子
연민 憐憫/憐愍 [jənmin]
연발탄 連發彈 [jənbaltan]
연방 聯邦 [jənbaŋ]
연방 連方 [jənbaŋ] 잇따라 자꾸, 연신(×)
연배 年輩 [jənbɛ]
연:병장 練兵場 [jə:nbjəndʒaŋ]
연분 緣分 [jənbun]
연:분홍 軟粉紅 [jə:nbunɦoŋ]
연비 燃費 [jənbi]
연:사 演士 [jə:nsa]
연:산 演算 [jə:nsan]
연산동 蓮山洞 [jənsandoŋ] /부산시 연제구, 광주시 광산구
연산동 連山洞 [jənsandoŋ] /전남 목포시
연산면 連山面 [jənsanmən] /충남 논산시
연상 年上 [jənsaŋ]
연상 聯想 [jənsaŋ]
연서중 延西中 [jənsədʒuŋ] /서울시 은평구
연서중 燕西中 [jənsədʒuŋ] /충남 연기군
연석회의 連席會議 [jənsəkø(we)i, 연서쾨(퀘)이] 둘 이상의 회의체가 엶, /최고·중진 연석회의(정당)
연:설 演說 [jə:nsəl]

연:성 軟性 [jə:nsəŋ]
연세대 延世大 [jənsedɛ]
연소 燃燒 [jənso]
연소자 年少者 [jənsoʤa]
연속성 連續性 [jənsogs'əŋ, 연속썽]
연쇄 連鎖 [jənswɛ]
연수 年數 [jəns'u, 연쑤]
연:수 硏修 [jə:nsu]
연수구` 延壽區 [jənsugu] /인천광역시 남부의 區
연수리 延壽里 [jənsuri] /경기도 양평군
연:습용 練習用 [jə:nsɨmnjoŋ, 연:슴뇽]
연승 連乘 [jənsɨŋ]
연:시 軟柹 [jə:nsi] /감
연식 年式 [jənsig] /자동차
연:식 軟式 [jə:nsig] /정구(庭球)
연신내 [jənsinnɛ] /서울시 은평구, (← 延川), 연신내역
연안 沿岸 [jənan, 여난]
연안부두 沿岸埠頭 [jənanbudu, 여난부두] /인천시 중구
연암 燕巖 [jənam, 여남] '박지원'의 호
연:애 戀愛 [jə:nɛ, 여:내]
연:약한 軟弱- [jə:njakan, 여:냐칸]
연어 鰱魚 [jənə, 여너]
연:역적 演繹的 [jə:njəgʤ'əg, 여:녁쩍]
연:연하다 戀戀-- [jə:njənɦada, 여:년하다]
연:영과 演映科 [jə:njəŋg'wa, 여:녕꽈] '연극영화과'의 약칭
연:예인 演藝人 [jə:njein, 여:녜인]
연:옥 煉獄 [jə:nog, 여:녹] /가톨릭
연:우무:대 演友舞臺 [jə:numu:dɛ, 여:누무:대] /극단
연원 淵源 [jənwən, 여눤]
연유 緣由 [jənju, 여뉴]
연:유 煉乳 [jə:nju, 여:뉴]
연이:어 連-- [jənni:ə, 연니:어]
연이:율 年利率 [jənni:jul, 연니:율]
연:인 戀人 [jə:nin, 여:닌]
연인원 延人員 [jəninwən, 여니눤]
연일 連日 [jənil, 여닐]
연임 連任 [jənim, 여님]
연장 [jənʤaŋ] /도구
연장 延長 [jənʤaŋ]
연:적 硯滴 [jə:nʤəg]
연:적 戀敵 [jə:nʤəg]
연전 延專 [jənʤən] '延禧專門學校'의 약칭
연전연승 連戰連勝 [jənʤənnjənsɨŋ, 연전년승]
연정 聯政 [jənʤəŋ] '연합정부'
연:정 戀情 [jə:nʤəŋ]
연제구 蓮堤區 [jənʤegu] /부산광역시 중부의 區
연조 年條 [jənʤo]
연좌 連坐 [jənʤwa] /연좌농성
연좌제 緣坐制 [jənʤwaʤe]
연:주 演奏 [jə:nʤu]
연준 聯準 [jənʤun] '미국연방준비제도'의 약칭, 미국 중앙은행, /경제
연지동 蓮池洞 [jənʤidoŋ] /서울시 종로구, 부산시 부산진구, 경기도 안성시
연지동 蓮芝洞 [jənʤidoŋ] /전북 정읍시
연착 延着 [jənʧag]
연찬회 宴饌會 [jənʧanɦø(we), 회(훼)]
연창 -窓 [jənʧaŋ] /한옥
연천군 漣川郡 [jənʧəngun] /경기도 최북단의 郡
연청 聯青 [jənʧəŋ] '민주연합청년동지회'의 약칭
연:체동:물 軟體動物 [jə:nʧedo:ŋmul]
연체료 延滯料 [jənʧerjo]
연:출 演出 [jə:nʧul]
연타 連打 [jənta]
연:타 軟打 [jə:nta] ↔강타
연탄 連彈/聯彈 [jəntan] /피아노 연탄, 음악
연:탄 煉炭 [jə:ntan]
연통 連通/聯通 [jəntoŋ]
연통 煙筒 [jəntoŋ]

ㅇ

연파 連破 [jənpa]
연판장 連判狀 [jənpandʒ'aŋ, 연판짱]
연패 連敗 [jənpɛ]
연패 連覇 [jənpɛ]
연평도 延坪島 [jənpjəŋdo] /경기도 옹진군의 섬
연:포탕 軟泡湯 [jə:npotaŋ] /음식, 낙지
연:폿국 軟泡- [jə:npo(d)g'ug, 연:포(폰)꾹]
연풍면 延豊面 [jənpuŋmjən] /충북 괴산군
연풍문 年豐門 [jənpuŋmun] /청와대 내 북악면회소
연필 鉛筆 [jənpil]
연하 年下 [jənɦa]
연하다 連-- [jənɦada] 잇닿아 있다
연:하다 軟-- [jə:nɦada]
연하리 蓮河里 [jənɦari] /충북 보은군, 강원도 영월군
연하리 連下里 [jənɦari] /경기도 가평군
연하리 蓮荷里 [jənɦari] /경북 경산시
연하장 年賀狀 [jənɦadʒ'aŋ, 연하짱]
연해주 沿海州 [jənɦɛdʒu]
연행 連行 [jənɦɛŋ]
연향동 蓮香洞 [jənɦjaŋdoŋ] /전남 순천시
연혁 沿革 [jənɦjəg]
연현초교 鳶峴初校 [jənɦjənʧogjo] / 경기도 안양시
연호 連呼 [jənɦo]
연화문 蓮花紋 [jənɦwamun] ≒연꽃무늬
연:황색 軟黃色 [jə:nɦwaŋsɛg]
연회 宴會 [jənɦø(we), 회(훼)]
연휴 連休 [jənɦju]
연희동 延禧洞 [jənɦidoŋ, 연히동] / 서울시 서대문구
연아홉 [jədaɦob, 여다홉] 8~9
열 [jəl] 10
열 熱 [jəl]
열 列 [jəl]
열강 列强 [jəlgaŋ]
열거 列擧 [jəlgə]
열광 熱狂 [jəlgwaŋ]
열기 熱氣 [jəlgi]
열기구 熱器具 [jəlgigu]
열녀 烈女 [jəllјə, 열려] /열녀문(烈女門)
열:다 [jə:lda] 열:고[jə:lgo] 열:지[jə:ldʒi] 여:니[jə:ni] 열어[jərə, 여러] 열리다[jəllida]
열 달 [jəld'al, 열딸] 10개월
열대지방 熱帶地方 [jəld'ɛdʒ'ibaŋ, 열때찌방]
열도 列島 [jəld'o, 열또]
열두째 [jəld'udʒ'ɛ, 열뚜째] (수사·관형사)
열둘째 [jəld'uldʒ'ɛ, 열뚤째] (명사) / 모두 열두 개째가 됨
열등감 劣等感 [jəld'ɨŋgam, 열뜽감]
열띤 熱- [jəld'in]
열락 悅樂 [jəllag] 기쁨과 즐거움
열람 閱覽 [jəllam]
열량 熱量 [jəlljaŋ]
열렬히 熱烈/烈烈- [jəlljəlɦi]
열망 熱望 [jəlmaŋ]
열매 [jəlmɛ]
열목어 熱目魚 [jəlmogə, 열모거]
열무 [jəlmu]
열반 涅槃 [jəlban]
열병 熱病 [jəlbjəŋ]
열병 閱兵 [jəlbjəŋ]
열불 熱- [jəlbul]
열사 烈士 [jəls'a, 열싸]
열사 熱沙/熱砂 [jəls'a, 열싸]
열상 熱狀 [jəls'aŋ, 열쌍] /열상감지장비
열상 熱傷 [jəls'aŋ, 열쌍] =화상(火傷)
열상 裂傷 [jəls'aŋ, 열쌍] 찢어진 상처
열선 熱線 [jəls'ən, 열썬]
열섬 熱- [jəls'əm, 열썸]
열성적 熱誠的 [jəls'əŋdʒəg, 열썽적]

열세 劣勢 [jəls'e, 열쎄]
열:쇠 [jəls'ø(we), 열:쐬(쒜)]
10시 -時 [jəls'i, 열씨]
열심히 熱心- [jəls'imɦi, 열씸히]
열아홉 [jəraɦob, 여라홉] 19
열악한 劣惡- [jərakan, 여라칸]
열애 熱愛 [jərɛ, 여래]
열:없:이 [jə:rə:bs'i, 여:럽:씨] 조금 겸연쩍고 부끄러워
열여섯 [jəlljəsəd, 열려섣] 16
열역학 熱力學 [jəlljəkag, 열려칵]
열연 熱演 [jərjən, 여련]
열연 熱延 [jərjən, 여련] /열연강판
열외 列外 [jərø(we), 여뢰(뤠)]
열의 熱意 [jəri, 여리]
열전 熱戰 [jəldʒ'ən, 열쩐]
열전 列傳 [jəldʒ'ən, 열쩐]
열전도율 熱傳導率 [jəldʒəndojul]
열절 烈節 [jəldʒ'əl, 열쩔] /강한 절개
열정적 熱情的 [jəldʒ'əŋdʒəg, 열쩡적]
열중하다 熱中-- [jəldʒ'uŋɦada, 열쭝하다]
열차간 列車間 [jəlʧag'an, 열차깐]
열통 熱- [jəltoŋ]
열패감 劣敗感 [jəlpɛgam]
열혈 熱血 [jəlɦjəl]
열화 熱火 [jəlɦwa]
엷:다 [jə:ld'a, 열:따] 薄, 엷:어[열:버] 엷:으니[열:브니] 엷:고[열:꼬] 엷:지[열:찌]
염: 殮 [jə:m] 시신을 수의로 갈아입히고 베 등으로 싸는 것
염가 廉價 [jəmg'a, 염까]
염곡동 廉谷洞 [jəmgogd'oŋ, 염곡똥] /서울시 서초구
염:곡리 念谷里 [jə:mgoŋni, 염:공니] /전남 곡성군
염광여상 [jəmgwaŋnjəsaŋ, 염광녀상] /서울시 노원구, 現 염광여자정보교육고등학교
염기 鹽基 [jəmgi] 염을 만드는 물질, /화학
염:기 厭忌 [jə:mgi] 싫어하고 꺼림
염도 鹽度 [jəmdo]
염:두 念頭 [jə:mdu]
염라대:왕 閻羅大王 [jəmnadɛ:waŋ, 염나대:왕]
염:려 念慮 [jə:mnjə, 염:녀]
염:료 染料 [jə:mnjo, 염:뇨]
염리동 鹽里洞 [jəmnidoŋ, 염니동] /서울시 마포구
염:문 艶聞 [jə:mmun]
염:병 染病 [jə:mbjəŋ]
염:불 念佛 [jə:mbul]
염:색하다 染色-- [jə:msɛkada, 염:새카다]
염:세주의 厭世主義 [jə:msedʒui, 염:세주이]
염소 [jəmso]
염소 鹽素 [jəmso] /화학
염:습 殮襲 [jə:msɨb] /시신(屍身)
염:원 念願 [jə:mwən, 여:뭔]
염장 鹽藏 [jəmdʒaŋ]
염:장이 殮-- [jə:mdʒaŋi] 시체를 염습하는 일을 직업으로 하는 사람
염전 鹽田 [jəmdʒən]
염:좌 捻挫 [jə:mdʒwa] /근육·인대 등의 부상, 한의학
염:주 念珠 [jə:mdʒu]
염증 炎症 [jəmdʒ'iŋ, 염쯩]
염:증 厭症 [jə:mdʒ'iŋ, 염:쯩]
염창동 鹽倉洞 [jəmʧaŋdoŋ] /서울시 강서구
염천 炎天 [jəmʧən] 몹시 더운 날씨
염천교 鹽川橋 [jəmʧəngjo] /서울역과 중구 만리동 사이의 다리
염치 廉恥 [jəmʧi]
염탐 廉探 [jəmtam]
염통 [jəmtoŋ] =심장
염:하다 殮-- [jə:mɦada]
엽기 獵奇 [jəbg'i, 엽끼]
엽록소 葉綠素 [jəmnogs'o, 염녹쏘]
엽색행각 獵色行脚 [jəbs'ɛkɛŋgag, 엽쌔캥각]

ㅇ

엽서 葉書 [jəbs'ə, 엽써]
엽전 葉錢 [jəbʤ'ən, 엽쩐]
엿가락 [jədg'arag, 엳까락]
엿기름 [jədg'irɨm, 엳끼름]
엿:듣다 [jə:d'ɨd'a, 여:뜨따]
엿:보다 [jə:db'oda, 엳:뽀다]
엿새 [jəds'ɛ, 엳쌔]
엿장수 [jədʤ'aŋsu, 엳짱수]
영 零 [jəŋ] 0, /숫자
영 令 [jəŋ] /영을 내다, 영을 어기다, 영이 안 서다
영: [jə:ŋ] 전혀, 도무지 또는 아주, 대단히, /영 맥을 못 추다, 영 딴판이다
영: 永 [jə:ŋ] =영영(永永)
영감 靈感 [jəŋgam]
영:감 令監 [jə:ŋgam] /나이든 이, 지체가 높은 사람
영:강 穎江 [jə:ŋgaŋ] /낙동강 제1지류, 경북 문경시
영강동 榮江洞 [jəŋgaŋdoŋ] /전남 나주시
영:겁 永劫 [jə:ŋgəb]
영:결식 永訣式 [jə:ŋgjəls'ig, 영:결씩]
영계 -鷄 [jəŋgje]
영고 迎鼓 [jəŋgo] /부여, 歷史
영공 領空 [jəŋgoŋ]
영관급 領官級 [jəŋgwang'ɨb, 영관끕] /소령·중령·대령
영광 榮光 [jəŋgwaŋ]
영광고 榮光高 [jəŋgwaŋgo] /경북 영주시
영광군 靈光郡 [jəŋgwaŋgun] /전남 북서부의 郡
영:구미:제 永久未:濟 [jə:ŋgumi:ʤe]
영:구적 永久的 [jə:ŋguʤəg]
영구차 靈柩車 [jəŋguʧa]
영글다 [jəŋgɨlda]
영남지방 嶺南地方 [jəŋnamʤ'ibaŋ, 영남찌방]
영내 領內 [jəŋnɛ]
영내 營內 [jəŋnɛ]

영:녕전 永寧殿 [jə:ŋnjəŋʤən] /서울시 종로구, 종묘 內
영달 榮達 [jəŋdal]
영당리 靈堂里 [jəŋdaŋni, 영당니] /충남 연기군
영덕군 盈德郡 [jəŋdəg'un, 영더꾼] /경북 동부의 郡
영덕여고 榮德女高 [jəŋdəŋnjəgo, 영덩녀고] /경기도 성남시
영도자 領導者 [jəŋdoʤa]
영:도구 影島區 [jə:ŋdogu] /부산광역시 남부의 區
영:동군 永同郡 [jə:ŋdoŋgun] /충북 남부의 郡
영동 榮洞 [jəŋdoŋ] /경기도 수원시·안성시, 전남 순천시, 충북 청주시
영:동대:교 永東大橋 [jə:ŋdoŋdɛ:gjo] /서울시 성동구와 강남구를 연결
영동지방 嶺東地方 [jəŋdoŋʤ'ibaŋ, 영동찌방]
영:등포 永登浦 [jə:ŋdɨŋpo] /서울시 남서부, 영등포구
영락 榮落 [jəŋnag, 영낙]
영:락교:회 永樂敎會 [jə:ŋnag'jo:ɦø(we), 영:나꾜:회(훼)] /서울시 중구
영락없이 零落-- [jəŋnagə:bs'i 영나겁:씨] 꼭 들어맞게
영란 英蘭 [jəŋnan, 영난] '잉글랜드'의 음역
영란여상 英蘭女商 [jəŋnannjəsaŋ, 영난녀상] 현 '영란여자정보산업고교', /서울시 중랑구
영:랑 永郎 [jə:ŋnaŋ, 영:낭] /'김영랑(金永郎)', '김윤식'의 호, 시인
영:랑호 永郎湖 [jə:ŋnaŋɦo, 영:낭호] /강원도 속초시
영령 英靈 [jəŋnjəŋ, 영녕] /호국영령
영롱한 玲瓏- [jəŋnoŋɦan, 영농한]
영릉 英陵 [jəŋnɨŋ, 영능] /조선 세종과 소헌왕후(昭憲王后))의 陵
영리 營利 [jəŋni, 영니]
영:리하다 怜悧--/伶俐-- [jə:ŋniɦada,

영:니하다]
영림 營林 [jəŋnim, 영님] '산림경영', /영림사업
영:림초교 永林初校 [jə:ŋnimʧogjo, 영:님초교] /서울시 영등포구
영매 靈媒 [jəŋmɛ]
영:면 永眠 [jə:ŋmjən]
영:명고 永明高 [jə:ŋmjəŋgo] /충남 공주시
영명하다 英明-- [jəŋmjəŋɦada] 뛰어나게 총명하다
영문 [jəŋmun] /무슨 영문인지
영문:고 永文高 [jə:ŋmungo] /경북 안동시
영물 靈物 [jəŋmul]
영민한 英敏- [jəŋminɦan]
영방 領邦 [jəŋbaŋ]
영:법 泳法 [jə:ŋb'əb] '수영방법'
영변군 寧邊郡 [jəŋbjəngun] /평안북도의 郡, 핵시설, 북한
영복여고 榮福女高 [jəŋboŋnjəgo, 영봉녀고] /경기도 수원시
영봉 零封 [jəŋboŋ] /스포츠, 야구
영:북면 永北面 [jə:ŋbuŋmjən, 영:붕면] /경기도 포천시
영빈관 迎賓館 [jəŋbingwan]
영사관 領事館 [jəŋsagwan]
영사실 映寫室 [jəŋsasil]
영산강 榮山江 [jəŋsangaŋ] /전남 서남부의 강
영산회:상 靈山會上 [jəŋsanɦø:(we:)saŋ, 회:(훼:)] /불교, 음악
영상 映像 [jəŋsaŋ]
영:생 永生 [jə:ŋsɛŋ]
영:생고 永生高 [jə:ŋsɛŋgo] /경기도 수원시, 전북 전주시
영서고 嶺西高 [jəŋsəgo] /강원도 원주시
영서지방 嶺西地方 [jəŋsəʤ'ibaŋ, 영서찌방]
영선 營繕 [jəŋsən] 건축물 따위를 새로 짓거나 수리함, /영선반
영선고 英善高 [jəŋsəngo] /인천광역시 부평구
영:선고 永善高 [jə:ŋsəngo] /전북 고창군
영선동 瀛仙洞 [jəŋsəndoŋ] /부산시 영도구
영성 靈性 [jəŋsəŋ]
영성동 寧城洞 [jəŋsəŋdoŋ] /충남 천안시
영성:체 領聖體 [jəŋsə:ŋʧe] /가톨릭
영세 領洗 [jəŋse] /가톨릭
영:세 永世 [jə:ŋse] /영세중립국
영세민 零細民 [jəŋsemin]
영세율 零稅率 [jəŋsejul]
영:속하다 永續-- [jə:ŋsokada, 영:소카다]
영송여고 嶺松女高 [jəŋsoŋnjəgo, 영송녀고] /대구광역시 북구
영수 領袖 [jəŋsu] /영수회담
영수증 領收證 [jəŋsuʤ'ɨŋ, 영수쯩]
영:순면 永順面 [jə:ŋsunmjən] /경북 문경시
영순:위 零順位 [jəŋsu:nwi, 영수:뉘]
영식 令息 [jəŋsig] 윗사람의 아들을 높여 이르는 말
영신고 榮信高 [jəŋsingo] /경북 포항시
영:신고 永信高 [jə:ŋsingo] /대구광역시 동구
영:신고 永新高 [jə:ŋsingo] /서울시 영등포구
영신여고 靈新女高 [jəŋsinnjəgo, 영신녀고] /경기도 수원시
영:신여고 永信女高 [jə:ŋsinnjəgo, 영:신녀고] /서울시 노원구
영아 嬰兒 [jəŋa] =젖먹이
영악하다 靈惡-- [jəŋakada, 영아카다]
영암군 靈巖郡 [jəŋamgun] /전남 서남해의 郡
영애 令愛 [jəŋɛ] /윗사람의 딸
영양 羚羊 [jəŋjaŋ] /동물
영양가 營養價 [jəŋjaŋg'a, 영양까]

ㅇ

영양군 英陽郡 [jəŋjaŋgun] /경북 동북부의 郡
영어 囹圄 [jəŋə] /영어의 몸
영업용 營業用 [jəŋəmnjoŋ, 영엄뇽]
영역 領域 [jəŋjəg]
영역 英譯 [jəŋjəg]
영:영 永永 [jəːŋnjəŋ, 영:녕]
영예 榮譽 [jəŋje]
영욕 榮辱 [jəŋjog]
영:원면 永元面 [jəːŋwənmjən] /전북 정읍시
영:원히 永遠- [jəːŋwənɦi]
영월군 寧越郡 [jəŋwəlgun] /강원도 남부의 郡
영위하다 營爲-- [jəŋwiɦada]
영유권 領有權 [jəŋjug'wən, 영유꿘]
영·유아 嬰幼兒 [jəŋjua]
영육 靈肉 [jəŋjug]
영:인본 影印本 [jəːŋinbon]
영일고 迎日高 [jəŋilgo] /경북 포항시
영:일고 永一高 [jəːŋilgo] /서울시 강서구
영일만 迎日灣 [jəŋilman] /경북 동해안 중앙의 灣
영입 迎入 [jəŋib]
영자지 英字紙 [jəŋʤ'aʤi, 영짜지]
영장 令狀 [jəŋʤ'aŋ, 영짱]
영장류 靈長類 [jəŋʤaŋnju, 영장뉴]
영장산 靈長山 [jəŋʤaŋsan] /경기도 성남시
영재 英才 [jəŋʤɛ]
영전 榮轉 [jəŋʤən]
영전 靈前 [jəŋʤən]
영전사 領殿事 [jəŋʤənsa] /집현전, 조선, 史劇
영점 零點 [jəŋʤ'əm, 영쩜]
영접하다 迎接-- [jəŋʤəpada 영저파다]
영:정 影幀 [jəːŋʤəŋ]
영조 英祖 [jəŋʤo] /조선 제21대 왕 (1694~1776)
영:주권 永住權 [jəːŋʤug'wən, 영:주꿘]
영지버섯 靈芝-- [jəŋʤibəsəd, 영지버섣]
영:진약품 永進藥品 [jəːŋʤinnjagpum, 영:진냑품] /제약회사
영:차 [jəːŋʧa] (의성어)
영창 映窓 [jəŋʧaŋ]
영창 營倉 [jəŋʧaŋ] /감옥, 군대
영:창 詠唱/咏唱 [jəːŋʧaŋ] /아리아 (aria)
영:창대:군 永昌大君 [jəːŋʧaŋdɛːgun] /조선, 비운의 왕자
영창악기 英昌樂器 [jəŋʧaŋag'i, 영창아끼] /피아노
영:천시 永川市 [jəːŋʧənsi] 경북 동남부의 市
영천동 靈泉洞 [jəŋʧəndoŋ] /서울시 서대문구, 충북 제천시
영축산 靈鷲山 [jəŋʧugs'an, 영축싼] /울산광역시와 경남 양산시에 걸침
영취산 靈鷲山 [jəŋʧwisan] /석가모니의 설법장소
영치금 領置金 [jəŋʧigɨm]
영친왕 英親王 [jəŋʧinwaŋ, 영치놩] 대한제국 최후의 황태자(1897~1970)
영:탄 永歎/永嘆 [jəːŋtan] 길게 한탄함
영:탄 詠歎/詠嘆 [jəːŋtan] 목소리로 탄식함, 감탄
영토 領土 [jəŋto]
영통구 靈通區 [jəŋtoŋgu] /경기도 수원시의 區
영특하다 英特-- [jəŋtɨkada, 영트카다]
영파여고 英波女高 [jəŋpajəgo] /서울시 송파구
영풍군 榮豐郡 [jəŋpuŋgun] /경북 북부의 郡, 영주시(榮州市)로 통합 (1995)
영:풍문고 永豊文庫 [jəːŋpuŋmungo] /서점
영하 零下 [jəŋɦa]
영해 領海 [jəŋɦɛ]
영:향력 影響力 [jəːŋɦjaŋnjəg, 영:향녁]

영험 靈驗 [jəŋɦəm]
영현 英顯 [jəŋɦjən] =영령(英靈)
영혼 靈魂 [jəŋɦon]
영화 映畫 [jəŋɦwa]
영화 榮華 [jəŋɦwa]
영화초교 迎華初校 [jəŋɦwaʧogjo] / 경기도 수원시
영화초교 英花初校 [jəŋɦwaʧogjo] / 울산광역시 울주군
영:화초교 永化初校 [jə:ŋɦwaʧogjo] /인천시 동구, 경북 영천시
영:화초교 永華初校 [jə:ŋɦwaʧogjo] /서울시 동작구
영:훈중 泳熏中 [jə:ŋɦunʤuŋ] /서울시 강북구, 국제중
영흥도 靈興島 [jəŋɦiŋdo] /인천시 옹진군의 섬, 영흥대교
옅다 [jəd'a, 여따] 옅어[여터] 옅으니 [여트니] 옅지[엳찌]
옆구리 [jəbg'uri, 엽꾸리]
옆길 [jəbg'il, 엽낄]
옆 사:람 [jəbs'a:ram, 엽싸:람]
옆에 [jəpe, 여페]
옆집 [jəbʤ'ib, 엽찝]
예 禮 [je]
예: [je:] =네
예: [je:] /예나, 예로부터
예: 例 [je:]
예:견 豫見 [je:gjən]
예:결위 豫結委 [je:gjərwi, 예:겨뤼] '예산결산특별위원회'의 약칭
예:고 豫告 [je:go]
예:과 豫科 [je:g'wa, 예:꽈]
예관 禮冠 [jegwan] /史劇
예:규 例規 [je:gju]
예:금 預金 [je:gim]
예기 禮記 [jegi]
예:년 例年 [je:njən]
예:능 藝能 [je:niŋ]
예단 禮緞 [jedan] /결혼
예:단 豫斷 [je:dan]
예:대 預貸 [je:dɛ] '예금과 대출'
예:리한 銳利- [je:riɦan]
예:매 豫買 [je:mɛ]
예:매 豫賣 [je:mɛ]
예맥 濊貊 [jemɛg] 예족과 맥족, /역사
예:민한 銳敏- [je:minɦan]
예방 禮訪 [jebaŋ]
예:방 豫防 [je:baŋ]
예배 禮拜 [jebɛ]
예:보 豫報 [je:bo]
예복 禮服 [jebog]
예봉산 禮峯山 [jeboŋsan] /경기도 남양주시
예:비 豫備 [je:bi]
예:사말 例事- [je:samal]
예:산 豫算 [je:san]
예:삿일 例事- [je:sannil, 예:산닐]
예:상 豫想 [je:saŋ]
예:서 隸書 [je:sə] /서체
예:선 豫選 [je:sən]
예성강 禮成江 [jesəŋgaŋ] /황해도에서 강화만으로 흐름
예:속 隸屬 [je:sog]
예:수금 豫受金 [je:sugim]
예순여덟 [jesunnjədəl, 예순녀덜] 68
예순일곱 [jesunilgob, 예수닐곱] 67
예:술성 藝術性 [je:suls'əŋ, 예:술썽]
예:술적 藝術的 [je:sulʤəg]
예:시 例示 [je:si]
예식 禮式 [jesig]
예:심 豫審 [je:sim]
예악 禮樂 [jeag]
예:약 豫約 [je:jag]
예:언 豫言 [je:ən]
예:열 豫熱 [je:jəl]
예:외 例外 [je:ø(we), 외(웨)]
예우 禮遇 [jeu]
예:원 藝苑/藝園 [je:wən]
예:원학교 藝園學校 [je:wənɦag'jo, 예:원하꾜] /서울시 중구, 예술, 중학과정
예의 禮義 [jei, 예이]
예:의 銳意 [je:i, 예:이] /예의주시

ㅇ

예:의 例- [je:i, 예:이] 잘 알고 있는 바
예인선 曳引船 [jeinsən]
예일여고 禮一女高 [jeilljəgo, 예일려고] /서울시 은평구
예:장동 藝場洞 [je:dʒaŋdoŋ] /서울시 중구
예:전 [je:dʒən] 예전에
예절 禮節 [jedʒəl]
예:정 豫定 [je:dʒəŋ]
예:제 例題 [je:dʒe]
예조 禮曹 [jedʒo] /관아, 역사
예:조 豫兆 [je:dʒo] 예후나 징후
예:증 例證 [je:dʒiŋ]
예:지 叡智 [je:dʒi]
예지동 禮智洞 [jedʒidoŋ] /서울시 종로구
예찬 禮讚 [jeʧan] /청춘예찬
예:찰 豫察 [je:ʧal]
예:천군 醴泉郡 [je:ʧəngun] /경북 서북부의 郡
예:체능 藝體能 [je:ʧeniŋ]
예초 刈草 [jeʧo] =풀베기
예:총 藝總 [je:ʧoŋ] '한국예술문화단체총연합회'의 약칭
예:측하다 豫測-- [je:ʧikada, 예:츠카다]
예:치 預置 [je:ʧi]
예:편 豫編 [je:pjən]
예포 禮砲 [jepo]
예:하 隷下 [je:ɦa] /예하부대
예향 禮鄕 [jeɦjaŋ]
예:향 藝鄕 [je:ɦjaŋ]
예:화 例話 [je:ɦwa]
예:후 豫後 [je:ɦu]
옛:것 [je:(d)g'əd, 예:(옏:)껃]
옛:날 [je:nnal, 옌:날]
옛:날이야기 [je:nnallijagi, 옌:날리야기]
옛:사랑 [je:ds'araŋ, 옏:싸랑]
옛:이야기 [je:nnijagi, 옌:니야기]
옛:일 [je:nnil, 옌:닐]
옛:정 -情 [je:ddʒ'əŋ, 옏:쩡]
오: [o:] (감탄사)
오: 伍 [o:] /열과 오, 대열
5 五 [o:, 오:]
오:갈피 [o:galpi] ≒오가피
오:감 五感 [o:gam]
오감도 烏瞰圖 [ogamdo] /李霜
오곡동 梧谷洞 [ogogd'oŋ, 오곡똥] /충남 공주시
오:곡동 五谷洞 [o:gogd'oŋ, 오:곡똥] /서울시 강서구
오:곡백과 五穀百果 [o:gogb'ɛg'wa, 오:곡빽꽈]
오골계 烏骨鷄 [ogolgje]
오구 烏口 [ogu] /제도 펜
오금 [ogɨm] /무릎, 오금이 저리다
오금동 梧琴洞 [ogɨmdoŋ] /서울시 송파구, 경기도 고양시
오:금동 五禁洞 [o:gɨmdoŋ] /경기도 군포시
5급 五級 [o:gɨb, 오:급]
오:기 傲氣 [o:gi]
오:기 誤記 [o:gi]
오:냐 [o:nja] (감탄사)
오누이 [onui]
오:뉴월 五六月 [o:njuwəl]
오니산리 吾尼山里 [onisanni, 오니산니] /경기도 김포시
오:답 誤答 [o:dab]
오:대산 五臺山 [o:dɛsan] /강원도 강릉시·평창군·홍천군에 걸침
오:도 誤導 [o:do]
오:독 誤讀 [o:dog]
오동도 梧桐島 [odoŋdo] /한려해상국립공원, 전남 여수시
오동잎 梧桐- [odoŋnib, 오동닙]
오등 吾等 [odiŋ] '우리' /기미독립선언서
오디 [odi] /뽕나무의 열매
오뚝이 [od'ugi, 오뚜기]
오라동 吾羅洞 [oradoŋ] /제주시
오:락 娛樂 [o:rag]
오:랏줄 [o:ra(d)dʒ'ul, 오:라(랃)쭐]
오래 [orɛ]
오랫동안 [orɛd'oŋan, 오래똥안]

오:류 誤謬 [o:rju]
오류동 梧柳洞 [orjudoŋ] /서울시 구로구
오:륙도 五六島 [o:rjugd'o, 오:륙또] /부산시 남구
오:륙십 [o:rjugs'ib, 오:륙씹] 50~60
오:륜 五輪 [o:rjun] /자동차, 올림픽
오름세 --勢 [orɨmse]
오:리 [o:ri] /조류
오:리 梧里 [o:ri] '이원익'의 호
오리다 [orida] 切
오:마중 五馬中 [o:madʒuŋ] /경기도 고양시
오:만 傲慢 [o:man]
오:만상 五萬相 [o:mansaŋ] /찌푸린 얼굴
오매불망 寤寐不忘 [omɛbulmaŋ]
오:묘한 奧妙- [o:mjoɦan]
오:물 汚物 [o:mul]
오:미자 五味子 [o:midʒa]
오:발탄 誤發彈 [o:baltan]
오:밤중 午-中 [o:bamdʒ'uŋ, 오:밤쭝]
오:병이:어 五餠二魚 [o:bjəŋi:ə] /기적, 성경
오:보 誤報 [o:bo]
오:복 五福 [o:bog]
오비이락 烏飛梨落 [obiirag]
오:산 誤算 [o:san]
오:산고 五山高 [o:saŋgo] /서울시 용산구
오산시 烏山市 [osansi] /경기도 서남부의 市
오:살 五殺 [o:sal] /史劇
오:색리 五色里 [o:sɛŋni, 오:생니] /강원도 양양군, 오색약수
오:선지 五線紙 [o:səndʒi]
오:성홍기 五星紅旗 [o:səŋɦoŋgi] /중국 국기
오소리 [osori]
오솔길 [osolg'il, 오솔낄]
오:송리 五松里 [o:soŋni, 오:송니] /충북 청원군(첨단의료복합단지), 경남 거제시
오:수 午睡 [o:su]
오:수 汚水 [o:su]
오:수면 獒樹面 [o:sumjən] /전북 임실군, '오수의 개'(義犬碑)
오순도순 [osundosun] 오손도손(×)
오:식 誤植 [o:sig]
오:심 誤審 [o:sim]
오:십견 五十肩 [o:sibg'jən, 오:십껸]
오얏나무 [ojannamu, 오얀나무]
오:역 誤譯 [o:jəg]
오열 嗚咽 [ojəl]
오:열 伍列 [o:jəl] '오'와 '열' /군대
오:염 汚染 [o:jəm]
오:원 吾園 [o:wən] '장승업'의 호
오월동주 吳越同舟 [owəldoŋdʒu]
오이 [oi]
오이도 烏耳島 [oido] /경기도 시흥시
오:인 誤認 [o:in]
5·16 [o:illjug, 오:일륙]
5일장 五日場 [o:ildʒ'aŋ, 오:일짱]
5일장 五日葬 [o:ildʒaŋ, 오:일장]
오:자 誤字 [o:dʒ'a, 오:짜]
오작교 烏鵲橋 [odʒag'jo, 오자꾜]
오:장육부 五臟六腑 [o:dʒaŋnjugb'u, 오:장뉵뿌]
오:적 五賊 [o:dʒəg]
오:전 午前 [o:dʒən]
오:점 汚點 [o:dʒ'əm, 오:쩜]
5점 五點 [o:dʒəm, 오:점]
오정구 梧亭區 [odʒəŋgu] /경기도 부천시의 區
오죽 [odʒug]
오죽헌 烏竹軒 [odʒukən, 오주컨] '이율곡'의 생가 /강원도 강릉시
오줌 [odʒum]
오:지 奧地 [o:dʒi]
오:지게 [o:dʒige] 충실하고 야무지게
오지랖 [odʒirab, 오지랍] 오지랖이[오지라피] 오지랖을[오지라플]
오지리 墺地利 [odʒiri] '오스트리아'의 음역어

오:지선:다 五四選多 [o:dʒisə:nda] /시험
오직 [odʒig]
오:직 汚職 [o:dʒig]
오:진 誤診 [o:dʒin]
오:차 誤差 [o:ʧa]
오:찬 午餐 [o:ʧan]
오창읍 梧倉邑 [oʧaŋɨb] /충북 청원군
오천고 烏川高 [oʧəngo] /경북 포항시
오:천면 鰲川面 [o:ʧənmjən] /충남 보령시
오:타 誤打 [o:ta]
오·탈자 誤脫字 [o:taldʒ'a, 오:탈짜]
오:판 誤判 [o:pan]
오·폐:수 汚廢水 [o:pje:su]
오포리 烏浦里 [opori] /충남 보령시
오:포읍 五浦邑 [o:poɨb] /경기도 광주시
오:폭 誤爆 [o:pog]
오:한 惡寒 [o:ɦan]
오합지졸 烏合之卒 [oɦabdʒ'idʒol, 오합찌졸]
오:해 誤解 [o:ɦɛ]
오:향장:육 五香醬肉 [o:ɦjaŋdʒa:ŋjug]
오:현고 五賢高 [o:ɦjəngo] /제주시
옥니박이 [oŋnibagi, 옹니바기]
옥련동 玉蓮洞 [oŋnjəndoŋ, 옹년동] /인천광역시 연수구
옥루몽 玉樓夢 [oŋnumoŋ, 옹누몽] /소설, 조선시대
옥류관 玉流館 [oŋnjugwan, 옹뉴관] /평양의 유명 음식점, 냉면
옥살이 獄-- [ogs'ari, 옥싸리]
옥상옥 屋上屋 [ogs'aŋog, 옥쌍옥]
옥새 玉璽 [ogs'ɛ, 옥쌔]
옥석구분 玉石俱焚 [ogs'əg'ubun, 옥써꾸분] 옳은 사람이나 그른 사람이나 모두 재앙을 받음
옥신각신 [ogs'ingags'in, 옥씬각씬]
옥외 屋外 [ogø(we), 오괴(궤)]
옥잠화 玉簪花 [ogdʒ'amɦwa, 옥짬화] /식물
옥좌 玉座 [ogdʒ'wa, 옥쫘] 임금의 자리
옥천군 沃川郡 [ogʧəngun] /충북 남부의 郡
옥천리 玉泉里 [ogʧənni, 옥천니] /경기도 양평군, 경북 영천시·예천군, 경남 창녕군
옥천리 玉川里 [ogʧənni, 옥천니] /경북 경산시, 경남 남해군
옥천면 玉泉面 [ogʧənmjən] /경기도 양평군, 전남 해남군
옥탑방 屋塔房 [ogtab'aŋ, 옥타빵]
옥편 玉篇 [ogpjən]
옥호 屋號 [oko, 오코]
옥황상:제 玉皇上帝 [okwaŋsa:ŋdʒe, 오콩상:제]
온:갖 [o:ngad, 온:갇]
온:건파 穩健派 [o:ngənpa]
온고지신 溫故知新 [ongodʒisin]
온기 溫氣 [ongi]
온난화 溫暖化 [onnanɦwa]
온달 溫達 [ondal] /바보 온달
온:당하다 穩當-- [o:ndaŋɦada]
온대성 溫帶性 [ondɛs'əŋ, 온대썽]
온면 溫麵 [onmjən]
온:몸 [o:nmom]
온:밤 [o:nbam]
온수역 溫水驛 [onsujəg] /서울 1호선, 서울시 구로구
온순한 溫順- [onsunɦan]
온실 溫室 [onsil]
온양온천역 溫陽溫泉驛 [onjaŋonʧənnjəg, 오냥온천녁] /장항선
온열 溫熱 [onjəl, 오녈]
온유한 溫柔- [onjuɦan, 오뉴한]
온:전히 穩全- [o:ndʒənɦi]
온:점 -點 [o:ndʒəm] ≒끝점
온정적 溫情的 [ondʒəŋdʒəg]
온조왕 溫祚王 [ondʒowaŋ] 백제의 시조(?~28)
온:종일 -終日 [o:ndʒoŋil]
온천욕 溫泉浴 [onʧənnjog, 온천뇩]

온탕 溫湯 [ontaŋ]
온:통 [o:ntoŋ]
온화한 溫和- [onɦwaɦan] 맑고 따뜻한(날씨), 부드럽고 온순한(성격)
온:화한 穩和- [o:nɦwaɦan] 조용하고 평화로운
온후한 溫厚- [onɦuɦan]
올 [ol] 올해
올: [o:l] 실이나 줄의 가닥
올가미 [olgami]
올곧게 [olgodg'e, 올곧께]
올망졸망 [olmaŋʤolmaŋ]
올무 [olmu]
올바로 [olbaro]
올 봄 [olb'om, 올뽐]
올케 [olke]
옭다 [ogd'a, 옥따] 옭아[올가] 옭으니[올그니] 옭고[올꼬] 옭는[옹는] 옭지[옥찌]
옮:다 [o:md'a, 옴:따] 옮:고[옴:꼬] 옮:는[옴:는] 옮:지[옴:찌] 옮아[올마] 옮으니[올므니]
옳다 [olta, 올타] 옳아[오라] 옳으니[오르니] 옳은[오른] 옳지[올치] 옳소[올쏘]
옴: [o:m] /피부병, (의학)
옴짝달싹 [omʤ'agd'als'ag, 옴짝딸싹] ~못하다, ~않다
옷가지 [odg'aʤi, 옫까지]
옷감 [odg'am, 옫깜]
옷고름 [odg'orɨm, 옫꼬름]
옷 안 [odan, 오단]
옷 입다 [onnibd'a, 온닙따]
옷장 -欌 [odʤ'aŋ, 옫짱]
옷 한 벌 [otanbəl, 오탄벌]
옹:고집 壅固執 [o:ŋgoʤib]
옹:기 甕器 [o:ŋgi]
옹기종기 [oŋgiʤoŋgi]
옹:립 擁立 [o:ŋnib, 옹:닙]
옹:벽 擁壁 [o:ŋbjəg]
옹색하다 [oŋsɛkada, 옹새카다]
옹알이 [oŋari, 옹아리]
옹:졸하다 壅拙-- [o:ŋʤolɦada]
옹:진군 甕津郡 [o:ŋʤingun] /인천광역시 남부의 郡
옻 [od, 옫]
옻닭 [od'ag, 오딱]
옻오:리 [odo:ri, 오도:리]
옻칠 -漆 [odʧil, 옫칠]
와:룡동 臥龍洞 [wa:rjoŋdoŋ] /서울시 종로구, 경남 사천시, 전남 순천시
와:병 臥病 [wa:bjəŋ]
와부읍 瓦阜邑 [wabuɨb] /경기도 남양주시
와:상 臥像 [wa:saŋ]
와:신상담 臥薪嘗膽 [wa:sinsaŋdam]
와우 蝸牛 [wau] =달팽이
와전 訛傳 [waʤən]
와중 渦中 [waʤuŋ]
와해 瓦解 [waɦɛ]
완강하다 頑剛-- [waŋgaŋɦada]
완결 完決 [wangjəl]
완고한 頑固- [wangoɦan]
완:곡히 緩曲- [wa:ngoki, 완:고키]
완공 完工 [waŋgoŋ]
완:구 玩具 [wa:ngu]
완:급 緩急 [wa:ngɨb]
완납하다 完納-- [wannapada, 완나파다]
완:당 阮堂 [wa:ndaŋ] /'김정희'의 호, 추사(秋史)
완:도군 莞島郡 [wa:ndogun] /전남 남쪽 끝의 郡
완두콩 豌豆- [wandukoŋ]
완:람 玩覽 [wa:llam, 왈:람] /즐기며 봄
완:력 腕力 [wa:lljəg, 왈:력]
완료 完了 [walljo, 왈료]
완:만한 緩慢- [wa:nmanɦan]
완벽한 完璧- [wanbjəkan, 완벼칸]
완봉 完封 [wanboŋ]
완불 完拂 [wanbul]
완비 完備 [wanbi]
완:상 玩賞 [wa:nsaŋ] /즐기며 구경함

ㅇ

완성도 完成度 [wansəŋdo]
완수 完遂 [wansu]
완숙미 完熟美 [wansuŋmi, 완숭미]
완숙하다 婉淑-- [wansukada, 완수카다] 아름답고 정숙하다
완연한 宛然- [wanjənɦan, 와년한]
완:자 [wa:nʤa] /음식
완:장 腕章 [wa:nʤaŋ] ≒팔띠
완:장 阮丈 [wa:nʤaŋ] /남의 삼촌을 높이 부름
완주군 完州郡 [wanʤugun] /전북 북부의 郡
완충 緩衝 [wa:nʧuŋ]
완치 完治 [wanʧi]
완쾌 完快 [wankwɛ]
완투 完投 [wantu]
완파 完破 [wanpa]
완패 完敗 [wanpɛ]
완:행열차 緩行列車 [wa:nɦɛŋnjəlʧa, 완:행녈차]
완:화 緩和 [wa:nɦwa]
완:화삼 玩花衫 [wa:nɦwasam] /시, 조지훈
왈가닥 [walgadag]
왈가왈부 曰可曰否 [walgawalbu]
왈칵 [walkag]
왈패 -牌 [walpɛ]
왕: 王 [wa:ŋ]
왕:건 王建 [wa:ŋgən] /고려 태조
왕:겨 王- [wa:ŋgjə] /벼
왕:관 王冠 [wa:ŋgwan]
왕:궁 王宮 [wa:ŋguŋ]
왕:년 往年 [wa:ŋnjən]
왕:당파 王黨派 [wa:ŋdaŋpa]
왕:도 王道 [wa:ŋdo]
왕:래 往來 [wa:ŋnɛ, 왕:내]
왕:림 枉臨 [wa:ŋnim, 왕:님]
왕:복 往復 [wa:ŋbog]
왕:성한 旺盛- [wa:ŋsəŋɦan]
왕:숙천 王宿川 [wa:ŋsugʧən] /경기도 구리시·남양주시·포천시에 걸침
왕:십리 往十里 [wa:ŋsimni, 왕:심니] /서울시 성동구 하왕십리·행당동 일대
왕:오:천축국전 往五天竺國傳 [wa:ŋo:ʧənʧug'ugʤ'ən, 왕:오:천추꾹쩐] /혜초, 인도, 신라 (727)
왕:왕 往往 [wa:ŋwaŋ]
왕:정 王政 [wa:ŋʤəŋ]
왕:진 往診 [wa:ŋʤin]
왕창 [waŋʧaŋ]
왕:초 王- [wa:ŋʧo]
왕:후장:상 王侯將相 [wa:ŋɦuʤa:ŋsaŋ]
왜: [wɛ:] /까닭
왜:가리 [wɛ:gari]
왜곡 歪曲 [wɛgog]
왜관읍 倭館邑 [wɛgwanɨb, 왜과늡] /경북 서남부
왜구 倭寇 [wɛgu]
왜란 倭亂 [wɛran]
왜:목마을 [wɛ:moŋmaɨl, 왜:몽마을] /충남 당진군
왜소한 矮小- [wɛsoɦan]
왠지 [wɛnʤi]
왱왱 [wɛŋwɛŋ]
외:간 外間 [ø:gan]
외:갓집 外家- [ø:ga(d)ʤ'ib, 외:가(갇)찝]
외:견상 外見上 [ø:gjənsaŋ]
외:경 外境 [ø:gjəŋ]
외:경 畏敬 [ø:gjəŋ]
외:계인 外界人 [ø:gjein]
외:고 外高 [ø:go] '외국어고등학교'의 약칭
외골수 -骨髓 [øgols'u, 외골쑤]
외곬 [øgol, 외골] 외곬으로[외골쓰로] 외곬의[외골쎄]
외:과 外科 [ø:g'wa, 외:꽈]
외:곽 外廓 [ø:gwag]
외:관상 外觀上 [ø:gwansaŋ]
외:교 外交 [ø:gjo]
외:국여행 外國旅行 [ø:guŋnjəɦɛŋ, 외:궁녀행]
외:근 外勤 [ø:gɨn]
외길 [øgil]

외나무다리 [ønamudari]
외:도 外道 [ø:do]
외동딸 [ødoŋd'al]
외:려 [ø:rjə] '오히려'의 준말
외롭다 [ørobd'a, 외롭따] 외로워[ørowə] 외로우니[ørouni]
외:면 外面 [ø:mjən]
외:모 外貌 [ø:mo]
외:박하다 外泊-- [ø:bakada, 외:바카다]
외:부 外部 [ø:bu]
외:사과 外事課 [ø:sag'wa, 외:사꽈] /대사관
외:사부 外事部 [ø:sabu] /검찰
외:상 [ø:saŋ] /외상거래
외:상 外傷 [ø:saŋ]
외:설적 猥褻的 [ø:səldʒəg]
외:세 外勢 [ø:se]
외:손자 外孫子 [ø:sondʒa]
외:암리 外岩里 [ø:amni, 외:암니] /충남 아산시, 민속마을
외:압 外壓 [ø:ab]
외:야 外野 [ø:ja]
외:양 外樣 [ø:jaŋ]
외:연 外延 [ø:jən]
외:유성 外遊性 [ø:jus'əŋ, 외:유썽]
외:음부 外陰部 [ø:ɨmbu]
외자 -字 [ødʒa] 한 글자, /이름
외:자 外資 [ø:dʒa]
외:장 外裝 [ø:dʒaŋ]
외:적 外敵 [ø:dʒəg]
외:적 外的 [ø:dʒ'əg, 외:쩍]
외:주 外注 [ø:dʒu] /외주제작
외:지 外地 [ø:dʒi]
외:지 外紙 [ø:dʒi]
외지다 [ødʒida]
외:채 外債 [ø:ʧɛ]
외:척 外戚 [ø:ʧəg]
외:치 外治 [ø:ʧi]
외치다 [øʧida]
외통수 -通手 [øtoŋsu]
외:투 外套 [ø:tu]
외:판원 外販員 [ø:panwən, 외:파눤]
외:풍 外風 [ø:puŋ] 우풍(×)
외:피 外皮 [ø:pi]
외:향적 外向的 [ø:ɦjaŋdʒəg]
외:화 外貨 [ø:ɦwa]
외:화 外畵 [ø:ɦwa]
외:화내:빈 外華內貧 [ø:ɦwanɛ:bin]
외:환 外換 [ø:ɦwan]
왼:쪽 [ø:ndʒ'og]
요 [jo] /침구
요강 要綱 [jogaŋ]
요강 [jogaŋ] /옛날, 오줌 누던 그릇
요건 要件 [jog'ən, 요껀]
요격 邀擊 [jogjəg] /요격미사일
요괴 妖怪 [jogø(we), 괴(궤)]
요구 要求 [jogu]
요:금 料金 [jo:gɨm]
요기 療飢 [jogi] /시장기
요기 妖氣 [jogi]
요긴하다 要緊-- [joginɦada]
요는 要- [jonɨn]
요도 尿道 [jodo]
요동 搖動 [jodoŋ]
요란 搖亂/擾亂 [joran]
요람 搖籃 [joram]
요람 要覽 [joram]
요:량 料量 [jo:rjaŋ]
요령 要領 [jorjəŋ]
요로 尿路 [joro] /요로결석
요로 要路 [joro]
요리 [jori] 요쪽, 요 곳
요:리 料理 [jo:ri]
요망 要望 [jomaŋ]
요망하다 妖妄-- [jomaŋɦada]
요법 療法 [job'əb, 요뻡]
요부 妖婦 [jobu]
요사 妖邪 [josa]
요산요수 樂山樂水 [josannjosu, 요산뇨수]
요새 要塞 [josɛ]
요선동 要仙洞 [josəndoŋ] /강원도 춘천시
요설 饒舌 [josəl]

ㅇ

요소 要素 [joso]
요소 尿素 [joso]
요식행위 要式行爲 [josikɛŋwi, 요시캥위]
요실금 尿失禁 [josilgɨm]
요약 要約 [jojag]
요양 療養 [jojaŋ]
요업 窯業 [joəb]
요염 妖艶 [jojəm]
요원 要員 [jowən]
요원하다 遙遠/遼遠-- [jowənɦada]
요인 要因 [join]
요일 曜日 [joil]
요점 要點 [joʤ'əm, 요쩜]
요정 妖精 [joʤəŋ]
요:정 料亭 [jo:ʤəŋ]
요:조숙녀 窈窕淑女 [jo:ʤosuŋnjə, 요:조숭녀]
요주:의 要注意 [joʤu:i, 요주:이]
요지 要旨 [joʤi]
요지경 瑤池鏡 [joʤigjəŋ]
요직 要職 [joʤig]
요철 凹凸 [joʧəl]
요청 要請 [joʧəŋ]
요추 腰椎 [joʧu] 허리뼈
요충지 要衝地 [joʧuŋʤi]
요컨대 要-- [jokəndɛ]
요통 腰痛 [jotoŋ]
요하다 要-- [joɦada]
욕먹다 辱-- [joŋməgd'a, 용먹따]
욕보다 辱-- [jogb'oda, 욕뽀다]
욕설 辱說 [jogs'əl, 욕썰]
욕실 浴室 [jogs'il, 욕씰]
욕심 慾心 [jogs'im, 욕씸]
욕정 欲情/慾情 [jogʤ'əŋ, 욕쩡]
욕조 浴槽 [jogʤ'o, 욕쪼]
욕지면 欲知面 [jogʤ'imjən, 욕찌면] /경남 통영시
욕창 褥瘡 [jogʧaŋ]
욕탕 浴湯 [jogtaŋ]
욕하다 [jokada, 요카다]
욧잇 [jonnid, 욘닏]
용:감한 勇敢- [jo:ŋgamɦan]
용강동 龍江洞 [joŋgaŋdoŋ] /서울시 마포구, 광주시 북구, 경북 경주시, 경남 사천시
용강동 龍岡洞 [joŋgaŋdoŋ] /강원도 강릉시
용:건 用件 [jo:ŋg'ən, 용:껀]
용공 容共 [joŋgoŋ] /용공세력
용광로 鎔鑛爐 [joŋgwaŋno, 용광노]
용궁 龍宮 [joŋguŋ]
용기 容器 [joŋgi]
용:기 勇氣 [jo:ŋgi]
용납하다 容納- [joŋnapada, 용나파다]
용:단 勇斷 [jo:ŋdan]
용:달차 用達車 [jo:ŋdalʧa]
용담로 龍潭路 [joŋdamno, 용담노] /인천시 연수구, 경기도 안산시, 경북 경주시, 경남 마산시
용대리 龍垈里 [joŋdɛri] /강원도 인제군, 전북 고창군
용대리 龍臺里 [joŋdɛri] /경북 군위군
용:도 用途 [jo:ŋdo]
용:돈 用- [jo:ŋd'on, 용:똔]
용두동 龍頭洞 [joŋdudoŋ] /서울시 동대문구, 경기도 고양시, 광주시 북구·서구, 대전시 중구, 충북 충주시, 경북 김천시
용렬한 庸劣- [joŋnjəlɦan, 용녈한]
용:례 用例 [jo:ŋnje, 용:녜]
용:맹하다 勇猛-- [jo:ŋmɛŋɦada]
용모 容貌 [joŋmo]
용:무 用務 [jo:ŋmu]
용:법 用法 [jo:ŋb'əb, 용:뻡]
용:변 用便 [jo:ŋbjən]
용병 傭兵 [joŋbjəŋ]
용:병술 用兵術 [jo:ŋbjəŋsul]
용:사 勇士 [jo:ŋsa]
용산역 龍山驛 [joŋsannjəg, 용산녁] /서울시 용산구
용상 龍像 [joŋsaŋ] /임금의 얼굴
용:상 聳上 [jo:ŋsaŋ] /역도
용서 容恕 [joŋsə]

용:솟음 湧-- [jo:ŋsosɨm, 용:소슴]
용수철 龍鬚鐵 [joŋsuʧəl]
용안 龍顔 [joŋan]
용암 鎔巖 [joŋam]
용액 溶液 [joŋɛg]
용:어 用語 [jo:ŋə]
용:역 用役 [jo:ŋjəg]
용원동 龍院洞 [joŋwəndoŋ] /경남 진해시
용유도 龍游島 [joŋjudo] /인천광역시 중구의 섬
용:의 用意 [jo:ŋi, 용:이]
용의자 容疑者 [joŋiʤa, 용이자]
용:의주도 用意周到 [jo:ŋiʤudo, 용:이주도]
용이하다 容易-- [joŋiɦada]
용인 容認 [joŋin]
용인시 龍仁市 [joŋinsi] /경기도 중부의 市
용:인술 用人術 [jo:ŋinsul]
용:장 勇將 [jo:ŋʤaŋ]
용적률 容積率 [joŋʤəŋnjul, 용정뉼]
용접공 鎔接工 [joŋʤəbg'oŋ, 용접꽁]
용:처 用處 [jo:ŋʧə]
용:출수 湧出水 [jo:ŋʧuls'u, 용:출쑤]
용:케 [jo:ŋke] 용하게
용:퇴 勇退 [jo:ŋtø(we), 퇴(퉤)]
용트림 龍-- [joŋtɨrim, 용트림] /트림, 거드름
용틀임 龍-- [joŋtɨrim, 용트림]
용평면 龍坪面 [joŋpjəŋmjən] /강원도 평창군
용:품 用品 [jo:ŋpum]
용:하다 [jo:ŋɦada] /재주, 다행, 기특함
용해 溶解 [joŋɦɛ]
용현리 龍賢里 [joŋɦjənni, 용현니] /충남 서산시
용현면 龍見面 [joŋɦjənmjən] /경남 사천시
용훼 容喙 [joŋɦwe] /간섭, 말참견
우 憂 [u]
우 優 [u] /성적
우: [u:] (감탄사)
우격다짐 [ugjəgd'aʤim, 우격따짐]
우:경화 右傾化 [u:gjəŋɦwa]
우골탑 牛骨塔 [ugoltab] /대학등록금(비유)
우국 憂國 [ugug]
우:군 友軍 [u:gun]
우:기 雨期 [u:gi]
우:남 雩南 [u:nam] '이승만'의 호
우대 優待 [udɛ]
우둔하다 愚鈍-- [udunɦada]
우량 優良 [urjaŋ]
우레 [ure] 우뢰(×)
우려 憂慮 [urjə]
우롱 愚弄 [uroŋ]
우롱차 [uroŋʧa] (← 烏龍茶)
우륵 于勒 [urɨg] /신라시대 음악가, 가야금
우리 [uri]
우마차 牛馬車 [umaʧa]
우매한 愚昧- [umɛɦan]
우면산 牛眠山 [umjənsan] 서울시 서초구와 경기도 과천시 일부에 걸침
우문현답 愚問賢答 [umunɦjəndab]
우물가 [umulg'a, 우물까]
우뭇가사리 [umudg'asari, 우묻까사리]
우민 愚民 [umin] /우민정치
우:발적 偶發的 [u:balʤəg]
우:방 友邦 [u:baŋ] 우호관계의 나라, /기업 名, 현 'C&'그룹
우범지대 虞犯地帶 [ubəmʤidɛ]
우:보역 友保驛 [u:bojəg] /경북 군위군, 중앙선
우:비 雨備 [u:bi] /우산, 비옷 등
우사 牛舍 [usa]
우:산 雨傘 [u:san]
우산리 牛山里 [usanni, 우산니] /전북 정읍시
우:상 偶像 [u:saŋ]
우생학 優生學 [usɛŋɦag]
우:석대 又石大 [u:səgd'ɛ, 우:석때] /

ㅇ

전북 완주군
우선 于先 [usən]
우선적 優先的 [usəndʒəg]
우선주 優先株 [usəndʒu]
우선하다 [usənɦada] /나아지다, 누그러지다
우설 牛舌 [usəl]
우성 優性 [usəŋ]
우:성 宇成 [u:səŋ] /건설회사 名
우송 郵送 [usoŋ]
우:송대 又松大 [u:soŋdɛ] /대전시 동구
우수 優秀 [usu]
우수 憂愁 [usu]
우:수 雨水 [u:su] /절기
우수리 [usuri]
우스꽝스럽다 [usɨg'waŋsɨrəbd'a, 우스꽝스럽따] /몸짓, 생김새 등
우승 優勝 [usɨŋ]
우:신고 宇信高 [u:singo] /서울시 구로구, 울산광역시 남구
우신예찬 愚神禮讚 [usinnjeʧan, 우신녜찬] /에라스뮈스
우아한 優雅- [uaɦan]
우:애 友愛 [u:ɛ]
우엉 [uəŋ] /식물
우여곡절 迂餘曲折 [ujəgogdʒ'əl, 우여곡쩔]
우연지사 偶然之事 [ujəndʒisa]
우연히 偶然- [ujənɦi]
우:완 右腕 [u:wan] /우완투수
우울증 憂鬱症 [uuldʒ'ɨŋ, 우울쯩]
우월적 優越的 [uwəldʒəg]
우위 優位 [uwi]
우유 牛乳 [uju]
우윳빛 牛乳- [uju(d)b'id, 우유(윧)삗]
우:의 友誼 [u:i, 우:이]
우이동 牛耳洞 [uidoŋ] /서울시 강북구
우:익 右翼 [u:ig]
우:장산역 雨裝山驛 [u:dʒaŋsannjəg, 우:장산녁] /지하철 5호선, 서울시 강서구
우:전 雨前 [u:dʒən] 곡우(穀雨) 이전 잎을 딴 茶
우정 郵政 [udʒəŋ] 우편행정
우:정 友情 [u:dʒəŋ]
우:제류 偶蹄類 [u:dʒerju] /발굽이 두 개인 동물
우:주 宇宙 [u:dʒu]
우지 牛脂 [udʒi]
우직하다 愚直-- [udʒikada, 우지카다]
우:천 雨天 [u:ʧən]
우:측 右側 [u:ʧɨg]
우:파 右派 [u:pa]
우포늪 牛浦- [uponɨb, 우포늡] /경남 창녕군, 최대 습지
우표 郵票 [upjo]
우:호적 友好的 [u:ɦodʒəg]
우:화 寓話 [u:ɦwa]
우환 憂患 [uɦwan]
우황 牛黃 [uɦwaŋ] /청심환
우회 迂廻/迂回 [uɦø(we), 회(훼)]
우:후죽순 雨後竹筍 [u:ɦudʒugs'un, 우:후죽쑨]
욱일승천 旭日昇天 [ugilsiŋʧən, 우길승천]
욱하다 [ukada, 우카다]
운: 運 [u:n]
운: 韻 [u:n] /운을 떼다
운곡리 雲谷里 [ungoŋni, 운공니] /경북 김천시
윤교동 雲橋洞 [ungjodoŋ] /강원도 춘천시
운:구 運柩 [u:ngu] /시신
운니동 雲泥洞 [unnidoŋ] /서울시 종로구
운:동 運動 [u:ndoŋ]
운:때 運- [u:nd'ɛ]
운:명 殞命 [u:nmjəŋ] 목숨이 끊어짐
운:명적 運命的 [u:nmjəŋdʒəg]
운모 雲母 [unmo] /광물
운무 雲霧 [unmu]
운:반 運搬 [u:nban]
운석 雲石 [unsəg] '장면(張勉)'의 호

운:송 運送 [u:nsoŋ]
운:수업 運輸業 [u:nsuəb]
운:신 運身 [u:nsin]
운양동 雲陽洞 [unjaŋdoŋ, 우냥동] / 경기도 김포시
운양리 雲陽里 [unjaŋni, 우냥니] /전북 고창군
운:영 運營 [u:njəŋ, 우:녕]
운:용 運用 [u:njoŋ, 우:뇽]
운운 云云 [unun, 우눈]
운위되다 云謂-- [unwidø(we)da, 우뉘되(퉤)다]
운:율 韻律 [u:njul, 우:뉼]
운:임 運賃 [u:nim, 우:님]
운장산 雲長山 [undʒaŋsan] /전북 진안군
운:전 運轉 [u:ndʒən]
운:전대 運轉臺 [u:ndʒənd'ɛ, 운:전때]
운정동 雲亭洞 [undʒəndoŋ] /광주시 북구, 강원도 강릉시
운정역 雲井驛 [undʒəŋnjəg, 운정녁] /경기도 파주시, 교하·운정 지구
운주사 雲住寺 [undʒusa] /사찰, 전남 화순군
운:지법 運指法 [u:ndʒib'əb, 운:지뻡] /음악
운천리 雲川里 [unʧənni, 운천니] / 경기도 포천시, 전남 구례군, 경남 진주시
운천역 雲泉驛 [unʧənnjəg, 운천녁] /광주 지하철 1호선, 경기도 파주시
운:치 韻致 [u:nʧi]
운:하 運河 [u:nɦa]
운:항 運航 [u:nɦaŋ]
운해 雲海 [unɦɛ]
운:행 運行 [u:nɦɛŋ]
운현궁 雲峴宮 [unɦjənguŋ] /궁궐, 서울시 종로구
운호고 雲湖高 [unɦogo] /충북 청주시
운:휴 運休 [u:nɦju]
울금 鬱金 [ulgɨm] /한약재
울:다 [u:lda] 泣, 鳴/ 울:지[u:ldʒi] 울:면[u:lmjən] 울어[urə, 우러] 우:니[u:ni], 우:는[u:nɨn] 울리다[ullida]
울:대 [u:ld'ɛ, 울:때] =성대(聲帶)
울도 蔚島 [uld'o, 울또] /인천시 옹진군의 섬
울돌목 [uld'olmog, 울똘목] /명량해협(鳴梁海峽), 임진왜란
울면 -麵 [ulmjən] /중화요리
울:보 [u:lbo]
울분 鬱憤 [ulbun]
울산광:역시 蔚山廣域市 [uls'angwa:ŋjəgs'i, 울싼광:역씨]
울:상 -相 [u:ls'aŋ, 울:쌍]
울음보 [urɨmb'o, 우름뽀]
울적하다 鬱寂-- [uldʒ'əkada, 울쩌카다]
울컥하다 [ulkəkada, 울커카다]
울타리 [ultari]
울화병 鬱火病 [ulɦwab'jəŋ, 울화뼝]
울화통 鬱火- [ulɦwatoŋ]
움: [u:m] /싹, 움트다
움:막 -幕 [u:mmag]
움직이다 [umdʒigida, 움지기다]
움:집 [u:mdʒ'ib, 움:찝]
움츠리다 [umʧɨrida]
움켜쥐:다 [umkjədʒwi:da]
움푹 [umpug]
웃거름 [udg'ərɨm, 욷꺼름]
웃:다 笑 [u:d'a, 우:따] 웃:는[u:nnɨn, 운:는] 웃:지[u:ddʒ'i, 욷:찌] 웃으니[usɨni, 우스니] 웃어[usə, 우서] 웃기다[udg'ida, 욷끼다] 웃:자[u:ddʒ'a, 욷:짜]
웃돈 [ud'on, 우똔]
웃자라다 [uddʒ'arada, 욷짜라다]
웃어:른 [udə:rɨn, 우더:른]
웃옷 [udod, 우돋]
웃통 [utoŋ, 우통]
웅녀 熊女 [uŋnjə] 단군의 어머니
웅담 熊膽 [uŋdam]
웅대한 雄大- [uŋdɛɦan]
웅덩이 [uŋdəŋi]
웅변 雄辯 [uŋbjən]

ㅇ

웅비 雄飛 [uŋbi]
웅성대:다 [uŋsəŋdɛ:da]
웅숭깊다 [uŋsuŋgibd'a, 웅숭깁따] 생각이나 뜻이 크고 넓다
웅어 [uŋə] 鱭, 鰽, /생선
웅장한 雄壯- [uŋdʒaŋɦan]
웅진 熊津 [uŋdʒin] /옛 백제의 수도
웅천 熊川 [uŋʧən] /마음이 들뜨고 허황된 사람
웅혼한 雄渾- [uŋɦonɦan] /웅혼한 기상(氣像)
워낙 [wənag]
워낭 [wənaŋ] 방울, 쇠고리, /소나 말
원 圓 [wən] /동그라미
원 院 [wən] /국회, 원 구성
원: 願 [wə:n] /원 없이 다해보다
원가 原價 [wəng'a, 원까]
원:거:리 遠距離 [wə:ngə:ri]
원:격 遠隔 [wə:ng'jəg, 원:껵]
원:경 遠景 [wə:ngjəŋ] /그림
원고 原稿 [wəngo]
원고 原告 [wəngo]
원곡동 元谷洞 [wəngogd'oŋ, 원곡똥] /경기도 안산시, 다문화가정 밀집지역
원구단 圜丘壇 [wəngudan] 옛날 하늘과 땅에 제사를 드리던 곳, /서울시 중구
원:군 援軍 [wə:ngun]
원:근법 遠近法 [wə:nginb'əb, 원:근뻡]
원기 元氣 [wəngi]
원남동 苑南洞 [wənnamdoŋ] /서울시 종로구
원내 院內 [wənnɛ] /국회, 원내대표
원년 元年 [wənnjən]
원:님 員- [wə:nnim]
원단 原緞 [wəndan]
원당 元堂 [wəndaŋ] /인천시 서구, 원당지구
원당역 元堂驛 [wəndaŋnjəg, 원당녁] /경기도 고양시
원덕역 元德驛 [wəndəŋnjəg, 원덩녁] /경기도 양평군, 중앙선

원동 元洞 [wəndoŋ] /대전광역시 동구
원동 院洞 [wəndoŋ] /전북 전주시, 강원도 태백시
원동 園洞 [wəndoŋ] /경기도 오산시, 강원도 원주시
원:동 遠東 [wə:ndoŋ] ≒극동(極東)
원동력 原動力 [wəndoŋnjəg, 원동녁]
원동면 院洞面 [wəndoŋmjən] /경남 양산시
원래 原來/元來 [wəllɛ, 월래]
원로 元老 [wəllo, 월로]
원:로 遠路 [wə:llo, 월:로]
원료 原料 [wəlljo, 월료]
원류 源流 [wəllju, 월류]
원릉 元陵 [wənniŋ, 원능] 영조와 정순왕후 김씨의 묘, /경기도 구리시
원릉역 元陵驛 [wənniŋnjəg, 원능녁] /경기도 고양시
원리 原理 [wəlli, 월리]
원만히 圓滿- [wənmanɦi]
원:망 怨望 [wə:nmaŋ] /원망스럽다
원:망 願望 [wə:nmaŋ] 원하고 바람
원무 圓舞 [wənmu]
원무과 院務課 [wənmug'wa, 원무꽈] /병원
원:미구 遠美區 [wə:nmigu] /경기도 부천시의 區
원반 圓盤 [wənban]
원:북면 遠北面 [wə:nbuŋmjən, 원:붕면] /충남 태안군
원불교 圓佛敎 [wənbulgjo]
원사 元士 [wənsa] /준위의 아래, 상사의 위, (軍)
원상 原狀 [wənsaŋ] /원상 복구
원서 原書 [wənsə]
원:서 願書 [wə:nsə]
원서동 苑西洞 [wənsədoŋ] /서울시 종로구
원석 原石 [wənsəg]
원석 元夕 [wənsəg] 음력 정월 보름날 저녁
원성동 院城洞 [wənsəŋdoŋ] /충남 천

ㅇ

안시
원소 元素 [wənso]
원수 元首 [wənsu]
원:수 怨讐 [wə:nsu]
원순 圓脣 [wənsun] /원순모음
원:숭이 [wə:nsuŋi]
원시 原始/元始 [wənsi]
원:시 遠視 [wə:nsi]
원시인 原始人 [wənsiin]
원:심력 遠心力 [wə:nsimnjəg, 원:심녁]
원안 原案 [wənan, 워난]
원앙 鴛鴦 [wənaŋ, 워낭]
원:양 遠洋 [wə:njaŋ, 워:냥] /원양어선
원어민 原語民 [wənəmin, 워너민]
원예 園藝 [wənje, 워녜]
원외 院外 [wənø(we), 워뇌(눼)] /국회
원우 院友 [wənu, 워누] /대학원
원음 原音 [wənɨm, 워늠]
원음방:송 圓音放送 [wənɨmba:ŋsoŋ, 워늠방:송] /원불교
원인 原因 [wənin, 워닌]
원:인 猿人 [wə:nin, 워:닌]
원:인 遠因 [wə:nin, 워:닌] /간접 원인
원장 院長 [wəndʒaŋ]
원장 元帳 [wəndʒ'aŋ, 원짱]
원점 原點 [wəndʒ'əm, 원쩜]
원:정 遠征 [wə:ndʒəŋ]
원조 元祖 [wəndʒo]
원:조 援助 [wə:ndʒo]
원죄 原罪 [wəndʒø(we), 죄(줴)]
원주율 圓周率 [wəndʒujul]
원천 源泉 [wəntʃən] /원천징수, 원천기술
원:천동 遠川洞 [wə:ntʃəndoŋ] /경기도 수원시
원:천동 遠泉洞 [wə:ntʃəndoŋ] /경기도 화성시
원천적 源泉的 [wəntʃəndʒəg]
원체 元體 [wəntʃe] =워낙
원초적 原初的 [wəntʃədʒəg]
원촌동 院村洞 [wəntʃəndoŋ] /대전시 유성구
원촌중 圓村中 [wəntʃondʒuŋ] /서울시 서초구
원추 圓錐 [wəntʃu]
원추리 [wəntʃuri] /식물
원탁 圓卓 [wəntag]
원:통하다 冤痛-- [wə:ntoŋɦada]
원폭 原爆 [wənpog] '원자폭탄'
원:하다 願-- [wə:nɦada]
원:한 怨恨 [wə:nɦan]
원형 圓形 [wənɦjəŋ]
원형질 原形質 [wənɦjəŋdʒil]
원:호 援護 [wə:nɦo]
원:혼 冤魂 [wə:nɦon]
원활하다 圓滑-- [wənɦwalɦada] 원할하다(×)
원효대:사 元曉大師 [wənɦjodɛ:sa]
원효로 元曉路 [wənɦjoro] /서울시 용산구
원흉 元兇 [wənɦjuŋ]
월곶리 月串里 [wəlgonni, 월곤니] /인천시 강화군
월곶면 月串面 [wəlgonmjən, 월곤면] /경기도 김포시
월곶포구 月串浦口 [wəlgodpogu, 월곧포구] 경기도 시흥시
월급명세서 月給明細書 [wəlgɨmmjəŋ sesə, 월금명세서]
월급봉투 月給封套 [wəlgɨb'oŋtu, 월그뽕투]
월남 越南 [wəllam, 월람] 남쪽으로 넘어감, 과거 '베트남'의 음역어
월남 月南 [wəllam, 월람] '이상재'의 호, /독립운동
월담 越- [wəld'am, 월땀] 담을 넘음
월동 越冬 [wəld'oŋ, 월똥]
월롱면 月籠面 [wəlloŋmjən] /경기도 파주시, 월롱역
월릉교 月陵橋 [wəllɨŋgjo] /서울 중랑천
월반 越班 [wəlban]
월병 月餠 [wəlbjəŋ]
월사금 月謝金 [wəls'agm, 월싸금]

ㅇ

월성 月城 [wəls'əŋ, 월썽] /원자력발전소, 경북 경주시
월성리 月城里 [wəls'əŋni, 월썽니] 논산·진천·고창·임실·장성·고령·거창·사천
월세 月貰 [wəls'e, 월쎄]
월수 月收 [wəls'u, 월쑤]
월수입 月收入 [wəlsuib]
월식 月蝕/月食 [wəls'ig, 월씩]
월악산 月岳山 [wəragṣ'an, 워락싼] /충북 충주시·제천시·단양군과 경북 문경시에 걸침, 국립공원
월영동 月影洞 [wərjəŋdoŋ, 워령동] /경남 마산시
월요일 月曜日 [wərjoil, 워료일]
월인석보 月印釋譜 [wərinsəgb'o, 워린석뽀]
월전리 月田里 [wəldʒ'ənni, 월쩐니] /안동·청송·보령·구례·옥천·순천·김제·영동
월정 月定 [wəldʒ'əŋ, 월쩡]
월정사 月精寺 [wəldʒ'əŋsa, 월쩡사] /강원도 평창군, 8각9층 석탑
월중 月中 [wəldʒ'uŋ, 월쭝] /월중계획표
월척 越尺 [wəlʧəg]
월출산 月出山 [wəlʧuls'an, 월출싼] /전남 영암군과 강진군에 걸침
월탄 月灘 [wəltan] '박종화'의 호
월파 越波 [wəlpa] /물이 제방을 넘음
웬: [we:n] 어찌 된, /웬 말
웬:걸 [we:ngəl]
웬:만큼 [we:nmankɨm]
웬:일 [we:nnil, 웬:닐]
위 [wi] 上
위 胃 [wi]
위계 位階 [wigje]
위관 尉官 [wigwan] 하급 장교의 통칭
위급하다 危急-- [wigɨpada, 위그파다]
위기 危機 [wigi]
위난 危難 [winan]
위당 爲堂 [widaŋ] '정인보'의 호
위대한 偉大- [widɛɦan]
위덕대 威德大 [widəgd'ɛ, 위덕때] /경북 경주시
위도 緯度 [wido]
위독하다 危篤-- [widokada, 위도카다]
위락시:설 慰樂施設 [wiragṣ'i:səl, 위락씨:설]
위력 威力 [wirjəg]
위령 慰靈 [wirjəŋ] /위령미사(가톨릭)
위례 慰禮 [wirje] /백제(위례성), 위례신도시
위로 慰勞 [wiro]
위무 慰撫 [wimu]
위반 違反 [wiban]
위배 違背 [wibɛ]
위법한 違法- [wibəpan, 위버판]
위병 胃病 [wib'jəŋ, 위뼝]
위병소 衛兵所 [wibjəŋso]
위산 胃酸 [wisan]
위상 位相 [wisaŋ]
위생병 衛生兵 [wisɛŋbjəŋ]
위선적 僞善的 [wisəndʒəg]
위세 威勢 [wise]
위수령 衛戍令 [wisurjəŋ]
위신 威信 [wisin]
위압적 威壓的 [wiabdʒ'əg, 위압쩍]
위액 胃液 [wiɛg]
위엄 威嚴 [wiəm]
위용 威容 [wijoŋ]
위인 偉人 [wiin]
위자료 慰藉料 [widʒarjo]
위장병 胃腸病 [widʒaŋb'jəŋ, 위장뼝]
위점막 胃粘膜 [widʒəmmag]
위정자 爲政者 [widʒəŋdʒa]
위조 僞造 [widʒo]
위주 爲主 [widʒu] /~ 위주로
위중한 危重- [widʒuŋɦan]
위쪽 [widʒ'og]
위채 [wiʧɛ] ↔아래채
위촉하다 委囑-- [wiʧokada, 위초카다]
위축된 萎縮- [wiʧugd'ø(we)n, 뙨(뛘)]
위층 -層 [wiʧɨŋ]

위치 位置 [witʃi]
위 칸 [wikan]
위태롭다 危殆-- [witεrobd'a, 위태롭따] 위태로워[witεrowə]
위통 胃痛 [witoŋ]
위패 位牌 [wipε] /제사
위폐 僞幣 [wipje] '위조지폐'
위풍당당 威風堂堂 [wipuŋdaŋdaŋ]
위하다 爲-- [wiɦada]
위해 危害 [wiɦε]
위험 危險 [wiɦəm]
위화도 威化島 [wiɦwado] /위화도 회군, 이성계, 평북 의주군
위협하다 威脅-- [wiɦjəpada, 위혀파다]
윗간 -間 [wi(d)g'an, 위(윋)깐] /아궁이에서 먼 부분
윗글 [wi(d)g'ɨl, 위(윋)끌]
윗길 [wi(d)g'il, 위(윋)낄] /네가 나보다 윗길이다
윗니 [winni, 윈니]
윗도리 [wid'ori, 위또리]
윗머리 [winməri, 윈머리]
윗목 [winmog, 윈목]
윗몸 [winmon, 윈몸]
윗변 -邊 [wi(d)b'jən, 위(윋)뼌]
윗사:람 [wi(d)s'a:ram, 위(윋)싸:람]
윗선 -線 [wi(d)s'ən, 위(윋)썬]
윗입술 [winnibs'ul, 윈닙쑬]
윗자리 [wi(d)ʤ'ari, 위(윋)짜리]
유가 油價 [jug'a, 유까]
유가 儒家 [juga]
유:가 有價 [ju:g'a, 유:까] /유가증권
유감 遺憾 [jugam] /섭섭하거나 불만 있는 것, 사과(謝過)보다 아래
유:감 有感 [ju:gam] /느낌이 있음
유격 遊擊 [jugjəg] /유격훈련
유격 裕隔 [jugjəg] /자동차
유경 柳京 [jugjəŋ] 평양의 옛 이름, /유경호텔(북한 最高의 호텔)
유고 遺稿 [jugo]
유:고 有故 [ju:go]
유골 遺骨 [jugol]
유공 油公 [jugoŋ] /구 '대한석유공사', 현 SK그룹 계열
유:공 有功 [ju:goŋ]
유과 油果 [jugwa]
유곽 遊廓 [jugwag]
유:관기관 有關機關 [ju:gwangigwan]
유괴 誘拐 [jugø(we), 괴(궤)]
유교 儒敎 [jugjo]
유구국 琉球國 [jugugug] '오키나와' 섬의 옛 이름
유:구무언 有口無言 [ju:gumuən]
유구읍 維鳩邑 [juguɨb] /충남 공주시
유구한 悠久- [juguɦan]
유:권자 有權者 [ju:g'wənʤa, 유:꿘자]
유기 遺棄 [jugi] 내다버림
유기 鍮器 [jugi] 놋그릇, /안성유기
유기 遺記 [jugi]
유:기 有期 [ju:gi] /유기징역
유:기농 有機農 [ju:ginoŋ]
유:기물 有機物 [ju:gimul]
유:기적 有機的 [ju:giʤəg]
유:난히 [ju:nanɦi]
유년기 幼年期 [junjəngi]
유념하다 留念-- [junjəmɦada]
유:능한 有能- [ju:nɨŋɦan]
유:단자 有段者 [ju:danʤa]
유:달리 類-- [ju:dalli]
유달산 儒達山 [judals'an, 유달싼] / 전남 목포시
유당 乳糖 [judaŋ]
유대 紐帶 [judε]
유도 柔道 [judo]
유도 誘導 [judo]
유도화 柳桃花 [judoɦwa]
유독 唯獨/惟獨 [judog]
유:독성 有毒性 [ju:dogs'əŋ, 유:독썽]
유두 乳頭 [judu]
유둣날 流頭- [judunnal, 유둔날] /음력 6월 보름, 흐르는 물에 머리를 감음
유람 遊覽 [juram]
유래 由來 [jurε]

ㅇ

유량 流量 [jurjaŋ]
유량 油量 [jurjaŋ]
유량동 留糧洞 [jurjaŋdoŋ] /충남 천안시
유려한 流麗- [jurjəɦan]
유:력한 有力- [ju:rjəkan, 유:려칸]
유령 幽靈 [jurjəŋ]
유:례 類例 [ju:rje]
유:료 有料 [ju:rjo]
유류 油類 [jurju]
유류품 遺留品 [jurjupum] /죽은 사람이 남긴 물건, 잊고 놓아 둔 물품
유리 琉璃 [juri]
유리 遊離 [juri]
유:리한 有利- [ju:riɦan]
유린 蹂躪/蹂躙/蹂躏 [jurin]
유:망한 有望- [ju:maŋɦan]
유명 幽明 [jumjəŋ] /유명을 달리하다
유:명산 有明山 [ju:mjəŋsan] /경기도 양평군과 가평군에 걸침
유:명세 有名稅 [ju:mjəŋs'e, 유:명쎄] ~치르다(○), ~타다(×)
유모 乳母 [jumo]
유목민 遊牧民 [jumoŋmin, 유몽민]
유:무 有無 [ju:mu]
유물론 唯物論 [jumullon]
유미주의 唯美主義 [jumidʒui, 유미주이]
유민 流民 [jumin]
유발 誘發 [jubal]
유배 流配 [jubɛ]
유백색 乳白色 [jubɛgs'ɛg, 유백쌕]
유:별나다 有別-- [ju:bjəllada, 유:별라다]
유:병률 有病率 [ju:bjəŋnjul, 유:병뉼]
유보 留保 [jubo]
유복한 裕福- [jubokan, 유보칸]
유봉여고 裕鳳女高 [juboŋnjəgo, 유봉녀고] /강원도 춘천시
유부 乳腐 [jubu] /초밥
유:분수 有分數 [ju:bunsu]
유:불리 有不利 [ju:bulli]
유불선 儒佛仙 [jubuls'ən, 유불썬] 유교·불교·선교
유:비무환 有備無患 [ju:bimuɦwan]
유빙 遊氷 [jubiŋ]
유:사 類似 [ju:sa]
유:사이:래 有史以來 [ju:sai:rɛ]
유산 遺産 [jusan]
유산균 乳酸菌 [jusangjun]
유산리 柳山里 [jusanni, 유산니] /전북 순창군, 전남 담양군·보성군, 대구시 달성군
유산리 酉山里 [jusanni, 유산니] /경기도 이천시, 경북 의성군
유:상증자 有償增資 [ju:saŋdʒɨŋdʒa]
유생 儒生 [jusɛŋ]
유서 遺書 [jusə]
유석 維石 [jusəg] '조병옥'의 호
유선 遊船 [jusən]
유:선 有線 [ju:sən]
유선형 流線型 [jusənɦjəŋ]
유성구 儒城區 [jusəŋgu] /대전광역시 서북부의 區
유세 遊說 [juse]
유세차 維歲次 [juseʧa] '이해의 차례는', /제문(祭文)
유:수의 有數- [ju:sue, 유:수에]
유숙하다 留宿-- [jusukada, 유수카다] 남의 집에서 묵다
유순한 柔順- [jusunɦan]
유:식하다 有識-- [ju:sikada, 유:시카다]
유신고 裕信高 [jusingo] /경기도 수원시
유신랑 庾信郎 [jusinnaŋ, 유신낭] 김유신, /신라
유신리 柳新里 [jusinni, 유신니] /전남 보성군
유실 流失 [jusil]
유아 幼兒 [jua]
유압식 油壓式 [juabs'ig, 유압씩]
유약한 柔弱- [jujakan, 유야칸]
유양동 維楊洞 [jujaŋdoŋ] /경기도 양

주시
유언비어 流言蜚語 [juənbiə]
유언장 遺言狀 [juəndʒ'aŋ, 유언짱]
유연하다 柔軟-- [jujənɦada]
유영 遊泳 [jujəŋ]
유예 猶豫 [juje]
유우 乳牛 [juu] 젖소
유:원건:설 有元建設 [ju:wəngə:nsəl] /건설회사 名, 現 울트라건설
유원지 遊園地 [juwəndʒi]
6월 六月 [ju:wəl, 유:월]
유:유상종 類類相從 [ju:jusaŋdʒoŋ]
유유제:약 柳柳製藥 [jujudʒe:jag] /구 유유산업, 제약회사
유유히 悠悠- [jujuɦi]
유의 留意 [jui, 유이]
유인 誘引 [juin]
유:인원 類人猿 [ju:inwən, 유:이눤]
유일무이 唯一無二 [juilmui]
유입 流入 [juib]
유:자차 柚子茶 [ju:dʒaʧa]
유장한 悠長- [judʒaŋɦan]
유적 遺蹟/遺跡 [judʒəg]
유전 遺傳 [judʒən]
유전 油田 [judʒən]
유전 流轉 [judʒən]
유정 油井 [judʒəŋ]
유:정란 有精卵 [ju:dʒəŋnan, 유:정난]
유조선 油槽船 [judʒosən]
유족 遺族 [judʒog]
유:종 有終 [ju:dʒoŋ] /유종의 미
유:죄 有罪 [ju:dʒø(we), 죄(줴)]
유지 維持 [judʒi]
유지 遺志 [judʒi] /유지를 받들다, 따르다
유:지 有志 [ju:dʒi]
유지방 乳脂肪 [judʒibaŋ]
유진상가 裕進商街 [judʒinsaŋga] /서울시 서대문구
유착 癒着 [juʧag]
유찰 流札 [juʧal]
유창한 流暢- [juʧaŋɦan]
유채 油菜 [juʧɛ] /식물
유체이탈 幽體離脫 [juʧeital]
유:추 類推 [ju:ʧu]
유축기 乳蓄器 [juʧug'i, 유추끼]
유출 流出 [juʧul]
유충 幼蟲 [juʧuŋ]
유치 留置 [juʧi]
유치한 幼稚- [juʧiɦan]
유쾌한 愉快- [jukwɛɦan]
유탄 流彈 [jutan]
유태인 猶太人 [jutɛin]
유통 流通 [jutoŋ]
유포 流布 [jupo]
유포리 柳浦里 [jupori] /강원도 춘천시·평창군, 경기도 화성시, 충북 음성군
유학 留學 [juɦag]
유:한 有限 [ju:ɦan]
유:한 有閑 [ju:ɦan] /유한마담
유한양행 柳韓洋行 [juɦannjaŋɦɛŋ, 유한냥행] /제약회사
유해 遺骸 [juɦɛ]
유:해 有害 [ju:ɦɛ]
유향 乳香 [juɦjaŋ]
유현리 柳峴里 [juɦjənni, 유현니] /경기도 김포시, 경남 함안군
유현리 楡峴里 [juɦjənni, 유현니] /강원도 횡성군
유혈 流血 [juɦjəl] /유혈사태
유:형 類型 [ju:ɦjəŋ]
유:형 有形 [ju:ɦjəŋ]
유혹 誘惑 [juɦog]
유혼 幽魂 [juɦon]
유화 柔和 [juɦwa]
유화 宥和 [juɦwa] /유화적 태도, 자세
유화 油畫 [juɦwa]
유화 油化 [juɦwa] 석유화학
유황 硫黃 [juɦwaŋ]
유:효 有效 [ju:ɦjo]
유훈 遺訓 [juɦun]
유휴 遊休 [juɦju]
유희 遊戲 [juɦi, 유히]

육각형 六角形 [jug'akjən, 유까켱]
육개장 肉-醬 [jug'ɛdʒaŋ, 유깨장] 육계장(×)
육계 肉鷄 [jug'je, 유꼐]
육골분 肉骨粉 [jug'olbun, 유꼴분]
육군력 陸軍力 [jug'unnjəg 유꾼녁]
6년 六年 [juŋnjən, 융년]
육담 肉談 [jugd'am, 육땀] 저속한 이야기
육당 六堂 [jugd'aŋ, 육땅] '최남선'의 호
육덕 肉德 [jugd'əg, 육떡] 몸에 살이 많아 덕스럽다, /육덕이 좋다, 육덕지다(×)
육두문자 肉頭文字 [jugd'umundʒ'a, 육뚜문짜]
육로 陸路 [juŋno, 융노]
육류 肉類 [juŋnju, 융뉴]
육모 育毛 [juŋmo, 융모]
육모봉 六-棒 [juŋmoboŋ, 융모봉]
육묘 育苗 [juŋmjo, 융묘]
육민관고 育民館高 [juŋmingwango, 융민관고] /강원도 원주시
육박하다 肉薄-- [jugb'akada, 육빠카다]
육법전서 六法全書 [jugb'əbdʒ'ənsə, 육뻡쩐서]
육사 陸士 [jugs'a, 육싸] '육군사관학교'의 약칭
육사 陸史 [jugs'a, 육싸] '이활'의 호
육성 育成 [jugs'əŋ, 육썽]
육성 肉聲 [jugs'əŋ, 육썽]
육수 肉水 [jugs'u, 육쑤]
육십촉 六十燭 [jugs'ibʧog, 육씹촉] /백열등
육안 肉眼 [jugan, 유간]
육영 育英 [jugjəŋ, 유경]
육우 肉牛 [jugu, 유구]
육의전 六矣廛 [jugidʒən, 유기전] / 조선시대, 시장
6·25 [jugio, 유기오] /한국전쟁
육자배기 六字-- [jugdʒ'abɛgi, 육짜배기] /국악
육종법 育種法 [jugdʒ'oŋb'əb, 육쫑뻡]
육쪽마늘 六--- [jugdʒ'oŋmanɨl, 육쫑마늘]
육하원칙 六何原則 [jukawənʧig, 유카원칙]
6학년 六學年 [jukaŋnjən, 유캉년]
육해공 陸海空 [jukɛgoŋ, 유캐공]
육혈포 六穴砲 [jukjəlpo, 유켤포]
육화 肉化 [jukwa, 유콰]
육회 肉膾 [jukø(we), 유쾨(퀘)]
윤: 尹 [ju:n] /姓氏
윤곽 輪廓 [jungwag]
윤:기 潤氣 [ju:ng'i, 윤:끼]
윤:년 閏年 [ju:nnjən]
윤:달 閏- [ju:ndal]
윤락가 淪落街 [jullag'a, 율라까]
윤락여성 淪落女性 [jullaŋnjəsəŋ, 율랑녀성]
윤리 倫理 [julli, 율리]
윤:문 潤文 [ju:nmun] /글을 다듬음
윤번 輪番 [junbən]
윤:색 潤色 [ju:nsɛg]
윤전기 輪轉機 [jundʒəngi]
윤중로 輪中路 [jundʒuŋno, 윤중노] /서울시 영등포구 여의도동
윤:초 閏秒 [ju:nʧo]
윤:택하다 潤澤-- [ju:ntɛkada, 윤:태카다]
윤:허 允許 [ju:nɦə] 史劇
윤:활유 潤滑油 [ju:nɦwallju, 윤:활류]
윤회 輪廻 [junɦø(we), 회(훼)]
율격 律格 [julg'jəg, 율껵]
율곡 栗谷 [julgog] '이이'의 호
율도국 硉島國 [juld'ogug, 율또국] / 홍길동전
율동 律動 [juld'oŋ, 율똥]
율무 [julmu]
율법학자 律法學者 [julb'əpagdʒ'a, 율뻐팍짜]
율사 律士 [juls'a, 율싸]
율전동 栗田洞 [juldʒ'əndoŋ, 율쩐동]

/경기도 수원시
율전리 栗田里 [juldʒ'ənni, 율전니] / 강원도 홍천군, 경북 영덕군
율포리 栗浦里 [julpori] /경기도 파주시·평택시, 경남 거제시, 전남 보성군
융 絨 [juŋ] /직물
융건릉 隆健陵 [juŋgənniŋ, 융건능] 사도세자, 혜경궁 홍씨, 정조, 효의왕후의 陵, /경기도 화성시
융기 隆起 [juŋgi]
융단 絨緞 [juŋdan]
융성 隆盛 [juŋsəŋ]
융숭한 隆崇- [juŋsuŋɦan]
융자 融資 [juŋdʒa]
융족 戎族 [juŋdʒog] /오랑캐
융통성 融通性 [juŋtoŋs'əŋ, 융통썽]
융합 融合 [juŋɦab]
융해 融解 [juŋɦɛ]
융화 融和 [juŋɦwa]
융희 隆熙 [juŋɦi, 융히] 조선 순종 때의 연호(1907~1910)
윷: [ju:d, 윧:] 윷:이[유:치] 윷:을[유:슬] 윷:만[윤:만]
윷:놀이 [ju:nnori, 윤:노리]
으레 [ire]
으름장 [irimdʒ'aŋ, 으름짱]
으스대:다 [isidɛ:da] 으시대다(×)
으스스하다 [isisiɦada] 으시시하다(×)
은거 隱居 [ingə]
은공 恩功 [ingoŋ]
은근 慇懃 [ingin]
은닉하다 隱匿-- [innikada, 은니카다]
은단 銀丹 [indan]
은둔 隱遁 [indun]
은밀히 隱密- [inmilɦi]
은박지 銀箔紙 [inbagdʒ'i, 은박찌]
은방울 銀-- [inbaŋul]
은빛 銀- [inb'id, 은삗]
은수저 銀-- [insudʒə]
은신처 隱身處 [insinʧə]
은어 銀魚 [inə, 으너] /생선
은연중에 隱然中- [injəndʒuŋe, 으년중에]
은유법 隱喩法 [injub'əb, 으뉴뻡]
은율군 殷栗郡 [injulgun, 으뉼군] / 황해도 북서부의 郡
은은한 隱隱- [ininɦan, 으는한]
은전 恩典 [indʒən]
은진미륵 恩津彌勒 [indʒinmirig] / 충남 논산시, 관촉사
은총 恩寵 [inʧoŋ]
은평구 恩平區 [inpjəŋgu] /서울시 북서부의 區
은혜 恩惠 [inɦje]
을미사:변 乙未事變 [ilmisa:bjən] / 명성황후, (1895)
을밀대 乙密臺 [ilmild'ɛ, 을밀때] / 평양 소재, 고구려의 누정(樓亭)
을사늑약 乙巳勒約 [ils'anigjag, 을싸느갹] 한일병탄, (1905)
을숙도 乙淑島 [ils'ugd'o, 을쑥또] / 부산시 사하구
을씨년스럽다 [ils'injənsirəbd'a, 을씨년스럽따]
을왕리 乙旺里 [irwaŋni, 으뢍니] / 인천시 중구
을유년 乙酉年 [irjunjən, 으류년]
을지로 乙支路 [ildʒ'iro, 을찌로] /서울시 중구
을축년 乙丑年 [ilʧuŋnjən, 을충년]
을파소 乙巴素 [ilpaso] /고구려, 진대법
읊다 [ibd'a, 읍따] 읊지[읍찌] 읊고[읍꼬] 읊는[음는] 읊네[음네] 읊어[을퍼] 읊으니[을프니] 읊조리다[읍쪼리다]
음가 音價 [img'a, 음까]
음경 陰莖 [imgjəŋ]
음극 陰極 [imgig]
음기 淫氣 [imgi]
음낭 陰囊 [imnaŋ]
음:독하다 飮毒-- [i:mdokada, 음:도카다]

ㅇ

음란 淫亂 [ɨmnan, 음난]
음량 音量 [ɨmnjaŋ, 음냥]
음력 陰曆 [ɨmnjəg, 음녁]
음:료 飮料 [ɨ:mnjo, 음:뇨]
음모 陰謀 [ɨmmo]
음모 陰毛 [ɨmmo]
음미 吟味 [ɨmmi]
음반 音盤 [ɨmban]
음:복 飮福 [ɨ:mbog]
음부 陰部 [ɨmbu]
음산하다 陰散-- [ɨmsanɦada]
음성군 陰城郡 [ɨmsəŋgun] /충북 북서부의 郡
음습하다 陰濕-- [ɨmsɨpada, 음스파다]
음:식료 飮食料 [ɨ:msiŋnjo, 음:싱뇨]
음양곽 淫羊藿 [ɨmjaŋgwag, 으먕곽] /식물
음양오:행 陰陽五行 [ɨmjaŋo:ɦɛŋ, 으먕오:행]
음영 陰影 [ɨmjəŋ, 으명]
음:용수 飮用水 [ɨ:mjoŋsu, 으:묭수]
음운론 音韻論 [ɨmunnon, 으문논]
음울한 陰鬱- [ɨmulɦan, 으물한]
음원 音源 [ɨmwən, 으뭔]
음전한 [ɨmʤənɦan] /여성
음:주운:전 飮酒運轉 [ɨ:mʤuu:nʤən]
음지 陰地 [ɨmʤi]
음치 音癡 [ɨmʧi]
음탕한 淫蕩- [ɨmtaŋɦan]
음풍농:월 吟風弄月 [ɨmpuŋno:ŋwəl]
음해 陰害 [ɨmɦɛ]
음향 音響 [ɨmɦjaŋ]
음험하다 陰險-- [ɨmɦəmɦada]
읍내 邑內 [ɨmnɛ, 음내]
읍면동 邑面洞 [ɨmmjəndoŋ, 음면동]
읍소 泣訴 [ɨbs'o, 읍쏘]
읍장 邑長 [ɨbʤ'aŋ, 읍짱]
읍참마:속 泣斬馬謖 [ɨbʧamma:sog] 큰일을 위해 아끼는 이를 버림
응:고점 凝固點 [ɨ:ŋgoʤ'əm, 응:고쩜]
응:급실 應急室 [ɨ:ŋgɨbs'il, 응:급씰]
응:낙 應諾 [ɨ:ŋnag]
응:답률 應答率 [ɨ:ŋdamnjul, 응:담뉼]
응:당 應當 [ɨ:ŋdaŋ] ≒응당히
응:대 應對 [ɨ:ŋdɛ]
응:모 應募 [ɨ:ŋmo]
응봉동 鷹峰洞 [ɨŋboŋdoŋ] /서울시 성동구
응:분의 應分- [ɨ:ŋbune, 응:부네]
응:석 [ɨ:ŋsəg]
응:석받이 [ɨ:ŋsəgb'aʤi, 응:석빠지]
응:시 凝視 [ɨ:ŋsi]
응:시 應試 [ɨ:ŋsi]
응암동 鷹岩洞 [ɨŋamdoŋ] /서울시 은평구
응애 [ɨŋɛ] /곤충
응어리 [ɨŋəri]
응:용 應用 [ɨ:ŋjoŋ]
응:원 應援 [ɨ:ŋwən]
응:전 應戰 [ɨ:ŋʤən]
응:접실 應接室 [ɨ:ŋʤəbs'il, 응:접씰]
응:징 膺懲 [ɨ:ŋʤiŋ]
응:찰 應札 [ɨ:ŋʧal]
응:축된 凝縮- [ɨ:ŋʧugd'ø(we)n, 뙨(뛘)]
응:하다 應-- [ɨ:ŋɦada]
의: 義 [ɨ:i]
의가사제대 依家事除隊 [ɨigasaʤedɛ] /가정의 불가피한 사정 때문에 하는 제대, (軍)
의:거 義擧 [ɨ:igə]
의거한 依據- [ɨigəɦan]
의:견 意見 [ɨ:igjən]
의:견란 意見欄 [ɨ:igjənnan, 의:견난]
의결 議決 [ɨigjəl]
의고 擬古 [ɨigo] 옛것을 본뜸
의과 醫科 [ɨig'wa, 의꽈]
의관 衣冠 [ɨigwan]
의구심 疑懼心 [ɨigusim]
의구하다 依舊-- [ɨiguɦada] /강산, 산천
의궤 儀軌 [ɨigwe] /외규장각 도서
의:기양양 意氣揚揚 [ɨ:igijaŋjaŋ]
의:기투합 意氣投合 [ɨ:igituɦab]
의논 議論 [ɨinon]

ㅇ

의당 宜當 [ɨidaŋ]
의대생 醫大生 [ɨidɛsɛŋ]
의:도적 意圖的 [ɨ:idoʤəg]
의령군 宜寧郡 [ɨirjəŋgun] /경남 중부의 郡
의례적 儀禮的 [ɨirjeʤəg]
의:롭다 義-- [ɨ:irobd'a, 의:롭따] 의:로워[ɨ:irowə] 의:로운[ɨ:iroun]
의뢰 依賴 [ɨirø(we), 뢰(뤠)]
의료 醫療 [ɨirjo]
의류 衣類 [ɨirju]
의:리 義理 [ɨ:iri]
의:림지 義林池 [ɨ:irimʤi] /충북 제천시, 저수지
의:무 義務 [ɨ:imu]
의무실 醫務室 [ɨimusil]
의문점 疑問點 [ɨimunʤ'əm, 의문쩜]
의뭉스럽다 [ɨimuŋsɨrəbd'a, 의뭉스럽따] 보기보다 응큼하다
의:미 意味 [ɨ:imi]
의:병 義兵 [ɨ:ibjəŋ]
의보 醫保 [ɨibo] '의료보험'
의복 衣服 [ɨibog]
의:붓아버지 [ɨ:ibudabəʤi, 의:부다버지]
의:붓어머니 [ɨ:ibudəməni, 의:부더머니]
의사 醫師 [ɨisa]
의사 擬似 [ɨisa] 실제와 비슷
의:사 意思 [ɨ:isa]
의:사 義士 [ɨ:isa] /안중근
의사당 議事堂 [ɨisadaŋ]
의:상대 義湘臺 [ɨ:isaŋdɛ] /정자, 강원도 양양군
의:상대:사 義湘大師 [ɨ:isaŋdɛ:sa] / 신라의 승려(625~702)
의상실 衣裳室 [ɨisaŋsil]
의:성군 義城郡 [ɨ:isəŋgun] /경북 중부의 郡
의:수 義手 [ɨ:isu]
의:숙 義塾 [ɨ:isug]
의:식적 意識的 [ɨ:isigʤ'əg, 의:식쩍]
의심 疑心 [ɨisim]
의아하다 疑訝-- [ɨiaɦada]
의:암 義菴 [ɨ:iam] '손병희'의 호
의암호 衣岩湖 [ɨiamɦo] /강원도 춘천시
의:역 意譯 [ɨ:ijəg]
의:연금 義捐金 [ɨ:ijəngɨm]
의연한 毅然- [ɨijənɦan]
의:열단 義烈團 [ɨ:ijəld'an, 의:열딴] / 독립운동단체, 만주
의:왕시 義王市 [ɨ:iwaŋsi] /경기도 동남부의 市
의:외로 意外- [ɨ:iø(we)ro, 외(웨)]
의:욕 意慾 [ɨ:ijog]
의:용군 義勇軍 [ɨ:ijoŋgun]
의:의 意義 [ɨ:ii, 의:이]
의:인 義人 [ɨ:iin]
의인법 擬人法 [ɨiinb'əb, 의인뻡]
의자 椅子 [ɨiʤa]
의:자왕 義慈王 [ɨ:iʤawaŋ] /백제의 왕(?~660)
의장 議長 [ɨiʤaŋ]
의:적 義賊 [ɨ:iʤəg]
의전 儀典 [ɨiʤən]
의전원 醫專院 [ɨiʤənwən, 의저눤] '의학전문대학원'의 약칭
의:절 義絕 [ɨ:iʤəl]
의정 議政 [ɨiʤəŋ]
의정부 議政府 [ɨiʤəŋbu] /조선시대 행정기관
의정부시 議政府市 [ɨiʤəŋbusi] /경기도 중부의 市
의제 議題 [ɨiʤe]
의존 依存 [ɨiʤon]
의:주군 義州郡 [ɨ:iʤugun] /평북 북서부의 郡
의:중 意中 [ɨ:iʤuŋ]
의:지 意志 [ɨ:iʤi]
의처증 疑妻症 [ɨiʧəʤ'ɨŋ, 의처쯩]
의:천 義天 [ɨ:iʧən] /고려 때 승려, 천태종 개창 (1055~1101)
의총 議總 [ɨiʧoŋ] '의원총회'의 약칭
의:치 義齒 [ɨ:iʧi]
의탁하다 依託-- [ɨitakada, 의타카다]

의:표 意表 [ɨ:ipjo]
의하다 依-- [ɨiɦada]
의학박사 醫學博士 [ɨiɦagb'ags'a, 의학빡싸]
의:향 意向 [ɨ:iɦjaŋ]
의:협심 義俠心 [ɨ:iɦjəbs'im, 의:협씸]
의:형제 義兄弟 [ɨ:iɦjəŋʤe]
의혹 疑惑 [ɨiɦog]
의회 議會 [ɨiɦø(we), 회(훼)]
이 [i] /齒牙
이 [i] /곤충
이: 李 [i:] /姓氏
2 二/貳 [i:, 이:] 둘
이간질 離間- [iganʤil]
이감 移監 [igam]
이강리 梨江里 [igaŋni, 이강니] /인천시 강화군
이강주 梨薑酒 [igaŋʤu] /전주 민속주
이:견 異見 [i:gjən]
이:골 [i:gol]
이:과 理科 [i:g'wa, 이:꽈]
이관 移管 [igwan]
이:교도 異敎徒 [i:gjodo]
이:구동성 異口同聲 [i:gudoŋsəŋ]
이:권 利權 [i:g'wən, 이:꿘]
이글이글 [igɨrigɨl/igɨlligɨl, 이그리글/이글리글]
이:기 利器 [i:gi]
2기 二期 [i:gi, 이:기]
이기다 [igida] 勝, 克, 粉, 切
이:기이:원론 理氣二元論 [i:gii:wən non, 이:기이:원논] /동양철학
이:기적 利己的 [i:giʤəg]
이끌다 [ig'ɨlda] 이끎[ig'ɨm, 이끔] 이끔(×)
이끼 [ig'i]
이:남 以南 [i:nam]
이내 [inɛ] 곧, 바로
이:내 以內 [i:nɛ]
이:념 理念 [i:njəm]
이농 離農 [inoŋ]
이:뇨 利尿 [i:njo]

이다 [ida] 載, /머리에 이다
이:다 [i:da] 葺, /지붕 위를 덮다
이:단 異端 [i:dan]
이:당 以堂 [i:daŋ] '김은호'의 호
이대 梨大 [idɛ] '梨花女子大學校'의 약칭
이동 移動 [idoŋ]
이:동면 二東面 [i:doŋmjən] /경기도 포천시(이동갈비)·용인시, 경남 남해군
이:두 吏讀/吏頭 [i:du]
이:득 利得 [i:dɨg]
이랑 [iraŋ]
이:래 以來 [i:rɛ]
이:력 履歷 [i:rjəg]
이:로동 二老洞 [i:rodoŋ] /전남 목포시
이:론 理論 [i:ron]
이:론 異論 [i:ron]
이:롭다 利-- [i:robd'a, 이:롭따] 이:로워[i:rowə] 이:로운[i:roun]
이룩하다 [irukada, 이루카다]
이륙하다 離陸-- [irjukada, 이류카다]
이르다 [irɨda] 至, 達, 이르러[irɨrə] 이르니[irɨni]
이르다 [irɨda] 早, 称, 일러[illə] 이르니[irɨni]
이리 [iri] /동물
이리 [iri] /매운탕
이:매역 二梅驛 [i:mɛjəg] /경기도 성남시, 전철 분당선, 이매동
이:면 裏面 [i:mjən] 뒷면 /이면도로
이:명 耳鳴 [i:mjəŋ] 귀울림
이:모작 二毛作 [i:moʤag]
이:목 耳目 [i:mog]
이:무기 [i:mugi]
이:문 利文 [i:mun]
이:문동 里門洞 [i:mundoŋ] /서울시 동대문구
이물 [imul] 배의 앞부분
이:물감 異物感 [i:mulgam]
이민 移民 [imin]

이반 離叛/離反 [iban] /민심 이반
이:발사 理髮師 [i:balsa]
이:발소 理髮所 [i:balso]
이:밥 [i:bab] =입쌀밥
이:방 吏房 [i:baŋ] 관아, /史劇
이번 주 -- 週 [ibənʤ'u, 이번쭈]
이:변 異變 [i:bjən]
이별수 離別數 [ibjəls'u, 이별쑤]
이:복형제 異腹兄弟 [i:bokjəŋʤe, 이:보켱제]
이:북 以北 [i:bug]
이불장 --欌 [ibulʤ'aŋ, 이불짱]
이:비인후과 耳鼻咽喉科 [i:biinɦug'wa, 이:비인후꽈]
이사 移徙 [isa]
이:사 理事 [i:sa]
이산 離散 [isan]
이삿짐 移徙- [isa(d)ʤ'im, 이사(삳)찜]
이:상 理想 [i:saŋ]
이:상 以上 [i:saŋ]
이:상 異狀 [i:saŋ] /이상 징후
이:상한 異常- [i:saŋɦan]
이:색적 異色的 [i:sɛgʤ'əg, 이:색쩍]
이:서 裏書 [i:sə]
이서면 伊西面 [isəmjən] /경북 청도군, 전북 완주군
이:서면 二西面 [i:səmjən] /전남 화순군
이석 離席 [isəg] /이석금지
이:성 異性 [i:səŋ]
이:성적 理性的 [i:səŋʤəg]
2세 二世 [i:se, 이:세]
이송 移送 [isoŋ]
이:수 履修 [i:su]
이수역 梨水驛 [isujəg] /서울시 동작구, 지하철 4·7호선
이수증 羸瘦症 [isuʤ'ɨŋ, 이수쯩] / 비정상적으로 마르는 병, 의학
이:순 耳順 [i:sun]
이승 [isɨŋ]
이:실직고 以實直告 [i:silʤig'o, 이:실지꼬]
이:심전심 以心傳心 [i:simʤənsim]
이안류 離岸流 [iannju, 이안뉴] '거꾸로 치는 파도' /해운대 앞바다
이앙기 移秧期 [iaŋgi]
이양 移讓 [ijaŋ]
이어도 離於島 [iədo] /제주도 서귀포시
이:역만:리 異域萬里 [i:jəŋma:lli, 이:영말:리]
이:열치열 以熱治熱 [i:jəlʧijəl]
이완 弛緩 [iwan]
이:왕 已往 [i:waŋ]
이:외에 以外- [i:ø(we)e, 외(웨)]
이:용 利用 [i:joŋ]
이웃사:촌 --四寸 [iuds'a:ʧon, 이욷싸:촌]
이:원론 二元論 [i:wənnon, 이:원논]
이월 移越 [iwəl]
2월 二月 [i:wəl, 이:월]
이:유 理由 [i:ju]
이유식 離乳食 [ijusig]
이:윤 利潤 [i:jun]
이:율배:반 二律背反 [i:julbɛ:ban]
이:의 異意 [i:i, 이:이]
이:이동 二儀洞 [i:idoŋ] /경기도 수원시
이:이제:이 以夷制夷 [i:iʤe:i] /적으로 적을 제압, 세력 균형
이:익 利益 [i:ig]
이:인리 里仁里 [i:inni, 이:인니] /경북 포항시, 전북 임실군
이:인리 利仁里 [i:inni, 이:인니] /충남 공주시, 이인휴게소
이:일여고 裡一女高 [i:illjəgo, 이:일려고] /전북 익산시
이임 離任 [iim]
이임 移任 [iim]
이입 移入 [iib]
이자 胰子 [iʤa] =췌장
이:자 利子 [i:ʤa]
이작도 伊作島 [iʤagd'o, 이작또] / 인천시 옹진군의 섬

이장 移葬 [idʒaŋ]
이:장 里長 [i:dʒaŋ]
이:재 理財 [i:dʒɛ]
이재민 罹災民 [idʒɛmin]
이적 移籍 [idʒəg]
이:적 利敵 [i:dʒəg] /이적행위
이전 移轉 [idʒən]
이:전 以前 [i:dʒən]
이전투구 泥田鬪狗 [idʒəntugu]
2절 二節 [i:dʒəl, 이:절]
이:점 利點 [i:dʒ'əm, 이:쩜]
2점 二點 [i:dʒəm, 이:점]
2.5 二點五 [i:dʒ'əmo, 이:쩌모]
이:정표 里程標 [i:dʒəŋpjo]
이:조 李朝 [i:dʒo] (→조선)
이:조 吏曹 [i:dʒo] /역사
이종사:촌 姨從四寸 [idʒoŋsa:ʧon]
이주민 移住民 [idʒumin]
이죽이죽 [idʒuŋnidʒug/idʒugidʒug, 이중니죽/이주기죽]
2중대 二中隊 [i:dʒuŋdɛ, 이:중대]
이:중적 二重的 [i:dʒuŋdʒəg]
이:지적 理智的 [i:dʒidʒəg]
이직률 移職率 [idʒiŋnjul, 이징뉼]
이질 姨姪 [idʒil] /친족관계
이:질 痢疾 [i:dʒil] /병
이:질적 異質的 [i:dʒildʒəg]
이:창 裏窓 [i:ʧaŋ] 안쪽 창
이:채 異彩 [i:ʧɛ]
이:천시 利川市 [i:ʧənsi] /경기도 남동부의 市
이첩 移牒 [iʧəb]
이:촌동 二村洞 [i:ʧondoŋ] /서울시 용산구
이:충동 二忠洞 [i:ʧuŋdoŋ] /경기도 평택시
이:층집 二層- [i:ʧɨŋdʒ'ib, 이:층찝]
이:치 理致 [i:ʧi]
이:타적 利他的 [i:tadʒəg]
이탄 泥炭 [itan] /광업
2탄 二彈 [i:tan, 이:탄]
이탈 離脫 [ital]
이태 [itɛ] 두 해
이토 泥土 [ito] 진흙
이통사 移通社 [itoŋsa] '이동통신사'의 약칭
이튿날 [itɨnnal, 이튼날]
이:판 吏判 [i:pan] '이조판서'의 약칭
이판사판 [ipansapan]
이:팝나무 [i:pamnamu, 이:팜나무]
이평면 梨坪面 [ipjəŋmjən] /전북 정읍시
이포 梨浦 [ipo] /경기도 여주군, 이포나루
이:하 以下 [i:ɦa]
이:학박사 理學博士 [i:ɦagb'ags'a, 이:학빡싸]
이합집산 離合集散 [iɦabdʒ'ibs'an, 이합찝싼]
이:해 利害 [i:ɦɛ]
이:해 理解 [i:ɦɛ]
이행 移行 [iɦɛŋ]
이:행 履行 [i:ɦɛŋ]
이호리 梨湖里 [iɦori] /경기도 여주군, 충남 홍성군
이혼 離婚 [iɦon]
이화 梨花 [iɦwa]
이:후 以後 [i:ɦu]
익년 翌年 [iŋnjən, 잉년] =이듬해
익룡 翼龍 [iŋnjoŋ, 잉뇽]
익명 匿名 [iŋmjəŋ, 잉명]
익사 溺死 [igs'a, 익싸]
익살 [igs'al, 익쌀]
익숙하다 [igs'ukada, 익쑤카다]
익일 翌日 [igil, 이길] =다음날
익히다 [ikida, 이키다]
인 燐 [in] /화학
인간적 人間的 [ingandʒəg]
인감도장 印鑑圖章 [ingamd'odʒaŋ, 인감또장]
인건비 人件費 [ing'ənbi, 인껀비]
인계 引繼 [ingje]
인계동 仁溪洞 [ingjedoŋ] /경기도 수원시

ㅇ

인고 忍苦 [ingo]
인공적 人工的 [ingoŋdʒəg]
인과응:보 因果應報 [ingwaɨ:ŋbo]
인구수 人口數 [ingus'u, 인구쑤]
인근 隣近 [ingɨn]
인기척 人-- [ing'itʃəg, 인끼척]
인내심 忍耐心 [innɛsim]
인니 印尼 [inni] '인도네시아'의 음역
인당수 印塘水 [indaŋsu] /심청전
인대 靭帶 [indɛ]
인덕원 仁德院 [indəgwən, 인더권] / 안양시·과천시·의왕시의 분기점
인동초 忍冬草 [indoŋtʃo]
인두질 [indudʒil]
인력 引力 [illjəg, 일력]
인력거 人力車 [illjəg'ə, 일려꺼]
인력난 人力難 [illjəŋnan, 일령난]
인류 人類 [illju, 일류]
인멸 湮滅 [inmjəl] /증거인멸
인문주의 人文主義 [inmundʒui, 인문주이]
인분 人糞 [inbun]
인사말 人事- [insamal] 인삿말(×)
인산인해 人山人海 [insaninɦɛ, 인사닌해]
인상적 印象的 [insaŋdʒəg]
인색하다 吝嗇-- [insɛkada, 인새카다]
인세 印稅 [ins'e, 인쎄]
인솔하다 引率-- [insolɦada]
인수증 引受證 [insudʒ'iŋ, 인수쯩]
인습 因習 [insɨb]
인식하다 認識-- [insikada, 인시카다]
인양 引揚 [injaŋ, 이냥]
인연 因緣 [injən, 이년]
인왕산 仁王山 [inwaŋsan, 이놩산] / 서울시 종로구와 서대문구에 걸침
인용구 引用句 [injoŋgu, 이뇽구]
인위적 人爲的 [inwidʒəg, 이뉘적]
인육 人肉 [injug, 이뉵]
인의동 仁義洞 [inidoŋ, 이니동] /서울시 종로구, 경북 구미시, 경남 진해시
인입선 引入線 [inibs'ən, 이닙썬] / 전기, 배선
인장 印章 [indʒaŋ]
인적 人的 [indʒ'əg, 인쩍]
인적 人跡 [indʒəg]
인절미 [indʒəlmi]
인제 [indʒe]
인제군 麟蹄郡 [indʒegun] /강원도 중동부의 郡
인주 印朱 [indʒu]
인주면 仁州面 [indʒumjən] /충남 아산시
인중 人中 [indʒuŋ] /얼굴
인증 認證 [indʒɨŋ]
인지상정 人之常情 [indʒisaŋdʒəŋ]
인질범 人質犯 [indʒilbəm]
인책 引責 [intʃɛg]
인출기 引出機 [intʃulgi]
인편 人便 [inpjən]
인하 引下 [inɦa]
인화 人和 [inɦwa]
인화 引火 [inɦwa] /화재
인후염 咽喉炎 [inɦujəm]
일 一/壹 [il] 1, 하나
일: [i:l] /일하다
일가 一家 [ilga]
일각 一角 [ilgag]
일각 一刻 [ilgag] /일각여삼추(一刻如三秋)
일갈 一喝 [ilgal]
일:감 [i:lg'am, 일:깜]
일:개:미 [i:lgɛ:mi]
일:거리 [i:lg'əri, 일:꺼리]
일거양:득 一擧兩得 [ilgəja:ŋdɨg]
일거에 一擧- [ilgəe]
일견 一見 [ilgjən]
일고의 一顧- [ilgoe, 일고에]
일관성 一貫性 [ilgwans'əŋ, 일관썽]
일괄 一括 [ilgwal]
일광욕 日光浴 [ilgwaŋnjog, 일광뇩]
일구다 [ilguda]
일그러진 [ilgɨrədʒin]

ㅇ

일깨우다 [ilg'ɛuda]
일:껏 [i:lg'əd, 일:껃] 모처럼 애써
일:꾼 [i:lg'un]
일:내:다 [i:llɛ:da, 일:래:다]
일년 一年 [illjən, 일련]
일념 一念 [illjəm, 일렴]
일:다 [i:lda] 起, 搖, 硏, 일:지[i:ldʒi] 일:고[i:lgo] 이:니[i:ni] 일어[irə, 이러]
일단 一旦 [ild'an, 일딴]
일단 一端 [ild'an, 일딴] 한 끝
일단의 一團- [ild'ane, 일따네]
일당독재 一黨獨裁 [ild'aŋdogdʒ'ɛ, 일땅독째]
일대 一大 [ild'ɛ, 일때]
일대 一帶 [ild'ɛ, 일때]
일도양:단 一刀兩斷 [ild'oja:ŋdan, 일또양:단]
일독 一讀 [ild'og, 일똑]
일동 一同 [ild'oŋ, 일똥]
일란성 一卵性 [illans'əŋ, 일란썽]
일람표 一覽表 [illampjo]
일련의 一連- [illjəne, 일려네]
일렬 一列 [illjəl]
일로매:진 一路邁進 [illomɛ:dʒin]
일률적 一律的 [illjuldʒəg]
일리 一理 [illi]
일말의 一抹- [ilmare, 일마레]
일망타:진 一網打盡 [ilmaŋta:dʒin]
일맥상통 一脈相通 [ilmɛgs'aŋtoŋ, 일맥쌍통]
일면식 一面識 [ilmjənsig]
일목요연 一目瞭然 [ilmoŋnjojən, 일몽뇨연]
일반적 一般的 [ilbandʒəg]
일방적 一方的 [ilbaŋdʒəg]
일:벌 [i:lbəl] 蜂
일:벌레 [i:lbəlle]
일별하다 一瞥-- [ilbjəlɦada]
일사병 日射病 [ils'ab'jəŋ, 일싸뼝]
일사불란 一絲不亂 [ils'abullan, 일싸불란] 일사분란(×)
일산구 一山區 [ils'angu, 일싼구] /경기도 고양시, 일산동구·서구
일상사 日常事 [ils'aŋsa, 일쌍사]
일상적 日常的 [ils'aŋdʒəg, 일쌍적]
일석 一石 [ils'əg, 일썩] '이희승'의 호
일석이:조 一石二鳥 [ils'əgi:dʒo, 일써기:조]
일선 一線 [ils'ən, 일썬]
일설 一說 [ils'əl, 일썰] /일설에 의하면(따르면)
일성신약 日盛新藥 [ils'əŋsinjag, 일썽시냑] /제약회사
일세 一世 [ils'e, 일쎄] /일세를 풍미하다
일소 一笑 [ils'o, 일쏘] /일소에 부치다
일소 一掃 [ils'o, 일쏘] /범죄 일소
일소 一消 [ils'o, 일쏘] 다 지워짐
일:소 [i:ls'o, 일:쏘] 일하는 소
일:손 [i:ls'on, 일:쏜]
일순 一巡 [ils'un, 일쑨] /타자 일순
일순간 一瞬間 [ils'ungan, 일쑨간]
일숫돈 日收- [ils'ud'on, 일쑤똔]
일시적 一時的 [ils'idʒəg, 일씨적]
일식 日蝕/日食 [ils'ig, 일씩]
일식 日食 [ils'ig, 일씩] 일본음식, 日式(×)
일신상 一身上 [ils'insaŋ, 일씬상]
일심동체 一心同體 [ils'imdoŋʧe, 일씸동체]
일쑤 [ils'u]
일약 一躍 [irjag, 이략]
일양약품 一洋藥品 [irjaŋnjagpum, 이량냑품] /제약회사
일:없:다 [i:rə:bd'a, 이:럽:따]
일여덟 [illjədəl, 일려덜] 7~8 =일고여덟, 일여덟이[일려덜비] 일여덟을[일려덜블]
일연 一然 [irjən, 이련] 고려 시대의 승려(1206~1289), /삼국유사
일엽편주 一葉片舟 [irjəbpjəndʒu, 이렵편주]
일영리 日迎里 [irjəŋni, 이령니] /경기도 양주시, 유원지

ㅇ

일왕 日王 [irwaŋ, 이뢍] 일본왕
일요일 日曜日 [irjoil, 이료일]
일용품 日用品 [irjoŋpum, 이룡품]
일원 一員 [irwən, 이뤈]
일원 一圓 [irwən, 이뤈] /일정 범위, 일대
일원동 逸院洞 [irwəndoŋ, 이뤈동] / 서울시 강남구
일월신 日月神 [irwəls'in, 이뤌씬]
120 [illigoŋ, 일리공] /다산 콜센터
1·2년 一二年 [illinjən, 일리년]
일익 一翼 [irig, 이릭]
112 [illilli, 일릴리] (전화)
113 [illils'am, 일릴쌈] (전화)
114 [illils'a, 일릴싸] (전화)
116 [illilljug, 일릴륙] (전화)
119 [illilgu, 일릴구] (전화)
일일이 [illiri, 일리리]
일임하다 一任-- [irimɦada, 이림하다]
일:자리 [i:ldʒ'ari, 일:짜리]
일장기 日章旗 [ildʒ'aŋgi, 일짱기]
일전에 日前- [ildʒ'əne, 일쩌네]
일절 一切 [ildʒ'əl, 일쩔] (부사)
일정 日程 [ildʒ'əŋ, 일쩡]
일제 日帝 [ildʒ'e, 일쩨]
일조권 日照權 [ildʒ'og'wən, 일쪼꿘]
일조량 日照量 [ildʒ'orjaŋ, 일쪼량]
일조하다 一助-- [ildʒ'oɦada]
일주문 一柱門 [ildʒ'umun, 일쭈문] / 寺刹
일죽면 一竹面 [ildʒ'uŋmjən, 일쭝면] /경기도 안성시, 일죽휴게소
일직 日直 [ildʒ'ig, 일찍] /당번, 근무
일직 日直 [ildʒ'ig, 일찍] /경기도 광명시, 일직JC(분기점)
일직면 一直面 [ildʒ'iŋmjən, 일찡면] /경북 안동시
일진 一陣 [ildʒ'in, 일찐]
일찍이 [ildʒ'igi, 일찌기]
일천하다 日淺-- [iltʃənɦada]
일체 一切 [iltʃe] (명사)
일촉즉발 一觸卽發 [iltʃogdʒ'igb'al, 일촉쯕빨]
일축하다 一蹴-- [iltʃukada, 일추카다]
일출봉 日出峯 [iltʃulboŋ] /제주도 서귀포시 성산읍
일탈 逸脫 [iltal]
일파만:파 一波萬波 [ilpama:npa]
일편단심 一片丹心 [ilpjəndansim]
일품요:리 一品料理 [ilpumnjo:ri, 일품뇨:리]
일회성 一回性 [ilɦø(we)s'əŋ, 일회(훼)썽]
일희일비 一喜一悲 [ilɦiilbi, 일히일비]
읽다 [igd'a, 익따] 읽지[익찌] 읽다가[익따다] 읽어[일거] 읽으니[일그니] 읽고[일꼬] 읽기[일끼]
잃다 [ilta, 일타] 잃어[이러] 잃으니[이르니] 잃는[일른] 잃지[일치] 잃네[일레] 잃기[일키]
임 林 [im] 姓氏
임: 任 [i:m] 姓氏
임계점 臨界點 [imgjedʒ'əm, 임계쩜]
임곡리 林谷里 [imgoŋni, 임공니] / 부산시 기장군, 경남 마산시, 경북 포항시, 전남 화순군
임:관 任官 [i:mgwan]
임:금 賃金 [i:mgɨm]
임:금 [i:mgɨm] /君主
임:기 任期 [i:mgi]
임:나 任那 [i:mna] /가야
임:단협 賃團協 [i:mdanɦjəb] '임금 및 단체 협상'
임:대차 賃貸借 [i:mdɛtʃa]
임도 林道 [imdo]
임:란 壬亂 [i:mnan, 임:난] '임진왜란'의 약칭
임:면권 任免權 [i:mmjəng'wən, 임:면꿘]
임:명 任命 [i:mmjəŋ]
임:무 任務 [i:mmu]
임박하다 臨迫-- [imbakada, 임바카다]
임:부 妊婦 [i:mbu]
임:산부 姙産婦 [i:msanbu]

ㅇ

임상 臨床 [imsaŋ]
임시로 臨時- [imsiro]
임시방편 臨時方便 [imsibaŋpjən]
임시변:통 臨時變通 [imsibjə:ntoŋ]
임:신 姙娠 [i:msin]
임:실군 任實郡 [i:msilgun] /전북 중남부의 郡
임야 林野 [imja, 이먀]
임업 林業 [iməb, 이멉]
임연수어 林延壽魚 [imjənsuə, 이면수어] /生鮮, 이면수어(×)
임:오군란 壬午軍亂 [i:mogullan, 이:모굴란] /역사, (1882)
임:의로 任意- [i:miro, 이:미로]
임:자 [i:mʤa] /주인, (2인칭 대명사)
임:자도 荏子島 [i:mʤado] /전남 신안군의 섬
임장감 臨場感 [imʤaŋgam]
임전무퇴 臨戰無退 [imʤənmutø(we), 퇴(퉤)]
임정 臨政 [imʤəŋ] 임시정부
임종 臨終 [imʤoŋ]
임:지 任地 [i:mʤi]
임진각 臨津閣 [imʤingag] /경기도 파주시
임:진왜란 壬辰倭亂 [i:mʤinwɛran, 임:지놰란]
임:차 賃借 [i:mʧa]
임:투 賃鬪 [i:mtu] '임금투쟁'
임:파선 淋巴腺 [i:mpasən] /의학
임포리 林浦里 [impori] /경북 영천시
임:포리 荏浦里 [i:mpori] /경남 남해군
임피면 臨陂面 [impimjən] /전북 군산시
임하다 臨-- [imɦada]
임해 臨海 [imɦɛ] /임해공업단지
임해군 臨海君 [imɦɛgun] /선조의 첫째 서자(1574~1609) /史劇
입각 入閣 [ibg'ag, 입깍]
입각하다 立脚-- [ibg'akada, 입까카다]
입간판 立看板 [ibg'anpan, 입깐판]
입건 立件 [ibg'ən, 입껀]
입고 入庫 [ibg'o, 입꼬]
입관 入棺 [ibg'wan, 입꽌]
입국장 入國場 [ibg'ugʤ'aŋ, 입꾹짱]
입김 [ibg'im, 입낌]
입 냄:새 [imnɛ:msɛ, 임냄:새]
입단속 -團束 [ibd'ansog, 입딴속]
입담 [ibd'am, 입땀]
입당송 入堂頌 [ibd'aŋsoŋ, 입땅송] /가톨릭
입대 入隊 [ibd'ɛ, 입때]
입덧 [ibd'əd, 입떧]
입동 立冬 [ibd'oŋ, 입똥]
입때 [ibd'ɛ] =여태
입력 入力 [imnjəg, 임녁]
입맛 [immad, 임맏]
입매 [immɛ, 임매]
입 모양 [immojaŋ, 임모양]
입법예:고 立法豫告 [ib'əmnje:go, 이뻠녜:고]
입북하다 入北-- [ib'ukada, 이뿌카다]
입사 入社 [ibs'a, 입싸]
입사 立射 [ibs'a, 입싸] /사격
입상 入賞 [ibs'aŋ, 입쌍]
입소 入所 [ibs'o, 입쏘]
입술자국 [ibs'ulʤ'agug, 입쑬짜국]
입시 入試 [ibs'i, 입씨]
입식 立式 [ibs'ig, 입씩] /부엌
입신양명 立身揚名 [ibs'innjaŋmjəŋ, 입씬냥명]
입실 入室 [ibs'il, 입씰]
입심 [ibs'im, 입씸]
입씨름 [ibs'irɨm]
입안 [iban, 이반]
입안 立案 [iban, 이반]
입암리 立岩里 [ibamni, 이밤니] 계룡·포항·울산·의성·예천·남원(대강면)
입암리 笠岩里 [ibamni, 이밤니] 양주·양양·괴산·영광·남원(금지면)
입양 入養 [ibjaŋ, 이뱡]
입영 入營 [ibjəŋ, 이병]

입원료 入院料 [ibwənnjo, 이붠뇨]
입자 粒子 [ibʤ'a, 입짜]
입장료 入場料 [ibʤ'aŋnjo, 입짱뇨]
입적 入籍 [ibʤ'əg, 입쩍]
입적하다 入寂-- [ibʤ'əkada, 입쩌카다] /불교
입점 入店 [ibʤ'əm, 입쩜]
입주 入住 [ibʤ'u, 입쭈]
입지 立地 [ibʤ'i, 입찌]
입지전적 立志傳的 [ibʤ'idʒəndʒəg 입찌전적]
입질 [ibʤ'il, 입찔]
입찰 入札 [ibʧal]
입체성 立體性 [ibʧes'əŋ, 입체썽]
입추 立秋 [ibʧu]
입추 立錐 [ibʧu] /송곳 /'입추의 여지 없이'
입춘대:길 立春大吉 [ibʧundɛ:gil]
입하 立夏 [ipa, 이파]
입하 入荷 [ipa, 이파]
입학식 入學式 [ipags'ig, 이팍씩]
입헌군주제 立憲君主制 [ipəngundʒudʒe, 이펀군주제]
입회 入會 [ipø(we), 이푀(풰)] /회원이 됨
입회 立會 [ipø(we), 이푀(풰)] '참관', '참여'
입히다 [ipida, 이피다] 上塗, 着, 加, 傷, 被
잇꽃 [idg'od, 읻꼳]
잇:다 [i:d'a, 이:따] 結, 繼, 続, 繫, 잇:는[i:nnɨn, 인:는] 잇:지[i:dʤ'i, 읻:찌] 잇:고[i:dg'o, 읻:꼬] 이어[iə] 이으니[iɨni]
잇:달다 [i:d'alda, 이:딸다] 잇:달아[이:따라] 잇:단[이:딴], 잇딴(×)
잇:따르다 [i:dd'arɨda, 읻:따르다] 잇:따라 [읻:따라] 잇:따르니[읻:따르니] 잇:따른[읻:따른]
잇몸 [inmom, 인몸]
잇속 [i(d)s'og, 이(읻)쏙]
잇:속 利- [i:(d)s'og, 이:(읻:)쏙] /이익, 실속
잇자국 [i(d)ʤ'agug, 이(읻)짜국]
있다 [id'a, 이따] 有, 있음[i(d)s'ɨm, 이(읻)씀] 있슴(×), 있사오니[i(d)s'aoni, 이(읻)싸오니] 있아오니(×)
잉걸 [iŋgəl] 불붙은 숯덩이, ≒불잉걸
잉:어 -魚 [i:ŋə] 鯉, /生鮮
잉:여 剩餘 [i:ŋjə]
잉:태 孕胎 [i:ŋtɛ]
잊다 [id'a, 이따] 忘
잊히다 [iʧida, 이치다]
잎 [ib, 입]
잎마름병 ---病 [immarɨmb'jəŋ, 임마름뼝]
잎벌레 [ib'əlle, 이뻘레]
잎사귀 [ibs'agwi, 입싸귀]
잎채:소 -菜蔬 [ibʧɛ:so, 입채:소]

ㅇ

ㅈ

자 [ʤʒa] /길이를 재는 도구
자 [ʤa] (감탄사)
자가 自家 [ʤaga] /자가 발전
자각하다 自覺-- [ʤagakada, 자가카다]
자갈밭 [ʤagalbad, 자갈받] 자갈밭이 [자갈바치] 자갈밭에[자갈바테]
자강도 慈江道 [ʤagaŋdo] /북한 북서부의 道, 강계(도청소재지)
자개장 --欌 [ʤagɛʤaŋ]
자:객 刺客 [ʤa:gɛg]
자격 資格 [ʤagjəg]
자격지심 自激之心 [ʤagjəgʤ'isim, 자격찌심]
자결 自決 [ʤagjəl]
자경농 自耕農 [ʤagjəŋoŋ]
자고로 自古- [ʤagoro]
자괴감 自愧感 [ʤagø(we)gam, 괴(궤)]
자구 字句 [ʤag'u, 자꾸]
자구책 自救策 [ʤaguʧɛg]
자궁암 子宮癌 [ʤaguŋam]
자:극 刺戟 [ʤa:gɨg]
자금줄 資金- [ʤagɨmʤ'ul, 자금쭐]
자:금성 紫禁城 [ʤ:gɨmsəŋ] /베이징, 宮城
자급률 自給率 [ʤagɨmnjul, 자금뉼]
자급자족 自給自足 [ʤagɨbʤ'aʤog, 자급짜족]
자긍심 自矜心 [ʤagɨŋsim]
자:기 磁器/瓷器 [ʤ:gi]
자:기 磁氣 [ʤa:gi]
자꾸 [ʤag'u]
자당 慈堂 [ʤadaŋ] /남의 어머니를 높이는 말
자두 [ʤadu]
자라 [ʤara] /민물거북
자랑 [ʤaraŋ]
자력 自力 [ʤarjəg]
자:력 磁力 [ʤa:rjəg]
자료 資料 [ʤarjo]
자루 [ʤaru]
자리 [ʤari]
자리돔 [ʤaridom] /生鮮
자린고비 [ʤaringobi]
자립심 自立心 [ʤaribs'im, 자립씸]
자립형 自立型 [ʤaripjəŋ, 자리평]
자릿세 --貰 [ʤari(d)s'e, 자리(릳)쎄]
자만심 自慢心 [ʤamansim]
자:망 刺網 [ʤa:maŋ] =걸그물, /수산업
자맥질 [ʤamɛgʤ'il, 자맥찔]
자몽 [ʤamoŋ] ←zamboa(포르투갈어)
자:문 諮問 [ʤa:mun] /자문하다, ~에 응하다, ~을 구하다(×)
자문하다 自問-- [ʤamunɦada]
자물쇠 [ʤamuls'ø(we), 쐬(쒜)]
자:반 [ʤa:ban] /고등어
자발적 自發的 [ʤabalʤəg]
자배법 自賠法 [ʤabɛb'əb, 자배뻡] '자동차손해배상법'의 약칭
자본주의 資本主義 [ʤabonʤui, 자본주이]
자비 慈悲 [ʤabi]
자산 資産 [ʤasan]
자:상 刺傷 [ʤa:saŋ]
자생력 自生力 [ʤasɛŋnjəg, 자생녁]
자:석 磁石 [ʤa:səg]
자석리 自石里 [ʤasəŋni, 자성니] / 경기도 이천시
자세 姿勢 [ʤase]
자세히 仔細/子細- [ʤaseɦi]
자수 字數 [ʤas'u, 자쑤]
자:수 刺繡 [ʤa:su]
자:수정 紫水晶 [ʤa:suʤəŋ]
자숙하다 自肅-- [ʤasukada, 자수카다]
자술서 自述書 [ʤasuls'ə, 자술써]
자승 自乘 [ʤasiŋ] /수학
자:시다 [ʤa:sida] '먹다'의 높임말
자신 自身 [ʤasin]

자신감 自信感 [ʤasingam]
자:양동 紫陽洞 [ʤa:jaŋdoŋ] /서울시 광진구, 대전시 동구
자양분 滋養分 [ʤajaŋbun]
자연적 自然的 [ʤajənʤəg]
자연히 自然- [ʤajənɦi]
자:외선 紫外線 [ʤa:ø(we)sən, 외(웨)]
자욱하다 [ʤaukada, 자우카다]
자:운영 紫雲英 [ʤa:unjəŋ, 자:우녕]
자웅 雌雄 [ʤauŋ]
자원 資源 [ʤawən]
자율적 自律的 [ʤajulʤəg]
자의적 恣意的 [ʤaiʤəg, 자이적]
자인면 慈仁面 [ʤainmjən] /경북 경산시
자작나무 [ʤaʤaŋnamu, 자장나무]
자장면 [ʤaʤaŋmjən] (←炸醬麵)
자장율사 慈藏律師 [ʤaʤaŋnjuls'a, 자장뉼싸] /신라 때 승려, (?590~?658)
자재 資材 [ʤaʤɛ]
자전 自轉 [ʤaʤən]
자전 字典 [ʤaʤən]
자전거 自轉車 [ʤaʤəngə]
자정 子正 [ʤaʤəŋ]
자정 自淨 [ʤaʤəŋ]
자제 自制 [ʤaʤe]
자제 子弟 [ʤaʤe]
자조적 自嘲的 [ʤaʤoʤəg]
자족 自足 [ʤaʤog]
자존심 自尊心 [ʤaʤonsim]
자주성 自主性 [ʤaʤus'əŋ, 자주썽]
자:줏빛 紫朱- [ʤa:ʤu(d)b'id, 자:주(줃)삗]
자중자애 自重自愛 [ʤaʤuŋʤaɛ]
자진 自進 [ʤaʤin] /자진사퇴
자진 自盡 [ʤaʤin] /자살, 온갖 정성을 바침
자진모리 [ʤaʤinmori] /장단, 국악
자질 資質 [ʤaʤil]
자책하다 自責-- [ʤaʧɛkada, 자채카다]
자처하다 自處-- [ʤaʧəɦada]
자충수 自充手 [ʤaʧuŋsu]
자칫 [ʤaʧid, 자칟]
자태 姿態 [ʤatɛ]
자폐증 自閉症 [ʤapjeʤ'ɨŋ, 자페쯩]
자:하문 紫霞門 [ʤa:ɦamun] /서울시 종로구
자학하다 自虐-- [ʤaɦakada, 자하카다]
자해 自害 [ʤaɦɛ]
자행 恣行 [ʤaɦɛŋ] /멋대로 하다
자황 雌黃 [ʤaɦwaŋ] /식물
작년 昨年 [ʤaŋnjən, 장년]
작:다 [ʤa:gd'a, 작:따]
작달막하다 [ʤagd'almakada, 작딸마카다]
작당 作黨 [ʤagd'aŋ, 작땅]
작두 [ʤagd'u, 작뚜]
작렬 炸裂 [ʤaŋnjəl, 장녈] /포탄, 박수
작명 作名 [ʤaŋmjəŋ, 장명]
작목반 作木班 [ʤaŋmogb'an, 장목빤] /농촌
작부 酌婦 [ʤagb'u, 작뿌]
작살 [ʤags'al, 작쌀]
작성 作成 [ʤags'əŋ, 작썽]
작심 作心 [ʤags'im, 작씸] /작심삼일
작약 芍藥 [ʤagjag, 자갹] /식물
작약 雀躍 [ʤagjag, 자갹] 기뻐 날뜀, /환호작약
작열 灼熱 [ʤaŋnjəl, 장녈] /태양
작용 作用 [ʤagjoŋ, 자굥]
작위적 作爲的 [ʤagwiʤəg, 자귀적]
작작 [ʤagʤ'ag, 작짝]
작정 作定 [ʤagʤ'əŋ, 작쩡]
작태 作態 [ʤagtɛ]
작황 作況 [ʤakwaŋ, 자쾅]
잔가지 [ʤangaʤi]
잔꾀 [ʤang'ø(we), 꾀(꿰)]
잔나비 [ʤannabi] '원숭이'
잔뇨 殘尿 [ʤannjo]
잔당 殘黨 [ʤandaŋ]
잔루 殘壘 [ʤallu, 잘루]
잔류 殘留 [ʤallju, 잘류]
잔말 [ʤanmal]

ㅈ

잔무 殘務 [ʤanmu]
잔반 殘飯 [ʤanban]
잔불 殘- [ʤanbul]
잔업 殘業 [ʤanəb, 자넙]
잔잔히 [ʤanʤanɦi]
잔챙이 [ʤanʧɛŋi]
잔칫상 --床 [ʤanʧi(d)s'aŋ, 잔치(친)쌍]
잔털 [ʤantəl]
잔향 殘響 [ʤanɦjaŋ]
잔향 殘香 [ʤanɦjaŋ]
잔혹한 殘酷- [ʤanɦokan, 잔호칸]
잘나다 [ʤallada, 잘라다]
잘다 [ʤalda] 細, 小
잘록하다 [ʤallokada, 잘로카다]
잘못하다 [ʤalmotada, 잘모타다]
잘살다 [ʤalsalda]
잘생긴 [ʤalsɛŋgin]
잘 입는 [ʤallimnɨn, 잘림는] /옷
잠결 [ʤamg'jəl, 잠껼]
잠그다 [ʤamgɨda] 잠가[ʤamga] 잠궈(×)
잠귀 [ʤamg'wi, 잠뀌]
잠깐 [ʤamg'an] (←暫間)
잠두봉 蠶頭峰 [ʤamduboŋ] /서울시 마포구(절두산), 충북 청주시
잠룡 潛龍 [ʤamnjoŋ, 잠뇽]
잠버릇 [ʤamb'ərɨd, 잠뻐릇]
잠복하다 潛伏-- [ʤambokada, 잠보카다]
잠사 蠶絲 [ʤamsa]
잠수 潛水 [ʤamsu]
잠:시 暫時 [ʤa:msi]
잠식 蠶食 [ʤamsig]
잠신중 蠶新中 [ʤamsinʤuŋ] /서울시 송파구
잠실야:구장 蠶室野球場 [ʤamsillja:guʤaŋ, 잠실랴:구장]
잠언 箴言 [ʤamən, 자먼]
잠업 蠶業 [ʤaməb, 자멉] /양잠
잠영 潛泳 [ʤamjəŋ, 자명]
잠옷 [ʤamod, 자몯]
잠자리 [ʤamʤari] /곤충
잠자리 [ʤamʤ'ari, 잠짜리]
잠자코 [ʤamʤako]
잠잠하다 潛潛-- [ʤamʤamɦada]
잠재력 潛在力 [ʤamʤɛrjəg]
잠적하다 潛跡/潛迹-- [ʤamʤəkada, 잠저카다]
잠:정적 暫定的 [ʤa:mʤəŋʤəg]
잡것 雜- [ʤabg'əd, 잡껃]
잡견 雜犬 [ʤabg'jən, 잡껸]
잡곡 雜穀 [ʤabg'og, 잡꼭]
잡귀:신 雜鬼神 [ʤabg'wi:sin, 잡뀌:신]
잡념 雜念 [ʤamnjəm, 잠념]
잡다 [ʤabd'a, 잡따]
잡다한 雜多- [ʤabd'aɦan, 잡따한]
잡도리 [ʤabd'ori, 잡또리] /준비, 대책, 단속
잡동사니 雜--- [ʤabd'oŋsani, 잡똥사니]
잡문 雜文 [ʤammun, 잠문]
잡부 雜夫 [ʤab'u, 자뿌]
잡상인 雜商人 [ʤabs'aŋin, 잡쌍인]
잡생각 雜-- [ʤabs'ɛŋgag, 잡쌩각]
잡소리 雜-- [ʤabs'ori, 잡쏘리]
잡수다 [ʤabs'uda, 잡쑤다] 잡수어/잡숴[ʤabs'uə/ʤabs'wə, 잡쑤어/잡쒀] 잡수니[ʤabs'uni, 잡쑤니]
잡숫다 [ʤabs'ud'a, 잡쑤따] '잡수시다'의 준말
잡식성 雜食性 [ʤabs'igs'əŋ, 잡씩썽]
잡어 雜魚 [ʤabə, 자버]
잡역부 雜役夫(婦) [ʤabjəgb'u, 자벽뿌]
잡육 雜肉 [ʤabjug, 자뷱]
잡음 雜音 [ʤabɨm, 자븜]
잡일 [ʤamnil, 잠닐]
잡채기 [ʤabʧɛgi] /씨름, 잡치기(×)
잡탕밥 雜湯- [ʤabtaŋbab]
잡학사:전 雜學事典 [ʤapags'a:ʤən, 자팍싸:전]
잡화 雜貨 [ʤapwa, 자퐈] /잡화상
잡화 雜花 [ʤapwa, 자퐈] /꿀
잣: [ʤa:d, 잗:] 柏
잣:나무 [ʤa:nnamu, 잔:나무]

ㅈ

잣:다 [ʤa:d'a, 자:따] 紡, 잣:는[ʤa:nnɨn, 잔:는] 잣:지[ʤa:dʤ'i, 잗:찌]
잣대 [ʤad'ɛ, 자때]
잣:알 [ʤa:dal, 자:달]
잣:엿 [ʤa:nnjəd, 잔:녇]
장 長 [ʤaŋ] /'길다'의 의미
장 場 [ʤaŋ] /시장, 증시, 공간
장 章 [ʤaŋ] /책
장: 長 [ʤa:ŋ] /'우두머리'의 의미
장: 醬 [ʤa:ŋ] /장맛
장: 欌 [ʤa:ŋ] /옷장, 장롱
장: 腸 [ʤa:ŋ] /창자
장:가 [ʤa:ŋga] /장가가다
장:갑 掌匣 [ʤa:ŋgab]
장갑차 裝甲車 [ʤaŋgabʧa]
장:거 壯擧 [ʤa:ŋgə]
장거:리 長距離 [ʤaŋgə:ri]
장경리 長景里 [ʤaŋgjənni, 장경니] /인천광역시 옹진군, 해수욕장
장계리 長溪里 [ʤaŋgjeri] /경기도 안성시, 충남 청양군, 충북 옥천군, 경남 합천군, 전북 장수군, 전남 강진군·고흥군
장계면 長溪面 [ʤaŋgjemjən] /전북 장수군
장고 長考 [ʤaŋgo]
장고 杖鼓/長鼓 [ʤaŋgo] '장구'의 원말
장고항 長古項 [ʤaŋgoɦaŋ] /충남 당진군
장곡리 長谷里 [ʤaŋgoŋni, 장공니] /충남 보령시·청양군, 충북 제천시
장곡리 獐谷里 [ʤaŋgoŋni, 장공니] /경기도 파주시
장:곡리 壯谷里 [ʤa:ŋgoŋni, 장:공니] /전북 고창군
장곡면 長谷面 [ʤaŋgoŋmjən, 장공면] /충남 홍성군
장:관 長官 [ʤa:ŋgwan]
장:관 壯觀 [ʤa:ŋgwan]
장광설 長廣舌 [ʤaŋgwaŋsəl]
장:교 將校 [ʤa:ŋgjo]

장구 [ʤaŋgu] /국악
장:국밥 醬-- [ʤa:ŋg'ugb'ab, 장:꾹빱]
장:군 將軍 [ʤa:ŋgun]
장궤 長跪 [ʤaŋgwe] /가톨릭
장기 長技 [ʤaŋg'i, 장끼]
장기 長期 [ʤaŋgi]
장기 臟器 [ʤaŋgi] /장기 기증
장:기 將棋/將碁 [ʤa:ŋgi]
장기동 長基洞 [ʤaŋgidoŋ] /대구광역시 달서구
장기동 場基洞 [ʤaŋgidoŋ] /인천광역시 계양구, 경기도 김포시(장기지구)
장난감 [ʤaŋnang'am, 장난깜]
장날 場- [ʤaŋnal]
장:남 長男 [ʤa:ŋnam]
장내 場內 [ʤaŋnɛ]
장:녀 長女 [ʤa:ŋnjə]
장년 長年 [ʤaŋnjən] /나이가 많은 사람
장:년 壯年 [ʤa:ŋnjən] /30～40세
장뇌삼 長腦蔘 [ʤaŋnø(we)sam, 뇌(눼)]
장:님 [ʤa:ŋnim] /(→시각장애인)
장단 長短 [ʤaŋdan]
장단 [ʤaŋdan] /음악
장단군 長湍郡 [ʤaŋdangun] /경기도 북서부의 郡, 북한
장단:점 長短點 [ʤaŋda:ndʒ'əm, 장단:쩜]
장:담하다 壯談-- [ʤa:ŋdamɦada]
장당동 獐堂洞 [ʤaŋdaŋdoŋ] /경기도 평택시
장대 長- [ʤaŋd'ɛ, 장때]
장:대한 壯大- [ʤa:ŋdɛɦan]
장:도 壯途 [ʤa:ŋdo]
장:도리 [ʤa:ŋdori] /연장
장도리 長道里 [ʤaŋdori] /전남 보성군
장:독대 醬-臺 [ʤa:ŋd'ogd'ɛ, 장:똑때]
장돌뱅이 場--- [ʤaŋd'olbɛŋi, 장똘뱅이]
장:딴지 [ʤa:ŋd'anʤi]
장:떡 醬- [ʤa:ŋd'əg]

ㅈ

장래 將來 [ʤaŋnɛ, 장내]
장:려 奬勵 [ʤa:ŋnjə, 장:녀]
장력 張力 [ʤaŋnjəg, 장녁]
장:렬히 壯烈- [ʤa:ŋnjəlɦi, 장:녈히]
장:례 葬禮 [ʤa:ŋnje, 장:녜]
장:로 長老 [ʤa:ŋno, 장:노]
장:롱 欌籠 [ʤa:ŋnoŋ, 장:농]
장릉 莊陵 [ʤaŋniŋ, 장능] /강원도 영월군, 조선 단종의 陵
장릉 長陵 [ʤaŋniŋ, 장능] /경기도 파주시, 조선 인조와 인열왕후의 陵
장마 [ʤaŋma]
장마루 長-- [ʤaŋmaru] /(건설)
장막 帳幕 [ʤaŋmag]
장만하다 [ʤaŋmanɦada]
장면 場面 [ʤaŋmjən]
장:모 丈母 [ʤa:ŋmo]
장목면 長木面 [ʤaŋmoŋmjən, 장몽면] /경남 거제시
장:묘 葬墓 [ʤa:ŋmjo]
장문 長文 [ʤaŋmun]
장물 贓物 [ʤaŋmul]
장물아비 贓物-- [ʤaŋmurabi, 장무라비]
장밋빛 薔薇- [ʤaŋmi(d)b'id, 장미(민)삗]
장바구니 場--- [ʤaŋb'aguni, 장빠구니]
장발 長髮 [ʤaŋbal]
장방형 長方形 [ʤaŋbaŋɦjəŋ] =직사각형
장백산맥 長白山脈 [ʤaŋbɛgs'anmɛg, 장백싼맥] /백두산
장벽 障壁 [ʤaŋbjəg]
장:병 將兵 [ʤa:ŋbjəŋ]
장보기 [ʤaŋbogi]
장복 長服 [ʤaŋbog] /약, 음식
장봉도 長峰島 [ʤaŋboŋdo] /인천광역시 옹진군의 섬
장부 帳簿 [ʤaŋbu]
장:부 丈夫 [ʤa:ŋbu]
장비 裝備 [ʤaŋbi]
장:사 壯士 [ʤa:ŋsa]
장:사 葬事 [ʤa:ŋsa]
장사꾼 [ʤaŋsag'un] =장사치
장사동 長沙洞 [ʤaŋsadoŋ] /서울시 종로구
장사동 章沙洞 [ʤaŋsadoŋ] /강원도 속초시
장사진 長蛇陣 [ʤaŋsaʤin]
장삼이:사 張三李四 [ʤaŋsami:sa, 장사미:사]
장삿속 [ʤaŋsa(d)s'og, 장사(삳)쏙]
장생포 長生浦 [ʤaŋsɛŋpo] /포구, 울산광역시 남구
장서 藏書 [ʤaŋsə]
장석 長石 [ʤaŋsəg] /광물
장:성 將星 [ʤa:ŋsəŋ]
장성군 長城郡 [ʤaŋsəŋgun] /전남 북부의 郡
장:성한 長成- [ʤa:ŋsəŋɦan]
장:손 長孫 [ʤa:ŋson]
장:송곡 葬送曲 [ʤa:ŋsoŋgog]
장쇠 [ʤaŋsø(we), 쇠(쉐)] /민속놀이, 탈
장수 [ʤaŋsu] 장사하는 사람
장수 長壽 [ʤaŋsu]
장:수 將帥 [ʤa:ŋsu]
장수왕 長壽王 [ʤaŋsuwaŋ] /고구려 20대 왕(394~491)
장승 [ʤaŋsiŋ]
장승배기 [ʤaŋsiŋbɛgi] /서울시 동작구
장식장 裝飾欌 [ʤaŋsigʤ'aŋ, 장식짱]
장신 長身 [ʤaŋsin]
장신구 裝身具 [ʤaŋsingu]
장:신대 長神大 [ʤa:ŋsindɛ] '長老會神學大學校'의 약칭, /서울시 광진구
장:악하다 掌握-- [ʤa:ŋakada, 장:아카다]
장안구 長安區 [ʤaŋangu] /수원시 북서부의 區
장안동 長安洞 [ʤaŋandoŋ] /서울시 동대문구
장안면 長安面 [ʤaŋanmjən] /경기도 화성시, 충북 보은군

ㅈ

장안사 長安寺 [dʒaŋansa] /사찰, 강원도 금강산, 부산시 기장군, 경북 예천군
장안의 長安- [dʒaŋane, 장아네] /'장안의 화제'
장애인 障碍人 [dʒaŋɛin]
장어 長魚 [dʒaŋə] 鰻, =뱀장어
장어 章魚 [dʒaŋə] 蛸, =낙지
장어 鱆魚 [dʒaŋə] =꼴뚜기
장엄한 莊嚴- [dʒaŋəmɦan]
장:염 腸炎 [dʒa:ŋjəm]
장옷 [dʒaŋod, 장옫] 옛날, 여자들의 나들이옷, 얼굴을 가림, /史劇
장외 場外 [dʒaŋø(we), 외(웨)]
장원 莊園 [dʒaŋwən] /토지, 봉건사회, 역사
장:원 壯元 [dʒa:ŋwən]
장원리 長院里 [dʒaŋwənni, 장원니] /경기도 안성시, 충남 공주시
장원리 長圓里 [dʒaŋwənni, 장원니] /전남 완도군
장월리 長月里 [dʒaŋwəlli] /충북 진천군
장:위동 長位洞 [dʒa:ŋwidoŋ] /서울시 성북구
장유면 長有面 [dʒaŋjumjən] /경남 김해시, 장유IC
장:유유:서 長幼有序 [dʒa:ŋjuju:sə]
장:의사 葬儀社 [dʒa:ŋisa, 장:이사]
장인 匠人 [dʒaŋin]
장:인 丈人 [dʒa:ŋin]
장자 莊子 [dʒaŋdʒa] /인명, 책명
장:자 長子 [dʒa:ŋdʒa] =맏아들
장작불 長斫- [dʒaŋdʒagb'ul, 장작뿔]
장장 長長 [dʒaŋdʒaŋ] /장장 열 시간 동안
장전 裝塡 [dʒaŋdʒən]
장점 長點 [dʒaŋdʒ'əm, 장쩜]
장:정 壯丁 [dʒa:ŋdʒəŋ]
장조 長調 [dʒaŋdʒ'o, 장쪼] /음악
장:조림 醬-- [dʒa:ŋdʒorim]
장족의 長足- [dʒaŋdʒoge, 장조게]
장죽 長竹 [dʒaŋdʒug] /담뱃대
장:죽 杖竹 [dʒa:ŋdʒug] /지팡이
장중 場中 [dʒaŋdʒuŋ] /증시
장지 長指 [dʒaŋdʒi]
장:지 葬地 [dʒa:ŋdʒi]
장지동 墻枝洞 [dʒaŋdʒidoŋ] /경기도 광주시
장지동 長芝洞 [dʒaŋdʒidoŋ] /경기도 수원시
장지동 長旨洞 [dʒaŋdʒidoŋ] /서울시 송파구
장진호 長津湖 [dʒaŋdʒinɦo] /장진호 전투, 6·25전쟁, 함경남도 개마고원 일대
장:질부사 腸窒扶斯 [dʒa:ŋdʒilbusa] =장티푸스
장차 將次 [dʒaŋʧa]
장:충단 奬忠壇 [dʒa:ŋʧuŋdan] /초혼단(招魂壇), 서울시 중구, 경남 양산시
장치 裝置 [dʒaŋʧi]
장:쾌한 壯快- [dʒa:ŋkwɛɦan]
장타 長打 [dʒaŋta]
장탄:식 長歎息 [dʒaŋta:nsig]
장파리 長坡里 [dʒaŋpari] /경기도 파주시
장편 長篇 [dʒaŋpjən]
장평교 長坪橋 [dʒaŋpjəŋgjo] 다리, /서울시 중랑구, 경기도 용인시, 충북 제천시, 경북 칠곡군
장:평교 壯平橋 [dʒa:ŋpjəŋgjo] /충북 청주시
장평리 長坪里 [dʒaŋpjəŋni, 장평니] /강원도 평창군(장평IC, 영동선), 제천·홍천·양구·거제·통영·용인·남원
장평리 長平里 [dʒaŋpjəŋni, 장평니] /경기도 이천시
장:풍 掌風 [dʒa:ŋpuŋ]
장풍군 長豊郡 [dʒaŋpuŋgun] /황해북도 남부의 郡
장:하다 壯-- [dʒa:ŋɦada]
장한평역 長漢坪驛 [dʒaŋɦanpjəŋnjəg,

장한평녁] /서울시 동대문구, 5호선
장항동 獐項洞 [dʒaŋɦaŋdoŋ] /경기도 고양시
장항선 長項線 [dʒaŋɦaŋsən] /천안-장항, 철도
장해 障害 [dʒaŋɦɛ]
장:형 長兄 [dʒa:ŋɦjəŋ]
장:형 杖刑 [dʒa:ŋɦjəŋ] /볼기를 맞음, 史劇
장호원읍 長湖院邑 [dʒaŋɦowənɨb, 장호워늡] /경기도 이천시
장화 長靴 [dʒaŋɦwa]
장화홍련전 薔花紅蓮傳 [dʒaŋɦwaɦoŋnjəndʒən, 장화홍녀전] /조선, 소설
장황하다 張皇-- [dʒaŋɦwaŋɦada] / 설명, 연설
장흥군 長興郡 [dʒaŋɦɨŋgun] /전남 남부의 郡
장흥면 長興面 [dʒaŋɦɨŋmjən] /경기도 양주시
잦다 [dʒad'a, 자따] 減, 頻, 後傾, 잦아[자자] 잦으니[자즈니]
재 齋 [dʒɛ] /49재
재가 裁可 [dʒɛga]
재:가 再嫁 [dʒɛ:ga] =개가(改嫁)
재갈 [dʒɛgal] /물리다
재:개 再開 [dʒɛ:gɛ]
재:건 再建 [dʒɛ:gən]
재경 財經 [dʒɛgjəŋ] /재정·경제, 行試
재:경 在京 [dʒɛ:gjəŋ] /서울에 있는
재계 財界 [dʒɛgje]
재계 齋戒 [dʒɛgje] /목욕재계, 불교, 史劇
재:고 在庫 [dʒɛ:go]
재:고 再考 [dʒɛ:go]
재:귀 再歸 [dʒɛ:gwi] /문법
재기 才氣 [dʒɛgi]
재:기 再起 [dʒɛ:gi]
재난 災難 [dʒɛnan]
재능 才能 [dʒɛnɨŋ]
재:다 [dʒɛ:da] 測, 考, 傲慢, 推, 籠, 재어/재:[dʒɛə/dʒɛ:] 재:니[dʒɛ:ni]

재단하다 裁斷-- [dʒɛdanɦada]
재담꾼 才談- [dʒɛdamg'un]
재동 齋洞 [dʒɛdoŋ] /서울시 종로구
재:래식 在來式 [dʒɛ:rɛsig]
재량권 裁量權 [dʒɛrjaŋg'wən, 재량꿘]
재령군 載寧郡 [dʒɛrjəŋgun] /황해도 중부의 郡
재롱 才弄 [dʒɛroŋ]
재:림 再臨 [dʒɛ:rim]
재무 財務 [dʒɛmu]
재:미 在美 [dʒɛ:mi] /재미동포
재:발 再發 [dʒɛ:bal]
재:방:송 再放送 [dʒɛ:ba:ŋsoŋ]
재:배 栽培 [dʒɛ:bɛ]
재벌 財閥 [dʒɛbəl]
재:범률 再犯率 [dʒɛ:bəmnjul, 재:범뉼]
재:보:선 再補選 [dʒɛ:bo:sən]
재:불 在佛 [dʒɛ:bul] /재불 화가(프랑스)
재사 才士 [dʒɛsa]
재:생 再生 [dʒɛ:sɛŋ]
재:석수 在席數 [dʒɛ:səgs'u, 재:석쑤]
재:선 再選 [dʒɛ:sən]
재:소자 在所者 [dʒɛ:sodʒa]
재:수 再修 [dʒɛ:su]
재:실 在室 [dʒɛ:sil]
재:심 再審 [dʒɛ:sim]
재앙 災殃 [dʒɛaŋ]
재:야 在野 [dʒɛ:ja]
재:연 再演 [dʒɛ:jən]
재원 才媛 [dʒɛwən] /女性에 국한
재원 財源 [dʒɛwən]
재:위 在位 [dʒɛ:wi]
재:일 在日 [dʒɛ:il] /재일동포
재:적 在籍 [dʒɛ:dʒəg]
재:정:비 再整備 [dʒɛ:dʒə:ŋbi]
재정적 財政的 [dʒɛdʒəŋdʒəg]
재:중 在中 [dʒɛ:dʒuŋ] /속에 있음(겉봉), 중국에 있는
재:직 在職 [dʒɛ:dʒig]
재질 材質 [dʒɛdʒil]
재:차 再次 [dʒɛ:ʧa]

재:청 再請 [dʒɛ:ʧəŋ]
재촉하다 [dʒɛʧokada, 재초카다]
재:충전 再充電 [dʒɛ:ʧuŋdʒən]
재:취 再娶 [dʒɛ:ʧwi]
재치 才致 [dʒɛʧi]
재:탕 再湯 [dʒɛ:taŋ]
재:택근:무 在宅勤務 [dʒɛ:tɛg'ɨ:nmu, 재:태끈:무]
재판소 裁判所 [dʒɛpanso]
재:편 再編 [dʒɛ:pjən]
재해 災害 [dʒɛɦɛ]
재:향 在鄕 [dʒɛ:ɦjaŋ]
재:현 再現 [dʒɛ:ɦjən]
재:혼 再婚 [dʒɛ:ɦon]
재화 財貨 [dʒɛɦwa]
재:활 再活 [dʒɛ:ɦwal]
재:활용 再活用 [dʒɛ:ɦwarjoŋ, 재:화룡]
재:회 再會 [dʒɛ:ɦø(we), 회(훼)]
잰걸음 [dʒɛngərɨm, 잰거름]
잿더미 [dʒɛd'əmi, 재떠미]
잿밥 齋- [dʒɛ(d)b'ab, 재(잳)빱]
쟁기 [dʒɛŋgi]
쟁의 爭議 [dʒɛŋi, 쟁이]
쟁이다 [dʒɛŋida] 쟁이어/쟁여[dʒɛŋiə/dʒɛŋjə] 쟁이니[dʒɛŋini]
쟁쟁한 錚錚- [dʒɛŋdʒɛŋɦan] /뛰어남
쟁쟁히 琤琤- [dʒɛŋdʒɛŋɦi] /소리
쟁점 爭點 [dʒɛŋdʒ'əm, 쟁쩜]
쟁취 爭取 [dʒɛŋʧwi]
쟁탈전 爭奪戰 [dʒɛŋtaldʒən]
쟁패 爭霸 [dʒɛŋpɛ]
저 [dʒə] '나'의 낮춤말
저: [dʒə:] /(감탄사) 머뭇거릴 때, 가물거릴 때
저:가 低價 [dʒ:əg'a, 저:까]
저:간 這間 [dʒə:gan] =요즈음, /'저간의 사정'
저:감 低減 [dʒə:gam]
저:격수 狙擊手 [dʒə:gjəgs'u, 저:격쑤]
저:공 低空 [dʒə:goŋ]
저:금 貯金 [dʒə:gɨm]
저:금리 低金利 [dʒə:gɨmni, 저:금니]
저:기압 低氣壓 [dʒə:giab]
저녁놀 [dʒənjəŋnol, 저녕놀]
저:당 抵當 [dʒə:daŋ]
저도 楮島 [dʒədo] /경남 통영시·사천시, 전남 진도군
저:도 猪島 [dʒə:do] /충남 서산시, 경남 마산시·거제시
저:돌적 猪突的 [dʒə:doldʒəg]
저:동 苧洞 [dʒə:doŋ] /서울시 중구, 강원도 강릉시, 경북 울릉군
저동고 楮洞高 [dʒədoŋgo] /경기도 고양시
저:동리 苧洞里 [dʒə:doŋni, 저:동니] /충남 부여군
저:력 底力 [dʒə:rjəg]
저:렴한 低廉- [dʒə:rjəmɦan]
저리 [dʒəri] ↔이리
저:리 低利 [dʒə:ri]
저리다 [dʒərida] 저리어/저려[dʒəriə/dʒərjə] 저리니[dʒərini]
저물다 [dʒəmulda] 暮
저미다 [dʒəmida] 저미어/저며[dʒəmiə/dʒəmjə] 저미니[dʒəmini]
저:변 底邊 [dʒə:bjən]
저:상 底床 [dʒə:saŋ] /버스
저:서 著書 [dʒə:sə]
저:속 低速 [dʒə:sog]
저:속한 低俗- [dʒə:sokan, 저:소칸]
저:수지 貯水池 [dʒə:sudʒi]
저:술 著述 [dʒə:sul]
저승 [dʒəsɨŋ]
저:시:정 低視程 [dʒə:si:dʒəŋ]
저어새 [dʒəəsɛ] /조류
저어하다 [dʒəəɦada]
저울질 [dʒəuldʒil]
저:음 低音 [dʒə:ɨm]
저:인망 底引網 [dʒə:inmaŋ] /어선
저:자 著者 [dʒə:dʒa]
저:자세 低姿勢 [dʒə:dʒase]
저:작물 著作物 [dʒə:dʒaŋmul, 저:장물]
저잣거리 [dʒədʒa(d)g'əri, 저자(잗)꺼리]
저:장 貯藏 [dʒə:dʒaŋ]

저:점 低點 [ʤə:ʤ'əm, 저:쩜]
저:조한 低調- [ʤə:ʤohan]
저:주 詛呪/咀呪 [ʤə:ʤu]
저:주파 低周波 [ʤə:ʤupa]
저:지 沮止 [ʤə:ʤi]
저:지대 低地帶 [ʤə:ʤidɛ]
저:질 低質 [ʤə:ʤil]
저쪽 [ʤəʤ'og]
저:촉되다 抵觸-- [ʤə:ʧogd'ø(we)da, 뙤(뛔)]
저:축예:금 貯蓄預金 [ʤə:ʧuŋnje:gɨm, 저:충녜:금]
저:출산 低出産 [ʤə:ʧuls'an, 저:출싼]
저:탄:소 低炭素 [ʤə:ta:nso]
저:팔계 猪八戒 [ʤə:palgje] /서유기
저편 -便 [ʤəpjən]
저:하 低下 [ʤə:ha]
저:하 邸下 [ʤə:ha] /왕세자를 부를 때, 史劇
저:항 抵抗 [ʤə:haŋ]
저:해 沮害 [ʤə:hɛ]
저희 [ʤəhi, 저히] '우리'의 낮춤말
적개심 敵愾心 [ʤəg'ɛsim, 저깨심]
적격 여:부 適格與否 [ʤəg'jəŋnjə:bu, 저껼녀:부]
적극성 積極性 [ʤəg'ɨgs'əŋ, 저끅썽]
적나라하다 赤裸裸-- [ʤəŋnarahada, 정나라하다]
적다 [ʤəgd'a, 적따] 記
적:다 [ʤə:gd'a, 적:따] 少, 적:어[저:거] 적:으니[저:그니] 적:지[적:찌]
적대적 敵對的 [ʤəgd'ɛʤəg, 적때적]
적란운 積亂雲 [ʤəŋnanun, 정나눈] /소나기
적령기 適齡期 [ʤəŋnjəŋgi, 정녕기]
적록색 赤綠色 [ʤəŋnogs'ɛg, 정녹쌕]
적막강산 寂寞江山 [ʤəŋmag'aŋsan, 정마깡산]
적반하장 賊反荷杖 [ʤəgb'anhaʤaŋ, 적빤하장]
적벽가 赤壁歌 [ʤəgb'jəg'a, 적뼈까] /판소리
적삼 [ʤəgs'am, 적쌈]
적선하다 積善-- [ʤəgs'ənhada, 적썬하다]
적성 適性 [ʤəgs'əŋ, 적썽]
적성국 敵性國 [ʤəgs'əŋgug, 적썽국]
적성면 積城面 [ʤəgs'əŋmjən, 적썽면] /경기도 파주시
적성면 赤城面 [ʤəgs'əŋmjən, 적썽면] /충북 단양군, 전북 순창군
적수 敵手 [ʤəgs'u, 적쑤]
적시 摘示 [ʤəgs'i, 적씨]
적시에 適時- [ʤəgs'ie, 적씨에]
적역 適役 [ʤəgjəg, 저격]
적요 摘要 [ʤəgjo, 저교]
적용 適用 [ʤəgjoŋ, 저굥]
적운 積雲 [ʤəgun, 저군] ≒뭉게구름
적:이 [ʤə:gi, 저:기] 꽤, 어지간히
적자 赤字 [ʤəgʤ'a, 적짜] ↔흑자(黑字)
적자생존 適者生存 [ʤəgʤ'asɛŋʤon, 적짜생존]
적:잖이 [ʤə:gʤ'ani, 적:자니]
적재함 積載函 [ʤəgʤ'ɛham, 적째함]
적적하다 寂寂-- [ʤəgʤ'əkada, 적쩌카다]
적절성 適切性 [ʤəgʤ'əls'əŋ, 적쩔썽]
적정선 適正線 [ʤəgʤ'əŋsən, 적쩡선]
적조하다 積阻-- [ʤəgʤ'ohada, 적쪼하다] /꽤 못 만났거나 연락이 없었다
적중도 的中度 [ʤəgʤ'uŋdo, 적쭝도]
적출 摘出 [ʤəgʧul] /솎아냄
적출 積出 [ʤəgʧul] /실어냄(짐)
적토마 赤兎馬 [ʤəgtoma] 매우 빠른 말
적합 適合 [ʤəkab, 저캅]
적화통:일 赤化統一 [ʤəkwato:ŋil, 저콰통:일]
적황색 赤黃色 [ʤəkwaŋsɛg, 저쾅색]
전 前 [ʤən]
전: 煎 [ʤə:n] ≒부침
전: 廛 [ʤə:n] /가게

전가 傳家 [ʤənga] /전가(傳家)의 보도(寶刀)
전:가 轉嫁 [ʤə:nga] /책임전가
전:각 殿閣 [ʤə:ngag]
전:각 篆刻 [ʤə:ngag]
전갈 傳喝 [ʤəngal]
전갈 全蠍 [ʤəngal] /절지동물
전:개 展開 [ʤə:ngɛ]
전갱이 [ʤəngɛŋi] /生鮮
전:격 電擊 [ʤə:ng'jəg, 전:껵]
전결 專決 [ʤəngjəl] /결재
전경 全景 [ʤəngjəŋ]
전:경 戰警 [ʤə:ngjəŋ]
전경련 全經聯 [ʤəngjəŋnjən, 전경년] '전국경제인연합회'의 약칭
전곡읍 全谷邑 [ʤəngogɨb, 전고급] /경기도 연천군
전곡항 前谷港 [ʤəngokaŋ, 전고캉] /경기도 화성시
전:골 [ʤə:ngol] /음식
전공 專攻 [ʤəngoŋ]
전:공 戰功 [ʤə:ngoŋ]
전과 全科 [ʤəng'wa, 전꽈] /학습참고서
전:과 戰果 [ʤə:ng'wa, 전:꽈]
전:과 轉科 [ʤə:ng'wa, 전:꽈]
전과목 全科目 [ʤəngwamog]
전관예우 前官禮遇 [ʤəngwannjeu, 전관녜우]
전:광석화 電光石火 [ʤə:ngwaŋsəkwa, 전:광서콰]
전:구 電球 [ʤə:ngu]
전:국시대 戰國時代 [ʤə:ngugs'idɛ, 전:국씨대] /고대 중국
전국일주 全國一周 [ʤəngugilʤ'u, 전구길쭈]
전권 全權 [ʤəng'wən, 전꿘]
전:극 電極 [ʤə:ngɨg]
전:근 轉勤 [ʤə:ngɨn]
전기 前期 [ʤəngi]
전기 傳記 [ʤəngi]
전:기 電氣 [ʤə:ngi]
전:기 轉機 [ʤə:ngi]
전:깃줄 電氣- [ʤə:ngi(d)ʤ'ul, 전:기(긷)쭐]
전:나무 [ʤə:nnamu]
전념 專念 [ʤənnjəm]
전:농동 典農洞 [ʤə:nnoŋdoŋ] /서울시 동대문구
전능한 全能- [ʤənnɨŋɦan]
전단 傳單 [ʤəndan] 전단지(×)
전달력 傳達力 [ʤəndalljəg]
전담 專擔 [ʤəndam]
전답 田畓 [ʤəndab]
전:당 殿堂 [ʤə:ndaŋ]
전:당포 典當鋪 [ʤə:ndaŋpo]
전대 前代 [ʤəndɛ]
전:대 纏帶 [ʤə:ndɛ]
전대리 前垈里 [ʤəndɛri] /경기도 용인시, 고분 유적
전대리 田垈里 [ʤəndɛri] /경남 하동군
전대리 全垈里 [ʤəndɛri] /충남 당진군
전대미:문 前代未聞 [ʤəndɛmi:mun]
전도 前渡 [ʤəndo] /회계, (→선지급)
전:도 顚倒 [ʤə:ndo]
전도사 傳道師 [ʤəndosa]
전도양양 前途洋洋 [ʤəndojaŋjaŋ]
전:동차 電動車 [ʤə:ndoŋʧa]
전동 前洞 [ʤəndoŋ] /대구광역시 중구
전:동 殿洞 [ʤə:ndoŋ] /전북 전주시
전:동 錢洞 [ʤə:ndoŋ] /인천광역시 중구
전:동리 典洞里 [ʤə:ndoŋni, 전:동니] /경북 경주시, 전남 보성군
전:동리 箭洞里 [ʤə:ndoŋni, 전:동니] /경기도 연천군
전동면 全東面 [ʤəndoŋmjən] /충남 연기군
전두리 田頭里 [ʤənduri] /강원도 삼척시, 경북 문경시
전:두리 箭頭里 [ʤə:nduri] /전남 진도군

ㅈ

전두엽 前頭葉 [ʤəndujəb] /대뇌, 의학
전:등 電燈 [ʤə:ndiŋ]
전등사 傳燈寺 [ʤəndiŋsa] /인천광역시 강화군
전라 全裸 [ʤəlla, 절라]
전:락하다 顚落-- [ʤə:llakada, 절:라카다]
전:란 戰亂 [ʤə:llan, 절:란]
전:람회 展覽會 [ʤə:llamhø(we), 절:람회(훼)]
전래 傳來 [ʤəllɛ, 절래]
전:략 戰略 [ʤə:lljag, 절:략]
전량 全量 [ʤəlljaŋ, 절량]
전력 全力 [ʤəlljəg, 절력]
전력 前歷 [ʤəlljəg, 절력]
전:력 電力 [ʤə:lljəg, 절:력]
전:력 戰力 [ʤə:lljəg, 절:력]
전령사 傳令使 [ʤəlljəŋsa, 절령사]
전례 前例 [ʤəllje, 절례]
전:례 典禮 [ʤə:llje, 절:례]
전:류 電流 [ʤə:llju, 절:류]
전:류리 顚流里 [ʤə:lljuri, 절:류리] /경기도 김포시, 포구
전:리품 戰利品 [ʤə:llipum, 절:리품]
전립선 前立腺 [ʤəllibs'ən, 절립썬]
전:말 顚末 [ʤə:nmal]
전:망 展望 [ʤə:nmaŋ]
전매 專賣 [ʤənmɛ] /전매특허
전:매 轉賣 [ʤə:nmɛ] /부동산
전면적 全面的 [ʤənmjənʤəg]
전면전 全面戰 [ʤənmjənʤən]
전모 全貌 [ʤənmo]
전:몰 戰歿 [ʤə:nmol]
전무후:무 前無後無 [ʤənmuɦu:mu]
전문 全文 [ʤənmun]
전:문 電文 [ʤə:nmun]
전문의 專門醫 [ʤənmuni, 전무니]
전문직 專門職 [ʤənmunʤig]
전민동 田民洞 [ʤənmindoŋ] /대전시 유성구
전반적 全般的 [ʤənbanʤəg]
전방 前方 [ʤənbaŋ]
전방위 全方位 [ʤənbaŋwi]
전번에 前番- [ʤənbənɛ, 전버네]
전:범 戰犯 [ʤə:nbəm]
전:범 典範 [ʤə:nbəm]
전:별금 餞別金 [ʤə:nbjəlgim]
전:병 煎餠 [ʤə:nbjəŋ]
전:보 電報 [ʤə:nbo]
전:보 轉補 [ʤə:nbo]
전복 全鰒 [ʤənbog] /해산물, 鮑
전:복 顚覆 [ʤə:nbog]
전:봇대 電報- [ʤə:nbod'ɛ, 전:보때]
전:분 澱粉 [ʤə:nbun]
전:비 戰費 [ʤə:nbi]
전:사 戰死 [ʤə:nsa]
전:사 戰士 [ʤə:nsa]
전:산 電算 [ʤə:nsan]
전생 前生 [ʤənsɛŋ]
전선 前線 [ʤənsən] /한랭전선, 장마전선, 날씨
전:선 電線 [ʤə:nsən]
전:선 戰線 [ʤə:nsən]
전설적 傳說的 [ʤənsəlʤəg]
전성기 全盛期 [ʤənsəŋgi]
전:세 戰勢 [ʤə:nse]
전세방 專貰房 [ʤənseb'aŋ, 전세빵]
전셋집 專貰- [ʤənse(d)ʤ'ib, 전세(셋)찝]
전소 全燒 [ʤənso]
전속 專屬 [ʤənsog]
전속력 全速力 [ʤənsoŋnjəg, 전송녁]
전:송 電送 [ʤə:nsoŋ]
전:송 餞送 [ʤə:nsoŋ] /전송 나오다, 軍 入隊
전수 全數 [ʤənsu] /전수조사
전수자 傳受者 [ʤənsuʤa]
전수자 傳授者 [ʤənsuʤa]
전:술 戰術 [ʤə:nsul]
전승 傳承 [ʤənsiŋ]
전:승국 戰勝國 [ʤə:nsiŋgug]
전:시 展示 [ʤə:nsi]
전:시 戰時 [ʤə:nsi]
전신욕 全身浴 [ʤənsinnjog, 전신뇩]

전:신주 電信柱 [ʤəːnsinʤu]
전:압 電壓 [ʤəːnab, 저:납]
전야제 前夜祭 [ʤənjaʤe, 저냐제]
전:어 錢魚 [ʤəːnə, 저:너] /生鮮
전언 傳言 [ʤənən, 저넌]
전업 專業 [ʤənəb, 저넙] /전업주부
전:업 轉業 [ʤəːnəb, 저:넙]
전역 全域 [ʤənjəg, 저녁]
전:역 轉役 [ʤəːnjəg, 저:녁]
전연 全然 [ʤənjən, 저년] =전혀
전열 前列 [ʤənnjəl, 전녈]
전:열 戰列 [ʤəːnjəl, 저:녈]
전:열기 電熱器 [ʤəːnjəlgi, 저:녈기]
전염병 傳染病 [ʤənjəmb'jəŋ, 저념뼝]
전용 專用 [ʤənjoŋ, 저뇽]
전:용 轉用 [ʤəːnjoŋ, 저:뇽]
전:우 戰友 [ʤəːnu, 저:누]
전:운 戰雲 [ʤəːnun, 저:눈]
전원 田園 [ʤənwən, 저눤]
전원 全員 [ʤənwən, 저눤]
전:원 電源 [ʤəːnwən, 저:눤]
전월 前月 [ʤənwəl, 저눨] /전월 대비
전위대 前衛隊 [ʤənwidɛ, 저뉘대]
전:유 煎油 [ʤəːnju, 저:뉴] ≒전(煎)
전유물 專有物 [ʤənjumul, 저뉴물]
전:율 戰慄 [ʤəːnjul, 저:뉼]
전:의 轉義 [ʤəːni, 저:니] 본래의 뜻이 다른 뜻으로 바뀜, /전의된 단어
전:의 轉意 [ʤəːni, 저:니] 마음이나 뜻이 바뀜
전:의 戰意 [ʤəːni, 저:니]
전:의 典醫 [ʤəːni, 저:니] /왕실의 의사, 조선, 史劇
전의역 全義驛 [ʤənijəg, 저니역] /충남 연기군, 경부선
전:이 轉移 [ʤəːni, 저:니]
전인대 全人代 [ʤənindɛ, 저닌대] '全國人民代表大會'의 약칭, /중국
전인미:답 前人未踏 [ʤəninmiːdab, 저닌미:답]
전일제 全日制 [ʤənilʤ'e, 저닐쩨]
전임 專任 [ʤənim, 저님]
전임 前任 [ʤənim, 저님]
전:입 轉入 [ʤəːnib, 저:닙]
전자 前者 [ʤənʤa]
전:자 電子 [ʤəːnʤa]
전작 前酌 [ʤənʤag]
전:작권 戰作權 [ʤəːnʤag'wən, 전:자꿘] '전시작전통제권'의 준말
전장 前場 [ʤənʤ'aŋ, 전짱]
전장 全長 [ʤənʤaŋ] /전체길이
전:장 戰場 [ʤəːnʤaŋ]
전재 全載 [ʤənʤɛ]
전:쟁 戰爭 [ʤəːnʤɛŋ]
전적 全的 [ʤənʤ'əg, 전쩍] /전적으로
전:적 戰績 [ʤəːnʤəg]
전:전긍:긍하다 戰戰兢兢-- [ʤəːnʤənɡɨːŋɡɨŋɦada]
전정 剪定/翦定 [ʤənʤəŋ]
전제 前提 [ʤənʤe]
전조 前兆 [ʤənʤo]
전:족 纏足 [ʤəːnʤog] /중국, 여성의 발
전주 前奏 [ʤənʤu]
전주 前週 [ʤənʤ'u, 전쭈]
전:주 錢主 [ʤəːnʤu]
전주시 全州市 [ʤənʤusi] /전북의 중심 도시
전지 全紙 [ʤənʤi]
전:지 電池 [ʤəːnʤi]
전지적 全知的 [ʤənʤiʤəg] /소설, 시점
전직 前職 [ʤənʤig]
전:직 轉職 [ʤəːnʤig]
전진 前進 [ʤənʤin]
전:차 戰車 [ʤəːnʧa]
전채 前菜 [ʤənʧɛ]
전철 前轍 [ʤənʧəl] /전철을 밟다
전:철 電鐵 [ʤəːnʧəl]
전:출 轉出 [ʤəːnʧul]
전치 全治 [ʤənʧi] /전치 4주
전:통문 電通文 [ʤəːntoŋmun]
전통적 傳統的 [ʤəntoŋʤəg]
전:투 戰鬪 [ʤəːntu]

전파 傳播 [ʤənpa]
전파 全破 [ʤənpa]
전:파 電波 [ʤə:npa]
전폭적 全幅的 [ʤənpogʤ'əg, 전폭쩍]
전표 傳票 [ʤənpjo]
전:표 錢票 [ʤə:npjo]
전:하 殿下 [ʤə:nɦa] /史劇
전:하 電荷 [ʤə:nɦa] /물리
전:학 轉學 [ʤə:nɦag]
전:함 戰艦 [ʤə:nɦam]
전:해질 電解質 [ʤə:nɦɛʤil] /물리
전:향 轉向 [ʤə:nɦjaŋ]
전향적 前向的 [ʤənɦjaŋʤəg]
전혀 全- [ʤənɦjə] /(否定)
전혀 專- [ʤənɦjə] =오로지
전·현:직 前現職 [ʤənhjə:nʤig]
전:형 銓衡 [ʤə:nɦjəŋ] /입시
전:형적 典型的 [ʤə:nɦjəŋʤəg]
전:화 電話 [ʤə:nɦwa]
전:화 戰禍 [ʤə:nɦwa]
전:환기 轉換期 [ʤə:nɦwangi]
전:황 戰況 [ʤə:nɦwaŋ]
전횡 專橫 [ʤənɦø(we)ŋ, 횡(휑)]
전후 前後 [ʤənɦu]
전:후 戰後 [ʤə:nɦu]
전희 前戲 [ʤənɦi, 전히]
절간 -間 [ʤəlg'an, 절깐]
절감 切感 [ʤəlgam]
절감 節減 [ʤəlgam]
절개 節槪/節介 [ʤəlgɛ]
절개면 切開面 [ʤəlgɛmjən]
절경 絕景 [ʤəlgjəŋ]
절교 絕交 [ʤəlgjo]
절구통 --桶 [ʤəlgutoŋ]
절권도 截拳道 [ʤəlgwəndo] /무술
절규 絕叫 [ʤəlgju]
절급하다 切急-- [ʤəlgɨpada, 절그파다] 매우 급하다
절기상 節氣上 [ʤəlgisaŋ]
절:다 [ʤə:lda] 塩, 漬, 足, 절:지[ʤə:lʤi] 절:고[ʤə:lgo] 절:어[ʤə:rə, 저:러] 저:니[ʤə:ni] 저:오[ʤə:o]

절단면 切斷面/截斷面 [ʤəld'anmjən, 절딴면]
절대적 絕對的 [ʤəld'ɛʤəg, 절때적]
절도 節度 [ʤəld'o, 절또]
절도범 竊盜犯 [ʤəld'obəm, 절또범]
절독 絕讀 [ʤəld'og, 절똑] /신문
절두산 切頭山 [ʤəld'usan, 절뚜산] / 서울시 마포구, 천주교 聖地
절뚝거리다 [ʤəld'ug'ərida, 절뚜꺼리다]
절레절레 [ʤəleʤəle]
절룩거리다 [ʤəllug'ərida, 절루꺼리다]
절망적 絕望的 [ʤəlmaŋʤəg]
절명 絕命 [ʤəlmjəŋ]
절묘한 絕妙- [ʤəlmjoɦan]
절박하다 切迫-- [ʤəlbakada, 절바카다]
절상 切上 [ʤəls'aŋ, 절쌍]
절세 節稅 [ʤəls'e, 절쎄]
절세가:인 絕世佳人 [ʤəls'ega:in, 절쎄가:인] ≒절세미인
절실한 切實- [ʤəls'ilɦan, 절씰한]
절약 節約 [ʤərjag, 저략]
절연 絕緣 [ʤərjən, 저련]
절연체 絕緣體 [ʤərjənʧe, 저련체] / 전기
절임 [ʤərim, 저림] /소금, 설탕 등
절전 節電 [ʤəlʤ'ən, 절쩐]
절절히 切切- [ʤəlʤəlɦi]
절절하다 截截-- [ʤəlʤəlɦada] /언변이 좋다
절정 絕頂 [ʤəlʤ'əŋ, 절쩡]
절제 節制 [ʤəlʤ'e, 절쩨]
절지동:물 節肢動物 [ʤəlʤ'ido:ŋmul, 절찌동:물]
절집 [ʤəlʤ'ib, 절찝]
절차탁마 切磋琢磨 [ʤəlʧataŋma, 절차탕마]
절찬리 絕讚裡 [ʤəlʧanni, 절찬니] / 영화
절창 絕唱 [ʤəlʧaŋ]
절체절명 絕體絕命 [ʤəlʧeʤəlmjəŋ] 절대절명(×)
절충안 折衷案 [ʤəlʧuŋan]

절취 竊取 [dʒəltʃwi] /남의 물건을 훔침
절취선 切取線/截取線 [dʒəltʃwisən]
절치부:심 切齒腐心 [dʒəltʃibu:sim]
절친한 切親- [dʒəltʃinɦan]
절판 絕版 [dʒəlpan]
절편 [dʒəlpjən] /떡
절필 絕筆 [dʒəlpil]
절해고도 絕海孤島 [dʒəlɦɛgodo]
절호의 絕好- [dʒəlɦoe, 절호에]
젊:다 [dʒə:md'a, 점:따] 젊:고[점:꼬] 젊:지[점:찌] 젊어[절머] 젊으니[절므니] 젊:습니다[점:씀니다]
점거 占據 [dʒəmgə]
점검 點檢 [dʒəmgəm]
점괘 占卦 [dʒəmg'wɛ, 점꽤]
점령 占領 [dʒəmnjəŋ, 점녕]
점박이 點-- [dʒəmbagi, 점바기]
점복 占卜 [dʒəmbog]
점선 點線 [dʒəmsən]
점성술 占星術 [dʒəmsəŋsul]
점수 點數 [dʒəms'u, 점쑤]
점술 占術 [dʒəmsul]
점:심 點心 [dʒə:msim]
점안액 點眼液 [dʒəmanɛg, 저마낵]
점액질 粘液質 [dʒəmɛgdʒ'il, 저맥찔]
점용 占用 [dʒəmjoŋ, 저묭]
점:원 店員 [dʒə:mwən, 저:뭔]
점유 占有 [dʒəmju, 저뮤]
점:이지대 漸移地帶 [dʒə:midʒidɛ, 저:미지대]
점:입가:경 漸入佳境 [dʒə:mibg'a:gjəŋ, 저:밉까:경]
점자 點字 [dʒəmdʒ'a, 점짜]
점:잖다 [dʒə:mdʒanta, 점:잔타] 점:잖아[점:자나] 점:잖지[점:잔치] 점:잖으니[점:자느니] 점:잖고[점:잔코]
점:장 店長 [dʒə:mdʒaŋ]
점:점 漸漸 [dʒə:mdʒəm]
점점이 點點- [dʒəmdʒəmi, 점저미]
점:주 店主 [dʒə:mdʒu]
점:증하다 漸增-- [dʒə:mdʒiŋɦada]
점지 點指 [dʒəmdʒi]
점:진적 漸進的 [dʒə:mdʒindʒəg]
점집 占- [dʒəmdʒ'ib, 점찝]
점:차 漸次 [dʒə:mtʃa]
점철되다 點綴-- [dʒəmtʃəldø(we)da, 되(뒈)]
점:촌동 店村洞 [dʒə:mtʃondoŋ] /경북 문경시·경산시
점토 粘土 [dʒəmto]
점판암 粘板巖 [dʒəmpanam, 점파남]
점하다 占-- [dʒəmɦada]
점호 點呼 [dʒəmɦo]
점화 點火 [dʒəmɦwa]
접객업소 接客業所 [dʒəbg'ɛgəbs'o, 접깨겁쏘]
접견 接見 [dʒəbg'jən, 접껸]
접경지 接境地 [dʒəbg'jəŋdʒi, 접꼉지]
접근로 接近路 [dʒəbg'inno, 접끈노]
접다 [dʒəbd'a, 접따] 疊, 折
접대 接待 [dʒəbd'ɛ, 접때]
접도 接道 [dʒəbd'o 접또]
접동새 [dʒəbd'oŋsɛ, 접똥새]
접:때 [dʒə:bd'ɛ]
접목하다 椄木/接木-- [dʒəmmokada, 점목카다]
접미사 接尾辭 [dʒəmmisa, 점미사]
접변 接變 [dʒəb'jən, 저뼌]
접선 接線 [dʒəbs'ən, 접썬]
접속하다 接續-- [dʒəbs'okada, 접쏘카다]
접수증 接手證 [dʒəbs'udʒ'iŋ, 접쑤쯩]
접시닦이 [dʒəbs'idag'i, 접씨다끼]
접신 接神 [dʒəbs'in, 접씬]
접안 接岸 [dʒəban, 저반]
접영 蝶泳 [dʒəbjəŋ, 저병] /수영
접이식 --式 [dʒəbisig, 저비식]
접전 接戰 [dʒəbdʒ'ən, 접쩐]
접점영역 接點領域 [dʒəbdʒ'əmnjəŋjəg, 접쩜녕역]
접종 接種 [dʒəbdʒ'oŋ, 접쫑]
접지 接地 [dʒəbdʒ'i, 접찌] /전기
접착력 接着力 [dʒəbtʃaŋnjəg, 접창녁]

접촉하다 接觸-- [dʒəbʧokada, 접초카다]
접하다 接-- [dʒəpada, 저파다]
접합 接合 [dʒəpab, 저팝]
젓가락 [dʒə(d)g'arag, 저(젇)까락]
젓갈 [dʒədg'al, 젇깔]
젓:다 [dʒə:d'a, 저:따] 回, 漕, 否定, 拒絕, 젓:지[dʒə:(d)dʒ'i, 저:(젇:)찌] 젓:고[dʒə:(d)g'o, 저:(젇:)꼬] 저어[dʒəə] 저으니[dʒəini] 젓:소[dʒə:(d)s'o, 저:(젇:)쏘]
정 情 [dʒəŋ]
정 丁 [dʒəŋ] /姓氏
정 錠 [dʒəŋ] /알약
정: 鄭 [dʒə:ŋ] /姓氏
정: [dʒə:ŋ] /연장
정: [dʒə:ŋ] /정 그러겠다면
정가 政街 [dʒəŋga]
정:가 定價 [dʒə:ŋg'a, 정:까]
정간 停刊 [dʒəŋgan]
정:감록 鄭鑑錄 [dʒə:ŋgamnog, 정:감녹]
정갈하다 [dʒəŋgalɦada]
정감 情感 [dʒəŋgam]
정강 政綱 [dʒəŋgaŋ] /정강정책
정강이 [dʒəŋgaŋi]
정거 停車 [dʒəŋgə]
정견 政見 [dʒəŋgjən] /정견 발표
정겹다 情-- [dʒəŋgjəbd'a, 정겹따]
정경 情景 [dʒəŋgjəŋ]
정경 政經 [dʒəŋgjəŋ] /정치·경제
정경부인 貞敬夫人 [dʒəŋgjəŋbuin] /조선시대
정:곡 正鵠 [dʒə:ŋgog]
정:공법 正攻法 [dʒə:ŋgoŋb'əb, 정:공뻡]
정:과 正果 [dʒə:ŋgwa] ≒전과(煎果)
정관 精管 [dʒəŋgwan]
정:관 定款 [dʒə:ŋgwan]
정:관장 正官庄 [dʒə:ŋgwandʒaŋ] /홍삼제품명, 한국인삼공사
정관헌 靜觀軒 [dʒəŋgwanɦən] /회랑, 덕수궁 내

정교한 精巧- [dʒəŋgjoɦan]
정구 庭球 [dʒəŋgu]
정국 政局 [dʒəŋgug]
정권욕 政權慾(欲) [dʒəŋg'wənnjog, 정꿘뇩]
정:규 正規 [dʒə:ŋgju]
정:극 正劇 [dʒə:ŋgɨg] /드라마
정금리 井琴里 [dʒəŋgɨmni, 정금니] /경남 하동군
정:금리 鼎金里 [dʒə:ŋgɨmni, 정:금니] /강원도 횡성군
정기 精氣 [dʒəŋgi]
정:기 定期 [dʒə:ŋgi]
정나미 情-- [dʒəŋami]
정년 停年 [dʒəŋnjən]
정념 情念 [dʒəŋnjəm]
정녕 丁寧/叮寧 [dʒəŋnjəŋ] /정녕 가신다면
정담 情談 [dʒəŋdam]
정:담 鼎談 [dʒə:ŋdam] /3인
정답다 情-- [dʒəŋdabd'a, 정답따]
정당 政党 [dʒəŋdaŋ]
정:당방위 正當防衛 [dʒə:ŋdaŋbaŋwi]
정도 程度 [dʒəŋdo]
정:도 正道 [dʒə:ŋdo]
정:도전 鄭道傳 [dʒə:ŋdodʒən] 호 '삼봉(三峯)', 조선 개국공신(1342~1398)
정독 精讀 [dʒəŋdog] /자세히 읽음
정:독 正讀 [dʒə:ŋdog] /의미를 바르게 파악함
정:돈 整頓 [dʒə:ŋdon]
정동 貞洞 [dʒəŋdoŋ] /서울시 중구, 대전시 동구
정동 井洞 [dʒəŋdoŋ] /경남 창원시
정:동진 正東津 [dʒə:ŋdoŋdʒin] /강원도 강릉시, 해돋이
정들다 情-- [dʒəŋdɨlda]
정략적 政略的 [dʒəŋnjagdʒ'əg, 정냑쩍]
정:량 定量 [dʒə:ŋnjaŋ, 정:냥]
정력 精力 [dʒəŋnjəg, 정녁]
정:렬 整列 [dʒə:ŋnjəl, 정:녈]
정령 精靈 [dʒəŋnjəŋ, 정녕]

ㅈ

정:례 定例 [dʒəːŋnje, 정:녜]
정:론 正論 [dʒəːŋnon, 정:논]
정류장 停留場 [dʒəŋnjudʒaŋ, 정뉴장]
정릉 貞陵 [dʒəŋnɨŋ, 정능] /조선 태조의 계비 신덕 왕후(神德王后)의 陵, 서울시 성북구
정리 情理 [dʒəŋni, 정니]
정:리 整理 [dʒəːŋni, 정:니]
정림리 [dʒəŋnimni, 정님니] /경북 울진군, 강원도 양구군
정:림사지 定林寺址 [dʒəːŋnimsadʒi 정:님사지] /충남 부여군, 5층 석탑
정:립 定立 [dʒəːŋnib, 정:닙]
정말 丁抹 [dʒəŋmal] '덴마크'의 음역어
정:말 正- [dʒəːŋmal]
정맥류 靜脈瘤 [dʒəŋmɛŋnju, 정맹뉴] /정맥, 혹
정:면 正面 [dʒəːŋmjən]
정:명고 正明高 [dʒəːŋmjəŋgo] /경기도 부천시
정:명리 正明里 [dʒəːŋmjəŋni, 정:명니] /경북 울진군
정무 政務 [dʒəŋmu]
정무문 精武門 [dʒəŋmumun] /홍콩 영화, (1972)
정:문 正門 [dʒəːŋmun]
정물화 靜物畵 [dʒəŋmulhwa]
정미소 精米所 [dʒəŋmiso]
정밀 精密 [dʒəŋmil]
정박하다 碇泊/渟泊-- [dʒəŋbakada, 정바카다]
정:반:대 正反對 [dʒəːŋbaːndɛ]
정:반:합 正反合 [dʒəːŋbaːnhab]
정:발산 鼎鉢山 [dʒəːŋbals'an, 정:발싼] /경기도 고양시
정:방폭포 正房瀑布 [dʒəːŋbaŋpogpo] /제주도 서귀포시
정벌 征伐 [dʒəŋbəl]
정법대 政法大 [dʒəŋb'əbd'ɛ, 정뻡때] /단과대학
정변 政變 [dʒəŋbjən]
정보 情報 [dʒəŋbo]
정보 町步 [dʒəŋbo] /땅 넓이
정:복 正服 [dʒəːŋbog]
정복욕 征服慾 [dʒəŋboŋnjog, 정봉뇩]
정부 政府 [dʒəŋbu]
정부 情婦/夫 [dʒəŋbu]
정:부 正副 [dʒəːŋbu] '으뜸'과 '버금'
정분 情分 [dʒəŋbun]
정:비 整備 [dʒəːŋbi]
정:비:례 正比例 [dʒəːŋbiːrje]
정빙 晶氷 [dʒəŋbiŋ]
정:빙 整氷 [dʒəːŋbiŋ] /빙판 정리
정사 政事 [dʒəŋsa]
정사 情事 [dʒəŋsa]
정:사:각형 正四角形 [dʒəːŋsaːgakjəŋ, 정:사:가켱]
정산 精算 [dʒəŋsan]
정:산면 定山面 [dʒəːŋsanmjən] /충남 청양군
정상 頂上 [dʒəŋsaŋ]
정상 情狀 [dʒəŋsaŋ] /정상 참작
정:상적 正常的 [dʒəːŋsaŋdʒəg]
정:색하다 正色-- [dʒəːŋsɛkada, 정:새카다]
정서 情緖 [dʒəŋsə]
정:서 正書 [dʒəːŋsə]
정:석 定石 [dʒəːŋsəg]
정선 精選 [dʒəŋsən]
정:선 鄭敾 [dʒəːŋsən] 호 겸재(謙齋), 眞景山水畵, 조선(1676~1759)
정선군 旌善郡 [dʒəŋsəŋgun] /강원도 서남부의 郡
정:설 定說 [dʒəːŋsəl]
정성껏 精誠- [dʒəŋsəŋg'əd, 정성껃]
정세 情勢 [dʒəŋse]
정수 精髓 [dʒəŋsu]
정:수 正數 [dʒəːŋsu] =양수(陽數)
정:수 整數 [dʒəːŋsu]
정수기 淨水器 [dʒəŋsugi]
정수리 頂-- [dʒəŋsuri]
정:수장:학회 正修獎學會 [dʒəːŋsudʒaːŋ ɦakø(we), 정:수장:하쾨(퀘)]

ㅈ

정숙 靜肅 [dʒəŋsug] /정숙 보행
정숙한 貞淑- [dʒəŋsukan, 정수칸] /女性
정승 政丞 [dʒəŋsɨŋ]
정:시 定時 [dʒə:ŋsi] /정시에, 정시 모집
정:시 正視 [dʒə:ŋsi]
정:식 正式 [dʒə:ŋsig]
정:식 定式 [dʒə:ŋsig]
정:식 定食 [dʒə:ŋsig]
정신여고 貞信女高 [dʒəŋsinnjəgo, 정신녀고] /서울시 송파구
정신력 精神力 [dʒəŋsinnjəg, 정신녁]
정신적 精神的 [dʒəŋsindʒəg]
정:실 正室 [dʒə:ŋsil] '본처'
정:악 正樂 [dʒə:ŋag]
정:안면 正安面 [dʒə:ŋanmjən] /충남 공주시, 정안휴게소(환승장)
정암리 亭岩里 [dʒəŋamni, 정암니] /충남 부여군
정약용 丁若鏞 [dʒəŋjagjoŋ, 정야공] 호 茶山(1762~1836)
정:연하다 整然-- [dʒə:ŋjənɦada] /신발, 논리
정열적 情熱的 [dʒəŋnjənldʒəg, 정녈적]
정염 情炎 [dʒəŋjəm]
정예 精銳 [dʒəŋje]
정:오 正午 [dʒə:ŋo]
정:오표 正誤表 [dʒə:ŋopjo]
정:왕동 正往洞 [dʒə:ŋwaŋdoŋ] /경기도 시흥시
정욕 情欲 [dʒəŋjog]
정욕 情慾 [dʒəŋjog]
정:우개발 正友開發 [dʒə:ŋugɛbal] /건설회사 名
정우리 丁友里 [dʒəŋuri] /전남 화순군
정우면 淨雨面 [dʒəŋumjən] /전북 정읍시
정원 庭園 [dʒəŋwən]
정:원 定員 [dʒə:ŋwən]
정월 正月 [dʒəŋwəl]
정유 精油 [dʒəŋju]
정유재:란 丁酉再亂 [dʒəŋjudʒɛ:ran] /선조 30년(1597)
정육점 精肉店 [dʒəŋjugdʒ'əm, 정육쩜]
정:육면체 正六面體 [dʒə:ŋnjuŋmjənʧe, 정:늉면체]
정읍시 井邑市 [dʒəŋɨbs'i, 정읍씨] /전북 남서부의 市
정의 情誼 [dʒəŋi, 정이] /깊은 정의, 정의가 두텁다
정:의 正義 [dʒə:ŋi, 정:이]
정:의 定義 [dʒə:ŋi, 정:이]
정의여고 貞義女高 [dʒəŋijəgo, 정이여고] /충남 서천군
정:의여고 正義女高 [dʒə:ŋijəgo, 정:이여고] /서울시 도봉구
정:이품송 正二品松 [dʒə:ŋipumsoŋ, 정:이품송] /충북 보은군
정인 情人 [dʒəŋin] /史劇
정:일품 正一品 [dʒə:ŋilpum] /품계, 고려·조선
정:일학원 正一學院 [dʒə:ŋilɦagwən, 정:일하권] /입시
정자 亭子 [dʒəŋdʒa]
정자 精子 [dʒəŋdʒa]
정:자 正字 [dʒə:ŋdʒa]
정자동 亭子洞 [dʒəŋdʒadoŋ] /경기도 성남시·수원시, 울산시 북구
정:작 [dʒə:ŋdʒag]
정:장 正裝 [dʒə:ŋdʒaŋ]
정쟁 政爭 [dʒəŋdʒɛŋ]
정적 政敵 [dʒəŋdʒəg]
정적 靜寂 [dʒəŋdʒəg]
정적 靜的 [dʒəŋdʒ'əg, 정쩍]
정전 停電 [dʒəŋdʒən]
정전 停戰 [dʒəŋdʒən]
정절 貞節 [dʒəŋdʒəl]
정점 頂點 [dʒəŋdʒ'əm, 정쩜]
정정 訂正 [dʒəŋdʒəŋ] /기사
정정 政情 [dʒəŋdʒəŋ] /정정 불안
정:정당당 正正堂堂 [dʒə:ŋdʒəŋdaŋdaŋ]
정정하다 亭亭-- [dʒəŋdʒəŋɦada] /나이에 비해 젊거나 건강함, 노인

ㅈ

정제 精製 [dʒəŋdʒe] /원유 정제
정:제 整齊 [dʒə:ŋdʒe] /정제된 언어
정조 貞操 [dʒəŋdʒo]
정조 停潮 [dʒəŋdʒo] /조류의 높이가 일정함
정:조 正祖 [dʒə:ŋdʒo] 조선 22대 왕 (1752~1800)
정조실 政調室 [dʒəŋdʒosil] '정책조정실'의 약칭, /정당
정:조:준 正照準 [dʒə:ŋdʒo:dʒun]
정:족수 定足數 [dʒə:ŋdʒogs'u, 정:족쑤]
정:종 正宗 [dʒə:ŋdʒoŋ] (→'청주(淸酒)'), /조선 2대 왕, 고려 3대 왕
정:좌 正坐 [dʒə:ŋdʒwa]
정:주 定住 [dʒə:ŋdʒu]
정:주군 定州郡 [dʒə:ŋdʒugun] /평북 남서 해안의 郡
정중동 靜中動 [dʒəŋdʒuŋdoŋ]
정:중앙 正中央 [dʒə:ŋdʒuŋaŋ]
정중(지)와 井中(之)蛙 [dʒəŋdʒuŋ(dʒi)wa] '우물 안 개구리', =井底蛙(정저와)
정:중한 鄭重- [dʒə:ŋdʒuŋhan]
정지 停止 [dʒəŋdʒi]
정:지 整地 [dʒə:ŋdʒi] /정지작업
정:진학원 正進學院 [dʒə:ŋdʒinhagwən, 정:진하권] /입시
정직 停職 [dʒəŋdʒig]
정:직하다 正直-- [dʒə:ŋdʒikada, 정:지카다]
정진하다 精進-- [dʒəŋdʒinhada]
정:착하다 定着-- [dʒə:ŋʧakada, 정:차카다]
정:찬 正餐 [dʒə:ŋʧan]
정찰기 偵察機 [dʒəŋʧalgi]
정:처 定處 [dʒə:ŋʧə] /-- 없이
정천면 程川面 [dʒəŋʧənmjən] /전북 진안군
정:철 鄭澈 [dʒə:ŋʧəl] 호 松江, /관동별곡, 사미인곡 (1536~1593)
정체 停滯 [dʒəŋʧe]
정:체성 正體性 [dʒəŋʧes'əŋ, 정:체썽]
정초 正初 [dʒəŋʧo]
정:초 定礎 [dʒə:ŋʧo] 사물의 기초, 주춧돌/빌딩
정충 精蟲 [dʒəŋʧuŋ]
정취 情趣 [dʒəŋʧwi]
정치권 政治圈 [dʒəŋʧig'wən, 정치꿘]
정:치망 定置網 [dʒə:ŋʧimaŋ] /수산업
정탐 偵探 [dʒəŋtam]
정토문 淨土門 [dʒəŋtomun] /불교
정:통 正統 [dʒə:ŋtoŋ]
정통한 精通- [dʒəŋtoŋhan] /정통한 소식통
정파 政派 [dʒəŋpa]
정파 停波 [dʒəŋpa]
정:평 定評 [dʒə:ŋpjəŋ]
정:품 正品 [dʒə:ŋpum]
정:풍 整風 [dʒə:ŋpuŋ]
정:하다 定-- [dʒə:ŋhada]
정하동 亭下洞 [dʒəŋhadoŋ] /경북 안동시
정하동 井下洞 [dʒəŋhadoŋ] /충북 청주시
정하동 汀下洞 [dʒəŋhadoŋ] /강원도 삼척시
정학 停學 [dʒəŋhag]
정:형화 定型化 [dʒə:ŋhjəŋhwa]
정혜사 淨惠寺[dʒəŋhjesa] /사찰, 경북 경주시
정:혜사 定慧寺 [dʒə:ŋhjesa] /사찰, 충남 청양군, 전북 정읍시, 전남 순천시
정화 淨化 [dʒəŋhwa]
정화수 井華水 [dʒəŋhwasu] /민속, 정한수(×)
정화여고 貞和女高 [dʒəŋhwajəgo] / 대구시 수성구
정:확히 正確- [dʒə:ŋhwaki, 정:화키]
정황 情況 [dʒəŋhwaŋ] /정황증거
정회 停會 [dʒəŋhø(we), 회(훼)]
정훈 政訓 [dʒəŋhun] /軍, 정훈장교
젖 [dʒəd, 젇] 乳
젖니 [dʒənni, 전니]

젖다 [dʒəd'a, 저따] 濡, 染, 傾, 젖지[dʒəddʒ'i, 전찌] 젖고[dʒədg'o, 전꼬] 젖어[dʒədʒə, 저저] 젖으니[dʒədʒɨni, 저즈니] 젖소[dʒəds'o, 전쏘] 젖는[dʒənnɨn, 전는]
젖당 -糖 [dʒəd'aŋ, 저땅]
젖먹이 [dʒənməgi, 전머기]
젖멍울 [dʒənməŋul, 전멍울]
젖산 -酸 [dʒəds'an, 전싼]
젖소 [dʒəds'o, 전쏘] 乳牛
젖줄 [dʒəddʒ'ul, 전쭐]
젖히다 [dʒətʃida, 저치다]
제 第 [dʒe] /제3회, (접두사)
제: 祭 [dʒe:] =제사
제가 齊家 [dʒega] /수신제가
제각각 -各各 [dʒegag'ag, 제가깍]
제:강 製鋼 [dʒ:gaŋ]
제거 除去 [dʒegə]
제고 提高 [dʒego]
제곱 [dʒegob]
제공 提供 [dʒegoŋ]
제:공권 制空權 [dʒe:goŋg'wən, 제:공꿘]
제:과점 製菓店 [dʒe:gwadʒəm]
제:구력 制球力 [dʒe:gurjəg] /스포츠
제국 諸國 [dʒegug] 여러 나라
제:국주의 帝國主義 [dʒe:gugdʒ'ui, 제:국쭈이]
제군 諸君 [dʒegun]
제기 提起 [dʒegi]
제기 [dʒegi] /제기차기
제:기 祭器 [dʒe:gi]
제:기동 祭基洞 [dʒe:gidoŋ] /서울시 동대문구
제:단 祭壇 [dʒe:dan]
제:당 製糖 [dʒe:daŋ]
제대 除隊 [dʒedɛ]
제:대 祭臺 [dʒe:dɛ]
제대혈 臍帶血 [dʒedɛhjəl]
제:도 制度 [dʒe:do]
제:도 製圖 [dʒe:do] /드로잉
제독 提督 [dʒedog]
제독 除毒 [dʒedog]
제:동 制動 [dʒe:doŋ] /제동장치
제등 提燈 [dʒediŋ] /제등행렬
제:련소 製鍊所 [dʒe:rjənso]
제:례 祭禮 [dʒe:rje]
제:망매가 祭亡妹歌 [dʒe:maŋmɛga] /신라, 월명사
제명 除名 [dʒemjəŋ]
제명 -命 [dʒemjəŋ]
제명 題名 [dʒemjəŋ]
제모 除毛 [dʒemo]
제목 題目 [dʒemog]
제물 [dʒemul] /그 자체, 처음, 순수
제:물 祭物 [dʒe:mul]
제:물포 濟物浦 [dʒe:mulpo] /'인천'의 별칭, 포구, 제물포역
제반 諸般 [dʒeban]
제:발 [dʒe:bal]
제방 堤防 [dʒebaŋ]
제법 [dʒebəb]
제보 提報 [dʒebo]
제:복 制服 [dʒe:bog]
제:본 製本 [dʒe:bon]
제:부 弟夫(婦) [dʒe:bu]
제:부도 濟扶島 [dʒe:budo] /경기도 화성시
제:분 製粉 [dʒe:bun]
제비 [dʒebi] /제비뽑기
제:비 [dʒe:bi] /조류
제:빙기 製氷機 [dʒe:biŋgi]
제:빵 製- [dʒe:b'aŋ]
제:사상 祭祀床 [dʒe:sas'aŋ, 제:사쌍]
제설 除雪 [dʒesəl]
제세공과금 諸稅公課金 [dʒesegoŋgwagɨm]
제세:동기 [dʒese:goŋgi] (의학)
제소 提訴 [dʒeso]
제:수 弟嫂 [dʒe:su]
제:승당 制勝堂 [dʒe:siŋdaŋ] /경남 통영시, 이순신
제시 提示 [dʒesi]
제:식훈:련 制式訓鍊 [dʒe:siku:lljən,

ㅈ

제:시쿨:련]
제아무리 [dʒeamuri]
제안 提案 [dʒean]
제암리 堤岩里 [dʒeamni, 제암니] / 경기도 화성시, 학살사건(일제, 1919)
제야 除夜 [dʒeja] /제야의 종
제:약 製藥 [dʒ:ejag]
제:약 制約 [dʒe:jag]
제:어 制御 [dʒe:ə]
제언 提言 [dʒeən]
제:왕적 帝王的 [dʒe:waŋdʒəg]
제외 除外 [dʒeø(we), 외(웨)]
제원 諸元 [dʒewən] /크기·무게 등의 지표, (기계)
제위 諸位 [dʒewi] '여러분'
제유법 提喩法 [dʒejub'əb, 제유뻡] / 빵→식량, 먹을 것
제의 提議 [dʒei, 제이]
제:의 祭衣 [dʒe:i, 제:이]
제일 第一 [dʒeil]
제일성 第一聲 [dʒeils'əŋ, 제일썽]
제자 題字 [dʒedʒa]
제:자 弟子 [dʒe:dʒa]
제:작 製作 [dʒe:dʒag]
제재 題材 [dʒedʒɛ]
제:재 制裁 [dʒe:dʒɛ]
제:재소 製材所 [dʒe:dʒɛso]
제적 除籍 [dʒedʒəg]
제:전 祭典 [dʒe:dʒən]
제:정 制定 [dʒe:dʒəŋ]
제:정 帝政 [dʒe:dʒəŋ]
제:제 製劑 [dʒe:dʒe]
제:조 製造 [dʒe:dʒo]
제:조창 製造廠 [dʒe:dʒotʃaŋ] /연초, 무기
제:주 祭酒 [dʒe:dʒu]
제:주도 濟州道 [dʒe:dʒudo]
제:중원 濟衆院 [dʒe:dʒuŋwən] /세브란스, 서울대병원 (1885)
제:지 制止 [dʒe:dʒi]
제:지 製紙 [dʒe:dʒi]
제차 諸車 [dʒetʃa] /제차서행
제창 齊唱 [dʒetʃaŋ]
제창하다 提唱-- [dʒetʃaŋɦada]
제척 除斥 [dʒetʃəg]
제천시 堤川市 [dʒetʃənsi] /충북 북동부의 市
제:철소 製鐵所 [dʒe:tʃəls'o, 제:철쏘]
제청 提請 [dʒetʃəŋ]
제초제 除草劑 [dʒetʃodʒe]
제치다 [dʒetʃida]
제:패 制覇 [dʒe:pɛ]
제풀에 [dʒepure, 제푸레]
제하 題下 [dʒeɦa]
제하다 除-- [dʒeɦada]
제:한적 制限的 [dʒe:ɦandʒəg]
제:헌절 制憲節 [dʒe:ɦəndʒəl] 7·17
제호 題號 [dʒeɦo] '제목'
제:화점 製靴店 [dʒe:ɦwadʒəm]
제후 諸侯 [dʒeɦu]
제휴 提携 [dʒeɦju]
젬병 -餠 [dʒembjəŋ]
조 [dʒo] /곡식
조 調 [dʒo] /장조·단조
조 兆 [dʒo] /數
조 曺 [dʒo] /姓氏
조: 趙 [dʒo:] /姓氏
조:가 弔歌 [dʒo:ga]
조가비 [dʒogabi]
조각 彫刻 [dʒogag]
조각 組閣 [dʒogag]
조간 朝刊 [dʒogan]
조갈증 燥渴症 [dʒogaldʒ'ɨŋ, 조갈쯩]
조감도 鳥瞰圖 [dʒogamdo]
조강 粗鋼 [dʒogaŋ] /제철공장
조강지처 糟糠之妻 [dʒogaŋdʒitʃə]
조갯살 [dʒogɛ(d)s'al, 조개(갣)쌀]
조건부 條件附 [dʒog'ənbu, 조껀부]
조:견 早見 [dʒo:gjən] /한 눈에 쉽게 보는 것
조:경 造景 [dʒo:gjəŋ]
조계종 曹溪宗 [dʒogjedʒoŋ] /불교, 禪宗
조공 租貢 [dʒogoŋ] /조세

ㅈ

조공 朝貢 [dʒogoŋ] /종속적 예물
조:광조 趙光祖 [dʒo:gwaŋdʒo] /학자, 조선, 호 정암(靜庵), (1482~ 1519)
조:교 助教 [dʒo:gjo]
조국애 祖國愛 [dʒogugɛ, 조구개]
조금 [dʒogɨm]
조금 潮- [dʒogɨm] 조수가 가장 낮은 때
조급하다 躁急-- [dʒogɨpada, 조그파다] /조급한 성격, 참을성 없음
조:급히 早急- [dʒo:gɨpi, 조:그피] / 일반적 의미
조기 [dʒogi] 石魚, 鰻, /生鮮
조기 [dʒogi] '저기'보다 작은 범위
조:기 弔旗 [dʒo:gi]
조:기 早起 [dʒo:gi] /조기축구회
조:기에 早期- [dʒo:gie]
조난 遭難 [dʒonan]
조남동 鳥南洞 [dʒonamdoŋ] /경기도 시흥시, 조남JC(분기점)
조달 調達 [dʒodal]
조당수 [dʒodaŋsu] /좁쌀로 만든 묽은 죽, 가난
조:대 釣臺 [dʒodɛ] =낚시터
조도 鳥島 [dʒodo] /전남 진도군
조:도 照度 [dʒo:do]
조락 凋落 [dʒorag]
조랑말 [dʒoraŋmal]
조력 潮力 [dʒorjəg] /조력 발전
조:력 助力 [dʒo:rjəg]
조:력 釣歷 [dʒo:rjəg] /낚시 경력
조련사 調練師 [dʒorjənsa]
조령 鳥嶺 [dʒorjəŋ] /충북 괴산군과 경북 문경시에 걸친 고개
조령모:개 朝令暮改 [dʒorjəŋmo:gɛ]
조례 條例 [dʒorje]
조:로 早老 [dʒo:ro]
조롱 嘲弄 [dʒoroŋ]
조롱박 [dʒoroŋbag]
조:루증 早漏症 [dʒo:rudʒ'ɨŋ, 조:루쯩]
조류 鳥類 [dʒorju]
조류 潮流 [dʒorju]
조류 藻類 [dʒorju]
조르다 [dʒorɨda] 絞, 催促
조리 [dʒori] /조쪽, 조 곳
조리 條理 [dʒori] /조리 있게
조리 調理 [dʒori] /病, 요리
조:리 笊籬 [dʒo:ri] /쌀
조리다 [dʒorida] 煮
조:림 造林 [dʒo:rim]
조립식 組立式 [dʒoribs'ig, 조립씩]
조막손 [dʒomags'on, 조막쏜]
조:만간 早晚間 [dʒo:mangan]
조망권 眺望權 [dʒomaŋg'wən, 조망꿘]
조:명 照明 [dʒo:mjəŋ]
조목조목 [dʒomogdʒ'omog, 조목쪼목]
조무래기 [dʒomurɛgi] 조무라기(×)
조문 條文 [dʒomun]
조:문 弔問 [dʒo:mun]
조:물주 造物主 [dʒo:muldʒ'u, 조:물쭈]
조미료 調味料 [dʒomirjo]
조밀한 稠密- [dʒomilɦan]
조바심 [dʒobasim]
조반 朝飯 [dʒoban]
조발 調髮 [dʒobal] /머리를 깎거나 다듬음
조배 朝拜 [dʒobɛ] /예배, 성체조배, 가톨릭
조변석개 朝變夕改 [dʒobjənsəg'ɛ, 조변서깨]
조별 組別 [dʒobjəl]
조부 祖父 [dʒobu]
조붓하다 [dʒobutada, 조부타다] 좁은 듯하다
조사 調査 [dʒosa]
조:사 弔詞/弔辭 [dʒo:sa]
조:사 助詞 [dʒo:sa] 토씨
조삼모:사 朝三暮四 [dʒosammo:sa]
조상 祖上 [dʒosaŋ]
조서 調書 [dʒosə]
조석 朝夕 [dʒosəg] /조석으로
조선 朝鮮 [dʒosən]
조:선 造船 [dʒo:sən]
조:성 造成 [dʒo:səŋ]

조세 租稅 [ʤose]
조소 嘲笑 [ʤoso]
조소 彫塑 [ʤoso] /미술
조:속히 早速- [ʤo:soki, 조:소키]
조수 潮水 [ʤosu]
조:수 助手 [ʤo:su]
조:숙하다 早熟-- [ʤo:sukada, 조:수카다]
조신하다 操身-- [ʤosinɦada]
조:실부모 早失父母 [ʤo:silbumo]
조:심 操心 [ʤo:sim]
조안면 鳥安面 [ʤoanmjən] /경기도 남양주시
조암리 朝岩里 [ʤoamni, 조암니] / 경기도 화성시
조야한 粗野- [ʤojaɦan]
조약 條約 [ʤojag]
조약돌 [ʤojagd'ol, 조약똘]
조양동 朝陽洞 [ʤojaŋdoŋ] /강원도 춘천시·속초시, 경북 경주시
조:어 造語 [ʤo:ə]
조:어 釣魚 [ʤo:ə]
조:어대 釣魚臺 [ʤo:ədɛ] /북경 명소, 댜오위타이
조:언 助言 [ʤo:ən]
조:연 助演 [ʤo:jən]
조:영제 造影劑 [ʤo:jəŋʤe] /내시경
조:예 造詣 [ʤo:je]
조용히 [ʤojoɦi]
조우하다 遭遇-- [ʤouɦada]
조운동 朝雲洞 [ʤoundoŋ] /강원도 춘천시
조울증 躁鬱症 [ʤoulʤ'iŋ, 조울쯩]
조원고 棗園高 [ʤowəngo] /경기도 수원시
조:위금 弔慰金 [ʤo:wigɨm]
조율 調律 [ʤojul]
조율 棗栗 [ʤojul] '대추와 밤'
조음점 調音點 [ʤoɨmʤ'əm, 조음쩜]
조:의 弔意 [ʤo:i, 조:이]
조인식 調印式 [ʤoinsig]
조작 操作 [ʤoʤag]
조:작 造作 [ʤo:ʤag]
조잘대:다 [ʤoʤaldɛ:da]
조잡하다 粗雜-- [ʤoʤapada, 조자파다]
조장 組長 [ʤoʤaŋ]
조:장하다 助長-- [ʤo:ʤaŋɦada]
조:전 弔電 [ʤo:ʤən]
조절 調節 [ʤoʤəl]
조정 調整 [ʤoʤəŋ]
조정 調停 [ʤoʤəŋ] /분쟁, 합의, 법률
조정 朝廷 [ʤoʤəŋ] /史劇
조정 漕艇 [ʤoʤəŋ] /운동
조제 調劑 [ʤoʤe]
조:조 早朝 [ʤo:ʤo]
조족지혈 鳥足之血 [ʤoʤogʤ'ihjəl, 조족찌혈]
조종 操縱 [ʤoʤoŋ]
조:종 弔鐘 [ʤo:ʤoŋ]
조:준 照準 [ʤo:ʤun]
조증 躁症 [ʤoʤ'ɨŋ, 조쯩]
조직력 組織力 [ʤoʤiŋnjəg, 조징녁]
조짐 兆朕 [ʤoʤim]
조차 租借 [ʤoʧa]
조:차 操車 [ʤo:ʧa] /열차 편성
조찬 朝餐 [ʤoʧan]
조찰 澡擦 [ʤoʧal] /죄를 씻음, '조찰케 하사' (가톨릭)
조:찰 照察 [ʤo:ʧal] 잘잘못을 살핌
조처 措處 [ʤoʧə]
조천면 朝天面 [ʤoʧənmjən] /제주시
조:청 造淸 [ʤo:ʧəŋ] /엿
조촐히 [ʤoʧolɦi]
조총 鳥銃 [ʤoʧoŋ] /史劇
조총련 朝總聯 [ʤoʧoŋnjən, 조총년] '在日本朝鮮人總聯合會'의 약칭
조치 措置 [ʤoʧi]
조:침문 弔針文 [ʤo:ʧimmun] /수필, 兪 氏 부인, 19C 초
조카딸 [ʤokad'al]
조타수 操舵手 [ʤotasu]
조탁 彫琢 [ʤotag]
조:퇴 早退 [ʤo:tø(we), 퇴(퉤)]

ㅈ

조판 組版 [ʤopan] /출판
조:판 肇判 [ʤo:pan] 쪼개어 가름
조팝나무 [ʤopamnamu, 조팜나무]
조평통 祖平統 [ʤopjəŋtoŋ] '祖國平和統一委員會'의 약칭, /북한
조폭 組暴 [ʤopog] '조직폭력배'의 약칭
조피볼락 [ʤopibolag] =우럭, /生鮮
조합원 組合員 [ʤoɦabwən, 조하붠]
조항 條項 [ʤohaŋ]
조향사 調香師 [ʤoɦjaŋsa]
조향장치 操向裝置 [ʤohjaŋʤaŋʧi]
조:혈제 造血劑 [ʤo:ɦjəlʤ'e, 조:혈쩨]
조:형 造型 [ʤo:ɦjəŋ] /형틀, 주형
조:형물 造形物 [ʤo:ɦjəŋmul]
조:혼 早婚 [ʤo:ɦon]
조화 調和 [ʤoɦwa]
조:화 造花 [ʤo:ɦwa]
조:화 弔花 [ʤo:ɦwa]
조:황 釣況 [ʤo:ɦwaŋ] /낚시
조회 朝會 [ʤoɦø(we), 회(훼)]
조:회수 照會數 [ʤo:ɦø(we)s'u, 조:회(훼)쑤]
족구 足球 [ʤog'u, 조꾸]
족두리 [ʤogd'uri, 족뚜리]
족발집 足-- [ʤogb'alʤ'ib, 족빨찝]
족벌 族閥 [ʤogb'əl, 족뻘]
족보 族譜 [ʤogb'o, 족뽀]
족부 足部 [ʤogb'u, 족뿌]
족속 族屬 [ʤogs'og, 족쏙]
족쇄 足鎖 [ʤogs'wɛ, 족쐐]
족욕 足浴 [ʤogjog, 조굑]
족장 族長 [ʤogʤ'aŋ, 족짱]
족적 足跡 [ʤogʤ'əg, 족쩍]
족제비 [ʤogʤ'ebi, 족쩨비]
족족 [ʤogʤ'og, 족쪽]
족집게 [ʤogʤ'ibg'e, 족찝께] 쪽집게(×)
족치다 [ʤogʧida]
족탈불급 足脫不及 [ʤogtalbulgɨb]
족탕 足湯 [ʤogtaŋ]
족히 足- [ʤoki, 조키]
존경심 尊敬心 [ʤongjəŋsim]
존귀하다 尊貴-- [ʤongwihada]
존댓말 尊待- [ʤondɛnmal, 존댄말]
존득하다 [ʤondɨkada, 존드카다] ≒ 졸깃하다
존립 存立 [ʤollib, 졸립]
존망 存亡 [ʤonmaŋ]
존·비:속 尊卑屬 [ʤonbi:sog]
존속 尊屬 [ʤonsog]
존속하다 存續-- [ʤonsokada, 존소카다]
존안 存案 [ʤonan, 조난] /존안자료
존엄성 尊嚴性 [ʤonəms'əŋ, 조넘썽]
존영 尊影 [ʤonjəŋ, 조녕]
존재감 存在感 [ʤonʤɛgam]
존중 尊重 [ʤonʤuŋ]
존치 存置 [ʤonʧi]
존폐 存廢 [ʤonpje]
존함 尊銜 [ʤonɦam]
졸개 卒- [ʤolgɛ]
졸경 卒更 [ʤolgjəŋ] /고문, 벌, 졸경을 치르다
졸고 拙稿 [ʤolgo]
졸:다 [ʤo:lda] 睡, 縮, 졸:고[ʤo:lgo] 졸:지[ʤo:lʤi] 졸:면[ʤo:lmjən] 졸아[ʤora, 조라] 조:니[ʤo:ni] 졸:음[ʤo:rɨm, 조:름]
졸도 卒倒 [ʤold'o, 졸또]
졸렬하다 拙劣-- [ʤolljəlɦada]
졸리다 [ʤollida] '조르다'의 피동
졸:리다 [ʤo:llida] 졸립다(×)
졸병 卒兵 [ʤolbjəŋ]
졸보기 [ʤolbogi] 近視(鏡)
졸본 卒本 [ʤolbon] /고구려, 동명성왕
졸부 猝富 [ʤolbu]
졸속 拙速 [ʤols'og, 졸쏙]
졸업식 卒業式 [ʤorəbs'ig, 조럽씩]
졸:음운:전 --運轉 [ʤo:rɨmu:nʤən, 조:르문:전]
졸자 卒者 [ʤolʤ'a, 졸짜]
졸자 拙者 [ʤolʤ'a, 졸짜] 졸렬한 사

람, /'겸양의 의미'로도 쓰임
졸작 拙作 [ʤolʤ'ag, 졸짝]
졸장부 拙丈夫 [ʤolʤ'aŋbu, 졸짱부]
졸저 拙著 [ʤolʤ'ə, 졸쩌]
졸전 拙戰 [ʤolʤ'ən, 졸쩐]
졸졸 [ʤolʤol]
졸지에 猝地- [ʤolʤ'ie, 졸찌에]
좀 [ʤom] '조금'의 준말, /곤충
좀도둑 [ʤomd'odug, 좀또둑]
좀생원 -生員 [ʤomsɛŋwən]
좀스럽다 [ʤoms'ɨrəbd'a, 좀쓰럽따]
좀약 -藥 [ʤomnjag, 좀냑]
좀:처럼 [ʤo:mʧərəm]
좀:체 [ʤo:mʧe] 좀체로(×)
좁다 [ʤobd'a, 좁따]
좁다랗다 [ʤobd'arata, 좁따라타]
좁쌀 [ʤobs'al]
좁히다 [ʤopida, 조피다]
종 鐘 [ʤoŋ]
종: [ʤo:ŋ] 僕, 隷
종각역 鐘閣驛 [ʤoŋgaŋnjəg, 종강녁] /서울 지하철 1호선
종갓집 宗家- [ʤoŋga(d)ʤ'ib, 종가(갇)찝]
종강 終講 [ʤoŋaŋ]
종견 種犬 [ʤoŋgjən]
종결 終結 [ʤoŋgjəl]
종교 宗敎 [ʤoŋgjo]
종국에 終局- [ʤoŋguge, 종구게]
종군 從軍 [ʤoŋgun]
종균 種菌 [ʤoŋgjun]
종금 綜金 [ʤoŋgɨm] '종합금융'의 약칭
종:기 腫氣 [ʤo:ŋgi]
종달새 [ʤoŋdals'ɛ, 종달쌔] =종다리
종당에 從當- [ʤoŋdaŋe] 마지막에
종도 宗徒 [ʤoŋdo] =使徒, /가톨릭
종돈 種豚 [ʤoŋdon]
종두법 種痘法 [ʤoŋdub'əb, 종두뻡]
종래에는 從來-- [ʤoŋnɛenɨn, 종내에는]
종량제 從量制 [ʤoŋnjaŋʤe, 종냥제]
종려나무 棕櫚-- [ʤoŋnjənamu, 종녀나무]
종로 鍾路/鐘路 [ʤoŋno, 종노] /서울시 광화문에서 동대문까지 뻗은 길
종루 鐘樓 [ʤoŋnu, 종누]
종류 種類 [ʤoŋnju, 종뉴]
종마 種馬 [ʤoŋma]
종말 終末 [ʤoŋmal]
종묘 宗廟 [ʤoŋmjo]
종묘 種苗 [ʤoŋmjo]
종무 宗務 [ʤoŋmu]
종무식 終務式 [ʤoŋmusig]
종법 宗法 [ʤoŋb'əb, 종뻡]
종부세 綜不稅 [ʤoŋbus'e, 종부쎄] '綜合不動産稅'의 약칭
종북 從北 [ʤoŋbug] 북한 추종, /종북세력
종사관 從事官 [ʤoŋsagwan] /벼슬, 조선, 史劇
종사하다 從事-- [ʤoŋsaɦada]
종속 從屬 [ʤoŋsog]
종식하다 終熄-- [ʤoŋsikada, 종시카다]
종신직 終身職 [ʤoŋsinʤig]
종신형 終身刑 [ʤoŋsinɦjəŋ]
종:아리 [ʤo:ŋari]
종알거리다 [ʤoŋalgərida]
종:양 腫瘍 [ʤo:ŋjaŋ]
종언 終焉 [ʤoŋən]
종영 終映 [ʤoŋjəŋ]
종용 慫慂 [ʤoŋjoŋ]
종일 終日 [ʤoŋil]
종잇장 --張 [ʤoŋi(d)ʤ'aŋ, 종이(읻)짱]
종잡다 [ʤoŋʤabd'a, 종잡따] / 종잡기 어렵다, 종잡을 수 없다
종잣돈 種子- [ʤoŋʤad'on, 종자똔]
종적 蹤跡/蹤迹 [ʤoŋʤəg]
종적 縱的 [ʤoŋʤ'əg, 종쩍]
종전 從前 [ʤoŋʤən]
종전 終戰 [ʤoŋʤən]
종점 終點 [ʤoŋʤ'əm, 종쩜]
종정 宗正 [ʤoŋʤəŋ] /종파, 불교

ㅈ

종족 種族 [ʤoŋʤog]
종종 [ʤoŋʤoŋ] /발걸음
종:종 種種 [ʤo:ŋʤoŋ] =가끔
종주 縱走 [ʤoŋʤu]
종중 宗中 [ʤoŋʤuŋ] /문중
종지 [ʤoŋʤi] /그릇
종지부 終止符 [ʤoŋʤibu]
종착역 終着驛 [ʤoŋʧaŋnjəg, 종창녁]
종친회 宗親會 [ʤoŋʧinɦø(we), 종친회(훼)]
종탑 鐘塔 [ʤoŋtab]
종파 宗派 [ʤoŋpa]
종편 終篇 [ʤoŋpjən]
종편 綜編 [ʤoŋpjən] '종합편성', / 종편채널
좇다 [ʤod'a, 조따] 追, 從, 逐, 慕, 좇아[조차] 좇으니[조츠니] 좇는[존는]
좋:다 [ʤo:ta, 조:타] 좋:아[조:아] 좋:으니[조:으니] 좋:지[조:치] 좋:고[조:코] 좋:습니다[조:씁니다]
좌:경 左傾 [ʤwa:gjəŋ]
좌:고우:면 左顧右眄 [ʤwa:gou:mjən]
좌:골 坐骨 [ʤwa:gol] =궁둥뼈
좌:골 挫骨 [ʤwa:gol] 뼈가 부러짐
좌:뇌 左腦 [ʤwa:nø(we), 뇌(눼)]
좌:담 座談 [ʤwa:dam]
좌:대 座臺 [ʤwa:dɛ]
좌:변 左邊 [ʤwa:bjən]
좌:불안석 坐不安席 [ʤwa:buransəg, 좌:부란석]
좌:상 左相 [ʤwa:saŋ] =좌의정, /史劇
좌:상 挫傷 [ʤwa:saŋ] /기가 꺾이고 상한 마음, 내장 손상
좌:선 坐禪 [ʤwa:sən] /불교
좌:섬 挫閃 [ʤwa:səm] =염좌, /한의학
좌:시 坐視 [ʤwa:si]
좌:식 坐式 [ʤwa:sig]
좌:익 左翼 [ʤwa:ig]
좌:장 座長 [ʤwa:ʤaŋ]
좌:절 挫折 [ʤwa:ʤəl]
좌:정 坐定 [ʤwa:ʤəŋ]
좌:중 座中 [ʤwa:ʤuŋ]
좌:지우:지 左之右之 [ʤwa:ʤiu:ʤi]
좌:찬성 左贊成 [ʤwa:ʧansəŋ] /종일품 벼슬, 史劇
좌:천 左遷 [ʤwa:ʧən]
좌:초 坐礁 [ʤwa:ʧo]
좌:충우:돌 左衝右突 [ʤwa:ʧuŋu:dol]
좌:측 左側 [ʤwa:ʧɨg]
좌:타우:투 左打右投 [ʤwa:tau:tu] / 야구
좌:투수 左投手 [ʤwa:tusu] /야구
좌:편향 左偏向 [ʤwa:pjənɦjaŋ]
좌:품천사 座品天使 [ʤwa:pumʧənsa] /상급천사, 가톨릭
좌:향좌 左向左 [ʤwa:ɦjaŋʤwa]
좌:현 左舷 [ʤwa:ɦjən] /선박
죄 [ʤø] =죄다, 모두
죄: 罪 [ʤø:]
죄:다 [ʤø:da] 죄:니[ʤø:ni] 죄:고[ʤø:go] 죄:지[ʤø:ʤi] 죄:면[ʤø:mjən] 죄어/좨:[ʤøə/ʤwɛ:]
죄:명 罪名 [ʤø:mjəŋ]
죄:목 罪目 [ʤø:mog]
죄:받다 罪-- [ʤø:bad'a, 죄:바따] /벌을 받다
죄:상 罪狀 [ʤø:saŋ]
죄:송하다 罪悚-- [ʤø:soŋɦada]
죄:수 罪囚 [ʤø:su]
죄:악 罪惡 [ʤø:ag]
죄:인 罪人 [ʤø:in]
죄:짓:다 罪-- [ʤø:ʤi:d'a, 죄:지:따]
죄:책감 罪責感 [ʤø:ʧɛg'am, 죄:재깜]
죗:값 罪- [ʤø:(d)g'ab, 죄:(쵣:)깝] 죗:값이[죄:(쵣:)깝씨] 죗:값을[죄:(쵣:)깝쓸] 죗:값만[죄:(쵣:)깜만]
주: 註/注 [ʤu:] ≒주석(註釋)
주: 駐 [ʤu:]
주가 株價 [ʤug'a, 주까]
주객전:도 主客顚倒 [ʤugɛgʤ'ə:ndo, 주객쩐:도]
주걱 [ʤugəg]
주검 [ʤugəm]

주견 主見 [ʤugjən]
주곡 主穀 [ʤugog]
주:공 住公 [ʤu:goŋ] /아파트, 구 '대한주택공사'
주관 主管 [ʤugwan]
주관적 主觀的 [ʤugwanʤəg]
주교 主教 [ʤugjo]
주교동 舟橋洞 [ʤugjodoŋ] /경기도 고양시
주구 走狗 [ʤugu] =앞잡이, /권력의 주구
주권 主權 [ʤug'wən, 주꿘]
주기 週忌 [ʤugi]
주기도문 主祈禱文 [ʤugidomun]
주기적 週期的 [ʤugiʤəg]
주꾸미 [ʤug'umi] 쭈꾸미(×)
주낙 [ʤunag] /어업, 낚시
주:눅 [ʤu:nug]
주당 酒黨 [ʤudaŋ]
주대 酒代 [ʤudɛ] 술값
주도 酒道 [ʤudo]
주도적 主導的 [ʤudoʤəg]
주동자 主動者 [ʤudoŋʤa]
주:둔 駐屯 [ʤu:dun]
주량 酒量 [ʤurjaŋ]
주력 走力 [ʤurjəg]
주력 主力 [ʤurjəg] /주력상품, 주력부대
주:력하다 注力-- [ʤu:rjəkada, 주:려카다]
주례 主禮 [ʤurje]
주례 週例 [ʤurje]
주로 主- [ʤuro]
주로 走路 [ʤuro]
주루 走壘 [ʤuru] /야구
주류 主流 [ʤurju]
주류 酒類 [ʤurju]
주름살 [ʤurɨms'al, 주름쌀]
주리 [ʤuri] /죄인, ~를 틀다, 史劇
주:린 [ʤu:rin] /주린 배
주마간산 走馬看山 [ʤumagansan]
주막 酒幕 [ʤumag]
주먹구구 --九九 [ʤuməg'ugu, 주머꾸구]
주먹밥 [ʤuməgb'ab, 주먹빱]
주목 朱木 [ʤumog]
주:목 注目 [ʤu:mog]
주몽 朱蒙 [ʤumoŋ] '동명성왕(東明聖王)'
주무 主務 [ʤumu]
주:문 注文 [ʤu:mun]
주:문 呪文 [ʤu:mun]
주:물공 鑄物工 [ʤu:mulgoŋ]
주:문도 注文島 [ʤu:mundo] /인천시 강화군의 섬
주:문진 注文津 [ʤu:munʤin] /강원도 강릉시
주물럭대:다 [ʤumulləgd'ɛ:da, 주물럭때:다]
주:미 駐美 [ʤu:mi] 미국 주재
주:민세 住民稅 [ʤu:mins'e, 주:민쎄]
주방용:품 廚房用品 [ʤubaŋnjo:ŋpum, 주방뇽:품]
주벽 酒癖 [ʤubjəg]
주변 周邊 [ʤubjən]
주:변 [ʤu:bjən] /~이 없다, ~좋다, 주변머리
주보 週報 [ʤubo]
주사 酒邪 [ʤusa]
주사 主事 [ʤusa]
주:사기 注射器 [ʤu:sagi]
주상 主上 [ʤusaŋ] '임금'
주:상 住商 [ʤu:saŋ] 주거와 상업, /주상복합
주색잡기 酒色雜技 [ʤusɛgʤ'abg'i, 주색짭끼]
주석 柱石 [ʤusəg]
주석 主席 [ʤusəg]
주:석 註釋 [ʤu:səg]
주선 周旋 [ʤusən]
주세 酒稅 [ʤuse]
주:소 住所 [ʤu:so]
주:술 呪術 [ʤu:sul]
주:시 注視 [ʤu:si]

ㅈ

주:악 奏樂 [dʒu:ag]
주안동 朱安洞 [dʒuandoŋ] /인천시 남구
주안상 酒案床 [dʒuans'aŋ, 주안쌍]
주안점 主眼點 [dʒuandʒ'əm, 주안쩜]
주야로 晝夜- [dʒujaro]
주야장천 晝夜長川 [dʒujadʒaŋʧən] 주구장창(×)
주억거리다 [dʒuəg'ərida, 주어꺼리다]
주역 主役 [dʒujəg]
주역 周易 [dʒujəg]
주:역 註譯 [dʒu:jəg]
주왕산 周王山 [dʒuwaŋsan] /경북 청송군
주운 舟運 [dʒuun] /배로 짐 따위를 나름
주:원리 注阮里 [dʒu:wənni, 주:원니] /경기도 포천시
주위 周圍 [dʒuwi]
주:유소 注油所 [dʒu:juso]
주유천하 周遊天下 [dʒujuʧənɦa]
주:의 注意 [dʒu:i, 주:이]
주:의보 注意報 [dʒu:ibo, 주:이보]
주인장 主人丈 [dʒuindʒaŋ]
주일 週日 [dʒuil]
주일 主日 [dʒuil]
주:일 駐日 [dʒu:il] 일본 주재
주임 主任 [dʒuim]
주자 走者 [dʒudʒa]
주작 朱雀 [dʒudʒag] /붉은 봉황
주장 主張 [dʒudʒaŋ]
주장 主將 [dʒudʒaŋ]
주재 主宰 [dʒudʒɛ]
주:재 駐在 [dʒu:dʒɛ]
주저하다 躊躇-- [dʒudʒəɦada]
주적 主敵 [dʒudʒəg]
주전 主戰 [dʒudʒən]
주전부리 [dʒudʒənburi]
주점 酒店 [dʒudʒəm]
주접 [dʒudʒəb]
주정 酒酲 [dʒudʒəŋ]
주제 主題 [dʒudʒe]
주제 [dʒudʒe] 변변치 못한 몰골, /네 주제에
주조 酒造 [dʒudʒo]
주조 主潮 [dʒudʒo]
주조 主調 [dʒudʒo] '주조정실'의 약칭, /방송사
주종 主從 [dʒudʒoŋ] /주종관계
주종 主宗 [dʒudʒoŋ] ~을 이루다
주주 株主 [dʒudʒu]
주:중 駐中 [dʒu:dʒuŋ] 중국 주재
주지육림 酒池肉林 [dʒudʒijuŋnim, 주지융님] /호화판 酒宴
주지의 周知- [dʒudʒie, 주지에]
주:차 駐車 [dʒu:ʧa]
주창 主唱 [dʒuʧaŋ]
주책 [dʒuʧɛg]
주천리 酒泉里 [dʒuʧənni, 주천니] / 강원도 영월군, 전북 임실군
주천리 酒川里 [dʒuʧənni, 주천니] / 전북 정읍시
주천리 周川里 [dʒuʧənni, 주천니] / 전북 남원시
주천리 舟川里 [dʒuʧənni, 주천니] / 충북 음성군
주:천리 注川里 [dʒu:ʧənni, 주:천니] /경기도 안성시
주체 [dʒuʧe] ~를 못하다, ~할 수 없다
주총 株總 [dʒuʧoŋ] '주주총회'의 약칭
주최 主催 [dʒuʧø(we), 최(췌)]
주춧돌 [dʒuʧud'ol, 주추똘]
주춤 [dʒuʧum]
주치의 主治醫 [dʒuʧii, 주치이]
주:택연금 住宅 [dʒu:tɛŋnjəngɨm, 주:탱년금]
주특기 主特技 [dʒutɨg'i, 주트끼]
주파 走破 [dʒupa]
주파수 周波數 [dʒupasu]
주:판알 籌板/珠板- [dʒu:panal, 주:파날]
주포 主砲 [dʒupo]
주:한 駐韓 [dʒu:ɦan]

주:해 註解 [ʤu:ɦɛ]
주행 走行 [ʤuɦɛŋ]
주:형 鑄型 [ʤu:ɦjəŋ]
주홍빛 朱紅- [ʤuɦoŋb'id, 주홍삗]
주:화 鑄貨 [ʤu:ɦwa]
주황 朱黃 [ʤuɦwaŋ]
주효 酒肴 [ʤuɦjo] '술과 안주'
주:효하다 奏效-- [ʤu:ɦjoɦada]
죽 粥 [ʤug]
죽도 竹刀 [ʤugd'o, 죽또]
죽령 竹嶺 [ʤuŋnjəŋ, 중녕] /고개, 충북 단양군과 경북 영주시에 걸침
죽리 竹里 [ʤuŋni, 중니] /경기도 평택시·안성시, 강원도 양구군, 충북 증평군
죽림동 竹林洞 [ʤuŋnimdoŋ, 중님동] /부산시 강서구, 강원도 춘천시, 충북 청주시, 전남 나주시, 경남 사천시
죽림칠현 竹林七賢 [ʤuŋnimʧilɦjən, 중님칠현] /선비
죽마고:우 竹馬故友 [ʤuŋmago:u, 중마고:우]
죽변항 竹邊港 [ʤugb'jənɦaŋ, 죽뼌항]/경북 울진군
죽비 竹篦 [ʤugb'i, 죽삐] =대빗, /불교
죽산 竹山 [ʤugs'an, 죽싼] '조봉암'의 호
죽산리 竹山里 [ʤugs'anni, 죽싼니] /안성·아산·서천·군산·김제·장수·나주·무안·보성·함양
죽상 -相 [ʤugs'aŋ, 죽쌍] =죽을상
죽순 竹筍 [ʤugs'un, 죽쑨]
죽암리 竹岩里 [ʤugamni, 주감니] /전남 고흥군·함평군, 충북 청원군·보은군, 경북 상주시
죽염 竹鹽 [ʤugjəm, 주겸]
죽을상 --相 [ʤugɨls'aŋ, 주글쌍]
죽전리 竹田里 [ʤugʤ'ənni, 죽전니] 홍성·청원·보은·영동·안동·영천·경주·성주·의령·합천·남해·순창·진도

죽장 竹杖 [ʤugʤ'aŋ, 죽짱] =대지팡이
죽지 [ʤugʤ'i, 죽찌] /날갯죽지
준:거 準據 [ʤu:ngə]
준:결승 準決勝 [ʤu:ngjəls'ɨŋ, 준:결씅]
준:공 竣工 [ʤu:ngoŋ]
준:동 蠢動 [ʤu:ndoŋ]
준:령 峻嶺 [ʤu:lljəŋ, 줄:령]
준:마 駿馬 [ʤu:nma]
준:법 遵法 [ʤu:nb'əb, 준:뻡]
준:비 準備 [ʤu:nbi]
준:설 浚渫 [ʤu:nsəl]
준:수 遵守 [ʤu:nsu]
준:엄한 峻嚴- [ʤu:nəmɦan, 주:넘한]
준:용 準用 [ʤu:njoŋ, 주:뇽]
준:위 准尉 [ʤu:nwi, 주:뉘] /소위 아래
준:장 准將 [ʤu:nʤaŋ]
준:재 俊才 [ʤu:nʤɛ]
준:척 準尺 [ʤu:nʧəg] /낚시
준:치 [ʤu:nʧi] /生鮮
준:칙 準則 [ʤu:nʧig]
준:하다 準-- [ʤu:nɦada]
줄 [ʤul]
줄: [ʤu:l] /쇠붙이, ≒줄칼
줄거리 [ʤulgəri]
줄곧 [ʤulgod]
줄기차게 [ʤulgiʧage]
줄넘:기 [ʤullə:mg'i, 줄럼:끼]
줄:다 [ʤu:lda] 減, 縮, 줄:지[ʤu:lʤi] 줄:고[ʤu:lgo] 줄어[ʤurə, 주러] 줄:면[ʤu:lmjən] 주:니[ʤu:ni]
줄다리기 [ʤuldarigi]
줄도산 -倒産 [ʤuldosan]
줄불놀이 [ʤulbullori, 줄불로리] (민속)
줄서기 [ʤulsəgi]
줄어들다 [ʤurədɨlda, 주러들다]
줄이다 [ʤurida, 주리다]
줄자 [ʤulʤa]
줄:질 [ʤu:lʤil] /줄로 쇠붙이를 깎음
줄탁동기 啐啄同機 [ʤultagd'oŋgi, 줄탁똥기] /스스로 깨닫고 노력해야

함, 시의적절한 도움
줄포면 茁浦面 [dʒulpomjən] /전북 부안군, 줄포IC
줄행랑 -行廊 [dʒulhɛŋnaŋ, 줄행낭]
줍:다 [dʒu:bd'a, 줍:따] 줍:지[dʒu:bdʒ'i, 줍:찌] 줍:는[dʒu:mnɨn] 줍:고[dʒu:bg'o, 줍:꼬] 주워[dʒuwə] 주우니[dʒuuni]
줏대 主- [dʒud'ɛ, 주때]
중: [dʒu:ŋ] /불교
중간 中間 [dʒuŋgan]
중개인 仲介人 [dʒuŋgɛin]
중건 重建 [dʒuŋgən]
중견 中堅 [dʒuŋgjən]
중:경삼림 重慶森林 [dʒu:ŋgjəŋsamnim, 중:경삼님] /홍콩영화, (1994)
중계 中繼 [dʒuŋgje]
중계동 中溪洞 [dʒuŋgjedoŋ] /서울시 노원구
중고 中古 [dʒuŋgo]
중곡동 中谷洞 [dʒuŋgogd'oŋ, 중곡똥] /서울시 광진구
중거:리 中距離 [dʒuŋgə:ri]
중:과부적 衆寡不敵 [dʒu:ŋgwabudʒəg]
중:구난방 衆口難防 [dʒu:ŋgunanbaŋ]
중궁전 中宮殿 [dʒuŋgundʒən] /왕비의 거처, 史劇
중기 中期 [dʒuŋgi]
중년 中年 [dʒuŋnjən]
중:노동 重勞動 [dʒu:ŋnodoŋ]
중노위 中勞委 [dʒuŋnowi] '중앙노동위원회'의 약칭
중:농주의 重農主義 [dʒu:ŋnoŋdʒui, 중:농주이] /역사
중단 中斷 [dʒuŋdan]
중대 中隊 [dʒuŋdɛ]
중:대사 重大事 [dʒu:ŋdɛsa]
중:대한 重大- [dʒu:ŋdɛhan]
중·대:형 中大型 [dʒuŋdɛ:hjəŋ]
중도 中道 [dʒuŋdo]
중도 中島 [dʒuŋdo] /강원도 춘천시의 섬, 소양호
중도에 中途- [dʒuŋdoe]
중동고 中東高 [dʒuŋdoŋgo] /서울시 강남구
중동지방 中東地方 [dʒuŋdoŋdʒ'ibaŋ, 중동찌방]
중등 中等 [dʒuŋdɨŋ] /중등교육, 중등과정
중랑구 中浪區 [dʒuŋnaŋgu, 중낭구] /서울시 동북부의 區
중략 中略 [dʒuŋnjag, 중냑]
중:량 重量 [dʒu:ŋnjaŋ, 중:냥]
중:력 重力 [dʒu:ŋnjəg, 중:녁]
중력분 中力粉 [dʒuŋnjəgb'un, 중녁뿐] /밀가루
중령 中領 [dʒuŋnjəŋ, 중녕]
중류 中流 [dʒuŋnju, 중뉴]
중리 中里 [dʒuŋni, 중니] /포천·화성·연천·울산·평창·화천·양구·철원·울산·아산·논산·홍성·청주·청원·음성·칠곡·의령·합천·진도
중림동 中林洞 [dʒuŋnimdoŋ, 중님동] /서울시 중구
중립 中立 [dʒuŋnib, 중닙]
중매 中媒 [dʒuŋmɛ]
중:무:장 重武裝 [dʒu:ŋmu:dʒaŋ]
중문 中文 [dʒuŋmun] /제주도 서귀포시, 관광단지, 해수욕장, /중국글자
중반 中盤 [dʒuŋban]
중:병 重病 [dʒu:ŋbjəŋ]
중부지방 中部地方 [dʒuŋbudʒ'ibaŋ, 중부찌방]
중사 中士 [dʒuŋsa]
중:사 重事 [dʒu:ŋsa]
중산동 中山洞 [dʒuŋsandoŋ] /경기도 고양시, 인천시 북구, 울산시 북구, 경북 경산시
중산층 中産層 [dʒuŋsantʃɨŋ]
중:상 重傷 [dʒu:ŋsaŋ]
중상모략 中傷謀略 [dʒuŋsaŋmorjag]
중:상주의 重商主義 [dʒu:ŋsaŋdʒui, 중:상주이] /역사
중:생 衆生 [dʒu:ŋsɛŋ]

ㅈ

중:석 重石 [dʒu:ŋsəg] =텅스텐
중성 中性 [dʒuŋsəŋ]
중세 中世 [dʒuŋse]
중소:형 中小型 [dʒuŋso:ɦjəŋ]
중:수 重水 [dʒu:ŋsu]
중수부 中搜部 [dʒuŋsubu] '중앙수사부'의 약칭, /대검
중순 中旬 [dʒuŋsun]
중:시 重視 [dʒu:ŋsi]
중식 中食 [dʒuŋsig]
중신 中- [dʒuŋsin] =중매
중:심 重心 [dʒu:ŋsim] /수학, 물리
중심적 中心的 [dʒuŋsimdʒəg]
중:압감 重壓感 [dʒu:ŋabg'am, 중:압깜]
중앙 中央 [dʒuŋaŋ]
중언부:언 重言復言 [dʒuŋənbu:ən]
중역 重譯 [dʒuŋjəg]
중:역 重役 [dʒu:ŋjəg]
중외제:약 中外製藥 [dʒuŋø(we)dʒe:jag, 외(웨)] /제약업체
중:요하다 重要-- [dʒu:ŋjoɦada]
중용 中庸 [dʒuŋjoŋ]
중:용 重用 [dʒu:ŋjoŋ]
중:우정치 衆愚政治 [dʒu:ŋudʒəŋʧi]
중:유 重油 [dʒu:ŋju]
중원 中原 [dʒuŋwən]
중원구 中院區 [dʒuŋwəngu] /경기도 성남시 동부의 區
중월 中越 [dʒuŋwəl] /야구
중위 中尉 [dʒuŋwi]
중위권 中位圈 [dʒuŋwig'wən, 중위꿘]
중의법 重義法 [dʒuŋib'əb, 중이뻡]
중이염 中耳炎 [dʒuŋijəm]
중인 中人 [dʒuŋin] /역사
중임 重任 [dʒuŋim]
중장 中將 [dʒuŋdʒaŋ]
중재 仲裁 [dʒuŋdʒɛ]
중저:가 中低價 [dʒuŋdʒə:g'a, 중저:까]
중전 中殿 [dʒuŋdʒən]
중절 中絕 [dʒuŋdʒəl]
중:점 重點 [dʒu:ŋdʒ'əm, 중:쩜]
중정 中情 [dʒuŋdʒəŋ] 옛 '중앙정보부'의 약칭
중지 中止 [dʒuŋdʒi]
중지 中指 [dʒuŋdʒi]
중:지 衆志 [dʒu:ŋdʒi]
중:지 衆智 [dʒu:ŋdʒi]
중:진 重鎭 [dʒu:ŋdʒin]
중질유 中質油 [dʒuŋdʒillju, 중질류]
중:징계 重懲戒 [dʒu:ŋdʒiŋgje]
중:차대한 重且大- [dʒu:ŋʧadɛɦan]
중창 重唱 [dʒuŋʧaŋ]
중:책 重責 [dʒu:ŋʧɛg]
중천 中天 [dʒuŋʧən]
중첩 重疊 [dʒuŋʧəb]
중추적 中樞的 [dʒuŋʧudʒəg]
중층적 重層的 [dʒuŋʧɨŋdʒəg]
중치 中- [dʒuŋʧi] ≒중간치
중탕 重湯 [dʒuŋtaŋ]
중:태 重態 [dʒu:ŋtɛ]
중턱 中- [dʒuŋtəg]
중퇴 中退 [dʒuŋtø(we), 퇴(퉤)]
중파 中波 [dʒuŋpa]
중판 重版 [dʒuŋpan] ≒속판(續版)
중편 中篇 [dʒuŋpjən]
중폭 中幅 [dʒuŋpog]
중풍 中風 [dʒuŋpuŋ]
중하:층 中下層 [dʒuŋɦa:ʧɨŋ]
중학생 中學生 [dʒuŋɦags'ɛŋ, 중학쌩]
중형차 中型車 [dʒuŋɦjəŋʧa]
중화고 中和高 [dʒuŋɦwago] /서울시 중랑구, (고등학교)
중화사상 中華思想 [dʒuŋɦwasasaŋ]
중:후한 重厚- [dʒuŋɦuɦan]
중흥기 中興期 [dʒuŋɦɨŋgi]
중:히 重- [dʒu:ŋɦi]
쥐 [dʒwi] 鼠, 근육경련
쥐:다 [dʒwi:da] 쥐:니[dʒwi:ni] 쥐:고[dʒwi:go] 쥐:지[dʒwi:dʒi] 쥐어[dʒwiə]
쥐:락펴락 [dʒwi:ragpjərag]
쥐치 [dʒwiʧi] /生鮮
쥣과 -科 [dʒwi(d)g'wa, 쥐(쥗)꽈]
즉 卽 [dʒɨg]
즉각 卽刻 [dʒɨg'ag, 즈깍]

ㅈ

즉결심:판 卽決審判 [dʒɨg'jəlsi:mpan, 즈껼심:판]
즉답 卽答 [dʒɨgd'ab, 즉땁]
즉발성 卽發性 [dʒɨgb'als'əŋ, 즉빨썽]
즉사 卽死 [dʒɨgs'a, 즉싸]
즉석 卽席 [dʒɨgs'əg, 즉썩]
즉시 卽時 [dʒɨgs'i, 즉씨]
즉효 卽效 [dʒɨkjo, 즈쿄]
즉흥적 卽興的 [dʒɨkiŋdʒəg, 즈킁적]
즐겁다 [dʒɨlgəbd'a, 즐겁따] 즐거워[dʒɨl gəwə]
즐기다 [dʒɨlgida] 즐겨[dʒɨlgjə]
즐비하다 櫛比-- [dʒɨlbiɦada]
즙 汁 [dʒɨb]
증 贈 [dʒɨŋ] (→드림)
증가 增加 [dʒɨŋga]
증가 增價 [dʒɨŋg'a, 증까]
증감 增減 [dʒɨŋgam]
증강 增强 [dʒɨŋgaŋ]
증·개:축 增改築 [dʒɨŋgɛ:ʧug]
증거 證據 [dʒɨŋgə]
증권 證券 [dʒɨŋg'wən, 증꿘]
증기 蒸氣 [dʒɨŋgi]
증대 增大 [dʒɨŋdɛ]
증류 蒸溜 [dʒɨŋnju, 증뉴]
증명 證明 [dʒɨŋmjəŋ]
증발 蒸發 [dʒɨŋbal]
증보 增補 [dʒɨŋbo]
증빙 證憑 [dʒɨŋbiŋ]
증산 增産 [dʒɨŋsan]
증산도 甑山道 [dʒɨŋsando] /신앙단체
증산동 繒山洞 [dʒɨŋsandoŋ] /서울시 은평구
증산동 甑山洞 [dʒɨŋsandoŋ] /강원도 삼척시
증상 症狀 [dʒɨŋsaŋ]
증세 症勢 [dʒɨŋse]
증세 增稅 [dʒɨŋse]
증수 增收 [dʒɨŋsu]
증시 證市 [dʒɨŋsi]
증식 增殖 [dʒɨŋsig]
증언 證言 [dʒɨŋən]
증오 憎惡 [dʒɨŋo]
증인 證人 [dʒɨŋin]
증자 增資 [dʒɨŋdʒa]
증정 贈呈 [dʒɨŋdʒəŋ]
증진 增進 [dʒɨŋdʒin]
증차 增車 [dʒɨŋʧa]
증축하다 增築-- [dʒɨŋʧukada, 증추카다]
증파 增派 [dʒɨŋpa]
증편 蒸-/烝- [dʒɨŋpjən] /떡
증편 增便 [dʒɨŋpjən]
증평군 曾坪郡 [dʒɨŋpjəŋgun] /충북 중부의 郡
증폭 增幅 [dʒɨŋpog]
증회 贈賄 [dʒɨŋɦø(we), 회(훼)] /뇌물
지가 地價 [dʒig'a, 지까]
지각 知覺 [dʒigag]
지각 地殼 [dʒigag]
지각하다 遲刻- [dʒigakada, 지가카다]
지게꾼 [dʒigeg'un]
지겹다 [dʒigjəbd'a, 지겹따]
-지경 地境 [dʒigjəŋ/dʒ'igjəŋ, 지경/찌경]
지경부 知經部 [dʒigjəŋbu] '지식경제부'의 약칭
지고지순 至高至順 [dʒigodʒisun]
지공 遲攻 [dʒigoŋ] /스포츠
지관 地官 [dʒigwan]
지구대 地區隊 [dʒigudɛ]
지구력 持久力 [dʒigurjəg]
지구의 地球儀 [dʒigui, 지구이] =지구본
지국 支局 [dʒigug]
지금 只今 [dʒigɨm]
지급금 支給金 [dʒigɨbg'ɨm, 지급끔]
지기 知己 [dʒigi]
지나다 [dʒinada]
지나치다 [dʒinaʧida]
지난한 至難- [dʒinanɦan]
지네 [dʒine] /절지동물
지능적 知能的 [dʒiniŋdʒəg]
지단 地段 [dʒidan]

ㅈ

지대 地帶 [ʤidɛ]
지대 地代 [ʤidɛ]
지대한 至大- [ʤidɛɦan]
지도 地圖 [ʤido]
지도력 指導力 [ʤidorjəg]
지라 [ʤira] 비장
지략 智略 [ʤirjag]
지:렁이 [ʤi:rəŋi]
지레 [ʤire] 즈레(×)
지렛대 [ʤired'ɛ, 지레때]
지력 地力 [ʤirjəg]
지령 指令 [ʤirjəŋ]
지령 紙齡 [ʤirjəŋ]
지뢰밭 地雷- [ʤirø(we)bad, 지뢰(퀘)받]
지루한 [ʤiruɦan] (← 支離)
지름 [ʤirɨm]
지리 地理 [ʤiri]
지리 智利 [ʤiri] '칠레'의 음역어
지리멸렬 支離滅裂 [ʤirimjəlljəl]
지리산 智異山 [ʤirisan] /남원·구례·산청·하동·함양에 걸침
지린내 [ʤirinnɛ]
지면 地面 [ʤimjən]
지면 紙面 [ʤimjən]
지명 地名 [ʤimjəŋ]
지명 指名 [ʤimjəŋ]
지명도 知名度 [ʤimjəŋdo]
지목 地目 [ʤimog]
지목하다 指目-- [ʤimokada, 지모카다]
지문 指紋 [ʤimun]
지반 地盤 [ʤiban]
지방색 地方色 [ʤibaŋsɛg]
지배력 支配力 [ʤibɛrjəg]
지번 地番 [ʤibən]
지법 地法 [ʤibəb] '지방법원'의 약칭
지병 持病 [ʤibjəŋ]
지부 支部 [ʤibu]
지분 持分 [ʤibun]
지불액 支拂額 [ʤiburɛg, 지부랙]
지붕 [ʤibuŋ]
지사 支社 [ʤisa]
지사 志士 [ʤisa]
지사제 止瀉劑 [ʤisaʤe]
지산동 池山洞 [ʤisandoŋ] /대구광역시 수성구, 광주광역시 광산구
지산동 芝山洞 [ʤisandoŋ] /경기도 평택시, 광주광역시 동구, 충남 논산시, 경북 구미시
지상 地上 [ʤisaŋ]
지석묘 支石墓 [ʤisəŋmjo, 지성묘]
지성 至誠 [ʤisəŋ]
지성 脂性 [ʤisəŋ] /피부
지성미 知性美 [ʤisəŋmi]
지세 地勢 [ʤise]
지속적 持續的 [ʤisogʤ'əg, 지속쩍]
지수 指數 [ʤisu]
지시 指示 [ʤisi]
지식욕 知識慾 [ʤisiŋnjog, 지싱뇩]
지신밟:기 地神-- [ʤisinba:bg'i, 지신밥:끼]
지압 指壓 [ʤiab]
지양 止揚 [ʤijaŋ]
지엄한 至嚴- [ʤiəmɦan]
지연 地緣 [ʤijən]
지연술 遲延術 [ʤijənsul]
지열 地熱 [ʤijəl]
지엽적 枝葉的 [ʤijəbʤ'əg, 지엽쩍]
지옥 地獄 [ʤiog]
지우개 [ʤiugɛ]
지원 支援 [ʤiwən]
지원 支院 [ʤiwən]
지원 志願 [ʤiwən]
지위 地位 [ʤiwi]
지인 知人 [ʤiin]
지입제 持入制 [ʤiibʤ'e, 지입쩨] /택시
지자체 地自體 [ʤiʤaʧe] '지방자치단체'의 약칭
지장 支障 [ʤiʤaŋ]
지장 指章 [ʤiʤaŋ]
지적 地籍 [ʤiʤəg] /지적공사
지적 指摘 [ʤiʤəg]
지적 知的 [ʤiʤ'əg, 지쩍]

ㅈ

지전 紙錢 [ʤiʤən]
지점 地點 [ʤiʤəm]
지점 支店 [ʤiʤəm]
지점토 紙粘土 [ʤiʤəmto]
지정 指定 [ʤiʤəŋ]
지정의 知情意 [ʤiʤəŋ(ɨ)i, 지정이(의)] 지성(知性), 감정(感情), 의지(意志)
지제면 砥堤面 [ʤiʤemjən] /경기도 양평군
지제역 芝制驛 [ʤiʤejəg] /경부선 열차역, 경기도 평택시
지조 志操 [ʤiʤo]
지존 至尊 [ʤiʤon]
지주 地主 [ʤiʤu]
지주 支柱 [ʤiʤu]
지지 支持 [ʤiʤi]
지지부진 遲遲不進 [ʤiʤibuʤin]
지진 地震 [ʤiʤin]
지질 紙質 [ʤiʤil]
지질 地質 [ʤiʤil]
지짐이 [ʤiʤimi, 지지미]
지참 持參 [ʤiʧam]
지척 咫尺 [ʤiʧəg]
지천 至賤 [ʤiʧən]
지천 支川 [ʤiʧən]
지청구 [ʤiʧəŋgu] /면박
지체 遲滯 [ʤiʧe]
지체 肢體 [ʤiʧe]
지축 地軸 [ʤiʧug]
지출 支出 [ʤiʧul]
지층 地層 [ʤiʧɨŋ]
지치다 [ʤiʧida] 滑, /얼음
지:치다 [ʤi:ʧida] 疲, 苦
지침 指針 [ʤiʧim]
지칭 指稱 [ʤiʧiŋ]
지키다 [ʤikida]
지탄 指彈 [ʤitan]
지탱 支撐 [ʤitɛŋ]
지판 指板 [ʤipan]
지팡이 [ʤipaŋi]
지평선 地平線 [ʤipjəŋsən]
지폐 紙幣 [ʤipje]
지표 地表 [ʤipjo]
지표 指標 [ʤipjo]
지피다 [ʤipida]
지피지기 知彼知己 [ʤipiʤigi]
지필묵 紙筆墨 [ʤipilmug]
지하 地下 [ʤiɦa]
지학 地學 [ʤiɦag]
지향 指向 [ʤiɦjaŋ]
지혈 止血 [ʤiɦjəl]
지형적 地形的 [ʤiɦjəŋʤəg]
지혜 智慧/知慧 [ʤiɦje]
지회 支會 [ʤiɦø(we) 회(훼)]
직각 直角 [ʤig'ag, 지깍]
직감적 直感的 [ʤig'amʤəg, 지깜적]
직격탄 直擊彈 [ʤig'jəgtan, 지껵탄]
직경 直徑 [ʤig'jəŋ, 지꼉]
직계 直系 [ʤig'je, 지꼐]
직공 職工 [ʤig'oŋ, 지꽁]
직구 直球 [ʤig'u, 지꾸]
직군 職群 [ʤig'un, 지꾼]
직권 職權 [ʤig'wən, 지꿘]
직녀 織女 [ʤiŋnjə, 징녀] /견우
직능 職能 [ʤiŋnɨŋ, 징능]
직대 職代 [ʤigd'ɛ, 직때] '직무대리'의 약칭
직렬 直列 [ʤiŋnjəl, 징녈]
직매:장 直賣場 [ʤiŋmɛ:ʤaŋ, 징매:장]
직면하다 直面-- [ʤiŋmjənɦada, 징면하다]
직모 直毛 [ʤiŋmo, 징모]
직무 職務 [ʤiŋmu, 징무]
직방 直放 [ʤigb'aŋ, 직빵] /~으로 낫다
직보 直報 [ʤigb'o, 직뽀]
직분 職分 [ʤigb'un, 직뿐]
직사:각형 直四角形 [ʤigs'a:gakjəŋ, 직싸:가켱]
직사하게 直死-- [ʤigs'aɦage, 직싸하게]
직선 直線 [ʤigs'ən, 직썬]
직선제 直選制 [ʤigs'ənʤe, 직썬제]
직설적 直說的 [ʤigs'əlʤəg, 직썰적]

ㅈ

직성 直星 [ʤigs'əŋ, 직썽] /~이 풀리다
직속 直屬 [ʤigs'og, 직쏙]
직송 直送 [ʤigs'oŋ, 직쏭]
직수입 直輸入 [ʤigs'uib, 직쑤입]
직시 直視 [ʤigs'i, 직씨]
직언 直言 [ʤigən, 지건]
직업 職業 [ʤigəb, 지겁]
직역 直譯 [ʤigjəg, 지격]
직영 直營 [ʤigjəŋ, 지경]
직원 職員 [ʤigwən, 지권]
직위 職位 [ʤigwi, 지귀]
직유법 直喩法 [ʤigjub'əb, 지규뻡]
직인 職印 [ʤigin, 지긴]
직장 直腸 [ʤigʤ'aŋ, 직짱] /창자
직장인 職場人 [ʤigʤ'aŋin, 직짱인]
직전 直前 [ʤigʤ'ən, 직쩐]
직접 直接 [ʤigʤ'əb, 직쩝]
직제 職制 [ʤigʤ'e, 직쩨]
직조 織造 [ʤigʤ'o, 직쪼]
직종 職種 [ʤigʤ'oŋ, 직쫑]
직지사 直指寺 [ʤigʤ'isa, 직찌사] /사찰, 경북 김천시
직지심경 直指心經 [ʤigʤ'isimgjəŋ, 직찌심경] =직지심체요절(1377)
직직 [ʤigʤ'ig, 직찍]
직진 直進 [ʤigʤ'in, 직찐]
직책 職責 [ʤigʧɛg]
직통 直通 [ʤigtoŋ]
직필 直筆 [ʤigpil]
직할 直轄 [ʤikal, 지칼]
직함 職銜 [ʤikam, 지캄]
직항 直航 [ʤikaŋ, 지캉]
직행 直行 [ʤikɛŋ, 지캥]
직화 直火 [ʤikwa, 지콰]
직후 直後 [ʤiku, 지쿠]
진 秦 [ʤin] /姓氏, 나라 이름
진 陳 [ʤin] /姓氏, 나라 이름
진 眞 [ʤin] /姓氏
진: 津 [ʤi:n] /끈끈한 액체, 풀, 나무
진: 晉 [ʤ:in] /姓氏, 나라 이름
진가 眞價 [ʤing'a, 진까]
진건읍 眞乾邑 [ʤingənɨb, 진거늡] /경기도 남양주시
진검 眞劍 [ʤingəm] /진검승부
진:격하다 進擊-- [ʤi:ngjəkada, 진:겨카다]
진경산수 眞景山水 [ʤingjəŋsansu]
진관내:동 津寬內洞 [ʤingwannɛ:doŋ] /서울시 은평구
진관외:동 津寬外洞 [ʤingwanø:(we:)doŋ, 진과뇌:(눼:)동] /서울시 은평구
진광고 眞光高 [ʤingwaŋgo] /강원도 원주시
진국 津- [ʤingug] /국물
진국 眞- [ʤingug] /사람
진:군 進軍 [ʤi:ngun]
진:귀한 珍貴- [ʤi:ngwiɦan]
진균류 眞菌類 [ʤingjunnju, 진균뉴] /식물
진:기 珍技 [ʤi:ngi]
진:남관 鎭南館 [ʤi:nnamgwan] /전남 여수시, 조선시대 객사
진:노 震怒 [ʤi:nno]
진눈깨비 [ʤinnung'ɛbi]
진:단 診斷 [ʤi:ndan]
진:단학회 震檀學會 [ʤi:ndanɦakø(we), 진:단하쾨(퀘)] /학술단체, (1934)
진달래꽃 [ʤindallɛg'od, 진달래꼳]
진담 眞談 [ʤindam]
진덕여왕 眞德女王 [ʤindəŋnjəwaŋ, 진덩녀왕] 신라 28대 왕(?~654)
진:도군 珍島郡 [ʤi:ndogun] /전남 서남부의 郡
진:돗개 珍島- [ʤi:ndo(d)g'ɛ, 진:도(돋)깨]
진:동 振動 [ʤi:ndoŋ]
진:동 震動 [ʤi:ndoŋ] /지진, 공사장
진동면 津東面 [ʤindoŋmjən] /경기도 파주시
진:동면 鎭東面 [ʤi:ndoŋmjən] /경남 마산시
진두 陳頭 [ʤindu] /진두지휘
진드기 [ʤindɨgi]

ㅈ

진득하다 [ʤindikada, 진드카다]
진딧물 [ʤindinmul, 진딘물]
진땀 津- [ʤind'am]
진:력나다 盡力-- [ʤi:lljəŋnada, 질:령나다]
진:력하다 盡力-- [ʤi:lljəkada, 질:려카다]
진로 眞露 [ʤillo, 질로] /소주
진:로 進路 [ʤi:llo, 질:로]
진:료 診療 [ʤi:lljo, 질:료]
진:루 進壘 [ʤi:llu, 질:루] /야구
진리 眞理 [ʤilli 질리]
진:명여고 進明女高 [ʤi:nmjəŋnjəgo, 진:명녀고] /서울시 양천구
진:물 津- [ʤi:nmul]
진:미 珍味 [ʤi:nmi]
진배없:다 [ʤinbɛə:bd'a, 진배업:따]
진범 眞犯 [ʤinbəm]
진:법 進法 [ʤi:nb'əb, 진:뻡] /수학
진:보 進步 [ʤi:nbo]
진:부면 珍富面 [ʤi:nbumjən] /강원도 평창군, 진부령
진부한 陳腐- [ʤinbuɦan]
진:사 進士 [ʤi:nsa] /벼슬
진상 眞相 [ʤinsaŋ]
진상면 津上面 [ʤinsaŋmjən] /전남 광양시
ㅈ
진:상품 進上品 [ʤi:nsaŋpum]
진서면 津西面 [ʤinsəmjən] /경기도 파주시
진:서면 鎭西面 [ʤi:nsəmjən] /전북 부안군
진선미 眞善美 [ʤinsənmi]
진선여고 眞善女高 [ʤinsənnjəgo, 진선녀고] /서울시 강남구
진성 眞性 [ʤinsəŋ] /병균, 어음
진성 眞聲 [ʤinsəŋ]
진성고 眞誠高 [ʤinsəŋgo] /경기도 광명시
진:성면 晉城面 [ʤi:nsəŋmjən] /경남 진주시
진성여왕 眞聖女王 [ʤinsəŋnjəwaŋ, 진성녀왕] /신라 51대 왕(?~897)
진성중 眞城中 [ʤinsəŋʤuŋ] /경북 청송군
진솔한 眞率- [ʤinsolɦan]
진수 眞髓 [ʤinsu]
진:수식 進水式 [ʤi:nsusig] /배를 처음 물에 띄움
진:술 陳述 [ʤi:nsul]
진시황 秦始皇 [ʤinsiɦwaŋ]
진신사리 眞身舍利 [ʤinsinsari] /불교
진실 眞實 [ʤinsil]
진심 眞心 [ʤinsim]
진:심 盡心 [ʤi:nsim] /마음을 다함
진:안군 鎭安郡 [ʤi:nangun, 지:난군] /전북 북동부의 郡
진:안동 陳雁洞 [ʤi:nandoŋ, 지:난동] /경기도 화성시
진:압하다 鎭壓-- [ʤi:napada, 지:나파다]
진:앙 震央 [ʤi:naŋ, 지:낭]
진:액 津液 [ʤi:nɛg, 지:낵]
진양조 --調 [ʤinjaŋʤo, 지냥조] /국악, 장단
진:양호 晉陽湖 [ʤi:njaŋɦo, 지:냥호] /경남 진주시
진언 盡言 [ʤinən, 지넌] 거리낌 없이 쏟는 말
진언 陳言 [ʤinən, 지넌] 케케묵은 말
진:언 陳言 [ʤi:nən, 지:넌] 일정 사실에 대해 말함
진:언 進言 [ʤi:nən, 지:넌] /윗사람 앞에서 의견을 말함
진:열 陳列 [ʤi:njəl, 지:녈]
진:열장 陳列欌 [ʤi:njəlʤ'aŋ, 지:녈짱]
진:열대 陳列臺 [ʤi:njəld'ɛ, 지:녈때]
진영 陣營 [ʤinjəŋ, 지녕]
진영 眞影 [ʤinjəŋ, 지녕] /그림, 사진
진:영 鎭營 [ʤi:njəŋ, 지:녕] /조선, 軍營
진:영읍 進永邑 [ʤi:njəŋɨb, 지:녕읍] /경남 김해시
진용 陣容 [ʤinjoŋ, 지뇽]

진:원 震源 [ʤi:nwən, 지:눤]
진위 眞僞 [ʤinwi, 지뉘]
진의 眞意 [ʤini, 지니]
진:인사대:천명 盡人事待天命 [ʤi:ninsadɛ:ʧənmjən, 지:닌사대:천명]
진:일보 進一步 [ʤi:nilbo, 지:닐보]
진:입 進入 [ʤi:nib, 지:닙]
진:자 振子 [ʤi:nʤa] /물리
진자리 [ʤinʤari]
진:작 [ʤi:nʤag] 좀 더 일찍
진:작 振作 [ʤi:nʤag] /사기 진작
진저리 [ʤinʤəri]
진:전 進展 [ʤi:nʤən]
진:전면 鎭田面 [ʤi:nʤənmjən] /경남 마산시
진접읍 榛接邑 [ʤinʤəbɨb, 진저븝] / 경기도 남양주시
진정 眞情 [ʤinʤəŋ]
진:정 陳情 [ʤi:nʤəŋ] /~을 내다, 진정서
진:정 鎭靜 [ʤi:nʤəŋ] 가라앉힘
진정성 眞正性 [ʤinʤəŋs'əŋ, 진정썽]
진정한 眞正- [ʤinʤəŋɦan]
진:종일 盡終日 [ʤi:nʤoŋil]
진주 眞珠 [ʤinʤu]
진:주 進駐 [ʤi:nʤu]
진주만 眞珠灣 [ʤinʤuman] /하와이
진:주시 晉州市 [ʤi:nʤusi] /경남 서남부의 市
진중 陣中 [ʤinʤuŋ]
진:중하다 鎭重-- [ʤi:nʤuŋɦada]
진:즉 趁卽 [ʤi:nʤɨg] =진작
진지 陣地 [ʤinʤi]
진:지 [ʤi:nʤi] /밥의 높임
진지하다 眞摯-- [ʤinʤiɦada]
진:찰 診察 [ʤi:nʧal]
진창 [ʤinʧaŋ] /땅
진:척 進陟 [ʤi:nʧəg]
진:천군 鎭川郡 [ʤi:nʧəngun] /충북 서북부의 郡
진:출 進出 [ʤi:nʧul]
진:취적 進取的 [ʤi:nʧwiʤəg]
진탕 -宕 [ʤintaŋ]
진통 陣痛 [ʤintoŋ] /~을 겪다
진:통제 鎭痛劑 [ʤi:ntoŋʤe]
진:퇴양:난 進退兩難 [ʤi:ntø(we)ja:ŋnan, 퇴(퉤)]
진평리 眞坪里 [ʤinpjəŋni, 진평니] / 경북 예천군
진평왕 眞平王 [ʤinpjəŋwaŋ] /신라 26대 왕(?~632)
진:폭 振幅 [ʤi:npog]
진품 眞品 [ʤinpum]
진:품 珍品 [ʤi:npum]
진하다 津-- [ʤinɦada]
진:학 進學 [ʤi:nɦag]
진:해 鎭咳 [ʤi:nɦɛ] 기침을 멎게 함
진:해시 鎭海市 [ʤi:nɦɛsi] /경남 남부의 市, (→통합 창원시)
진:행 進行 [ʤi:nɦɛŋ]
진:혼곡 鎭魂曲 [ʤi:nɦongog]
진홍색 眞紅色 [ʤinɦoŋsɛg]
진:화 進化 [ʤi:nɦwa]
진:화 鎭火 [ʤi:nɦwa]
진흙 [ʤinɦɨg, 진흑] 진흙이[진흘기] 진흙을[진흘글]
진:흥 振興 [ʤ:inɦɨŋ]
진흥왕 眞興王 [ʤinɦɨŋwaŋ] /신라 24대 왕(534~576)
질감 質感 [ʤilgam]
질겁 窒怯 [ʤilgəb]
질겅이다 [ʤilgəŋida] /껌
질경이 [ʤilgjəŋi] /식물
질곡 桎梏 [ʤilgog]
질권 質權 [ʤilg'wən, 질꿘]
질기다 [ʤilgida]
질녀 姪女 [ʤillјə, 질려]
질다 [ʤilda] /밥, 땅, 질어[ʤirə, 지러] 질고[ʤilgo] 지니[ʤini]
질량 質量 [ʤilljaŋ]
질료 質料 [ʤilljo]
질리다 [ʤillida]
질문 質問 [ʤilmun]
질박하다 質樸/質朴-- [ʤilbakada, 질

바카다]
질병 疾病 [ʤilbjəŋ]
질부 姪婦 [ʤilbu] =조카며느리
질산염 窒酸鹽 [ʤils'annjəm, 질싼념]
질색 窒塞 [ʤils'ɛg, 질쌕]
질서 秩序 [ʤils'ə, 질써]
질소 窒素 [ʤils'o, 질쏘]
질시 嫉視 [ʤils'i, 질씨]
질식사 窒息死 [ʤils'igs'a, 질씩싸]
질염 膣炎 [ʤilljəm, 질렴]
질의 質疑 [ʤiri, 지리]
질적 質的 [ʤilʤ'əg, 질쩍]
질주 疾走 [ʤilʤ'u, 질쭈]
질질 [ʤilʤil]
질책 叱責 [ʤilʧɛg]
질척거리다 [ʤilʧəg'ərida, 질처꺼리다]
질타 叱咤 [ʤilta]
질투 嫉妬 [ʤiltu]
질펀히 [ʤilpənɦi]
질화 窒化 [ʤilɦwa]
질환 疾患 [ʤilɦwan]
짐 [ʤim]
짐: 朕 [ʤi:m] /왕이 스스로를 칭함
짐꾼 [ʤimg'un]
짐바 [ʤimb'a, 짐빠] /짐 묶는 줄
짐바리 [ʤimb'ari, 짐빠리] /말, 소
짐받이 [ʤimbaʤi, 짐바지]
짐배 [ʤimb'ɛ, 짐빼]
짐삯 [ʤims'ag, 짐싹]
짐수레 [ʤimsure]
짐승 [ʤimsɨŋ]
짐작 斟酌 [ʤimʤag]
짐짓 [ʤimʤid, 짐짇]
짐짝 [ʤimʤ'ag]
짐칸 [ʤimkan]
집결 集結 [ʤibg'jəl, 집껼]
집게 [ʤibg'e, 집께]
집계 集計 [ʤibg'je, 집꼐]
집권 執權 [ʤibg'wən, 집꿘]
집기 什器 [ʤibg'i, 집끼]
집념 執念 [ʤimnjəm, 짐념]
집다 [ʤibd'a, 집따]
집단적 集團的 [ʤibd'anʤəg, 집딴적]
집달리 執達吏 [ʤibd'alli, 집딸리]
집대성 集大成 [ʤibd'ɛsəŋ, 집때성]
집도 執刀 [ʤibd'o, 집또]
집무실 執務室 [ʤimmusil, 짐무실]
집배원 集配員 [ʤib'ɛwən, 지빼원]
집사 執事 [ʤibs'a, 집싸]
집산지 集散地 [ʤibs'anʤi, 집싼지]
집성촌 集姓村 [ʤibs'əŋʧon, 집썽촌]
집세 -貰 [ʤibs'e, 집쎄]
집안일 [ʤibannil, 지반닐]
집약 集約 [ʤibjag, 지뱍]
집어등 集魚燈 [ʤibədɨŋ, 지버등] /어선
집오:리 [ʤibo:ri, 지보:리]
집요하다 執拗-- [ʤibjoɦada, 지뵤하다]
집유 執猶 [ʤibju, 지뷰] '집행유예'의 줄임말
집음기 集音器 [ʤibɨmgi, 지븜기]
집일 [ʤimnil, 짐닐]
집적 集積 [ʤibʤ'əg, 집쩍]
집적대:다 [ʤibʤ'əgd'ɛ:da, 집쩍때:다] =집적거리다
집적회로 集積回路 [ʤibʤ'əkø(we)ro, 집쩌쾨(퀘)로]
집전 執典 [ʤibʤ'ən, 집쩐]
집중력 集中力 [ʤibʤ'uŋnjəg, 집쭝녁]
집진기 集塵機 [ʤibʤ'ingi, 집찐기]
집착하다 執着-- [ʤibʧakada, 집차카다]
집창촌 集娼村 [ʤibʧaŋʧon]
집채 [ʤibʧɛ]
집터 [ʤibtə]
집필 執筆 [ʤipil, 지필]
집합 集合 [ʤipab, 지팝]
집행 執行 [ʤipɛŋ, 지팽]
집현전 集賢殿 [ʤipjənʤən, 지편전] /고려~조선, 세종, 학문연구기관
집회 集會 [ʤipø(we), 지푀(풰)]
-짓 [ʤid, 짇]
짓궂은 [ʤidg'uʤɨn, 짇꾸즌]

짓누르다 [ʤinnurɨda, 진누르다]
짓:다 [ʤi:d'a, 지:따] 짓:고[짇:꼬] 짓:는[진:는] 짓:지[짇:찌] 지어[ʤiə] 지으니[ʤiɨni]
짓밟:다 [ʤidb'a:bd'a, 짇빱:따]
짓이기다 [ʤinnigida, 진니기다]
징 [ʤiŋ] /쇠못, 악기
징거매:다 [ʤiŋgəmɛ:da] /대충 꿰매다
징거미 [ʤiŋgəmi] /민물새우
징검다리 [ʤiŋgəmdari]
징계 懲戒 [ʤiŋgje]
징발 徵發 [ʤiŋbal]
징벌적 懲罰的 [ʤiŋbəlʤəg]
징비록 懲毖錄 [ʤiŋbirog] /유성룡, 임진왜란
징수 徵收 [ʤiŋsu]
징역형 懲役刑 [ʤiŋjəkjəŋ, 징여켱]
징용 徵用 [ʤiŋjoŋ]
징집 徵集 [ʤiŋʤib]
징징거리다 [ʤiŋʤiŋgərida]
징징하다 澄澄-- [ʤiŋʤiŋɦada] 매우 맑다
징후 徵候 [ʤiŋɦu]
짖다 [ʤid'a, 지따] 짖어[지저] 짖으니 [지즈니] 짖는[진는]
짙다 [ʤid'a, 지따] 짙어[지터] 짙은 [지튼] 짙지[짇찌]
짙푸른 [ʤidpurɨn, 짇푸른]
짚 [ʤib, 집]
짚다 [ʤibd'a, 집따] 짚어[지퍼] 짚으니[지프니] 짚는[짐는]
짚신 [ʤibs'in, 집씬]

ㅉ

짜깁기 [ʤ'agibg'i, 짜깁끼] 짜깁기(×)
짜:내:다 [ʤ'a:nɛ:da]
짜:다 [ʤ'a:da] 組, 作, 織, 編, 絞, 搾
짜다 [ʤ'ada] 塩
짜릿하다 [ʤ'aritada, 짜리타다]
짜증 [ʤ'aʤɨŋ]
짝꿍 [ʤ'agg'uŋ]
짝눈 [ʤ'aŋnun, 짱눈]
짝사랑 [ʤ'ags'araŋ, 짝싸랑]
짝수 -數 [ʤ'ags'u, 짝쑤]
짝짓:기 [ʤ'agʤ'i:dg'i, 짝찓:끼]
짝짜꿍 [ʤ'agʤ'ag'uŋ]
짝패 -牌 [ʤ'agpɛ]
짠물 [ʤ'anmul]
짠:하다 [ʤ'a:nɦada]
짤막히 [ʤ'almaki, 짤마키]
짧다 [ʤ'ald'a, 짤따] 짧아[짤바] 짧으니[짤브니] 짧지[짤찌] 짧고[짤꼬] 짧게[짤께]
짬 [ʤ'am]
짬밥 [ʤ'amb'ab, 짬빱]
짬짜미 [ʤ'amʤ'ami] 짜고 하는 약속
짬짬이 [ʤ'amʤ'ami, 짬짜미] 짬나는 대로
짭짤하다 [ʤ'abʤ'alɦada]
짱구 [ʤ'aŋgu]
짱돌 [ʤ'aŋd'ol, 짱똘]
째:다 [ʤ'ɛ:da] 切開, 裂, 開, 不足, 째:니[ʤ'ɛ:ni] 째:고[ʤ'ɛ:go] 째어/째:[ʤ'ɛə/ʤ'ɛ:]
쨍 [ʤ'ɛŋ]
쨍그랑 [ʤ'ɛŋgɨraŋ] 쨍그렁(×)
쩔쩔매:다 [ʤ'əlʤ'əlmɛ:da]
쩝쩝 [ʤ'əbʤ'əb]
쩨쩨하다 [ʤ'eʤ'eɦada]
쪼개다 [ʤ'ogɛda]
쪼그리다 [ʤ'ogɨrida]
쪼:다 [ʤ'o:da] 쪼:니[ʤ'o:ni] 쪼:지[ʤ'o:ʤi] 쪼:고[ʤ'o:go] 쪼:는[ʤ'o:nɨn]
쪼아/쫘: [ʤ'oa/ʤ'wa:]
쪼들리다 [ʤ'odɨllida]
쪽머리 [ʤ'oŋməri, 쫑머리]
쪽버들 [ʤ'ogb'ədɨl, 쪽뻐들]
쪽빛 [ʤ'ogb'id, 쪽삗]
쪽수 -數 [ʤ'ogs'u, 쪽쑤]
쪽지 [ʤ'ogʤ'i, 쪽찌]
쫀득하다 [ʤ'ondɨkada, 쫀드카다]
쫀쫀하다 [ʤ'onʤ'onɦada]
쫄깃하다 [ʤ'olgitada, 쫄기타다]
쫄면 -麵 [ʤ'olmjən]
쫑긋하다 [ʤ'oŋgɨtada, 쫑그타다]
쫑알거리다 [ʤ'oŋalgərida]
쫓기다 [ʤ'odg'ida, 쫃끼다]
쫓다 [ʤ'od'a, 쪼따] 쫓아[쪼차] 쫓으니[쪼츠니] 쫓지[쫃찌] 쫓는[쫀는] 쫓기다 [ʤ'odg'ida, 쫃끼다]
쬐:다 [ʤ'ø:da] 쬐:니[ʤ'ø:ni] 쬐:지[ʤ'ø:ʤi] 쬐:고[ʤ'ø:go] 쬐어/쫴:[ʤ'øə/ʤ'wɛ:]
쭈그리다 [ʤ'ugɨrida]
쭈그러뜨리다 [ʤ'ugɨrəd'ɨrida]
쭉 [ʤ'ug]
쭉정이 [ʤ'ugʤ'əŋi, 쭉쩡이]
쭐레쭐레 [ʤ'ulleʤ'ulle]
-쭝 [ʤ'uŋ] (← 重) /'무게'
-쯤 [ʤ'ɨm]
쯧 [ʤ'ɨd, 쯛]
찌 [ʤ'i] /낚시
찌개 [ʤ'igɛ] 찌게(×)
찌그러지다 [ʤ'igɨrəʤida]
찌꺼기 [ʤ'ig'əgi]
찌다 [ʤ'ida] 肥, 蒸
찌르레기 [ʤ'irɨregi] /조류
찌뿌듯하다 [ʤ'ib'udɨtada, 찌뿌드타다] =찌뿌드드하다, 찌뿌둥하다(×)
찌푸리다 [ʤ'ipurida]
찍다 [ʤ'igd'a, 찍따]

찐빵 [ʤ'inb'aŋ]
찐쌀 [ʤ'ins'al]
찔끔 [ʤ'ilg'ɨm]
찔레꽃 [ʤ'illeg'od, 찔레꼳]
찔리다 [ʤ'illida]
찔찔 [ʤ'ilʤ'il]
찜 [ʤ'im]
찜닭 [ʤ'imd'ag, 찜딱] 찜닭이[찜딸기] 찜닭을[찜딸글]
찜솥 [ʤ'imsod, 찜솓] 찜솥이[찜소치] 찜솥에[찜소테] 찜솥을[찜소틀]
찜질방 --房 [ʤ'imʤilbaŋ]
찜찜하다 [ʤ'imʤ'imɦada]
찜통 [ʤ'imtoŋ]
찜하다 [ʤ'imɦada]
찝쩍대:다 [ʤ'ibʤ'əgd'ɛ:da, 찝쩍때:다] =찝쩍거리다
찝찝하다 [ʤ'ibʤ'ipada, 집찌파다]
찡찡거리다 [ʤ'iŋʤ'iŋgərida] =찡찡대다
찡하다 [ʤ'iŋɦada]
찢다 [ʤ'id'a, 찌따] 찢어[찌저] 찢으니[찌즈니] 찢는[찐는] 찢지[찓찌] 찢기다[찓끼다]
찧다 [ʤ'ita, 찌타] 찧어[찌어] 찧으니[찌으니] 찧는[찐는] 찧지[찌치] 찧소[찌쏘]

ㅊ

차간거:리 車間距離 [ʧagangə:ri]
차감 差減 [ʧagam]
차갑다 [ʧagabd'a, 차갑따] 차가워[ʧagawə], 차가와(×)
차고지 車庫地 [ʧagodʒi]
차관 次官 [ʧagwan]
차:관 借款 [ʧa:gwan]
차:광막 遮光幕 [ʧa:gwaŋmag] /햇빛·불빛의 차단
차:귀도 遮歸島 [ʧa:gwido] /제주특별자치도 제주시
차기 次期 [ʧagi]
차:단 遮斷 [ʧa:dan]
차대 次代 [ʧadɛ]
차:대 借貸 [ʧa:dɛ] =대차(貸借)
차도 車道 [ʧado]
차도 差度 [ʧado]
차돌 [ʧadol]
차돌박이 [ʧadolbagi, 차돌바기] /쇠고기, 차돌백이(×) 차돌배기(×) 차돌바기(×)
차량용 車輛用 [ʧarjaŋnjoŋ, 차량뇽]
차:력 借力 [ʧa:rjəg]
차례 次例 [ʧarje]
차례 茶禮 [ʧarje]
차림새 [ʧarimsɛ]
차마 [ʧama]
차:변 借邊 [ʧa:bjən]
차상 次上 [ʧasaŋ] /장원 밑, 백일장
차상:위 次上位 [ʧasa:ŋwi]
차석 次席 [ʧasəg]
차선 次善 [ʧasən]
차수 差數 [ʧas'u, 차쑤]
차:양 遮陽 [ʧa:jaŋ] ≒챙, 채양(×)
차:용증 借用證 [ʧa:joŋdʒ'iŋ, 차:용쯩]
차원 次元 [ʧawən]
차이다 [ʧaida] 채이다(×)
차이점 差異點 [ʧaidʒ'əm, 차이쩜]
차익 差益 [ʧaig]
차일피일 此日彼日 [ʧailpiil]
차입 差入 [ʧaib]
차:입 借入 [ʧa:ib]
차전놀이 車戰- [ʧadʒənnori, 차전노리]
차전초 車前草 [ʧadʒənʧo] ≒질경이, /식물
차제에 此際- [ʧadʒee]
차조밥 [ʧadʒobab]
차지다 [ʧadʒida] /밥, 찰지다(×)
차질 蹉跌 [ʧadʒil]
차차 次次 [ʧaʧa]
차출 差出 [ʧaʧul]
차츰 [ʧaʧɨm]
차:치하고 且置-- [ʧa:ʧiɦago] /문제가 아니고
차:폐 遮蔽 [ʧa:pje] /막음, 덮음
차후 此後 [ʧaɦu]
착각 錯覺 [ʧag'ag, 착깍]
착공식 着工式 [ʧag'oŋsig, 착꽁식]
착과율 着果率 [ʧag'wajul, 착꽈율] /果樹
착란 錯亂 [ʧaŋnan, 창난]
착량교 鑿梁橋 [ʧaŋnjaŋgjo, 창냥교] /경남 통영시
착륙 着陸 [ʧaŋnjug, 창뉵]
착복하다 着服 [ʧagb'okada, 착뽀카다]
착상 着想 [ʧags'aŋ, 착쌍]
착상 着床 [ʧags'aŋ, 착쌍]
착석하다 着席-- [ʧags'əkada, 착써카다]
착수 着手 [ʧags'u, 착쑤]
착수 窄袖 [ʧags'u, 착쑤] 좁은 소매
착시 錯視 [ʧags'i, 착씨]
착실히 着實- [ʧags'ilɦi, 착씰히]
착안 着眼 [ʧagan, 차간]
착암기 鑿巖機 [ʧagamgi, 차감기]
착오 錯誤 [ʧago, 차고]
착용 着用 [ʧagjoŋ, 차공]
착유기 搾乳(油)機 [ʧagjugi, 차규기]

ㅊ

착의 着衣 [ʧagi, 차기] /인상착의
착잡하다 錯雜-- [ʧagʤ'apada, 착짜파다]
착좌식 着座式 [ʧagʤ'wasig, 착쫘식] /가톨릭
착지 着地 [ʧagʤ'i, 착찌]
착착 着着 [ʧagʧag] (부사)
착착하다 鑿鑿-- [ʧagʧakada, 착차카다] /분명하고 조리 있다
착취 搾取 [ʧagʧwi]
착탄 着彈 [ʧagtan]
착하다 [ʧakada, 차카다]
착화 着貨 [ʧakwa, 차콰] /짐이 도착함
착화탄 着火炭 [ʧakwatan, 차콰탄]
찬: 饌 [ʧa:n] =반찬
찬:가 讚歌 [ʧa:nga]
찬:가:게 [ʧa:ng'a:ge, 찬:까:게]
찬:거리 [ʧa:ng'əri, 찬:꺼리]
찬:기파랑가 讚耆婆郎歌 [ʧa:ngiparaŋga] /화랑 기파랑을 찬미함
찬:동 贊同 [ʧa:ndoŋ]
찬:란히 燦爛- [ʧa:llanɦi, 찰:란히]
찬:문 撰文 [ʧa:nmun] 글을 지음
찬:미 讚美 [ʧa:nmi]
찬바람 [ʧanbaram] /냉랭한 느낌, 기운
찬:반 贊反 [ʧa:nban]
찬:불가 讚佛歌 [ʧa:nbulga]
찬:사 讚辭 [ʧa:nsa]
찬:상 讚賞 [ʧa:nsaŋ]
찬:성률 贊成率 [ʧa:nsəŋnjul, 찬:성뉼]
찬:송가 讚頌歌 [ʧa:nsoŋga]
찬:시 讚詩 [ʧa:nsi]
찬:시 簒弑 [ʧa:nsi] 왕을 시해하고 자리를 뺏음, /史劇
찬:양 讚揚 [ʧa:njaŋ, 차:냥]
찬:연히 燦然- [ʧa:njənɦi, 차:년히]
찬:의 贊意 [ʧa:ni, 차:니]
찬:장 饌欌 [ʧa:nʤ'aŋ, 찬:짱]
찬:조 贊助 [ʧa:nʤo] /찬조출연
찬:진 撰進 [ʧa:nʤin] /글을 왕에게 올림, 史劇
찬찬히 [ʧanʧanɦi] /꼼꼼히, ~살펴보다
찬:찬히 [ʧa:nʧanɦi] /느릿하게, ~먹다
찬:탄 讚歎/贊嘆 [ʧa:ntan]
찬:탈 簒奪 [ʧa:ntal] /권력, 왕위, /史劇
찬:합 饌盒 [ʧa:nɦab]
찰거:머리 [ʧalgə:məri]
찰과상 擦過傷 [ʧalgwasaŋ]
찰기 -氣 [ʧalgi]
찰나 刹那 [ʧalla, 찰라]
찰떡 [ʧald'əg]
찰밥 [ʧalbab]
찰벼 [ʧalbjə]
찰상 擦傷 [ʧals'aŋ, 찰쌍]
찰옥수수 [ʧarogs'usu, 차록쑤수]
찰흙 [ʧalɦɨg, 찰흑] /찰흙이[찰흘기] 찰흙을[찰흘글] 찰흙과[찰흐꽈] 찰흙만[찰흥만]
참게 [ʧamge] 蟹
참견하다 參見-- [ʧamgjənɦada]
참고 參考 [ʧamgo]
참괴 慙愧 [ʧamgø(we), 괴(궤)] 몹시 부끄러움
참극 慘劇 [ʧamgɨg]
참:다 [ʧa:mda, 참:따] 참:지[ʧa:mʤ'i, 참:찌] 참:고[ʧa:mg'o, 참:꼬] 참아[ʧama, 차마] 참으니[ʧamini, 차므니]
참다운 [ʧamdaun]
참담한 慘憺- [ʧamdamɦan]
참대 [ʧamdɛ] 竹
참돔 [ʧamdom] /生鮮
참되다 [ʧamdø(we)da, 되(뒈)]
참말 [ʧammal]
참매 [ʧamɛ] /조류
참모 參謀 [ʧammo]
참모총:장 參謀總長 [ʧammoʧo:ŋʤaŋ]
참배 參拜 [ʧambɛ]
참변 慘變 [ʧambjən]
참봉 參奉 [ʧamboŋ] /벼슬, 조선
참사 慘事 [ʧamsa]
참상 慘狀 [ʧamsaŋ]
참새 [ʧamsɛ]

참선 參禪 [ʧamsən]
참성단 塹星壇 [ʧamsəŋdan] /인천시 강화군, 마니산
참:수 斬首 [ʧa:msu]
참수리 [ʧamsuri] /鳥類
참숯 [ʧamsud, 참숟] 참숯이[참수치] 참숯을[참수츨] 참숯과[참숟꽈] 참숯만[참순만]
참신하다 斬新-- [ʧamsinɦada]
참여 參與 [ʧamjə, 차며]
참외 [ʧamø(we), 차뫼(뭬)]
참을성 --性 [ʧamɨls'əŋ, 차믈썽]
참의원 參議院 [ʧam(ɨ)iwən, 차미(믜)원]
참작하다 參酌-- [ʧamʤakada, 참자카다]
참전용:사 參戰勇士 [ʧamʤənnjo:ŋsa, 참전뇽:사]
참정권 參政權 [ʧamʤəŋg'wən, 참정꿘]
참조 參照 [ʧamʤo]
참:주 僭主 [ʧa:mʤu] /歷史
참:참이 [ʧa:mʧami, 참:차미] 이따금
참척 慘慽 [ʧamʧəg] /자식이 부모보다 먼저 죽음
참척하다 [ʧamʧəkada, 참처카다] /하나만 골똘히 신경 씀 (←潛着)
참치 [ʧamʧi] =참다랑어
참:칭 僭稱 [ʧa:mʧiŋ] 분수에 넘게 스스로를 임금이라 칭함, /史劇
참패 慘敗 [ʧampɛ]
참:하다 [ʧa:mɦada] 곱다, 얌전하다
참호 塹壕 [ʧamɦo]
참화 慘禍 [ʧamɦwa]
참회 懺悔 [ʧamɦø(we), 회(훼)]
찻간 車間 [ʧa(d)g'an, 차(찯)깐]
찻길 車- [ʧa(d)g'il, 차(찯)낄]
찻잎 茶- [ʧannib, 찬닙]
찻잔 茶盞 [ʧa(d)ʤ'an, 차(찯)짠]
찻집 茶- [ʧa(d)ʤ'ib, 차(찯)찝]
창 槍 [ʧaŋ]
창 窓 [ʧaŋ]

창: 唱 [ʧa:ŋ] /음악
창가 窓- [ʧaŋg'a, 창까]
창:가 唱歌 [ʧa:ŋga]
창:건 創建 [ʧa:ŋgən]
창검 槍劍 [ʧaŋgəm]
창:경궁 昌慶宮 [ʧa:ŋgjəŋguŋ] /서울시 종로구, 명정전, 홍화문
창고 倉庫 [ʧaŋgo]
창공 蒼空 [ʧaŋgoŋ]
창구 窓口 [ʧaŋgu]
창:군 創軍 [ʧa:ŋgun]
창궐 猖獗 [ʧaŋgwəl]
창:극 唱劇 [ʧa:ŋgɨg]
창기 娼妓 [ʧaŋgi]
창:기 創起 [ʧa:ŋgi]
창난젓 [ʧaŋnandʒəd, 창난젇]
창녀 娼女 [ʧaŋnjə]
창:녕군 昌寧郡 [ʧa:ŋnjəŋgun] /경남 북부의 郡
창:단 創團 [ʧa:ŋdan]
창:달 暢達 [ʧa:ŋdal]
창:당 創党 [ʧa:ŋdaŋ]
창대하다 昌大-- [ʧaŋdɛɦada]
창동 倉洞 [ʧaŋdoŋ] /서울시 도봉구
창동리 倉洞里 [ʧaŋdoŋni, 창동니] /충남 보령시, 충북 충주시
창동리 蒼洞里 [ʧaŋdoŋni, 창동니] /강원도 평창군
창동리 廠洞里 [ʧaŋdoŋni, 창동니] /충북 증평군
창동리 滄東里 [ʧaŋdoŋni, 창동니] /전북 정읍시
창룡문 蒼龍門 [ʧaŋnjoŋmun, 창뇽문] /경기도 수원시
창:립 創立 [ʧa:ŋnib, 창:닙]
창밖의 窓-- [ʧaŋbag'e, 창바께]
창:발적 創發的 [ʧa:ŋbaldʒəg]
창백하다 蒼白-- [ʧaŋbɛkada, 창배카다]
창:법 唱法 [ʧa:ŋb'əb, 창:뻡]
창:부타:령 倡夫打令 [ʧa:ŋbuta:rjəŋ] /남자 광대

창:비 創批 [ʧa:ŋbi] '創作과 批評'의 약칭, /문예지
창:사 創社 [ʧa:ŋsa]
창살 窓- [ʧaŋs'al, 창쌀]
창:설 創設 [ʧa:ŋsəl]
창성 昌盛 [ʧaŋsəŋ]
창성동 昌成洞 [ʧaŋsəŋdoŋ] /서울시 종로구, 전북 군산시
창:세기 創世記 [ʧa:ŋsegi]
창소리 倉所里 [ʧaŋsori] /충남 예산군
창:시 創始 [ʧa:ŋsi]
창:씨개:명 創氏改名 [ʧa:ŋs'igɛ:mjəŋ]
창:안 創案 [ʧa:ŋan]
창:업 創業 [ʧa:ŋəb]
창:원시 昌原市 [ʧa:ŋwənsi] /경남 중부의 市
창:의문 彰義門 [ʧa:ŋimun, 창:이문] /서울시 종로구
창:의문 倡義文 [ʧa:ŋimun, 창:이문] /의병
창:의력 創意力 [ʧa:ŋirjəg, 창:이력]
창:의성 創意性 [ʧa:ŋis'əŋ, 창:이썽]
창:일 漲溢 [ʧa:ŋil] 왕성하게 일어남
창자 [ʧaŋʤa]
창:작활동 創作活動 [ʧa:ŋʤakwald'oŋ, 창:자콸똥]
창전동 倉前洞 [ʧaŋʤəndoŋ] /서울시 마포구, 경기도 이천시
창:제 創製/創制 [ʧa:ŋʤe]
창:조 創造 [ʧa:ŋʤo]
창창하다 蒼蒼-- [ʧaŋʧaŋɦada]
창천동 滄川洞 [ʧaŋʧəndoŋ] /서울시 서대문구
창:투사 創投社 [ʧa:ŋtusa] '창업투자사'의 약칭
창파 滄波 [ʧaŋpa] 맑고 푸른 물결
창파 蒼波 [ʧaŋpa] 푸른 물결
창평리 倉坪里 [ʧaŋpjəŋni, 창평니] /전북 익산시, 경남 함양군
창평리 昌坪里 [ʧaŋpjəŋni, 창평니] /경북 봉화군·칠곡군
창평리 昌平里 [ʧaŋpjəŋni, 창평니] /충남 금산군, 전남 담양군, 경북 군위군
창포 菖蒲 [ʧaŋpo]
창포리 昌浦里 [ʧaŋpori] /경남 마산시, 전남 진도군, 경북 영덕군
창피하다 猖披-- [ʧaŋpiɦada]
창:학 創學 [ʧa:ŋɦag]
창현리 倉峴里 [ʧaŋɦjənni, 창현니] /경기도 남양주시
창호지 窓戶紙 [ʧaŋɦoʤi]
찾다 [ʧad'a, 차따]
채:공 採工 [ʧɛ:goŋ]
채:광 彩光 [ʧɛ:gwaŋ]
채:광 採光 [ʧɛ:gwaŋ]
채:광 採鑛 [ʧɛ:gwaŋ]
채:굴 採掘 [ʧɛ:gul]
채:권 債券 [ʧɛ:g'wən, 채:꿘]
채:권인 債權人 [ʧɛ:g'wənin, 채:꿔닌]
채:근 菜根 [ʧɛ:gɨn]
채:근담 菜根譚 [ʧɛ:gɨndam] /경구를 담은 어록집, 明나라
채:근하다 採根-- [ʧɛ:gɨnɦada]
채낚기 [ʧɛnag'i, 채나끼] /수산업
채다 [ʧɛda] 引, 感, 値上
채:다 [ʧɛ:da] '차이다'의 준말, /발에 챈다, 애인에게 채었다
채:단 采緞 [ʧɛ:dan] /혼인, 민속
채:단 綵緞 [ʧɛ:dan] 온갖 비단
채:도 彩度 [ʧɛ:do]
채:독 菜毒 [ʧɛ:dog]
채:란 採卵 [ʧɛ:ran]
채:록 採錄 [ʧɛ:rog]
채:마밭 菜麻- [ʧɛ:mabad, 채:마받] 채소를 기르는 밭
채:묘 採苗 [ʧɛ:mjo]
채:무 債務 [ʧɛ:mu]
채:밀 採蜜 [ʧɛ:mil]
채반 -盤 [ʧɛban] 채그릇
채:변 採便 [ʧɛ:bjən]
채:보 採譜 [ʧɛ:bo]
채비 [ʧɛbi]
채:빙 採氷 [ʧɛ:biŋ]

채:산 採算 [ʧɛ:san]
채:석강 彩石江 [ʧɛ:səg'aŋ, 채:서깡] /전북 부안군, 암벽 및 해안
채:석장 採石場 [ʧɛ:səgʤ'aŋ, 채:석짱]
채:선당 菜鮮堂 [ʧɛ:səndaŋ] /식당 명, 체인점
채:소 菜蔬 [ʧɛ:so]
채:식 菜食 [ʧɛ:sig]
채:신머리 [ʧɛ:sinməri] '처신'을 낮잡아 이름, 체신머리(×)
채:용 採用 [ʧɛ:joŋ]
채:점표 採點表 [ʧɛ:ʤ'əmpjo, 채:쩜표]
채:종 採種 [ʧɛ:ʤoŋ]
채:증 採證 [ʧɛ:ʤiŋ]
채:취 採取 [ʧɛ:ʧwi]
채:탄 採炭 [ʧɛ:tan]
채:택하다 採擇-- [ʧɛ:tɛkada, 채:태카다]
채:혈 採血 [ʧɛ:ɦjəl]
채:홍사 採紅使 [ʧɛ:ɦoŋsa] /조선 연산군, 미녀와 좋은 말을 찾는 벼슬아치 /史劇
책걸:상 冊-床 [ʧɛg'ə:lsaŋ, 채껄:상]
책략 策略 [ʧɛŋnjag, 챙냑]
책력 冊曆 [ʧɛŋnjəg, 챙녁] ≒역서(曆書)
책망 責望 [ʧɛŋmaŋ, 챙망]
책무 責務 [ʧɛŋmu, 챙무]
책봉 冊封 [ʧɛgb'oŋ, 책뽕] /세자 책봉, 史劇
책사 策士 [ʧɛgs'a, 책싸] /꾀, ≒謀士
책임감 責任感 [ʧɛgimgam, 채김감]
책정 策定 [ʧɛgʤ'əŋ, 책쩡]
챙: [ʧɛ:ŋ] ≒차양
챙기다 [ʧɛŋgida]
처 妻 [ʧə]
처: 處 [ʧə:] /官, 軍
처갓집 妻家- [ʧəga(d)ʤ'ib, 처가(갇)찝]
처:네 [ʧə:ne] 포대기, 얇은 이불
처:녀 處女 [ʧə:njə]
처녑 [ʧənjəb] 千葉(○)
처:단 處斷 [ʧə:dan]
처량하다 凄凉-- [ʧərjaŋɦada]
처:리 處理 [ʧə:ri]
처마 [ʧəma]
처:방전 處方箋 [ʧə:baŋʤən]
처복 妻福 [ʧəbog]
처:분 處分 [ʧə:bun]
처:사 處事 [ʧə:sa]
처:사 處士 [ʧə:sa]
처:서 處暑 [ʧə:sə] /절기
처:세 處世 [ʧə:se]
처:소 處所 [ʧə:so]
처:신 處身 [ʧə:sin]
처:연하다 悽然-- [ʧə:jənɦada] /삶, 기분
처:용 處容 [ʧə:joŋ] /신라, 처용가
처:우 處遇 [ʧə:u]
처:인구 處仁區 [ʧə:ingu] /경기도 용인시의 區
처자 妻子 [ʧəʤa]
처:자 處子 [ʧə:ʤa] =처녀
처:장 處長 [ʧə:ʤaŋ] /책임자
처제 妻弟 [ʧəʤe]
처절하다 凄切-- [ʧəʤəlɦada] 아주 처량하다
처:절히 悽絕- [ʧə:ʤəlɦi] 몹시 처참하게
처:지 處地 [ʧə:ʤi]
처:지다 [ʧə:ʤida] 沈, 底
처:참하다 悽慘-- [ʧə:ʧamɦada]
처:치 處置 [ʧə:ʧi]
처:하다 處-- [ʧə:ɦada]
처형 妻兄 [ʧəɦjəŋ]
처:형 處刑 [ʧə:ɦjəŋ]
척결 剔抉 [ʧəg'jəl, 척껼]
척도 尺度 [ʧəgd'o, 척또]
척박한 瘠薄- [ʧəgb'akan, 척빠칸]
척사 擲柶 [ʧəgs'a, 척싸] =윷놀이
척사 斥邪 [ʧəgs'a, 척싸]
척산온천 尺山溫泉 [ʧəgs'anonʧən, 척싸논천] /강원도 속초시
척살 刺殺 [ʧəgs'al, 척쌀] 칼로 죽임
척수 脊髓 [ʧəgs'u, 척쑤]

척식 拓殖 [ʧəgs'ig, 척씩] /'동양척식회사'(1908), 日帝
척신 戚臣 [ʧəgs'in, 척씬] /姓이 다른 왕의 一家, /史劇
척지다 隻-- [ʧəgʤ'ida, 척찌다]
척척 [ʧəgʧəg]
척축 斥逐 [ʧəgʧug] 물리쳐 쫓아냄
척탄병 擲彈兵 [ʧəgtanbjəŋ]
-척하다 [ʧəkada, 처카다]
척화비 斥和碑 [ʧəkwabi, 처콰비] /대원군, (1871)
척후병 斥候兵 [ʧəkubjəŋ, 처쿠병]
천 千 [ʧən]
천: [ʧə:n] /피륙
천:거 薦擧 [ʧə:ngə]
천:격 賤格 [ʧə:ng'jəg, 천:껵]
천고마:비 天高馬肥 [ʧəngoma:bi]
천곡동 泉谷洞 [ʧəngogd'oŋ, 천곡똥] /울산광역시 북구, 강원도 동해시
천:골 賤骨 [ʧə:ngol]
천:공 穿孔 [ʧə:ngoŋ]
천구 天球 [ʧəngu]
천군만:마 千軍萬馬 [ʧəngunma:nma]
천금 千金 [ʧəngɨm]
천기누:설 天機漏洩 [ʧənginu:səl]
천녀유혼 倩女幽魂 [ʧənnjəjuɦon] /홍콩영화, (1987)
천:단 擅斷 [ʧə:ndan] 멋대로 처단함
천:대 賤待 [ʧə:ndɛ]
천:덕꾸러기 賤---- [ʧə:ndəgg'urəgi]
천도 天桃 [ʧəndo] /천도복숭아
천:도 遷都 [ʧə:ndo]
천둥 [ʧənduŋ] (← 天動)
천둥벌거숭이 [ʧənduŋbəlgəsuŋi]
천량 天良 [ʧəlljaŋ, 철량] 착한 마음
천:량 [ʧə:lljaŋ, 철:량] (← 錢糧) 살림살이, 재산
천려 千慮 [ʧəlljə, 철려] 여러 생각
천:려 淺慮 [ʧə:lljə, 철:려] 얕은 생각
천렵 川獵 [ʧəlljəb, 철렵] 냇물에서 하는 고기잡이
천로역정 天路歷程 [ʧəllojəgʤ'əŋ, 철로역쩡] /존 버니언, 종교소설
천륜 天倫 [ʧəlljun, 철륜]
천리교 天理敎 [ʧəlligjo, 철리교] /日本
천리마 千里馬 [ʧəllima, 철리마] /천리마운동, 北韓
천리포 千里浦 [ʧəllipo, 철리포] /충남 태안군, 해수욕장
천막 天幕 [ʧənmag]
천:명 闡明 [ʧə:nmjəŋ] 드러내 밝힘
천:명 擅名 [ʧə:nmjəŋ] 이름을 떨침
천:민 賤民 [ʧə:nmin]
천:박하다 淺薄-- [ʧə:nbakada, 천:바카다]
천방지축 天方地軸 [ʧənbaŋʤiʧug]
천벌 天罰 [ʧənbəl]
천변 川邊 [ʧənbjən] /'천변풍경'
천북면 川北面 [ʧənbuŋmjən, 천붕면] /충남 보령시, 경북 경주시
천:빈 賤貧 [ʧə:nbin]
천생 天生 [ʧənsɛŋ] 천상(×), /천생여자다
천석꾼 千石- [ʧənsəgg'un]
천:수만 淺水灣 [ʧə:nsuman] /충남 태안반도의 灣
천:시 賤視 [ʧə:nsi]
천:식 喘息 [ʧə:nsig]
천신만:고 千辛萬苦 [ʧənsinma:ngo]
천안역 天安驛 [ʧənannjəg, 처난녁] /충남 천안시
천애 天涯 [ʧənɛ, 처내] 하늘의 끝, 핏줄이 없음, /천애의 고아
천야만:야 千耶萬耶 [ʧənjama:nja, 처냐마:냐] /가파른 산, 벼랑
천양지차 天壤之差 [ʧənjaŋʤiʧa, 처냥지차]
천연 天然 [ʧənjən, 처년]
천연동 天然洞 [ʧənjəndoŋ, 처년동] /서울시 서대문구
천연두 天然痘 [ʧənjəndu, 처년두]
천우신조 天佑神助 [ʧənusinʤo, 처누신조]

ㅊ

천운 天運 [ʧənun, 처눈]
천원 千- [ʧənwən, 처눤]
천의무봉 天衣無縫 [ʧənimuboŋ, 처니무봉] 아름답고 완전함
천인공:노 天人共怒 [ʧəningo:ŋno, 처닌공:노]
천일야:화 千一夜話 [ʧənillja:ɦwa, 처닐랴:화] /아라비안나이트
천일염 天日鹽 [ʧənilljəm, 처닐렴]
천자문 千字文 [ʧənʤamun]
천장 天障 [ʧənʤaŋ] '천정(天井)'(×)
천재성 天才性 [ʧənʤɛs'əŋ, 천재썽]
천재일우 千載一遇 [ʧənʤɛiru, 천재이루]
천적 天敵 [ʧənʤəg]
천점 天點 [ʧənʤəm] '1,000점'
천주실의 天主實義 [ʧənʤusiri, 천주시리] /마테오 리치, (1603)
천지신명 天地神明 [ʧənʤisinmjəŋ]
천직 天職 [ʧənʤig]
천:직 賤職 [ʧə:nʤig]
천차만:별 千差萬別 [ʧənʧama:nbjəl]
천:착하다 穿鑿-- [ʧə:nʧakada, 천:차카다]
천천동 泉川洞 [ʧənʧəndoŋ] /경기도 수원시
천:천히 [ʧə:nʧənɦi]
천추 千秋 [ʧənʧu] /천추의 한
천추태후 千秋太后 [ʧənʧutɛɦu] /고려 왕건의 손녀(964~1029), 史劇
천:출 賤出 [ʧə:nʧul]
천치 天癡/天痴 [ʧənʧi]
천칭 天秤 [ʧənʧiŋ]
천태만:상 千態萬象 [ʧəntɛma:nsaŋ]
천편일률 千篇一律 [ʧənpjənilljul, 천퍼닐률]
천:하다 賤-- [ʧə:nɦada]
천형 天刑 [ʧənɦjəŋ]
천혜의 天惠- [ʧənɦjee, 천혜에]
천호동 千戶洞 [ʧənɦodoŋ] /서울시 강동구
철각 鐵脚 [ʧəlgag]

철거 撤去 [ʧəlgə]
철골 鐵骨 [ʧəlgol]
철공소 鐵工所 [ʧəlgoŋso]
철권 鐵拳 [ʧəlgwən]
철근 鐵筋 [ʧəlgɨn]
철길 鐵- [ʧəlg'il, 철낄]
철나다 [ʧəllada, 철라다] /사리분별
철도 鐵道 [ʧəld'o, 철또]
철두철미 徹頭徹尾 [ʧəld'uʧəlmi, 철뚜철미]
철들다 [ʧəldɨlda]
철딱서니 [ʧəld'ags'əni, 철딱써니] '철'을 속되게 이름
철리 哲理 [ʧəlli]
철면피 鐵面皮 [ʧəlmjənpi]
철물점 鐵物店 [ʧəlmulʤəm]
철밥통 鐵-- [ʧəlbabtoŋ]
철사 鐵絲 [ʧəls'a, 철싸]
철산동 鐵山洞 [ʧəls'andoŋ, 철싼동] /경기도 광명시
철산리 鐵山里 [ʧəls'anni, 철싼니] /인천광역시 강화군
철새 [ʧəls'ɛ, 철쌔]
철선 鐵線 [ʧəls'ən, 철썬]
철선 鐵船 [ʧəls'ən, 철썬]
철수 撤收 [ʧəls'u, 철쑤]
철시 撤市 [ʧəls'i, 철씨]
철심 鐵心 [ʧəlsim]
철야 徹夜 [ʧərja, 처랴]
철옹성 鐵甕城 [ʧəroŋsəŋ, 처롱성]
철원군 鐵原郡 [ʧərwəngun, 처뤈군] /강원도 북서부의 郡
철인 鐵人 [ʧərin, 처린]
철저히 徹底- [ʧəlʤ'əɦi, 철쩌히]
철제 鐵製 [ʧəlʤ'e, 철쩨]
철조망 鐵條網 [ʧəlʤ'omaŋ, 철쪼망]
철창 鐵窓 [ʧəlʧaŋ]
철책 鐵柵 [ʧəlʧɛg]
철철 [ʧəlʧəl]
철칙 鐵則 [ʧəlʧig]
철커덕 [ʧəlkədəg]
철통 鐵桶 [ʧəltoŋ]

ㅊ

철판 鐵板 [ʧəlpan]
철퍼덕 [ʧəlpədəg]
철하다 綴-- [ʧəlɦada]
철회 撤回 [ʧəlɦø(we), 회(훼)]
첨가물 添加物 [ʧəmgamul]
첨단산:업 尖端産業 [ʧəmdansa:nəb, 첨단사:넙]
첨례 瞻禮 [ʧəmnje, 첨녜] /미사첨례, 가톨릭
첨밀밀 甛蜜蜜 [ʧəmmilmil] /홍콩영화, '달콤함'이란 의미, (1996)
첨병 尖兵 [ʧəmbjəŋ]
첨부 添附 [ʧəmbu]
첨삭 添削 [ʧəmsag]
첨성대 瞻星臺 [ʧəmsəŋdɛ] /경북 경주시, 新羅
첨언 添言 [ʧəmən, 처먼]
첨예한 尖銳- [ʧəmjeɦan, 처메한]
첨위 僉位 [ʧəmwi, 처뮈] '여러분'
첨의 僉意 [ʧəmi, 처미] '여러 의견'
첨의 僉議 [ʧəmi, 처미] 여럿이 의논함
첨자 添字 [ʧəmʤa]
첨지 僉知 [ʧəmʤi] /史劇
첩경 捷徑 [ʧəbg'jəŋ, 첩꼉]
첩보전 諜報戰 [ʧəb'oʤən, 처뽀전]
첩부 貼付 [ʧəb'u, 처뿌] 발라서 붙임
첩실 妾室 [ʧəbs'il, 첩씰]
첩약 貼藥 [ʧəmnjag, 첨냑] /한의원
첩자 諜者 [ʧəbʤ'a, 첩짜]
첩첩산중 疊疊山中 [ʧəbʧəbs'anʤuŋ, 첩첩싼중]
첩첩이 疊疊- [ʧəbʧəbi, 첩처비]
첫길 [ʧədg'il, 천낄]
첫눈 [ʧənnun, 천눈]
첫닭 [ʧəd'ag, 처딱] 첫닭이[처딸기] 첫닭을[처딸글]
첫딸 [ʧədd'al, 첟딸]
첫사랑 [ʧəds'araŋ, 첟싸랑]
첫 삽 [ʧəds'ab, 첟쌉]
첫선 [ʧəds'ən, 첟썬]
첫술 [ʧəds'ul, 첟쑬]
첫아들 [ʧədadɨl, 처다들]
첫애 [ʧədɛ, 처대]
첫얼음 [ʧədərɨm, 처더름]
첫여름 [ʧənnjərɨm, 천녀름]
첫울음 [ʧədurɨm, 처두름]
첫인사 -人事 [ʧədinsa, 처딘사]
첫인상 -印象 [ʧədinsaŋ, 처딘상]
첫잠 [ʧədʤ'am, 첟짬]
첫정 -情 [ʧədʤ'əŋ, 첟쩡]
첫째 [ʧədʤ'ɛ, 첟째]
첫차 -車 [ʧədʧa, 첟차]
첫판 [ʧədpan, 첟판]
첫해 [ʧətɛ, 처태]
청각 聽覺 [ʧəŋgag]
청강생 聽講生 [ʧəŋgaŋsɛŋ]
청결 淸潔 [ʧəŋgjəl]
청경 請警 [ʧəŋgjəŋ] '청원경찰'의 약칭
청계광:장 淸溪廣場 [ʧəŋgjegwa:ŋʤaŋ] /서울시 세종로
청계산 淸溪山 [ʧəŋgjesan] /서울시 서초구와 경기도 과천시·의왕시·성남시에 걸침
청과물 靑果物 [ʧəŋgwamul]
청구 請求 [ʧəŋgu]
청구 靑丘 [ʧəŋgu] /옛날 중국에서 우리를 칭하던 이름
청국장 淸麴醬 [ʧəŋgugʤ'aŋ, 청국짱]
청남대 靑南臺 [ʧəŋnamdɛ] /충북 청원군, 대통령 별장
청노새 靑-- [ʧəŋnosɛ]
청담동 淸潭洞 [ʧəŋdamdoŋ] /서울시 강남구
청담리 淸潭里 [ʧəŋdamni, 청담니] /경남 진주시
청도군 淸道郡 [ʧəŋdogun] /경북 남부의 郡
청둥오:리 [ʧəŋduŋo:ri]
청라 靑蘿 [ʧəŋna, 청나] /담쟁이덩굴, 청라 언덕, 인천경제자유구역
청량리 淸凉里 [ʧəŋnjaŋni, 청냥니] /서울시 동대문구, 청량리역
청량음:료 淸凉飮料 [ʧəŋnjaŋɨ:mnjo,

ㅊ

청냥음:뇨]
청력 聽力 [ʧəŋnjəg, 청녁]
청렴 淸廉 [ʧəŋnjəm, 청념]
청록파 靑鹿派 [ʧəŋnogpa, 청녹파] / 박목월, 박두진, 조지훈
청룡 靑龍 [ʧəŋnjoŋ, 청뇽]
청마 靑馬 [ʧəŋma] '유치환'의 호
청맹과니 靑盲-- [ʧəŋmɛŋgwani] /어리석은 이
청명한 淸明- [ʧəŋmjəŋɦan]
청문회 聽聞會 [ʧəŋmunɦø(we), 회(훼)]
청밀 淸蜜 [ʧəŋmil] =꿀
청백리 淸白吏 [ʧəŋbɛŋni, 청뱅니]
청백전 靑白戰 [ʧəŋbɛgʤ'ən, 청백쩐]
청보리 靑-- [ʧəŋbori]
청부 請負 [ʧəŋbu] /업자, 살인
청북면 靑北面 [ʧəŋbuŋmjən, 청붕면] /경기도 평택시
청빈한 淸貧- [ʧəŋbinɦan]
청사초롱 靑紗-- [ʧəŋsaʧoroŋ]
청산리 靑山裏 [ʧəŋsanni, 청산니] 푸른 산속
청산리 靑山里 [ʧəŋsanni, 청산니] / 충남 태안군, 경북 의성군
청산리전:투 靑山里戰鬪 [ʧəŋsanniʤə:ntu, 청산니전:투] /김좌진, 만주
청상 靑孀 [ʧəŋsaŋ] =청상과부
청석고 淸錫高 [ʧəŋsəg'o, 청서꼬] / 충북 청주시
청설모 靑鼠毛 [ʧəŋsəlmo]
청송군 靑松郡 [ʧəŋsoŋgun] /경북 동부의 郡
청승 [ʧəŋsɨŋ]
청신하다 淸新-- [ʧəŋsinɦada]
청심환 淸心丸 [ʧəŋsimɦwan]
청암리 靑岩里 [ʧəŋamni, 청암니] / 경남 창녕군, 전남 광양시
청약예:금 請約預金 [ʧəŋjaŋnje:gɨm, 청양녜:금]
청양고추 靑陽-- [ʧəŋjaŋgoʧu]
청양군 靑陽郡 [ʧəŋjaŋgun] /충남 중부의 郡

ㅊ

청어 靑魚 [ʧəŋə]
청와대 靑瓦臺 [ʧəŋwadɛ]
청요:리 淸料理 [ʧəŋnjo:ri, 청뇨:리]
청운 靑雲 [ʧəŋun]
청원 請願 [ʧəŋwən]
청원군 淸原郡 [ʧəŋwəngun] /충북 서부의 郡
청유 請誘 [ʧəŋju]
청음 聽音 [ʧəŋɨm]
청일점 靑一點 [ʧəŋilʤ'əm, 청일쩜]
청자 靑瓷/靑磁 [ʧəŋʤa]
청자 聽者 [ʧəŋʤa]
청·장:년 靑壯年 [ʧəŋʤa:ŋnjən]
청전 靑田 [ʧəŋʤən] '이상범'의 호
청정 淸淨 [ʧəŋʤəŋ] /해역, 수역, 지대
청주 淸酒 [ʧəŋʤu]
청주시 淸州市 [ʧəŋʤusi] /충북 도청 소재지
청중 聽衆 [ʧəŋʤuŋ]
청지기 廳-- [ʧəŋʤigi] 잡일, 시중드는 이, /史劇
청진기 聽診器 [ʧəŋʤingi]
청천강 淸川江 [ʧəŋʧəngaŋ] /평남·평북에 걸침, 북한
청초한 淸楚- [ʧəŋʧoɦan] /'청초한 마스크'
청출어람 靑出於藍 [ʧəŋʧurəram, 청추러람]
청취 聽取 [ʧəŋʧwi]
청탁하다 請託-- [ʧəŋtakada, 청타카다]
청파동 靑坡洞 [ʧəŋpadoŋ] /서울시 용산구
청평면 淸平面 [ʧəŋpjəŋmjən] /경기도 가평군
청하다 請-- [ʧəŋɦada]
청해 聽解 [ʧəŋɦɛ] 듣기 이해
청해진 淸海鎭 [ʧəŋɦɛʤin] /장보고, 완도 일대
청화백자 靑華白瓷 [ʧəŋɦwabɛgʤ'a, 청화백짜]
체 [ʧe] /곡물, 모래, 용구

체감온도 體感溫度 [ʧegamondo, 체가몬도]
체결 締結 [ʧegjəl]
체공 滯空 [ʧegoŋ]
체교:과 體敎科 [ʧegjo:g'wa, 체교:꽈] '체육교육과'의 약칭
체구 體軀 [ʧegu]
체납하다 滯納-- [ʧenapada, 체나파다]
체내 體內 [ʧenɛ]
체념 諦念 [ʧenjəm]
체득하다 體得-- [ʧedɨkada, 체드카다]
체력 體力 [ʧerjəg]
체류 滯留 [ʧerju]
체면치레 體面-- [ʧemjənʧire]
체모 體毛 [ʧemo]
체부동 體府洞 [ʧebudoŋ] /서울시 종로구
체불 滯拂 [ʧebul]
체비지 替費地 [ʧebidʒi] /토지개발
체신 遞信 [ʧesin]
체액 體液 [ʧeɛg]
체임 滯賃 [ʧeim]
체재 滯在 [ʧedʒɛ]
체증 滯症 [ʧedʒɨŋ]
체취 體臭 [ʧeʧwi]
체통 體統 [ʧetoŋ]
체포 逮捕 [ʧepo]
체하다 滯-- [ʧehada]
-체하다 [ʧehada]
체화 體化 [ʧehwa]
쳇바퀴 [ʧe(d)b'akwi, 체(첻)빠퀴]
쳐:다보다 [ʧə:daboda, 처:다보다]
쳐:들다 [ʧə:dɨlda, 처:들다]
초강경 超强硬 [ʧogaŋgjəŋ]
초강수 超强手 [ʧogaŋsu]
초개 草芥 [ʧogɛ] 지푸라기, /목숨을 초개와 같이 버리다
초견 初見 [ʧogjən]
초계탕 醋鷄湯 [ʧogjetaŋ]
초계함 哨戒艦 [ʧogjeham]
초고 草稿 [ʧogo]
초과분 超過分 [ʧogwabun]
초교 初校 [ʧogjo] /교정(校訂)
초구 初球 [ʧogu]
초근목피 草根木皮 [ʧogɨnmogpi]
초기 初期 [ʧogi]
초년병 初年兵 [ʧonjənbjəŋ]
초단:파 超短波 [ʧoda:npa]
초당대 草堂大 [ʧodaŋdɛ] /전남 무안군
초당약품 草堂藥品 [ʧodaŋnjagpum, 초당냑품] /제약회사
초당적 超党的 [ʧodaŋdʒəg]
초대장 招待狀 [ʧodɛdʒ'aŋ, 초대짱]
초도순시 初度巡視 [ʧodosunsi] /관리들의 관할지역 순찰
초동 初動 [ʧodoŋ] /초동수사
초등 初等 [ʧodɨŋ] /초등교사
초라한 [ʧorahan]
초래하다 招來-- [ʧorɛhada]
초량동 草梁洞 [ʧorjaŋdoŋ] /부산시 동구
초로의 初老- [ʧoroe, 초로에]
초록 抄錄 [ʧorog]
초록빛 草綠- [ʧorogb'id, 초록삗]
초롱 [ʧoroŋ] /통
초마면 炒碼麵 [ʧomamjən] '짬뽕'의 순화어
초맛살 [ʧoma(d)s'al, 초마(맏)쌀] 치맛살(×), /쇠고기
초미의 焦眉- [ʧomie, 초미에]
초반 初盤 [ʧoban]
초배 初褙 [ʧobɛ] /도배
초벌구이 初--- [ʧobəlgui]
초보 初步 [ʧobo]
초빙 招聘 [ʧobiŋ]
초산 硝酸 [ʧosan] =질산
초산 醋酸 [ʧosan] =아세트산
초상집 初喪- [ʧosaŋdʒ'ib, 초상찝]
초상화 肖像畵 [ʧosaŋhwa]
초서 草書 [ʧosə] /서예
초석 礎石 [ʧosəg]
초선 初選 [ʧosən]
초소 哨所 [ʧoso]

초승달 [ʧosiŋd'al, 초승딸] (←初生), 초생달(×)
초시 初試 [ʧosi] /시험, 사람, /史劇
초식 草食 [ʧosig]
초야 草野 [ʧoja]
초야권 初夜權 [ʧojag'wən, 초야꿘] / 봉건사회
초연 初演 [ʧojən]
초연 硝煙 [ʧojən] /화약연기
초연히 超然- [ʧojənɦi]
초원 草原 [ʧowən]
초월하다 超越-- [ʧowəlɦada]
초유의 初有- [ʧojue, 초유에]
초인적 超人的 [ʧoinʤəg]
초인종 招人鐘 [ʧoinʤoŋ]
초임 初賃 [ʧoim]
초입 初入 [ʧoib]
초장 醋醬 [ʧoʤaŋ] =초간장, 초고추장
초장 炒醬 [ʧoʤaŋ] =볶은장
초장 初場 [ʧoʤaŋ]
초장 初章 [ʧoʤaŋ]
초·재:선 初再選 [ʧoʤɛ:sən]
초저:온 超低溫 [ʧoʤə:on]
초절기교 超絕技巧 [ʧoʤəlgigjo] / 음악, 미술
초점 焦點 [ʧoʤ'əm, 초쩜] 촛점(×)
초정 楚亭 [ʧoʤəŋ] '박제가'의 호
초정리 椒井里 [ʧoʤəŋni, 초정니] / 충북 청원군
초정리 草亭里 [ʧoʤəŋni, 초정니] / 경남 김해시
초정밀 超情密 [ʧoʤəŋmil]
초조하다 焦燥-- [ʧoʤoɦada]
초지일관 初志一貫 [ʧoʤiilgwan]
초지진 草芝鎭 [ʧoʤiʤin] /인천시 강화군, 史蹟
초진 初診 [ʧoʤin]
초창기 草創期 [ʧoʧaŋgi]
초청장 招請狀 [ʧoʧəŋʤ'aŋ, 초청짱]
초출 初出 [ʧoʧul]
초췌하다 憔悴-- [ʧoʧweɦada]
초치 招致 [ʧoʧi]
초탈하다 超脫-- [ʧotalɦada]
초토화 焦土化 [ʧotoɦwa]
초특급 超特急 [ʧotɨg'ɨb, 초트끕]
초파일 [ʧopail] (←初八日), /불교
초판본 初版本 [ʧopanbon]
초포리 草浦里 [ʧopori] /전남 함평군
초하 初夏 [ʧoɦa]
초행길 初行- [ʧoɦɛŋg'il, 초행낄]
초혼 初婚 [ʧoɦon]
초혼 招魂 [ʧoɦon]
촉각 觸覺 [ʧog'ag, 초깍]
촉감 觸感 [ʧog'am, 초깜]
촉구하다 促求-- [ʧog'uɦada, 초꾸하다]
촉나라 蜀-- [ʧoŋnara, 총나라] /삼국지
촉매 觸媒 [ʧoŋmɛ, 총매]
촉박하다 促迫-- [ʧogb'akada, 촉빠카다]
촉새 [ʧogs'ɛ, 촉쌔]
촉석루 矗石樓 [ʧogs'əŋnu, 촉썽누] / 경남 진주시, 누각
촉성 促成 [ʧogs'əŋ, 촉썽]
촉수 觸手 [ʧogs'u, 촉쑤] /무척추동물
촉수 觸鬚 [ʧogs'u, 촉쑤] /곤충, 새우 등
촉진 促進 [ʧogʤ'in, 촉찐]
촉촉이 [ʧogʧogi, 촉초기]
촉촉하다 [ʧogʧokada, 촉초카다]
촉탁직 囑託職 [ʧogtagʤ'ig, 촉탁찍]
촌: 村 [ʧo:n]
촌:각 寸刻 [ʧo:ngag]
촌:것 村- [ʧo:ng'əd, 촌:껃]
촌:구석 村-- [ʧo:ng'usəg, 촌:꾸석]
촌:극 寸劇 [ʧo:ngɨg]
촌:길 村- [ʧo:ng'il, 촌:낄]
촌:놈 村- [ʧo:nnom]
촌:닭 村- [ʧo:nd'ag, 촌:딱] 촌:닭이 [촌:딸기] 촌:닭을[촌:딸글]
촌:락 村落 [ʧo:llag, 촐:락]
촌:로 村老 [ʧo:llo, 촐:로]

존:보 寸步 [ʧo:nbo]
존:부 村夫/婦 [ʧo:nbu]
존:사:람 村-- [ʧo:ns'a:ram, 존:싸:람]
존:수 寸數 [ʧo:ns'u, 존:쑤]
존:스럽다 [ʧo:ns'ɨrəbd'a, 존:쓰럽따]
존:음 寸陰 [ʧo:nɨm, 조:늠]
존:장 村長 [ʧo:nʤaŋ]
존:지 寸志 [ʧo:nʤi]
존:철살인 寸鐵殺人 [ʧo:nʧəlsarin, 존:철사린]
존:충 寸蟲 [ʧo:nʧuŋ] =조충류
존:치 寸- [ʧo:nʧi] /매우 적은 분량, 정도
존:탁 忖度 [ʧo:tag] 남의 마음을 알아줌
존:탁 村濁 [ʧo:tag] /막걸리
존:티 村- [ʧo:nti]
존:평 寸評 [ʧo:npjəŋ]
촐랑대:다 [ʧollaŋdɛ:da] =촐랑거리다
촐싹거리다 [ʧols'ag'ərida, 촐싸꺼리다] =촐싹대다
촘촘히 [ʧomʧomɦi]
촛농 -膿 [ʧonnoŋ, 촌농]
촛대 -臺 [ʧod'ɛ, 초때]
촛불 [ʧodb'ul, 촌뿔]
총 銃 [ʧoŋ]
총: 總 [ʧo:ŋ] 모두 합쳐
총:각 總角 [ʧo:ŋgag]
총:각무 總角- [ʧo:ŋgaŋmu, 총:강무] 알타리무(×)
총:감독 總監督 [ʧo:ŋgamdog]
총검술 銃劍術 [ʧoŋgəmsul]
총격 銃擊 [ʧoŋgjəg]
총:경 總警 [ʧo:ŋgjəŋ] /경찰
총:공:세 總攻勢 [ʧo:ŋgo:ŋse]
총:괄 總括 [ʧo:ŋgwal]
총구 銃口 [ʧoŋgu]
총:국 總局 [ʧo:ŋgug]
총기 銃器 [ʧoŋgi]
총기 聰氣 [ʧoŋgi]
총대 銃- [ʧoŋd'ɛ, 총때]
총:독 總督 [ʧo:ŋdog]
총:동:원 總動員 [ʧo:ŋdo:ŋwən]
총:람 總覽 [ʧo:ŋnam, 총:남]
총:량 總量 [ʧo:ŋnjaŋ, 총:냥]
총:력 總力 [ʧo:ŋnjəg, 총:녁]
총론 叢論 [ʧoŋnon, 총논]
총:론 總論 [ʧo:ŋnon, 총:논]
총명한 聰明- [ʧoŋmjəŋɦan]
총묘 塚墓 [ʧoŋmjo] /무덤
총:무 總務 [ʧo:ŋmu]
총부리 銃-- [ʧoŋb'uri, 총뿌리]
총살형 銃殺刑 [ʧoŋsalɦjəŋ]
총상 銃傷 [ʧoŋsaŋ]
총서 叢書 [ʧoŋsə]
총:선 總選 [ʧo:ŋsən]
총성 銃聲 [ʧoŋsəŋ]
총:수 總帥 [ʧo:ŋsu]
총신 銃身 [ʧoŋsin]
총:신대 總神大 [ʧo:ŋsindɛ] /서울시 동작구
총:아 寵兒 [ʧo:ŋa]
총안 銃眼 [ʧoŋan] /사격 구멍
총:애 寵愛 [ʧo:ŋɛ]
총:원 總員 [ʧo:ŋwən]
총유탄 銃榴彈 [ʧoŋnjutan, 총뉴탄]
총:장 總長 [ʧo:ŋʤaŋ]
총:재 總裁 [ʧo:ŋʤɛ]
총:점 總點 [ʧo:ŋʤ'əm, 총:쩜]
총:점수 總點數 [ʧo:ŋʤəms'u, 총:점쑤]
총:정:리 總整理 [ʧo:ŋʤə:ŋni, 총:정:니]
총주 塚主 [ʧoŋʤu]
총:주 總奏 [ʧo:ŋʤu] /투티(tutti), 음악
총채 [ʧoŋʧɛ] 먼지떨이
총:천연색 總天然色 [ʧo:ŋʧənjənsɛg, 총:처년색]
총:체적 總體的 [ʧo:ŋʧeʤəg]
총총 悤悤 [ʧoŋʧoŋ] 편지글의 맺음, /이만 총총
총:칙 總則 [ʧo:ŋʧig]
총탄 銃彈 [ʧoŋtan]
총:통 總統 [ʧo:ŋtoŋ]
총:파:업 總罷業 [ʧo:ŋpa:əb]
총:판 總販 [ʧo:ŋpan]

총:평 總評 [ʧo:ŋpjəŋ]
총포류 銃砲類 [ʧoŋporju]
총:학생회 總學生會 [ʧo:ŋɦags'ɛŋɦø(we), 총:학쌩회(훼)]
총:합 總合 [ʧo:ŋɦab]
총:화 總和 [ʧo:ŋɦwa]
총:회 總會 [ʧo:ŋɦø(we), 회(훼)]
촬영 撮影 [ʧwarjəŋ, 좌령]
최:강 最强 [ʧø:gaŋ]
최:고 最高 [ʧø:go]
최:고급 最高級 [ʧø:gogɨb]
최고장 催告狀 [ʧøgoʤ'aŋ, 최고짱]
최:고조 最高潮 [ʧø:goʤo]
최:다 最多 [ʧø:da]
최:대 最大 [ʧø:dɛ]
최루탄 催淚彈 [ʧørutan] 최류탄(×)
최면 催眠 [ʧømjən]
최:상의 最上- [ʧø:saŋe, 최:상에]
최:선 最善 [ʧø:sən]
최:소한 最小限 [ʧø:soɦan]
최:신 最新 [ʧø:sin]
최:악의 最惡- [ʧø:age, 최:아게]
최:약체 最弱體 [ʧø:jagʧe]
최음제 催淫劑 [ʧøɨmʤe]
최:일선 最一線 [ʧø:ils'ən, 최:일썬]
최:장 最長 [ʧø:ʤaŋ]
최:적의 最適- [ʧø:ʤəge, 최:저게]
최:적화 最適化 [ʧø:ʤəkwa, 최:저콰]
최:전방 最前方 [ʧø:ʤənbaŋ]
최:정예 最精銳 [ʧø:ʤəŋje]
최:종적 最終的 [ʧø:ʤoŋʤəg]
최:초 最初 [ʧø:ʧo]
최:측근 最側近 [ʧø:ʧɨg'ɨn, 최:츠끈]
최:하 最下 [ʧø:ɦa]
최:혜국 最惠國 [ʧø:ɦjegug]
최:후 最後 [ʧø:ɦu]
추 錘 [ʧu]
추격전 追擊戰 [ʧugjəgʤ'ən, 추격쩐]
추경 追更 [ʧugjəŋ] '추가경정'의 축약, /추가경정예산
추계 秋季 [ʧugje]
추계 推計 [ʧugje]
추계리 秋溪里 [ʧugjeri] /경기도 용인시
추계리 秋鷄里 [ʧugjeri] /충남 공주시
추계리 楸溪里 [ʧugjeri] /경남 고성군
추계예:대 秋溪藝大 [ʧugjeje:dɛ] /서울시 서대문구
추곡수매 秋穀收買 [ʧugogs'umɛ, 추곡쑤매]
추구하다 追求-- [ʧuguɦada]
추궁 追窮 [ʧuguŋ]
추기경 樞機卿 [ʧugigjəŋ] /가톨릭
추나 推拿 [ʧuna] /의료
추녀 醜女 [ʧunjə]
추대 推戴 [ʧudɛ]
추도 追悼 [ʧudo]
추동 推動 [ʧudoŋ]
추락하다 墜落-- [ʧurakada, 추라카다]
추렴 [ʧurjəm] (← 出斂)
추론 推論 [ʧuron]
추리 推理 [ʧuri]
추모 追慕 [ʧumo]
추문 醜聞 [ʧumun]
추밀원 樞密院 [ʧumirwən, 추미뤈] /고려시대
추발 追拔 [ʧubal] /사이클
추방 追放 [ʧubaŋ]
추사 秋史 [ʧusa] '김정희'의 호
추산 推算 [ʧusan]
추상 秋霜 [ʧusaŋ]
추상적 抽象的 [ʧusaŋʤəg]
추서 追敍 [ʧusə]
추세 趨勢 [ʧuse]
추스르다 [ʧusɨrɨda] 추스리다(×)
추신 追伸/追申 [ʧusin]
추심 推尋 [ʧusim]
추악한 醜惡- [ʧuakan, 추아칸]
추어탕 鰍魚湯 [ʧuətaŋ]
추억하다 追憶-- [ʧuəkada, 추어카다]
추월선 追越線 [ʧuwəlsən]
추위 [ʧuwi]
추이 推移 [ʧui]
추인 追認 [ʧuin]

ㅊ

추임새 [ʧuimsɛ] /판소리
추자도 楸子島 [ʧudʒado] /제주시 북부의 섬
추장 酋長 [ʧudʒaŋ]
추저분하다 醜---- [ʧudʒəbunɦada] = 추접하다
추적하다 追跡-- [ʧudʒəkada, 추저카다]
추젓 秋- [ʧudʒəd, 추젇] /새우젓
추정치 推定値 [ʧudʒəŋʧi]
추종 追從 [ʧudʒoŋ]
추진력 推進力 [ʧudʒinnjəg, 추진녁]
추징금 追徵金 [ʧudʒiŋgɨm]
추천 推薦 [ʧuʧən]
추천 鞦韆 [ʧuʧən] =그네
추출액 抽出液 [ʧuʧurɛg, 추추랙]
추측하다 推測-- [ʧuʧɨkada, 추츠카다]
추태 醜態 [ʧutɛ]
추파 秋波 [ʧupa]
추풍낙엽 秋風落葉 [ʧupuŋnagjəb, 추풍나겹]
추풍령 秋風嶺 [ʧupuŋnjəŋ, 추풍녕] /충북 영동군과 경북 김천시에 걸침
추하다 醜-- [ʧuɦada]
추행 醜行 [ʧuhɛŋ]
추호의 秋毫- [ʧuɦoe, 추호에]
추후 追後 [ʧuɦu]
축간거:리 軸間距離 [ʧug'angə:ri, 추깐거:리] /자동차
축구장 蹴球場 [ʧug'udʒaŋ, 추꾸장]
축귀 逐鬼 [ʧug'wi, 추뀌]
축나다 縮-- [ʧuŋnada, 충나다] /축내다
축농증 蓄膿症 [ʧuŋnoŋdʒ'iŋ, 충농쯩]
축대 築臺 [ʧugd'ɛ, 축때]
축도 祝禱 [ʧugd'o, 축또]
축령산 祝靈山 [ʧuŋnjəŋsan, 충녕산] /경기도 남양주시와 가평군에 걸침
축문 祝文 [ʧuŋmun, 충문]
축배 祝杯 [ʧugb'ɛ, 축빼]
축복하다 祝福-- [ʧugb'okada, 축뽀카다]
축사 畜舍 [ʧugs'a, 축싸]
축사 祝辭 [ʧugs'a, 축싸]
축산업 畜産業 [ʧugs'anəb, 축싸넙]
축생 畜生 [ʧugs'ɛŋ, 축쌩] /인간이 기르는 짐승의 통칭
축석 築石 [ʧugs'əg, 축썩]
축성 築城 [ʧugs'əŋ, 축썽]
축성 祝聖 [ʧugs'əŋ, 축썽] /가톨릭
축소 縮小 [ʧugs'o, 축쏘]
축쇄판 縮刷版 [ʧugs'wɛpan, 축쐐판]
축시 祝詩 [ʧugs'i, 축씨]
축약 縮約 [ʧugjag, 추갹]
축양장 畜養場 [ʧugjaŋdʒaŋ, 추갹장]
축원 祝願 [ʧugwən, 추권]
축음기 蓄音機 [ʧugɨmgi, 추금기]
축의금 祝儀金 [ʧugigɨm, 추기금]
축재 蓄財 [ʧugdʒ'ɛ, 축째]
축적하다 蓄積-- [ʧugdʒ'əkada, 축쩌카다]
축전 祝典 [ʧugdʒ'ən, 축쩐]
축전 祝電 [ʧugdʒ'ən, 축쩐]
축제 祝祭 [ʧugdʒ'e, 축쩨]
축제 築堤 [ʧugdʒ'e, 축쩨]
축조 築造 [ʧugdʒ'o, 축쪼]
축조심:의 逐條審議 [ʧugdʒ'osi:mi, 축쪼시:미] /조항마다 낭독하며 하는 심의
축지법 縮地法 [ʧugdʒ'ib'əb, 축찌뻡]
축척 縮尺 [ʧugʧəg]
축첩질 蓄妾- [ʧugʧəbdʒ'il, 축첩찔] /史劇
축축하다 [ʧugʧukada, 축추카다]
축출 逐出 [ʧugʧul]
축포 祝砲 [ʧugpo]
축하 祝賀 [ʧuka, 추카]
춘곤증 春困症 [ʧungondʒ'iŋ, 춘곤쯩]
춘궁기 春窮期 [ʧunguŋgi]
춘란 春蘭 [ʧullan, 출란]
춘래불사춘 春來不似春 [ʧullɛbuls'a ʧun, 출래불싸춘]
춘사 春史 [ʧunsa] '나운규'의 호
춘원 春園 [ʧunwən, 추눤] '이광수'의 호

춘양면 春陽面 [ʧunjaŋmjən, 추냥면] /경북 봉화군
춘의동 春衣洞 [ʧunidoŋ, 추니동] / 경기도 부천시
춘장대 春長臺 [ʧundʒaŋdɛ] /충남 서천군, 해수욕장
춘천시 春川市 [ʧunʧənsi] /강원도 중서부의 시
춘추 春秋 [ʧunʧu] =봄가을, 어른의 나이
춘투 春鬪 [ʧuntu] /노동자
춘풍 春風 [ʧunpuŋ]
춘하추동 春夏秋冬 [ʧunɦaʧudoŋ]
춘향제 春香祭 [ʧunɦjaŋdʒe] /전북 남원시
춘화 春畫 [ʧunɦwa]
춘희 椿姬 [ʧunɦi, 춘히] /뒤마, 라트라비아타
출가외:인 出嫁外人 [ʧulgaø:(we:)in, 외:(웨:)]
출간 出刊 [ʧulgan]
출감 出監 [ʧulgam]
출격하다 出擊-- [ʧulgjəkada, 출겨카다]
출고 出庫 [ʧulgo]
출근길 出勤- [ʧulgɨng'il, 출근낄]
출납 出納 [ʧullab, 출랍]
출당 黜黨 [ʧuld'aŋ, 출땅] /당에서 내쫓음
출동 出動 [ʧuld'oŋ, 출똥]
출두 出頭 [ʧuld'u, 출뚜]
출력하다 出力-- [ʧulljəkada, 출려카다]
출루 出壘 [ʧullu]
출마 出馬 [ʧulma]
출발선 出發線 [ʧulbalsən]
출범 出帆 [ʧulbəm]
출사표 出師表 [ʧuls'apjo, 출싸표]
출산율 出産率 [ʧuls'annjul, 출싼뉼]
출상 出喪 [ʧuls'aŋ, 출쌍] /상여가 떠남
출석률 出席率 [ʧuls'əŋnjul, 출썽뉼]
출소 出所 [ʧuls'o, 출쏘]
출시 出市 [ʧuls'i, 출씨]
출신 出身 [ʧuls'in, 출씬]
출애굽기 出埃及記 [ʧurɛgɨbg'i, 추래굽끼] /성경
출어 出漁 [ʧurə, 추러]
출연 出演 [ʧurjən, 추련]
출연금 出捐金 [ʧurjəngɨm, 추련금]
출영객 出迎客 [ʧurjəŋgɛg, 추령객]
출옥 出獄 [ʧurog, 추록]
출원 出願 [ʧurwən, 추뤈]
출입 出入 [ʧurib, 추립]
출자 出資 [ʧuldʒ'a, 출짜]
출장 出張 [ʧuldʒ'aŋ, 출짱]
출전 出戰 [ʧuldʒ'ən, 출쩐]
출전 出典 [ʧuldʒ'ən, 출쩐]
출정식 出征式 [ʧuldʒ'əŋsig, 출쩡식]
출제 出題 [ʧuldʒ'e, 출쩨]
출조 出釣 [ʧuldʒ'o, 출쪼] /낚시
출중한 出衆- [ʧuldʒ'uŋɦan, 출쭝한]
출차 出車 [ʧulʧa]
출처 出處 [ʧulʧə]
출출하다 [ʧulʧulɦada]
출타 出他 [ʧulta]
출토 出土 [ʧulto]
출퇴:근 出退勤 [ʧultø:(we:)gɨn]
출판사 出版社 [ʧulpansa]
출하 出荷 [ʧulɦa]
출향 出鄕 [ʧulɦjaŋ] /출향인사
출현 出現 [ʧulɦjən]
춤가락 [ʧumg'arag, 춤까락]
춤곡 -曲 [ʧumgog]
춤극 -劇 [ʧumgɨg]
춤꾼 [ʧumg'un]
춤동:작 -動作 [ʧumd'o:ŋdʒag, 춤똥:작]
춤바람 [ʧumb'aram, 춤빠람]
춤버섯 [ʧumbəsəd, 춤버섣] /식물
춤사위 [ʧumsawi]
춤판 [ʧumpan]
춥다 [ʧubd'a, 춥따]
충격요법 衝擊療法 [ʧuŋgjəŋnjob'əb, 충경뇨뻡]
충격적 衝擊的 [ʧuŋgjəgdʒ'əg, 충격쩍]

충견 忠犬 [ʧuŋgjən]
충고 忠告 [ʧuŋgo]
충남대 忠南大 [ʧuŋnamdɛ] /대전광역시 유성구
충녕대:군 忠寧大君 [ʧuŋnjəŋdɛ:gun] /훗날 세종
충당하다 充當-- [ʧuŋdaŋɦada]
충동적 衝動的 [ʧuŋdoŋʤəg]
충동질 衝動- [ʧuŋdoŋʤil]
충량 衝樑 [ʧuŋnjaŋ, 충냥] /건축
충렬사 忠烈祠 [ʧuŋnjəls'a, 충녈싸] /사찰, 부산시 동래구, 인천시 강화군, 경남 통영시·남해군, 전북 남원시·정읍시, 전남 순천시·곡성군, 충남 금산군, 충북 충주시
충만하다 充滿-- [ʧuŋmanɦada]
충무로 忠武路 [ʧuŋmuro] /서울시 중구
충복 忠僕 [ʧuŋbog]
충성심 忠誠心 [ʧuŋsəŋsim]
충신 忠臣 [ʧuŋsin]
충신동 忠信洞 [ʧuŋsindoŋ] /서울시 종로구
충실한 充實- [ʧuŋsilɦan]
충심 忠心 [ʧuŋsim]
충심으로 衷心-- [ʧuŋsimiro, 충시므로] '마음 깊이'
충암고 冲岩高 [ʧuŋamgo] /서울시 은평구
충양돌기 蟲樣突起 [ʧuŋjaŋdolgi]
충언 忠言 [ʧuŋən]
충원 充員 [ʧuŋwən]
충의동 忠義洞 [ʧuŋidoŋ, 충이동] /충북 충주시, 경남 진해시
충일한 充溢- [ʧuŋilɦan]
충장로 忠壯路 [ʧuŋʤaŋno, 충장노] /광주광역시 중심가, 부산의 주간선도로
충적 沖積 [ʧuŋʤəg]
충전 充電 [ʧuŋʤən]
충전 充塡 [ʧuŋʤən] /메워서 채움, 광업
충절 忠節 [ʧuŋʤəl]
충정 忠情 [ʧuŋʤəŋ]
충족하다 充足-- [ʧuŋʤokada, 충조카다]
충주시 忠州市 [ʧuŋʤusi] /충북 북부의 市
충직한 忠直- [ʧuŋʤikan, 충지칸]
충천 衝天 [ʧuŋʧən] /사기충천
충청지방 忠淸地方 [ʧuŋʧəŋʤ'ibaŋ, 충청찌방]
충치 蟲齒 [ʧuŋʧi]
충현동 忠峴洞 [ʧuŋɦjəndoŋ] /서울시 서대문구
충혈 充血 [ʧuŋɦjəl]
충효사상 忠孝思想 [ʧuŋɦjosasaŋ]
췌:괘 萃卦 [ʧwe:gwɛ] (민속)
췌:언 贅言 [ʧwe:ən] /쓸데없는 말, ≒췌사
췌:장 膵臟 [ʧwe:ʤaŋ]
취 [ʧwi] /식물
취: 嘴 [ʧwi:] /국악, 악기의 리드(reed)
취:객 醉客 [ʧwi:gɛg]
취:권 醉拳 [ʧwi:gwən] /홍콩영화, (1978)
취:급 取扱 [ʧwi:gɨb]
취:기 醉氣 [ʧwi:gi]
취:득하다 取得-- [ʧwi:dɨkada, 취:드카다]
취:락 聚落 [ʧwi:rag]
취:로사:업 就勞事業 [ʧwi:rosa:əb]
취:미 趣味 [ʧwi:mi]
취:사 炊事 [ʧwi:sa]
취:생몽:사 醉生夢死 [ʧwi:sɛŋmo:ŋsa]
취:소 取消 [ʧwi:so]
취:수 取水 [ʧwi:su]
취:약한 脆弱- [ʧwi:jakan, 취:야칸]
취:업난 就業難 [ʧwi:əmnan, 취:엄난]
취:영루 聚英樓 [ʧwi:jəŋnu, 취:영누] /만두, 식당(회사)
취:임식 就任式 [ʧwi:imsig]
취:입 吹入 [ʧwi:ib]
취:재 取材 [ʧwi:ʤɛ]
취:조 取調 [ʧwi:ʤo]

취:주악 吹奏樂 [ʧwi:ʤuag]
취:중 醉中 [ʧwi:ʤuŋ]
취:지 趣旨 [ʧwi:ʤi]
취:직하다 就職-- [ʧwi:ʤikada, 취:지카다]
취:침 就寢 [ʧwi:ʧim]
취:타대 吹打隊 [ʧwi:tadɛ]
취:하 取下 [ʧwi:ɦa]
취:하다 醉-- [ʧwi:ɦada]
취:하다 就-- [ʧwi:ɦada]
취:학연령 就學年齡 [ʧwi:ɦaŋnjəlljəŋ, 취:항녈령]
취:합 聚合 [ʧwi:ɦab]
취:향 趣向 [ʧwi:ɦjaŋ]
취:화선 醉畵仙 [ʧwi:ɦwasən] /장승업, 영화, (2002)
측광 測光 [ʧɨg'waŋ, 츠꽝]
측근 側近 [ʧɨg'ɨn, 츠끈]
측량 測量 [ʧɨŋnjaŋ, 층냥]
측만증 側彎症 [ʧɨŋmanʤ'ɨŋ, 층만쯩] /척추측만증
측면 側面 [ʧɨŋmjən, 층면]
측문 仄聞 [ʧɨŋmun, 층문] /얼핏 들음
측백나무 側柏-- [ʧɨgb'ɛŋnamu, 측뺑나무]
측우기 測雨器 [ʧɨgugi, 츠구기]
측은지심 惻隱之心 [ʧɨginʤisim, 츠근지심]
측정 測定 [ʧɨgʤ'əŋ, 측쩡]
측천무:후 則天武后 [ʧɨgʧənmu:ɦu] /중국 유일 여황제(624~705)
층간 層間 [ʧɨŋgan]
층계 層階 [ʧɨŋgje]
층루 層樓 [ʧɨŋnu, 층누]
층수 層數 [ʧɨŋs'u, 층쑤]
층위 層位 [ʧɨŋwi]
층층대 層層臺 [ʧɨŋʧɨŋdɛ]
층층이 層層- [ʧɨŋʧɨŋi]
층하 層下 [ʧɨŋɦa]
치감 齒感 [ʧigam]
치과 齒科 [ʧig'wa, 치꽈]
치기 稚氣 [ʧigi]
치다 [ʧida]
치대:다 [ʧidɛ:da]
치도곤 治盜棍 [ʧidogon] 몹시 곤욕을 치름, /~을 당하다, 안기다
-치레 [ʧire] /병치레, 겉치레
치료법 治療法 [ʧirjob'əb, 치료뻡]
치르다 [ʧirɨda] 치러[ʧirə], 치루다(×) 치뤄(×)
치매 癡呆 [ʧimɛ]
치:명적 致命的 [ʧi:mjəŋʤəg]
치밀:다 [ʧimi:lda]
치받다 [ʧibad'a, 치바따]
치부 恥部 [ʧibu]
치:부 致富 [ʧi:bu]
치:부책 置簿册 [ʧi:buʧɛg] ≒치부장
치:사 致詞/致辭 [ʧi:sa]
치:사 致謝 [ʧi:sa]
치:사량 致死量 [ʧi:sarjaŋ]
치:사:상 致死傷 [ʧi:sa:saŋ]
치:사율 致死率 [ʧi:sajul]
치사하다 恥事-- [ʧisaɦada]
치산치수 治山治水 [ʧisanʧisu]
치석 齒石 [ʧisəg]
치:성 致誠 [ʧi:səŋ]
치세 治世 [ʧise]
치실 齒- [ʧisil]
치아 齒牙 [ʧia]
치악산 雉岳山 [ʧiags'an, 치악싼] /강원도 원주시와 영월군에 걸침
치약 齒藥 [ʧijag]
치어 稚魚 [ʧiə]
치열 齒列 [ʧijəl]
치열한 熾熱- [ʧijəlɦan]
치외법권 治外法權 [ʧiø(we)bəbg'wən, 치외(웨)법꿘]
치욕 恥辱 [ʧijog]
치우천왕 蚩尤天王 [ʧiuʧənwaŋ, 치우처놩] /붉은 악마, 도깨비
치유 治癒 [ʧiju]
치이다 [ʧiida]
치:자나무 梔子-- [ʧi:ʤanamu]
치장 治粧 [ʧiʤaŋ]

치적 治績 [ʧidʒəg]
치정 癡情 [ʧidʒəŋ]
치졸한 稚拙- [ʧidʒolɦan]
치주염 齒周炎 [ʧidʒujəm]
치:중 置重 [ʧi:dʒuŋ]
치:지도:외 置之度外 [ʧi:dʒido:ø(we), 외(웨)] /마음에 안 둠
치질 痔疾 [ʧidʒil]
치태 齒苔 [ʧitɛ]
치통 齒痛 [ʧitoŋ]
치평동 治平洞 [ʧipjəŋdoŋ] /광주시 서구
치하 治下 [ʧiɦa]
치:하하다 致賀-- [ʧi:ɦaɦada]
치한 癡漢 [ʧiɦan]
치:환 置換 [ʧi:ɦwan]
칙령 勅令 [ʧiŋnjəŋ, 칭녕]
칙사 勅使 [ʧigs'a, 칙싸]
칙칙하다 [ʧigʧikada, 칙치카다]
친가 親家 [ʧinga]
친고죄 親告罪 [ʧingodʒ'ø(we), 친고쬐(쮀)]
친교 親交 [ʧingjo]
친구 親舊 [ʧingu]
친권 親權 [ʧing'wən, 친꿘]
친근하다 親近-- [ʧinginɦada]
친목 親睦 [ʧinmog]
친미 親美 [ʧinmi]
친부모 親父母 [ʧinbumo]
친북 親北 [ʧinbug]
친분 親分 [ʧinbun]
친선 親善 [ʧinsən]
친소 親疎 [ʧinso] /친소관계
친애하는 親愛-- [ʧinɛɦanɨn, 치내하는]
친여 親與 [ʧinjə, 치녀]
친위대 親衛隊 [ʧinwidɛ, 치뉘대]
친일 親日 [ʧinil, 치닐]
친자 親子 [ʧindʒa]
친전 親展 [ʧindʒən] /편지
친정집 親庭- [ʧindʒəndʒ'ib, 친정찝]
친족 親族 [ʧindʒog]
친지 親知 [ʧindʒi]
친척 親戚 [ʧinʧəg]
친친 [ʧinʧin] ≒칭칭, /감다, 매다
친하다 親-- [ʧinɦada]
친화 親和 [ʧinɦwa]
칠갑산 七甲山 [ʧilgabs'an, 칠갑싼] / 충남 청양군
칠곡군 漆谷郡 [ʧilgog'un, 칠고꾼] / 경북 남서부의 郡
칠공예 漆工藝 [ʧilgoŋje]
칠기 漆器 [ʧilgi]
7년 七年 [ʧilljən, 칠련]
칠보 七寶 [ʧilbo] /불교, 민속
칠석날 七夕- [ʧils'əŋnal, 칠썽날]
칠성판 七星板 [ʧils'əŋpan, 칠썽판] / 棺, 널조각
칠순 七旬 [ʧils'un, 칠쑨]
칠전팔기 七顚八起 [ʧildʒ'ənpalgi, 칠쩐팔기]
칠칠치 못:하다 [ʧilʧilʧimo:tada, 칠칠치모:타다]
칠판 漆板 [ʧilpan]
칠현 七絃 [ʧilɦjən]
칠흑 漆黑 [ʧilɦɨg] 칠흙(×)
칡 [ʧig, 칙] 葛, 칡이[칠기] 칡을[칠글] 칡과[치꽈] 칡만[칭만]
칡넝쿨 [ʧiŋnəŋkul, 칭넝쿨]
칡소 [ʧigs'o, 칙쏘] 牛
칡즙 -汁 [ʧigdʒ'ɨb, 칙쯥]
침공 針孔 [ʧimgoŋ] =바늘귀
침공 鍼孔 [ʧimgoŋ] 침 맞을 자리
침:공 侵攻 [ʧi:mgoŋ]
침구 鍼灸 [ʧimgu] 침과 뜸
침:구류 寢具類 [ʧi:mgurju]
침:낭 寢囊 [ʧi:mnaŋ]
침:대 寢臺 [ʧi:mdɛ]
침:략 侵略 [ʧi:mnjag, 침:냑]
침:략 侵掠 [ʧi:mnjag, 침:냑] /침범해 약탈함
침:례교 浸禮教 [ʧi:mnjegjo, 침:녜교]
침:목 枕木 [ʧi:mog]
침몰 沈沒 [ʧimol]

침묵 沈黙 [ʧimug]
침:범 侵犯 [ʧi:mbəm]
침:상 寢牀 [ʧi:msaŋ]
침샘 [ʧimsɛm]
침:소 寢所 [ʧi:mso] /史劇
침수 沈水 [ʧimsu] 물에 잠김, /침수지역
침:수 侵水 [ʧi:msu] /침수되다, 물이 새 들어옴
침술 鍼術 [ʧimsul]
침:식 浸蝕 [ʧi:msig] /자연현상
침:식 侵蝕 [ʧi:msig] /세력, 범위
침엽수 針葉樹 [ʧimjəbs'u, 치멥쑤]
침잠하다 沈潛-- [ʧimʤamɦada]
침전 沈澱 [ʧimʤən]
침:전 寢殿 [ʧi:mʤən] /史劇
침착히 沈着- [ʧimʧaki, 침차키]
침체 沈滯 [ʧimʧe]
침침하다 沈沈-- [ʧimʧimɦada]
침:탈 侵奪 [ʧi:mtal]
침통 針筒 [ʧimtoŋ] =바늘통
침통 鍼筒 [ʧimtoŋ]
침통한 沈痛- [ʧimtoŋɦan]
침:투 浸透 [ʧi:mtu]
침하 沈下 [ʧimɦa]
침:해 侵害 [ʧi:mɦɛ]
칩거 蟄居 [ʧibg'ə, 칩꺼]
칫솔 [ʧi(d)s'ol, 치(칟)쏠]
칭송 稱頌 [ʧiŋsoŋ]
칭얼대:다 [ʧiŋəldɛ:da] =칭얼거리다
칭찬 稱讚 [ʧiŋʧan]
칭하다 稱-- [ʧiŋɦada]

ㅋ

칸 [kan]
칸막이 [kanmagi, 칸마기]
칸칸이 [kankani, 칸카니]
칼국수 [kalgugs'u, 칼국쑤]
칼날 [kallal, 칼랄]
칼등 [kald'ɨŋ, 칼뜽]
칼바람 [kalbaram]
칼새 [kals'ɛ, 칼쌔]
칼자루 [kalʤ'aru, 칼짜루]
칼잡이 [kalʤabi, 칼자비]
칼집 [kalʤ'ib, 칼찝]
캄캄하다 [kamkamɦada]
캐:다 [kɛ:da] 캐:니[kɛ:ni] 캐:지[kɛ:ʤi] 캐어/캐:[kɛə/kɛ:]
캐:묻:다 [kɛ:mu:d'a, 캐:무:따]
케케묵다 [kekemugd'a, 케케묵따] 케케묵다(×)
켕기다 [keŋgida]
켜다 [kjəda]
켜켜이 [kjəkjəi] 켜켜히(×)
코골이 [kogori, 코고리]
코바늘 [kobanɨl]
코안:경 -眼鏡 [koa:ngjəŋ]
코주부 [koʤubu]
코:하다 [ko:ɦada] /아가
콧구멍 [ko(d)g'uməŋ, 코(콛)꾸멍]
콧김 [ko(d)g'im, 코(콛)낌]
콧날 [konnal, 콘날]
콧노래 [konnorɛ, 콘노래]
콧대 [kod'ɛ, 코때]
콧등 [kod'ɨŋ, 코뜽]
콧방:귀 [ko(d)b'a:ŋgwi, 코(콛)빵:귀]
콧방울 [ko(d)b'aŋul, 코(콛)빵울]
콧병 -病 [ko(d)b'jəŋ, 코(콛)뼝]
콧부리 [ko(d)b'uri, 코(콛)뿌리]
콧살 [ko(d)s'al, 코(콛)쌀]
콧소리 [ko(d)s'ori, 코(콛)쏘리]
콧숨 [ko(d)s'um, 코(콛)쑴]
콧잔등 [ko(d)ʤ'andiŋ, 코(콛)짠등]
콩가루 [koŋg'aru, 콩까루]
콩고물 [koŋg'omul, 콩꼬물]
콩국 [koŋg'ug, 콩꾹]
콩국수 [koŋgugs'u, 콩국쑤]
콩기름 [koŋgirɨm]
콩깍지 [koŋg'agʤ'i, 콩깍찌]
콩나물국 [koŋnamulg'ug, 콩나물꾹]
콩대 [koŋd'ɛ, 콩때]
콩밥 [koŋbab]
콩밭 [koŋbad, 콩받]
콩비지 [koŋbiʤi]
콩자반 [koŋʤaban]
콩장 -醬 [koŋʤaŋ]
콩죽 -粥 [koŋʤug]
콩쥐팥쥐 [koŋʤwipadʤ'wi, 콩쥐팓쮜]
콩탕 -湯 [koŋtaŋ]
콩팥 [koŋpad, 콩팓] 콩팥이[콩파치] 콩팥을[콩파틀] 콩팥에[콩파테]
쾌 [kwɛ] /북어 20마리
쾌감 快感 [kwɛgam]
쾌거 快擧 [kwɛgə]
쾌남아 快男兒 [kwɛnama, 쾌나마]
쾌담 快談 [kwɛdam]
쾌락 快樂 [kwɛrag]
쾌속 快速 [kwɛsog]
쾌유 快癒 [kwɛju]
쾌재 快哉 [kwɛʤɛ]
쾌적하다 快適-- [kwɛʤəkada, 쾌저카다]
쾌주 快走 [kwɛʤu]
쾌차 快差 [kwɛʧa]
쾌투 快投 [kwɛtu]
쾌활한 快活- [kwɛɦwalɦan]
쾨쾨하다 [køkø(we)ɦada, 쾨(퀘)]
퀭하다 [kweŋɦada] /눈
퀴퀴하다 [kwikwiɦada] /냄새
크낙새 [kɨnags'ɛ, 크낙쌔]
크다 [kɨda]
큰길 [kɨngil]

큰놈 [kɨnnom]
큰돈 [kɨndon]
큰맘 [kɨnmam]
큰물 [kɨnmul]
큰방 - 房 [kɨnbaŋ]
큰비 [kɨnbi]
큰손 [kɨnson]
큰애 [kɨnɛ, 크내]
큰일 [kɨnil, 크닐]

큰일 [kɨnnil, 큰닐] /결혼, 회갑, 초상 등
큰절 [kɨndʒəl]
큰집 [kɨndʒib]
큰판 [kɨnpan]
큼직하다 [kɨmdʒikada, 큼지카다]
키우다 [kiuda]
킷값 [ki(d)g'ab, 키(킫)깝]

ㅌ

타:각 打刻 [ta:gag]
타:개 打開 [ta:gɛ]
타:건 打鍵 [ta:gən] /피아노
타:격 打擊 [ta:gjəg]
타:결 妥結 [ta:gjəl]
타계 他界 [tagje]
타관 他官 [tagwan] =타향
타교생 他校生 [tagjosɛŋ]
타:구 打球 [ta:gu]
타:구 唾具/唾口 [ta:gu] /그릇, 가래·침
타국 他國 [tagug]
타다 [tada] 燃, 乘, 登, 混, 受
타:당성 妥當性 [ta:daŋs'əŋ, 타:당썽]
타대생 他大生 [tadɛsɛŋ]
타도 他道 [tado]
타:도 打倒 [ta:do]
타:락 駝酪 [ta:rag] '우유'
타:락하다 墮落-- [ta:rakada, 타:라카다]
타래 [tarɛ]
타력 他力 [tarjəg]
타:력 打力 [ta:rjəg]
타:령 [ta:rjəŋ] (打令)
타:박상 打撲傷 [ta:bags'aŋ, 타:박쌍]
타:박하다 [ta:bakada, 타:바카다]
타:법 打法 [ta:b'əb, 타:뻡]
타:봉 打棒 [ta:boŋ]
타부서 他部署 [tabusə]
타사 他社 [tasa]
타산지석 他山之石 [tasandʒisəg]
타살 他殺 [tasal]
타:살 打殺 [ta:sal]
타상하설 他尙何說 [tasaŋɦasəl] /하나를 보면 열을 앎
타:석 打席 [ta:səg]
타:선 打線 [ta:sən]
타:선 唾線 [ta:sən] /침
타:성 惰性 [ta:səŋ]
타:수 打數 [ta:su]
타:순 打順 [ta:sun]
타:악기 打樂器 [ta:ag'i, 타:아끼]
타:액 唾液 [ta:ɛg]
타:원 楕圓 [ta:wən]
타:율 打率 [ta:jul]
타율적 他律的 [tajuldʒəg]
타이르다 [tairɨda]
타인 他人 [tain]
타자 他者 [tadʒa]
타:자 打者 [ta:dʒa]
타:자 打字 [ta:dʒa]
타:작 打作 [ta:dʒag]
타:전 打電 [ta:dʒən]
타점 他店 [tadʒəm]
타:점 打點 [ta:dʒ'əm, 타:쩜]
타:조 駝鳥 [ta:dʒo]
타:종 打鐘 [ta:dʒoŋ]
타지 他地 [tadʒi]
타:진 打診 [ta:dʒin]
타:진 打盡 [ta:dʒin] /일망타진
타천 他薦 [taʧən]
타:파 打破 [ta:pa]
타행점 他行店 [taɦɛŋdʒəm]
타향살이 他鄕-- [taɦjaŋsari, 타향사리]
타:협 妥協 [ta:ɦjəb]
탁견 卓見 [tag'jən, 탁껸]
탁구 卓球 [tag'u, 탁꾸]
탁류 濁流 [taŋnju, 탕뉴]
탁발승 托鉢僧 [tagb'alsɨŋ, 탁빨승] /불교
탁본 拓本 [tagb'on, 탁뽄]
탁상공론 卓上空論 [tags'aŋgoŋnon, 탁쌍공논]
탁성 濁聲 [tags'əŋ, 탁썽]
탁송 託送 [tags'oŋ, 탁쏭]
탁자 卓子 [tagdʒ'a, 탁짜]
탁주 濁酒 [tagdʒ'u, 탁쭈]
탁지부 度支部 [tagdʒ'ibu, 탁찌부] /대한제국, 재정
탁하다 濁-- [takada, 타카다]

탄:가루 炭-- [ta:ng'aru, 탄:까루]
탄:광 炭鑛 [ta:ngwaŋ]
탄:금대 彈琴臺 [ta:ngɨmdɛ] /충북 충주시, 임진왜란, 신립 장군
탄내 [tannɛ] /타는 냄새
탄:내 炭- [ta:nnɛ]
탄:도 彈道 [ta:ndo] /탄도미사일
탄:도리 炭島里 [ta:ndori] /전남 무안군
탄:두 彈頭 [ta:ndu]
탄:력 彈力 [ta:lljəg, 탈:력]
탄:로 綻露 [ta:llo, 탈:로]
탄:복하다 歎服/嘆服-- [ta:nbokada, 탄:보카다]
탄:산 呑酸 [ta:nsan] /속이 쓰림
탄:산수 炭酸水 [ta:nsansu]
탄:생 誕生 [ta:nsɛŋ]
탄:성 歎聲/嘆聲 [ta:nsəŋ]
탄:성 彈性 [ta:nsəŋ]
탄:소 炭素 [ta:nso]
탄:수화물 炭水化物 [ta:nsuɦwamul]
탄:식 歎息/嘆息 [ta:nsig]
탄:신 誕辰 [ta:nsin]
탄:알 彈- [ta:nal, 타:날]
탄:압 彈壓 [ta:nab, 타:납]
탄:약 彈藥 [ta:njag, 타:냑]
탄:원서 歎願書 [ta:nwənsə, 타:눤서]
탄:일종 誕日鐘 [ta:nildʒ'oŋ, 타:닐쫑]
탄:재 炭- [ta:ndʒ'ɛ, 탄:째]
탄:전 炭田 [ta:ndʒən]
탄:착 彈着 [ta:nʧag]
탄:창 彈倉 [ta:nʧaŋ]
탄:천 炭川 [ta:nʧən] /서울시 송파구·강남구 일부와 경기도 용인시·성남시를 관통
탄:천면 灘川面 [ta:nʧənmjən] /충남 공주시
탄:층 炭層 [ta:nʧɨŋ]
탄:탄대:로 坦坦大路 [ta:ntandɛ:ro]
탄탄하다 [tantanɦada]
탄:피 彈皮 [ta:npi]
탄:핵하다 彈劾-- [ta:nɦɛkada, 탄:해카다]
탄:현동 炭峴洞 [ta:nɦjəndoŋ] /경기도 고양시, 탄현역
탄:현면 炭縣面 [ta:nɦjənmjən] /경기도 파주시
탄:화 炭火 [ta:nɦwa] /탄화수소
탄:환 彈丸 [ta:nɦwan]
탄:흔 彈痕 [ta:nɦɨn]
탈: [ta:l] /가면
탈: 頉 [ta:l] /탈이 나다
탈각 脫却 [talgag] /벗어남, 벗어버림
탈각 脫殼 [talgag] /곤충, 식물 따위가 껍질을 벗음
탈것 [talg'əd, 탈껃]
탈고 脫稿 [talgo]
탈곡기 脫穀機 [talgog'i, 탈고끼]
탈골 脫骨 [talgol]
탈구 脫臼 [talgu]
탈규제 脫規制 [talgjudʒe]
탈:놀이 [ta:llori, 탈:로리]
탈냉:전 脫冷戰 [tallɛ:ŋdʒən, 탈랭:전]
탈당 脫党 [tald'aŋ, 탈땅]
탈락하다 脫落-- [tallakada, 탈라카다]
탈루 脫漏 [tallu]
탈법 脫法 [talb'əb, 탈뻡]
탈북남성 脫北男性 [talbuŋnamsəŋ, 탈붕남성]
탈북여성 脫北女性 [talbuŋnjəsəŋ, 탈붕녀성]
탈북자 脫北者 [talbugdʒ'a, 탈북짜] (→ 새터민)
탈상 脫喪 [tals'aŋ, 탈쌍]
탈색 脫色 [tals'ɛg, 탈쌕]
탈선 脫線 [tals'ən, 탈썬]
탈세 脫稅 [tals'e, 탈쎄]
탈속 脫俗 [talsog]
탈수증 脫水症 [tals'udʒ'ɨŋ, 탈쑤쯩]
탈아입구 脫亞入歐 [taraibg'u, 타라입꾸] /일본
탈영 脫營 [tarjəŋ, 타령]
탈옥하다 脫獄-- [tarokada, 타로카다]
탈의 脫衣 [tari, 타리]

ㅌ

탈장 脫腸 [taldʒ'aŋ, 탈짱]
탈주범 脫走犯 [taldʒ'ubəm, 탈쭈범]
탈지유 脫脂乳 [taldʒ'iju, 탈찌유]
탈진 脫盡 [taldʒ'in, 탈찐]
탈착식 脫着式 [taltʃags'ig, 탈착씩]
탈:춤 [ta:ltʃum]
탈취 奪取 [taltʃwi]
탈취제 脫臭劑 [taltʃwidʒe]
탈탈 [taltal]
탈퇴 脫退 [taltø(we), 퇴(퉤)]
탈피 脫皮 [talpi]
탈항 脫肛 [talɦaŋ]
탈환 奪還 [talɦwan]
탐관오:리 貪官汚吏 [tamgwano:ri, 탐과노:리]
탐구 探究 [tamgu]
탐나다 貪-- [tamnada]
탐닉하다 耽溺-- [tamnikada, 탐니카다]
탐독하다 耽讀-- [tamdokada, 탐도카다]
탐라 耽羅 [tamna, 탐나] /옛 제주
탐문 探問 [tammun]
탐미주의 耽美主義 [tammidʒui, 탐미주이]
탐방 探訪 [tambaŋ]
탐사 探査 [tamsa]
탐스럽다 [tamsirəbd'a, 탐스럽따]
탐욕적 貪慾的 [tamjogdʒ'əg, 타목쩍]
탐정 探偵 [tamdʒəŋ]
탐조등 探照燈 [tamdʒodiŋ]
탐지 探知 [tamdʒi]
탐진강 耽津江 [tamdʒingaŋ] /전남 장흥군과 강진군을 관통
탐탁지 않다 [tamtagdʒ'ianta, 탐탁찌안타]
탐하다 貪-- [tamɦada]
탐험 探險 [tamɦəm]
탑골공원 塔-公園 [tabg'olgoŋwən, 탑꼴공원] /서울시 종로구
탑돌이 塔-- [tabd'ori, 탑또리]
탑동 塔洞 [tabd'oŋ, 탑똥] /경기도 수원시·오산시·동두천시, 충북 청주시, 경북 경주시, 제주시
탑동리 塔洞里 [tabd'oŋni, 탑똥니] /강원도 평창군·고성군
탑승객 搭乘客 [tabs'iŋgɛg, 탑씅객]
탑신 塔身 [tabs'in, 탑씬]
탑재 搭載 [tabdʒ'ɛ, 탑째]
탑차 搭車 [tabtʃa]
-탓하다 [tatada, 타타다]
탕: 湯 [ta:ŋ] /국, 목욕
탕:감 蕩減 [ta:ŋgam]
탕:건 宕巾 [ta:ŋgən] /벼슬아치, 史劇
탕:반 湯飯 [ta:ŋban] =장국밥
탕:비실 湯備室 [ta:ŋbisil]
탕수육 糖水肉 [taŋsujug]
탕:아 蕩兒 [ta:ŋa]
탕:약 湯藥 [ta:ŋjag]
탕:정면 湯井面 [ta:ŋdʒəŋmjən] /충남 아산시
탕:진 蕩盡 [ta:ŋdʒin]
탕:평채 蕩平菜 [ta:ŋpjəŋtʃɛ] /요리
탕:평책 蕩平策 [ta:ŋpjəŋtʃɛg] /조선 영조
태: 態 [tɛ:] /맵시, 모양새
태고 太古 [tɛgo]
태교 胎敎 [tɛgjo]
태권도 跆拳道 [tɛg'wəndo, 태꿘도]
태극권 太極拳 [tɛgig'wən, 태그꿘] /무술
태극기 太極旗 [tɛgig'i, 태그끼]
태극무늬 太極-- [tɛgiŋmuni, 태긍무니]
태기산 泰岐山 [tɛgisan] /강원도 평창군·횡성군·홍천군에 걸침
태껸 [tɛg'jən] /전통무예
태내 胎內 [tɛnɛ]
태:도 態度 [tɛ:do]
태동 胎動 [tɛdoŋ]
태두 泰斗 [tɛdu]
태릉 泰陵 [tɛniŋ, 태능] /서울시 노원구
태만 怠慢 [tɛman]

태몽 胎夢 [tɛmoŋ]
태반 太半 [tɛban]
태반 胎盤 [tɛban]
태백산맥 太白山脈 [tɛbɛgs'anmɛg, 태백싼맥]
태산 泰山 [tɛsan]
태생적 胎生的 [tɛsɛŋʤəg]
태:세 態勢 [tɛ:se]
태수 太守 [tɛsu] /史劇
태안군 泰安郡 [tɛangun] /충남 북서단의 郡
태양계 太陽系 [tɛjaŋgje]
태업 怠業 [tɛəb]
태연자약하다 泰然自若-- [tɛjənʤajakada, 태연자야카다]
태연히 泰然- [tɛjənɦi]
태엽 胎葉 [tɛjəb] /시계
태음인 太陰人 [tɛɨmin, 태으민]
태자 太子 [tɛʤa]
태재고개 泰--- [tɛʤɛg'ogɛ, 태재꼬개] /경기도 성남시(분당)와 광주시(오포) 경계
태조 太祖 [tɛʤo] /고려, 조선의 초대 왕
태종 太宗 [tɛʤoŋ] /조선 3대 왕
태종대 太宗臺 [tɛʤoŋdɛ] /부산시 영도구, 강원도 횡성군
태주 太蔟/太簇 [tɛʤu] /음력 정월
태중 胎中 [tɛʤuŋ]
태초 太初 [tɛʧo]
태평로 太平路 [tɛpjəŋno, 태평노] /서울시 중구, 세종대로로 통합(2012)
태평성:대 太平聖代 [tɛpjəŋsə:ŋdɛ]
태평양 太平洋 [tɛpjəŋnjaŋ, 태평냥]
태풍 颱風 [tɛpuŋ]
태학 太學 [tɛɦag] /고구려, 고려, (역사)
태형 笞刑 [tɛɦjəŋ]
태환 兌換 [tɛɦwan] (경제)
태후 太后 [tɛɦu]
택리지 擇里志 [tɛŋniʤi, 탱니지] /조선, 이중환, 지리서
택배 宅配 [tɛgb'ɛ, 택빼]
택지 宅地 [tɛgʤ'i, 택찌]
택하다 擇-- [tɛkada, 태카다]
탱자 [tɛŋʤa]
탱화 幀畫 [tɛŋɦwa]
터덜거리다 [tədəlgərida] ≒터덜대다
터:득하다 攄得-- [tə:dɨkada, 터:드카다]
터럭 [tərəg]
터무니없:이 [təmuniə:bs'i, 터무니업:씨]
터울 [təul] (형제자매에 한함)
터전 [təʤən]
터줏대:감 -主大監 [təʤud'ɛ:gam, 터주때:감]
터:지다 [tə:ʤida] 起, 裂, 割, 破
텃밑 [təŋmid, 텅믿]
턱받이 [təgb'aʤi, 턱빠지]
턱없:이 [təgə:bs'i, 터겁:씨]
털게 [təlge] 蟹
털:다 [tə:lda] 털:지[tə:lʤi] 털:고[tə:lgo] 터:니[tə:ni] 털어[tərə, 터러]
털레털레 [təletəle]
털북숭이 [təlbugs'uŋi, 털북쑹이]
털신 [təls'in, 털씬]
털실 [təls'il, 털씰]
털털하다 [təltəlɦada]
텀벙 [təmbəŋ]
텁텁하다 [təbtəpada, 텁터파다]
텃밭 [tədb'ad, 턷빧]
텃새 [təds'ɛ, 턷쌔] ↔철새
텃세 -勢 [təds'e, 턷쎄]
테두리 [teduri]
토건 土建 [togən]
토굴 土窟 [togul]
토끼 [tog'i]
토닥거리다 [todag'ərida, 토다꺼리다]
토담 土- [todam]
토당동 土堂洞 [todaŋdoŋ] /경기도 고양시
토대 土臺 [todɛ]
토라지다 [toraʤida]
토란국 土卵- [torang'ug, 토란꾹]
토:렴 [to:rjəm] /국수, 더운 국물

토:로 吐露 [to:ro]
토:론 討論 [to:ron]
토룡탕 土龍湯 [torjoŋtaŋ] /지렁이
토막 [tomag]
토목업 土木業 [tomogəb, 토모겁]
토방 土房 [tobaŋ]
토벌 討伐 [tobəl]
토사곽란 吐瀉癨亂 [tosagwaŋnan, 토사광난]
토성 土星 [tosəŋ]
토성 土城 [tosəŋ]
토속적 土俗的 [tosogʤ'əg, 토속쩍]
토요일 土曜日 [tojoil]
토우 土偶 [tou]
토:의 討議 [to:i, 토:이]
토정리 土亭里 [toʤəŋni, 토정니] /충남 부여군
토정비:결 土亭祕訣 [toʤəŋbi:gjəl] /조선, 이지함
토종 土種 [toʤoŋ]
토지 土地 [toʤi]
토지면 土旨面 [toʤimjən] /전남 구례군
토착민 土着民 [toʧaŋmin, 토창민]
토초세 土超稅 [toʧos'e, 토초쎄] '토지초과이득세'의 약칭
토평동 土坪洞 [topjəŋdoŋ] /경기도 구리시, 토평IC
토:평동 吐坪洞 [to:pjəŋdoŋ] /제주도 서귀포시
토:하다 吐-- [to:ɦada]
토:함산 吐含山 [to:ɦamsan] /경북 경주시
토호 土豪 [toɦo]
톱날 [tomnal, 톰날]
톱니 [tomni, 톰니]
톱밥 [tob'ab, 토빱]
톳 [tod, 톧] /해조류, 김 묶음
통 [toŋ] /~않다, ~못하다, ~없다 등, 통 말이 없다 (부사)
통 桶 [toŋ]
통 筒 [toŋ] /대나무
통:감 痛感 [to:ŋgam]
통:감 統監 [to:ŋgam] /역사
통:계 統計 [to:ŋgje]
통고 通告 [toŋgo]
통:곡 痛哭/慟哭 [to:ŋgog]
통공 通共 [toŋgoŋ] /가톨릭
통공 通功 [toŋgoŋ] /분업으로 이룬 일
통과 通過 [toŋgwa]
통관 通關 [toŋgwan]
통금 通禁 [toŋgɨm]
통념 通念 [toŋnjəm]
통달 通達 [toŋdal]
통닭 [toŋdag, 통닥] 통닭이[통달기] 통닭을[통달글] 통닭에[통달게]
통도사 通度寺 [toŋdosa] /사찰, 경남 양산시
통독하다 通讀-- [toŋdokada, 통도카다]
통람 通覽 [toŋnam, 통남]
통:렬한 痛烈- [to:ŋnjəlɦan, 통:녈한]
통례 通例 [toŋnje, 통녜]
통로 通路 [toŋno, 통노]
통론 通論 [toŋnon, 통논]
통마늘 [toŋmanɨl]
통밀 [toŋmil]
통:박하다 痛駁-- [to:ŋbakada, 통:바카다]
통:반장 統班長 [to:ŋbanʤaŋ] '통장'과 '반장'
통발 筒- [toŋbal]
통보 通報 [toŋbo]
통:분 痛憤 [to:ŋbun]
통사:정 通事情 [toŋsa:ʤəŋ]
통산 通算 [toŋsan]
통상 通商 [toŋsaŋ]
통상 通常 [toŋsaŋ]
통상적 通常的 [toŋsaŋʤəg]
통:석 痛惜 [toŋsəg] /통석의 염(念), 日本
통:섭 統攝 [to:ŋsəb]
통성기도 通聲祈禱 [toŋsəŋgido] /기독교
통성:명 通姓名 [toŋsə:ŋmjəŋ]

통속적 通俗的 [toŋsogʤ'əg, 통속쩍]
통:솔 統率 [to:ŋsol]
통:수권 統帥權 [to:ŋsug'wən, 통:수꿘]
통시적 通時的 [toŋsiʤəg]
통신사 通信社 [toŋsinsa]
통역하다 通譯-- [toŋjəkada, 통여카다]
통:영시 統營市 [to:ŋjəŋsi] /경남 남해안 중앙부의 市
통:외통위 統外通委 [to:ŋø(we)toŋwi, 외(웨)] /국회 '통일외교통상위원회'의 약칭
통운 通運 [toŋun] /운수회사
통원 通院 [toŋwən]
통유리 -琉璃 [toŋnjuri, 통뉴리]
통:음 痛飮 [to:ŋɨm]
통의동 通義洞 [toŋidoŋ, 통이동] /서울시 종로구
통:일 統一 [to:ŋil]
통장 通帳 [toŋʤaŋ]
통:장 統長 [to:ŋʤaŋ]
통:절히 痛切- [to:ŋʤəlɦi]
통정 通情 [toŋʤəŋ]
통:제 統制 [to:ŋʤe]
통:증 痛症 [to:ŋʤ'ɨŋ, 통:쯩]
통지 通知 [toŋʤi]
통진읍 通津邑 [toŋʤinɨb, 통지늡] /경기도 김포시
통짜로 [toŋʤ'aro]
통째 [toŋʤ'ɛ]
통:찰력 洞察力 [to:ŋʧalljəg]
통첩 通牒 [toŋʧəb]
통:촉하다 洞燭-- [to:ŋʧokada, 통:초카다] /史劇
통:치 統治 [to:ŋʧi]
통칭 通稱 [toŋʧiŋ]
통:쾌한 痛快- [to:ŋkwɛɦan]
통:타 痛打 [to:ŋta] /스포츠
통:탄 痛歎/痛嘆 [to:ŋtan]
통틀어 [toŋtɨrə, 통트러] 통털어(×)
통:폐:합 統廢合 [to:ŋpje:ɦab]
통풍 通風 [toŋpuŋ]
통:풍 痛風 [to:ŋpuŋ]

통하다 通-- [toŋɦada]
통학 通學 [toŋɦag]
통:한 痛恨 [to:ŋɦan]
통:합 統合 [to:ŋɦab]
통행료 通行料 [toŋɦɛŋnjo, 통행뇨]
통화 通話 [toŋɦwa]
통화 通貨 [toŋɦwa]
통:회 痛悔 [to:ŋɦø(we), 회(훼)] /가톨릭
톺다 [tobd'a, 톱따] /더듬다, 잘 찾아보다
퇴:각 退却 [tø:gag]
퇴:거 退去 [tø:gə]
퇴:계 退溪 [tø:gje] '이황'의 호
퇴:계로 [tø:gjero] /서울시 중구
퇴:계원 退溪院 [tø:gjewən] /경기도 남양주시, 퇴계원IC, 퇴계원역
퇴고 推敲 [tøgo]
퇴:교 退校 [tø:gjo]
퇴:근 退勤 [tø:gɨn]
퇴:기 退妓 [tø:gi] /史劇
퇴락 頹落 [tørag]
퇴:로 退路 [tø:ro]
퇴:마사 退魔師 [tø:masa]
퇴:물 退物 [tø:mul]
퇴:박 退- [tø:bag] /거절, 물리침
퇴:보 退步 [tø:bo]
퇴비 堆肥 [tøbi]
퇴:사 退社 [tø:sa]
퇴:색하다 退色-- [tø:sɛkada, 퇴:새카다]
퇴:소 退所 [tø:so]
퇴:실 退室 [tø:sil]
퇴:역 退役 [tø:jəg]
퇴:원 退院 [tø:wən]
퇴:위 退位 [tø:wi]
퇴:임 退任 [tø:im]
퇴:장 退場 [tø:ʤaŋ]
퇴적층 堆積層 [tøʤəgʧɨŋ]
퇴:정 退廷 [tø:ʤəŋ]
퇴:조 退潮 [tø:ʤo]
퇴:주잔 退酒盞 [tø:ʤuʤ'an, 퇴:주짠]

퇴:직연금 退職年金 [tø:dʒiŋnjəngɨm, 퇴:징년금]
퇴:짜 退字 [tø:dʒ'a]
퇴:청 退廳 [tø:ʧəŋ]
퇴:출 退出 [tø:ʧul]
퇴:치 退治 [tø:ʧi]
퇴폐적 頹廢的 [tøpjedʒəg]
퇴:학 退學 [tø:ɦag]
퇴:행 退行 [tø:ɦɛŋ]
툇:간 退間 [tø:(d)g'an, 퇴:(퇻:)깐]
툇:마루 [tø:nmaru, 퇸:마루]
투 套 [tu] /방식, 본새
투견 鬪犬 [tugjən]
투계 鬪鷄 [tugje]
투고 投稿 [tugo]
투과율 透過率 [tugwajul]
투구 投球 [tugu]
투구 [tugu] /전쟁, 모자
투기 妬忌 [tugi] =질투, /史劇
투기꾼 投機- [tugig'un]
투덜대:다 [tudəldɛ:da] =투덜거리다
투망 投網 [tumaŋ]
투매 投賣 [tumɛ]
투명한 透明- [tumjəŋɦan]
투박하다 [tubakada, 투바카다]
투병 鬪病 [tubjəŋ]
투사 鬪士 [tusa]
투사율 投射率 [tusajul]
투석 投石 [tusəg]
투수진 投手陣 [tusudʒin]
투숙하다 投宿-- [tusukada, 투수카다]
투시경 透視鏡 [tusigjən]
투신 投身 [tusin]
투신 投信 [tusin] '투자신탁'의 줄임말
투약 投藥 [tujag]
투영 投影 [tujəŋ]
투옥 投獄 [tuog]
투우 鬪牛 [tuu]
투원반 投圓盤 [tuwənban]
투입하다 投入-- [tuipada, 투이파다]
투자자 投資者 [tudʒadʒa]
투쟁 鬪爭 [tudʒɛŋ]
투전꾼 鬪牋- [tudʒəng'un]
투정 [tudʒəŋ]
투지 鬪志 [tudʒi]
투창 投槍 [tuʧaŋ]
투척하다 投擲-- [tuʧəkada, 투처카다]
투철한 透徹- [tuʧəlɦan]
투타 投打 [tuta] /野球
투포환 投砲丸 [tupoɦwan]
투하 投下 [tuɦa]
투항 投降 [tuɦaŋ]
투혼 鬪魂 [tuɦon]
툭하면 [tukamjən, 투카면]
툴툴대:다 [tultuldɛ:da]
퉁기다 [tuŋgida]
퉁명스럽다 [tuŋmjəŋsɨrəbd'a, 퉁명스럽따]
퉁소 [tuŋso] /국악
퉤퉤거리다 [twetwegərida]
튀각 [twigag] /다시마, 죽순
튀김요:리 --料理 [twigimnjo:ri, 튀김뇨:리]
튀김용 --用 [twigimnjoŋ, 튀김뇽]
튀다 [twida] 弾, 跳, 飛
튀밥 [twibab]
튕기다 [twiŋgida]
트다 [tɨda] 芽, 通, 開, 白
트이다 [tɨida] 通, 開, 出
트집 [tɨdʒib]
특가법 特可法 [tɨg'ab'əb, 트까뻡] '특정범죄가중처벌법'의 약칭
특감 特監 [tɨg'am, 트깜]
특강 特講 [tɨg'aŋ, 트깡]
특검 特檢 [tɨg'əm, 트껌] '특별검사'의 약칭
특공대 特攻隊 [tɨg'oŋdɛ, 트꽁대]
특구 特區 [tɨg'u, 트꾸]
특권 特權 [tɨg'wən, 트꿘]
특근 特勤 [tɨg'ɨn, 트끈]
특급열차 特急列車 [tɨg'ɨmnjəlʧa, 트끔녈차]
특기 特技 [tɨg'i, 트끼]

특기 特記 [tɨg'i, 트끼] /특기할 만한~
특단의 特段- [tɨgd'ane, 특따네]
특대 特大 [tɨgd'ɛ, 특때]
특등 特等 [tɨgd'ɨŋ, 특뜽]
특례 特例 [tɨŋnje, 퉁녜]
특명 特命 [tɨŋmjəŋ, 퉁명]
특목고 特目高 [tɨŋmog'o, 퉁모꼬] '특수목적고'의 약칭
특무상:사 特務上士 [tɨŋmusa:ŋsa, 퉁무상:사] /과거, 준위와 일등상사 중간계급 군인
특별히 特別- [tɨgb'jəlɦi, 특뻘히]
특보 特報 [tɨgb'o, 특뽀]
특보 特補 [tɨgb'o, 특뽀] '특별보좌관', '특별보좌역'의 약칭
특사 特使 [tɨgs'a, 특싸]
특사 特赦 [tɨgs'a, 특싸] '특별사면'의 약칭
특산품 特産品 [tɨgs'anpum, 특싼품]
특상 特賞 [tɨgs'aŋ, 특쌍]
특상 特上 [tɨgs'aŋ, 특쌍]
특색 特色 [tɨgs'ɛg, 특쌕]
특석 特席 [tɨgs'əg, 특썩]
특선 特選 [tɨgs'ən, 특썬]
특설 特設 [tɨgs'əl, 특썰]
특성 特性 [tɨgs'əŋ, 특썽]
특소세 特消稅 [tɨgs'os'e, 특쏘쎄] '特別消費稅'의 약칭
특송 特送 [tɨgs'oŋ, 특쏭]
특수 特需 [tɨgs'u, 특쑤] ~를 누리다
특수한 特殊- [tɨgs'uɦan, 특쑤한]
특식 特食 [tɨgs'ig, 특씩]
특용작물 特用作物 [tɨgjoŋdʒaŋmul, 트굥장물]
특약 特約 [tɨgjag, 트갹]
특위 特委 [tɨgwi, 트귀]
특유의 特有- [tɨgjue, 트규에]
특융 特融 [tɨgjuŋ, 트귱] '특별융자'의 약칭
특이한 特異- [tɨgiɦan, 트기한] /특이사항
특임 特任 [tɨgim, 트김] '특별임무', '특수임무'의 줄임말
특작 特作 [tɨgdʒ'ag, 특짝]
특장 特長 [tɨgdʒ'aŋ, 특짱]
특전 特典 [tɨgdʒ'ən, 특쩐]
특정 特定 [tɨgdʒ'əŋ, 특쩡]
특종 特種 [tɨgdʒ'oŋ, 특쫑]
특진 特進 [tɨgdʒ'in, 특찐]
특진 特診 [tɨgdʒ'in, 특찐]
특징 特徵 [tɨgdʒ'iŋ, 특찡]
특채 特採 [tɨgʧɛ]
특출하다 特出-- [tɨgʧulɦada]
특파원 特派員 [tɨgpawən]
특판 特販 [tɨgpan]
특허 特許 [tɨkə, 트커]
특혜 特惠 [tɨkje, 트켸]
특화 特化 [tɨkwa, 트콰]
특효 特效 [tɨkjo, 트쿄]
특훈 特訓 [tɨkun, 트쿤] '특별훈련'의 줄임말
특히 特- [tɨki, 트키]
튼실한 -實- [tɨnsilɦan]
튼튼한 [tɨntɨnɦan]
틀니 [tɨlli, 틀리]
틀다 [tɨlda] 開, 鳴, 回, 妨, 結
틈새 [tɨmsɛ]
틈입 闖入 [tɨmib, 트밉]
틈틈이 [tɨmtɨmi, 틈트미]
틔:다 [tɨ:da, 티:다] 틔:니[티:니] 틔:지[티:지] 틔:고[티:고] 틔어[티어] /'트이다'의 준말
티끌 [tig'ɨl]
티눈 [tinun]

ㅌ

ㅍ

파 [pa] /식물
파:격 破格 [pa:gjəg]
파:격적 破格的 [pa:gjəgdʒ'əg, 파:격쩍]
파견 派遣 [pagjən]
파:경 破鏡 [pa:gjəŋ]
파:계 破戒 [pa:gje]
파고 波高 [pago]
파:괴 破壞 [pa:gø(we), 괴(궤)]
파:국 破局 [pa:gug]
파급력 波及力 [pagɨmnjəg, 파금녁]
파급효:과 波及效果 [pagɨpjo:g'wa, 파그표:꽈]
파:기 破棄 [pa:gi]
파다 [pada] 掘, 彫, 捜
파다하다 頗多-- [padahada] 아주 많다
파다하다 播多-- [padahada] /소문
파당적 派党的 [padaŋdʒəg]
파도 波濤 [pado]
파도리 波濤里 [padori] /충남 태안군
파도리 把道里 [padori] /전남 구례군
파동 波動 [padoŋ]
파란 波瀾 [paran]
파란 波蘭 [paran] '폴란드'의 음역어
파:란색 --色 [pa:ransɛg] 파랑색(×)
파랑 波浪 [paraŋ] 물결, /파랑주의보
파:랑 [pa:raŋ] /色
파랑새 [paraŋsɛ]
파:랗다 [pa:rata, 파:라타] 파:라니[pa:rani] 파:래[pa:rɛ] 파:랗지[pa:ratʃi, 파:라치] 파:랗고[pa:rako, 파:라코] 파:랗습니다[pa:ras'ɨmnida, 파라씀니다]
파래 [parɛ] /녹조식물
파:렴치 破廉恥 [pa:rjəmtʃi]
파:로호 破虜湖 [pa:roho] /강원도 양구군과 화천군에 걸침
파:루 罷漏 [pa:ru] /조선, 통행금지 해제 종(鐘)
파릇파릇하다 [paridparitada, 파른파르타다]

파:리 [pa:ri] /곤충
파리하다 [parihada] /핏기가 없다
파:면 罷免 [pa:mjən]
파:멸 破滅 [pa:mjəl]
파문 波紋 [pamun]
파발 擺撥 [pabal] /조선, 급한 公務
파벌 派閥 [pabəl]
파병 派兵 [pabjəŋ]
파:부침주 破釜沈舟 [pa:butʃimdʒu] /굳은 의지, 결사적 각오
파:산 破産 [pa:san]
파상 波狀 [pasaŋ] /파상공격, 파상공세
파상적 波狀的 [pasaŋdʒəg]
파생 派生 [pasɛŋ]
파:손 破損 [pa:son]
파:쇄 破碎 [pa:swɛ]
파수꾼 把守- [pasug'un]
파시 波市 [pasi]
파악하다 把握-- [paakada, 파아카다]
파:안대:소 破顔大笑 [pa:andɛ:so]
파:양 罷養 [pa:jaŋ] /養子의 인연을 끊음
파양초교 坡陽初校 [pajaŋtʃogjo] /경기도 파주시
파:업 罷業 [pa:əb]
파:열 破裂 [pa:jəl]
파:열음 破裂音 [pa:jərɨm, 파:여름]
파월 派越 [pawəl] /과거 파월장병(월남 파견), 베트남
파이다 [paida]
파인 巴人 [pain] '김동환'의 호
파:자점 破字占 [pa:dʒadʒəm]
파장 波長 [padʒaŋ]
파:장 罷場 [pa:dʒaŋ]
파전 -煎 [padʒən]
파종 播種 [padʒoŋ]
파주시 坡州市 [padʒusi] /경기도 북서부의 市

파:죽지세 破竹之勢 [pa:dʒugdʒ'ise, 파:죽찌세]
파:지 破紙 [pa:dʒi]
파:직 罷職 [pa:dʒig]
파천리 巴川里 [paʧənni, 파천니] /경북 청송군
파:천황 破天荒 [pa:ʧənɦwaŋ] 아무도 못한 것을 처음 이룸
파초 芭蕉 [paʧo] /식물
파출소 派出所 [paʧuls'o, 파출쏘] /현 지구대(地區隊)
파:치 破- [pa:ʧi] /못 쓰게 된 물건 따위
파:탄 破綻 [pa:tan]
파:투 破鬪 [pa:tu] /일이 잘못됨, 화투
파:편 破片 [pa:pjən]
파평면 坡平面 [papjəŋmjən] /경기도 파주시, 尹 氏
파:하다 罷-- [pa:ɦada] /학교, 술자리
파행 跛行 [paɦɛŋ]
파:혼 破婚 [pa:ɦon]
팍팍하다 [pagpakada, 팍파카다]
판공성:사 判功聖事 [pangoŋsə:ŋsa] /가톨릭
판관 判官 [pangwan]
판교동 板橋洞 [pangjodoŋ] /경기도 성남시, 판교IC
판교리 板橋里 [pangjori] /충남 서천군·홍성군, 강원도 강릉시, 전남 순천시
판권 版權 [pang'wən, 판꿘]
판금 板金 [pangɨm] /자동차
판금 販禁 [pangɨm] '판매금지'
판단력 判斷力 [pandannjəg, 판단녁]
판도 版圖 [pando]
판독하다 判讀-- [pandokada, 판도카다]
판돈 [pand'on, 판똔]
판례 判例 [pallje, 팔례]
판로 販路 [pallo, 팔로]
판막 瓣膜 [panmag] /심장
판매 販賣 [panmɛ]
판명 判明 [panmjəŋ]
판문점 板門店 [panmundʒəm] /경기도 파주시
판박이 版-- [panbagi, 판바기]
판별 判別 [panbjəl]
판사 判事 [pansa]
판세 -勢 [panse]
판소리 [pans'ori, 판쏘리]
판시 判示 [pansi]
판옥선 板屋船 [panogs'ən, 파녹썬] /배, 조선, 임진왜란
판이하다 判異-- [paniɦada, 파니하다]
판자촌 板子村 [pandʒaʧon]
판정승 判定勝 [pandʒəŋsɨŋ]
판촉 販促 [panʧog] '판매촉진'
판판이 [panpani, 판파니]
판형 判型/版型 [panɦjəŋ]
판화 版畫 [panɦwa]
팔각정 八角亭 [palgagdʒ'əŋ, 팔각쩡]
팔각형 八角形 [palgakjəŋ, 팔가켱]
팔걸이 [palgəri, 팔거리]
팔공산 八公山 [palgoŋsan] /대구광역시와 경북 영천시·군위군·칠곡군에 걸침, /전북 진안군·장수군에 걸침
팔괘 八卦 [palgwɛ] /민속
8년 八年 [palljən, 팔련]
팔다 [palda] 賣(売)
팔달구 八達區 [pald'algu, 팔딸구] /경기도 수원시의 區
팔달동 八達洞 [pald'ald'oŋ, 팔딸똥] /경기도 수원시
팔당역 八堂驛 [pald'aŋnjəg, 팔땅녁] /경기도 남양주시, 중앙선
팔도 八道 [pald'o, 팔또]
팔등신 八等身 [pald'ɨŋsin, 팔뜽신]
팔뚝 [pald'ug]
팔랑거리다 [pallaŋgərida]
팔량치 八良峙 [palljaŋʧi] /전북 남원시와 경남 함양군 사이 고개
팔방미:인 八方美人 [palbaŋmi:in]
팔불출 八不出 [palbulʧul]
팔삭둥이 八朔-- [pals'agd'uŋi, 팔싹뚱이]

ㅍ

팔상전 捌相殿 [pals'aŋʤən, 팔쌍전] /불교, 속리산 법주사
팔색조 八色鳥 [pals'ɛgʤ'o, 팔쌕쪼]
팔순 八旬 [pals'un, 팔쑨] 80
팔씨름 [pals'irɨm]
8월 八月 [parwəl, 파뤌]
8·15 [pariro, 파리로] 광복절
팔자 八字 [palʤ'a, 팔짜]
팔작지붕 八作-- [palʤ'agʤ'ibuŋ, 팔짝찌붕]
팔짱 [palʤ'aŋ]
팔찌 [palʤ'i]
팔판동 八判洞 [palpandoŋ] /서울시 종로구
팔팔하다 [palpalɦada]
팥 [pad, 팓] 팥이[paʧi, 파치] 팥에 [pate, 파테] 팥을[patil, 파틀]
팥물 [panmul, 판물]
팥밥 [padb'ab, 팓빱]
팥빙수 -氷水 [padb'iŋsu, 팓삥수]
팥소 [pads'o, 팓쏘]
팥알 [padal, 파달]
팥죽 -粥 [padʤ'ug, 팓쭉]
팥죽땀 -粥- [padʤ'ugd'am, 팓쭉땀]
패 牌 [pɛ]
패: 敗 [pɛ:]
패: 霸 [pɛ:]
패:가망신 敗家亡身 [pɛ:gamaŋsin]
패관문학 稗官文學 [pɛgwanmunɦag] /설화문학(說話文學), 소설의 모태가 됨, 고려시대
패:권 覇權 [pɛ:g'wən, 패:꿘]
패:기 霸氣 [pɛ:gi]
패다 [pɛda] /때리다, 이삭이 나오다
패:다 [pɛ:da] /쪼개다, 밤을 새우다, '파이다'의 준말
패:도 霸道 [pɛ:do] /패도정치
패랭이 [pɛrɛŋi] /조선, 갓
패랭이꽃 [pɛrɛŋig'od, 패랭이꼳]
패:류 貝類 [pɛ:rju]
패:륜 悖倫 [pɛ:rjun]
패:망 敗亡 [pɛ:maŋ]
패:물 佩物 [pɛ:mul]
패:배 敗北 [pɛ:bɛ]
패:소 敗訴 [pɛ:so]
패:수 浿水 [pɛ:su] /'대동강'의 옛 이름, 역사
패:악 悖惡 [pɛ:ag]
패:왕별희 覇王別姬 [pɛ:waŋbjəlɦi, 패:왕별히] /중국영화(1993)
패:용 佩用 [pɛ:joŋ] /명찰 따위
패:인 敗因 [pɛ:in]
패:자 敗者 [pɛ:ʤa]
패:자 覇者 [pɛ:ʤa]
패:잔병 敗殘兵 [pɛ:ʤanbjəŋ]
패:장 敗將 [pɛ:ʤaŋ]
패:전 敗戰 [pɛ:ʤən]
패:착 敗着 [pɛ:ʧag]
패:총 貝塚 [pɛ:ʧoŋ]
패:퇴 敗退 [pɛ:tø(we), 퇴(퉤)]
패:하다 敗-- [pɛ:ɦada]
패:혈증 敗血症 [pɛ:ɦjəldʒ'ɨŋ, 패:혈쯩]
팻말 牌- [pɛnmal, 팬말]
팽개치다 [pɛŋgɛʧida]
팽나무 [pɛŋnamu]
팽만 膨滿 [pɛŋman] /복부팽만
팽목항 彭木港 [pɛŋmokaŋ, 팽모캉] / 전남 진도군, 항구
팽배 澎湃/彭湃 [pɛŋbɛ]
팽성읍 彭城邑 [pɛŋsəŋɨb] /경기도 평택시
팽이 [pɛŋi]
팽이버섯 [pɛŋibəsəd, 팽이버섣]
팽창 膨脹 [pɛŋʧaŋ]
팽팽히 [pɛŋpɛŋɦi]
팽하다 [pɛŋɦada] 꼭 알맞다
팽형 烹刑 [pɛŋɦjəŋ] /죄인을 끓여 죽임, 역사
퍼:뜨리다 [pə:d'ɨrida]
퍼:지다 [pə:ʤida]
펑퍼짐하다 [pəŋpəʤimɦada]
펴다 [pjəda]
편강 片薑 [pjəngaŋ] /생강과자
편견 偏見 [pjəngjən]

ㅍ

편달 鞭撻 [pjəndal]
편대 編隊 [pjəndɛ]
편도 片道 [pjəndo]
편도선 扁桃腺 [pjəndosən]
편람 便覽 [pjəllam, 펼람]
편력 遍歷 [pjəlljəg, 펼력] /애정편력
편리한 便利- [pjəllihan, 펼리한]
편린 片鱗 [pjəllin, 펼린]
편마모 偏磨耗 [pjənmamo]
편모 偏母 [pjənmo]
편법 便法 [pjənb'əb, 편뻡]
편부 偏父 [pjənbu]
편성 編成 [pjənsəŋ]
편수 編修 [pjənsu]
편수 [pjənsu] /만두
편수 便數 [pjəns'u, 편쑤]
편승 便乘 [pjənsɨŋ]
편식 偏食 [pjənsig]
편안한 便安- [pjənanɦan, 펴난한]
편애 偏愛 [pjənɛ, 펴내]
편액 扁額 [pjənɛg, 펴낵] /현판, 액자
편의점 便宜店 [pjəniʤəm, 펴니점]
편익 便益 [pjənig, 펴닉]
편자 [pjənʤa] /말굽
편재 偏在 [pjənʤɛ] /치우쳐 있음
편재 遍在 [pjənʤɛ] /널리 퍼져 있음
편전 便殿 [pjənʤən] /임금의 거처
편제 編制 [pjənʤe]
편종 編鐘 [pjənʤoŋ] /국악
편주 片舟/扁舟 [pjənʤu] 조각배
편중 偏重 [pjənʤuŋ]
편:지 便紙 [pjə:nʤi]
편찮다 便-- [pjənʧanta, 편찬타] 편찮아[pjənʧana, 편차나] 편찮지[pjənʧanʧi, 편찬치]
편파 偏頗 [pjənpa]
편편하다 便便-- [pjənpjənɦada]
편평하다 扁平-- [pjənpjəŋɦada]
편향적 偏向的 [pjənɦjaŋʤəg]
편협하다 偏狹-- [pjənɦjəpada, 편혀파다]
편형 扁形 [pjənɦjəŋ]

ㅍ

편히 便- [pjənɦi]
폄론 貶論 [pjəmnon, 폄논]
폄하 貶下 [pjəmɦa]
폄훼 貶毁 [pjəmɦwe]
평가 評價 [pjəŋg'a, 평까]
평강공주 平岡公主 [pjəŋgaŋgoŋʤu] /고구려, 온달의 아내
평결 評決 [pjəŋgjəl]
평균값 平均- [pjəŋgjung'ab, 평균깝] 평균값이[평균깝씨] 평균값을[평균깝쓸]
평내동 坪內洞 [pjəŋnɛdoŋ] /경기도 남양주시
평년작 平年作 [pjəŋnjənʤag]
평당 坪當 [pjəŋdaŋ]
평대리 坪岱里 [pjəŋdɛri] /제주시
평등주의 平等主義 [pjəŋdɨŋʤui, 평등주이]
평론 評論 [pjəŋnon, 평논]
평리 坪里 [pjəŋni, 평니] /경기도 화성시, 충남 서산시·보령시, 전남 화순군·곡성군·강진군, 경남 남해군
평리 平里 [pjəŋni, 평니] /충남 연기군, 울산시 울주군, 경북 고령군·울릉군
평림동 坪林洞 [pjəŋnimdoŋ, 평님동] /경남 통영시
평림리 平林里 [pjəŋnimni, 평님니] / 경북 의성군, 경남 함안군
평면적 平面的 [pjəŋmjənʤəg]
평민 平民 [pjəŋmin]
평방 平方 [pjəŋbaŋ] '제곱'
평범하다 平凡-- [pjəŋbəmɦada]
평사리 坪沙里 [pjəŋsari] /경북 경산시
평사리 平沙里 [pjəŋsari] /경남 하동군, 전북 김제시·정읍시, 전남 여수시·순천시
평산동 平山洞 [pjəŋsandoŋ] /경남 양산시, 전남 나주시
평산동 坪山洞 [pjəŋsandoŋ] /경북 경산시
평상 平床 [pjəŋsaŋ]

평상시 平常時 [pjəŋsaŋsi]
평상심 平常心 [pjəŋsaŋsim]
평생 平生 [pjəŋsɛŋ]
평소 平素 [pjəŋso]
평시 平時 [pjəŋsi]
평신:도 平信徒 [pjəŋsi:ndo]
평심 平心 [pjəŋsim]
평안 平安 [pjəŋan]
평안도 平安道 [pjəŋando] /북한
평양시 平壤市 [pjəŋjaŋsi] /북한의 수도
평영 平泳 [pjəŋjəŋ] /수영
평온하다 平穩-- [pjəŋonɦada]
평원 平原 [pjəŋwən]
평이한 平易- [pjəŋiɦan]
평일 平日 [pjəŋil]
평전 評傳 [pjəŋdʒən]
평점 評點 [pjəŋdʒ'əm, 평쩜]
평정 平定 [pjəŋdʒəŋ]
평정 評定 [pjəŋdʒəŋ]
평정 平靜 [pjəŋdʒəŋ]
평준화 平準化 [pjəŋdʒunɦwa]
평지풍파 平地風波 [pjəŋdʒipuŋpa]
평창군 平昌郡 [pjəŋʧaŋgun] /강원도 남부의 郡
평촌동 坪村洞 [pjəŋʧondoŋ] /경기도 안양시 동안구, 대전시 서구·대덕구, 충북 청주시 상당구
평촌리 坪村里 [pjəŋʧonni, 평촌니] /대구시 달성군, 평창·하동·김천·산청·아산·의령·금산·남원·함양·예산·진주·춘천
평촌리 平村里 [pjəŋʧonni, 평촌니] /전남 순천시, 전북 남원시·완주군, 경남 밀양시
평탄하다 平坦-- [pjəŋtanɦada]
평택시 平澤市 [pjəŋtɛgs'i, 평택씨] /경기도 남서부의 市
평통 平統 [pjəŋtoŋ] '민주평화통일자문회의'의 약칭
평판 評判 [pjəŋpan]
평평하다 平平-- [pjəŋpjəŋɦada]
평해읍 平海邑 [pjəŋɦɛib] /경북 울진군
평행선 平行線 [pjəŋɦɛŋsən]
평형 平衡 [pjəŋɦjəŋ]
평화 平和 [pjəŋɦwa]
폐: 肺 [pje:]
폐: 弊 [pje:] ~를 끼치다
폐:가 廢家 [pje:ga]
폐:경 閉經 [pje:gjəŋ]
폐:경 廢耕 [pje:gjəŋ]
폐:교 廢校 [pje:gjo]
폐:기 廢棄 [pje:gi]
폐:농 廢農 [pje:noŋ]
폐:단 弊端 [pje:dan]
폐:렴 肺炎 [pje:rjəm]
폐:립 廢立 [pje:rib] '폐지와 존립'
폐:막식 閉幕式 [pje:mags'ig, 폐:막씩]
폐:문 閉門 [pje:mun]
폐:문 廢門 [pje:mun]
폐:물 廢物 [pje:mul]
폐:백 幣帛 [pje:bɛg]
폐:병 肺病 [pje:b'jəŋ, 폐:뼝]
폐:부 肺腑 [pje:bu]
폐:비 廢妃 [pje:bi] /史劇
폐:사 弊社 [pje:sa] /저희 회사
폐:사 斃死 [pje:sa] /어류, 가축
폐:선 廢船 [pje:sən]
폐:쇄 閉鎖 [pje:swɛ]
폐:수 廢水 [pje:su]
폐:원 閉院 [pje:wən]
폐:위 廢位 [pje:wi]
폐:유 廢油 [pje:ju]
폐:인 廢人 [pje:in]
폐:일언 蔽一言 [pje:irən, 폐:이런] /한 마디로 말해
폐:장 肺腸 [pje:dʒaŋ]
폐:장 閉場 [pje:dʒaŋ]
폐:점 閉店 [pje:dʒəm]
폐:정 閉廷 [pje:dʒəŋ]
폐:지 廢止 [pje:dʒi]
폐:지 廢紙 [pje:dʒi]
폐:차 廢車 [pje:ʧa]
폐:품 廢品 [pje:pum]

폐:하 陛下 [pje:ɦa] /史劇
폐:해 弊害 [pje:ɦɛ]
폐:허 廢墟 [pje:ɦə]
폐:활량 肺活量 [pje:ɦwalljaŋ]
폐:회 閉會 [pje:ɦø(we), 회(훼)]
포개다 [pogɛda]
포격하다 砲擊-- [pogjəkada, 포겨카다]
포경 砲徑 [pogjəŋ] 포의 구경
포:경 捕鯨 [po:gjəŋ] 고래잡이
포:경 包莖 [po:gjəŋ] /포경수술
포:고 布告 [po:go]
포:괄적 包括的 [po:gwaldʒəg]
포:교 布敎 [po:gjo]
포구 浦口 [pogu]
포:구 捕球 [po:gu] /야구
포기 [pogi] /풀, 김치, 배추
포:기 抛棄 [po:gi]
포대 包袋 [podɛ] =부대(負袋), 푸대(×)
포도 葡萄 [podo]
포도 鋪道 [podo] =포장도로
포도상 葡萄狀 [podosaŋ] 포도송이 모양
포도아 葡萄牙 [podoa] '포르투갈'의 음역어
포:도청 捕盜廳 [po:doʧəŋ] /조선, 史劇
포:란 抱卵 [po:ran]
포:로 捕虜 [po:ro]
포:만감 飽滿感 [po:mangam]
포말 泡沫 [pomal]
포목점 布木店 [pomogdʒ'əm, 포목쩜]
포문 砲門 [pomun]
포:물선 抛物線 [po:muls'ən, 포:물썬]
포:박하다 捕縛-- [po:bakada, 포:바카다]
포병 砲兵 [pobjəŋ]
포복 匍匐 [pobog] /군대
포:복절도 抱腹絶倒 [po:bogdʒ'əld'o, 포:복쩔또] 포복졸도(×)
포:부 抱負 [po:bu]
포상 褒賞 [posaŋ]
포:석 布石 [po:səg]
포석정 鮑石亭 [posəgdʒ'əŋ, 포석쩡] /신라, 경주, 사적1호
포:섭하다 包攝-- [po:səpada, 포:서파다]
포성 砲聲 [posəŋ]
포수 砲手 [posu]
포:수 捕手 [po:su] /野球
포승읍 浦升邑 [posiŋɨb] /경기도 평택시
포:승줄 捕繩- [po:siŋdʒ'ul, 포:승쭐]
포:식 飽食 [po:sig]
포:식자 捕食者 [po:sigdʒ'a, 포:식짜]
포신 砲身 [posin]
포:악하다 暴惡-- [po:akada, 포:아카다]
포연 砲煙 [pojən]
포:옹 抱擁 [po:oŋ]
포:용 包容 [po:joŋ]
포:위 包圍 [po:wi]
포:유류 哺乳類 [po:jurju]
포:은 圃隱 [po:ɨn] '정몽주'의 호
포이동 浦二洞 [poidoŋ] /서울시 강남구의 예전 洞 이름, 개포동으로 통합(2008)
포일동 浦一洞 [poild'oŋ, 포일똥] / 경기도 의왕시
포자 胞子 [podʒa] =홀씨
포자 包子 [podʒa] =만두
포장 包裝 [podʒaŋ]
포장 鋪裝 [podʒaŋ] /도로
포장 褒章 [podʒaŋ] /賞, 훈장 밑
포장마:차 布帳馬車 [podʒaŋma:ʧa]
포장재 包裝材 [podʒaŋdʒɛ]
포장지 包裝紙 [podʒaŋdʒi]
포:졸 捕卒 [po:dʒol]
포:주 抱主 [po:dʒu]
포진 疱疹 [podʒin] /병
포:진 布陣 [po:dʒin]
포:집 捕執 [po:dʒib]
포:착하다 捕捉-- [po:ʧakada, 포:차카다]
포:천시 抱川市 [po:ʧənsi] /경기도 북동부의 市

포철 浦鐵 [poʧəl] '포항제철'의 약칭, 現 포스코
포:충망 捕蟲網 [po:ʧuŋmaŋ]
포탄 砲彈 [potan]
포:탈 逋脫 [po:tal] /세금포탈
포태 胞胎 [potɛ] =임신
포폄 褒貶 [popjəm] /선악(善惡)과 정오(正誤)를 판단, 결정함
포:학 暴虐 [po:ɦag]
포함 包含 [poɦam]
포함 砲艦 [poɦam]
포항시 浦項市 [poɦaŋsi] /경북 동해안의 市
포:향 飽享 [po:ɦjaŋ] 실컷 누림
포혜 脯醯 [poɦje] 포육과 식혜
포화 砲火 [poɦwa]
포:화 飽和 [po:ɦwa]
포:획 捕獲 [po:ɦø(we)g, 획(휃)]
포효 咆哮 [poɦjo]
폭거 暴擧 [pog'ə, 포꺼]
폭격기 爆擊機 [pog'jəg'i, 포껴끼]
폭격하다 爆擊-- [pog'jəkada, 포껴카다]
폭넓:다 幅-- [poŋnə:ld'a, 퐁널:따] 폭넓은[poŋnəlbin, 퐁널븐] 폭넓어[poŋnəlbə, 퐁널버] 폭넓:지[poŋnə:ldʒ'i, 퐁널:찌] 폭넓:게[poŋnə:lg'e, 퐁널:께]
폭도 暴徒 [pogd'o, 폭또]
폭동 暴動 [pogd'oŋ, 폭똥]
폭등세 暴騰勢 [pogd'ɨŋse, 폭뜽세]
폭락세 暴落勢 [poŋnags'e, 퐁낙쎄]
폭락하다 暴落-- [poŋnakada, 퐁나카다]
폭력배 暴力輩 [poŋnjəgb'ɛ, 퐁녁빼]
폭력적 暴力的 [poŋnjəgdʒ'əg, 퐁녁쩍]
폭로 暴露 [poŋno, 퐁노]
폭리 暴利 [poŋni, 퐁니]
폭발 暴發 [pogb'al, 폭빨]
폭발 爆發 [pogb'al, 폭빨] /화학
폭발적 暴發的 [pogb'aldʒəg, 폭빨적]
폭삭 [pogs'ag, 폭싹]
폭서 暴暑 [pogs'ə, 폭써]
폭설 暴雪 [pogs'əl, 폭썰]
폭소 爆笑 [pogs'o, 폭쏘]
폭식하다 暴食-- [pogs'ikada, 폭씨카다]
폭신폭신 [pogs'inpogs'in, 폭씬폭씬]
폭압 暴壓 [pogab, 포갑]
폭약 爆藥 [pogjag, 포갹]
폭언 暴言 [pogən, 포건]
폭염 暴炎 [pogjəm, 포겸]
폭우 暴雨 [pogu, 포구]
폭음 暴飮 [pogɨm, 포금]
폭정 暴政 [pogdʒ'əŋ, 폭쩡]
폭주 暴注 [pogdʒ'u, 폭쭈] /주문
폭주 暴走 [pogdʒ'u, 폭쭈] /폭주족
폭죽 爆竹 [pogdʒ'ug, 폭쭉]
폭증 暴增 [pogdʒ'ɨŋ, 폭쯩]
폭탄 爆彈 [pogtan]
폭투 暴投 [pogtu]
폭파 爆破 [pogpa]
폭포수 瀑布水 [pogposu]
폭풍 暴風 [pogpuŋ]
폭행 暴行 [pokɛŋ, 포캥]
표결 表決 [pjogjəl] /可否
표결 票決 [pjogjəl] /투표
표고 標高 [pjogo]
표고버섯 [pjogobəsəd, 표고버섣]
표구 表具 [pjogu]
표기법 表記法 [pjogib'əb, 표기뻡]
표류 漂流 [pjorju]
표리부동 表裏不同 [pjoribudoŋ]
표면적 表面的 [pjomjəndʒəg]
표명 表明 [pjomjəŋ]
표방 標榜 [pjobaŋ]
표백 表白 [pjobɛg]
표백제 漂白劑 [pjobɛgdʒ'e, 표백쩨]
표변 豹變 [pjobjən]
표본실 標本室 [pjobonsil]
표본적 標本的 [pjobondʒəg]
표상 表象 [pjosaŋ]
표석 標石 [pjosəg]
표선면 表善面 [pjosənmjən] /제주도 서귀포시, 해수욕장
표시 表示 [pjosi] /성의, 관심
표시 標示 [pjosi] /가격, 등급

표식 表式 [pjosig]
표심 票心 [pjosim]
표음문자 表音文字 [pjoɨmmundʒ'a, 표음문짜]
표의문자 表意文字 [pjoimundʒ'a, 표이문짜]
표적 標的 [pjodʒəg]
표절 剽竊 [pjodʒəl]
표정 表情 [pjodʒəŋ]
표제 標題/表題 [pjodʒe]
표주박 瓢-- [pjodʒubag]
표준적 標準的 [pjodʒundʒəg]
표지 表紙 [pjodʒi]
표지판 標識板 [pjodʒipan]
표찰 標札 [pjoʧal]
표창장 表彰狀 [pjoʧaŋdʒ'aŋ, 표창짱]
표출 表出 [pjoʧul]
표충사 表忠祠 [pjoʧuŋsa] /경남 밀양시, 충북 청주시·옥천군, 전남 해남군
표층 表層 [pjoʧɨŋ]
표표히 飄飄- [pjopjoɦi] /정처 없이, 가볍게
표표히 漂漂- [pjopjoɦi] /물, 공중에 떠
표피 表皮 [pjopi]
표하다 表-- [pjoɦada]
표현 表現 [pjoɦjən]
표현주의 表現主義 [pjoɦjəndʒui, 표현주이]
푯대 標- [pjod'ɛ, 표때]
푯대 [pjod'ɛ, 표때] /굿, 무당이 쓰는 댓가지
푯돌 標- [pjod'ol, 표똘]
푯말 標- [pjonmal, 푠말]
푸근히 [pugɨnɦi]
푸념 [punjəm]
푸닥거리 [pudag'əri, 푸다꺼리]
푸르다 [purɨda] 푸르러[purɨrə] 푸르니 [purɨni] 푸른(◯) 푸르른(×)
푸석푸석하다 [pusəgpusəkada, 푸석푸서카다]
푸성귀 [pusəŋgwi]
푸줏간 --間 [pudʒu(d)g'an, 푸주(줃)깐]
푹 [pug]
푹하다 [pukada, 푸카다] /겨울인데 포근할 때
푼: [pu:n]
푼:돈 [pu:nd'on, 푼:똔]
푼:수 [pu:nsu]
푼푼히 [punpunɦi] /넉넉히, 충분히
풀기 -氣 [pulg'i, 풀끼]
풀꽃 [pulg'od, 풀꼳]
풀다 [pulda] 解, 許, 緩
풀독 -毒 [puld'og, 풀똑]
풀떼기 [puld'egi] /풀 같은 죽, =풀떡
풀무질 [pulmudʒil]
풀물 [pulmul]
풀밭 [pulbad, 풀받]
풀벌레 [pulbəlle]
풀베:기 [pulbe:gi]
풀빵 [pulb'aŋ]
풀뿌리 [pulb'uri]
풀살 [pulsal] /소, 말
풀숲 [puls'ub, 풀쑵] 풀섶(×)
풀씨 [puls'i]
풀잎 [pullib, 풀립]
풀죽 -粥 [puldʒug]
풀질 [puldʒil]
풀칠 -漆 [pulʧil]
풀포기 [pulpogi]
풀피리 [pulpiri]
풀흙 [pulɦɨg, 풀흑]
품: 稟 [pu:m] /의견을 묻는 것, (웃어른 및 상사)
품값 [pumg'ab, 품깝]
품:격 品格 [pu:mg'jəg, 품:껵]
품:결 稟決 [pu:mgjəl] /허가, 승인을 받음
품:계 品階 [pu:mgje]
품:귀 品貴 [pu:mgwi]
품:다 [pu:md'a, 품:따] 抱, 含, 품:지 [pu:mdʒ'i, 품:찌] 품:고[pu:mg'o, 품:꼬] 품어[pumə, 푸머] 품으니[pumɨni, 푸므니]

ㅍ

품:명 品名 [pu:mmjəŋ]
품:목 品目 [pu:mmog]
품바 [pumba] /장터, 길거리, 동냥
품삯 [pums'ag, 품싹] 품삯이[품싹씨] 품삯을[품싹쓸]
품새 [pumsɛ]
품:성 品性 [pu:msəŋ]
품속 [pums'og, 품쏙]
품:신 稟申 [pu:msin] /인사, 결재, 기안
품:안 品案 [pu:man, 푸:만] /벼슬아치의 명부, 史劇
품앗이 [pumasi, 푸마시]
품:위 品位 [pu:mwi, 푸:뮈]
품:의 稟議 [pu:mi, 푸:미] /인사, 결재, 기안
품:절 品切 [pu:mʤəl]
품:종 品種 [pu:mʤoŋ]
품:질 品質 [pu:mʤil]
품팔이 [pumpari, 품파리]
품:평회 品評會 [pu:mpjəŋɦø(we), 회(훼)]
품:행 品行 [pu:mɦɛŋ]
풋고추 [pudg'oʧu, 푿꼬추]
풋과:일 [pudg'wa:il, 푿꽈:일]
풋내 [punnɛ, 푼내]
풋내기 [punnɛgi, 푼내기] 풋나기(×)
풋마늘 [punmanɨl, 푼마늘]
풋밤 [pudb'am, 푿빰]
풋배 [pudb'ɛ, 푿빼]
풋사과 -沙果 [puds'agwa, 푿싸과]
풋사랑 [puds'araŋ, 푿싸랑]
풋잠 [pudʤ'am, 푿짬]
풋정 -情 [pudʤ'əŋ, 푿쩡]
풋풋하다 [pudputada, 푿푸타다]
풍각쟁이 風角-- [puŋgagʤ'ɛŋi, 풍각쨍이]
풍경 風景 [puŋgjəŋ]
풍광 風光 [puŋgwaŋ]
풍구 風- [puŋgu] /농기구
풍금 風琴 [puŋgɨm]
풍기읍 豊基邑 [puŋgiɨb] /경북 영주시
풍남동 豊南洞 [puŋnamdoŋ] /전북 전주시
풍남리 豊南里 [puŋnamni, 풍남니] /전남 고흥군
풍납동 風納洞 [puŋnabd'oŋ, 풍납똥] /서울시 송파구
풍년가 豊年歌 [puŋnjəŋga]
풍덕고 豊德高 [puŋdəg'o, 풍더꼬] / 경기도 용인시
풍덕동 豊德洞 [puŋdəgd'oŋ, 풍덕똥] /전남 순천시
풍덕천 豊德川 [puŋdəgʧən] /경기도 용인시
풍덩 [puŋdəŋ]
풍뎅이 [puŋdeŋi]
풍도 風度 [puŋdo] '풍채와 태도'
풍동 風洞 [puŋdoŋ] /일종의 터널, (物理)
풍동 楓洞 [puŋdoŋ] /경기도 고양시, 충북 충주시
풍동리 豊洞里 [puŋdoŋni, 풍동니] / 전남 강진군
풍란 風蘭 [puŋnan, 풍난]
풍랑 風浪 [puŋnaŋ, 풍낭]
풍력 風力 [puŋnjəg, 풍녁]
풍로 風爐 [puŋno, 풍노]
풍류 風流 [puŋnju, 풍뉴]
풍만하다 豊滿-- [puŋmanɦada]
풍모 風貌 [puŋmo]
풍문 風聞 [puŋmun]
풍문여고 豊文女高 [puŋmunnjəgo, 풍문녀고] /서울시 종로구
풍물 風物 [puŋmul]
풍물놀이 風物-- [puŋmullori, 풍물로리]
풍미 風味 [puŋmi]
풍미하다 豊美-- [puŋmiɦada]
풍부한 豊富- [puŋbuɦan]
풍사 風邪 [puŋsa] =風, /병, 증상
풍산개 豊山- [puŋsang'ɛ, 풍산깨] / 함경도 풍산
풍산동 楓山洞 [puŋsandoŋ] /경기도 고양시

ㅍ

풍산동 豊山洞 [puŋsandoŋ] /경기도 하남시
풍산읍 豊山邑 [puŋsanɨb, 풍사늡] / 경북 안동시
풍상 風霜 [puŋsaŋ]
풍생고 豊生高 [puŋsɛŋgo] /경기도 성남시
풍선 風扇 [puŋsən]
풍설 風雪 [puŋsəl]
풍성하다 豊盛-- [puŋsəŋɦada]
풍세면 豊歲面 [puŋsemjən] /충남 천안시
풍속화 風俗畵 [puŋsokwa, 풍소콰]
풍수 風水 [puŋsu] /풍수지리
풍수원 豊水院 [puŋsuwən] /강원도 횡성군, 聖堂
풍습 風習 [puŋsɨb]
풍악 風樂 [puŋag]
풍양면 豊陽面 [puŋjaŋmjən] /전남 고흥군
풍양면 豊壤面 [puŋjaŋmjən] /경북 예천군
풍요 豊饒 [puŋjo]
풍운아 風雲兒 [puŋuna, 풍우나]
풍월 風月 [puŋwəl]
풍유법 諷諭法 [puŋjub'əb, 풍유뻡] / 속담, 강연
풍자 諷刺 [puŋdʒa]
풍전리 豊田里 [puŋdʒənni, 풍전니] / 충남 서산시, 경남 사천시
풍정리 楓井里 [puŋdʒəŋni, 풍정니] / 충북 청원군, 경북 봉화군·예천군
풍정리 豊亭里 [puŋdʒəŋni, 풍정니] / 충남 서천군
풍족하다 豊足-- [puŋdʒokada, 풍조카다]
풍진 風疹 [puŋdʒin]
풍차 風車 [puŋʧa]
풍창 風窓 [puŋʧaŋ]
풍찬노:숙 風餐露宿 [puŋʧanno:sug]
풍채 風采 [puŋʧɛ]
풍천 楓川 [puŋʧən] /하천, 전북 남원시, 충남 태안군
풍천리 楓川里 [puŋʧənni, 풍천니] / 강원도 화천군
풍천면 豊川面 [puŋʧənmjən] /경북 안동시
풍천장어 楓川長魚 [puŋʧəndʒaŋə]
풍치 風齒 [puŋʧi]
풍치 風致 [puŋʧi]
풍탄 風癱 [puŋtan] /임산부
풍토병 風土病 [puŋtob'jəŋ, 풍토뼝]
풍통 風痛 [puŋtoŋ]
풍한 風寒 [puŋɦan]
풍한열 風寒熱 [puŋɦannjəl, 풍한녈]
풍해 風害 [puŋɦɛ]
풍향계 風向計 [puŋɦjaŋgje]
풍향동 豊鄕洞 [puŋɦjaŋdoŋ] /광주시 북구
풍호동 豊湖洞 [puŋɦodoŋ] /경남 진해시
풍호리 豊湖里 [puŋɦori] /경북 봉화군
풍화 風化 [puŋɦwa]
풍화리 豊和里 [puŋɦwari] /경남 통영시
피:감 被監 [pi:gam] /감사를 받음
피:격 被擊 [pi:gjəg]
피:고인 被告人 [pi:goin]
피곤하다 疲困-- [pigonɦada]
피골 皮骨 [pigol]
피:구 避球 [pi:gu]
피:난 避難 [pi:nan]
피내 皮內 [pinɛ] /피부 안쪽
피다 [pida] 發, 燃, 生, 華
피대 皮帶 [pidɛ] =허리띠
피:동적 被動的 [pi:doŋdʒəg]
피둥피둥 [piduŋpiduŋ]
피라미 [pirami]
피:란 避亂 [pi:ran]
피:랍 被拉 [pi:rab]
피:력 披瀝 [pi:rjəg]
피로 疲勞 [piro]
피로연 披露宴 [pirojən]

ㅍ

피:뢰침 避雷針 [pi:rø(we)ʧim, 뢰(뤠)]
피륙 [pirjug] /천
피리 [piri]
피리하다 疲羸-- [pirihada] /피로해 안색이 안 좋다
피막 皮膜 [pimag] 피부와 점막
피막 被膜 [pimag] /덮개, 씌우개
피:막 避幕 [pi:mag]
피:맛골 [pi:ma(d)g'ol, 피:마(맏)꼴] (← 避馬), /서울시 종로구, 골목길
피멍 [pimən]
피:명 被命 [pi:mjəŋ]
피목 皮目 [pimog] /식물
피바다 [pibada] /가극단(북한)
피바람 [pibaram]
피:박 被縛 [pi:bag]
피:복 被服 [pi:bog]
피부병 皮膚病 [pibub'jəŋ, 피부뼝]
피비린내 [pibirinnɛ]
피:사체 被寫體 [pi:saʧe]
피:살 [pi:sal]
피상적 皮相的 [pisaŋʤəg]
피:서 避暑 [pi:sə]
피:선 被選 [pi:sən]
피:선:거권 被選擧權 [pi:sə:ngəg'wən, 피:선:거꿘]
피:소 被訴 [pi:so]
피:습 被襲 [pi:sib]
피식 [pisig] /웃는 소리, 모양
피:신 避身 [pi:sin]
피:아간 彼我間 [pi:agan]
피아골 [piagol] /지리산
피:안 彼岸 [pi:an]
피:의자 被疑者 [pi:iʤa, 피:이자]
피:임약 避姙藥 [pi:imnjag, 피:임냑]
피장파장 [piʤaŋpaʤaŋ]
피:정 避靜 [pi:ʤəŋ] /가톨릭
피조개 [piʤogɛ]
피:조물 被造物 [pi:ʤomul]
피죽 -粥 [piʤug]
피지 皮脂 [piʤi]
피:지배 被支配 [pi:ʤibɛ]
피진 皮疹 [piʤin] /의학
피질 皮質 [piʤil]
피:차 彼此 [pi:ʧa]
피:치 못:하다 避- --- [pi:ʧimo:tada, 피:치모:타다]
피:토 被土 [pi:to] /농업
피폐 疲弊 [pipje]
피:폭 被爆 [pi:pog]
피하 皮下 [piɦa]
피:하다 避-- [pi:ɦada]
피:학대 被虐待 [pi:ɦagd'ɛ, 피:학때]
피:해 被害 [pi:ɦɛ]
피혁 皮革 [piɦjəg]
핀잔 [pinʤan]
필경 畢竟 [pilgjəŋ]
필경사 筆耕士 [pilgjəŋsa] /글씨
필경사 筆耕舍 [pilgjəŋsa] /충남 당진군, 심훈(沈熏)
필기구 筆記具 [piligigu]
필담 筆談 [pild'am, 필땀]
필답 筆答 [pild'ab, 필땁]
필독서 必讀書 [pild'ogs'ə, 필똑써]
필동 筆洞 [pild'oŋ, 필똥] /서울시 중구
필두 筆頭 [pild'u, 필뚜]
필력 筆力 [pilljəg]
필명 筆名 [pilmjəŋ]
필명 畢命 [pilmjəŋ] =한평생
필법 筆法 [pilb'əb, 필뻡]
필봉리 筆峰里 [pilboŋni, 필봉니] /전북 임실군
필부필부 匹夫匹婦 [pilbupilbu]
필사본 筆寫本 [pils'abon, 필싸본]
필사적 必死的 [pils'aʤəg, 필싸적]
필산리 筆山里 [pils'anni, 필싼니] /경기도 안성시
필살기 必殺技 [pils'algi, 필쌀기]
필생의 畢生- [pils'ɛŋe, 필쌩에]
필설 筆舌 [pils'əl, 필썰]
필수 必須 [pils'u, 필쑤]
필승 必勝 [pils'ɨŋ, 필씅]
필시 必是 [pils'i, 필씨]
필암리 筆岩里 [piramni, 피람니] /

ㅍ

전남 장성군
필연적 必然的 [pirjənʤəg, 피련적]
필요성 必要性 [pirjos'əŋ, 피료썽]
필요악 必要惡 [pirjoag, 피료악]
필운동 弼雲洞 [pirundoŋ, 피룬동] / 서울시 종로구
필자 筆者 [pilʤ'a, 필짜]
필적 筆跡 [pilʤ'əg, 필쩍]
필적하다 匹敵-- [pilʤ'əkada, 필쩌카다] /실력이 엇비슷하다
필지 筆地 [pilʤ'i, 필찌]
필진 筆陣 [pilʤ'in, 필찐]
필체 筆體 [pilʧe]
필통 筆筒 [piltoŋ]
필패 必敗 [pilpɛ]
필하다 畢-- [pilɦada]
필화 筆禍 [pilɦwa]
필화리 筆花里 [pilɦwari] /경북 포항시
필히 必- [pilɦi]
핍박 逼迫 [pib'ag, 피빡]
핍진 乏盡 [pibʤ'in, 핍찐] 모두 없어짐
핍진하다 逼眞-- [pibʤ'inɦada, 핍찐하다] 아주 솔직하고 사실적이다
핏기 -氣 [pi(d)g'i, 피(핃)끼]
핏대 [pid'ɛ, 피때]
핏빛 [pi(d)b'id, 피(핃)삗]
핏속 [pi(d)s'og, 피(핃)쏙]
핏자국 [pi(d)ʤ'agug, 피(핃)짜국]
핏줄 [pi(d)ʤ'ul, 피(핃)쭐]
핑계 [piŋgje]

ㅎ

하: 下 [ha:]
하:갈동 下葛洞 [ha:gald'oŋ, 하:갈똥] /경기도 용인시
하:강 下降 [ha:gaŋ]
하:객 賀客 [ha:gɛg]
하:계 夏季 [ha:gje]
하:곡 夏穀 [ha:gog] /하곡수매, 보리
하:관 下觀 [ha:gwan] /얼굴, 턱
하:관 下棺 [ha:gwan] /시체
하:교 下敎 [ha:gjo] /가르침을 줌
하:굣길 下校- [ha:gjo(d)g'il, 하:교(곧)낄]
하구 河口 [hagu]
하구언 河口堰 [haguən] =하굿둑
하:권 下卷 [ha:gwən]
하:극상 下剋上 [ha:gɨgs'aŋ, 하:극쌍]
하:급 下級 [ha:gɨb]
하긴 [hagin]
하나 [hana]
하남시 河南市 [hanamsi] /경기도 중부의 市
하:남읍 下南邑 [ha:namɨb, 하:나믑] /경남 밀양시
하:녀 下女 [ha:njə]
하느님 [hanɨnim]
하늬바람 [hanibaram, 하니바람]
하다 [hada] 하니[hani] 하지[hadʒi] 하여/해:[hajə/hɛ:]
하:단 下壇 [ha:dan]
하:달 下達 [ha:dal]
하:당리 下唐里 [ha:daŋni, 하:당니] /충북 음성군
하:당리 下塘里 [ha:daŋni, 하:당니] /경북 울진군
하:대 下待 [ha:dɛ]
하동군 河東郡 [hadoŋgun] /경남 서부 끝의 郡
하등 何等 [hadɨŋ]
하:등 下等 [ha:dɨŋ] /하등동물, 하등품
하:락세 下落勢 [ha:rags'e, 하:락쎄]
하:례 賀禮 [ha:rje]
하:로동선 夏爐冬扇 [ha:rodo:ŋsən] 여름엔 화로 겨울엔 부채, /격이나 철에 안 맞음, 시류(時流)를 거스름
하룻밤 [haru(d)b'am, 하루(룯)빰]
하룻강아지 [haru(d)g'aŋadʒi, 하루(룯)깡아지]
하:류 下流 [ha:rju]
하릴없:이 [harirə:bs'i, 하리럽:씨]
하:림 夏林 [ha:rim] /(주)하림, 닭고기
하마 河馬 [hama]
하:마평 下馬評 [ha:mapjəŋ]
하:명 下命 [ha:mjəŋ]
하물며 [hamulmjə]
하:반:기 下半期 [ha:ba:ngi]
하:반:신 下半身 [ha:ba:nsin]
하:복 夏服 [ha:bog]
하:부 下部 [ha:bu]
하:사 下士 [ha:sa]
하:사품 下賜品 [ha:sapum]
하:산 下山 [ha:san]
하상 河床 [hasaŋ]
하:선 下船 [ha:sən]
하성면 霞城面 [hasəŋmjən] /경기도 김포시
하세:월 何歲月 [hase:wəl] '不知何歲月'의 줄임
하소연 [hasojən]
하:수 下手 [ha:su]
하:수도 下水道 [ha:sudo]
하:수인 下手人 [ha:suin]
하:숙집 下宿- [ha:sugdʒ'ib, 하:숙찝]
하:순 下旬 [ha:sun]
하시라도 何時-- [hasirado]
하:안거 夏安居 [ha:angə] /불교
하:안동 下安洞 [ha:andoŋ] /경기도

광명시
하:야 下野 [ha:ja]
하:얀색 --色 [ha:jansɛg] 하양색(×)
하:양 [ha:jaŋ]
하:얗다 [ha:jata, 하:야타] 하:야니[ha:jani] 하:얘[ha:jɛ] 하:얗지[ha:jaʧi, 하:야치] 하:얗고[ha:jako, 하:야코] 하:얗습니다[ha:jas'imnida, 하:야씀니다]
하여간 何如間 [hajəgan]
하여튼 何如- [hajətɨn]
하역 荷役 [hajəg]
하염없:이 [hajəmə:bs'i, 하여멉:씨]
하:오 下午 [ha:o] 오후
하:옥 下獄 [ha:og] /史劇
하:왕:십리 下往十里 [ha:wa:ŋsimni, 하:왕:심니] /서울시 성동구
하:우현 下牛峴 [ha:uɦjən] /경기도 의왕시, 성당, 기념물
하:원 下院 [ha:wən]
하:월곡동 下月谷洞 [ha:wəlgogd'oŋ, 하:월곡똥] /서울시 성북구
하:위 下位 [ha:wi]
하:의 下衣 [ha:i, 하:이]
하의도 荷衣島 [haido, 하이도] /전남 신안군의 섬
하:인 下人 [ha:in]
하:자 瑕疵 [ha:ʤa]
하:장면 下長面 [ha:ʤaŋmjən] /강원도 삼척시
하:절기 夏節期 [ha:ʤəlgi]
하:정 賀正 [ha:ʤəŋ] /새해
하조대 河趙臺 [haʤodɛ] /강원도 양양군, 해수욕장
하주 荷主 [haʤu]
하중 荷重 [haʤuŋ]
하중도 河中島 [haʤuŋdo] /강 가운데 섬, 밤섬
하:지 夏至 [ha:ʤi] /절기
하:지장 下肢長 [ha:ʤiʤaŋ]
하:직 下直 [ha:ʤig] /어떤 일을 내려놓음, 길을 떠남, 벼슬을 그만 둠
하:차 下車 [ha:ʧa]
하찮다 [haʧanta, 하찬타]
하천 河川 [haʧən]
하:청 下請 [ha:ʧəŋ]
하:체 下體 [ha:ʧe]
하:층부 下層部 [ha:ʧɨŋbu]
하:치 下- [ha:ʧi] /신분, 질이 낮음
하:편 下篇 [ha:pjən]
하품 [hapum]
하:품 下品 [ha:pum]
하:한가 下限價 [ha:ɦang'a, 하:한까]
하해 河海 [haɦɛ] /하해와 같은 큰 은혜
하:행선 下行線 [ha:ɦɛŋsən]
하:향 下向 [ha:ɦjaŋ]
하:현달 下弦- [ha:ɦjənd'al, 하:현딸]
하:혈 下血 [ha:ɦjəl]
하:회 下廻 [ha:ɦø(we), 회(훼)] /주 가지수
하회마을 河回-- [haɦø(we)maɨl, 회(훼)] /경북 안동시, 하회탈, 유네스코 문화유산(2010)
하:후상:박 下厚上薄 [ha:ɦusa:ŋbag]
학감 學監 [hag'am, 하깜]
학고재 學古齋 [hag'oʤɛ, 하꼬재] /출판사, 미술
학교장 學校長 [hag'joʤaŋ, 하꾜장]
학구적 學究的 [hag'uʤəg, 하꾸적]
학군 學群 [hag'un, 하꾼]
학군단 學軍團 [hag'undan, 하꾼단] '學生軍事敎育團'의 약칭, /ROTC
학급별 學級別 [hag'ɨb'jəl, 하끕뼐]
학기 學期 [hag'i, 하끼]
학내 學內 [haŋnɛ, 항내]
학년 學年 [haŋnjən, 항년]
학당 學堂 [hagd'aŋ, 학땅]
학대 虐待 [hagd'ɛ, 학때]
학덕 學德 [hagd'əg, 학떡]
학도 學徒 [hagd'o, 학또]
학도병 學徒兵 [hagd'objəŋ, 학또병]
학동 鶴洞 [hagd'oŋ, 학똥] /광주시 동구, 전남 여수시, 강원도 강릉시
학동역 鶴洞驛 [hagd'oŋnjəg, 학똥녁]

/서울시 강남구, 지하철 7호선
학력 學力 [haŋnjəg, 항녁]
학력 學歷 [haŋnjəg, 항녁]
학령 學齡 [haŋnjəŋ, 항녕]
학림다방 學林茶房 [haŋnimdabaŋ, 항님다방] /서울시 종로구, 대학로
학무 學務 [haŋmu, 항무] /학무주임
학문 學問 [haŋmun, 항문]
학번 學番 [hagb'ən, 학뻔]
학벌 學閥 [hagb'əl, 학뻘]
학보 學報 [hagb'o, 학뽀]
학부 學部 [hagb'u, 학뿌]
학부모 學父母 [hagb'umo, 학뿌모]
학비 學費 [hagb'i, 학삐]
학사 學士 [hags'a, 학싸]
학사 學事 [hags'a, 학싸] /학사일정
학산리 鶴山里 [hags'anni, 학싼니] / 강릉·청도·봉화·칠곡·성주·순천·나주·무안·함평·부여·홍성·제천·영동·거제
학산리 學山里 [hags'anni, 학싼니] / 전남 영광군
학살 虐殺 [hags'al 학쌀]
학생부 學生簿 [hags'ɛŋbu, 학쌩부]
학성고 鶴城高 [hags'əŋgo, 학썽고] /울산시 남구
학수고대 鶴首苦待 [hags'ugodɛ, 학쑤고대]
학술적 學術的 [hags'uldʒəg, 학쑬적]
학암리 鶴岩里 [hagamni, 하감니] / 충남 청양군, 전북 임실군, 경북 군위군
학암포 鶴岩浦 [hagampo, 하감포] / 충남 태안군
학업 學業 [hagəb, 하겁]
학여울역 [haŋnjəulljəg, 항녀울력] / 서울시 강남구, 지하철 3호선
학연 學緣 [hagjən, 하견]
학예 學藝 [hagje, 하계]
학우 學友 [hagu, 하구]
학원 學院 [hagwən, 하권]
학원 學園 [hagwən, 하권] /재단
학위 學位 [hagwi, 하귀]
학익진 鶴翼陣 [hagigdʒ'in, 하긱찐] /임진왜란, 이순신
학자금 學資金 [hagdʒ'agɨm, 학짜금]
학장 學長 [hagdʒ'aŋ, 학짱]
학적부 學籍簿 [hagdʒ'əgb'u, 학쩍뿌]
학점 學點 [hagdʒ'əm, 학쩜]
학제 學制 [hagdʒ'e, 학쩨]
학질 瘧疾 [hagdʒ'il, 학찔]
학창시절 學窓時節 [hagʧaŋsidʒəl]
학칙 學則 [hagʧig]
학풍 學風 [hagpuŋ]
학형 學兄 [hakjəŋ, 하켱]
학회 學會 [hakø(we), 하쾨(퀘)]
한: 恨 [ha:n]
한: 限 [ha:n]
한가락 [hangarag] 훌륭한 재주, 솜씨, /한가락 한다
한가하다 閑暇-- [hangaɦada]
한갓 [hangad, 한갇]
한:강 漢江 [ha:ngaŋ] /한반도 중부를 관통
한:강로 漢江路 [ha:ngaŋno, 한:강노] /서울시 중구와 동작구를 연결
한:경대 韓京大 [ha:ngjəŋdɛ] /경기도 안성시
한:경면 翰京面 [ha:ngjəŋmjən] /제주도 제주시
한:경와우 韓經-- [ha:ngjəŋwau] /한국경제신문, 케이블뉴스
한:계 限界 [ha:ngje]
한계령 寒溪嶺 [hangjerjəŋ] /강원도 인제군과 양양군에 걸침
한:공 汗孔 [ha:ngoŋ] =땀구멍
한:과 韓菓 [ha:ngwa]
한:광고 漢光高 [ha:ngwaŋgo] /서울시 강서구
한:광고 韓光高 [ha:ngwaŋgo] /경기도 평택시
한:광여고 韓光女高 [ha:ngwaŋnjəgo, 한:광녀고] /경기도 평택시
한:국 韓國 [ha:ngug]

한:국 汗國 [ha:ngug] /중국 변방, 역사
한:국형 韓國型 [ha:ngukjəŋ, 한:구켱]
한글 [hangɨl]
한기 寒氣 [hangi]
한:기총 韓基總 [ha:ngiʧoŋ] '한국기독교총연합회'의 약칭
한길 [hangil] /넓은 길, 외길
한꺼번에 [hang'əbəne, 한꺼버네]
한:껏 限- [ha:ng'əd, 한:껃]
한:남동 漢南洞 [ha:nnamdoŋ] /서울시 용산구
한낱 [hannad, 한낟]
한내리 閑內里 [hannɛri] /전북 순창군
한:내리 汗內里 [ha:nnɛri] /경남 거제시
한:내리 汗乃里 [ha:nnɛri] /강원도 삼척시
한:냉 韓冷 [ha:nnɛŋ] (株)'韓國冷藏'의 약칭, /육가공
한:눈 [ha:nnun] /한눈팔다
한눈에 [hannune, 한누네]
한달음에 [handarɨme, 한다르메] =한달음으로
한담 閑談 [handam]
한대 寒待 [handɛ] =푸대접
한대지방 寒帶地方 [handɛʤ'ibaŋ, 한대찌방]
한데 [hande] /한데 모이다, '그러한데'의 줄임말
한:데 [ha:nde] /바깥, 노지
한:뎃잠 [ha:nde(d)ʤ'am, 한:데(뎁)짬]
한:도 限度 [ha:ndo]
한:독약품 韓獨藥品 [ha:ndoŋnjagpum, 한:동냑품] /제약회사
한:동대 韓東大 [ha:ndoŋdɛ] /경북 포항시
한 땀 [hand'am] /바느질
한:라대 漢拏大 [ha:lladɛ, 할:라대] /강원도 원주시
한:라산 漢拏山 [ha:llasan, 할:라산] /제주도
한랭전선 寒冷前線 [hallɛŋʤənsən, 할랭전선] /날씨
한량 閑良 [halljaŋ, 할량]
한:량 限量 [ha:lljaŋ, 할:량]
한:·러 [ha:nrə] /한국·러시아
한려수도 閑麗水道 [halljəsudo, 할려수도] /경남 통영시에서 남해군을 거쳐 전남 여수시에 이르는 뱃길
한로 寒露 [hallo, 할로] /절기
한류 寒流 [hallju, 할류]
한:류 韓流 [ha:llju, 할:류]
한:림대 翰林大 [ha:llimdɛ, 할:림대] /강원도 춘천시
한:림면 翰林面 [ha:llimmjən, 할:림면] /경남 김해시
한:림원 翰林院 [ha:llimwən, 할:리뭔] /고려, 문서, 예술·문화사업
한:림읍 翰林邑 [ha:llimɨb, 할:리믑] /제주도 제주시
한:말 韓末 [ha:nmal] /대한제국 말기
한맘 [hanmam]
한몫 [hanmog, 한목] 한몫을[한목쓸] 한몫에[한목쎄]
한:문 漢文 [ha:nmun]
한물 [hanmul]
한:미 韓美 [ha:nmi] '한국과 미국'
한:민족 韓民族 [ha:nminʤog]
한바탕 [hanbataŋ]
한:반:도 韓半島 [ha:nba:ndo]
한발 [hanbal] /한발 앞서다, 한발 늦다
한:발 旱魃 [ha:nbal] '가뭄'
한밤중 --中 [hanbamʤ'uŋ, 한밤쭝]
한방 -房 [hanbaŋ]
한:방 韓方 [ha:nbaŋ]
한밭 [hanbad, 한받] '대전(大田)'의 옛 이름
한밭고 --高 [hanbadg'o, 한받꼬] /대전시 서구
한밭여중 --女中 [hanbannjəʤuŋ, 한반녀중] /대전시 동구

한배 [hanbɛ] /같은 어미
한:배 [ha:nbɛ] /국악, 빠르기
한번 -番 [hanbən]
한:보 韓寶 [ha:nbo] /한보사태, 옛 기업그룹
한:복 韓服 [ha:nbog]
한:봉 韓蜂 [ha:nboŋ]
한비자 韓非子 [hanbidʒa] /사람, 책
한:사코 限死- [ha:nsako]
한산도 閑山島 [hansando] /경남 통영시의 섬, 한산대첩
한:산면 韓山面 [ha:nsanmjən] /충남 서천군, 모시
한산하다 閑散-- [hansanɦada]
한:삼 汗衫 [ha:nsam] /한복
한:상 韓商 [ha:nsaŋ] /한인사업가
한:서고 漢西高 [ha:nsəgo] /서울시 강서구
한:서대 韓瑞大 [ha:nsədɛ] /충남 서산시
한설 寒雪 [hansəl]
한:성고 漢城高 [ha:nsəŋgo] /서울시 서대문구
한:성대 漢城大 [ha:nsəŋdɛ] /서울시 성북구
한:성리 漢城里 [ha:nsəŋni, 한:성니] /충남 서천군
한:성부 漢城府 [ha:nsəŋbu] /조선, 서울시, 史劇
한:성여고 漢城女高 [ha:nsəŋnjəgo, 한:성녀고] /서울시 성북구
한:세대 韓世大 [ha:nsedɛ] /경기도 군포시
한속 [hansog] /깊은 맘
한솔고 --高 [hansolgo] /경기도 성남시
한:수 漢水 [ha:nsu] /큰 강, 한강
한술 [hansul]
한숨 [hansum]
한:스럽다 恨---[ha:nsɨrəbd'a, 한:스럽따]
한:시 漢詩 [ha:nsi]
한:시적 限時的 [ha:nsidʒəg]
한식 寒食 [hansig] /절기
한:식 韓食 [ha:nsig]
한:신공영 韓信工營 [ha:nsingoŋjəŋ] /건설회사
한심하다 寒心-- [hansimɦada]
한:약 韓藥 [ha:njag 하:냑]
한:양 漢陽 [ha:njaŋ, 하:냥] '서울'의 옛 이름
한:양대 漢陽大 [ha:njaŋdɛ, 하:냥대]
한얼중 --中 [hanəldʒuŋ, 하널중] / 경남 김해시
한여름 [hannjərɨm, 한녀름]
한:영 韓英 [ha:njəŋ, 하:녕] /사전, 한국과 영국
한:영고 漢榮高 [ha:njəŋgo, 하:녕고] /서울시 강동구
한:예조 韓藝組 [ha:njedʒo, 하:녜조] '한국방송영화공연예술인노조'의 약칭
한:예종 韓藝綜 [ha:njedʒoŋ, 하:녜종] '한국예술종합학교'의 약칭, /서울시 성북구
한:예총 韓藝總 [ha:njetʃoŋ, 하:녜총] '한국예술문화단체총연합회'의 약칭
한:옥 韓屋 [ha:nog, 하:녹]
한:우 韓牛 [ha:nu, 하:누]
한울중 --中 [hanuldʒuŋ, 하눌중] / 서울시 금천구
한:은 韓銀 [ha:nɨn, 하:는] '한국은행'의 약칭
한:의사 韓醫師 [ha:n(ɨ)isa, 하:니(늬)사]
한:의원 韓醫院 [ha:n(ɨ)iwən, 하:니(늬)원]
한:인 韓人 [ha:nin, 하:닌]
한:일 韓日 [ha:nil, 하:닐] '한국과 일본'
한입 [hannib, 한닙]
한:자 漢字 [ha:ndʒ'a, 한:짜]
한 자락 [handʒarag] /노래, 곡조
한잔 -盞 [handʒan]
한잠 [handʒam] /깊은 잠, 잠깐 자

는 잠
한적하다 閑寂-- [handʒəkada, 한저카다]
한:전 韓電 [ha:ndʒən] '한국전력공사'의 약칭
한:정 限定 [ha:ndʒəŋ]
한:정:식 韓定食 [ha:ndʒə:ŋsig]
한줄기 [handʒulgi]
한:중 韓中 [ha:ndʒuŋ] '한국과 중국'
한중록 閑中錄 [handʒuŋnog, 한중녹] /조선, 혜경궁 홍씨
한중리 閑中里 [handʒuŋni, 한중니] / 충북 보은군
한:증막 汗蒸幕 [ha:ndʒiŋmag]
한:지 韓紙 [ha:ndʒi]
한직 閑職 [handʒig]
한:진 韓進 [ha:ndʒin] /기업그룹 名
한참 [hanʧam]
한창 [hanʧaŋ]
한천 寒天 [hanʧən] '우뭇가사리'
한철 [hanʧəl]
한층 -層 [hanʧiŋ]
한치 [hanʧi] =한치오징어
한 칸 [hankan]
한 쾌 [hankwɛ] /북어 20마리
한:탄 恨歎 [ha:ntan]
한:탄강 漢灘江 [ha:ntangaŋ] /경기도 연천군, 강원도 철원군, 북한 평강군에 걸침
한탕 [hantaŋ]
한터초교 --初校 [hantəʧogjo] /경기도 용인시
한턱 [hantəg]
한통속 [hantoŋs'og, 한통쏙]
한파 寒波 [hanpa]
한판승 --勝 [hanpansiŋ]
한패 -牌 [hanpɛ]
한편 -便 [hanpjən]
한풀 [hanpul]
한:풀이 恨-- [ha:npuri, 한:푸리]
한:학 漢學 [ha:nɦag]
한:해 旱害 [ha:nɦɛ]
한:호 韓濠 [ha:nɦo] '한국과 호주'
한:화 韓貨 [ha:nɦwa] 우리 돈
한:화 韓火 [ha:nɦwa] /기업그룹
-할걸 [halg'əl, 할껄]
-할거야 [halg'əja, 할꺼야]
-할게 [halg'e, 할께]
-할까 [halg'a]
-할꼬 [halg'o]
-할는지 [hallindʒi, 할른지] 할런지(×)
할당량 割當量 [hald'aŋnjaŋ, 할땅냥]
할례 割禮 [hallje]
할복 割腹 [halbog]
할부 割賦 [halbu]
할애 割愛 [harɛ, 하래]
할인율 割引率 [harinnjul, 하린뉼]
할 일 [hallil, 할릴]
할증료 割增料 [haldʒ'iŋnjo, 할쯩뇨]
핥다 [hald'a, 할따] 핥아[할타] 핥으니[할트니] 핥지[할찌] 핥고[할꼬]
함: 函 [ha:m]
함경도 咸鏡道 [hamgjəŋdo] /한반도 북동부 지역
함구 緘口 [hamgu]
함:대 艦隊 [ha:mdɛ]
함:락 陷落 [ha:mnag, 함:낙]
함량 含量 [hamnjaŋ, 함냥]
함:미 艦尾 [ha:mmi]
함박눈 [hambaŋnun, 함방눈]
함박웃음 [hambagusim, 함바구슴]
함부로 [hamburo]
함:상 艦上 [ha:msaŋ]
함석 [hamsəg]
함:선 艦船 [ha:msən]
함:성 喊聲 [ha:msəŋ]
함:수 函數 [ha:msu]
함:수 艦首 [ha:msu]
함안군 咸安郡 [hamangun, 하만군] / 경남 중남부의 郡
함양 涵養 [hamjaŋ, 하먕]
함양군 咸陽郡 [hamjaŋgun, 하먕군] /경남 서부의 郡
함유 含有 [hamju, 하뮤]

함의 含意 [hami, 하미]
함자 銜字 [hamdʒ'a, 함짜] /남의 이름
함:장 艦長 [ha:mdʒaŋ]
함:재기 艦載機 [ha:mdʒɛgi]
함:정 陷穽 [ha:mdʒəŋ]
함:정 艦艇 [ha:mdʒəŋ]
함지박 [hamdʒibag]
함:진아비 函--- [ha:mdʒinabi, 함:지나비]
함창읍 咸昌邑 [hamʧaŋɨb] /경북 상주시
함초롬히 [hamʧoromɦi]
함축하다 含蓄-- [hamʧukada, 함추카다]
함평군 咸平郡 [hampjəŋgun] /전남 서부의 郡
함:포 艦砲 [ha:mpo] /함포사격
함포고복 含哺鼓腹 [hampogobog] /먹을 것이 풍족함, 즐겁게 지냄
함함하다 [hamɦamɦada] /보드랍다(털), 탐스럽다
함흥시 咸興市 [hamɦɨŋsi] /함경남도의 도청소재지
합격률 合格率 [habg'jəŋnjul, 합꼉뉼]
합계 合計 [habg'je, 합꼐]
합궁 合宮 [habg'uŋ, 합꿍] /史劇
합금 合金 [habg'ɨm, 합끔]
합기도 合氣道 [habg'ido, 합끼도]
합당 合党 [habd'aŋ, 합땅]
합당한 合當- [habd'aŋɦan, 합땅한]
합덕읍 合德邑 [habd'əgɨb, 합떠급] /충남 당진군
합동 合同 [habd'oŋ, 합똥]
합류 合流 [hamnju, 함뉴]
합리적 合理的 [hamnidʒəg, 함니적]
합목적 合目的 [hammogdʒ'əg, 함목쩍]
합법적 合法的 [hab'əbdʒ'əg, 하뻡쩍]
합병 合併 [hab'jəŋ, 하뼝]
합사 合祀 [habs'a, 합싸]
합산 合算 [habs'an, 합싼]
합석하다 合席-- [habs'əkada, 합써카다]
합선 合線 [habs'ən, 합썬]
합섬 合纖 [habs'əm, 합썸]
합성 合成 [habs'əŋ, 합썽]
합성동 合城洞 [habs'əŋdoŋ, 합썽동] /경남 마산시
합세 合勢 [habs'e, 합쎄]
합수 合水 [habs'u, 합쑤]
합숙하다 合宿-- [habs'ukada, 합쑤카다]
합승 合乘 [habs'ɨŋ, 합씅]
합심 合心 [habs'im, 합씸]
합영기업 合營企業 [habjəŋgiəb, 하병기업] /북한
합의 合意 [habi, 하비]
합일 合一 [habil, 하빌]
합작회:사 合作會社 [habdʒ'akø:(we:)sa, 합짜쾨:(퀘:)사]
합장 合掌 [habdʒ'aŋ, 합짱] /불교
합장 合葬 [habdʒ'aŋ, 합짱]
합정동 合井洞 [habdʒ'əŋdoŋ, 합쩡동] /서울시 마포구
합조단 合調團 [habdʒ'odan, 합쪼단] '합동조사단'의 약칭
합종연횡 合從連橫 [habdʒ'oŋnjənɦø(we)ŋ, 합쫑년횡(휑)]
합주 合奏 [habdʒ'u, 합쭈]
합참 合參 [habʧam] '합동참모본부'의 약칭
합창곡 合唱曲 [habʧaŋgog]
합천군 陜川郡 [habʧəngun] /경남 서북부의 郡
합체 合體 [habʧe]
합치 合致 [habʧi]
합치다 合-- [habʧida]
합판 合板 [hapan, 하판]
합평회 合評會 [hapjəŋɦø(we), 하평회(훼)] '합동평가회'의 약칭
합하다 合-- [hapada, 하파다]
합헌 合憲 [hapən, 하펀]
핫:길 下- [ha:(d)g'il, 하:(핟:)낄] /질이 낮음
핫옷 [hadod, 하돋] =솜옷

항: 項 [ha:ŋ]
항:간 巷間 [ha:ŋgan]
항:거 抗拒 [ha:ŋgə]
항:고 抗告 [ha:ŋgo]
항:공 航空 [ha:ŋgoŋ]
항:구 港口 [ha:ŋgu]
항구적 恒久的 [haŋgudʒəg]
항:균 抗菌 [ha:ŋgjun]
항:도 港都 [ha:ŋdo]
항:동 港洞 [ha:ŋdoŋ] /서울시 구로구, 인천시 중구, 전남 목포시
항:동 項洞 [ha:ŋdoŋ] /경기도 하남시
항:라 亢羅 [ha:ŋna, 항:나] /여름 옷감
항:렬 行列 [ha:ŋnjəl, 항:녈]
항:로 航路 [ha:ŋno, 항:노]
항:만 港灣 [ha:ŋman]
항:명 抗命 [ha:ŋmjəŋ]
항:모 航母 [ha:ŋmo] '항공모함'
항:목 項目 [ha:ŋmog]
항문 肛門 [haŋmun]
항:법 航法 [ha:ŋb'əb, 항:뻡]
항:변 抗辯 [ha:ŋbjən]
항복하다 降伏/降服-- [haŋbokada, 항보카다]
항상 恒常 [haŋsaŋ]
항:생제 抗生劑 [ha:ŋsɛŋdʒe]
항:성 恒星 [ha:ŋsəŋ]
항:소 抗訴 [ha:ŋso]
항:속 航速 [ha:ŋsog]
항시 恒時 [haŋsi]
항아 姮娥 [haŋa] 어린 궁녀, /史劇
항:암제 抗癌劑 [ha:ŋamdʒe]
항:우 項羽 [ha:ŋu] /장사(壯士)
항:원 抗原 [ha:ŋwən]
항:의 抗議 [ha:ŋi, 항:이]
항:일 抗日 [ha:ŋil]
항:쟁 抗爭 [ha:ŋdʒɛŋ]
항:전 抗戰 [ha:ŋdʒən]
항정살 [haŋdʒəŋs'al, 항정쌀] /돼지고기
항:차 航次 [ha:ŋʧa] /비행 차례
항:체 抗體 [ha:ŋʧe]
항:해 航海 [ha:ŋɦɛ]
해: 害 [hɛ:]
해:갈 解渴 [hɛ:gal]
해:감 海- [hɛ:gam] /해감하다, 해감을 빼다
해:결 解決 [hɛ:gjəl]
해:경 海警 [hɛ:gjəŋ]
해:고 解雇 [hɛ:go]
해골 骸骨 [hɛgol]
해:공 海公 [hɛ:goŋ] '신익희'의 호
해괴망측 駭怪罔測 [hɛgø(we)maŋʧɨg, 괴(궤)]
해괴하다 駭怪-- [hɛgø(we)ɦada, 괴(궤)]
해:구 海溝 [hɛ:gu]
해:구신 海狗腎 [hɛ:gusin] /물개의 생식기, 보신용
해:군력 海軍力 [hɛ:gunnjəg, 해:군녁]
해금 奚琴 [hɛgɨm] /국악
해:금 解禁 [hɛ:gɨm]
해:금강 海金剛 [hɛ:gɨmgaŋ] /경남 거제시 앞바다
해:난 海難 [hɛ:nan]
해:남군 海南郡 [hɛ:namgun] /전남 남서부의 郡
해:내:다 [hɛ:nɛ:da]
해넘이 [hɛnəmi, 해너미]
해:녀 海女 [hɛ:njə]
해님 [hɛnim] 햇님(×)
해:단식 解團式 [hɛ:dansig]
해:달 海獺 [hɛ:dal] /동물
해담 咳痰 [hɛdam]
해:답 解答 [hɛ:dab]
해당 該當 [hɛdaŋ] /해당사항
해:당 害黨 [hɛ:daŋ] /해당행위
해:당리 海堂里 [hɛ:daŋni, 해:당니] /전남 장흥군
해:당화 海棠花 [hɛ:daŋɦwa]
해:도 海圖 [hɛ:do]
해:독 解讀 [hɛ:dog]
해:독제 解毒劑 [hɛ:dogdʒ'e, 해:독쩨]
해:돈 海豚 [hɛ:don] =돌고래

해돋이 [hɛdodʒi, 해도지]
해:동 解凍 [hɛ:doŋ]
해:동리 海東里 [hɛ:doŋni, 해:동니] / 전남 완도군
해:동성:국 海東盛國 [hɛ:doŋsə:ŋgug] /발해(渤海)를 뜻함, 역사
해:득하다 解得-- [hɛ:dɨkada, 해:드카다]
해:란강 海蘭江 [hɛ:rangaŋ] /만주, '선구자'
해:량 海量 [hɛ:rjaŋ] /도량
해:량 海諒 [hɛ:rjaŋ] /이해, 용서
해:례 解例 [hɛ:rje]
해로 偕老 [hɛro]
해:로 海路 [hɛ:ro]
해:롭다 害-- [hɛ:robd'a, 해:롭따]
해:룡 海龍 [hɛ:rjoŋ]
해:류 海流 [hɛ:rju]
해:리 海里 [hɛ:ri] /거리 단위, 1해리 =1,825m
해:리 解離 [hɛ:ri] /화학
해:리 海狸 [hɛ:ri] =비버
해:마 海馬 [hɛ:ma]
해:면 海面 [hɛ:mjən]
해:면 海綿 [hɛ:mjən]
해:명 解明 [hɛ:mjəŋ]
해:몽 解夢 [hɛ:moŋ]
해:무 海霧 [hɛ:mu]
해묵은 [hɛmugɨn, 해무근]
해:물 海物 [hɛ:mul]
해:미면 海美面 [hɛ:mimjən] /충남 서산시
해박하다 該博-- [hɛbakada, 해바카다]
해:발 海拔 [hɛ:bal]
해:방 解放 [hɛ:baŋ]
해:변 海邊 [hɛ:bjən]
해:병 海兵 [hɛ:bjəŋ]
해:부 解剖 [hɛ:bu]
해:빙 解氷 [hɛ:biŋ]
해:사 海士 [hɛ:sa] '해군사관학교'의 약칭
해:사국 海事局 [hɛ:sagug] /기관
해:산 解散 [hɛ:san]
해:산 解産 [hɛ:san]
해:삼 海蔘 [hɛ:sam]
해:상 海上 [hɛ:saŋ]
해서 楷書 [hɛsə] /붓글씨, 서체
해:서 蟹胥 [hɛ:sə] =게장
해:석하다 解析-- [hɛ:səkada, 해:서카다] /밝힘, 數學
해:석하다 解釋-- [hɛ:səkada, 해:서카다] /설명, 이해, 내용
해:설 解說 [hɛ:səl]
해:성고 海星高 [hɛ:səŋgo] /전북 전주시, 경남 거제시, 경남 남해군
해:성리 海城里 [hɛ:səŋni, 해:성니] / 충남 서산시
해:성여고 海成女高 [hɛ:səŋnjəgo, 해:성녀고] /서울시 동대문구
해:성초교 海星初校 [hɛ:səŋʧogjo] / 전북 군산시
해:소 解消 [hɛ:so]
해:송 海松 [hɛ:soŋ]
해:수면 海水面 [hɛ:sumjən]
해:식 海蝕 [hɛ:sig] '해안침식'
해:신 海神 [hɛ:sin] /장보고
해쓱하다 [hɛs'ɨkada, 해쓰카다] 핼쓱하다(×)
해:악 害惡 [hɛ:ag]
해:안 海岸 [hɛ:an]
해:약하다 解約-- [hɛ:jakada, 해:야카다]
해:양성 海洋性 [hɛ:jaŋs'əŋ, 해:양썽]
해:역 海域 [hɛ:jəg]
해:열제 解熱劑 [hɛ:jəldʒ'e, 해:열쩨]
해오라기 [hɛoragi] /조류
해:왕성 海王星 [hɛ:waŋsəŋ]
해:외 海外 [hɛ:ø(we), 외(웨)]
해:운 海運 [hɛ:un]
해:운대 海雲臺 [hɛ:undɛ] /부산시 동부의 區, 해수욕장
해:원 解冤 [hɛ:wən] /원통함을 풂
해:원리 海元里 [hɛ:wənni, 해:원니] /전남 해남군

해:월리 海月里 [hɛ:wəlli] /충남 공주시, 전북 완주군
해:월리 蟹越里 [hɛ:wəlli] /경기도 이천시
해:이 解弛 [hɛ:i]
해:인사 海印寺 [hɛ:insa] /사찰, 팔만대장경, 경남 합천군
해:일 海溢 [hɛ:il]
해:임 解任 [hɛ:im]
해자 垓子/垓字 [hɛdʒa] /능, 묘 등의 경계, 연못
해:자 解字 [hɛ:dʒa]
해:장국 解酲- [hɛ:dʒaŋg'ug, 해:장꾹]
해:저 海底 [hɛ:dʒə]
해:적 海賊 [hɛ:dʒəg]
해:전 海戰 [hɛ:dʒən]
해:제 解除 [hɛ:dʒe]
해:제 解題 [hɛ:dʒe]
해:조류 海藻類 [hɛ:dʒorju]
해:주시 海州市 [hɛ:dʒusi] /북한 황해남도의 중심도시
해:지 解止 [hɛ:dʒi]
해:지다 [hɛ:dʒida] /해진 속옷, 해진 구두
해:직 解職 [hɛ:dʒig]
해:찰 [hɛ:ʧal] /쓸데없는 행동, 부질없는 짓
해:체 解體 [hɛ:ʧe]
해:촉하다 解囑-- [hɛ:ʧokada, 해:초카다]
해:충 害蟲 [hɛ:ʧuŋ]
해:치 獬豸 [hɛ:ʧi] /상상의 동물, 서울시 마스코트
해:치다 害-- [hɛ:ʧida]
해:치우다 [hɛ:ʧiuda]
해:탈 解脫 [hɛ:tal] /불교
해:태 獬豸 [hɛ:tɛ] ≒해치, /제과업체 名
해:태 海苔 [hɛ:tɛ] 김
해:태 懈怠 [hɛ:tɛ] /게으름
해:파리 [hɛ:pari]
해:표 海豹 [hɛ:pjo] =물범
해:하다 害-- [hɛ:ɦada]
해학 諧謔 [hɛɦag]
해:협 海峽 [hɛ:ɦjəb]
해:후 邂逅 [hɛ:ɦu]
핵가족 核家族 [hɛg'adʒog, 해까족]
핵산 核酸 [hɛgs'an, 핵싼]
핵심 核心 [hɛgs'im, 핵씸]
핵심적 核心的 [hɛgs'imdʒəg, 핵씸적]
핵연료 核燃料 [hɛŋnjəlljo, 행녈료]
핵우:산 核雨傘 [hɛgu:san, 해구:산]
핵융합 核融合 [hɛŋnjuŋɦab, 행늉합]
핵전:쟁 核戰爭 [hɛgdʒ'ə:ndʒɛŋ, 핵쩐:쟁]
핵탄:두 核彈頭 [hɛgta:ndu]
핵확산 核擴散 [hɛkwags'an, 해콱싼]
햅쌀 [hɛbs'al]
햇것 [hɛdg'əd, 핻껃]
햇곡식 -穀食 [hɛdg'ogs'ig, 핻꼭씩]
햇과:일 [hɛdg'wa:il, 핻꽈:일]
햇김 [hɛdg'im, 핻낌]
햇발 [hɛ(d)b'al, 해(핻)빨]
햇밤 [hɛdb'am, 핻빰]
햇볕 [hɛ(d)b'jəd, 해(핻)뼏] 햇볕이[해(핻)뼈치] 햇볕에[해(핻)뼈테] 햇볕을[해(핻)뼈틀]
햇보리 [hɛdb'ori, 핻뽀리]
햇빛 [hɛ(d)b'id, 해(핻)삗]
햇살 [hɛ(d)s'al, 해(핻)쌀]
햇수 -數 [hɛ(d)s'u, 해(핻)쑤]
햇잎 [hɛnnib, 핸닙]
행: 幸 [hɛ:ŋ]
행각 行脚 [hɛŋgag]
행간 行間 [hɛŋgan]
행군 行軍 [hɛŋgun]
행궁 行宮 [hɛŋguŋ]
행낭 行囊 [hɛŋnaŋ]
행담도 行淡島 [hɛŋdamdo] /충남 당진군, 휴게소
행:당동 杏堂洞 [hɛ:ŋdaŋdoŋ] /서울시 성동구
행동 行動 [hɛŋdoŋ]
행락객 行樂客 [hɛŋnag'ɛg, 행나깩]

행랑 行廊 [hɛŋnaŋ, 행낭]
행려병자 行旅病者 [hɛŋnjəb'jəŋdʒa, 행녀뼝자]
행렬 行列 [hɛŋnjəl, 행녈]
행로 行路 [hɛŋno, 행노]
행:림 杏林 [hɛːŋnim, 행:님] /살구나무
행마 行馬 [hɛŋma]
행:목 杏木 [hɛːŋmog] =행자목, 은행나무
행:목리 杏木里 [hɛːŋmoŋni, 행:몽니] /충남 아산시
행방 行方 [hɛŋbaŋ]
행보 行步 [hɛŋbo]
행:복하다 幸福-- [hɛːŋbokada, 행:보카다]
행:불행 幸不幸 [hɛːŋbulhɛŋ]
행사 行事 [hɛŋsa]
행상 行商 [hɛŋsaŋ]
행색 行色 [hɛŋsɛg]
행선지 行先地 [hɛŋsəndʒi]
행성 行星 [hɛŋsəŋ]
행세 行世 [hɛŋse]
행수 行守 [hɛŋsu] /벼슬아치, 史劇
행수 行首 [hɛŋsu] 무리의 우두머리
행수 行數 [hɛŋs'u, 행쑤]
행시 行試 [hɛŋsi] '행정고시'의 약칭
행:신동 幸信洞 [hɛːŋsindoŋ] /경기도 고양시
행실 行實 [hɛŋsil]
행안부 行安部 [hɛŋanbu] '행정안전부'의 약칭
행:여 幸- [hɛːŋjə]
행:운 幸運 [hɛːŋun]
행원 行員 [hɛŋwən] 은행 직원
행위 行爲 [hɛŋwi]
행인 行人 [hɛŋin]
행장 行長 [hɛŋdʒaŋ] 은행장
행:재요화 幸災樂禍 [hɛːŋdʒɛjoɦwa] /남의 불행을 보고 기뻐함
행적 行跡/行績/行蹟 [hɛŋdʒəg]
행정력 行政力 [hɛŋdʒəŋnjəg, 행정녁]
행주 [hɛŋdʒu]
행:주산성 幸州山城 [hɛːŋdʒusansəŋ] /경기도 고양시, 임란, 권율 장군
행진 行進 [hɛŋdʒin]
행:짜 [hɛːŋdʒ'a] 심술
행차 行次 [hɛŋʧa]
행치 [hɛŋʧi] (←行廁) /더러운 인간, 불교
행태 行態 [hɛŋtɛ]
행패 行悖 [hɛŋpɛ]
행하다 行-- [hɛŋɦada]
행형 行刑 [hɛŋɦjəŋ]
행:화 杏花 [hɛːŋɦwa] =살구꽃
향 香 [hjaŋ]
향가 鄕歌 [hjaŋga]
향교 鄕校 [hjaŋgjo] /역사
향군 鄕軍 [hjaŋgun] '재향군인'
향기 香氣 [hjaŋgi]
향나무 香-- [hjaŋnamu]
향남읍 鄕南邑 [hjaŋnamɨb, 향나믑] /경기도 화성시
향내 香- [hjaŋnɛ]
향:년 享年 [hjaːŋnjən]
향단 香壇 [hjaŋdan] /제단, 신령이나 부처를 대상으로 함
향단 香丹 [hjaŋdan] /춘향전
향:도 嚮導 [hjaːŋdo] /길, 군대
향동 鄕洞 [hjaŋdoŋ] /전남 순천시
향동동 香洞洞 [hjaŋdoŋdoŋ] /경기도 고양시
향동리 香洞里 [hjaŋdoŋni, 향동니] /전남 진도군
향:동리 杏洞里 [hjaːŋdoŋni, 향:동니] /강원도 평창군
향:락 享樂 [hjaːŋnag, 향:낙]
향로 香爐 [hjaŋno, 향노]
향:로 向路 [hjaːŋno, 향:노]
향로봉 香爐峰 [hjaŋnoboŋ, 향노봉] /강원도 인제군·고성군 경계, 원주시, 경남 고성군
향료 香料 [hjaŋnjo, 향뇨]
향리 鄕里 [hjaŋni, 향니]

향리 鄕吏 [hjaŋni, 향니] /구실아치, 역사
향:발 向發 [hja:ŋbal]
향:방 向方 [hja:ŋbaŋ]
향:배 向背 [hja:ŋbɛ]
향불 香- [hjaŋb'ul, 향뿔]
향:상 向上 [hja:ŋsaŋ]
향수 香水 [hjaŋsu]
향수 鄕愁 [hjaŋsu]
향신료 香辛料 [hjaŋsinnjo, 향신뇨]
향악 鄕樂 [hjaŋag] /국악
향약 鄕約 [hjaŋjag] /역사
향:연 饗宴 [hja:ŋjən]
향:유 享有 [hja:ŋju]
향:응 饗應 [hja:ŋɨŋ]
향:일암 向日庵 [hja:ŋiram, 향:이람] /암자, 전남 여수시
향:일화 向日花 [hja:ŋilɦwa] =해바라기
향전 香奠 [hjaŋʤən] =부의(賻儀)
향찰 鄕札 [hjaŋʧal] /신라, 표기법
향촌 鄕村 [hjaŋʧon]
향촌동 香村洞 [hjaŋʧondoŋ] /대구시 중구, 경남 사천시
향취 香臭 [hjaŋʧwi]
향토성 鄕土性 [hjaŋtos'əŋ, 향토썽]
향토적 鄕土的 [hjaŋtoʤəg]
향피제 鄕避制 [hjaŋpiʤe] /공직자 발령 때 연고·출신지를 피함
향:하다 向-- [hja:ŋɦada]
향:학열 向學熱 [hja:ŋɦaŋnjəl, 향:항녈]
향항 香港 [hjaŋɦaŋ] '홍콩'의 음역어
향:후 向後 [hja:ŋɦu]
허가증 許可證 [həgaʤ'ɨŋ, 허가쯩]
허겁지겁 [həgəbʤ'igəb, 허겁찌겁]
허공 虛空 [həgoŋ]
허구성 虛構性 [həgus'əŋ, 허구썽]
허기 虛飢 [həgi] /허기를 채우다, 느끼다
허난설헌 許蘭雪軒 [hənansəlɦən] / 조선 중기의 시인, 여성
허다하다 許多-- [hədaɦada]
허당로 虛堂路 [hədaŋno, 허당노] / 경남 마산시
허둥대:다 [hədunɗɛ:da]
허드렛일 [hədɨrennil, 허드렌닐]
허락하다 許諾-- [hərakada, 허라카다]
허례허식 虛禮虛飾 [hərjeɦəsig]
허름한 [hərɨmɦan]
허망하다 虛妄-- [həmaŋɦada]
허명 虛名 [həmjəŋ]
허묘 墟墓 [həmjo]
허무맹:랑 虛無孟浪 [həmumɛ:ŋnaŋ, 허무맹:낭]
허물 [həmul]
허비 虛費 [həbi]
허사 虛事 [həsa]
허상 虛想 [həsaŋ]
허상 虛像 [həsaŋ]
허섭스레기 [həsəbs'ɨregi, 허섭쓰레기]
허세 虛勢 [həse]
허송세:월 虛送歲月 [həsoŋse:wəl]
허수 虛數 [həsu]
허술하다 [həsulɦada]
허약하다 虛弱-- [həjakada, 허야카다]
허언 虛言 [həən]
허영심 虛榮心 [həjəŋsim]
허:옇다 [hə:jəta, 허:여타] 허:예[hə:je] 허:여니[hə:jəni] 허:옇지 [hə:jəʧi, 허:여치] 허:옇고 [hə:jəko, 허:여코] 허:옇습니다 [hə:jəs'ɨmnida, 허:여씀니다]
허용 許容 [həjoŋ]
허우대 [həudɛ]
허울 [həul]
허위 虛僞 [həwi]
허장성세 虛張聲勢 [həʤaŋsəŋse]
허전한 [həʤənɦan]
허점 虛點 [həʤ'əm, 허쩜]
허접스럽다 [həʤəbs'ɨrəbd'a, 허접쓰럽따]
허탈하다 虛脫-- [hətalɦada]
허탕 [hətaŋ]
허투루 [həturu]
허튼 [hətɨn] /허튼 소리, 허튼 수작

허파 [həpa]
허풍 虛風 [həpuŋ]
허풍선이 虛風扇- [həpuŋsəni, 허풍서니]
허하다 虛-- [həɦada]
허허실실 虛虛實實 [həɦəsilsil]
허황되다 虛荒-- [həɦwaŋd'ø(we)da, 뙤(뛔)]
헌:것 [hə:ngəd, 헌:걷]
헌:금 獻金 [hə:ngɨm]
헌:납 獻納 [hə:nnab]
헌:당식 獻堂式 [hə:ndaŋsig]
헌:릉 獻陵 [hə:nnɨŋ, 헌:능] /서울시 서초구, 태종과 원경왕후의 陵
헌:릉로 獻陵路 [hə:nnɨŋno, 헌:능노] /서울시 서초구와 경기도 성남시를 연결
헌:법 憲法 [hə:nb'əb, 헌:뻡]
헌:병 憲兵 [hə:nbjəŋ]
헌:사 獻辭/獻詞 [hə:nsa]
헌:시 獻詩 [hə:nsi]
헌:신적 獻身的 [hə:nsindʒəg]
헌:신짝 [hə:nsindʒ'ag]
헌: 옷 [hə:nod, 허:녿]
헌:장 憲章 [hə:ndʒaŋ]
헌:재 [hə:ndʒɛ] '헌법재판소'의 약칭
헌:정 憲政 [hə:ndʒəŋ]
헌:정 獻呈 [hə:ndʒəŋ]
헌:종 憲宗 [hə:ndʒoŋ] /조선의 24대 왕
헌:종 獻宗 [hə:ndʒoŋ] /고려의 14대 왕
헌: 차 -車 [hə:ntʃa]
헌:책방 -冊房 [hə:ntʃɛgb'aŋ, 헌:책빵]
헌:향 獻香 [hə:nɦjaŋ] /민속, 불교
헌:혈 獻血 [hə:nɦjəl]
헌:화 獻花 [hə:nɦwa]
헐값 [həlg'ab, 헐깝] 헐값에[həlg'abs'e, 헐깝쎄] 헐값으로[həlg'abs'ɨro, 헐깝쓰로]
헐겁다 [həlgəbd'a, 헐겁따] 헐거워[həlgəwə] 헐거운[həlgəun]
헐:다 [hə:lda] 헐:고[hə:lgo] 헐:지[hə:ldʒi] 허:니[hə:ni] 헐어[hərə, 허러]
헐:뜯다 [hə:ld'ɨd'a, 헐:뜨따]
헐:벗다 [hə:lbəd'a, 헐:버따]
헐하다 歇-- [həlɦada] /싸다, 쉽다, 만만하다
험:구 險口 [hə:mgu]
험:난하다 險難-- [hə:mnanɦada]
험:담 險談 [hə:mdam]
험:로 險路 [hə:mno, 험:노]
험:상궂다 險狀-- [hə:msaŋgud'a, 험:상구따]
험:악한 險惡- [hə:makan, 허:마칸]
험:준한 險峻- [hə:mdʒunɦan]
험:하다 險-- [hə:mɦada]
헛간 -間 [hədg'an, 헏깐]
헛갈리다 [hədg'allida, 헏깔리다] ≒ 헷갈리다
헛개나무 [hədg'ɛnamu, 헏깨나무]
헛것 [hədg'əd, 헏껃]
헛똑똑이 [hədd'ogd'ogi, 헏똑또기]
헛방 -放 [hədb'aŋ, 헏빵]
헛배 [hədb'ɛ, 헏빼]
헛손질 [həds'ondʒil, 헏쏜질]
헛심 [həds'im, 헏씸]
헛일 [hənnil, 헌닐]
헛제:사밥 -祭祀- [həddʒ'e:sab'ab, 헏쩨:사빱]
헛짓 [həddʒ'id, 헏찓]
헛헛하다 [hətətada, 허터타다] /속이 비다, 허전하다
헝:겊 [hə:ŋgəb, 헝:겁] 헝:겊이[hə:ŋgəpi, 헝:거피] 헝:겊을[hə:ŋgəpɨl, 헝:거플] 헝:겊에[hə:ŋgəpe, 헝:거페]
헝클어지다 [həŋkɨrədʒida, 헝크러지다]
헤:다 [he:da] /앞으로 나아가다, 벗어나다, 헹구다, 으스대다
헤:살꾼 [he:salg'un] /방해자
헤엄 [heəm]
헤치다 [hetʃida]
헤:프다 [he:pɨda]
헷갈리다 [hedg'allida, 헫깔리다]
헹가래 [heŋgare]
헹구다 [heŋguda]

허끝 [hjəg'ɨd, 허끋] 허끝이[hjəg'ɨʧi, 허끄치] 허끝에[hjəg'ɨte, 허끄테] 허끝을[hjəg'ɨtɨl, 허끄틀]
혁대 革帶 [hjəgd'ɛ, 혁때]
혁명적 革命的 [hjəŋmjəŋʤəg, 형명적]
혁신적 革新的 [hjəgs'indʒəg, 혁씬적]
혁파 革罷 [hjəgpa]
혁혁한 赫赫- [hjəkjəkan, 혀켜칸]
혁혁히 奕奕- [hjəkjəki, 혀켜키] 크고 아름답게
현 絃 [hjən]
현 玄 [hjən] /姓氏
현: 現 [hjə:n] '현재의'
현: 縣 [hjə:n] /옛 지방행정단위, 日本
현:감 縣監 [hjə:ngam] /조선, 벼슬, 역사
현:격한 懸隔- [hjə:ng'jəkan, 현:껴칸]
현관 玄關 [hjəngwan]
현:금 現金 [hjə:ngɨm]
현:기증 眩氣症 [hjə:ngiʤ'iŋ, 현:기쯩]
현:내면 縣內面 [hjə:nnɛmjən] /강원도 고성군
현:대 現代 [hjə:ndɛ] 지금 시대, /기업그룹 名
현덕면 玄德面 [hjəndəŋmjən, 현덩면] /경기도 평택시
현도면 賢都面 [hjəndomjən] /충북 청원군
현:동면 縣東面 [hjə:ndoŋmjən] /경북 청송군
현:등사 懸燈寺 [hjə:ndiŋsa] /사찰, 경기도 가평군
현:란한 眩亂- [hjə:llanɦan, 혈:란한] /어수선한
현:란한 絢爛- [hjə:llanɦan, 혈:란한] /화려한, 찬란한
현량 賢良 [hjəlljaŋ, 혈량]
현:릉 顯陵 [hjə:nniŋ, 현:능] /경기도 구리시, 조선 5대왕 문종과 현덕왕후의 陵
현:리 縣里 [hjə:lli, 혈:리] /인제·양구·옥천·문경·영양
현:리 懸里 [hjə:lli, 혈:리] /경기도 가평군
현:리 現里 [hjə:lli, 혈:리] /경남 양산시
현:리리 縣里里 [hjə:lliri, 혈:리리] /경북 의성군
현명하다 賢明-- [hjənmjəŋɦada]
현모양처 賢母良妻 [hjənmojaŋʧə]
현무 玄武 [hjənmu] /四神 중 북쪽, 거북과 뱀이 합쳐진 모습, (민속)
현무암 玄武巖 [hjənmuam]
현:물 現物 [hjə:nmul] /현물 거래
현미 玄米 [hjənmi]
현:미경 顯微鏡 [hjə:nmigjəŋ]
현:북면 縣北面 [hjə:nbuŋmjən, 현:붕면] /강원도 양양군
현:상 現狀 [hjə:nsaŋ]
현:상 現像 [hjə:nsaŋ] /사진
현:상 現象 [hjə:nsaŋ]
현:상금 懸賞金 [hjə:nsaŋgɨm]
현:생 現生 [hjə:nsɛŋ]
현:세 現世 [hjə:nse]
현손 玄孫 [hjənson] 증손자의 아들
현:수막 懸垂幕 [hjə:nsumag]
현숙하다 賢淑-- [hjənsukada, 현수카다] /여성
현:시적 顯示的 [hjə:nsiʤəg]
현:실적 現實的 [hjə:nsilʤəg]
현악 絃樂 [hjənag, 혀낙]
현:안 懸案 [hjə:nan, 혀:난]
현암사 玄岩社 [hjənamsa, 혀남사] /출판사
현:암사 懸巖寺 [hjə:namsa, 혀:남사] /사찰, 충북 청원군
현:양 顯揚 [hjə:njaŋ, 혀:냥]
현:업 現業 [hjə:nəb, 혀:넙]
현:역 現役 [hjə:njəg, 혀:녁]
현:용 現用 [hjə:njoŋ, 혀:뇽]
현:원 現員 [hjə:nwən, 혀:눤]
현인 賢人 [hjənin, 혀닌]
현자 賢者 [hjənʤa]

현:장 現場 [hjə:ndʒaŋ]
현:재 現在 [hjə:ndʒɛ]
현:재 顯在 [hjə:ndʒɛ]
현:저동 峴底洞 [hjə:ndʒədoŋ] /서울시 서대문구
현:저히 顯著- [hjə:ndʒəɦi]
현정리 玄亭里 [hjəndʒəŋni, 현정니] /전남 곡성군
현:존 現存 [hjə:ndʒon]
현:지 現地 [hjə:ndʒi]
현:직 現職 [hjə:ndʒig]
현:찰 現札 [hjə:ntʃal]
현천동 玄川洞 [hjəntʃəndoŋ] /경기도 고양시
현천리 玄川里 [hjəntʃənni, 현천니] /강원도 횡성군, 충북 단양군, 전남 여수시
현:충사 顯忠祠 [hjə:ntʃuŋsa] /충남 아산시, 충무공 이순신
현:충원 顯忠院 [hjə:ntʃuŋwən] /서울시 동작구, 대전시 유성구
현:충일 顯忠日 [hjə:ntʃuŋil] 6월 6일
현:판 懸板 [hjə:npan]
현풍면 玄風面 [hjənpuŋmjən] /대구광역시 달성군
현:학적 衒學的 [hjə:nɦagdʒ'əg, 현:학쩍]
현해탄 玄海灘 [hjənɦɛtan] /한·일 사이의 해협
현:행 現行 [hjə:nɦɛŋ]
현:현하다 顯現-- [hjə:nɦjənɦada]
현:혹 眩惑 [hjə:nɦog]
현:황 現況 [hjə:nɦwaŋ]
혈관 血管 [hjəlgwan]
혈기 血氣 [hjəlgi]
혈뇨 血尿 [hjəlljo, 혈료]
혈당 血糖 [hjəld'aŋ, 혈땅]
혈류 血流 [hjəllju]
혈맹 血盟 [hjəlmɛŋ]
혈변 血便 [hjəlbjən]
혈색 血色 [hjəls'ɛg, 혈쌕]
혈서 血書 [hjəls'ə, 혈써]
혈세 血稅 [hjəls'e, 혈쎄]
혈소판 血小板 [hjəls'opan, 혈쏘판]
혈안 血眼 [hjəran, 혀란]
혈압 血壓 [hjərab, 혀랍]
혈액형 血液型 [hjərɛkjəŋ, 혀랙켱]
혈연 血緣 [hjərjən, 혀련]
혈우병 血友病 [hjərub'jəŋ, 혀루뼝]
혈육 血肉 [hjərjug, 혀륙]
혈장 穴藏 [hjəldʒ'aŋ, 혈짱]
혈전 血戰 [hjəldʒ'ən, 혈쩐]
혈전증 血栓症 [hjəldʒ'əndʒ'iŋ, 혈쩐쯩]
혈족 血族 [hjəldʒ'og, 혈쪽]
혈중 血中 [hjəldʒ'uŋ, 혈쭝]
혈청 血淸 [hjəltʃəŋ]
혈통 血統 [hjəltoŋ]
혈투 血鬪 [hjəltu]
혈혈단신 孑孑單身 [hjəlɦjəldansin] 홀홀단신(×)
혐기 嫌忌 [hjəmgi]
혐기성 嫌氣性 [hjəmgis'əŋ, 혐기썽]
혐연권 嫌煙權 [hjəmjəng'wən, 혀면꿘]
혐오 嫌惡 [hjəmo, 혀모]
협객 俠客 [hjəbg'ɛg, 협깩]
협곡 峽谷 [hjəbg'og, 협꼭]
협골반 狹骨盤 [hjəbg'olban, 협꼴반] /의학
협공 挾攻 [hjəbg'oŋ, 협꽁]
협동심 協同心 [hjəbd'oŋsim, 협똥심]
협량 狹量 [hjəmnjaŋ, 혐냥]
협력하다 協力-- [hjəmnjəkada, 혐녀카다]
협박하다 脅迫-- [hjəb'akada, 혀빠카다]
협살 挾殺 [hjəbs'al, 협쌀]
협상 協商 [hjəbs'aŋ, 협쌍]
협성고 協成高 [hjəbs'əŋgo, 협썽고] /대구시 남구
협성대 協成大 [hjəbs'əŋdɛ, 협썽대] /경기도 화성시
협소하다 狹小-- [hjəbs'oɦada, 협쏘하다]
협심 協心 [hjəbs'im, 협씸]

협업 協業 [hjəbəb, 혀법]
협의 協議 [hjəbi, 혀비]
협잡 挾雜 [hjəbʤ'ab, 협짭] ≒협작(挾作)
협재리 挾才里 [hjəbʤ'ɛri, 협째리] /제주시, 해수욕장
협정 協定 [hjəbʤ'əŋ, 협쩡]
협조 協助 [hjəbʤ'o, 협쪼]
협조 協調 [hjəbʤ'o, 협쪼]
협주곡 協奏曲 [hjəbʤ'ugog, 협쭈곡] /음악
협진 協診 [hjəbʤ'in, 협찐]
협착증 狹窄症 [hjəbʧagʤ'iŋ, 협착쯩]
협찬 協贊 [hjəbʧan]
협화음 協和音 [hjəpwaɨm, 혀퐈음] /음악
협회 協會 [hjəpø(we), 혀푀(풰)]
혓바늘 [hjə(d)b'anɨl, 혀(헏)빠늘]
혓바닥 [hjə(d)b'adag, 혀(헏)빠닥]
형광등 螢光燈 [hjəŋgwaŋdɨŋ]
형구 刑具 [hjəŋgu]
형기 刑期 [hjəŋgi]
형량 刑量 [hjəŋnjaŋ, 형냥]
형리 刑吏 [hjəŋni, 형니]
형방 刑房 [hjəŋbaŋ] /관아, 조선
형법 刑法 [hjəŋb'əb, 형뻡]
형부 兄夫 [hjəŋbu]
형사 刑事 [hjəŋsa]
형상 形象/形像 [hjəŋsaŋ]
형설지공 螢雪之功 [hjəŋsəlʤigoŋ]
형성 形成 [hjəŋsəŋ]
형세 形勢 [hjəŋse]
형수 兄嫂 [hjəŋsu]
형식적 形式的 [hjəŋsigʤ'əg, 형식쩍]
형안 炯眼 [hjəŋan] 빛나는 눈, /관찰력
형언 形言 [hjəŋən]
형용 形容 [hjəŋjoŋ]
형이상학 形而上學 [hjəŋisaŋɦag]
형이하학 形而上學 [hjəŋiɦaɦag]
형장 刑場 [hjəŋʤaŋ] /형장의 이슬
형제애 兄弟愛 [hjəŋʤeɛ]

형체 形體 [hjəŋʧe]
형태 形態 [hjəŋtɛ]
형틀 刑- [hjəŋtɨl]
형틀 型- [hjəŋtɨl] =거푸집
형판 形板 [hjəŋpan]
형판 型板 [hjəŋpan]
형편 形便 [hjəŋpjən] /형편없다
형평성 衡平性 [hjəŋpjəŋs'əŋ, 형평썽]
혜:감 惠鑑 [hje:gam] '잘 보아 주십시오' /책
혜:경궁 惠慶宮 [hje:gjəŋguŋ] /혜경궁 홍씨, 정조의 어머니(1735~1815)
혜:량 惠諒 [hje:rjaŋ]
혜:릉 惠陵 [hje:nɨŋ, 혜:능] /경기도 구리시, 경종(조선 20대 왕) 妃의 陵
혜:산군 惠山郡 [hje:saŋgun] /북한 함경남도 최북단의 郡
혜:산시 惠山市 [hje:sansi] /북한 양강도의 市
혜:성 彗星 [hje:səŋ]
혜:성여고 惠聖女高 [hje:səŋnjəgo, 혜:성녀고] /서울시 노원구
혜:안 慧眼 [hje:an]
혜:원 蕙園 [hje:wən] '신윤복'의 호, /조선 화가
혜:원여고 蕙園女高 [hje:wənnjəgo, 혜:원녀고] /서울시 중랑구
혜:전대 彗田大 [hje:ʤəndɛ] /충남 홍성군
혜:존 惠存 [hje:ʤon] '간직하여 주십시오' /책
혜:천대 惠泉大 [hje:ʧəndɛ] /대전시 서구
혜:초 慧超 [hje:ʧo] /신라의 승려, '왕오천축국전'
혜:택 惠澤 [hje:tɛg]
혜:화동 惠化洞 [hje:ɦwadoŋ] /서울시 종로구
혜:화여고 惠化女高 [hje:ɦwajəgo] /서울시 강북구
혜:화여고 惠花女高 [hje:ɦwajəgo] /부산시 동래구

혜:화여고 惠和女高 [hje:ɦwajəgo] / 대구시 수성구
호 弧 [ho] /수학
호: 戶 [ho:]
호: 號 [ho:] /본명 외 이름, 번지 내의 순서, 신문·잡지, 활자 등
호가 呼價 [hog'a, 호까]
호:가 扈駕 [ho:ga] /임금의 수레를 뒤따름, 史劇
호가호:위 狐假虎威 [hogaɦo:wi] / 남의 힘으로 위세를 떪
호:각 號角 [ho:gag]
호:각지세 互角之勢 [ho:gagʤ'ise, 호:각찌세]
호:감 好感 [ho:gam]
호강 [hogaŋ]
호:경기 好景氣 [ho:gjəŋgi]
호:계동 虎溪洞 [ho:gjedoŋ] /경기도 안양시, 울산시 북구, 경남 양산시
호:계리 虎溪里 [ho:gjeri] /충남 공주시, 충북 청원군, 전북 진안군, 전남 장흥군·강진군, 경북 문경시
호:계면 虎溪面 [ho:gjemjən] /경북 문경시
호:골 虎骨 [ho:gol]
호:구 虎口 [ho:gu] 어수룩한 사람, 위태로운 처지
호:구 護具 [ho:gu] /검도, 태권도
호구지책 糊口之策 [hoguʤiʧεg]
호:국 護國 [ho:gug]
호:기 好機 [ho:gi] /~를 잡다, 놓치다
호:기심 好奇心 [ho:gisim]
호남선 湖南線 [honamsən]
호:남아 好男兒 [ho:nama, 호:나마] =好男
호남지방 湖南地方 [honamʤ'ibaŋ, 호남찌방]
호:다 [ho:da] /바느질
호:당 戶當 [ho:daŋ]
호:당 號當 [ho:daŋ]
호:당리 虎堂里 [ho:daŋni, 호:당니] /충남 천안시, 경북 영천시
호도 糊塗 [hodo] 풀을 바름, /덮어 버림
호도법 弧度法 [hodob'əb, 호도뻡] / 수학
호돌이 [hodori, 호도리] /서울올림픽(1988)
호된 [hodø(we)n, 된(뒌)] /호된 심판, 호된 시련
호두 [hodu] (←胡桃, 호도)
호들갑 [hodɨlgab]
호:랑이 虎狼- [ho:raŋi]
호령 湖嶺 [horjəŋ] /충청도와 경상도
호:령 號令 [ho:rjəŋ]
호로새 [horosε] /조류
호롱불 [horoŋb'ul, 호롱뿔]
호루라기 [horuragi]
호리다 [horida] 惑, 誘
호리병 --瓶 [horibjəŋ]
호명 呼名 [homjəŋ]
호명 糊名 [homjəŋ] /과거시험 답안지의 이름을 봉함, 史劇
호:명동 虎鳴洞 [ho:mjəŋdoŋ] /전남 여수시
호:명리 虎鳴里 [ho:mjəŋni, 호:명니] /경기도 가평군, 강원도 평창군, 충북 청원군, 경북 경주시
호:명면 虎鳴面 [ho:mjəŋmjən] /경북 예천군
호미 [homi]
호:민관 護民官 [ho:mingwan] /고대 로마, 역사
호밀밭 胡-- [homilbad, 호밀받]
호:박 [ho:bag] /식물
호:박 琥珀 [ho:bag] /광물
호:박엿 [ho:baŋnjəd, 호:방녇]
호반 湖畔 [hoban]
호:방 戶房 [ho:baŋ] /벼슬, 기관, 조선
호방하다 豪放-- [hobaŋɦada]
호:법면 戶法面 [ho:bəmmjən, 호:범면] /경기도 이천시, 호법분기점
호:별 戶別 [ho:bjəl]

호:봉 號俸 [ho:boŋ]
호:불호 好不好 [ho:bulɦo]
호사 豪奢 [hosa] ~를 누리다, 호사스럽다
호:사다마 好事多魔 [ho:sadama]
호:산동 虎山洞 [ho:sandoŋ] /대구시 달서구
호산리 壺山里 [hosanni, 호산니] / 전북 익산시
호산리 湖山里 [hosanni, 호산니] / 강원도 삼척시, 충북 음성군, 경남 함양군
호:산리 虎山里 [ho:sanni, 호:산니] /충남 아산시
호상 弧狀 [hosaŋ] /굽은 모양, 활등
호상 壺狀 [hosaŋ] /항아리 모양
호:상 好喪 [ho:saŋ]
호:상 護喪 [ho:saŋ] /장례
호:색한 好色漢 [ho:sɛkan, 호:새칸]
호서고 湖西高 [hosəgo] /충남 당진군
호서대 湖西大 [hosədɛ] /충남 아산시
호서지방 湖西地方 [hosədʒ'ibaŋ, 호서찌방] /충남·북을 아우름
호선 弧線 [hosən] /활처럼 굽은 선
호:선 互選 [ho:sən]
호:선 號線 [ho:sən]
호소 呼訴 [hoso]
호:송 互送 [ho:soŋ]
호:수 戶數 [ho:s'u, 호:쑤]
호:수돈여고 好壽敦女高 [ho:sudon njəgo, 호:수돈녀고] (←Holston), / 대전시 중구
호:수비 好守備 [ho:subi] /스포츠
호숫가 湖水- [hosu(d)g'a, 호수(숟)까]
호:시우행 虎視牛行 [ho:siuɦɛŋ] /신중하되 예리함
호:시절 好時節 [ho:sidʒəl]
호:시탐탐 虎視耽耽 [ho:sitamtam]
호:신술 護身術 [ho:sinsul]
호:신용 護身用 [ho:sinnjoŋ, 호:신뇽]
호:안 護岸 [ho:an] (건설)
호암 湖巖 [hoam] '이병철'의 호
호:암동 虎岩洞 [ho:amdoŋ] /충북 충주시
호:암리 虎岩里 [ho:amni, 호:암니] / 충남 부여군·서천군·논산시, 전북 익산시·임실군, 경북 경주시·문경시, 전남 화순군
호언 豪言 [hoən]
호언장:담 豪言壯談 [hoəndʒa:ŋdam]
호:연 好演 [ho:jən]
호:연지기 浩然之氣 [ho:jəndʒigi]
호:열성 好熱性 [ho:jəls'əŋ, 호:열썽] (의학)
호:열자 虎列刺 [ho:jəldʒ'a, 호:열짜] '콜레라'의 음역어
호:오 好惡 [ho:o]
호:외 號外 [ho:ø(we), 외(웨)]
호우 豪雨 [hou]
호원대 湖原大 [howəndɛ] /전북 군산시
호:원동 虎院洞 [ho:wəndoŋ] /경기도 의정부시
호:원초교 虎元初校 [ho:wənʧogjo] /경기도 안양시
호:위 護衛 [ho:wi]
호응 呼應 [hoɨŋ]
호:의 好意 [ho:i, 호:이]
호:의호:식 好衣好食 [ho:iɦo:sig, 호:이호:식]
호:인 好人 [ho:in]
호:재 好材 [ho:dʒɛ]
호:저면 好楮面 [ho:dʒəmjən] /강원도 원주시
호:적 戶籍 [ho:dʒəg]
호:적수 好敵手 [ho:dʒəgs'u, 호:적쑤]
호:전적 好戰的 [ho:dʒəndʒəg]
호접 胡蝶/蝴蝶 [hodʒəb] =호랑나비
호접란 胡蝶蘭 [hodʒəmnan, 호점난]
호:조 好調 [ho:dʒo]
호:조 戶曹 [ho:dʒo] /관아, 고려·조선
호주 濠洲 [hodʒu] '오스트레일리아'
호:주 戶主 [ho:dʒu]

호:주가 好酒家 [ho:ʤuga]
호중천 壺中天 [hoʤuŋʧən] /별세계, 별천지
호:질 虎叱 [ho:ʤil] /소설, 박지원, 조선 정조
호칭 呼稱 [hoʧiŋ]
호:칭 互稱 [ho:ʧiŋ] 서로 부름
호쾌하다 豪快-- [hokwɛɦada]
호:탄자 虎-- [ho:tanʤa] 호피양탄자
호탕하다 豪宕-- [hotaŋɦada]
호통 [hotoŋ] ~치다
호:투 好投 [ho:tu]
호:판 戶判 [ho:pan] '호조판서', /史劇
호:평 好評 [ho:pjəŋ]
호:패 號牌 [ho:pɛ] /신분증, 조선
호:포리 好浦里 [ho:pori] /전남 영암군
호:피 虎皮 [ho:pi]
호:헌 護憲 [ho:ɦən]
호형호제 呼兄呼弟 [hoɦjəŋɦoʤe]
호:혜 互惠 [ho:ɦje]
호화 豪華 [hoɦwa]
호:환 互換 [ho:ɦwan]
호:환 虎患 [ho:ɦwan]
호:황 好況 [ho:ɦwaŋ]
혹간 或間 [hog'an, 호깐] =간혹
혹독한 酷毒- [hogd'okan, 혹또칸]
혹부리 [hogb'uri, 혹뿌리]
혹사 酷使 [hogs'a, 혹싸]
혹서 酷暑 [hogs'ə, 혹써]
혹세무민 惑世誣民 [hogs'emumin, 혹쎄무민]
혹시 或是 [hogs'i, 혹씨]
혹여 或如 [hogjə, 호겨]
혹하다 惑-- [hokada, 호카다]
혹한 酷寒 [hokan, 호칸]
혼:계:영 混繼泳 [ho:ngje:jəŋ]
혼기 婚期 [hongi]
혼나다 魂-- [honnada]
혼담 婚談 [hondam]
혼:돈 混沌 [ho:ndon]
혼:동 混同 [ho:ndoŋ]
혼:란 混亂 [ho:llan, 홀:란]
혼령 魂靈 [holljəŋ, 홀령]
혼례 婚禮 [hollje, 홀례]
혼맥 婚脈 [honmɛg]
혼미한 昏迷- [honmiɦan]
혼:방 混紡 [ho:nbaŋ]
혼배 婚配 [honbɛ] =혼인성사 /가톨릭
혼백 魂魄 [honbɛg]
혼:복 混複 [ho:nbog] '혼합복식'의 약칭, /탁구, 테니스, 배드민턴
혼비백산 魂飛魄散 [honbibɛgs'an, 혼비백싼]
혼삿길 婚事- [honsa(d)g'il, 혼사(삳)낄]
혼:선 混線 [ho:nsən]
혼:성 混成 [ho:nsəŋ]
혼:성 混聲 [ho:nsəŋ]
혼숫감 婚需- [honsu(d)g'am, 혼수(숟)깜]
혼:식 混食 [ho:nsig]
혼:신 渾身 [ho:nsin]
혼:연일체 渾然一體 [ho:njənilʧe, 호:녀닐체]
혼:영 混泳 [ho:njəŋ, 호:녕] /수영
혼외정사 婚外情事 [honø(we)ʤəŋsa, 호뇌(눼)정사]
혼:욕 混浴 [ho:njog, 호:뇩]
혼:용 混用 [ho:njoŋ, 호:뇽]
혼:음 混淫 [ho:nɨm, 호:늠]
혼인 婚姻 [honin, 호닌]
혼:잡하다 混雜-- [ho:nʤapada, 혼:자파다]
혼:재 混在 [ho:nʤɛ]
혼전 婚前 [honʤən]
혼:전 混戰 [ho:nʤən]
혼절 昏絶 [honʤəl]
혼:조세 混潮勢 [ho:nʤose] /주식, 경제
혼주 婚主 [honʤu]
혼:천의 渾天儀 [ho:nʧəni, 혼:처니] /천체측정기, 조선
혼:탁하다 混濁-- [ho:ntakada, 혼:타

카다]
혼:탕 混湯 [ho:ntaŋ]
혼:합 混合 [ho:nɦab]
혼:혈 混血 [ho:nɦjəl]
혼:획 混獲 [ho:nɦø(we)g, 획(훽)] / 우연히 걸린 고기만 잡음
홀가분하다 [holgabunɦada]
홀대 忽待 [holdɛ]
홀몸 [holmom] /배우자나 형제가 없음
홀소리 [hols'ori, 홀쏘리] 모음(母音)
홀수 -數 [hols'u, 홀쑤]
홀씨 [hols'i]
홀아비 [horabi, 호라비]
홀연히 忽然- [horjənɦi, 호련히]
홅다 [hold'a, 홀따]
홈 [hom]
홍게 紅- [hoŋge] 蟹
홍당무 紅唐- [hoŋdaŋmu]
홍대 弘大 [hoŋdɛ] '弘益大學校'의 약칭
홍도 紅島 [hoŋdo] /전남 신안군의 섬
홍두깨 [hoŋdug'ɛ]
홍란 紅蘭 [hoŋnan, 홍난]
홍루몽 紅樓夢 [hoŋnumoŋ, 홍누몽] /소설, 청나라
홍릉 洪陵 [hoŋnɨŋ, 홍능] /경기도 남양주시, 고종과 명성왕후의 陵, 고려 23대 고종의 陵
홍릉 弘陵 [hoŋnɨŋ, 홍능] /경기도 고양시, 영조 妃의 陵
홍릉터 洪陵- [hoŋnɨŋtə, 홍능터] /서울시 동대문구
홍반 紅斑 [hoŋban]
홍보 弘報 [hoŋbo]
홍살문 紅-門 [hoŋsalmun] ≒홍전문(紅箭門), 홍문(紅門)
홍삼 紅蔘 [hoŋsam]
홍성군 洪城郡 [hoŋsəŋgun] /충남 중서부의 郡
홍수 洪水 [hoŋsu]
홍시 紅柿 [hoŋsi]
홍어 洪魚/魟魚 [hoŋə]
홍역 紅疫 [hoŋjəg]
홍예문 虹霓門 [hoŋjemun] ≒아치문
홍옥 紅玉 [hoŋog] =루비, /사과
홍위병 紅衛兵 [hoŋwibjəŋ] /중국 문화대혁명, 학생조직
홍은동 弘恩洞 [hoŋɨndoŋ] /서울시 서대문구
홍의장:군 紅衣將軍 [hoŋidʒa:ŋgun, 홍이장:군] /곽재우, 임란
홍익인간 弘益人間 [hoŋigingan, 홍이긴간]
홍일점 紅一點 [hoŋildʒ'əm, 홍일쩜]
홍제동 弘濟洞 [hoŋdʒedoŋ] /서울시 서대문구
홍제동 洪濟洞 [hoŋdʒedoŋ] /강원도 강릉시
홍조 紅潮 [hoŋdʒo]
홍차 紅茶 [hoŋʧa]
홍채 虹彩 [hoŋʧɛ]
홍천군 洪川郡 [hoŋʧəngun] /강원도 중서부의 郡
홍초 紅草 [hoŋʧo] =불경이
홍파동 紅把洞 [hoŋpadoŋ] /서울시 종로구
홍파초교 紅把初校 [hoŋpaʧogjo] / 서울시 동대문구
홍학 紅鶴 [hoŋɦag]
홍합 紅蛤 [hoŋɦab] /조개
홍해 紅海 [hoŋɦɛ] /지리
홍화문 弘化門 [hoŋɦwamun] 창경궁의 정문
홍화씨 紅花- [hoŋɦwas'i]
홑몸 [honmom, 혼몸] /아이를 배지 않음, 딸린 사람이 없음
홑옷 [hodod, 호돋]
홑이불 [honnibul, 혼니불]
홑청 [hodʧəŋ, 혼청] /이불
화: 火 [hwa:] /성냄
화: 禍 [hwa:] /재앙
화:가 畵家 [hwa:ga]
화간 和姦 [hwagan]
화강암 花崗巖 [hwagaŋam]

화개동 花開洞 [hwagɛdoŋ] /경북 상주시
화개면 花開面 [hwagɛmjən] /경남 하동군, 화개장터
화:객 貨客 [hwa:gɛg] 화물과 여객
화계동 花溪洞 [hwagjedoŋ] /충북 청주시
화계리 花溪里 [hwagjeri] /천안·홍성·군위·산청·남해
화계리 花鷄里 [hwagjeri] /전남 고흥군
화계사 華溪寺 [hwagjesa] /사찰, 강북구 수유동
화곡동 禾谷洞 [hwagogd'oŋ, 화곡똥] /서울시 강서구
화곡리 和谷里 [hwagoŋni, 화공니] /경기도 안성시
화곡리 花谷里 [hwagoŋni, 화공니] / 충남 서산시, 충북 충주시, 경북 경주시
화곡리 禾谷里 [hwagoŋni, 화공니] / 강원도 고성군, 충남 논산시
화공 化工 [hwagoŋ]
화과자 和菓子 [hwagwadʒa] /日本
화관무 花冠舞 [hwagwanmu] /무용
화교 華僑 [hwagjo]
화:구 畫具 [hwa:gu]
화:근 禍根 [hwa:gɨn]
화:급히 火急- [hwa:gɨpi, 화:그피]
화:기 火器 [hwa:gi]
화기애애 和氣靄靄 [hwagiɛɛ]
화:나다 火-- [hwa:nada]
화:내:다 火-- [hwa:nɛ:da]
화농 化膿 [hwanoŋ]
화단 花壇 [hwadan]
화:단 畫壇 [hwa:dan]
화담 花潭 [hwadam] '서경덕'의 호
화답하다 和答-- [hwadapada, 화다파다]
화대 花代 [hwadɛ]
화:덕 火- [hwa:dəg]
화도면 華道面 [hwadomjən] /인천시 강화군
화도읍 和道邑 [hwadoɨb] /경기도 남양주시
화:독 火毒 [hwa:dog]
화동 花童 [hwadoŋ]
화동 花洞 [hwadoŋ] /서울시 종로구
화동리 禾洞里 [hwadoŋni, 화동니] / 강원도 횡성군
화동리 花洞里 [hwadoŋni, 화동니] / 강원도 홍천군
화동리 華東里 [hwadoŋni, 화동니] / 전남 여수시, 경북 상주시
화두 話頭 [hwadu]
화들짝 [hwadɨldʒ'ag]
화란 和蘭 [hwaran] '네덜란드(← 홀란드)'의 음역어
화랑 花郎 [hwaraŋ]
화:랑 畫廊 [hwa:raŋ]
화랑대 花郎臺 [hwaraŋdɛ] /육사
화려한 華麗- [hwarjəɦan]
화:력 火力 [hwa:rjəg]
화:로 火爐 [hwa:ro]
화:롯불 火爐- [hwa:ro(d)b'ul, 화:로(롣)뿔]
화:룡점정 畫龍點睛 [hwa:rjoŋdʒəmdʒəŋ]
화류계 花柳界 [hwarjugje]
화:마 火魔 [hwa:ma]
화:면 畫面 [hwa:mjən]
화목하다 和睦-- [hwamokada, 화모카다]
화무십일홍 花無十日紅 [hwamusibilɦoŋ, 화무시빌홍] '열흘 붉은 꽃은 없다', /영광은 오래 가지 않는다
화문석 花紋席 [hwamunsəg]
화:물선 貨物船 [hwa:muls'ən, 화:물썬]
화:방 畫房 [hwa:baŋ]
화:백 畫伯 [hwa:bɛg]
화법 話法 [hwab'əb, 화뻡]
화:법 畫法 [hwa:b'əb, 화:뻡]
화병 花瓶 [hwabjəŋ]

화:병 火瓶 [hwa:b'jəŋ, 화:뼝]
화:보 畵報 [hwa:bo]
화:부 火夫 [hwa:bu]
화북동 禾北洞 [hwabugd'oŋ, 화북똥] /제주시
화북리 華北里 [hwabuŋni, 화붕니] / 경북 군위군
화북면 化北面 [hwabuŋmjən, 화붕면] /경북 상주시
화북면 華北面 [hwabuŋmjən, 화붕면] /경북 영천시
화분 花盆 [hwabun]
화사 花蛇 [hwasa] /시, 未堂
화사하다 華奢-- [hwasaɦada]
화:산재 火山- [hwa:sandʒɛ]
화살 [hwasal]
화살기도 --祈禱 [hwasalgido]
화상 華商 [hwasaŋ] /화교상인
화:상 火傷 [hwa:saŋ]
화:상 畫像 [hwa:saŋ] /TV화면, 얼굴, 남을 낮잡아 이름
화:상 畵商 [hwa:saŋ]
화색 和色 [hwasɛg]
화:생방 火生防 [hwa:sɛŋbaŋ]
화서역 華西驛 [hwasəjəg] /경기도 수원시, 경부선
화석 化石 [hwasəg]
화석화 化石化 [hwasəkwa, 화서콰]
화:선지 畫宣紙 [hwa:səndʒi]
화섬 化纖 [hwasəm]
화성 華城 [hwasəŋ] /경기도 수원시, 조선 正祖
화:성 火星 [hwa:səŋ]
화성시 華城市 [hwasəŋsi] /경기도 남서부의 市
화:성암 火成岩 [hwa:səŋam]
화:소 畵素 [hwa:so]
화송리 華松里 [hwasoŋni, 화송니] / 전남 영암군
화수분 [hwasubun] 보물단지
화순군 和順郡 [hwasungun] /전남 중부의 郡
화술 話術 [hwasul]
화식 和食 [hwasig] '일본음식'
화신 化身 [hwasin]
화신 花信 [hwasin]
화:실 畵室 [hwa:sil]
화악산 華岳山 [hwaags'an, 화악싼] /경기도 가평군과 강원도 화천군에 걸침
화:약 火藥 [hwa:jag]
화양동 華陽洞 [hwajaŋdoŋ] /서울시 광진구
화양리 花陽里 [hwajaŋni, 화양니] / 경기도 양평군, 전남 함평군, 경남 창원시
화양리 華陽里 [hwajaŋni, 화양니] / 경기도 평택시, 전북 순창군·장수군, 경남 의령군·합천군, 충남 홍성군·청양군, 충북 괴산군, 전남 곡성군
화양면 華陽面 [hwajaŋmjən] /충남 서천군, 전남 여수시
화양연화 花樣年華 [hwajaŋnjənɦwa, 화양년화] /홍콩영화, (2000)
화엄경 華嚴經 [hwaəmgjəŋ] /불교
화엄사 華嚴寺 [hwaəmsa] /사찰, 전남 구례군
화:염 火焰 [hwa:jəm]
화:염병 火焰瓶 [hwa:jəmb'jəŋ, 화:염뼝]
화요일 火曜日 [hwajoil]
화원 花園 [hwawən]
화음 和音 [hwaɨm]
화의 和議 [hwai, 화이]
화이부동 和而不同 [hwaibudoŋ]
화:인 火因 [hwa:in]
화자 話者 [hwadʒa]
화장 化粧 [hwadʒaŋ] /화장실
화:장 火葬 [hwa:dʒaŋ]
화:재 火災 [hwa:dʒɛ]
화:적 火賊 [hwa:dʒəg] =불한당
화전 和戰 [hwadʒən]
화전 花煎 [hwadʒən]
화:전민 火田民 [hwa:dʒənmin]

화접 花蝶 [hwadʒəb] 꽃과 나비
화정동 花井洞 [hwadʒəŋdoŋ] /경기도 고양시·시흥시·안산시, 전북 남원시
화정동 花亭洞 [hwadʒəŋdoŋ] /광주시 서구
화정동 華亭洞 [hwadʒəŋdoŋ] /울산시 동구
화정리 花亭里 [hwadʒəŋni, 화정니] /충남 논산시(성동면·채운면), 전북 남원시·완주군, 경남 하동군
화정리 花井里 [hwadʒəŋni, 화정니] /충남 공주시
화정리 化丁里 [hwadʒəŋni, 화정니] /전남 나주시
화정리 禾亭里 [hwadʒəŋni, 화정니] /울산시 울주군
화제 話題 [hwadʒe]
화:주 貨主 [hwa:dʒu]
화:주 火酒 [hwa:dʒu]
화:증 火症 [hwa:dʒ'iŋ, 화:쯩]
화진포 花津浦 [hwadʒinpo] /강원도 고성군, 포구
화:질 畫質 [hwa:dʒil]
화:차 火車 [hwa:ʧa]
화창하다 和暢-- [hwaʧaŋɦada]
화채 花菜 [hwaʧɛ]
화천군 華川郡 [hwaʧəngun] /강원도 서부의 郡
화:첩 畫帖 [hwa:ʧəb]
화초장 花草欌 [hwaʧodʒaŋ]
화촉 華燭 [hwaʧog]
화치동 花峙洞 [hwaʧidoŋ] /전남 여수시
화친 和親 [hwaʧin]
화:통 火筒 [hwa:toŋ]
화통하다 化通-- [hwatoŋɦada]
화투 花鬪 [hwatu]
화평 和平 [hwapjəŋ]
화:폐 貨幣 [hwa:pje]
화:포 火砲 [hwa:po]
화:폭 畫幅 [hwa:pog]
화:풀이 火-- [hwa:puri, 화:푸리]
화:풍 畫風 [hwa:puŋ]
화:필 畫筆 [hwa:pil]
화학적 化學的 [hwaɦagdʒ'əg, 화학쩍]
화합 和合 [hwaɦab]
화해 和解 [hwaɦɛ]
화:형 火刑 [hwa:ɦjəŋ]
화혼 華婚 [hwaɦon]
화환 花環 [hwaɦwan]
화훼 花卉 [hwaɦwe]
확고하다 確固-- [hwag'oɦada, 화꼬하다]
확답 確答 [hwagd'ab, 확땁]
확대 擴大 [hwagd'ɛ, 확때]
확률적 確率的 [hwaŋnjuldʒəg, 황뉼적]
확립 確立 [hwaŋnib, 황닙]
확보 確保 [hwagb'o, 확뽀]
확산 擴散 [hwags'an, 확싼]
확성기 擴聲器 [hwags'əŋgi, 확썽기]
확신 確信 [hwags'in, 확씬]
확실히 確實- [hwags'ilɦi, 확씰히]
확약하다 確約-- [hwagjakada, 화갸카다]
확언 確言 [hwagən, 화건]
확연히 確然- [hwagjənɦi, 화견히]
확인 確認 [hwagin, 화긴]
확장 擴張 [hwagdʒ'aŋ, 확짱]
확전 擴戰 [hwagdʒ'ən, 확쩐]
확정적 確定的 [hwagdʒ'əŋdʒəg, 확쩡적]
확증 確證 [hwagdʒ'iŋ, 확쯩]
확진 確診 [hwagdʒ'in, 확찐]
확충 擴充 [hwagʧuŋ]
환 丸 [hwan] /약
환: 換 [hwa:n] /경제
환:각 幻覺 [hwa:ngag]
환:갑 還甲 [hwa:ngab]
환:거:래 換去來 [hwa:ngə:rɛ]
환경 環境 [hwangjəŋ]
환:골탈태 換骨奪胎 [hwa:ngoltaltɛ]
환:관 宦官 [hwa:ngwan] =내시(內侍)
환국 還國 [hwangug]

환궁 還宮 [hwanguŋ] /史劇
환:금성 換金性 [hwa:ngɨms'əŋ, 환:금썽]
환급금 還給金 [hwangɨbg'ɨm, 환급끔]
환:기 換氣 [hwa:ngi] /공기
환:기 喚起 [hwa:ngi] /주의, 여론
환:난 患難 [hwa:nnan]
환노위 環勞委 [hwannowi] '국회환경노동위원회'의 약칭
환담 歡談 [hwandam]
환대 歡待 [hwandɛ]
환도 還都 [hwando]
환:등기 幻燈機 [hwa:ndɨŋgi]
환락가 歡樂街 [hwallag'a, 활라까]
환:란 患亂 [hwa:llan, 활:란]
환:란 換亂 [hwa:llan, 활:란] /외환위기
환류 環流 [hwallju, 활류]
환매 還買 [hwanmɛ] /되사기, 환매조건부채권
환:매 換買 [hwa:nmɛ]
환:멸 幻滅 [hwa:nmjəl]
환:부 患部 [hwa:nbu]
환불 還拂 [hwanbul]
환:산 換算 [hwa:nsan]
환상 環狀 [hwansaŋ] /고리 모양
환:상적 幻想的 [hwa:nsaŋdʒəg]
환생 還生 [hwansɛŋ]
환:선굴 幻仙窟 [hwa:nsəngul] /강원도 삼척시
환성 歡聲 [hwansəŋ]
환속 還俗 [hwansog]
환송 歡送 [hwansoŋ]
환송 還送 [hwansoŋ]
환수 還收 [hwansu]
환:승역 換乘驛 [hwa:nsɨŋnjəg, 환:승녁]
환:시 幻視 [hwa:nsi]
환:시세 換時勢 [hwa:nsise]
환:시:장 換市場 [hwa:nsi:dʒaŋ]
환심 歡心 [hwansim]
환약 丸藥 [hwanjag, 화냑]
환:어음 換-- [hwa:nəɨm, 화:너음]
환:언 換言 [hwa:nən, 화:넌] /환언하면
환영 歡迎 [hwanjəŋ, 화녕]
환:영 幻影 [hwa:njəŋ, 화:녕]
환:우 患友 [hwa:nu, 화:누]
환웅 桓雄 [hwanuŋ, 화눙] /檀君神話
환원 還元 [hwanwən, 화눤]
환:유법 換喩法 [hwa:njub'əb, 화:뉴뻡]
환:율 換率 [hwa:njul, 화:뉼]
환:의 換意 [hwa:ni, 화:니] 뜻을 바꿈
환인 桓因 [hwanin, 화닌] /檀君神話
환인제:약 丸仁製藥 [hwanindʒe:jag, 화닌제:약] /제약회사
환일고 桓一高 [hwanilgo, 화닐고] /서울시 중구
환:자 患者 [hwa:ndʒa]
환:장 換腸 [hwa:ndʒaŋ]
환:쟁이 [hwa:ndʒɛŋi] '화가'를 낮잡아 이름
환:전 換錢 [hwa:ndʒən]
환:절기 換節期 [hwa:ndʒəlgi]
환:차손 換差損 [hwa:nʧason]
환:차익 換差益 [hwa:nʧaig]
환:청 幻聽 [hwa:nʧəŋ]
환초 環礁 [hwanʧo] /고리, 산호초
환:투기 換投機 [hwa:ntugi]
환:풍기 換風機 [hwa:npuŋgi]
환:하다 [hwa:nɦada]
환형 環形 [hwanɦjəŋ]
환호 歡呼 [hwanɦo]
환호성 歡呼聲 [hwanɦosəŋ]
환:후 患候 [hwa:nɦu] /윗사람의 병
환희 歡喜 [hwanɦi, 환히]
활강 滑降 [hwalgaŋ]
활개 [hwalgɛ]
활극 活劇 [hwalgɨg]
활기 活氣 [hwalgi]
활달하다 豁達-- [hwald'alɦada, 활딸하다]
활대 [hwald'ɛ, 활때] 활의 몸통
활동적 活動的 [hwald'oŋdʒəg, 활

똥적]
활력소 活力素 [hwalljəgs'o, 활력쏘]
활로 活路 [hwallo]
활발히 活潑- [hwalbalɦi]
활배근 闊背筋 [hwalbɛgɨn] =광배근(廣背筋)
활보 闊步 [hwalbo]
활빈당 活貧黨 [hwalbindaŋ] /역사
활석 滑石 [hwals'əg, 활썩]
활성동 活城洞 [hwals'əŋdoŋ, 활썽동] /경남 밀양시
활성리 活城里 [hwals'əŋni, 활썽니] /경북 경주시
활성탄 活性炭 [hwals'əŋtan, 활썽탄]
활성화 活性化 [hwals'əŋɦwa, 활썽화]
활시위 [hwals'iwi, 활씨위] =활줄
활약하다 活躍-- [hwarjakada, 화랴카다]
활엽수 闊葉樹 [hwarjəbs'u, 화렵쑤]
활용 活用 [hwarjoŋ, 화룡]
활음조 滑音調 [hwarɨmʤo, 화름조] /음운현상, 국어
활자 活字 [hwalʤ'a, 활짜]
활주로 滑走路 [hwalʤ'uro, 활쭈로]
활줄 [hwalʤ'ul, 활쭐]
활집 [hwalʤ'ib, 활찝]
활착 活着 [hwalʧag] /농업
활촉 -鏃 [hwalʧog]
활판 活版 [hwalpan] /인쇄
활활 [hwalɦwal]
활황 活況 [hwalɦwaŋ]
홧:김에 火-- [hwa:(d)g'ime, 화:(홛:)끼메]
황간면 黃澗面 [hwaŋganmjən] /충북 영동군, 황간IC(경부고속도로)
황갈색 黃褐色 [hwaŋgals'ɛg, 황갈쌕]
황공하다 惶恐-- [hwaŋgoŋɦada] /史劇
황구 黃狗 [hwaŋgu]
황국 皇國 [hwaŋgug]
황궁 皇宮 [hwaŋguŋ]
황금굴 黃金窟 [hwaŋgɨmgul] /제주시
황금률 黃金律 [hwaŋgɨmnjul, 황금뉼] /기독교
황급히 遑急- [hwaŋgɨpi, 황그피]
황기 黃芪/黃耆 [hwaŋgi] /식물, 약재
황달 黃疸 [hwaŋdal]
황당무계 荒唐無稽 [hwaŋdaŋmugje]
황당하다 荒唐-- [hwaŋdaŋɦada]
황도 黃桃 [hwaŋdo]
황도 皇都 [hwaŋdo]
황도리 黃島里 [hwaŋdori] /충남 태안군
황량한 荒凉- [hwaŋnjaŋɦan, 황냥한]
황록색 黃綠色 [hwaŋnogs'ɛg, 황녹쌕]
황룡면 黃龍面 [hwaŋnjoŋmjən, 황뇽면] /전남 장성군
황룡사지 皇龍寺址 [hwaŋnjoŋsaʤi, 황뇽사지] /신라, 황룡사 터
황리 黃里 [hwaŋni, 황니] /경남 통영시
황린 黃燐 [hwaŋnin, 황닌] /화학
황망히 慌忙- [hwaŋmaŋɦi]
황목리 皇木里 [hwaŋmoŋni, 황몽니] /경북 청송군
황무지 荒蕪地 [hwaŋmuʤi]
황반 黃斑 [hwaŋban]
황변증 黃變症 [hwaŋbjənʤ'ɨŋ, 황변쯩]
황복 黃鰒 [hwaŋbog] /복어, 봄철
황사 黃沙/黃砂 [hwaŋsa]
황산 黃酸 [hwaŋsan]
황산벌 黃山- [hwaŋsanb'əl, 황산뻘] /백제, 계백
황:새 [hwa:ŋsɛ]
황새치 黃-- [hwaŋsɛʧi] /生鮮
황석어젓 黃石魚- [hwaŋsəgəʤəd, 황서거젇]
황성 皇城 [hwaŋsəŋ]
황소 [hwaŋso]
황손 皇孫 [hwaŋson]
황송하다 惶悚-- [hwaŋsoŋɦada] /史劇
황수증 黃水症 [hwaŋsuʤ'ɨŋ, 황수쯩] /의학

황실 皇室 [hwaŋsil]
황연히 晃然- [hwaŋjənɦi] /환히 밝게, 환히 깨달으며
황열병 黃熱病 [hwaŋnjəlb'jəŋ, 황녈뼝] /의학
황옥 黃玉 [hwaŋog] /광물
황우 黃牛 [hwaŋu]
황일산 黃日傘 [hwaŋils'an, 황일싼] /양산, 史劇
황제 皇帝 [hwaŋʤe]
황조롱이 [hwaŋʤoroŋi] /조류
황족 皇族 [hwaŋʤog]
황주군 黃州郡 [hwaŋʤugun] /황해북도 서북단의 郡, 북한
황죽리 黃竹里 [hwaŋʤuŋni, 황중니] /전남 광양시·해남군
황지동 黃池洞 [hwaŋʤidoŋ] /강원도 태백시
황지리 黃地里 [hwaŋʤiri] /경기도 연천군, 경북 예천군
황진이 黃眞伊 [hwaŋʤini, 황지니] /조선, 송도삼절
황:차 況且 [hwa:ŋʧa] 하물며
황천길 黃泉- [hwaŋʧəng'il, 황천낄]
황태 黃太 [hwaŋtɛ]
황톳길 黃土- [hwaŋto(d)g'il, 황토(톧)낄]
황톳빛 黃土- [hwaŋto(d)b'id, 황토(톧)삗]
황폐 荒廢 [hwaŋpje]
황포 黃浦 [hwaŋpo] /해수욕장, 경남 거제시
황포돛대 黃布-- [hwaŋpodod'ɛ, 황포도때]
황학동 黃鶴洞 [hwaŋɦagd'oŋ, 황학똥] /서울시 중구
황해권 黃海圈 [hwaŋɦɛg'wən, 황해꿘]
황해도 黃海道 [hwaŋɦɛdo] /북한 서부
황혼 黃昏 [hwaŋɦon]
황화 黃化 [hwaŋɦwa] /식물
황후 皇后 [hwaŋɦu]
홱 [hwɛg]
횃대 [hwɛd'ɛ, 홰때]
횃불 [hwɛdb'ul, 홷뿔]
횅댕그렁하다 [hwɛŋdɛŋgɨrəŋɦada] /빈 듯한 느낌
횅하다 [hwɛŋɦada] /막힘이 없다, 잘 안다
회: 膾 [hø:] /생선회, 육회
회갑 回甲 [høgab]
회:개 悔改 [hø:gɛ]
회:견 會見 [hø:gjən]
회:계연도 會計年度 [hø:gjejəndo]
회고 回顧 [høgo]
회고 懷古 [høgo]
회:관 會館 [hø:gwan]
회교 回教 [høgjo]
회군 回軍 [høgun]
회귀 回歸 [høgwi]
회:기 會期 [hø:gi]
회기동 回基洞 [høgidoŋ] /서울시 동대문구
회:냉:면 膾冷麵 [hø:nɛ:ŋmjən] /회무침, 함흥냉면
회:담 會談 [hø:dam]
회답 回答 [hødab]
회당 回當 [hødaŋ] '1회에'
회덕동 懷德洞 [hødəgd'oŋ, 회덕똥] /대전시 대덕구, 회덕JC
회덕동 回德洞 [hødəgd'oŋ, 회덕똥] /경기도 광주시
회:동 會同 [hø:doŋ]
회동동 回東洞 [hødoŋdoŋ] /부산시 금정구
회동리 回洞里 [hødoŋni, 회동니] /전남 진도군
회:동리 檜洞里 [hø:doŋni, 회:동니] /강원도 평창군·정선군, 충남 부여군
회:동리 會洞里 [hø:doŋni, 회:동니] /충북 영동군
회:두리 [hø:duri] /맨 나중 차례
회람 回覽 [høram]
회랑 回廊 [høraŋ]

회:령군 會寧郡 [hø:rjəŋgun] /함경북도 북부의 郡, 북한
회:령리 會寧里 [hø:rjəŋni, 회:령니] /전남 보성군
회로 回路 [høro]
회:뢰 賄賂 [hø:rø(we), 뢰(뤠)] 뇌물을 주고받음
회:목 檜木 [hø:mog] =편백
회백색 灰白色 [høbɛgs'ɛg, 회백쌕]
회보 回報 [høbo]
회:보 會報 [hø:bo]
회복하다 回復-- [høbokada, 회보카다]
회부 回附 [høbu]
회분 灰分 [høbun]
회:비 會費 [hø:bi]
회:사 會社 [hø:sa]
회:삿돈 會社- [hø:sad'on, 회:사똔]
회상 回想 [høsaŋ]
회색빛 灰色- [høsɛgb'id, 회색삗]
회생 回生 [høsɛŋ]
회선 回線 [høsən]
회:성동 檜城洞 [hø:səŋdoŋ] /경남 마산시
회성리 回成里 [høsəŋni, 회성니] /전북 김제시
회송 回送 [høsoŋ]
회수 回收 [høsu]
회:식 會食 [hø:sig]
회신 回信 [høsin]
회:심의 會心- [hø:sime, 회:시메] ~미소, ~일격
회양목 淮陽木 [højaŋmog]
회:원 會員 [hø:wən]
회유 懷柔 [høju]
회유 回遊 [høju]
회:의 會議 [hø:i, 회:이]
회의적 懷疑的 [høidʒəg, 회이적]
회임 懷妊 [høim] =임신
회:자 膾炙 [hø:dʒa] 사람들 입에 오름, /좋은 의미일 때
회:자정:리 會者定離 [hø:dʒadʒə:ŋni, 회:자정:니]
회:장 會長 [hø:dʒaŋ]
회전 回轉 [hødʒən]
회:전 會戰 [hø:dʒən]
회중시계 懷中時計 [hødʒuŋsigje]
회:지 會誌 [hø:dʒi]
회진 回診 [hødʒin]
회차 回車 [høʧa]
회:천면 會泉面 [hø:ʧənmjən] /전남 보성군
회청색 灰青色 [høʧəŋsɛg]
회초리 [høʧori]
회춘 回春 [høʧun]
회충 蛔蟲 [høʧuŋ]
회:칙 會則 [hø:ʧig]
회:탄 悔歎 [hø:tan]
회토 灰土 [høto]
회통 回通 [høtoŋ]
회포 懷抱 [høpo]
회피 回避 [høpi]
회:한 悔恨 [hø:ɦan]
회:합 會合 [hø:ɦab]
회항 回航 [høɦaŋ]
회:현동 會賢洞 [hø:ɦjəndoŋ] /서울시 중구
회:현동 會峴洞 [hø:ɦjəndoŋ] /경남 김해시
회:화 繪畫 [hø:ɦwa]
회:화 會話 [hø:ɦwa]
회회교 回回教 [høɦø(we)gjo, 회(훼)]
획 劃 [høg] /글씨, 그림
획득하다 獲得-- [høgd'ɨkada, 획뜨카다]
획정 劃定 [høgdʒ'əŋ, 획쩡]
획지 劃地 [høgdʒ'i, 획찌]
획책 劃策 [høgʧɛg]
횟수 回數 [hø(d)s'u, 회(휟)쑤]
횡간 橫看 [høŋgan] /가로로 글을 읽음
횡간도 橫看島 [høŋgando] /전남 완도군의 섬
횡간리 橫干里 [høŋganni, 횡간니] /

전남 여수시
횡격막 橫膈膜/橫隔膜 [høŋgjəŋmag, 횡경막] 횡경막(×)
횡계리 橫溪里 [høŋgjeri] /강원도 평창군, 경북 영천시
횡계리 橫界里 [høŋgjeri] /부산광역시 기장군
횡단 橫斷 [høŋdan]
횡대 橫隊 [høŋdɛ]
횡렬 橫列 [høŋnjəl, 횡녈]
횡렬 橫裂 [høŋnjəl, 횡녈] /가로로 찢기거나 벌어짐
횡령 橫領 [høŋnjəŋ, 횡녕]
횡류 橫流 [høŋnju, 횡뉴]
횡목 橫木 [høŋmog]
횡보 橫步 [høŋbo] /모로, 비껴 걸음, '염상섭'의 호
횡사 橫死 [høŋsa]
횡설수설 橫說竪說 [høŋsəlsusəl]
횡성군 橫城郡 [høŋsəŋgun] /강원도 남서부의 郡
횡재 橫災 [høŋʤɛ]
횡재수 橫財數 [høŋʤɛsu]
횡적 橫的 [høŋʤ'əg, 횡쩍]
횡포 橫暴 [høŋpo]
효: 孝 [hjo:]
효:곡동 孝谷洞 [hjo:gogd'oŋ, 효:곡똥] /경북 포항시
효:곡리 孝谷里 [hjo:goŋni, 효:공니] /경북 상주시, 전남 구례군
효:과 效果 [hjo:g'wa, 효:꽈]
효:과적 效果的 [hjo:g'wadʒəg, 효:꽈적]
효:녀 孝女 [hjo:njə]
효:능 效能 [hjo:nɨŋ]
효:도 孝道 [hjo:do]
효:력 效力 [hjo:rjəg]
효:령대:군 孝寧大君 [hjo:rjəŋdɛ:gun] /태종의 둘째 아들, 세종의 형
효:릉 孝陵 [hjo:nɨŋ, 효:능] /경기도 고양시, 조선 인종과 妃의 陵
효:명고 曉明高 [hjo:mjəŋgo] /경기도 평택시
효:모 酵母 [hjo:mo]
효:목동 孝睦洞 [hjo:mogd'oŋ, 효:목똥] /대구광역시 동구
효:목리 孝木里 [hjo:moŋni, 효:몽니] /충북 옥천군
효:부 孝婦 [hjo:bu]
효:산고 曉山高 [hjo:sango] /전남 순천시
효:산리 孝山里 [hjo:sanni, 효:산니] /전남 화순군
효:선리 孝仙里 [hjo:sənni, 효:선니] /경북 의성군
효:성 孝誠 [hjo:səŋ]
효:성 曉星 [hjo:səŋ] =샛별, /매우 드문 존재, 기업그룹 名
효:소 酵素 [hjo:so]
효시 嚆矢 [hjosi]
효:심 孝心 [hjo:sim]
효:용 效用 [hjo:joŋ]
효:율적 效率的 [hjo:juldʒəg]
효:자 孝子 [hjo:ʤa]
효:정고 孝亭高 [hjo:ʤəŋgo] /울산광역시 북구
효:정리 孝亭里 [hjo:ʤəŋni, 효:정니] /전북 김제시, 경북 영천시, 경남 창녕군
효:제동 孝悌洞 [hjo:ʤedoŋ] /서울시 종로구
효:종 孝宗 [hjo:ʤoŋ] /조선 17대 왕
효:죽리 孝竹里 [hjo:ʤuŋni, 효:중니] /충남 논산시
효:창동 孝昌洞 [hjo:ʧaŋdoŋ] /서울시 용산구, 효창공원
효:천고 曉泉高 [hjo:ʧəngo] /전남 순천시
효:촌리 孝村里 [hjo:ʧonni, 효:촌니] /경기도 양주시, 충북 청원군
효:평동 孝坪洞 [hjo:pjəŋdoŋ] /대전광역시 동구
효:포초교 孝浦初校 [hjo:poʧogjo] / 충남 공주시
효:행 孝行 [hjo:hɛŋ]

효:험 效驗 [hjo:ɦəm]
후각 嗅覺 [hugag]
후:견인 後見人 [hu:gjənin, 후:겨닌]
후:계자 後繼者 [hu:gjedʒa]
후:곡리 後谷里 [hu:goŋni, 후:공니] /강원도 양구군, 충북 단양군·청원군, 전남 순천시
후:곡마을 後谷-- [hu:goŋmaɨl, 후:공마을] /경기도 고양시
후:광 後光 [hu:gwaŋ]
후:광리 後廣里 [hu:gwaŋni] /전남 신안군
후:궁 後宮 [hu:guŋ]
후:기 後記 [hu:gi]
후:년 後年 [hu:njən]
후:대 後代 [hu:dɛ]
후:대 厚待 [hu:dɛ]
후:덕리 厚德里 [hu:dəŋni, 후:덩니] /충남 청양군
후:덕하다 厚德-- [hu:dəkada, 후:더카다]
후덥지근하다 [hudəbdʒ'igɨnɦada, 후덥찌근하다] /열기, 무덥다
후두염 喉頭炎 [hudujəm]
후:렴 後斂 [hu:rjəm]
후:면 後面 [hu:mjən]
후:문 後門 [hu:mun]
후:문 後聞 [hu:mun]
후:미 後尾 [hu:mi]
후:박 厚薄 [hu:bag] '두꺼움과 얇음', '후함과 박함'
후:박나무 厚朴-- [hu:baŋnamu, 후:방나무]
후:박하다 厚朴-- [hu:bakada, 후:바카다]
후:반전 後半戰 [hu:bandʒən]
후:발 後發 [hu:bal]
후:방 後方 [hu:baŋ]
후:배 後輩 [hu:bɛ]
후:백제 後百濟 [hu:bɛgdʒ'e, 후:백쩨] (900~936)
후보 候補 [hubo]
후:불제 後佛制 [hu:buldʒ'e, 후:불쩨]
후비다 [hubida] 抉, 刳
후:사 厚謝 [hu:sa] /사례
후:사 後事 [hu:sa] =뒷일
후:사 後嗣 [hu:sa] /代를 잇는 자식, 史劇
후:산리 後山里 [hu:sanni] /충북 제천시
후:산리 厚山里 [hu:sanni] /전남 해남군
후:삼국 後三國 [hu:samgug]
후:생 厚生 [hu:sɛŋ]
후설 喉舌 [husəl] 목구멍과 혀
후:세 後世 [hu:se]
후:속 後續 [hu:sog]
후:손 後孫 [hu:son]
후:송 後送 [hu:soŋ]
후:순:위 後順位 [hu:su:nwi, 후:수:뉘]
후:식 後食 [hu:sig]
후:신 後身 [hu:sin]
후:실 後室 [hu:sil] /후처(後妻)를 높여 부름, 史劇
후:안무치 厚顏無恥 [hu:anmuʧi]
후:암동 厚岩洞 [hu:amdoŋ] /서울시 용산구
후:암리 厚岩里 [hu:amni, 후:암니] /충남 서천군
후:암리 後岩里 [hu:amni, 후:암니] /경북 고령군
후:영리 厚永里 [hu:jəŋni, 후:영니] /충북 괴산군
후:예 後裔 [hu:je]
후원 喉院 [huwən] =승정원, 史劇
후:원 後援 [hu:wən]
후:원 後苑 [hu:wən] /대궐
후:원 後園 [hu:wən]
후:위 後衛 [hu:wi]
후:유증 後遺症 [hu:judʒ'ɨŋ, 후:유쯩]
후:의 厚意 [hu:i, 후:이]
후:일 後日 [hu:il]
후:일담 後日譚 [hu:ild'am, 후:일땀]
후:임 後任 [hu:im]

후:자 後者 [hu:ʤa]
후작 侯爵 [huʤag]
후:장 後場 [hu:ʤaŋ] /시장, 증권
후:장 後章 [hu:ʤaŋ] /책
후조 候鳥 [huʤo] =철새
후:주 後奏 [hu:ʤu] /음악
후줄근하다 [huʤulgɨnɦada]
후:진 後進 [hu:ʤin]
후:진성 後進性 [hu:ʤins'əŋ, 후:진썽]
후:진적 後進的 [hu:ʤinʤəg]
후:처 後妻 [hu:ʧə]
후:천적 後天的 [hu:ʧənʤəg]
후춧가루 [huʧu(d)g'aru, 후추(춛)까루]
후:취 後娶 [hu:ʧwi] =재취
후:치 後置 [hu:ʧi]
후텁지근하다 [hutəbʤ'igɨnɦada, 후텁찌근하다] /불쾌할 정도로 덥다
후:퇴 後退 [hu:tø(we), 퇴(퉤)]
후:판 厚板 [hu:pan] ↔박판(薄板)
후:편 後篇 [hu:pjən]
후:평동 後坪洞 [hu:pjəŋdoŋ] /강원도 춘천시
후:평리 後坪里 [hu:pjəŋni, 후:평니] /경기도 김포시·안성시, 강원도 평창군, 충북 괴산군·보은군, 경북 청송군·의성군
후:평리 厚平里 [hu:pjəŋni, 후:평니] /경북 성주군
후폐 朽廢 [hupje] /썩어 못 쓰게 됨
후:포항 厚浦港 [hu:poɦaŋ] /경북 울진군, 항구
후:폭풍 後暴風 [hu:pogpuŋ]
후:하다 厚-- [hu:ɦada]
후:학 後學 [hu:ɦag]
후:환 後患 [hu:ɦwan]
후:회 後悔 [hu:ɦø(we), 회(훼)]
훈: 訓 [hu:n] /음(音)과 훈(訓)
훈격 勳格 [hung'jəg, 훈껵]
훈:계 訓戒 [hu:ngje]
훈공 勳功 [hungoŋ]
훈구파 勳舊派 [hungupa] /조선
훈기 薰氣 [hungi]
훈:독 訓讀 [hu:ndog]
훈:련 訓練 [hu:lljən, 훌:련]
훈:령 訓令 [hu:lljəŋ, 훌:령]
훈목 薰沐 [hunmog] /향기, 목욕
훈:몽자회 訓蒙字會 [hu:nmoŋʤaɦø(we), 회(훼)] 한자학습서, 최세진, 조선
훈:민정:음 訓民正音 [hu:nminʤə:ŋɨm] /한글, 세종 28년(1446)
훈:방 訓放 [hu:nbaŋ]
훈:수 訓手 [hu:nsu]
훈:시 訓示 [hu:nsi]
훈:요십조 訓要十條 [hu:njosibʤ'o, 후:뇨십쪼] /고려 태조, 열 가지 유훈
훈육 燻肉 [hunjug, 후뉵] /훈제 고기
훈:육 訓育 [hu:njug, 후:뉵]
훈장 勳章 [hunʤaŋ]
훈:장 訓長 [hu:nʤaŋ]
훈정동 薰井洞 [hunʤəŋdoŋ] /서울시 종로구
훈제 燻製 [hunʤe]
훈증 燻蒸 [hunʤɨŋ]
훈증 薰蒸 [hunʤɨŋ] 몹시 무더움
훈풍 薰風 [hunpuŋ]
훈:화 訓話 [hu:nɦwa]
훈훈하다 薰薰-- [hunɦunɦada]
훌륭하다 [hulljuŋɦada]
훌쩍 [hulʤ'əg]
훌훌 [hulɦul]
훑다 [huld'a, 훌따] 훑어[훌터] 훑으니[훌트니] 훑고[훌꼬], 훑는[훌른], 훑지[훌찌]
훔치다 [humʧida]
훗:날 後- [hu:nnal, 훈:날]
훗:일 後- [hu:nnil, 훈:닐] =뒷일
훤당 萱堂 [hwəndaŋ] /남의 어머니를 높일 때
훤칠하다 [hwənʧilɦada]
훤:하다 [hwə:nɦada]
훨씬 [hwəls'in]
훼:방 毁謗 [hwe:baŋ]
훼:손 毁損 [hwe:son]

훼:절 毁折 [hwe:ʤəl] /부딪쳐 꺾임
훼:절 毁節 [hwe:ʤəl] /절개나 지조를 깸
휑뎅그렁하다 [hweŋdeŋɡɨrəŋɦada]
휑하다 [hweŋɦada]
휘 諱 [hwi] /죽은 어른의 생전 이름
휘갈기다 [hwigalgida]
휘감:다 [hwiga:md'a, 휘감:따]
휘경동 徽慶洞 [hwigjəŋdoŋ] /서울시 동대문구
휘경여고 徽慶女高 [hwigjəŋnjəgo, 휘경녀고] /서울시 동대문구
휘광 輝光 [hwigwaŋ]
휘:다 [hwi:da] 曲
휘도 輝度 [hwido]
휘둥그렇다 [hwiduŋɡɨrəta, 휘둥그러타]
휘모리장단 [hwimoriʤaŋdan] /국악
휘몰이 [hwimori, 휘모리] /비바람, 심하게 나무람
휘문고 徽文高 [hwimungo] /서울시 강남구
휘발성 揮發性 [hwibals'əŋ, 휘발썽]
휘발유 揮發油 [hwiballju, 휘발류]
휘보 彙報 [hwibo] /기록, 보고, 잡지
휘장 徽章 [hwiʤaŋ]
휘장 揮帳 [hwiʤaŋ]
휘젓:다 [hwiʤə:d'a, 휘저:따]
휘청거리다 [hwiʧəŋɡərida]
휘파람 [hwiparam]
휘하 麾下 [hwiɦa]
휘호 揮毫 [hwiɦo]
휘황 輝煌 [hwiɦwaŋ]
휘황찬:란한 輝煌燦爛- [hwiɦwaŋʧa:llanɦan]
휙 [hwig]
휩싸이다 [hwibs'aida]
휭 [hwiŋ]
휴가 休暇 [hjuga]
휴간 休刊 [hjugan]
휴강 休講 [hjugaŋ]
휴거 携擧 [hjugə] /기독교
휴게실 休憩室 [hjugesil]
휴경 休耕 [hjugjəŋ]
휴교 休校 [hjugjo]
휴대 携帶 [hjudɛ]
휴면 休眠 [hjumjən] /휴면예금
휴무 休務 [hjumu]
휴식 休息 [hjusig]
휴암동 休岩洞 [hjuamdoŋ] /충북 청주시
휴암리 休岩里 [hjuamni, 휴암니] /충남 서산시
휴양 休養 [hjujaŋ]
휴업 休業 [hjuəb]
휴일 休日 [hjuil]
휴장 休場 [hjuʤaŋ]
휴전 休戰 [hjuʤən]
휴전선 休戰線 [hjuʤənsən]
휴점 休店 [hjuʤəm]
휴정 休靜 [hjuʤəŋ] /조선 중기 때 고승(高僧), 일명 서산대사(西山大師)
휴지통 休紙桶 [hjuʤitoŋ]
휴직 休職 [hjuʤig]
휴진 休診 [hjuʤin]
휴학 休學 [hjuɦag]
휴항 休航 [hjuɦaŋ]
휴회 休會 [hjuɦø(we), 회(훼)]
휼병 恤兵 [hjulbjəŋ] /병사를 위로함
휼병 恤病 [hjulbjəŋ] /병든 사람을 구제함
흉 [hjuŋ]
흉갓집 凶家- [hjuŋga(d)ʤ'ib, 흉가(갇)찝]
흉곽 胸廓 [hjuŋgwag]
흉기 凶器 [hjuŋgi]
흉내 [hjuŋnɛ]
흉년 凶年 [hjuŋnjən]
흉노 匈奴 [hjuŋno] 흉노족
흉보다 [hjuŋboda]
흉부 胸部 [hjuŋbu] /흉부외과
흉사 凶事 [hjuŋsa]
흉상 胸像 [hjuŋsaŋ]
흉상 凶相/兇相 [hjuŋsaŋ]
흉상 凶狀/兇狀 [hjuŋsaŋ]

흉성 胸聲 [hjuŋsəŋ] =가슴소리
흉세 凶歲 [hjuŋse] =흉년(凶年)
흉악한 凶惡- [hjuŋakan, 흉아칸]
흉위 胸圍 [hjuŋwi] =가슴둘레
흉작 凶作 [hjuŋdʒag]
흉장 胸章 [hjuŋdʒaŋ]
흉측하다 凶測-- [hjuŋʧɨkada, 흉츠카다] 흉칙하다(×)
흉탄 凶彈/兇彈 [hjuŋtan]
흉통 胸痛 [hjuŋtoŋ]
흉판 胸板 [hjuŋpan] /동물의 가슴
흉포한 凶暴/兇暴- [hjuŋpoɦan]
흉하다 [hjuŋɦada]
흉허물 [hjuŋɦəmul]
흉흉하다 洶洶-- [hjuŋɦjuŋɦada]
흐드러지다 [hɨdɨrədʒida]
흐름 [hɨrɨm]
흐리멍덩하다 [hɨriməŋdəŋɦada] 흐리멍텅하다(×)
흐물거리다 [hɨmulgərida] ≒흐물대다
흐뭇하다 [hɨmutada, 흐무타다]
흐지부지 [hɨdʒibudʒi] (←諱之秘之)
흐트러지다 [hɨtɨrədʒida]
흑갈색 黑褐色 [hɨg'als'ɛg, 흐깔쌕]
흑건 黑鍵 [hɨg'ən, 흐껀] /피아노
흑기사 黑騎士 [hɨg'isa, 흐끼사]
흑두건 黑頭巾 [hɨgd'ugən, 흑뚜건]
흑림 黑林 [hɨŋnim, 흥님] /독일 서남부, 울창한 숲
흑막 黑幕 [hɨŋmag, 흥막]
흑맥주 黑麥酒 [hɨŋmɛgdʒ'u, 흥맥쭈]
흑미 黑米 [hɨŋmi, 흥미]
흑사병 黑死病 [hɨgs'ab'jəŋ, 흑싸뼝]
흑산도 黑山島 [hɨgs'ando, 흑싼도] /전남 신안군의 섬
흑색 黑色 [hɨgs'ɛg, 흑쌕]
흑석동 黑石洞 [hɨgs'əgd'oŋ, 흑썩똥] /서울시 동작구, 대전시 서구, 광주시 광산구, 충북 제천시
흑설탕 黑雪糖 [hɨgs'əltaŋ, 흑썰탕]
흑연 黑鉛 [hɨgjən, 흐견]
흑염소 黑-- [hɨgjəmso, 흐겸소]
흑자 黑字 [hɨgdʒ'a, 흑짜]
흑장미 黑薔薇 [hɨgdʒ'aŋmi, 흑짱미]
흑점 黑點 [hɨgdʒ'əm, 흑쩜]
흑조 黑鳥 [hɨgdʒ'o, 흑쪼]
흑천리 黑泉里 [hɨgʧənni, 흑천니] /전남 해남군
흑치상지 黑齒常之 [hɨgʧisaŋdʒi] 백제의 장군(630?~689)
흑판 黑板 [hɨgpan]
흑해 黑海 [hɨkɛ, 흐캐] (지리)
흔적 痕跡/痕迹 [hɨndʒəg]
흔쾌히 欣快- [hɨnkwɛɦi]
흔히 [hɨnɦi]
흘기다 [hɨlgida]
흘리다 [hɨllida]
흙 [hɨg, 흑] 흙이[흘기] 흙을[흘글] 흙에[흘게] 흙과[흐꽈]
흙내 [hɨŋnɛ, 흥내] =흙냄새
흙담 [hɨgd'am, 흑땀]
흙막이 [hɨŋmagi, 흥마기]
흙먼지 [hɨŋməndʒi, 흥먼지]
흙무덤 [hɨŋmudəm, 흥무덤]
흙물 [hɨŋmul, 흥물]
흙바닥 [hɨgb'adag, 흑빠닥]
흙받기 [hɨgb'adg'i, 흑빧끼] 흙받이(×)
흙산 -山 [hɨgs'an, 흑싼]
흙색 -色 [hɨgs'ɛg, 흑쌕]
흙손 [hɨgs'on, 흑쏜]
흙일 [hɨŋnil, 흥닐]
흙탕길 -湯- [hɨgtaŋg'il, 흑탕낄]
흙탕물 -湯- [hɨgtaŋmul, 흑탕물]
흠: 欠 [hɨ:m]
흠:결 欠缺 [hɨ:mgjəl]
흠:내:다 欠-- [hɨ:mnɛ:da]
흠모 欽慕 [hɨmmo]
흠뻑 [hɨmb'əg]
흠숭 欽崇 [hɨmsuŋ] /가톨릭
흠씬 [hɨms'in]
흠:잡다 [hɨ:mdʒabd'a, 흠:잡따]
흠정 欽定 [hɨmdʒəŋ] /왕, 황제가 정함
흠:집 欠- [hɨ:mdʒ'ib, 흠:찝]
흠흠신서 欽欽新書 [hɨmɦɨmsinsə] /

정약용, 형벌 관련 책
흡력 吸力 [hɨmnjəg, 흠녁]
흡사 恰似 [hɨbs'a, 흡싸]
흡수 吸收 [hɨbs'u, 흡쑤]
흡수 吸水 [hɨbs'u, 흡쑤]
흡인력 吸引力 [hɨbinnjəg, 흐빈녁]
흡입 吸入 [hɨbib, 흐빕]
흡족하다 洽足-- [hɨbdʒ'okada, 흡쪼카다]
흡착 吸着 [hɨbʧag]
흡혈귀 吸血鬼 [hɨpjəlgwi, 흐펼귀]
흥 興 [hɨŋ]
흥건히 [hɨŋgənɦi]
흥겹다 興-- [hɨŋgjəbd'a, 흥겹따] 흥겨운[hɨŋgjəun] 흥겨워[hɨŋgjəwə]
흥기리 興基里 [hɨŋgiri] /경북 영덕군
흥남시 興南市 [hɨŋnamsi] /함경남도 남부의 市, 흥남부두
흥덕구 興德區 [hɨŋdəg'u, 흥더꾸] / 충북 청주시의 區
흥동 興洞 [hɨŋdoŋ] /경남 김해시
흥룡리 興龍里 [hɨŋnjoŋni, 흥뇽니] / 경남 하동군
흥망 興亡 [hɨŋmaŋ]
흥망성:쇠 興亡盛衰 [hɨŋmaŋsə:ŋsø(we), 쇠(쉐)]
흥미진진하다 興味津津-- [hɨŋmidʒindʒinɦada]
흥부가 興夫歌 [hɨŋbuga] /판소리
흥분 興奮 [hɨŋbun]
흥사단 興士團 [hɨŋsadan] /안창호, (1913)
흥산리 興山里 [hɨŋsanni, 흥산니] 충남 청양군, 경북 경산시·성주군
흥선대:원군 興宣大院君 [hɨŋsəndɛ:wəngun] /고종의 父(1820~1898)
흥성 興盛 [hɨŋsəŋ]
흥신소 興信所 [hɨŋsinso]
흥안리 興安里 [hɨŋanni, 흥안니] / 경북 포항시
흥양리 興陽里 [hɨŋjaŋni, 흥양니] / 강원도 원주시
흥얼거리다 [hɨŋəlgərida] =흥얼대다
흥업 興業 [hɨŋəb]
흥업면 興業面 [hɨŋəmmjən, 흥엄면] /강원도 원주시
흥왕리 興旺里 [hɨŋwaŋni, 흥왕니] / 인천시 강화군, 전북 익산시
흥월리 興月里 [hɨŋwəlli] /강원도 영월군
흥인동 興仁洞 [hɨŋindoŋ] /서울시 중구
흥인지문 興仁之門 [hɨŋindʒimun] / 서울시 종로구, 東大門
흥전리 興田里 [hɨŋdʒənni, 흥전니] / 강원도 삼척시
흥정 [hɨŋdʒəŋ]
흥정리 興亭里 [hɨŋdʒəŋni, 흥정니] / 강원도 평창군, 흥정계곡
흥정리 興政里 [hɨŋdʒəŋni, 흥정니] / 경북 경산시
흥진고 興進高 [hɨŋdʒingo] /경기도 군포시
흥천리 興川里 [hɨŋʧənni, 흥천니] / 경북 예천군
흥천면 興川面 [hɨŋʧənmjən] /경기도 여주군
흥청대:다 [hɨŋʧəŋdɛ:da] =흥청거리다
흥청망청 [hɨŋʧəŋmaŋʧəŋ]
흥취 興趣 [hɨŋʧwi]
흥타:령 [hɨŋta:rjəŋ] '천안삼거리', / 국악
흥판 興販 [hɨŋpan] /많은 물건을 한꺼번에 사고 팖
흥평리 興平里 [hɨŋpjəŋni, 흥평니] / 경북 김천시
흥하다 興-- [hɨŋɦada]
흥해읍 興海邑 [hɨŋɦɛib] /경북 포항시
흥행 興行 [hɨŋɦɛŋ]
흩날리다 [hɨnnallida, 흔날리다]
흩뜨리다 [hɨdd'ɨrida, 흗뜨리다]
흩어지다 [hɨtədʒida, 흐터지다]
희가극 喜歌劇 [higagɨg, 히가극]

희곡 戱曲 [higog, 히곡]
희곡리 希谷里 [higoŋni, 히공니] / 경기도 평택시, 경북 김천시, 경남 밀양시
희구 希求 [higu, 히구]
희귀한 稀貴- [higwiɦan, 히귀한]
희극 喜劇 [higɨg, 히극]
희끗희끗하다 [hig'ɨtig'ɨtada, 히끄티끄타다]
희년 稀年 [hinjən, 히년] 드문 나이, 70세
희다 [hida, 히다] 白
희대 稀代 [hidɛ, 히대]
희떱다 [hid'əbd'a, 히떱따]
희락 喜樂 [hirag, 히락]
희랍 希臘 [hirab, 히랍] '그리스'의 음역어
희로애락 喜怒哀樂 [hiroɛrag, 히로애락]
희롱 戱弄 [hiroŋ, 히롱]
희망로 希望路 [himaŋno, 히망노] / 대구시 남구에서 수성구까지
희망리 希望里 [himaŋni, 히망니] / 강원도 홍천군
희망봉 希望峯 [himaŋboŋ, 히망봉] / 앞날, 목표
희망봉 喜望峯 [himaŋboŋ, 히망봉] / 남아공(南阿共)
희망적 希望的 [himaŋdʒəg, 히망적]
희미하다 稀微-- [himiɦada, 히미하다]
희박하다 稀薄-- [hibakada, 히바카다]
희방사 喜方寺 [hibaŋsa, 히방사] / 사찰, 경북 영주시
희비 喜悲 [hibi, 히비]
희빈 禧嬪 [hibin, 히빈] /史劇
희뿌:옇다 [hib'u:jəta, 히뿌:여타] 희뿌:여니[hib'u:jəni, 히뿌:여니] 희뿌:예[hib'u:je, 히뿌:예] 희뿌:옇지[hib'u:jəʧi, 히뿌:여치]
희사 喜捨 [hisa, 히사]
희색 喜色 [hisɛg, 히색]
희생적 犧牲的 [hisɛŋdʒəg, 히생적]
희석하다 稀釋-- [hisəkada, 히서카다]
희성 稀姓 [hisəŋ, 히성]
희소 稀少 [hiso, 히소]
희수 稀壽 [hisu, 히수] 70세
희수 喜壽 [hisu, 히수] 77세
희열 喜悅 [hijəl, 히열]
희유곡 嬉遊曲 [hijugog, 히유곡] / 음악, 디베르티멘토(divertimento)
희한하다 稀罕--[hiɦanɦada, 히한하다]
희화화 戱畫化 [hiɦwaɦwa, 히화화]
희희낙락 喜喜樂樂 [hiɦinaŋnag, 히히낭낙]
흰개:미 [hingɛ:mi, 힌개:미]
흰나비 [hinnabi, 힌나비]
흰머리 [hinməri, 힌머리]
흰무늬 [hinmuni, 힌무니]
흰목 [hinmog, 힌목] /자기 과시
흰밥 [hinbab, 힌밥]
흰소리 [hinsori, 힌소리] /자랑, 허풍
흰수작 -酬酌 [hinsudʒag, 힌수작]
흰쌀 [hins'al, 힌쌀]
흰자 [hindʒa, 힌자] =흰자위
흰죽 -粥 [hindʒug, 힌죽]
흰털 [hintəl, 힌털]
힐끗 [hilg'ɨd, 힐끋] 힐긋(○)
힐난 詰難 [hillan, 힐란] /트집 잡아 따짐
힐문 詰問 [hilmun] /트집 잡아 하는 질문
힘껏 [himg'əd, 힘껃]
힘내:다 [himnɛ:da]
힘닿:다 [himda:ta, 힘다:타]
힘살 [hims'al, 힘쌀]
힘센 [himsen]
힘없:는 [himə:mnɨn, 히멈:는]
힘자랑 [himdʒaraŋ]
힘줄 [himdʒ'ul, 힘쭐]
힘찬 [himʧan]

한국어 발음 실용 소사전

초　　판 1쇄 발행 / 2010년 9월 3일
개정증보판 1쇄 발행 / 2021년 3월 26일
저자　　강성곤
발행처　　형설출판사
경기도 파주시 회동길 37-23
전화 (031) 955-2361～4 · 팩시밀리 (031) 955-2341
발행인　　장진혁
등록　　라 - 제9호 · 1962년 5월 1일
홈페이지　　http://www.hyungseul.co.kr
e-mail　　hs@hyungseul.co.kr

정가 18,000원

ISBN 978-89-472-8545-2 90710

MEMO

MEMO